POR UMA NOVA CONCEPÇÃO DE SISTEMA JURÍDICO

Entre o passado e o futuro

BERNARDO MONTALVÃO

POR UMA NOVA CONCEPÇÃO DE SISTEMA JURÍDICO

Entre o passado e o futuro

2021

EDITORA *Jus*PODIVM
www.editorajuspodivm.com.br

EDITORA
*Jus*PODIVM
www.editorajuspodivm.com.br

Rua Território Rio Branco, 87 – Pituba – CEP: 41830-530 – Salvador – Bahia
Tel: (71) 3045.9051
• Contato: https://www.editorajuspodivm.com.br/sac

Capa e Diagramação: Maitê Coelho *(maitescoelho@yahoo.com.br)*

M763p

Montalvão, Bernardo.
Por Uma Nova Concepção de Sistema Jurídico - Entre o Passado e o Futuro / Bernardo Montalvão – Salvador: Editora JusPodivm, 2021.

528 p.

Inclui bibliografia
ISBN 978-65-5680-154-4

1.Filosofia do Direito. I. Montalvão, Bernardo. II. Título.

CDD 340.1

Dedico a presente obra ao meu pai,
meu amigo de todas as horas,
à minha mãe, por ter me feito quem eu sou,
às minhas filhas, amores da minha vida,
e à minha esposa, pela paciência comigo.

PREFÁCIO

Bernardo Montalvão é autor de vários artigos e livros, aos quais esta publicação se acrescenta como um esforço qualitativamente adequado a uma reflexão jusfilosófica sobre a noção de *sistema jurídico*. Respaldado em autores contemporâneos, que expõe e discute com habilidade, é capaz de ensaiar percursos sedutores para um leitor preocupado com o desenvolvimento da teoria jurídica em nossos dias.

Com efeito, a ideia de que ordenamentos jurídicos constituem um concatenado sistemático de normas é um lugar comum da percepção profissional do direito, quer quando se legisla, se interpreta ou se aplica. Parte-se do princípio da unidade da Constituição. Esse princípio nos obriga a vê-la como um *articulado de sentido*. Tal articulado, na sua dimensão analítica, é dominado por uma ordem interna que se projeta sobre todo o ordenamento, na forma de uma organização hierárquica: hierarquia como estrutura.

Essa percepção constitui hoje um desafio para a teoria jurídica. Na atualidade, o aparecimento de formas (alternativas) de decisão, orientadas mais fortemente pela mudança, permite uma práxis que parece escapar de uma sistematização mais rígida, a se observar, por exemplo, na concessão de liminares pelo Supremo, cujas decisões permanecem em suspense mediante juízos *ad hoc* ao longo do tempo. Donde o abalo da visão tradicional de sistema jurídico.

Antes se tinha o poder constituinte, original e o derivado, hierarquicamente organizado. Hierarquia como um lugar comum forte. Hoje, se percebe um "deslizamento" do poder constituinte para o poder constituído. A decisão jurídica ganha um destaque especial, pois se libera efetivamente de um todo pré-constituído. Em lugar do *poder de decidir* ela aparece como uma *decisão de poder* – não *um decido porque posso*, mas um *posso porque decido* –, que está registrada numa ordem acêntrica e heterárquica.

Surge, nessa linha, uma concepção *principialista e argumentativa*, de clara matriz anglo-saxônica, que se endereça também para uma concepção do sistema normativo. Assim, na *ponderação de princípios*, torna-se necessário pensar, *não* como no passado, *princípio* em um conjunto de cânones, enraizados no texto, para julgar a adequação de explicações propostas, nem em critérios interpretativos para assegurar a hipótese normativa (*princípio* como **fundamento**), mas *sim* em um procedimento presumidamente não verificável rigorosamente, que permita abordar questões jurídicas como um problema de *argumentação* capaz de justificar uma interpretação (caráter prospectivo do *princípio* como **argumento**).

Na linha de Deleuze e Guattari (Mil Platôs) diria que, com o triunfo dos povos sedentários sobre os nômades, a velha ideia que dominou todo o ocidente, de uma árvore, do tronco-raiz que se espalha, parece estar sendo substituída por rizoma, tubérculo. Um tubérculo não é arvore. Não tem tronco e se espalha de forma não linear, pois se junta, se separa, vai para vários lados. O mundo do rizoma é um mundo estranho, diferente.

Isso nos faz pensar, trazendo a metáfora para o campo jurídico, que decisões, hoje, se assemelham à estrutura de um rizoma, pois, ainda que proclamem algo de maneira peremptória, pode-se dizer que tudo que lhes serve de preparação (premissas, postulados) não segue uma ordem linear. O discurso vai, volta, sofre múltiplas interferências, como uma forma de raciocínio que vai em várias direções, mas não atinge um final, mesmo quando se interrompe. Ou seja, a racionalidade não é mais linear. Ela tem uma outra forma, *hiperlink*.

Diante disso ordena-se o objetivo principal deste livro de Bernardo Montalvão: a um só tempo, olhar criticamente o conceito tradicional de sistema jurídico e visualizar as possibilidades de uma nova concepção de sistema. Na verdade, um projeto desafiador: a necessidade de a ciência jurídica reinventar-se a si mesma, em especial, o conceito de sistema jurídico.

Como nela, a concepção *formal* da hierarquia se torna insuficiente, pois a presença de fatores econômicos, sociológicos, filosóficos que não se deixam reduzir à mera forma, o autor, com base nas críticas desenvolvidas por Luhmann à Teoria Geral do Direito, parte, então, do abandono da noção de unidade vinculada à ideia de norma fundamental, recusando a ideia de que o sistema jurídico seja construído apenas por normas jurídicas dispostas de modo escalonado (Kelsen), para, recorrendo ao conceito de regras de calibração (Ferraz Jr.), encaminhar-se para uma concepção circular de sistema jurídico, numa espécie de "hierarquia entrelaçada".

Um sistema jurídico com tais feições, dentre outras, pretende, afinal, ter maior capacidade de lidar com os desafios impostos pela sociedade moderna e os seus conflitos cada vez mais complexos e diferenciados. Esse, aliás, é o projeto de pesquisa constante e recorrente que anima Bernardo Montalvão. Alguém carregado da ansiedade de ler, conhecer e desbravar.

Tercio Sampaio Ferraz Junior

SUMÁRIO

I

INTRODUÇÃO 15

II

COMO SURGIU O CONCEITO DE SISTEMA? UM SOBREVOO SOBRE A DOGMÁTICA JURÍDICA AO LONGO DA HISTÓRIA 25

2.1. Introdução 25

2.2. O direito e o conhecimento do direito? O problema de sua origem.. 28

2.3. O direito como diretivo para a ação? Como a jurisprudência romana contribuiu para isso? 46

2.4. O direito como dogma? Qual a contribuição da Idade Média? 69

2.5. O Direito como ordenação racional? Como a Era Moderna contribuiu para isso? 84

2.6. O direito como norma posta? Como a positivação do direito no Século XIX foi determinante para tanto? 111

2.7. O Direito como instrumento decisório? Como a ciência dogmática na atualidade contribui para isso? 147

2.8. Conclusão 153

III

O CONCEITO TRADICIONAL DE SISTEMA JURÍDICO 157

3.1. Introdução 157
3.2. A definição de direito de Norberto Bobbio 161
3.3. Os problemas do ordenamento jurídico 164
3.4. Da unidade do ordenamento 165
3.4.1. A norma fundamental 165
3.4.2. Direito e força 177
3.4.3. O ordenamento jurídico como sistema 184
3.4.4. Três significados de sistema 189
3.5. Da coerência do sistema 197
3.5.1. As antinomias 197
3.5.2. Vários tipos de antinomias 203
3.5.3. Critérios para a solução das antinomias 208
3.5.4. Insuficiência dos critérios 216
3.5.5. Conflito dos critérios 226
3.5.6. O dever de coerência 232
3.6. Da completude do sistema 237
3.6.1. O problema das lacunas 237
3.6.2. O dogma da completude 244
3.6.3. A crítica da completude 248
3.6.4. O espaço jurídico vazio 255
3.6.5. A norma geral exclusiva 262
3.6.6. As lacunas ideológicas 270
3.6.7. Os vários tipos de lacunas 275
3.6.8. Heterointegração e autointegração 278
3.6.9. Analogia 284
3.6.10. Princípios gerais do direito 292
3.7. Conclusão 298

IV

UMA INTRODUÇÃO AO SISTEMA AUTOPOIÉTICO DO DIREITO 301

4.1. Introdução 301
4.2. O sistema: de Parsons a Luhmann 307
4.3. Parson, Luhmann e o sistema cibernético 324
4.4. O sistema jurídico e a dogmática jurídica antes da guinada autopoiética de Luhmann 332
4.5. O sistema jurídico e a guinada autopoiética de Luhmann 349
4.6. A guinada da autopoiese em Luhmann e a excomunhão dos construtivistas 365
4.7. Luhmann e o direito após a guinada autopoiética 370
4.8. Do direito autopoiético ao direito autocatalítico 379
4.9. A evolução dos sistemas sociais 386
4.10. Conclusão 399

V

POR UMA NOVA CONCEPÇÃO DE SISTEMA JURÍDICO – OS PRIMEIROS PASSOS DE UMA CONSTRUÇÃO 405

5.1. Introdução 406
5.2. Uma concepção não antropocêntrica de sistema jurídico 414
5.3. Norma e sistema jurídico 421
5.4. Sistema jurídico como sistema dinâmico 425
5.5. Unidade do sistema: da estrutura circular à regra de calibração 431
5.6. Consistência do sistema: antinomia jurídica 461
5.7. Completude do sistema: lacunas 481
5.8. Em busca de outro modelo de diferença entre princípios e regras 493
5.9. Conclusão 498

VI

CONCLUSÃO 501

REFERÊNCIAS 507

I

INTRODUÇÃO

O presente trabalho parte do seguinte problema de pesquisa: o conceito tradicional de sistema jurídico está apto a enfrentar as demandas impostas pela sociedade atual? Esse problema, como se pode desconfiar, admite diferentes hipóteses de resposta. Dentre elas, acreditamos que a que tenha mais consistência, em princípio, é a hipótese de que o conceito tradicional de sistema jurídico, que ainda é manejado por muitos profissionais do Direito, não se encontra mais capacitado para lidar com os desafios impostos pela sociedade moderna.

Contudo, como se sabe, a palavra hipótese não significa certeza ou afirmação, antes o contrário, revela outra ideia, a de suposição. Ou seja, a hipótese aqui imaginada como a mais consistente é uma suposição. E, aliás, não poderia ser o contrário, pois, se assim o fosse, a pesquisa, seja esta, seja outra qualquer, não seria uma pesquisa, antes seria, na verdade, um trabalho dedicado a sustentar as convicções daquele que escreve. E, como um dia escreveu Nietzsche, a pior inimiga da verdade não é a mentira, mas, sim, a convicção[1]. Isto porque convicções abrem espaço para dogmatismos e, até mesmo, por que não, a fanatismos, e não é isso a que se presta uma pesquisa, seja ela qual for, bem como a ciência.

Por isso, esta pesquisa irá testar, por assim dizer, esta hipótese ao longo de seu desdobramento, no decorrer dos capítulos que se seguem. Tudo com o escopo de avaliar a real consistência da hipótese e a sua eventual manutenção ou não. Mas, antes de testá-la, uma outra providência, desde já, mostra-se imperiosa: a de justificar, em si, a própria pesquisa, afinal, mesmo não se tratando de pesquisa financiada por qualquer tipo de bolsa, há sempre um custo, ainda que não seja financeiro. O custo de tempo, o custo de e para a sociedade, o custo de empenho daquele que pesquisa, enfim...

E aí é preciso ressaltar que a presente pesquisa se justifica por diferentes razões, convém dizer. A primeira, o conceito de sistema jurídico é um conceito central da Dogmática Jurídica. Ou seja, diversos outros conceitos jurídicos coadjuvantes gravitam em torno da órbita deste conceito central, qual seja, o de sistema jurídico. Logo, rediscutir o conceito central implica, por consequência, quase um "efeito dominó" em rediscutir outros conceitos satélites que a ele estão atrelados. Ora, se é assim, esta pesquisa já tem, logo de saída, uma grande justificativa, a da sua repercussão nas demais searas do Direito, o que ocorre, por sua vez, por abrir o debate sobre o impacto da manutenção do conceito tradicional de sistema jurídico tal como, ainda hoje, é manejado.

A esta altura, certamente, alguns leitores podem estar se indagando acerca do que se entende aqui por conceito tradicional de sistema jurídico. Essa indagação, diga-se de passagem, é mais do que razoável, mas só será respondida ao longo do trabalho e será aqui, nesta introdução,

1. NIETZSCHE, Friedrich. **A Gaia ciência**. Tradução Heloísa da Graça Burati. São Paulo: Rideel, 2005, p. 27.

mencionada de modo muito breve quando forem apresentados os objetivos específicos desta pesquisa. Como agora é o momento de se detalhar as justificativas que fundamentam a pesquisa, temporariamente não se irá dedicar atenção à definição do conceito tradicional de sistema jurídico. Sendo assim, passa-se, de imediato, à segunda justificativa: discutir a reformulação do conceito tradicional de sistema jurídico e propor uma nova concepção de sistema jurídico é algo de extrema relevância para Dogmática Jurídica, sobretudo, quando se leva em consideração que a principal finalidade do Direito, enquanto subsistema social, é a de decidir todo e qualquer conflito jurídico. Ora, se o conceito tradicional de sistema jurídico compromete ou pode comprometer de algum modo esta capacidade de decidibilidade[2] dos conflitos jurídicos, essa circunstância já é mais do que suficiente para justificar a realização desta pesquisa.

Ademais, uma terceira justificativa que não pode ser desprezada é a de que o conceito tradicional de sistema jurídico, vinculado como é à doutrina de Hans Kelsen, parece sofrer do mal da indiferença para com as demandas sociais. Ora, à medida que o tempo passa, essa indiferença do sistema jurídico pode dar ensejo, dentre outras consequências, ao agravamento de antigos conflitos jurídicos que não foram decididos, ou que foram decididos sem o compromisso de que a decisão judicial, por sua vez, provocasse o mínimo de perturbação social. É dizer, o sistema jurídico tradicional peca por ser indiferente para com as consequências da decisão judicial e as repercussões que esta decisão terminará por produzir, mais adiante, no próprio sistema ou ordenamento jurídico. Essa indiferença, aliás, é própria da autossuficiência arrogante do profissional do Direito médio, o qual, em geral, parece acreditar que o conhecimento jurídico, por si só, já lhe é suficiente e que os demais conhecimentos, por exemplo, o conhecimento sociológico, são de menor relevância.

2. FERRAZ JR., Tercio Sampaio. **Introdução ao estudo do direito**: técnica, decisão e dominação. 8. ed. São Paulo: Atlas, 2015, p. 61-63.

A quarta e última justificativa desta pesquisa é a própria sociedade atual, suas características e os desafios que ela impõe na sua relação com o subsistema social do Direito. Como salienta Luhmann, a sociedade atual é aquilo que se pode tipificar como sociedade moderna. Ela, segundo Luhmann, apresenta uma tendência progressiva de se tornar cada vez mais complexa, diferenciada, fragmentada e contingente. Dito de outro modo, a sociedade moderna tende a se tornar cada vez mais complexa porque ela oferece cada vez mais um maior número de possibilidades de sentidos, um número tão grande que os indivíduos, ou sistemas psíquicos, como prefere Luhmann, para levar a cabo uma comunicação, se veem, necessariamente, obrigados a selecionar uma dessas possibilidades de sentido. Dito de modo mais acessível ao homem comum, o que se quer dizer é: se antes, por exemplo, na Idade Média, o homem só tinha uma possibilidade de religião, qual seja, ser cristão, hoje, pelo contrário, a tendência é que o número de possibilidades de sentido a esse respeito aumente cada vez mais. Em outras palavras, hoje, no mercado de ideias, o cidadão pode escolher ser ateu, ser cristão, ser protestante, professar a doutrina do islã, e assim por diante[3].

Mas não é só isso. Essa mesma sociedade moderna tende a ser cada vez mais diferenciada também. Ou seja, se antes um único indivíduo acumulava em si diferentes funções sociais, por exemplo, o pajé nas sociedades tribais, que era, a um só tempo, uma autoridade médica e uma autoridade religiosa, hoje, pelo contrário, o que tende a acontecer é o oposto. O que se assiste é a sociedade se subdividindo cada vez mais em diferentes funções e subsistemas. Por exemplo, se, na Idade Média, a sociedade não distinguia o que era o subsistema do Direito do subsistema da Religião, na atualidade, o que se dá é o contrário. Isto é, o sistema social se subdivide cada vez mais em novos e diferentes subsistemas, por

3. LUHMANN, Niklas. **Sociologia do Direito I**. Tradução Gustavo Bayer. Rio de Janeiro: Tempo Brasileiro, 1983, p. 167-181.

exemplo, o subsistema da Política, o subsistema da Economia, o subsistema da Religião, o subsistema do Direito, e assim por diante[4].

Esta sociedade é, ainda, fragmentada e contingente. Contingente porque ela se apresenta de um modo, mas nada impede que ela, pouco tempo depois, se apresente com uma configuração completamente diferente. Em outras palavras, a sociedade moderna está propensa a mudar em um ritmo muito mais acelerado do que àquele assistido em épocas passadas. Ora, se a velocidade das mudanças é mais frenética, é preciso que os subsistemas sociais, dentre eles o Direito e o seu sistema jurídico, estejam aptos a desenvolver a capacidade de ser estável enquanto muda. Ou seja, a estabilidade agora não pode ser adversária da mudança, antes precisa se adaptar a ela e com ela conviver. Logo, qualquer conceito jurídico que não esteja preparado para este novo cenário social rapidamente estará sucateado e, com o conceito de sistema jurídico, a realidade não é nem um pouco diferente, já que precisa estar em sintonia com esta nova realidade social.

Não fosse tudo isso suficiente, essa mesma sociedade, a moderna, tende a ser cada vez mais fragmentada, uma vez que tende a conviver com a circunstância de que a maioria dos indivíduos não compartilha mais de um mesmo ideal de vida, de uma mesma visão de mundo. Em outras palavras, a sociedade moderna é cada vez menos coesa, é cada vez mais intolerante e isso, por sua vez, tende a dar ensejo à proliferação de diferentes grupos dentro dessa sociedade. Ora, quando a sociedade não compartilha mais de uma única visão de mundo, esse terreno tende a se tornar, a um só tempo, solo fértil para o aumento e o agravamento dos conflitos sociais, por um lado, e em campo rico para o desenvolvimento e a evolução[5] da sociedade, por outro. Em suma, o desafio do subsistema social do Direito e do seu sistema jurídico não é proporcionar uma vida

4. Idem, ibidem, p. 182-200.

5. Sobre a ideia de evolução, convém registrar que aqui se faz uso da palavra nos moldes delimitados pela doutrina de Marcelo Neves. Sobre o assunto, consulte-se NEVES, Marcelo. **Entre Têmis e Leviatã – uma relação difícil**: o Estado democrático de Direito a partir e além de Luhmann e Habermas. São Paulo: Martins Fontes, 2006, p. 1-10.

feliz aos cidadãos, como imaginava Aristóteles[6], referindo-se à sociedade antiga, mas, sim, o de viabilizar, minimante, a convivência social em meio à proliferação e ao agravamento dos conflitos sociais.

Desenhada em linhas mínimas a sociedade moderna da qual fala Luhmann, fica mais fácil agora entender uma das principais justificativas desta tese. É dizer, é preciso reformular o conceito tradicional de sistema jurídico e propor uma nova concepção para ele, ao que tudo indica, porque sem isso, muito provavelmente, nos próximos anos, corre-se o risco de se assistir a falibilidade funcional do subsistema social do Direito. Dito de outro modo, se nada for feito, há uma grande chance de que, com o passar do tempo, o subsistema social do Direito perca a sua capacidade de decidibilidade dos conflitos jurídicos e, em função disso, fique comprometida uma mínima coesão social. Ou seja, é preciso que a Dogmática Jurídica se empenhe para não ter a sua capacidade comprometida e a sua função social inviabilizada. Para tanto, a Dogmática Jurídica não será capaz de lidar com este desafio sem se abrir para as contribuições dos demais saberes, dentre eles, em especial, a sociologia. Em suma, em nome de uma visão sistêmica, como alerta Fritjof Capra[7], é preciso rever o conceito de sistema nos meandros do território do Direito[8].

Sendo assim, é preciso trazer à luz o objetivo principal desta pesquisa: de, a um só tempo, reformular o conceito tradicional de sistema jurídico e propor uma nova concepção de sistema a partir da lição de Tercio

---

6. ARISTÓTELES. **A política**. Tradução de Roberto Leal Ferreira. 3. ed. São Paulo: Martins Fontes, 2006, p. 145-150.

7. CAPRA, Fritjof. **A teia da vida – uma nova compreensão científica dos sistemas vivos**. Tradução Newton Roberval Eichemberg. São Paulo: Cultrix, 1998, p. 73-98.

8. Convém lembrar que a palavra "sistema" pode assumir diferentes significados a depender do contexto e da doutrina a partir da qual ela é trabalhada. Por exemplo, uma coisa é a noção de sistema nos limites da doutrina de Cristhian Wolff, outra coisa é a noção de sistema no contexto da lição de Luhmann e outra coisa é a noção de sistema jurídico trabalhada, por exemplo, por Hans Kelsen.

Sampaio Ferraz Jr., valendo-se também das contribuições da sociologia jurídica de Niklas Luhmann. Esse objetivo foi aqui, ao longo da pesquisa, desmembrado, por motivos didáticos, em quatro objetivos específicos, os quais terminam por funcionar como etapas de uma caminhada em direção ao alcance do objetivo principal.

Cabe ressaltar, desde já, que em cada uma dessas etapas, sempre em homenagem à boa didática e aos bons recursos oferecidos pela pedagogia e pela metodologia, algumas providências foram adotadas. Todas elas, convém repetir, não foram adotadas para cansar o leitor, nem para menosprezar a sua capacidade prévia antes de fazer a leitura, nem para incomodar quem quer seja, muito pelo contrário, foram adotadas para facilitar a leitura, a boa compreensão e o prazer da leitura a quaisquer dos públicos que venham a tomar contato com o texto. Afinal, os destinatários dos textos, em geral, são sempre indeterminados, e, se é assim, antes se deve primar pela boa didática, do que pela suposição de que o leitor já domina este ou aquele conteúdo. Por tudo isso, antecipadamente, pede-se desculpas aos leitores com maior bagagem acumulada se os recursos pedagógicos e metodológicos adotados de algum modo vierem a lhes causar algum tipo de incômodo.

Dentre esses recursos pedagógicos e metodológicos, convém mencionar alguns deles apenas a título de exemplo, como a construção de alguns parágrafos em forma de diálogo, ou seja, por meio de perguntas e respostas, com o escopo de dar leveza ao texto e potencializar a compreensão do leitor. Este tipo de estratégia não é novo nem é desprezível, muitos são os filósofos que se valem dele. Para citar apenas um, muitas são as obras de Platão que recorrem a tal expediente. Mas esse é apenas um exemplo, não se pretende aqui analisar a obra de Platão e discutir o seu estilo literário e os motivos pelos quais ele recorreu a tal estratégia. O objetivo do exemplo é apenas ressaltar que o que foi feito não é novo, não é desprezível e nem se está "reinventando a roda".

Um outro recurso empregado ao longo dos capítulos foi a inserção, em cada um deles, sempre de dois itens, a saber: uma introdução e uma conclusão. A finalidade de tal medida foi de não apenas conferir melhor compreensão ao texto, mas também melhor interligar os capítulos do trabalho, de modo a deixar bem alinhavadas as etapas da caminhada percorrida. Desse modo, a introdução de cada capítulo sempre irá anunciar o que virá a ser abordado nos próximos itens e a conclusão, deste mesmo capítulo, não apenas fará um breve apanhado do que foi discutido ali, como também irá anunciar o capítulo que se segue, demonstrando como ele se conecta ao capítulo que está sendo encerrado. Acredita-se que com esse recurso metodológico o leitor não perderá, hora nenhuma, o fio condutor que perpassa todo o desenrolar da construção da tese.

Esclarecidos esses aspectos de ordem metodológica e pedagógica, é preciso agora expor em linhas breves cada um dos objetivos específicos da pesquisa. Tal exposição destina-se não apenas ao melhor esclarecimento de como se tentará chegar ao objetivo principal, mas também a anunciar algumas das ideias que serão apresentadas e, ainda, a revelar como os capítulos encontram-se entrelaçados. Os objetivos específicos são quatro e, por consequência, quatro são os capítulos da tese. Eles foram dispostos, então, na seguinte ordem: o primeiro objetivo é sobrevoar a Dogmática Jurídica ao longo da história; o segundo, apresentar o conceito tradicional de sistema jurídico, segundo Norberto Bobbio; o terceiro, oferecer uma introdução ao sistema autopoiético do direito, a partir de Niklas Luhmann; e o quarto e último, reformular o conceito tradicional de sistema jurídico e propor uma nova concepção a partir da lição de Tercio Sampaio Ferraz Jr.

Com o primeiro objetivo específico, o intuito que se persegue sobrevoa a Dogmática Jurídica ao longo da história. Para tanto, tomou-se por base os escritos de Tercio Sampaio Ferraz Jr. a respeito. O escopo do capítulo é procurar mostrar como surgiu e amadureceu a Dogmática Jurídica através dos tempos e, por sua vez, como apareceu, a reboque dela, o conceito de sistema e qual era a sua configuração inicial. Como se verá no primeiro capítulo, o conceito de sistema irá surgir inicialmente no seio do jusnaturalismo moderno e, graças a essas contribuições, ele pôde experimentar um sensível avanço em períodos posteriores.

Já com o segundo objetivo específico, a pretensão que se procurará levar a efeito é a de apresentar o conceito tradicional de sistema jurídico, segundo Norberto Bobbio. No segundo capítulo, inicialmente, delimita-se o conceito tradicional de sistema jurídico de Hans Kelsen. Esse conceito é delimitado a partir de três características, a saber: unidade, completude e coerência. Mas, logo a seguir, no mesmo capítulo, passa-se a apresentar o conceito de sistema jurídico sustentado por Norberto Bobbio. A referência ao conceito de sistema jurídico proposto por Norberto Bobbio foi estratégica, como ali se procurará enfatizar. É estratégica seja porque Bobbio apresenta muito bem o conceito proposto por Hans Kelsen, seja porque as divergências são muito interessantes entre os autores, seja porque o conceito que Bobbio irá sustentar, em grande medida, é um conceito de sistema jurídico de transição, o que já abre espaço para a oferta de um novo conceito de sistema jurídico.

Com o terceiro objetivo específico, a meta que se pretende perseguir é a de oferecer uma introdução ao sistema autopoiético do Direito, a partir de Niklas Luhmann. Aqui, o intuito é apresentar ao leitor, em suas linhas básicas, o conceito de sistema autopoiético do qual o sociólogo alemão, Niklas Luhmann, se vale para explicar o funcionamento da sociedade moderna e de seus subsistemas sociais, dentre eles, o do Direito. Antes de se chegar a essa explicação, o capítulo irá apresentar os laços e as diferenças entre os sociólogos Talcott Parsons e Niklas Luhmann, dado que o segundo foi aluno do primeiro e essa circunstância não pode ser desprezada na análise da teoria elaborada por ele. Logo a seguir, o capítulo dedica-se a mostrar como era o pensamento de Luhmann antes do surgimento do conceito de autopoiese e as mudanças desse pensamento após o surgimento desse conceito. Por fim, o capítulo dedica grande atenção ao conceito de sistema autopoiético, em si, e o faz com intuito de que estas observações possam ser absolvidas, de algum modo, no próximo capítulo, quando da oferta de um novo conceito de sistema jurídico.

Por derradeiro, com o quarto e último objetivo específico, a tese se dedica a reformular o conceito tradicional de sistema jurídico e propor uma nova concepção a partir da lição de Tercio Sampaio Ferraz Jr. Nesse sentido, o capítulo se dedicará, simultaneamente, a apontar alguns dos equívocos do conceito tradicional de sistema jurídico e a oferecer um novo olhar sobre o conceito de sistema jurídico a partir da doutrina de Tercio Sampaio Ferraz Jr. Este novo olhar, em grande medida, como se procurará demonstrar, irá se socorrer também das contribuições da sociologia jurídica de Niklas Luhmann e do seu conceito de sistema autopoiético. Dessa forma, por exemplo, conceitos como o de unidade, norma fundamental, pirâmide normativa, dentre outros, serão analisados a partir de uma nova perspectiva e, por consequência, serão reformulados. Em suma, este último capítulo procurará fazer um esboço mínimo de um novo desenho de sistema jurídico, um sistema que seja muito capaz de dialogar com a sociedade moderna e as suas características.

Bem, como já anunciado acima, esses objetivos específicos, entrelaçados entre si, poderão, ou não, oferecer como conclusão para tese a ideia de que o conceito de sistema jurídico tradicional precisa ser reformulado e, no seu lugar, colocado um novo conceito. Essa conclusão, por ora, é temporária e precária, não é uma afirmação, mas uma hipótese a confirmar. Para que o leitor saiba se esta hipótese restará, ou não, confirmada, só o desenrolar da pesquisa e a leitura dos escritos produzidos poderão revelar a que conclusão se chegou. Boa leitura!

II

COMO SURGIU O CONCEITO DE SISTEMA? UM SOBREVOO SOBRE A DOGMÁTICA JURÍDICA AO LONGO DA HISTÓRIA

> "Em consequência, implicando toda decisão a existência de motivos decisórios, positivação passa a ser um fenômeno em que todas *as valorações, regras e expectativas de comportamento na sociedade têm de ser filtradas através de processos decisórios antes de adquirir validade jurídica* (Luhmann, 1972: 141). Em outras palavras direito positivo é não só aquele que é posto por decisão, mas, além disso, aquele cujas premissas da decisão que o põem também são postas por decisão. A tese de que só existe um direito, o positivo nos termos expostos, é o fundamento do chamado positivismo jurídico, corrente dominante, em vários matizes, no século XIX". FERRAZ JR., Tercio Sampaio. **Introdução ao estudo do direito**: técnica, decisão e dominação. 8. ed. São Paulo: Atlas, 2015, p. 49 (grifo nosso).

2.1. INTRODUÇÃO

Neste capítulo, faremos um longo, mas necessário, sobrevoo na maior parte da história da Dogmática Jurídica. E por quê? Por que "perder tanto tempo" escrevendo sobre a história da Dogmática Jurídica se a tese versa sobre uma nova proposta de sistema jurídico? Primeiro, porque, qualquer que seja a proposta que se faça sobre a noção de sistema jurídico, ela sempre será parte da Dogmática Jurídica e, também por isso, será um desdobramento dela. Afinal, o conceito de sistema jurídico não está apartado do campo de estudos da Dogmática Jurídica. Mas é só por esse motivo que irá se dedicar tanto esforço e tempo a este capítulo?

Não, lógico que não. Se o leitor açodado observar bem, perceberá que o próprio conceito de sistema jurídico e o seu soerguimento são desdobramentos da Dogmática Jurídica. Da nova Dogmática Jurídica que parece surgir neste início do século XXI? Não, de toda a história da Dogmática Jurídica, afinal, como se verá, a história não se constrói por meio de saltos, todos os acontecimentos estão interligados entre si de alguma maneira. Ora, se assim o é, forçoso é concluir que qualquer proposta que venha a se fazer acerca de uma nova concepção de sistema jurídico precisa valorizar a própria história do conceito de sistema, como ele surgiu, por que surgiu, para que foi imaginado, enfim, precisa explicar a história da Dogmática Jurídica. Por quê? Porque a história do conceito de sistema jurídico confunde-se com a história da Dogmática Jurídica, na medida em que a história do sistema é parte da história da dogmática.

Seguindo essa mesma linha de raciocínio, é possível também concluir que não será possível compreender o aparecimento do conceito de sistema jurídico se o texto e o seu autor não fizerem uma incursão longa, mas necessária, pela história da Dogmática Jurídica. Divergir de tal raciocínio é quase concluir que o aparecimento do conceito de sistema jurídico é uma mera obra do acaso. O acaso, e não se duvida do aspecto acidental dos acontecimentos da vida, não é, e não pode ser, a forma mais adequada de explicar o aparecimento do conceito de sistema jurídico e o seu posterior desenvolvimento.

Registre-se, no entanto, que o objetivo desta tese não é, exatamente, explicar o aparecimento do conceito de sistema jurídico. Destaco isso de modo a evitar qualquer mal-entendido. O objetivo é sustentar uma nova concepção de sistema jurídico para a Teoria do Direito ou Teoria Geral do Direito.

Por tudo isso, nas próximas páginas, faremos uma longa e demorada abordagem sobre a Dogmática Jurídica e como ela surgiu e evoluiu ao longo da história. Notar-se-á que, na Era Moderna, mais especificamente, a partir do âmago da Dogmática Jurídica, irá brotar o conceito de sistema jurídico, inicialmente imaginado pelo Jusnaturalismo Moderno. E será este conceito, ainda rudimentar, que dará ensejo à concepção de sistema tradicional sustentada, por exemplo, por Hans Kelsen e já, de algum modo, remodelada por Norberto Bobbio. Mas a esta concepção tradicional de sistema jurídico se dedicará todo o segundo capítulo. No momento, interessa-nos apenas revelar que esta concepção (a tradicional de sistema) será, ainda que de forma tímida, apresentada quase que no final deste capítulo. Tudo de modo a conectar este capítulo ao próximo.

Mas antes de iniciar essa jornada histórica, sou obrigado a chamar a atenção para algo, a saber: deixarei de lado, durante as próximas páginas, a minha preocupação mais imediata com a proposta de uma nova concepção de sistema jurídico. Assim, deixo claro tal circunstância para que não se conclua equivocadamente que a tese e o seu autor perderam o foco na condução do trabalho e da escrita. Não, definitivamente não. O que foi escrito nas próximas páginas foi feito de modo intencional.

Logo, não se deve concluir que o trabalho perdeu a sua linha condutora. Ou, por outro lado, que nada do que foi dito ao longo do capítulo é relevante para a abordagem do tema e para a sustentação da proposta. A nosso ver, tal conclusão, além de açodada, seria equivocada. Por isso, desde já, advertimos ao leitor para que não incorra nesse raciocínio. À medida que os capítulos forem sendo desenvolvidos e o elo entre eles for surgindo, o leitor perceberá o fio condutor que orienta a trajetória desta tese. Por ora, cabe-nos dizer apenas que as boas histórias não são nem as longas nem as curtas, mas aquelas que nos proporcionam um desfecho surpreendente. Comecemos a jornada sobre o Direito e a sua Dogmática Jurídica pela origem.

Por fim, um último esclarecimento. Por que fazer todo o sumário deste capítulo com frases interrogativas? Foi algo acidental? Não, não foi. A intenção é mostrar, primeiro, que a Filosofia do Direito, muito presente neste trabalho, está sempre muito mais comprometida em fazer perguntas do que em oferecer respostas. Respostas têm sempre algo de dogmático. Ora, uma tese como esta, que trata sobre uma nova concepção de sistema jurídico, pode ser acusada de tudo, menos de ser dogmática em si. Ela pode até tratar sobre a dogmática, mas não será dogmática. Ela pode até oferecer propostas, mas não serão respostas. Respostas pretendem ser definitivas. Propostas partem da premissa de que são construções abertas a serem discutidas. Portanto, os itens foram pensados em forma interrogativa para induzir o leitor a perceber que a história, quando recontada, pode sempre revelar novas nuances e, por isso, ser reformulada para, logo a seguir, ser reconstruída. Vamos à origem do Direito.

2.2. O DIREITO E O CONHECIMENTO DO DIREITO? O PROBLEMA DE SUA ORIGEM

A partir agora, se irá discorrer sobre a origem, os significados e as funções do Direito. O caminho de aproximação com o tema conduziu este trabalho, dentro de um cenário de compreensão do direito como simbolismo, à ideia de *retidão* e *equilíbrio*[1] e a perceber o Direito como aquilo que simboliza a retidão e o equilíbrio. Retidão, simbolicamente, porque o fiel da balança deve ficar reto de cima a baixo, daí a expressão *de + rectum* e, talvez por isso, daí a origem da palavra "direito". Direito como aquilo que é reto. E equilíbrio, ainda no campo dos símbolos, porque Direito deve ser também o equilíbrio dos pratos da balança. Equilíbrio esse que será sinalizado pelo fiel da balança quando ele se mostra reto de cima a baixo. Essa noção, todavia, é claramente vaga e exige, por seu turno, algumas especificações e explicações.

1. FERRAZ JR., Tercio Sampaio. **Introdução ao estudo do direito**: técnica, decisão e dominação. 8. ed. São Paulo: Atlas, 2015, p. 30.

Pode-se observar, deste modo, que, seguindo o raciocínio de fazer uma análise do problema a partir da linguagem, a palavra *Diké*[2], que dava nome à deusa grega da Justiça, decorria de um vocábulo que significava limites das terras de um homem[3]. Ou seja, a raiz da palavra *Diké* nos remete à ideia de limite, daquilo que demarca, que traça os limites das terras de um homem na Antiguidade. Isso nos remete a uma outra conotação da expressão. Sim, isso mesmo, a palavra *diké* teria como raiz uma palavra que, ao enfatizar a noção de limite, de demarcação de um pedaço de chão, termina por nos remeter a ideia de *propriedade*[4], *de algo próprio, o que é de cada um.*

Isto explica, por seu turno, a vinculação da palavra *Direito* com a noção de devido, de exigível e, por consequência, com o conceito de culpa.

---

2. Outros estudiosos de mitologia grega denominam a deusa da justiça como Têmis. Nesse sentido, escreve Commelin: "Têmis, filha do Céu e da Terra, ou de Urano e Titéia, era irmã mais velha de Saturno e tia de Júpiter. A fábula diz que ela queria guardar sua virgindade, mas que Júpiter forçou-a a casar-se com ele e que a fez mãe de três filhas, a Equidade, a Lei e a Paz. Dizem, ainda, ser Têmis mãe das Horas e das Parcas. No Olimpo esta deusa está sentada perto do trono de Júpiter (o equivalente a Zeus na mitologia grega); ajuda o deus dos deuses com os seus conselhos, que são todos inspirados na prudência e no amor à justiça. Preside ou assiste às deliberações dos deuses. É ela que Zeus encarrega das missões mais difíceis e importantes. Consideravam-na como deusa da Justiça, cujo nome atribuíram-lhe. (...) Seus atributos ordinários são os da Justiça: a balança e a espada, ou um feixe de machados rodeados de varas, símbolo da autoridade entre os romanos. Uma das mãos na extremidade de um cetro é outro atributo seu. Algumas vezes representam-na com uma venda nos olhos para designar a imparcialidade que convém ao caráter do juiz". COMMELIN, P. **Mitologia grega e romana**. Tradução Eduardo Brandão. 2. ed. São Paulo: Martins Fontes, 1997, p. 69-70.

3. FERRAZ JR., Tercio Sampaio. **Introdução ao estudo do direito**: técnica, decisão e dominação. 8. ed. São Paulo: Atlas, 2015, p. 30.

4. Neste ponto, vale trazer à baila a hipótese de *estado da natureza* imaginada por Jean-Jacques Rousseau. Isto porque, na obra dele, o conceito de propriedade aparece com grande destaque, sobretudo para fins de explicar o momento que, segundo ele, precede ao surgimento do Estado Moderno. Iremos transcrever, a seguir, um pequeno trecho. Convém lembrar, no entanto, que do ponto de vista antropológico, a hipótese de Rousseau é, diametralmente, oposta à imaginada por Thomas Hobbes. Enquanto o primeiro imagina o homem como alguém, naturalmente, bom e que foi corrompido, dentre outras coisas, pelo conceito de propriedade, o segundo parte do pressuposto de que a natureza do homem é, na sua essência, ruim e, por este motivo, é preciso lançar mão do Direito, sem o que a convivência social restaria inviável.

E por quê? Porque se Direito é aquilo que delimita a terra e traça a fronteira entre aquilo que é meu e o que é do outro, então, por consequência, o Direito está atrelado também a ideias de obrigação e de responsabilidade. Isso nos permite entender, então, por que a partir da mesma expressão, Direito, é possível extrair outras conotações como pretensão, pecado, processo, pena e pagamento, todas elas ideias que gravitam em torno do conceito de Direito. Nesses moldes, então, *Diké*, em sentido bem amplo, era o poder de estabelecer o equilíbrio social por meio da justa distribuição de direitos e deveres.

Quando se observa as *sociedades primitivas*[5], esse poder atribuído ao Direito caracteriza-se, predominantemente, pelo elemento organizador, fundado originalmente no *princípio do parentesco*[6]. Ou seja, o problema

---

5. Quando fazemos uso da expressão sociedade primitiva, estamos pensando em sociedades bem mais antigas e menos desenvolvidas que a sociedade grega que precedeu ao nascimento de Cristo. Aqui, neste ponto, seria interessante que o aluno aprofundasse as suas leituras tanto em Antropologia Jurídica quanto em Etnologia Jurídica. Sobre a diferença entre a Antropologia e a Etnologia Jurídica, consulte: SACCO, Rodolfo. **Antropologia jurídica – contribuição para uma macro-história do direito**. Tradução Carlos Alberto Dastoli. São Paulo: Martins Fontes, 2013, p. 22-27.

6. Escreve Rodolfo Sacco sobre o caçador, a família e o personagem dominante: "O homem caçador e coletor, que não pratica a divisão do trabalho, não conhece a distinção entre o armado e o desarmado; na sua sociedade, os machos adultos carregam a arma (que serve para a caça e a defesa); os grupos humanos, autossuficientes e não vinculados a uma autoridade superior, são pequenos; em seu interior a figura dominante tem poderes limitados. A base mais consistente da ordem social é dada pela obediência dos jovens em relação aos adultos do grupo; com ela, os primeiros retribuem os cuidados, o ensino e, sobretudo, a proteção que recebem dos segundos. A obediência da criança ao adulto não necessita de explicações sofisticadas. A proteção confiada ao adulto é a salvação do mais novo; este retribui com uma admiração que o torna depois propenso a atuar como o adulto lhe impõe. Entre os adultos distingue-se um personagem 'dominante'. Instintos inatos sugerem-lhe que guie o grupo, e aos outros que se submetam. Mecanismos de seleção de vários tipos indicarão qual adulto deve ser o dominante (a função dominante é bem desenvolvida nas sociedades animais. Estudá-la na sociedade humana é tarefa do etólogo). Não será estranho ao critério da promoção a força física do sujeito escolhido e sua capacidade de intimidar os outros. A ela se combinará a atitude (reconhecida pelos outros adultos da horda) de prover a determinadas necessidades da comunidade e de protegê-la. Em sua versão mais antiga, o poder do homem sobre o homem baseia-se, portanto, na relação de proteção-educação e nas relações de força. Se considerarmos *natural* e espontâneo aquilo que acompanha o homem ao longo de suas transformações, julgaremos natural e espontâneo o

do Direito, nas sociedades antigas, era organizar essa sociedade, de modo a promover o equilíbrio social. Essa organização, por sua vez, tomava como "pedra fundamental" o princípio do parentesco. Desse modo, todas as estruturas sociais, que por sinal, neste momento, ainda não se especificaram de modo claro (por exemplo, o líder religioso é, também, ao mesmo tempo, o líder político, o curandeiro etc.), são norteadas pelo princípio do parentesco. Tal princípio é aplicável, então, tanto para as relações econômicas quanto para as relações culturais, o que divide e organiza a comunidade em famílias[7], grupo de famílias, clãs, grupo de

---

poder do pai sobre o filho e o poder do sujeito tornado dominante pela própria força e pelas próprias capacidades. E diremos que a natureza levou o homem a estruturar relações de poder percorrendo dois itinerários diferentes. De fato, na relação entre pai e o filho prevalecem os elementos postos a favor do sujeito que obedece, ou seja, da prole, ao passo que na relação entre o personagem dominante e o gregário, as gratificações vão essencialmente para o sujeito do poder". Cf. SACCO, Rodolfo. **Antropologia jurídica – contribuição para uma macro-história do direito**. Tradução Carlos Alberto Dastoli. São Paulo: Martins Fontes, 2013, p. 156-157.

7. Veja o que discorre Jean-Jacques Rousseau sobre as primeiras sociedades: "A mais antiga de todas as sociedades, e a única natural, é a da família. As crianças apenas permanecem ligadas ao pai o tempo necessário que dele necessitam para a sua conservação. Assim que cesse tal necessidade, dissolve-se o laço natural. As crianças, eximidas da obediência devida ao pai, o pai isento dos cuidados devidos aos filhos, reentram todos igualmente na independência. Se continuam a permanecer unidos, já não é naturalmente, mas voluntariamente, e a própria família apenas se mantém por convenção. Esta liberdade comum é uma consequência da natureza do homem. Sua primeira lei consiste em proteger a própria conservação, seus primeiros cuidados os devidos a si mesmo, e tão logo se encontre o homem na idade da razão, sendo o único juiz dos meios apropriados à sua conservação, torna-se por aí o seu próprio senhor. É a família, portanto, o primeiro modelo das sociedades políticas; o chefe é a imagem do pai, o povo a imagem dos filhos, e havendo nascido todos livres e iguais, não alienam a liberdade a não ser em troca da sua utilidade. Toda a diferença consiste em que, na família, o amor do pai pelos filhos o compensa dos cuidados que estes lhe dão, ao passo que, no Estado, o prazer de comandar substitui o amor que o chefe não sente por seus povos. Grotius nega que todo poder humano seja estabelecido em favor dos governados. Sua mais frequente maneira de raciocinar consiste sempre em estabelecer o direito pelo fato. Poder-se-ia empregar um método mais consequente, não, porém, mais favorável aos tiranos. É, pois, duvidoso, segundo Grotius, saber se o gênero humano pertence a uma centena de homens, ou se essa centena de homens é que pertence ao gênero humano, mas ele parece pender, em todo seu livro, para a primeira opinião. É este também o sentimento de Hobbes. Eis assim a espécie humana dividida em rebanhos de gado, cada qual com o seu chefe a guardá-la, a fim de a devorar. Assim como um pastor é de natureza superior à de seu rebanho, os pastores de homens, que são seus chefes, são igualmente de

clãs[8] etc. Em outras palavras, a comunidade é a soma de diferentes famílias. Dentro de cada família, como se pode deduzir, o seu líder era o pater familias.

Por sua vez, dentro da comunidade, todos são *parentes*. O não parente é uma figura estranha, que não participa da comunidade, que é alheia a ela e que, por isso, deve ser colocado para fora dela. Nesse contexto, as alternativas de comportamento são, deste modo, muito reduzidas, resumindo-se, basicamente, em duas opções, ou seja, "ou é isto, ou é aquilo". Dito de outro modo, as opções limitam-se a um "tudo ou nada". O indivíduo, dentro da comunidade, só é alguém porque pertence a uma família, por fazer parte de um clã. O poder de estabelecer o equilíbrio social vincula-se, deste modo, ao parentesco. O indivíduo ingressa em uma família seja por meio do nascimento, seja pelo casamento. Nesse contexto do direito arcaico, só há espaço para uma única ordem: a ordem existente que é, por sinal, compreendida como a única possível, vez que é entendida como a ordem querida pela divindade (pelos deuses, no plural) e, por este motivo, sagrada[9].

Repita-se, o Direito, nesta época arcaica, muito antes da civilização grega, é compreendido como a ordem *querida* pelos deuses (e não *criada* por um deus). Disso decorre que o Direito, nesta sociedade, obriga tanto

---

natureza superior à de seus povos. Desta maneira raciocinava, no relato de Fílon, o imperador Calígula, concluindo muito acertadamente dessa analogia que os reis eram deuses, ou que os povos eram animais. O raciocínio de Calígula retorna ao de Hobbes e ao de Grotius. Aristóteles, antes deles todos, tinha dito que os homens não são naturalmente iguais, e que uns nascem para escravos e outros para dominar. Aristóteles tinha razão, mas ele tomava o efeito pela causa. Todo homem nascido escravo nasce para escravo, nada é mais certo: os escravos tudo perdem em seus grilhões, inclusive o desejo de se livrarem deles; apreciam a servidão, como os companheiros de Ulisses estimavam o próprio embrutecimento. Portanto, se há escravos por natureza, é porque houve escravos contra a natureza. A força constituiu os primeiros escravos, a covardia os perpetuou". ROUSSEAU, Jean-Jacques. **O contrato social e outros escritos**. Tradução Rolando Roque da Silva. São Paulo: Cultrix, 1980, p. 22-23.

8. FERRAZ JR., Tercio Sampaio. **Introdução ao estudo do direito**: técnica, decisão e dominação. 8. ed. São Paulo: Atlas, 2015, p. 30.

9. Idem, ibidem, p. 30.

aos homens como aos deuses. Cabem a eles, os deuses, por sinal, a tarefa de defender o Direito, a ordem existente, bem como de o impor, como verdadeiros guardiões ou vigias que zelam pela obediência das regras. Contudo, naquela época, anterior ao aparecimento da tradição judaica e, por consequência, também anterior à tradição cristã, não cabiam aos deuses produzir o Direito nem, muito menos, modificá-lo. Vale lembrar que, nesse período, a concepção que se tinha sobre os deuses era predominantemente politeísta. Por conta disso, não havia a ideia de um grande Deus, e único, que fosse o criador de todas as coisas, do universo e, por consequência, também da ordem jurídica. Essa ideia de um deus criador do Direito só viria a ser defendida com toda força na Idade Média, por meio do direito natural medieval[10].

O estabelecer o que é de cada um, de acordo com a sua posição nas relações de parentesco, por exemplo, se figura como pai ou como filho, mostra, por conseguinte, que, primitivamente, havia uma clara preferência pelo Direito concebido como uma forma rígida (inalterável, universal e dada) de distribuição social. Ou seja, o que é de cada um foi dado, não resulta da escolha dos homens, é imutável, não oscila no tempo, e é universal, dirige-se a todos, não mudando de comunidade para comunidade. Nesse contexto, pois, aquele que viola a norma jurídica, a ordem existente, deve ser imediatamente expulso da comunidade, e, dessa forma, condenado a sua própria sorte, pois deveria ser lançado aos lobos. Fazer parte da comunidade significava, pois, ter uma maior chance de sobreviver aos perigos impostos pela natureza. Logo, ou se está dentro da comunidade e, portanto, obedecendo ao direito que a regula, ou se está fora dela[11].

---

10. BOBBIO, Norberto. **Positivismo jurídico – lições de filosofia do direito**. Tradução e notas Márcio Pugliesi, Edson Bini, Carlos E. Rodrigues. São Paulo: Ícone, 1995, p. 19-20.

11. GURVITCH, Georges. **Traité de sociologie**. Paris: Presses Universitaires de France, 1960, p. 198. Consulte-se, ainda, FERRAZ JR., Tercio Sampaio. **Introdução ao estudo do direito**: técnica, decisão e dominação. 8. ed. São Paulo: Atlas, 2015, p. 31.

Compreendido desse modo, o Direito se confunde com as maneiras características (ou peculiares) de agir do povo (*folkways*)[12]. Por exemplo, o ato de se sentar em cadeiras ou no chão, a prática de comer só ou em grupo, o hábito de usar roupas para transitar pela cidade são alguns exemplos disso que estamos chamando aqui de *modos característicos de agir de um povo*. Esses modos característicos são compreendidos como particularmente importantes para a vida do grupo (*mores*) e são manifestados em forma de regras gerais. Ou seja, esses modos são aquilo que, no sentido primitivo, poderíamos denominar como *costumes*. Regras derivadas de um hábito, que gozam do *status* de obrigatoriedade, compartilhadas pela maioria da sociedade, que surgem, naturalmente, no próprio processo de convivência social e que preservam a própria sociedade, na medida em que garantem a ordem social. Elas são, aliás, a noção original da palavra moral. *Mores* (ao pé da letra, significa comportamento) é a palavra em latim que dá origem à palavra *moral*. Logo, a palavra moral, em sentido arcaico, confunde-se com a ideia de costume, desde que não se compreenda a palavra costume aqui do modo como ela é compreendida atualmente. Deve-se compreender por costume aqui a ideia de comportamento que se repete e que é compartilhado pela maior parte da sociedade.

Esse modo característico de agir de um povo fica mais nítido, primariamente, quando o comportamento de alguém ou de um grupo frustra uma expectativa (a contingência da norma) consagrada pelas regras. O desiludido, aliás, em situações como essa, reage ou sob a forma de uma explosão de ira, ou se valendo de uma vingança, ou lançando maldições sobre aquele que violou a norma, dentre outras possibilidades[13]. Apenas para dar um exemplo, imagine-se uma regra que prescreve a expectativa geral de que ninguém deve tocar o alimento destinado aos

12. FERRAZ JR. Op. cit., 2015, p. 31.

13. PIERSON, Donald. **Teoria e pesquisa em sociologia**. São Paulo: Revista dos Tribunais, 1968, p. 137.

deuses. Algo parecido, ainda hoje, por exemplo, se vê em alguns ritos da umbanda e do candomblé. Essa regra só é percebida, efetivamente, quando alguém resolve infringi-la e come o alimento dado em oferenda aos deuses. Daí por que, quando isso acontece, o indivíduo é amaldiçoado por algum líder religioso ou excomungado por ele, sendo, por isso, expulso da comunidade. Depreende-se daí que as superstições são exemplos de normas de convivência primitiva, cujas sanções seriam as maldições.

Essa forma maniqueísta (estilo tudo ou nada) de manifestação do Direito é atenuada pela intervenção de sacerdotes ou de juízes esporádicos que, funcionando como guardiões do Direito existente, regulam a sua aplicação. Contudo, essa regulação da aplicação não se separa do próprio Direito, afinal, o Direito e a sua aplicação não são realidades independentes uma da outra, de tal maneira que não se pode falar do *conhecimento*[14] do Direito como algo dele separado. Aí, nesse momento da história, Direito e conhecimento do Direito são, ainda, uma só coisa. Logo, se assim o é, o conhecimento do Direito e a sua prática (a sua aplicação) não se diferenciam[15]. A existência do Direito, o ato de guardá-lo, zelando pela preservação de suas normas, a sua aplicação e o saber do Direito,

14. FERRAZ JR., Tercio Sampaio. **Introdução ao estudo do direito**: técnica, decisão e dominação. 8. ed. São Paulo: Atlas, 2015, p. 31.

15. Essa diferenciação já é, em si, resultado de um longo processo de evolução social que torna o improvável provável e aumenta, por consequência, a complexidade do mundo. Nas palavras de Niklas Luhmann, "isso tudo não representa um processo necessário, mas apenas um processo possível e que participa da criação de suas próprias condições, através da formação de sistemas. Para compreendê-lo como processo temos que voltar-nos para a teoria da evolução. Parece que tanto no campo orgânico quanto no sentido da evolução de sistemas complexos é necessária a ação conjunta de três tipos de mecanismos: (1) mecanismo de *geração de variedade* no sentido de uma superprodução de possibilidades; (2) mecanismo de *seleção das possibilidades aproveitáveis*; (3) mecanismos de *manutenção e estabilização* das possibilidades escolhidas, apesar do campo de escolha permanecer complexo e contingente. Essa combinação representa uma condição para a descoberta e a manutenção de características relativamente improváveis do sistema – ou seja, para que ao longo da evolução o improvável torne-se provável e aumente a complexidade do mundo". Cf. LUHMANN, Niklas. **Sociologia do direito I**. Tradução: Gustavo Bayer. Rio de Janeiro: Tempo Brasileiro, 1983, p. 175.

todas essas facetas, enfim, ainda são, nesta época, uma só coisa. Isso reflete, em boa medida, a própria sociedade. Uma sociedade primitiva, nada diferenciada, não poderia ter um outro tipo de Direito senão um Direito também muito simples e pouco diferenciado.

Com o desenvolvimento das sociedades, provocado seja pelo seu aumento quantitativo (o crescimento da população), seja pelo aumento da complexidade das interações humanas possíveis (o aumento dos tipos de relações possíveis que um indivíduo pode manter com o outro), o princípio do parentesco, por ser demasiadamente simples, por dar apenas duas opções de comportamento (ou tudo ou nada), é, por isso, pouco a pouco, substituído por uma ordem jurídica um pouco mais complexa. Essa nova ordem jurídica que, paulatinamente, vai surgindo oferta outras possibilidades de conduta, além de regular outras relações sociais possíveis. O fator determinante dessa mudança gradativa da ordem jurídica é, como não poderia deixar de ser, a própria organização social que, com suas demandas e necessidades, exige do Direito que ele se sofistique. É possível afirmar, sem risco de errar, que, à medida que as relações sociais vão se diferenciando, o Direito, a reboque, também o vai.

Quando se volta, então, a observação para as culturas pré-modernas (como as da China, da Índia, da Grécia Antiga e da Roma Antiga)[16], surge

16. "As culturas adiantadas anteriores à era moderna formam-se em sociedades com uma *diferenciação funcional incompleta.* Tanto no campo político, quanto no econômico já existem centros funcionais que se justificam pela especificidade de seus desempenhos. Existem templos, igrejas ou mosteiros, sacerdotes e sábios que se ocupam não mais apenas com a interpretação religiosa dos eventos, mas com a interpretação da própria religião. Existem mercados ou locais de armazenamento e distribuição que servem para a compensação de necessidades também entre não parentes. Existe uma dominação política em certo grau capaz de tomar decisões e, normalmente, de impô-las, mais poderosa que todas as forças individuais do país, sendo então imprescindível por causa desse desempenho ordenador em termos políticos e administrativos. Vistos a partir da vida cotidiana, porém, esses centros funcionais, geralmente urbanos, governam apenas situações excepcionais. À margem deles, e de forma relativamente autônoma, a massa da população vive na antiga ordem de parentesco, nas 'casas' e em aldeias, ou eventualmente em estabelecimentos profissionais nas cidades. Mantém o padrão

um elemento novo que desencadeará uma série de modificações, a saber: o *mercado*. Os mercados viabilizam a equalização das necessidades entre os não parentes. É dizer, a partir do surgimento dos mercados, os "não parentes" ganham uma chance de integrar a sociedade e nela sobreviver, na medida em que, por exemplo, mesmo não fazendo parte de nenhuma família, terão o mínimo necessário para garantir a sua conservação dentro da sociedade. E as coisas se passam de tal modo, pois, agora, a posição de *comerciante*[17] dentro da sociedade deixa de ser determinada por sua situação na família, ou no clã. Dito de modo mais claro, comerciar deixa de ser uma atividade permitida apenas aos patriarcas das famílias.

E o que isso provoca? Isso enseja tanto um aumento da população das cidades, como maior diversificação das relações sociais mantidas dentro delas. E é nesse contexto que se irá testemunhar a diferenciação do poder político, o qual agora estará localizado em centros de administração, e se irá, gradativamente, assistir o processo de desvinculação do político de outras searas, por exemplo, a da religião, a da cultura ou, ainda, a da guerra. Em outras palavras, quando surgem os mercados, não é apenas a economia que se diferencia da política, ou seja, o comerciante que não se confunde mais com o governante. Não, não é apenas isso. Se dá início a um processo gradativo e cada vez mais rápido de diferenciação social. Por isso, se assistirá à diferenciação entre o governante e o líder religioso, entre a autoridade médica e o líder religioso, entre o líder religioso e a autoridade jurídica encarregada de decidir os conflitos, entre a autoridade jurídica e a autoridade da guerra, e assim sucessivamente. Governante não é o mesmo que pretor, pretor não é o mesmo que sacerdote, sacerdote

tradicional do modo de vida. Isso corresponde a uma maior necessidade em termos de direito, que mesmo assim parece reduzida a partir das concepções atuais". Cf. LUHMANN, Niklas. **Sociologia do direito I**. Tradução Gustavo Bayer. Rio de Janeiro: Tempo Brasileiro, 1983, p. 201-202.

17. FERRAZ JR., Tercio Sampaio. **Introdução ao estudo do direito**: técnica, decisão e dominação. 8. ed. São Paulo: Atlas, 2015, p. 31.

não é o mesmo que curandeiro, curandeiro não é o mesmo que general... Ou seja, a tendência que se inicia é a de que um só homem, a partir de agora, não acumula mais todas essas diferentes funções[18].

O primado do centro político é um dado importante, sobretudo para o direito como poder de estabelecimento do equilíbrio social. E quando se fala em primado do centro político, se deseja com isso ressaltar tanto a circunstância da seara política se desprender das demais e, pouco a pouco, galgar uma certa autonomia neste período da história, mesmo que se trate de uma autonomia tímida, como o fato de que, com isso, a seara política termina por se sobrepor às demais, na medida em que se converte no lugar de exercício do poder. Essa circunstância, como já ressaltado, tem grande importância para o Direito, sobretudo quando se compreende o Direito como o poder de estabelecimento do equilíbrio social, ou seja, como o centro de poder a partir do qual se fará a justa distribuição de direitos e deveres entre aqueles que participam da sociedade[19].

Nesse sentido, convém lembrar que as comunidades se organizam em *polis* ou sociedade política (*civitas sive societas civilis*, ao pé da letra, estado ou da sociedade civil). E o que se quer dizer com isso? Que as

---

18. Contudo, esse processo de diferenciação social é lento, só se acentuando a partir do início da Era Moderna. O que permite entender por que, na Idade Média, como leciona Jacques Le Goff, o cenário não é, ainda, o de uma diferenciação social plena. Escreve Le Goff, referindo-se aos intelectuais: "Antes, apenas as classes sociais estabelecidas por Adalbéron de Laon – aquele que reza, os clérigos; aquele que protege, os nobres; aquele que trabalha, os servos – é que correspondiam a uma verdadeira especialização entre os homens. O servo, se cultivasse a terra, além de camponês era também artesão. O nobre, soldado, era também proprietário, juiz, administrador. Os clérigos – sobretudo os monges – eram frequentemente tudo isso ao mesmo tempo. O trabalho do espírito era apenas uma de suas atividades. Não era um fim em si, mas ajustado ao resto de sua vida, voltado para a Regra, no sentido de Deus. Ao acaso de sua existência monástica, eles podiam assumir momentaneamente a figura de professores, de eruditos, de escritores. Aspecto fugaz, sempre secundário, de sua personalidade". LE GOFF, Jacques. **Os intelectuais na Idade Média**. Tradução Marcos de Castro. Rio de Janeiro: José Olympio, 2006, p. 29.

19. FERRAZ JR., Tercio Sampaio. **Introdução ao estudo do direito**: técnica, decisão e dominação. 8. ed. São Paulo: Atlas, 2015, p. 31.

comunidades se organizam a partir de uma forma hierárquica de domínio baseada na ideia de prestígio. Essa circunstância, por seu turno, nos leva a símbolos que determinam quem é quem na sociedade. Esses símbolos demarcam, então, as relações de *status* dentro da sociedade, de modo a identificar quem tem poder nas relações sociais. Por força disso, então, surgem modos distintos de falar ou uma linguagem própria. Uma linguagem própria seja daqueles que mandam, seja daqueles que são controlados. Desse modo, o Direito, compreendido como ordem, começa a se atrelar aos homens enquanto tais. Nasce daí a ideia do homem enquanto ser livre, ou seja, enquanto *cives* (cidadão). E disso resulta que nem todo homem é livre, só os cidadãos é que o são. Nesse sentido, é sintomática a obra de Aristóteles[20].

A partir do momento em que o conceito de cidadão surge e que com ele emerge a ideia de que só os cidadãos são detentores de direitos, isso demandará, por parte do Direito, que ele também se transforme. O Direito, então, passa a se manifestar por meio de *fórmulas prescritivas de validade permanente*[21], que não se vinculam mais necessariamente às relações de parentesco. Essas fórmulas prescritivas reconhecem, agora,

20. Diogo Freitas do Amaral, dissertando acerca do pensamento político de Aristóteles, pondera: "Com ARISTÓTELES há, no pensamento político grego, um certo regresso a PÉRICLES e aos ideais e valores da democracia ateniense, em contraste com a orientação favorável a Esparta que detectamos em XENOFONTE e em PLATÃO. Aristóteles é partidário do bom senso, do equilíbrio, da moderação – isto é, em sentido grego, da virtude. Para ele, o ideal a atingir não é a Cidade justa, mas, sim, o bom cidadão, o cidadão virtuoso, o cidadão justo, orientado para a felicidade por um Estado ético e tutelar. Por outro lado, não encontramos no Estagirita um projeto de sociedade ideal – utópico, irrealizável, forçado – à maneira de Platão. Aristóteles interessa-se mais pela análise científica do que pela proposta política: ele não foi um político, foi um politólogo. Por isso, o seu tratado assenta na observação dos fatos, dos regimes, das constituições, e extrai do material recolhido nessa análise o estabelecimento de tipologia, classificações e comparações, bem como a dedução de regularidades, relações causais e leis científicas". AMARAL, Diogo Freitas do. **História das ideias políticas**. Coimbra: Almedina, 2004, v. 1, p. 112.

21. FERRAZ JR., Tercio Sampaio. **Introdução ao estudo do direito**: técnica, decisão e dominação. 8. ed. São Paulo: Atlas, 2015, p. 31.

certas possibilidades de escolha por parte dos cidadãos, o que abre caminho para a participação deles na vida da cidade. Estava criada a ideia de liberdade participativa. Ser cidadão é, antes de mais nada, ter a liberdade de participar dos rumos da cidade, da sua vida política[22].

Nessa nova conjuntura, o Direito continua sendo uma ordem que perpassa todos os setores da vida social (política, econômica, religiosa, cultural etc.), mas que não se confunde com eles. Nesse estágio da sociedade, torna-se possível contrapor o sacerdote ao guerreiro, o pai ao filho, o comerciante ao governante, sem que, antecipadamente, o Direito identifique-se com o comportamento deste ou daquele[23]. Em outros termos, surgem aqui duas novas variáveis. A primeira, a sociedade começa a se diferenciar em diversos setores ou meandros (econômico, religioso, político etc.) e nenhum deles se sobrepõe ao outro. Ou seja, o guerreiro não tem mais autoridade que o sacerdote, por exemplo. E a segunda, e mais importante, o direito não se identifica com nenhuma dessas searas da sociedade nem com nenhum dos grupos que delas façam parte. O direito não está sempre ao lado do sacerdote, por exemplo, no caso de um eventual conflito com o guerreiro.

E o que isso acarreta? Que o direito, agora, não se vale mais da fórmula simplificadora baseada no "tudo ou nada". Já não é mais possível a ideia

22. Segundo Diogo Freitas do Amaral, Cícero, na Roma Antiga, chega a falar em *dever de participação política*. Dissertando acerca do tema, escreve o professor português: "O tratado *De República*, na forma em que chegou até nós, começa pelo enunciado do que CÍCERO considera ser o primeiro dos deveres que a moral social impõe aos homens – a participação na vida política. Nesta época gozava de bastante fama uma outra escola, a dos epicuristas, que defendiam a abstenção do cidadão relativamente à vida política, usando dois argumentos – o primeiro, o de que não é bom para a vida, ou para a alma, fazer política; e o segundo, o de que não vale a pena fazê-la, porque o cidadão virtuoso ou o filósofo não poderá nunca influenciar positivamente a política do seu país. Ora CÍCERO opõe-se frontalmente a esta ideia. Reconhecendo embora que a política tem grandes custos e implica muitos sacrifícios e perigos, entende que é um dever para todos os cidadãos participar na vida política". AMARAL, Diogo Freitas do. **História das ideias políticas**. Coimbra: Almedina, 2004, v. 1, p. 138.

23. FERRAZ JR. Op. cit., p. 31-32.

sustentada a partir do princípio do parentesco, qual seja, a de que só os parentes têm direito. Agora, o cidadão, que pode ser guerreiro, sacerdote, comerciante ou governante, tem direitos, pouco importando o papel que ele exerça na sociedade. Mesmo que nem todos sejam cidadãos, só o fato de todos os cidadãos passarem a ter direitos já exige do Direito que ele se torne mais complexo do que era antes. Nesse contexto, por exemplo, o contraventor deixa de ser alguém que está *fora* do Direito, porque *fora* da comunidade (ou foi expulso ou é estrangeiro)[24]. O contraventor, agora, pode ser um dos cidadãos e, como tal, pode agora invocar o *mesmo* direito que o outro invoca contra ele, *dentro* da comunidade. Em suma, o mesmo Direito que serve de base para acusar e jugar alguém serve, também, para que este alguém se defenda e acuse a quem lhe acusa. O Direito não pertence mais a alguém, todos (os cidadãos) podem, a partir dele, sustentar diferentes pretensões.

O direito, como ordem, perde o seu caráter maniqueísta (tudo ou nada). Supera-se, deste modo, a visão da sociedade primitiva que via o Direito como o *bem*, em oposição ao *ilícito* (antijurídico) que era identificado, por aquelas sociedades, como sendo o *mal.* Nessa visão, como se vê, só o lícito faz parte do Direito. O ilícito está excluído dele. A partir das culturas pré-modernas, como a da Grécia Antiga, essa visão sobre o Direito começa a se modificar, de modo a dispor, gradativamente, tanto sobre o que é lícito quanto sobre o que é ilícito. Por isso, o tratamento dispensado ao comportamento desviante encaminha-se agora para *procedimentos decisórios regulados*[25].

A infração é vista como um conflito e, como tal, ela deve ser submetida a um procedimento que, por sua vez, será disciplinado por uma série

24. FERRAZ JR., Tercio Sampaio. **Introdução ao estudo do direito**: técnica, decisão e dominação. 8. ed. São Paulo: Atlas, 2015, p. 32.

25. Idem, ibidem.

de regras. Regras que irão regular todo o desenrolar do processo. Tudo de modo a que, ao fim do procedimento, resulte dali uma decisão. Quando isso acontece, os conflitos passam a exigir uma instância, uma espécie de centro onde o poder de decidir os conflitos deve ser exercido. Essa instância nada mais era do que a jurisdição. Nascia aí, neste momento, os conceitos a ele correlatos, a saber: juiz, partes, tribunais, defensores etc. E por que, agora, era preciso tantos profissionais ao redor da decisão do conflito? Porque o Direito agora engloba, ao mesmo tempo, tanto o que é lícito quanto o que é ilícito. Por conseguinte, o ilícito passa a ser visto como um comportamento *jurídico*[26], só que proibido.

Como se vê, à medida que a sociedade vai se tornando mais complexa e o Direito, por conta dela, também, assiste-se a uma *progressiva procedimentalização do direito*[27]. Essa progressiva procedimentalização provoca, por sua vez, o aparecimento de um *grupo especializado*[28], com um papel social peculiar: refiro-me aos juristas. Eles desenvolvem uma *linguagem própria*, com critérios próprios, formas probatórias específicas, justificações independentes, dentre outras circunstâncias. À medida que isso ganha corpo, começa, quase que "naturalmente", o processo de separação entre o exercício político, econômico e religioso do poder, de um lado, e o *exercício do poder argumentativo*, de outro. Nasce e se desenvolve a partir daí a arte de conhecer, elaborar e trabalhar o Direito. Em suma, sociedades mais avançadas exigem um Direito mais sofisticado, e um Direito mais sofisticado demanda um grupo especializado.

---

26. FERRAZ JR., Tercio Sampaio. **Introdução ao estudo do direito**: técnica, decisão e dominação. 8. ed. São Paulo: Atlas, 2015, p. 32.

27. Idem, ibidem.

28. Quanto mais especializado o Direito e os juristas que com ele sabe lidar, mais hermética a língua que esses profissionais se valem para decidir os conflitos e, por consequência, maior a chance de que eles, os juristas, ignorem a realidade social. Como já nos dá conta um famoso brocardo jurídico, "o que não está nos autos não existe".

Disso resulta, como é possível perceber, que o *conhecimento do Direito, como algo diferenciado dele, é uma conquista tardia da cultura humana*. Por muitos anos, muitos anos mesmo, Direito e conhecimento do Direito eram uma coisa só. Se é que é possível afirmar que, em sociedades primitivas, muito antes das pré-modernas, seria possível falar em um conhecimento sobre o Direito. Seja como for, o certo é que a *distinção entre Direito-objeto (a norma jurídica) e Direito-ciência (a doutrina que se elabora sobre o Direito)* demanda que o fenômeno jurídico galgue uma abstração maior, desligando-se das relações concretas (como as de parentesco: o pai tem direito de vida e morte sobre o filho, porque é pai, sem que se questione por que a relação pai/filho identifica-se com uma relação jurídica de poder de vida e morte). Quanto mais abstrato, mais genérico, quanto mais genérico, mais dúbio e vago, quanto mais dúbio e vago, mais abrangente. Logo, quando o direito se torna mais abstrato, nesse momento ele se torna uma disciplina social capaz de *acolher indagações a respeito de divergentes pretensões*[29].

Assim, o Direito assume a forma de um *programa decisório*[30]. Visto desse modo, cabe ao Direito a tarefa de formular as condições para a decisão correta. Ou seja, se o direito agora é algo abstrato, o fundamental é saber como decidir os conflitos e, acima de tudo, como decidi-los do modo correto. Por isso, nesse contexto, o Direito se torna um programa decisório. Afinal, não basta que se observem regras durante o procedimento do qual resultará uma decisão, é preciso, sobretudo, se possível, saber qual será a provável decisão. Programa-se, portanto, como se decide e o que se decide.

Mas é aí, exatamente aí, que o conhecimento sobre o Direito se dá conta de uma nova variável, qual seja, a de que o Direito-Objeto

---

29. FERRAZ JR., Tercio Sampaio. **Introdução ao estudo do direito**: técnica, decisão e dominação. 8. ed. São Paulo: Atlas, 2015, p. 32.

30. Idem, ibidem, p. 32.

(a norma jurídica) não é o mesmo que a interpretação jurídica, de seu saber[31]. Quando se dá conta disso, se toma conhecimento de que a partir dessa diferença, ganha-se maior consciência sobre a importância das figuras teóricas e doutrinárias que propõem técnicas de persuasão e de hermenêutica. E isto, por sua vez, implica que se distinga entre leis, costumes, *folkways*, moral, religião etc.

O desenvolvimento do saber jurídico, contudo, não é linear. A história é feita de avanços e retrocessos simultâneos. Se assim o é, o desenvolvimento do Direito é muito mais próximo da ideia de uma espiral do que da ideia de linearidade. Em qualquer cultura que se observe, esse desenvolvimento se faz na forma de progressos e recuos. Acompanhar esse desenvolvimento é tarefa que transborda os limites um Manual de Filosofia do Direito e de Teoria do Direito. Todavia, não se pode negar que uma informação a respeito dessas mudanças é salutar para uma visão de conjunto sobre o Direito. E é isso que se fará a seguir, no decorrer deste capítulo.

Convém destacar, contudo, que para sobrevoar o desenvolvimento do Direito ao longo da história, não é suficiente tentar compreender o que é o Direito-Objeto. Faz-se necessário, também, e principalmente, que se demonstre como cada cultura *teorizou* sobre o próprio Direito[32]. Afinal, como já foi dito, quando o Direito e o conhecimento sobre o Direito se diferenciam, torna-se indispensável ouvir o que os juristas têm a dizer sobre o Direito. Dito de outro modo, qualquer esforço que se faça para contar, ainda que brevemente, a história do desenvolvimento do Direito deve levar em consideração como os juristas teorizaram sobre o Direito. E por quê? Porque a história não é a mera narrativa sobre fatos pretéritos, mas a construção bem fundamentada de uma versão sobre

31. Idem, ibidem, p. 32.

32. Idem, ibidem, p. 32.

tais acontecimentos feita por um especialista. Se até o que chamamos de fatos, a rigor, não passam de relatos, como esperar que a história seja compreendida como uma mera descrição?

É possível contar esta história sobre o Direito e o desenvolvimento do seu saber a partir de diferentes perspectivas. Poderíamos contá-la privilegiando algum enfoque zetético. Este seria o caso se contássemos, por exemplo, a história do Direito a partir do ponto de vista da Sociologia, ou da Antropologia, ou, ainda, da própria História do Direito. Mas tais enfoques, por serem zetéticos, deixam de lado o aspecto mais saliente e importante do saber jurídico, qual seja, o seu caráter dogmático. Como já dissemos no primeiro capítulo, o saber jurídico é predominantemente dogmático e residualmente zetético. Não há concorrência entre essas percepções, mas, sim, uma sutil e fértil complementaridade.

O certo é que o ângulo dogmático merece um destaque especial. Alguém perguntaria: por quê? Ora, porque é graças à dogmática que o Direito consegue cumprir o papel mais relevante que cabe a ele, a saber: decidir os conflitos jurídicos. Logo, se é assim, contar uma breve história sobre o Direito e sobre o desenvolvimento do seu saber jurídico é necessariamente contar a história do Direito a partir da perspectiva da Dogmática Jurídica e, ao mesmo tempo, contar a história do desenvolvimento da Dogmática Jurídica. Por tudo isso, a história que passaremos a contar nos próximos itens é a história de como a Dogmática Jurídica surgiu, se desenvolveu, se consolidou e se transformou ao longo dos séculos. A história da evolução[33] da Dogmática Jurídica. Seja bem-vindo ao maravilhoso mundo da história do Direito!

33. Quando faço uso aqui da expressão evolução, o faço como quer Niklas Luhmann, ou seja, compreendo evolução como processo por meio do qual se transforma o improvável em provável. Nesse sentido, convém trazer à tona uma breve e clara passagem da obra de Marcelo Neves acerca do tema, a saber: "De acordo com o modelo sistêmico luhmanniano, a evolução manifesta-se com a transformação do improvável em provável. Ela implica o 'paradoxo da probabilidade do

2.3. O DIREITO COMO DIRETIVO PARA A AÇÃO? COMO A JURISPRUDÊNCIA ROMANA CONTRIBUIU PARA ISSO?

Uma análise da Dogmática Jurídica ao longo da história tem o objetivo de identificar tanto o papel por ela desempenhado no tecido social, quanto o modo pelo qual o pensamento dogmático paulatinamente desenvolveu-se na cultura ocidental. O panorama histórico que será apresentado, por um lado, revelará como a Dogmática Jurídica conseguiu afirmar-se e justificar-se em termos teóricos, bem como, por outro lado, servirá para delimitar o objeto da investigação histórica que será feita. E qual seria esse objeto? Os próprios argumentos que estão por trás dos esforços de justificação feitos pela doutrina.

Sendo assim, por estes mesmos motivos, antes que seja feita uma enumeração das teorias sobre a dogmática, é preciso deixar claro o seguinte: o que realmente nos interessa são as teorizações jurídicas que, ao longo do tempo, de modo gradativo, passaram a constituir o que atualmente chamamos de Dogmática Jurídica ou, se preferir, de Ciência Dogmática do Direito. Desse modo, deixamos claro, logo de saída, que iremos usar a expressão Ciência Dogmática do Direito como um sinônimo da expressão Dogmática Jurídica. Considerando tais circunstâncias e levando em consideração o quadro cultural em que se desenvolveu o Direito no Brasil, faz-se necessário que se inicie a história da Dogmática Jurídica a partir das origens do pensamento jurídico europeu (continental)[34]. Logo, já de partida, alerta-se aqui o leitor que serão excluídas dessa jornada pela história tanto as contribuições da cultura oriental quanto as contribuições

---

improvável'. Em outra formulação, sustenta-se que a 'evolução normaliza as improbabilidades, compreendidas como grau de desvio em relação a uma situação inicial'. Ocorre evolução, portanto, quando aquilo que é desviante passa a integrar a estrutura do respectivo sistema". Cf. NEVES, Marcelo. **Entre Têmis e Leviatã**: uma relação difícil: o Estado Democrático de Direito a partir e além de Luhmann e Habermas. São Paulo: Martins Fontes, 2006, p. 1.

34. FERRAZ JR., Tercio Sampaio. **Introdução ao estudo do direito**: técnica, decisão e dominação. 8. ed. São Paulo: Atlas, 2015, p. 33.

do pensamento anglo-saxão, não porque não sejam importantes, mas porque elas não marcaram de modo tão profundo a história da formação da tradição jurídica brasileira. Sendo assim, a história da Dogmática Jurídica começa a partir da Roma Antiga.

Na Antiguidade Clássica, o Direito (*jus*) era um fenômeno de ordem sagrada. Em Roma, o aspecto do sagrado foi uma ocorrência inerente a sua fundação. Esse ato, inclusive, foi considerado por muitos como miticamente decisivo e marcante na configuração da cultura romana. O ato da fundação de Roma, o episódio mítico que o envolve (o mito de Rômulo e Remo[35]), é, por sinal, determinante para que se possa compreender por que o modelo romano de vida e de Dogmática Jurídica se tornou uma espécie de projeto a ser aumentado e engrandecido no tempo e no

35. Segundo a mitologia romana, Rômulo e Remo são dois irmãos gêmeos, um dos quais, Rômulo, foi o fundador da cidade de Roma e seu primeiro rei. Conta a lenda que Rômulo e Remo eram filhos do deus grego Ares, ou Marte seu nome latino, e da mortal Réia Sílvia (ou *Rhea Silvia*), filha de Numitor, rei de Alba Longa. Amúlio, irmão do rei Numitor, deu um golpe de estado, apoderou-se da coroa e fez de Numitor seu prisioneiro. Réia Sílvia foi confinada à castidade, para que Numitor não viesse a ter descendência. Entretanto, Marte desposou Réia que deu à luz aos gêmeos Rômulo e Remo. Amúlio, rei tirano, ao saber do nascimento das crianças as jogou no rio Tibre. A correnteza os arremessou à margem do rio e foram encontrados por uma loba, que os teria amamentado e cuidado deles até que estes foram achados pelo pastor Fáustulo, que junto com sua esposa, os criou como filhos. Quando Remo se tornou adulto se indispôs com pastores vizinhos, estes o tomaram e o levaram à presença do rei Amúlio, que o aprisionou. Fáustulo revelou a Rômulo as circunstâncias de seu nascimento, este foi ao palácio e libertou o irmão, matou Amúlio e libertou seu avô Numitor. Numitor recompensou os netos dando-lhes direito de fundar uma cidade junto ao rio Tibre. Os dois consultaram os presságios e seguiram até a região destinada à construção da cidade. Remo dirigiu-se ao Aventino e viu seis abutres sobrevoando o monte. Rômulo indo ao Palatino avistou doze aves, fez então um sulco por volta da colina, demarcando o Pomerium, recinto sagrado da nova cidade. Remo, enciumado por não ser o escolhido, zombou do irmão e, num salto, atravessou o sulco sendo morto por Rômulo, que o enterrou no Aventino. Rômulo, após a fundação da cidade, preocupou-se em povoá-la. Criou o Capitólio um refúgio para todos os banidos, devedores e assassinos da redondeza. A notícia da nova cidade se espalhou e os primeiros habitantes foram chegando, principalmente Latinos e Sabinos. Rômulo, após longa batalha com os Sabinos, firmou acordo com Tito Tácio, seu rei, e com este reinou sob uma só nação na grande cidade de Roma. A Rômulo também é atribuída a instituição do Senado e das Cúrias.

espaço[36]. Dito de modo mais claro, Roma só se tornou Roma, ou seja, só se tornou o modelo que se tornou para as demais culturas à medida que ela se expandiu no espaço e se propagou no tempo. E essa expansão só foi possível, em certa medida, em razão do caráter mítico de sua fundação.

O certo é que isso colaborou para criar a ideia de que Roma nasceu para ser grande, nasceu para vencer, nasceu para a eternidade. E essa ideia, transmitida de geração em geração, por meio da força da tradição, foi determinante para criação e expansão de um império, o famoso Império Romano, único em suas características em toda a Antiguidade. Desse modo, o Direito, que tinha a forma cultural ligada ao sagrado, era compreendido como o exercício de uma atividade ética, qual seja, a *prudência*. E o que se deve entender por prudência? Prudência é a virtude moral do equilíbrio e da ponderação nos atos de julgar. Dito de outro modo, é aprender, a partir da experiência acumulada, a distinguir as situações e, desse modo, saber julgar, de forma ponderada, os conflitos. Não é difícil concluir, então, que, no contexto cultural da Roma daquela época, a noção de prudência ganha uma importância muito grande, recebendo, por isso, a qualificação particular de *Jurisprudência*[37].

---

36. FERRAZ JR., Tercio Sampaio. **Introdução ao estudo do direito**: técnica, decisão e dominação. 8. ed. São Paulo: Atlas, 2015, p. 33.

37. Idem, ibidem. Convém destacar que os Romanos não se preocupavam tanto com o aspecto teórico do direito, pois davam mais importância ao seu aspecto prático, ou seja, preocupavam-se mais em desenvolver o direito para que ele auxiliasse Roma na tarefa de julgar e decidir os conflitos. Isso não implica dizer que Roma não desenvolveu um conhecimento teórico sobre o direito, muito pelo contrário. Os romanos deixaram grandes contribuições, por exemplo, na seara do direito privado. Essas contribuições, muitas delas, chegam até os dias de hoje. Sobre esse último assunto, consulte-se Max Kaser. O autor, referindo-se ao direito privado romano, assevera que "o Direito Privado Romano deve a sua grandeza e a sua missão histórica universal à vocação jurídica inata do povo romano, à visão aberta das realidades da vida, bem como a uma sensibilidade jurídica herdada e formada no decurso dos tempos". Essa observação, na sua integralidade, aplica-se ao que já dissemos sobre a circunstância dos romanos não terem desenvolvido o direito como uma ciência, mas, sim, como uma jurisprudência. Por isso, arremata Max Kaser: "Estas qualidades atingem a sua perfeição nas criações geniais dos juristas da época da República mais recente e do Principado, sobretudo na época

Convém lembrar, a propósito, que os Romanos nunca qualificaram o direito como uma ciência, como uma *jurisciência*. Antes o oposto, sempre compreenderam o direito como uma prudência, uma *jurisprudência*[38]. Nesse sentido, algo bastante sintomático foi o entendimento sustentado pelo maior jurista da Roma Antiga, Marco Túlio Cícero. Cícero, assim como Ulpiano, sustentou que o direito não era uma ciência, mas, sim, uma prudência. E ele assim o fez, pois foi em grande medida influenciado pelos ensinamentos de Aristóteles. Foi Aristóteles quem primeiro propôs e sustentou a diferença entre ciência e prudência. Por ora, sobre esta dicotomia, prudência e ciência, basta saber que, por ciência, Aristóteles compreendia um saber teórico, com pretensão de universalidade e que em nada depende da experiência para existir. De outro lado, a prudência seria um saber prático, sem qualquer pretensão de universalidade e que aprende com os conhecimentos obtidos a partir da experiência.

Postas as coisas de tal maneira, a jurisprudência romana terminou dando origem a uma ordem jurídica, a qual, na prática, correspondia apenas a um *quadro regulativo geral*. Ou seja, um quadro no qual se encontravam reunidas as disposições destinadas a disciplinar o convívio social e o exercício do direito, ainda que esse quadro tivesse contornos bem amplos e ainda pouco delimitados. Nesses moldes, então, a legislação

da *jurisprudência clássica* (nos primeiros dois séculos e meio d.C.). Estes juristas conduziram o direito privado a uma grande perfeição e proporcionaram-lhe, no pensamento jurídico de humanidade, um prestígio intelectual que, muito pesa além do tempo histórico de vida do povo romano, se perpétua até o presente", cf. KASER, Max. **Direito Privado Romano**. 2. ed. Tradução Samuel Rodrigues e Ferdinand Hämmerle; revisão Maria Armanda de Saint-Maurice. Lisboa: Fundação Calouste Gulbenkian, 2011, p. 17.

38. É preciso esclarecer que esta palavra, jurisprudência, pode apresentar diferentes sentidos. Um deles é o sentido usualmente difundido de que jurisprudência é o estudo dos julgados de um determinado Tribunal, seja o estudo do padrão encontrado na atuação deste ou daquele Tribunal, seja o estudo de como se constituem precedentes. Outro sentido, pouco difundido, é o de que jurisprudência é o mesmo que ciência do direito. Seja como for, o que importa é que o aluno fique atento para essa oscilação quanto ao sentido do termo.

restringia-se, por seu lado, tanto na época da República quanto no período do Principado, à disciplina de matérias muito específicas[39]. Isso, por sua vez, permite entender, também, que o Direito Pretoriano (similar ao que hoje se chamaria de jurisprudência, ou seja, ao direito produzido pelos tribunais) não era algo completo, vez que, de modo semelhante à equidade no Direito anglo-saxão, representava apenas uma ordem supletiva da ordem jurídica vigente. Dito de outro modo, o Direito Pretoriano atuava de forma subsidiária no Direito Romano, como um "soldado reserva" ao qual se recorria diante do silêncio da legislação. Portanto, ele, o direito pretoriano, era criado para ajudar, ou suprir, ou corrigir o Direito Civil (a legislação)[40].

Ademais, o Direito Pretoriano não era apresentado na forma de proposições jurídicas materiais. Para que fique bem claro, o edito do pretor (aquele que julga o conflito), no qual o direito pretoriano estava contido, consistia, por exemplo, em esquemas de ação para determinados fatos-tipo e em fórmulas para condução de processos. Ou seja, o edito continha modelos de como o pretor deveria julgar a depender do conflito, bem como modelos descrevendo cada uma das etapas do procedimento até a sua decisão. Porém, insista-se, o direito pretoriano não tinha uma formatação estruturada a partir de proposições jurídicas materiais. Por conta

39. Nota-se aqui, como ensina Norberto Bobbio, ao dissertar sobre a diferença entre o direito natural e o direito positivo na Era Antiga, semelhante critério. Isso porque, se a legislação na Roma Antiga se destinava a regular apenas as matérias muito especiais (mais específicas), de igual modo, na Grécia Antiga, como anota Aristóteles e nos dá conta Bobbio, o direito positivo disciplinava as matérias mais especializadas, restando ao direito natural dispor sobre as matérias mais gerais. Colocadas as coisas desse modo, a conclusão seria aquela que prescreve, nos dias atuais, o princípio da especialidade, a saber: a lei especial prefere a lei geral, ou seja, *lex specialis derrogat lex generalis*. Sobre o assunto, consulte-se BOBBIO, Norberto. **Positivismo jurídico**: lições de filosofia do direito. Tradução e notas Márcio Pugliesi, Edson Bini, Carlos E. Rodrigues. São Paulo: Ícone, 1995, p. 83.

40. Como diziam os romanos, em latim, o direito pretoriano era criado *adjuvandi vel suplendi vel corrigendi juris civilis gratia* (para ajudar ou suprir ou corrigir o Direito Civil).

disso, então, não apenas faltavam certas regras (como as de preenchimento de contratos, por exemplo), mas também, quando as regras revestiam-se sob o aspecto de fórmulas (como, por exemplo, no caso de contratos de compra e venda), estas, frequentemente, eram apenas molduras que deveriam, então, ser preenchidas para uma aplicação prática.

Desse modo, a tarefa de elaborar uma espécie de conjunto teórico capaz de preencher esses vazios não foi possível de ser executada no período clássico. E por quê? Porque, a esta altura, a jurisprudência era exercida por jurados, e, como se sabe, são todos leigos, e já não mais por pretores. Por tudo isso, foi apenas, e a partir, do desenvolvimento do *Concilium Imperial*[41], e tomando por base as contribuições dos seus jurisconsultos, que se tornou possível o aparecimento de uma teoria jurídica. Isto porque só agora, a partir do *Concilium Imperial*, que acabou sendo transformado na mais elevada instância de julgamento do Império Romano, é que surge a figura do juiz profissional.

A influência que esses jurisconsultos exerceram para a formação de uma teoria jurídica veio a se dar por meio dos *responsa*. E o que eram os *responsa*? As informações que se obtinham a partir dos jurisconsultos, quando estes eram consultados sobre determinadas questões jurídicas, por uma das partes, em razão de um conflito de interesses. Logo, os *responsa* tanto podem ser entendidos como os *pareceres* emitidos pelos jurisconsultos acerca de determinados conflitos, como, a depender da influência e do prestígio do jurista consultado, a própria solução do conflito, ou seja, a própria *decisão*. Convém registrar que, num primeiro momento, tais *responsa* eram produzidos de modo verbal, isto é, por meio de uma sustentação oral do jurisconsulto. Contudo, passado algum tempo, os *responsa* passaram a ser elaborados por escrito. Por tudo isso, é possível

41. No período da história romana conhecido por *Concilium Imperial*, os juízes assumem um papel profissional e recebem o nome de jurisconsultos. Representavam a mais alta instância judicante, judicial, do Império Romano.

afirmar que os *responsa* são, por assim dizer, o início de uma teoria jurídica entre os romanos.

É bem verdade que, logo no primeiro momento, os juristas romanos argumentavam pouco. Quando se afirma, aqui, que eles argumentavam pouco, o que se quer dizer com tal afirmação, para que fique claro, é que, neste primeiro momento, os juristas[42] romanos não desenvolviam a argumentação de modo lógico e concatenado, de maneira a existir a uma conexão lógica entre premissas e conclusões. A decisão, portanto, era fundada, nesse primeiro instante, no fato de ela ser proferida por alguém de reconhecido mérito[43] dentro da sociedade romana. Isso, hoje em dia, seria o equivalente a dizer, dadas as devidas proporções, que a decisão se

42. É a partir da doutrina de Max Kaser que se pode notar, uma vez mais, a importância do jurista em Roma, bem como aquilo que se conhece como Direito de juristas. Escreve Max Kaser: "o Direito Privado Romano dos períodos pré-clássico e clássico, isto é, a época em que reveste a sua forma determinante, é caracterizado como **direito de juristas** (no sentido amplo da palavra). Os seus criadores, os *iuris prudentes, iuris consulti,* não são sábios alheios da realidade, mas homens da vida jurídica prática – embora não necessariamente órgãos estaduais da justiça –, que alimentam diretamente a sua ciência na vida do direito e, por sua vez, põem os seus conhecimentos diretamente ao serviço da prática. Esta singular proximidade do direito romano à vida foi possível pela ligação única e perfeita da CIÊNCIA com a APLICAÇÃO e o APERFEIÇOAMENTO DO DIREITO". Cf. KASER, Max. **Direito Privado Romano**. 2. ed. Tradução Samuel Rodrigues e Ferdinand Hämmerle; revisão Maria Armanda de Saint-Maurice. Lisboa: Fundação Calouste Gulbenkian, 2011, p. 32-33.

43. Esta passagem, a nosso ver, nos lembra de perto a noção de autoridade carismática desenvolvida por Max Weber. Isso porque, como nos dá conta Weber, em sociedades anteriores à moderna, a autoridade se fundava na força da tradição, ou na força do carisma. Nesse segundo caso, o carisma, a ideia era a de que a autoridade era assim entendida como tal graças a alguma habilidade acima da média que ela apresentava e que, por força disso, acabava por despertar a admiração da maioria das pessoas. Escreve Weber: "Denominamos "carisma" uma qualidade pessoal considerada extracotidiana (na origem, magicamente condicionada, no caso tanto dos profetas quanto dos sábios curandeiros ou jurídicos, chefes de caçadores e heróis de guerra) e em virtude da qual se atribuem a uma pessoa poderes ou qualidades sobrenaturais, sobre-humanos ou, pelo menos, extracotidianos específicos ou então se a toma como enviada por Deus, como exemplar e, portanto, como 'líder'.", cf. WEBER, Max. **Economia e sociedade**: fundamentos da sociologia compreensiva. Tradução Regis Barbosa e Karen Elsabe Barbosa; revisão técnica Gabriel Cohn. 4. ed. Brasília: Universidade de Brasília, 2000, 2009 (reimpressão), p. 158-160.

fundava, única e tão somente, no argumento de autoridade, isto é, no fato de ter sido produzida por alguém que goza de grande respeito e prestígio. Isso explica, por sua vez, por que o desenvolvimento de *principia* e de *regulae* só vem aparecer muito mais tarde. Traduzindo, o surgimento e o desenvolvimento de princípios (*principia*) e de regras (*regulae*) só veio a acontecer tempos depois, exatamente por conta de a circunstância das decisões ser fundada, inicialmente, apenas no prestígio daquele que julgava.

Com o passar do tempo, na medida em que as *responsa*[44] (pareceres ou decisões) vão se acumulando, o que terminaria por conduzir ao entrelaçamento entre elas, o desenvolvimento dos princípios e das regras se tornou inevitável. Nesse cenário, então, se é levado, quase que naturalmente, a decidir tomando por base premissas. Isso leva aquele que decide a saber escolher bem as premissas da qual parte, tomando assim bastante cuidado com a justificação da decisão que profere, tudo de modo a fortalecer a opinião (*doxa*) que dará origem à decisão. Esse conjunto de circunstâncias explica, então, por que o jurisconsulto acaba recorrendo a instrumentos técnicos, os quais, em regra, eram oriundos da cultura grega[45]. A cultura grega teria legado aos juristas romanos conhecimentos essenciais à atividade jurídica, por exemplo, a retórica, a gramática e a filosofia[46]. Três disciplinas que, juntas, constituíam aquilo que os sofistas chamavam de *Trivium*.

44. Esclarece Max Kaser, ainda, acerca dos *reponsa*: "atribuiu-se força jurídica vinculativa também a determinados PARECERES DOS JURISTAS (***responsa prudentium***). As ideias contidas nestas *responsa* seguem no essencial os conteúdos do direito civil, honorário e imperial, esclarecem as controvérsias ligadas a essas matérias e particularizam-nas". Cf. KASER, Max. **Direito Privado Romano**. 2. ed. Tradução Samuel Rodrigues e Ferdinand Hämmerle; revisão Maria Armanda de Saint-Maurice. Lisboa: Fundação Calouste Gulbenkian, 2011, p. 39.

45. FERRAZ JR., Tercio Sampaio. **Introdução ao estudo do direito**: técnica, decisão e dominação. 8. ed. São Paulo: Atlas, 2015, p. 34.

46. COING, Helmut. **Elementos fundamentais da filosofia do direito**. Tradução Elisete Antoniuk. Porto Alegre: Sergio Antonio Fabris, 2002, p. 40-44. CORREA, Alexandre; SCIACIA, Gaetano. **Manual de direito romano**. São Paulo: Saraiva, 1953, *passim*.

Como destaca Tercio Sampaio Ferraz Jr., essa influência da cultura grega sobre o desenvolvimento da jurisprudência romana é bastante discutível, ainda que autores de renome, como Johannes Stroux[47], sustentem entendimento diverso. O certo é que essa influência, tenha ocorrido ou não, nos permite fazer uma descrição desse modo de teorizar o direito, típico dos romanos. Essa forma de pensar peculiar aos romanos é a que viria a ficar conhecida como *jurisprudencial*. A expressão *jurisprudência – (juris) prudentia*, um dos termos empregados pelos romanos, ao lado de outros, por exemplo, disciplina, ciência, arte, dentre outros, para se referir ao saber jurídico – vincula-se, nesses moldes, ao que a filosofia grega chamava de *fronesis* (discernimento[48]).

Fronesis era, entre os gregos, entendida como uma *virtude*, ou seja, como aquilo que se aprimora a partir do exercício contínuo e diário. Logo, *fronesis*[49], para os gregos, era compreendida como uma espécie de sabedoria e capacidade de bem julgar os conflitos. O que explica, por sua vez, por que os gregos compreendiam a *fronesis* como uma virtude desenvolvida pelo homem prudente. E quem era ele, o homem prudente, de acordo com os gregos? O homem capaz de sopesar soluções, apreciar os casos e tomar decisões. O certo é que, para que a *fronesis* pudesse ser colocada em prática, era indispensável o desenvolvimento de uma arte (*ars* ou *teche*) no trato e no confronto de opiniões, proposições e ideias.

Uma arte que colocasse tais opiniões em confronto, de modo a, desse modo, permitir uma explicação da situação a ser julgada. Essa arte ou

47. STROUX, Johannes. **Römische Rechtswissenschaft und Rhetorik**. Potsdam: Stichnote, 1949, p. 94.

48. *Fronesis* é a qualidade de saber bem julgar os conflitos. Para saber bem julgar, uma das condições necessárias é a de saber bem distinguir as situações, os casos. Esse saber bem discernir ou distinguir as situações, por mais semelhantes que elas sejam entre si, é algo que, segundo os romanos, só se adquire a partir da experiência, necessitando, portanto, daquele que julga, uma certa bagagem acumulada.

49. FERRAZ JR. Op. cit., p. 34.

disciplina que estimulava ao confronto de ideia de modo a esclarecer o conflito a ser julgado, corresponde, aproximadamente, ao que Aristóteles denominava como *dialética*[50]. Dialéticos, ainda segundo Aristóteles, eram apenas os discursos verbais, mas suficientes para embasar um diálogo coerente, qual seja, o discurso comum[51]. Logo, dialética é o debate verbal entre interlocutores que argumentam e partem de uma divergência, mas que, por meio da saturação do debate, chegarão à decisão do conflito que estará fundada na força do argumento mais convincente.

Colocadas as coisas assim, a *dialética*, a arte das contradições, tinha por utilidade o exercício escolar da palavra, oferecendo um método eficiente de argumentação. Ou seja, a dialética é a arte de saber exercitar a palavra, de aprender a debater, de experimentar argumentos e de saber manejá-los. Portanto, a *dialética* ensina o jurista a discutir, prestando-se, assim, e ao mesmo tempo, à possibilidade de se identificar os primeiros princípios da ciência (*scientia, episteme*). E como se chegou a tais princípios? Partindo-se de premissas prováveis que espelhavam a opinião da maioria dos sábios por meio de contradições sucessivas, ela chegava aos *princípios* cujo fundamento, todavia, era necessariamente precário[52]. É dizer, o que poderia se prestar a fundamentar uma determinada decisão, no minuto seguinte, em outras circunstâncias, não serviria como fundamento.

Esse caráter da *dialética*, que abria a possibilidade para que se confrontasse as opiniões e instaurasse entre elas um diálogo, correspondia, assim, a um procedimento crítico. E o que se pode entender por procedimento crítico? Um procedimento destinado a avaliar argumentos, estratégias de discurso e de convencimento. Entenda-se por crítica a capacidade de se

50. ARISTÓTELES. **Retórica**. Tradução Edson Bini. Bauru: Edipro, 2011, p. 51.

51. FERRAZ JR., Tercio Sampaio. **Introdução ao estudo do direito**: técnica, decisão e dominação. 8. ed. São Paulo: Atlas, 2015, p. 34.

52. Idem, ibidem, p. 34.

fazer avaliações a partir do procedimento levado a efeito. Logo, a *crítica* não era apenas uma espécie da dialética, mas também uma de suas formas mais importantes, de acordo com Aristóteles.

Convém, ainda, esclarecer acerca da *crítica*, de modo a evitar dúvidas, que ela não era bem uma ciência, com um objeto próprio, mas uma arte geral, cujo domínio poderia ser conferido a qualquer pessoa. A importância da crítica, levada a cabo por meio da refutação da tese contrária, residia no fortalecimento das opiniões (*doxa*) por meio da erradicação progressiva das equivocidades. Portanto, na prática, a crítica era um meio de resolver *aporias* (problemas), enfrentar a ambiguidade natural da linguagem, e buscar, se fosse o caso, a identidade e a alteridade do sentido dos termos, levantando-se, assim, premissas e opiniões. Em síntese, a dialética era um tipo de *lógica da verdade procurada*[53]. Ou seja, a lógica que justificava a verdade encontrada, dando a impressão de que ela não era a verdade desde o início desejada, quando, a rigor, ela era a verdade que se procurava.

Diante do que foi visto até agora, é possível perceber que o pensamento prudencial desenvolvido nos *responsa* dos jurisconsultos romanos tinha algo de parecido às técnicas *dialéticas* dos gregos. Se é certo que não é tranquilo demonstrar uma relação estrita entre eles (a *responsa*, dos romanos, e a dialética, dos gregos), também não é possível negar que os textos dos *responsa* refletem, exatamente, o estilo de argumentação da **dialética**, tomando por ponto de partida a discussão de opiniões para, no momento seguinte, construir e justificar soluções. Com o intuito de ser ainda mais claro, convém lançar mão de um exemplo, de modo que nenhuma dúvida fique mal resolvida.

53. AUBENQUE, Pierre. **Le problème de l'être chez Aristote**. Paris: Presses Universitaires de France, 1962, p. 71.

Em um texto de Juliano (Digesto, 41:3.33), no qual se debatia a aquisição por usucapião do filho de uma escrava furtada, uma questão é apresentada, no início, soba a forma de um problema[54]: a quem deve pertencer a criança, filho da escrava furtada? Ao dono verdadeiro? Ou àquele que a alimentou, por nove meses, durante a gestação, pois a criança nasceu quando a escrava estava sob a sua posse? Segue-se daí uma série de possibilidades de soluções organizadas em um conjunto de alternativas para as quais se buscam pontos de apoio (boa-fé do possuidor ou prevalência do direito de propriedade?), tendo em conta uma argumentação[55].

Os pontos de apoio, por sua vez, são obtidos a partir de outros textos já comprovadamente aceitos e reconhecidos, de tal maneira que o jurista levanta um problema e trata, em seguida, de encontrar argumentos[56]. Ele se vê, então, levado não a ordenar o caso ou os casos dentro de um sistema prévio, mas a exercitar o seu juízo por considerações medidas e vinculadas. Não se nega, é verdade, que o jurista partirá do pressuposto de que há um nexo entre os conflitos e as alternativas de decisão. Porém, mesmo havendo esse nexo, nem, por isso, o jurista busca um sistema global nem, muito menos, parte de sua pressuposição. O jurista confere, assim, um tratamento ao seu ofício de julgar que lembra, em muito, o *reasoning from*

54. "O problema procede, então, de um nexo compreensivo já preexistente que, de início, não se sabe se é um sistema lógico, quer dizer, um conjunto de deduções, ou algo distinto, e se se trata de algo que pode ser visto de forma abrangente", cf. VIEHWEG, Theodor. **Tópica e jurisprudência.** Tradução Tercio Sampaio Ferraz Jr. Brasília: Universidade de Brasília, 1979, p. 35.

55. Para uma interessante analogia desse caso com a jurisprudência de nossos dias, ver a Apelação Cível n. 132.846-5 e o acórdão da Terceira Câmara do Tribunal de Alçada do Estado de Minas Gerais, cuja ementa diz: "A posse incontestada de veículo, mesmo furtado, leva a sua aquisição por usucapião, *ex vi* do artigo 619 do Código Civil". Consulte-se FERRAZ JR., Tercio Sampaio. **Introdução ao estudo do direito**: técnica, decisão e dominação. 8. ed. São Paulo: Atlas, 2015, p. 35.

56. Por isso, talvez, autores como Karl Marx sustentem que, quando os juristas suscitam problemas ou levantam perguntas, é porque já possuem as respostas para indagações que levantam. Marx sustenta tal ideia para destacar que, diferentemente do Direito, a Filosofia, de fato, lida com perguntas verdadeiras, perguntas para as quais não se tem uma resposta já previamente dada.

case to case (raciocínio de caso a caso, ou seja, cada caso é um caso) do direito anglo saxão[57].

Mas apenas lembra, pois o procedimento da jurisprudência romana tem nuances próprias que o distingue do procedimento levado a cabo pela *reasoning from case to case* do direito anglo saxão. A jurisprudência romana não se vale dos casos já decididos em toda a sua extensão. Quem costuma fazê-lo é o direito anglo saxão. A prudência romana procura abstrair o caso, descobrir e contrapor as razões favoráveis e desfavoráveis[58] (**dialética**) e ampliar, a partir daí, as lições extraídas.

Desse modo, a prudência romana termina por obter, a partir da decisão do caso concreto, uma regra geral que se presta tanto para o caso que está sendo julgado quanto para outros que com ele guarde semelhança. Esse estilo de teorizar, próprio do pensamento prudencial da Roma Antiga, foi sendo desenvolvido a partir de uma experiência própria, que, por sua vez, foi sendo talhada e desenvolvida a partir do trato com os conflitos e com a necessidade de apresentar soluções[59]. Por conseguinte, se é certo que a prudência romana tem relações intrínsecas com a dialética e a retórica da Grécia Antiga, não é menos certo, também, que as contribuições oferecidas pela dialética e pela retórica não encobrem o fato de que a prudência romana tem a sua luz própria e foi muito além daquelas primeiras contribuições.

Como se pode notar, já a esta altura da exposição, o manejo da técnica da **dialética** pelo pensamento prudencial romano proporcionou tanto o desenvolvimento do próprio pensamento, considerado em si mesmo, quanto o levou a ser um saber considerado de natureza **prática**.

57. FERRAZ JR., Tercio Sampaio. **Introdução ao estudo do direito**: técnica, decisão e dominação. 8. ed. São Paulo: Atlas, p. 35.

58. Idem, ibidem, p. 35.

59. Idem, ibidem.

No desenvolvimento desse saber, os romanos, sem dúvida, elaboraram definições duradouras e critérios distintivos para as mais diferentes situações em que se manifestavam os conflitos jurídicos de sua práxis. Isso explica, por sua vez, o aparecimento de técnicas dicotômicas (códigos binários) de construção de conceitos, comumente introduzidas sob a forma de **pares**, como os conceitos de *actio in rem* e *actio in personam*. Servem, ainda, como exemplos, os conceitos de *res corporales* e *res incorporales*, bem como a clássica, mas já deteriorada, divisão em *jus publicum* e *jus privatum*. Essa técnica, a dicotômica, foi, muito tempo depois, denominada como *divisio*, a qual não é resultado exclusivo da práxis romana. E por quê? Porque ela sofreu alguma influência dos modelos gregos, por exemplo, dos modelos produzidos pela gramática[60] (sujeito e predicado; substantivo e adjetivo, dentre outros)[61].

Apesar de a práxis, em si, ser tipicamente romana, os jurisconsultos da Roma Antiga, pouco a pouco, ousaram teorizar sobre o Direito e o fizeram a partir da práxis e da experiência acumulada com ela. Mas, ao se proporem a tanto, os juristas[62] romanos acabaram recorrendo aos

60. STROUX, Johannes. **Römische Rechtswissenschaft und Rhetorik**. Potsdam: Stichnote, 1949, p. 94. FIKENTSCHER, Wolfgang. **Methoden des Rechts in vergleichender Darstellung**. Tübingen: Mohr Siebeck, 1975, p. 335.

61. FERRAZ JR., Tercio Sampaio. **Introdução ao estudo do direito**: técnica, decisão e dominação. 8. ed. São Paulo: Atlas, 2015, p. 35-36.

62. "Na verdade, o Principado pela primeira vez elevou juristas romanos a posições oficiais dentro do Estado, quando Augusto selecionou jurisconsultos proeminentes como consultores e conferiu autoridade imperial às suas interpretações da lei. Por outro lado, os próprios imperadores deveriam daí em diante legislar através de editais, sentenças e decretos em resposta a petições de indivíduos. O desenvolvimento de um direito público autocrático por meio de decretos imperiais, é claro, tornou a legislação romana muito mais complexa do que sob a República. A distância política entre o *legum servi sumus ut liberi esse possimus* (Obedecemos às leis para que possamos ser livres) de Cícero e o *quod principi placuit legis habet vicem* (A vontade do governante tem força de lei) de Ulpiano fala por si". ANDERSON, Perry. **Passagens da Antiguidade ao Feudalismo**. 5. ed. Tradução: Beatriz Sidou. Brasília: Brasiliense, 1998, p. 71.

modelos gregos. Entenda-se por modelos aqui, no sentido bem amplo da expressão, os conceitos desenvolvidos pelo pensamento grego. Desse modo, só para exemplificar, a Gramática grega já conhecia, desde o ano 100 a.C., uma distinção dos *nomina* em gêneros e espécies. Essa circunstância nos permite inferir que esse modelo de distinção, o desenvolvido pelos gregos, foi o que tornou possível, no momento seguinte, aos romanos desenvolverem a distinção jurídica entre *persoane*[63] *(nomina propria)* e *res*[64] *(appellativa)*[65].

Diante de tudo quanto até aqui exposto, já é possível afirmar que o pensamento prudencial, desenvolvido por meio dos *responsa*[66] e sob a proteção de um domínio político estabilizado (o governo do *César*), mostrou-se, desse modo, como um **poder de argumentar e de provar**. Em uma sociedade como a da Roma Antiga, com uma razoável diferenciação social[67], tornou-se possível, então, o desenvolvimento desse estilo de pensamento ligado à figura do homem prudente, ou seja, do homem que sabe distinguir bem as situações e, por consequência, é capaz de realizar o ofício do bem julgar. Graças a ela, a este tipo de sociedade, é que foi possível erguer, aos poucos, uma estrutura normativa que não fosse mais baseada na lógica do tudo ou nada, como o era na sociedade primitiva.

63. *Personae* = pessoa.

64. *Res* = coisa.

65. FERRAZ JR. Op. cit., p. 36.

66. "Os juristas não aconselhavam apenas os magistrados e os jurados, mas também as próprias PARTES com os seus **pareceres jurídicos** (*responsa*). Exprimiam-se sobre os casos jurídicos apresentados, sobre a realização e a interpretação de contratos e testamentos, e sugeriam às partes, ainda antes do processo, qual a *actio* ou *exceptio* deviam pedir ao pretor", cf. KASER, Max. **Direito Privado Romano**. 2. ed. Tradução Samuel Rodrigues e Ferdinand Hämmerle; revisão Maria Armanda de Saint-Maurice. Lisboa: Fundação Calouste Gulbenkian, 2011, p. 34.

67. Razoavelmente subdividida em diferentes segmentos sociais, como o mercado, o governo, a cultura, o religioso, o jurídico, dentre outros. Mas essa diferenciação é, apenas, razoável, pois a sociedade romana não é, ainda, o que Niklas Luhmann denominará como sociedade moderna. Aliás, é este sociólogo alemão que subdivide a história da evolução social em: sociedades arcaicas, pré-modernas e modernas.

Convém repetir, apenas para ser didático, que nas sociedades primitivas, a estrutura normativa tinha uma imediatidade expressiva, pois ou se estava **no direito** ou se estava excluído da sociedade. Como dito linhas atrás, não havia a hipótese de infringir o direito e permanecer na sociedade ou, dito de outra maneira, não se compreendia o ilícito como algo que faz parte do direito, uma vez que é algo construído pelo próprio direito. O que, por outro lado, já pode ser observado, ainda que de modo tímido, na Antiga Roma. E foi graças a isso, à diferenciação social da sociedade romana, que a estrutura normativa do império romano foi sendo constituída, pouco a pouco, com base na relação entre as regras e os valores aceitos por todos. O que já nos permite concluir que, em última análise, as regras encontravam-se escoradas na expectativa de continuidade da vida social[68].

Desse modo, como já dito, mas sempre se faz oportuno repetir, eram criadas possibilidades para que o denominado comportamento desviante também tivesse seu lugar dentro e a partir do Direito. E o que isso implicava? Que aquele que infringe o Direito pode se valer do próprio Direito para desenvolver uma argumentação, a partir dos mesmos valores e regras, capaz de neutralizar simbolicamente seu próprio comportamento[69].

---

68. Vale ressaltar que, segundo Niklas Luhmann, a finalidade primária do sistema jurídico, a partir da Era Moderna, não é a de controlar comportamentos, mas, sim, a de assegurar a observância das expectativas normativas. Ainda de acordo com Luhmann, é possível se falar em dois tipos de expectativas: as normativas, próprias dos sistemas jurídicos, e as cognitivas. As primeiras são contrafactuais, as segundas, por sua vez, são factuais.

69. Demarcando algumas das características não encontradas nas sociedades arcaicas, mas que já podem ser observadas nas sociedades pré-modernas, Luhmann nos lembra da segunda conquista evolutiva, a saber: "a forma hierárquica da denominação que se desenvolve paulatinamente, através de transformações quase imperceptíveis, a partir da antiga construção piramidal das sociedades. Através da imagem sugestiva de uma diferenciação entre "superior" e "inferior" sedimenta-se e unifica-se uma multiplicidade de estruturas, inicialmente independentes, que se institucionalizam como um conjunto natural e indissolúvel. Isso ocorre (1) através de um diferencial generalizado de prestígio entre o "superior" e o "inferior" que fundamenta uma diferença sistemática de categoria (fundamentada não só politicamente,

Assim, por exemplo, se a escrava fora furtada, mas adquirida de boa-fé, neutralizava-se (mantinha-se sob controle) a "natureza" antijurídica da conduta. Como é possível notar, esse procedimento conduziu à especialização de juízos e tribunais como estruturas diferenciadas na *polis*, isto é, como órgãos com funções específicas que estão a serviço da preservação da *polis*. Tais órgãos, se pensarmos um pouco, ao exercerem as suas funções triviais terminam por induzir uma verbalização e uma reflexão da própria imagem da sociedade romana, a qual se julga a si mesma mediante processos jurídicos[70]. É dizer os juízos e tribunais são quase que espelhos da sociedade romana.

Nesses processos jurídicos, o magistrado, que nem é um mágico (tem por fim encantar a plateia) e nem é um guarda de rituais (tem por fim preservar as formalidades e ritos), converte-se em alguém que decide e responde por sua decisão enquanto juiz. Para que isso se tornasse uma realidade, foi preciso, por sua vez, que o Direito alcançasse (como de fato, gradativamente, terminou alcançado) um nível de abstração maior, tonando-se, assim, um modo regulador de comportamentos cada vez mais abstrato. Esse ganho em abstração (em regular os comportamentos sem precisar se prender, necessariamente, à especificidade de cada caso concreto), deu ao Direito a capacidade de acolher indagações a respeito de divergentes pretensões jurídicas. Em outras palavras, o Direito assumiu

mas também em termos religiosos, econômicos, militares e etc.) e que são visualizados e sustentados por diversos mecanismos secundários, como símbolos de *status*, formas diferentes de comunicação e até mesmo línguas distintas para a relação entre os "iguais" e os "superiores"; (2) através de uma divisão de tarefas correspondentes a essa diferenciação de categoria, no sentido de que aos papéis de categoria mais elevada cabem atividades diferentes das atribuídas à categorias mais baixas, o que inclui normas e liberdades distintas, sendo que as atividades das categorias superiores são consideradas mais importantes...", cf. LUHMANN, Niklas. **Sociologia do direito I**. Tradução Gustavo Bayer. Rio de Janeiro: Tempo Brasileiro, 1983, p. 204-205.

70. FERRAZ JR., Tercio Sampaio. **Introdução ao estudo do direito**: técnica, decisão e dominação. 8. ed. São Paulo: Atlas, 2015, p. 36.

a forma de um **programa decisório**, a partir do qual são formuladas as condições para uma decisão correta (correta do ponto de vista formal, porque obedeceu a todas as exigências procedimentais). E é justamente nessa passagem que desabrocha o pensamento **prudencial** com suas regras, princípios, figuras retóricas, meios de interpretação, instrumentos de convencimento, dentre outros aspectos.

Caso se observe com atenção, será possível perceber que esse pensamento prudencial, do ponto de vista social, termina se separando do próprio Direito, ao menos aos olhos do senso comum social, o que permite, por seu turno, que o Direito em si não seja visto sob a forma de luta, como uma espécie de guerra entre o bem e o mal. Isso permite, então, observar o Direito como uma ordem reguladora dotada de validade para todos, em nome da qual se discute e se argumenta. Ou seja, o Direito passa a ser visto como uma ordem que regula comportamentos, onde não há bons e ruins, certos ou errados, pois todos podem, a partir do próprio Direito, argumentar, discutir e justificar suas próprias condutas. Em outras palavras, os elementos construtivos da Dogmática Jurídica nascente deixam de ser parte inerente à ordem jurídica, para se tornarem mecanismos de mediação entre a ordem jurídica[71] e as decisões concretas[72].

71. FERRAZ JR., Tercio Sampaio. **Introdução ao estudo do direito**: técnica, decisão e dominação. 8. ed. São Paulo: Atlas, 2015, p. 36.

72. "Através das condições para institucionalização desses procedimentos a ordem jurídica vincula-se às estruturas sociais correspondentes, permanecendo dependente do estágio do seu desenvolvimento (o que não significa, naturalmente, que o direito processual resulte automaticamente da estrutura social). A diferenciação do processo enquanto sistema de interação relativamente autônomo e capaz de estabelecer decisões pressupõe a diferenciação prévia da dominação política. A presença de um terceiro que sempre é mais poderoso que qualquer das partes em disputa garante a liberdade de decidir-se independentemente. Isso torna possível o estabelecimento da decisão durante o próprio processo, através de orientações normativas (e não a partir do poder ou do consenso); a decisão não é predeterminada por configurações externas de poder – por exemplo, através da presença demonstrativa de adeptos – mas permanece em aberto antes e durante o processo. A incerteza do resultado é um momento essencial da estrutura do processo, e motiva a participação ativa e o engajamento das partes.

O desenvolvimento de um **pensamento prudencial** como teoria do direito representou, assim, um certo distanciamento dos procedimentos decisórios concretos em relação à ordem normativa. Esse distanciamento, por sua vez, viabilizou uma importante distinção que caracteriza peculiarmente a sociedade romana. Faz-se alusão aqui à distinção entre as **questões de direito** e as **questões de fato**. Isto é, o desenvolvimento da prudência romana permitiu que **não** se visse o direito como assentado concretamente nos próprios eventos (ou nos fatos), mas em normas adotadas como critério para posterior julgamento à vista dos fatos. É dizer, não é a norma que se subordina aos fatos, sendo antes os fatos que se subjugam às normas.

Por sua vez, isso implica que a interpretação do direito, alvo máximo da dogmática em desenvolvimento, não se confunde com os fatos, antes deles se destaca. Em outras palavras, a interpretação do direito é, por si só, uma discussão norteada por critérios próprios, peculiares a ela, a interpretação. Critérios abstratos, caso eles sejam comparados com a experiência das disputas do dia a dia. Dito de outro modo, o estabelecimento de fatos relevantes para o direito passa a ser uma questão jurídica e não algo inerente aos fatos que pode ser depreendido a partir deles. Por isso, só após o desenvolvimento da prudência é que a expressão **aplicação do direito**[73] adquire um sentido próprio e único.

Ademais, também há, nesse papel mediador, uma função política que não pode ser ignorada. Afinal, a autoridade, como fundamento que

---

Ela é simbolizada enquanto exigência da ética jurídica através do princípio da 'imparcialidade do juiz'. Ela substitui, em nível mais elevado de racionalidade e de liberdade de opção, os antigos princípios da incerteza do resultado da luta e da determinação mágica através do 'julgamento divino'". Cf. LUHMANN, Niklas. **Sociologia do direito I**. Tradução: Gustavo Bayer. Rio de Janeiro: Tempo Brasileiro, 1983, p. 207.

73. FERRAZ JR., Tercio Sampaio. **Introdução ao estudo do direito**: técnica, decisão e dominação. 8. ed. São Paulo: Atlas, 2015, p. 37.

legitima a relação de obediência, é uma descoberta tipicamente romana[74]. É dizer, os romanos foram os primeiros a perceber que para haver obediência é preciso que a ordem seja proferida por alguém que detém autoridade, ou seja, por alguém que, no sentido político da expressão, seja capaz de despertar confiança naquele que obedece. Como adverte Arendt, participar da política era, para o romano, preservar a fundação da cidade de Roma (preservar a sua autoridade). Os romanos fundaram somente uma única cidade, a qual foi sendo ampliada.

A fundação de Roma é o fato originário de sua cultura. É dizer, o caráter mítico que cerca a fundação de Roma se faz notar em cada elemento de sua cultura. Isso explica por que a religião romana tem um significado que a própria palavra já permite entender: religião vem de *religare*, isto é, estar ligado ao passado, manter-se a ele obrigado. Não no sentido de conservar o passado, tomando-o como algo estático, mas, sim, no sentido de mantê-lo sempre presente, ou seja, de ampliá-lo. Afinal, na medida em que o passado é mantido sempre no presente, o passado é, pouco a pouco, ampliado. Logo, não se repete o passado, antes ele é reinventado no presente.

E é nesse cenário que surge a palavra *autorictas*, a qual deriva da palavra *augere*, que significa, por sua vez, aumentar[75]. No presente contexto, entenda-se *autorictas* como aquilo que é capaz de ampliar a fundação, isto é, de preservar o passado (da fundação de Roma) sempre presente. Desse modo, então, é possível concluir que a autoridade dos vivos derivava daqueles que haviam fundado a cidade de Roma e que tinham transmitido aos dirigentes esse domínio através da tradição. Isso explica, por seu turno, o culto aos antepassados, que eram chamados de **maiores**. São eles, os antepassados, a base a partir da qual é legitimado o domínio político.

74. ARENDT, Hannah. **Entre o passado e o futuro**. São Paulo: Perspectiva, 1972, p. 162.
75. FERRAZ JR. Op. cit., p. 37.

Assim, é possível concluir que os romanos perceberam a diferença entre *potestas* e *auctoritas*. A *potestas* está ligada à ideia de fazer algo, o que termina por conferir a ela uma prospecção para o futuro, um agir dirigido para o futuro. Por sua vez, a *autorictas* está ligada ao passado, uma espécie de engrandecer para o passado. Se é assim, a força coerciva da autoridade, como ensina Arendt, citando Mommsen[76], estava diretamente ligada à força religiosa do *áuspices*, os quais, diferentemente dos oráculos gregos, não faziam qualquer sugestão acerca do curso objetivo de eventos futuros, antes revelavam apenas a confirmação ou a censura dos deuses (politeísmo) para as decisões dos homens.

Dessa forma, os deuses romanos não determinavam o que os homens iriam fazer, mas aumentavam o que eles tivessem feito, ou seja, engrandeciam as ações humanas. Assim, tinham autoridade aqueles que eram capazes de arcar com o peso de aumentar a fundação. É dizer, tinham autoridade aqueles que eram capazes de suportar a responsabilidade pelos seus próprios atos, sem ignorar o que os antepassados teriam feito, caso tivessem enfrentado semelhante situação. Isso explica, por sua vez, a importante noção romana de *gravitas*[77], um traço proeminente dos juristas romanos[78].

A nosso ver, todo esse contexto até aqui descrito explica em boa medida o desenvolvimento da jurisprudência romana. Isso porque o jurista, mais do que por seu saber (saber, aqui, compreendido no sentido grego da

76. ARENDT, Hannah. **Entre o passado e o futuro**. São Paulo: Perspectiva, 1972, p. 164.

77. **Gravitas** é um termo latino que nomeia uma das virtudes prezadas pela antiga sociedade romana. As outras eram a *dignitas*, a *pietas* e a *iustitia*. **Gravitas** significa literalmente peso, mas veio adquirir o significado de uma personalidade ética, de seriedade e de apego à honra e ao dever. A mesma palavra deu origem ao termo português **gravidade**, que em parte compartilha do mesmo significado de seriedade, e também de importância, e adquiriu outro, uma denominação de uma das forças físicas de atração mútua que os corpos materiais exercem uns sobre os outros, que mantém o cosmo unido e confere peso aos objetos. Na Grécia Antiga, o termo *arete* tinha mais ou menos a mesma acepção de *gravitas*.

78. ARENDT. Op. cit., p. 165.

palavra, ou seja, o mesmo que conhecimento), era respeitado por sua *gravitas*, o que sinalizava, por seu turno, que o jurista estava mais perto dos antepassados. Isso nos permite entender que a teoria jurídica não era exatamente uma **contemplação** no sentido grego (*theoria*), mas, sim, uma **manifestação autoritária dos exemplos e dos feitos dos antepassados e dos costumes daí decorrentes**[79]. Os próprios gregos e a sua sabedoria só se tornaram **autoridade**, diga-se de passagem, graças aos romanos, que transformaram seus antepassados em assuntos de filosofia, poesia, bem como em matéria de pensamentos e ideias[80]. Dessa forma, o pensamento jurisprudencial dos romanos, embora se ligue de alguma forma à **prudência** e à **retórica**[81] gregas, tem um sentido peculiar e específico, alheio de certa maneira ao problema da relação entre práxis e teoria.

---

79. FERRAZ JR., Tercio Sampaio. **Introdução ao estudo do direito**: técnica, decisão e dominação. 8. ed. São Paulo: Atlas, 2015, p. 37.

80. Nesse sentido, a título de exemplo, o que Cícero discorre acerca do lugar-comum: "O primeiro lugar é tirado da autoridade, quando fazemos lembrar quanto cuidado os deuses imortais, os nossos ancestrais, os reis, os povos, as nações, os sábios e o Senado dispensaram à matéria e, especialmente, como ela foi sancionada por lei. O segundo lugar considera a quem atingem os atos que denunciamos; se a todos, o que é terrível; se aos superiores, como aqueles de quem tiramos o lugar-comum da autoridade; se aos pares, ou seja, aos que estão nas mesmas condições morais e físicas e têm a mesma sorte que nós; ou aos inferiores, a quem superamos em todos esses aspectos". CÍCERO, Marco Túlio. **Retórica a Herênio**. Tradução Ana Paula Celestino Faria e Adriana Seabra. São Paulo: Hedra, 2005, p. 145.

81. Sobre a retórica, disserta Aristóteles: "Os *meios de persuasão* são os únicos autênticos elementos constituintes da arte, tudo o mais não passando de acessório. Esses autores, contudo, nada dizem sobre entimemas, os quais constituem a substância da persuasão retórica, ocupando-se sobretudo com elementos não essenciais. O despertar da aversão, da compaixão, da cólera e de similares paixões da alma nada tem a ver com o próprio assunto, não passando de um recurso pessoal dirigido ao juiz que cuida do caso. Consequentemente, se as regras para julgamentos que estão atualmente estabelecidas em alguns Estados, principalmente em Estado bem governados, fossem aplicadas em toda parte, tais autores nada teriam a dizer. Não há dúvida de que todos pensam que as leis deveriam prescrever essas regras; alguns indivíduos, entretanto, como ocorre no Areópago, põem em prática o que pensam e proíbem falar dos elementos não essenciais estranhos ao assunto. Trata-se de uma prática correta. Não é certo perverter o juiz induzindo-o à cólera, ou à malevolência, ou à compaixão. Isso seria adulterar a regra que nos dispomos a utilizar. É igualmente evidente que cabe a um litigante apenas demonstrar que o fato alegado existe ou não existe, que ocorreu ou não ocorreu. Quanto a

Por conseguinte, quando se disserta acerca do pensamento jurídico em Roma, deve-se levar em consideração que suas doutrinas, observadas do ponto de vista do conhecimento, têm pouco significado em termos da disputa entre teoria e práxis[82]. Enquanto a prudência grega, em Aristóteles, para dar um exemplo, era uma promessa de orientação para a ação no sentido de descobrir o certo e o justo, a jurisprudência romana era, antes, uma **confirmação**, isto é, um **fundamento** do certo e do justo. Dito de outro modo, se os gregos pretendiam ensinar como se chegar ao certo e ao justo, os romanos, de modo mais astuto, ensinavam como justificar que já se chegou ao certo e ao justo.

Com isso a jurisprudência transformou-se, entre os romanos, em um dos instrumentos mais eficazes de conservação de sua comunidade (da tradição legada pelos antepassados), seja no sentido de um instrumento de autoridade, seja no sentido de uma integração social ampla. De certa maneira, graças ao tripé **religião/autoridade/tradição**[83], a jurisprudência efetivamente conferiu ao Direito uma generalização que a filosofia prática dos gregos não havia conseguido. E isso se deu porque foi criada a possibilidade de um saber que era a ampliação da fundação de Roma e que se difundiu, por todo o mundo conhecido na época, como um saber universal. Surgiu, assim, a possibilidade de um conhecimento universal sobre o Direito (fundado a partir de Roma)[84], se não do ponto de vista teórico, ao menos de fato. E é isso que permitirá entender o caminho percorrido pela Dogmática Jurídica ao longo da Idade Média.

---

apurar se uma coisa tem importância ou é destituída de importância, justa ou injusta, e todas as questões que o legislador não definiu com precisão, cabe pessoalmente ao juiz decidir, devendo este, decerto, recusar-se a deliberar com base nas partes em litígio". ARISTÓTELES. **Retórica**. Tradução Edson Bini. Bauru: Edipro, p. 39-40.

82. FIKENTSCHER, Wolfgang. **Methoden des Rechts in vergleichender Darstellung**. Tübingen: Mohr Siebeck, 1975, p. 235.

83. FERRAZ JR., Tercio Sampaio. **Introdução ao estudo do direito**: técnica, decisão e dominação. 8. ed. São Paulo: Atlas, 2015, p. 38.

84. O *Digesto* viria a ser isso para os juristas medievais conhecidos como glosadores.

2.4. O DIREITO COMO DOGMA? QUAL A CONTRIBUIÇÃO DA IDADE MÉDIA?

O passo que é dado entre a cultura romana e a cultura medieval é um dos mais importantes. O surgimento do Cristianismo permitiu uma distinção determinante e fundamental entre as esferas da política e da religião, dois campos que até o apogeu do Império Romano se confundiam, mas que, a partir do florescer da Idade Média, pouco a pouco, demarcam suas diferenças. Para dar um exemplo, se para os antigos o ser humano distinguia-se dos outros animais por ser um **animal político**, no sentido de ser um cidadão da pólis[85], para a Idade Média o homem passa a ser visto como um **animal social**. A diferença entre político e social é sutil, mas decisiva. Afinal, a politicidade era uma qualidade típica da vida pública (uma vida em comunidade, um conviver)[86], e ter uma vida pública

85. Escreve sobre o tema Diogo Freitas do Amaral: "Logo no início do seu tratado sobre a *Política*, Aristóteles profere uma das frases mais célebres e mais conhecida, das muitas que legou à posteridade: '*o homem é, naturalmente, um animal político*'. E explica o homem é um animal político porque é '*feito para viver em sociedade*'. É-o mesmo '*mais do que as abelhas ou qualquer outra espécie que viva em estado gregário*'. De tal modo isto é assim, a tal ponto o homem é um animal político que, segundo Aristóteles, '*aquele que pela sua natureza (...) não o for, ou é uma criatura degradada ou um ente superior ao homem*': '*aquele que não pode pôr nada em comum na sociedade, ou que não sente necessidade de nada, não faz parte da Cidade – não pode deixar de ser um bruto ou um deus*', não é um homem. '*O que distingue essencialmente o homem dos outros animais é que ele tem o sentimento do bem e do mal, do justo e do injusto, e dos outros (sentimentos)*'; '*se o homem, quando atinge o seu grau de perfeição, é o mais excelente dos animais, é, no entanto, o pior deles todos quando vive no isolamento, sem leis e sem código. (...) Sem a virtude, o homem é a criatura mais perversa e a mais cruel, a mais abandonada aos prazeres dos sentidos e a todos os seus desregramentos*'. O homem é, assim, um animal político, feito para viver em sociedade. É, pois, evidente que, '*na ordem da natureza, a Cidade existe antes da família e antes de cada indivíduo*': '*pois se cada um é incapaz de se bastar a si próprio em situação de isolamento, ele achar-se-á (nesta situação) na dependência de tudo*'. É por isso que '*há em todos os homens uma tendência natural para uma tal associação (a sociedade política)*'" (grifo nosso). Cf. AMARAL, Diogo Freitas do. **História das ideias políticas**. Coimbra: Almedina, 2004, v. 1, p. 113.

86. Vida pública: vive-se em conjunto por opção; vida gregária: vive-se em conjunto por ser algo inerente à espécie.

era algo que diferenciava o homem de muitos animais que tinham uma vida gregária[87] (uma vida em comum e em conjunto), mas nem por isso, uma vida pública.

Já a sociabilidade, própria da Idade Média, era compreendida como um tipo de gregariedade. O que distinguia a gregariedade entre os homens da gregariedade entre os animais era a dignidade humana, vez que o homem seria o único ser criado à imagem e semelhança de Deus. E mais, Deus teria gravado no coração do homem uma lei de consciência: o livre-arbítrio[88]. Por ser livre, o homem era destinado à salvação. E, para se salvar, havia de se conformar com a Ordem divina, cuja máxima expressão era a lei. Em outras palavras, o homem era livre para obedecer. "Lei (*lex*) e ordem (*ordo*)"[89] passaram a ser "a chave mestra" da concepção

87. São muitos os exemplos e a riqueza de comentários acerca deles. Nesse sentido, sobre a vida gregária leia-se os diversos estudos acerca das abelhas e formigas que levam, entre si, uma vida gregária.

88. Paradoxal, não é mesmo. O livre-arbítrio não é livre, não é uma escolha humana, mas, sim, uma mensagem gravada por Deus no coração do homem. Forçando um pouco a barra, o livre-arbítrio seria uma mensagem genética gravada por Deus no DNA de cada homem. Sobre o livre-arbítrio, merece registro, ainda que de modo rápido, as belas e persuasivas palavras de Friedrich Nietzsche. Escreve o filósofo: "*Erro do livre-arbítrio.* – Hoje não temos mais compaixão pelo conceito de 'livre-arbítrio': sabemos bem demais o que é – o mais famigerado artifício de teólogos que há, com o objetivo de fazer a humanidade 'responsável' no sentido deles, isto é, de *torná-la deles dependente*... Apenas ofereço, aqui, a psicologia de todo 'tornar responsável'. – Onde quer que responsabilidades sejam buscadas, costuma ser o instinto de *querer julgar e punir* que aí busca. O vir-a-ser é despojado de sua inocência, quando se faz remontar esse ou aquele modo de ser à vontade, a intenções, a atos de responsabilidade: a doutrina da vontade foi essencialmente inventada com o objetivo da punição, isto é, de *querer achar culpado*. Toda a velha psicologia, a psicologia da vontade, tem seu pressuposto no fato de que seus autores, os sacerdotes à frente das velhas comunidades, *quiseram criar para si o direito de impor castigos* – ou criar para Deus esse direito...", cf. NIETZSCHE, Friedrich Wilhelm. **Crepúsculo dos ídolos ou como se filosofa com o martelo**. Tradução Paulo César de Souza. São Paulo: Companhia das Letras, 2006, p. 45-46.

89. Como é possível perceber, talvez o movimento de "Lei e ordem", tão estudado na seara da Criminologia e da Política Criminal, não seja tão recente como alguns imaginam. Seja como for, em meu sentir, essas questões parecem perseguir a humanidade desde sempre, ou, pelo

medieval de direito. A lei, como a define São Tomás de Aquino, é "uma ordenação da razão direcionada ao bem comum, promulgada por aquele a quem incumbe o cuidado da comunidade"[90].

Como é possível depreender, o direito, desse modo, não perdeu o seu caráter sagrado. Todavia, adquiriu uma dimensão de **sacralidade transcendente**[91], vez que agora tem uma origem externa à vida humana na Terra. Vale lembrar que, entre os romanos, a dimensão do sagrado não se refere a um deus externo, mas, sim, a deuses imanentes à fundação de Roma. Ou seja, em Roma, prepondera uma visão politeísta, os deuses não são algo externo e de fora da sociedade, sendo antes algo inerente à própria sociedade (o caráter sagrado, mítico, da fundação de Roma). O certo é que, a partir desse conjunto de distinções entre Roma e a Era Medieval, surgiu um **novo saber prudencial**, voltado a conhecer e a interpretar a lei e a ordem de forma peculiar. Isso porque, para os romanos, o direito era um saber das coisas divinas e humanas, já que homens e deuses estão num mesmo patamar e são inerentes à vida em sociedade. Por sua vez, os medievais, passam a sustentar que as coisas divinas e humanas são distintas e que, por força disso, haveria um direito divino e um direito dos homens, sendo, portanto, saberes distintos, ainda que guardassem, entre si, uma relação hierárquica de subordinação[92].

menos, desde que o homem passou a compreender o mundo a partir da perspectiva do judaísmo e, logo depois, do ângulo do cristianismo.

90. AQUINO, Tomás de. **Suma Teológica.** Tradução Alexandre Corrêa. 2. ed. Caxias do Sul: Livraria Sulina, 1981, p. 87-88.

91. FERRAZ JR., Tercio Sampaio. **Introdução ao estudo do direito**: técnica, decisão e dominação. 8. ed. São Paulo: Atlas, 2015, p. 38.

92. FERRAZ JR., Tercio Sampaio. **Introdução ao estudo do direito**: técnica, decisão e dominação. 8. ed. São Paulo: Atlas, 2015, p. 38-39.

Apenas a título de exemplo, vale transcrever, a seguir, a explicação de Giambattista Vico, um dos maiores expoentes da Idade Média na seara filosófico-jurídica, acerca das três espécies de jurisprudências:

> Três espécies de jurisprudências, ou seja, de sabedorias. A primeira foi uma sabedoria divina, denominada, como vimos acima, "teologia mística", que quer dizer "ciência dos falares divinos", ou de entender os divinos mistérios da adivinhação dos auspícios e sabedoria vulgar, da qual foram sábios os poetas teólogos, que foram os primeiros sábios do gentilismo; e, a partir desta mística teológica, foram esses denominados "mystae", que Horácio, com ciência, traduz como "intérpretes dos deuses". (...) A segunda foi a jurisprudência heroica, a de ter cautela com certas palavras apropriadas, como é sabedoria de Ulisses, que, em Homero, fala sempre com tanta prudência, que consegue a utilidade proposta, conservando sempre a propriedade das suas palavras. Pelo que toda a reputação dos jurisconsultos romanos consistia naquele seu "cavere"; e aquele seu "de iure respondere" outra coisa não era também senão o de acautelar aqueles que tinham de pôr à prova, em juízo, as suas razões, ao exporem ao pretor os fatos de tal modo circunstanciados, que as fórmulas das ações se lhes ajustassem convenientemente, de modo a que o pretor as não pudesse negar. (...) A terceira é a jurisprudência humana, que examina a verdade desses fatos e cede benignamente a razão das leis a tudo aquilo que requer a igualdade das causas; jurisprudência essa que se pratica nas repúblicas populares livres, e muito mais sob as monarquias, pois ambas são governos humanos[93].

93. VICO, Giambattista. **Ciência nova**. Tradução Jorge Vaz de Carvalho. Lisboa: Fundação Calouste Gulbenkian, 2005, p. 683-684.

O certo é que a Ciência (europeia) do Direito propriamente dita surge em Bolonha[94] no século XI[95]. Com uma índole nova, mas sem abandonar o pensamento prudencial dos romanos, ela faz inserir uma nova característica no pensamento jurídico: a **dogmaticidade** do direito. O pensamento dogmático, em sentido estrito, pode ser localizado, em suas origens, nesse período[96]. O desenvolvimento dele tornou-se viável graças a uma resenha crítica dos *Digestos Justinianeus*[97]. E que resenha é essa? *A Littera Boloniensis*, transformada em textos escolares do ensino na universidade[98].

---

94. "Com a **Renovação da Ciência Jurídica** na Itália, que se iniciou em Bolonha nos finais do século XI, o Direito do *Corpus iuris civilis* teve um enorme desenvolvimento. A escola dos **Glosadores** utilizando o método desenvolvido pela teologia contemporânea (pré-escolástica) submeteu a Compilação e em especial o *Digesto* a um tratamento *teórico* fundamental, sobre a qual se construiu em grande medida a teoria jurídica posterior do continente europeu. Com este regresso ao *Corpus iuris*, foi explorado de novo o ideário da jurisprudência clássica, tal como está contido naquela compilação. Esta escola, que considera o *Corpus iuris* como revelação jurídica intocável e subtraída a qualquer crítica (*ratio scripta*), não encontrou, todavia, a via para utilizar este tesouro de conhecimentos na vida jurídica da sua própria época". Cf. KASER, Max. **Direito Privado Romano**. 2. ed. Tradução Samuel Rodrigues e Ferdinand Hämmerle; revisão Maria Armanda de Saint-Maurice. Lisboa: Fundação Calouste Gulbenkian, 2011, p. 25.
95. WIEACKER, Franz. **Privatrechsgeschite der Neuzeit**. Göttingen: Vandenhoeck & Ruprecht, 1967, p. 46.
96. FERRAZ JR. Op. cit., p. 39.
97. "Nos séculos XIV e XV a orientação teórica dos Glosadores foi substituída pela escola dos **Comentadores** (chamados **Pós-glosadores**) orientada para objetivos práticos; os comentadores pretendem utilizar para a justiça da sua época de origem romana ou germânica com os métodos aprendidos dos Romanos, e não raramente transformam as ideias romanas de forma caprichosa". Cf. KASER, Max, **Direito Privado Romano**. 2. ed. Tradução Samuel Rodrigues e Ferdinand Hämmerle; revisão Maria Armanda de Saint-Maurice. Lisboa: Fundação Calouste Gulbenkian, p. 25.
98. "Em Bolonha está a primeira originalidade: os professores não fazem parte da Universidade. As corporações universitárias agrupam apenas estudantes. Os mestres formam o *Colégio dos Doutores*. Em rigor, Bolonha compreende diversas universidades. Cada faculdade forma uma corporação à parte. Mas a preponderância das duas universidades de juristas". Cf. LE GOFF, Jacques. **Os intelectuais na Idade Média**. Tradução Marcos de Castro. Rio de Janeiro: José Olympio, 2006, p. 103.

Nesse período, Giambattista Vico fala em três espécies de direitos naturais, a saber:

> O primeiro direito foi divino, pelo qual acreditavam que eles próprios e as suas coisas pertenciam todos por direito aos deuses, baseados na opinião de que tudo era ou o faziam os deuses. O segundo foi o heroico, ou seja, da força, porém, provista já pela religião, a única que pode submeter ao dever a força, quando não existem, ou se existem, não servem as leis humanas para a refrearem. Por isso, a providência dispôs que as primeiras gentes, ferozes por natureza, fossem persuadidas por essa sua referida religião, a fim de que naturalmente apaziguassem a sua força, e que, não sendo capazes ainda de razão, avaliassem a razão pela fortuna, para a qual se aconselhavam com a adivinhação dos auspícios. Esse direito da força é o direito de Aquiles, que coloca toda razão na ponta da lança. O terceiro é o direito humano, ditado pela razão humana completamente desenvolvida[99].

Voltando ao *Corpus iuris civilis* e a sua resenha crítica, a *Littera Boloniensis*, os textos dessa grande compilação romana, repita-se, eram aceitos como base indiscutível do direito. Esses textos foram submetidos a uma técnica de análise que decorria das técnicas explicativas usadas em aula, em especial no *Trivium* (Gramática, Retórica e Dialética). Logo, eles se caracterizavam pela glosa gramatical e filológica, donde brota a expressão **glosadores**, atribuída aos juristas daquela época. Em sua explicação, o jurista cuidava de uma harmonização entre todos eles, desenvolvendo uma atividade eminentemente exegética (interpretativa)[100] que se fazia

99. VICO, Giambattista. **Ciência nova**. Tradução Jorge Vaz de Carvalho. Lisboa: Fundação Calouste Gulbenkian, 2005, p. 673.

100. FERRAZ JR., Tercio Sampaio. **Introdução ao estudo do direito**: técnica, decisão e dominação. 8. ed. São Paulo: Atlas, 2015, p. 39.

necessária porque os textos nem sempre concordavam uns com os outros. Em suma, o glosador não era um mero comentarista dos textos do *Corpus iuris civilis*, mais do que isso, ele era, sobretudo, um intérprete, na medida em que construía uma harmonização entre textos que muitas vezes caiam em contradição entre si.

Essas contradições, por sua vez, davam lugar às *contraietates*, as quais, por seu turno, levantavam as *dubitationes*, conduzindo o jurista a sua discussão, *controversia, dissentio, ambiguitas*, ao fim do qual se chegava a uma *solutio*, obtida quando se alcançava, finalmente, uma concordância. Em uma palavra, a *solutio* partia de um dissenso para construir um consenso. E a construção desse consenso só era possível através dos instrumentos retóricos, tudo de modo a evitar a incompatibilidade entre diferentes fragmentos de textos, ou seja, a divisão do objeto no tempo e no espaço, a hierarquização dos textos conforme a dignidade de sua autoridade e a distinção entre textos gerais e especiais[101], consoante o esquema escolástico da tese, da antítese e da síntese (*solutio*)[102]-[103]-[104]. Em suma, esse consenso (a *solutio*) é algo retoricamente construído por meio de um esforço de interpretação e argumentação, recorrendo-se, para tanto, à divisão do objeto (no caso, os textos do *Corpus iuris civilis*) no tempo (critério cronológico) e no espaço (critério territorial), a hierarquização dos textos (critério hierárquico) conforme a dignidade de sua autoridade e a distinção entre textos gerais e especiais (critério da especialidade).

101. FERRAZ JR., Tercio Sampaio. **Introdução ao estudo do direito**: técnica, decisão e dominação. 8. ed. São Paulo: Atlas, 2015, p. 39.

102. "A explicação de tais questões sucede em um severo esquema: tese – antítese – *solutio*; em cada passo são apresentados os textos isolados, que servem como argumento". Cf. COING, Helmut. **Elementos fundamentais da filosofia do direito**. Tradução Elisete Antoniuk. Porto Alegre: Sergio Antonio Fabris Editor, 2002, p. 313.

103. WIEACKER, Franz. **Privatrechsgeschite der Neuzeit**. Göttingen: Vandenhoeck & Ruprecht, 1967, p. 52.

104. FIKENTSCHER, Wolfgang. **Methoden des Rechts in vergleichender Darstellung**. Tübingen: Mohr Siebeck, 1975, p. 377.

Desse modo, a teoria jurídica tornou-se uma disciplina universitária, de acordo com a qual o ensino era dominado por livros que desfrutavam de autoridade (observe-se a importância da doutrina, quiçá como fonte do direito)[105]. E quais livros eram esses? Basicamente, os seguintes: o *Corpus Juris Civilis*, de Justiniano, o *Decretum*, de Graciano, de 1140, as fontes eclesiásticas que formavam os cânones e as coleções de decretos papais. Disso se depreende que as fontes contemporâneas eram consideradas como secundárias e, na teoria, subordinadas às anteriores[106]. Como, contudo, os textos discutiam casos singulares tomados como protótipos, o pensamento prudencial não chegou a desaparecer[107]. Apenas a sua índole foi modificada: de casos problemáticos, eles foram convertidos em casos paradigmáticos,

105. Na atualidade, a maior parte dos juristas nega à doutrina o *status* de fonte do direito. Mas o tema é movediço, pois é marcado por controvérsias.

106. "A ciência jurídica da Idade Média é uma disciplina da universalidade. A cátedra na universidade escolástica e suas atividades a influenciaram no início. Como ciência medieval por excelência, ela ensina, primeiramente, o domínio de livros autoritaristas (reputados como muito importantes), que – como nas outras disciplinas – vinham da Antiguidade: na (*Legistik*) domina o *Corpus Iuris*, cuja legislação de Justiniano, forma a parte principal; no direito canônico primeiramente, *Gratians Decretum* (ca. 1140), que resume as fontes eclesiásticas também a partir do fim da Antiguidade; mais tarde as coleções de decretos dos papas. As fontes jurídicas contemporâneas não tinham nenhum papel na cátedra; na prática elas são naturalmente observadas, mas inseridas e explicadas a partir do direito geral, o *Ius Commune*, ensinado pela universidade". Cf. COING. Op. cit., p. 312.

107. "O trabalho da ciência jurídica medieval é determinado por dois fatores. Ele baseia-se, primeiramente, na lógica da época; ele utiliza nisto tanto a lógica finalista, como especialmente a lógica da argumentação. Faltam argumentos históricos e sociológicos; derivações sistemáticas de princípios são raras. A ciência jurídica orienta-se no texto isolado, e isto significa, diante da peculiaridade das coleções jurídicas romanas e canônicas, na casuística. A partir do texto isolado é, primeiramente, trabalhado o caso isolado a ser decidido (*casus*) e a sua solução. Então, também desenvolve-se em processo lógico, que argumento geral pode-se usar para um princípio jurídico a partir desta decisão. Nesta forma – como argumento – os textos isolados são utilizados na solução de casos dúbios, bem como na explicação de *Quaestiones*, quando se tratar de encontrar princípios, com cuja ajuda a *Quaestio* pode ser respondida". Cf. COING, Helmut. **Elementos fundamentais da filosofia do direito**. Tradução Elisete Antoniuk. Porto Alegre: Sergio Antonio Fabris Editor, 2002, p. 312-313.

que deveriam, por sua vez, traduzir uma harmonia entre os textos. Desse modo, ao invés de se utilizar basicamente dos recursos prudenciais – como a equidade e a apreciação dos interesses em jogo – o jurista ia mais além, procurando princípios e regras capazes de reconstituir harmonicamente o *Corpus Juris Civilis.* Assim, a prudência se fez dogmática[108], pois a partir da doutrina e do desenvolvimento de princípios sustentou a existência de um sistema harmônico que brotava dos textos.

Na verdade, para que seja possível entender esta combinação entre **prudência** e **dogmática**, é preciso observar o que se deu com a *autorictas* romana. Após o declínio do Império Romano, a herança espiritual e política de Roma passou para a Igreja Cristã. Nesse sentido, a Igreja romaniza-se ao fazer do nascimento, morte e ressurreição de Cristo a pedra angular de uma nova fundação, da qual os Apóstolos tornam-se pais fundadores, transmitindo de geração a geração a tarefa de aumentar a fundação[109]. Todavia, quando a Igreja se institucionaliza politicamente, após Constantino, ela, tornando-se religião no sentido romano, enfrenta a influência avassaladora do pensamento grego que os romanos haviam romanizado, mas não absorvido enquanto tal. Essa absorção vai se dar por meio dos filósofos cristãos, sobretudo de Santo Agostinho. A base da filosofia de Agostinho, diz-nos Arendt (*sedis animi est in memoria*), é "aquela articulação conceitual da experiência especificamente romana que os próprios romanos, avassalados como eram pela Filosofia e pelos conceitos gregos, jamais completaram" [110].

Depois do século V, assumindo-se como instituição política, a Igreja adota a distinção romana entre *autorictas* e *potestas*, reclamando para si a

108. FERRAZ JR., Tercio Sampaio. **Introdução ao estudo do direito**: técnica, decisão e dominação. 8. ed. São Paulo: Atlas, 2015, p. 39.

109. Idem, ibidem, p. 40.

110. ARENDT, Hannah. **Entre o passado e o futuro**. São Paulo: Perspectiva, 1972, p. 168-169.

primeira e deixando a segunda, que não estava mais "nas mãos do povo", como dizia Cícero, para os príncipes seculares[111]. Essa separação, entre *autorictas* e *potestas*, deixou, pela primeira vez, desde os romanos, o político sem autoridade, só com o poder. Como, ao contrário do romano, a autoridade de Cristo transcendia ao mundo político, para justificá-la, o cristianismo precisou amalgamá-la com os padrões e as medidas transcendentes da tradição platônica com o seu mundo das ideias[112]. Nesse momento, unem-se em seu pensamento, numa só medida, os conceitos de início e de fundação com a ideia grega de medida transcendente da razão[113], a verdade[114].

A igreja reintroduz, desse modo, vários mitos gregos, como o mito do inferno[115], que agora, graças à igreja, são transformados em dogmas de fé. Convém lembrar, por oportuno, que os dogmas que produzem a Teologia influenciarão o pensamento jurídico que irá, então, assumir a índole de

111. FERRAZ JR. Op. cit., 2015, p. 40.

112. FERRAZ JR., Tercio Sampaio. **Introdução ao estudo do direito**: técnica, decisão e dominação. 8. ed. São Paulo: Atlas, 2015, p. 40.

113. FIKENTSCHER, Wolfgang. **Methoden des Rechts in vergleichender Darstellung**. Tübingen: Mohr Siebeck, 1975, p. 365.

114. ARENDT, Hannah. **Entre o passado e o futuro**. São Paulo: Perspectiva, 1972, p. 170.

115. O Tártaro é semelhante ao inferno da mitologia cristã, para onde vão as almas malignas. Em outra versão, Tártaro é exclusivamente onde estão aprisionados os titãs, vigiados pelos três Hecatônquiros: Coto, Briareu e Giges. Sendo que os mortos caem simplesmente no mundo inferior, em algumas versões ele possuía um largo portão de bronze que era fechado por dentro, abrindo-se apenas para dar entrada a mais uma sombra, cercado por muralhas triplas que rodeavam os condenados, e não consta que nenhum conseguisse escapar. Nele trabalhava Hécate, as Harpias (Aelo, Ocípite e Celeno), as Górgonas (Medusa, Esteno e Euríale). Interessante observar que as harpias e as górgonas já morreram e agora servem a Hades. As Erínias, deusas da vingança (Tisífone, Megaira e Alecto), ficariam parte do tempo punindo os mortos no Tártaro e outro punindo os vivos na Terra. Também trabalhariam no Tártaro as Queres, deusas da morte violenta (existem várias Queres, algumas são Híbride, Limos e Poinê), apesar de em algumas versões as Queres trabalharem ao lado de Tânatos (enquanto Tânatos representa a morte tranquila, as Queres representam a morte cruel, antes da hora), e em outras trabalharem com Ares, deus da guerra. No Tártaro correria o rio Cócito (das lamentações), Flegetonte (do fogo) e Erídano. OLIVEIRA, Vinícius da Conceição. **Demonologia**. Autor independente, 2016, p. 33.

pensamento dogmático. Este pensamento surge, pois, desta conjugação entre a ideia de autoridade romana (autorizado pelos deuses a decidir) e a ideia de verdade bíblica (verdade inquestionável), transcendente. Por via de consequência, nos dogmas, autoridade e razão combinam-se, o que redunda no seguinte: os textos da *Littera Boloniensis* passam a ser vistos como a verdadeira *ratio scripta* (a razão jurídica universal materializada em forma de texto), ou seja, como o fundamento de todo o direito[116].

Nesse sentido, a teoria do direito medieval, ao conciliar o espírito grego da *fronesis*, no sentido de orientar a ação, com o espírito romano da *prudência*, no sentido de confirmar o certo e o justo, estabelece, pouco a pouco, uma teoria que será de grande utilidade ao domínio político dos príncipes, como ferramenta para o exercício do poder deles. Nesse aspecto, contudo, de certa maneira, a teoria do direito medieval volta a ser mais orientação para a ação e para decisão do que manifestação de autoridade. É a partir desse cenário de tendências que se abre o caminho para uma progressiva tecnização (pensamento orientado pela relação entre meio e fim) da teoria jurídica, em termos de um instrumento político[117].

Aliás, como ressalta Wieacker[118], essa função sociopolítica do pensamento dogmático medieval pode ser comprovada por meio da história. O jurista daquela época, destaca Wieacker, ainda que aparentemente tivesse a imagem do homem desligado da vida, voltado para a análise de textos e para as interpretações deles, é um elemento decisivo na vitória progressiva da ideia do Estado racional[119] que irá dominar a política nos séculos

116. FERRAZ JR. Op. cit., p. 40.

117. FERRAZ JR., Tercio Sampaio. **Introdução ao estudo do direito**: técnica, decisão e dominação. 8. ed. São Paulo: Atlas, 2015, p. 40.

118. WIEACKER, Franz. **Privatrechsgeschite der Neuzeit**. Göttingen: Vandenhoeck & Ruprecht, 1967, p. 93.

119. "O Estado, no sentido do Estado *racional*, somente se deu no Ocidente. A luta constante em forma pacífica e bélica, entre Estados nacionais concorrentes pelo poder criou as maiores oportunidades para o moderno capitalismo ocidental. Cada Estado particular tinha que

seguintes. A participação do jurista no soerguimento do Estado racional reside, sobretudo e de modo característico, em sua técnica formal, isto é, nas técnicas de análise de textos e dos casos a eles ligados. Essa análise estava intimamente ligada ao estilo argumentativo da retórica prudencial. Com isso, é possível notar que a teoria jurídica, convertida na Era Medieval em uma disciplina universitária, passa, gradativamente, a ter como finalidade o tratamento de questões públicas do modo mais racional possível, neutralizando, na medida do possível, as emoções e os interesses materiais[120].

Essa mesma lógica, a da racionalidade e a da impessoalidade, viria a alcançar também o nicho do Direito Privado. Mas não apenas ele, atingiu também as atividades diplomáticas e administrativas, as quais passam a ser influenciadas por juristas. Desse modo, os juristas auxiliam na construção do Estado Moderno, do Estado guiado pela razão e que deve dispensar a todos um tratamento impessoal. A contribuição de tais juristas não se limita a sua atividade nos tribunais. Isso porque, no momento em que eles, os juristas, constroem uma fundamentação jurídica e a atribui às pretensões de soberania dos príncipes, como se vê a partir do *Corpus Justinianeu*, interpretado quase de modo absoluto (sem admitir uma outra possibilidade de interpretação), terminam por fornecer uma técnica de tratamento de atas e de negociações[121].

---

concorrer pelo capital, que estava livre de estabelecer-se em qualquer lugar e lhe ditava as condições sob as quais o ajudaria a tornar-se poderoso. Da aliança forçada entre Estado nacional e o capital nasceu a classe burguesa nacional – a burguesia no sentido moderno da palavra. É, portanto, o Estado nacional fechado que garante ao capitalismo as possibilidades de sua subsistência e, enquanto não cede lugar a um império universal, subsistirá também o capitalismo". Cf. WEBER, Max. **Economia e sociedade**: fundamentos da sociologia compreensiva. Tradução Regis Barbosa e Karen Elsabe Barbosa, revisão técnica Gabriel Cohn. São Paulo: UnB & Imprensa Oficial, 2004, v. 2, p. 517.

120. FERRAZ JR. Op. cit., p. 40.

121. FERRAZ JR., Tercio Sampaio. **Introdução ao estudo do direito**: técnica, decisão e dominação. 8. ed. São Paulo: Atlas, 2015, p. 40-41.

Uma atividade que, na prática, torna possíveis os principados (e o governo do príncipe), à medida que o Estado Moderno concentra, racionaliza e torna o máximo objetivas as formas de domínio, formas essas que devem funcionar mesmo diante da mudança daqueles que ocupam os cargos, e isso por meio da instauração de aparelhos administrativos que se superpõem aos interesses pessoais. Não se pode negar que o pensamento dogmático contribuiu decisivamente para isso. Aliás, o mesmo se pode dizer acerca dos canonistas (estudiosos de direito canônico). Também eles, por meio do Direito Canônico, ergueram e expandiram a Igreja. Afinal, só o jurista é que dominava, naquela época, as operações analíticas pelas quais a complexa realidade política podia ser devidamente controlada[122].

A partir da Idade Média, pode-se, pois, afirmar que o pensamento jurídico se fez essencialmente em volta do **poder real**. E a recuperação do direito romano serviu-lhe como instrumento de organização. Sem receio de errar, é possível dizer que, sem o suporte do direito romano, o poder real, durante a Idade Média, não teria como organizar a sociedade e o exercício do seu próprio poder. No continente europeu, o poder real inclinou-se a um centralismo cada vez maior, tendo sido o direito romano, absorvido pelas universidades, o instrumento mais adequado para essa centralização[123].

No momento em que se posiciona o rei como o personagem principal da peça teatral jurídica, surge, nesse período, uma ideia-chave que irá caracterizar a organização jurídica do poder, qual seja, a noção de **soberania**[124]. As disputas em torno desse poder mais elevado, o poder

122. Idem, ibidem, p. 41.

123. Idem, ibidem, p. 41.

124. Sobre o assunto, escreve Georges Burdeau: "Necessária para fundamentar a legitimidade e assegurar a continuidade do Poder, a existência do Estado é igualmente a condição para que possa ser afirmada a superioridade da competência dos governantes. No regime do Poder

soberano, dividem-se em duas partes, a saber: uma delas, a questão do **fundamento**[125] do direito de se exigir obediência, e a segunda, por sua vez, diz respeito aos **limites** desse direito (até onde o direito pode exigir obediência). A soberania, encarada como o direito do soberano, expõe o problema jurídico da legitimidade[126].

O certo é que a noção de soberania proporciona uma maneira de conceber o direito a partir de um princípio centralizador. Desse modo, todos os seres tinham a sua unidade de convergência em Deus. Ele era o elemento que impedia a fragmentação social, a fragmentação própria da sociedade moderna. Na Era Medieval, portanto, a ideia que graceja é: assim como a verdade só pode ser uma, assim também o direito só pode ser um, dentro dos quadrantes de um dado território e de uma dada esfera do poder[127].

Por isso, Helmut Coing, dissertando sobre o pensamento jurídico da ciência jurídica escolástica, consigna:

Individualizado, se houver resistência dos governados ou dos grupos secundários, o chefe só poderá impor sua vontade fazendo-a prevalecer pela força. Suas decisões não têm, por natureza, um caráter de superioridade que as torne incontestáveis; se elas coagem é em razão da situação pessoal do indivíduo de que emanam. Base bem frágil para um Poder! Ele corre o risco de ser sobrepujado por uma força maior e, mesmo não o sendo, permaneceria contestável em virtude da ideia (cuja evidência não cessará de ser mais persuasiva à medida que se aprimorar a consciência política dos governados) que, sendo única a natureza do homem, as vontades individuais são equivalentes. Então vem a interrogação: por que ele? Dúvida terrível que acaba solapando todos os poderes fundamentados numa qualidade pessoal". BURDEAU, Georges. **O Estado**. Tradução Maria Ermantina de Almeida Prado Galvão. São Paulo: Martins Fontes, 2005, p. 33.

125. FERRAZ JR. Op. cit., p. 41.

126. Sobre o assunto, escreve Georges Burdeau: "A preocupação com segurança que anima os governados coincide, por suas consequências, com a vontade dos governantes de serem tidos como legítimos. Poucos chefes há que, tendo a força de comandar, não procurem fazer que lhes reconheçam esse direito". A legitimidade entendida como o direito de mandar. E continua Burdeau: "Com efeito, é que esse direito colocará seu título ao abrigo das reivindicações de seus rivais e o garantirá contra os temíveis efeitos de um enfraquecimento da força ou de um abandono da sorte. É esse direito que se vincula à legitimidade". BURDEAU, Georges. **O Estado**. Tradução Maria Ermantina de Almeida Prado Galvão. São Paulo: Martins Fontes, 2005, p. 27.

127. FERRAZ JR., Tercio Sampaio. **Introdução ao estudo do direito**: técnica, decisão e dominação. 8. ed. São Paulo: Atlas, 2015, p. 41.

> A ciência jurídica medieval apresentou milhares de pareceres, chamados de *Consilia*, que foram feitos para partes ou pessoas do tribunal. Também estes pertencem à literatura casuística, mas são construídos de modo bem diferente das *responsa* romanas. Os problemas isolados do caso são tomados em sequência e conforme a forma da Quaestio, solucionados na explicação e ponderação dos argumentos contrários; nisto as passagens autoritaristas das fontes, sempre indicam o argumento. Ao contrário dos romanos, o processo de pensamento do jurista escolástico se apresenta claramente diante de nós. Faltam ponderações livres de equidade ou de avaliação de interesses: o jurista medieval sempre pensa com a ajuda de um texto da fonte. A combinação destes textos mostra sua utilização no todo da argumentação, demonstrando não somente o domínio admirável do extenso material, mas também uma profunda pesquisa dos pensamentos materiais fundamentais, o significado mais profundo de uma passagem, desde que uma interpretação não histórica, puramente lógica, o possa revelar[128].

O certo é que, a partir de tudo quanto foi até aqui explicado, é possível afirmar que o sistema do direito centrado no **soberano** encara o poder como a relação direta entre **soberano/súdito**, num sentido bastante concreto, fundado no mecanismo de apossamento da terra. É certo que a soberania, enquanto direito fundamental da ordem jurídica, era limitada (contida) pela ideia de soberania **divina**, ou seja, de um poder político que encontrara sua fonte (legitimidade) e o seu limite em Deus. A *potestas* (o poder) decorre dessa suprema *autorictas* (autoridade), interpretada de acordo com o ensinamento da Igreja que, por esta mesma razão, atuou, na prática, como uma limitadora do poder político. Contudo, seja como for, a concepção jurídica do poder, esboçada pelos juristas medievais por meio de suas técnicas dogmáticas e fundada

128. COING, Helmut. **Elementos fundamentais da filosofia do direito**. Tradução Elisete Antoniuk. Porto Alegre: Sergio Antônio Fabris Editor, 2002, p. 313-314.

na noção de soberania, foi uma visão **circular**[129] e eminentemente ética, no sentido de que o respeito à lei devia ser o mais básico nas relações de governo: o objetivo do poder é o **bem comum**, e o bem comum é a obediência às leis que o poder prescreve[130].

2.5. O DIREITO COMO ORDENAÇÃO RACIONAL? COMO A ERA MODERNA CONTRIBUIU PARA ISSO?

Tomando como ponto de partida o Renascimento, é possível dizer que, a partir daí, o Direito irá perder progressivamente seu caráter sagrado. E essa dessacralização do Direito importará na correspondente tecnicização[131] do saber jurídico e a equivalente perda de sua índole ética[132], que a Era Medieval tanto cultuou e preservou.

---

129. Sobre a circularidade e a sua implicação para o sistema jurídico, sobretudo quando se pensa o sistema jurídico como um sistema autopoiético, mais será dito um pouco adiante a partir da lição de Niklas Luhmann e Günther Teubner.

130. FERRAZ JR., Tercio Sampaio. **Introdução ao estudo do direito**: técnica, decisão e dominação. 8. ed. São Paulo: Atlas, 2015, p. 41.

131. "O direito moderno – isto é, o positivismo jurídico – é uma técnica de dominação que envolve a racionalização e a formalização. Na base do direito moderno encontra-se a vontade humana. Talvez a melhor interpretação da sociologia do direito de Weber tenha sido feita por Kronman. Em sua leitura de Weber, a análise deste é precedida por dois pressupostos: (i) as ações humanas são informadas pelos objetivos e intenções dos agentes; (ii) os fins perseguidos pelos agentes não são de modo algum ditados a eles pela natureza – na verdade, são escolhidos ou desejados pelos agentes. São, em essência, produtos 'irracionais' da vontade. Em decorrência disso, a análise jurídica diz respeito a um material que tem significado legal identificável através da 'análise lógica do significado', ou da 'interpretação abstrata do significado'. Somente a análise de um sistema jurídico primitivo – que, por definição, só envolve um grupo limitado de possibilidades sociais – poderia usar um 'critério externo' baseado em 'elementos extrínsecos' ou 'características de dados dos sentidos'. Com um sistema jurídico avançado, a análise exige que considerássemos todas as circunstâncias que envolvem o ato (juridicamente relevante), bem como as consequências que dele decorrem e determinam sua relevância legal; em suma, a análise jurídica moderna leva em consideração os objetivos e as intenções do agente. Sem dúvida, o agente situa-se numa estrutura. A natureza e a estrutura do pensamento jurídico moderno tendem à formalização; em outras palavras, revelam uma preocupação com a classificação e a representação, com a demarcação de limites e a redução dos fenômenos sociais a conceitos jurídicos ao longo de um processo que pretende criar uma realidade (jurídica) ao mesmo tempo inteligível e controlável". Cf. MORRISON, Wayne. **Filosofia do direito**: dos gregos ao pós-modernismo. Tradução Jefferson Luiz Camargo. São Paulo: Martins Fontes, 2006, p. 341-342.

132. FERRAZ JR. Op. cit., p. 42.

A Era seguinte, denominada de Direito Racional, vai de 1600 a 1800 (do século XVII até o século XIX), aproximadamente, e caracteriza-se pela influência dos **sistemas racionais** na teoria jurídica[133]. Autoridade e razão tinham dominado o pensamento jurídico medieval, cujo caráter dogmático sinaliza um respeito pelos textos a serem interpretados. Os textos, na Era Medieval, são tomados como o ponto de uma cadeia (ou série) argumentativa[134]. É dizer, a partir do texto desencadeia-se uma série de argumentos, todos eles, em maior ou menor medida, apoiados no texto.

Pois bem, essa vinculação ao texto[135], na Era Moderna, não é eliminada, mas se torna ainda mais relevante à medida que a exegese jurídica vai se convertendo em algo cada vez mais artificial e mais livre, de modo a evitar um rompimento das necessidades práticas com o *Corpus Juris*. Todavia, quando o pensamento europeu começa a distanciar-se da visão geral que se tinha na época medieval, a teoria jurídica começa a perder a conexão metódica com as suas bases. O humanismo da Era Renascentista reinventa por completo a legitimação do Direito Romano, purificando e sofisticando o método da interpretação dos textos e, desse modo, abrindo os portões para a entrada da ciência moderna na teoria jurídica[136]. Notem,

133. WIEACKER, Franz. **Privatrechsgeschite der Neuzeit**. Göttingen: Vandenhoeck & Ruprecht, 1967, p. 249.

134. FERRAZ JR., Tercio Sampaio. **Introdução ao estudo do direito**: técnica, decisão e dominação. 8. ed. São Paulo: Atlas, 2015, p. 42.

135. "A confiança na lei aprovada democraticamente (§ 11 II 4) e o princípio da separação de poderes (§ 31 II) conduziram ao desejo de submeter o juiz a uma rigorosa vinculação à lei, para que só a lei decida sobre os litígios. Foi esse o entendimento de Montesquieu (EL, XI, 6), que pretendeu conferir aos juízes apenas a função de boca que enuncia os termos da lei; teriam de ser criaturas sem vontade, que não podiam amenizar o rigor e a dureza da lei. Foi também assim que o jovem Savigny entendeu as coisas: quem decide então 'já não é a arbitrariedade do juiz, mas a própria lei, o juiz limita-se a reconhecer as regras e a aplicá-las ao caso concreto... Uma vez que a lei foi feita para excluir toda a arbitrariedade, o único procedimento e a única tarefa do juiz consiste numa interpretação puramente lógica' (Savigny, 1951, p. 14 e seg.; de modo mais diferenciado, Savigny, 1814, p. 20 e seg.)". ZIPPELIUS, Reinhold. **Filosofia do direito**. São Paulo: Saraiva, 2012, p. 356.

136. FERRAZ JR. Op. cit., p. 42.

não é a teoria jurídica que ingressa na ciência moderna ou se torna uma ciência, mas, sim, o oposto. Logo, o que se quer dizer com isso é que a teoria jurídica receberá, a partir daí, diversas e diferentes contribuições e interferências da ciência moderna.

Os modernos pensadores não indagam mais, como faziam os antigos, acerca das relações morais do bem na vida, mas sim de suas condições efetivas e racionais de sobrevivência[137]-[138]. Tais necessidades práticas de uma sociedade, agora muito mais complexa, exigem soluções técnicas que são as grandes responsáveis pelo desenvolvimento das doutrinas jurídicas. Desse modo, se o problema antigo era o de uma adequação à ordem natural, o moderno será, antes, o de como dominar tecnicamente a natureza ameaçadora. Ou seja, até a Era Medieval, o homem e o direito devem se subordinar a uma ordem natural, mas, a partir da Era Moderna, a lógica se inverte, e é o homem, por meio da técnica, que aspira controlar a natureza. É nesse instante que aparece o temor que irá obrigar o pensador a indagar como proteger a vida contra a agressão dos outros, o que dá ensejo à exigência de uma organização racional da ordem social[139].

---

137. HABERMAS, Jürgen. **Theorie und práxis**. Berlin: Suhrkamp, 1972, p. 56.

138. "Para entender melhor por que a diferenciação do direito não dissolve inteiramente seu vínculo interno com a política e a moral, recomenda-se uma visão retrospectiva sobre a história do direito positivo. Esse processo abrange o final da Idade Média na Europa, indo até as grandes codificações do século XVIII. Nos próprios países da *Common Law*, o direito consuetudinário é reformulado pelo direito romano sob a influência de juristas com formação acadêmica, que o adaptam sucessivamente às condições de intercâmbio de uma emergente sociedade capitalista e ao poder burocratizado de um Estado territorial em formação. Quero apresentar apenas um aspecto importante deste processo sinuoso, intransparente e cheio de variantes, o qual interessa para o contexto de nossa filosofia do direito. Pois o pano de fundo da estrutura tridimensional do sistema jurídico medieval, que entrou em decomposição, permite explicar o alcance filosófico da positivação do direito". Cf. HABERMAS, Jürgen. **Direito e democracia**: entre facticidade e validade. Tradução: Flávio Beno Siebeneichler. Rio de Janeiro: Tempo Brasileiro, 2011, v. 2, p. 230.

139. FERRAZ JR., Tercio Sampaio. **Introdução ao estudo do direito**: técnica, decisão e dominação. 8. ed. São Paulo: Atlas, 2015, p. 42.

Neste sentido, escreve Thomas Hobbes, citado por Wayne Morrison:

> Torna-se portanto manifesto que, durante o tempo em que os homens vivem sem um poder comum que os mantenha a todos em estado de temor reverencial, eles se encontram naquela condição à qual se dá o nome de guerra; e essa guerra, que é de todos os homens contra todos os homens (...), a natureza da guerra não consiste em luta real, mas na conhecida disposição para tal fim, durante todo o tempo em que não se tem conhecimento de garantias de que a paz irá prevalecer. Todo o tempo que resta é de paz[140].

Isso, por sua vez, dá ensejo ao desenvolvimento de um pensamento capaz de certa neutralidade, como demandam as questões técnicas, conduzindo a uma **racionalização** e a uma **formalização** do direito[141].

---

140. MORRISON, Wayne. **Filosofia do direito**: dos gregos ao pós-modernismo. Tradução Jefferson Luiz Camargo. São Paulo: Martins Fontes, 2006, p. 107.

141. "Esta ideia pressupõe que as qualidades formais do direito, que Max Weber toma de empréstimo à compreensão formalista do direito, são 'racionais' num sentido rigorosamente neutro do ponto de vista moral. Convém, pois, recordar os três significados que Weber confere ao termo 'racional'. **Em primeiro lugar**, ele parte de um conceito amplo de **técnica**, que inclui o sentido de técnica de oração, de pintura, de educação, etc., a fim de mostrar que aquilo que em geral segue uma regra é importante para uma certa racionalidade do agir. **Padrões de comportamento confiavelmente reproduzíveis podem ser previstos**. E, quando se trata de regras técnicas e perfectíveis da dominação da natureza e do material, a **racionalidade** geral **de regras** assume o significado mais estrito de **racionalidade instrumental**. **Em segundo lugar**, Weber fala de **racionalidade de fins**, quando **não se trata mais da aplicação regulada de meios, mas da seleção de fins**, tendo em vista valores dados preliminarmente. Sob este aspecto, uma ação pode ser racional na medida em que não for comandada por afetos cegos ou por tradições nativas. Para Weber, as orientações valorativas são preferências dotadas de conteúdo, que se orientam para valores materiais, precedendo as decisões de sujeitos que agem em termos de racionalidade finalística, não sendo possível fundamentá-las. Um exemplo disso pode ser encontrado nos interesses particulares que os sujeitos do direito privado defendem no intercâmbio econômico. **Em terceiro lugar**, Weber também considera racionais os resultados do trabalho intelectual de especialistas, os quais enfrentam analiticamente os sistemas simbólicos tradicionais, tais como, por exemplo, as cosmovisões religiosas, as ideias morais e jurídicas. Tais realizações doutrinárias são expressão de um pensamento **científico-metódico**, que torna o saber ensinável mais complexo e específico". Cf. HABERMAS, Jürgen. **Direito e democracia**: entre facticidade e validade. Tradução Flávio Beno Siebeneichler. Rio de Janeiro: Tempo Brasileiro, 2011, v. 2, p. 197-198.

É essa formalização que irá vincular o pensamento jurídico ao chamado **pensamento sistemático**. Entre as críticas então feitas à antiga maneira de os glosadores realizarem sua teoria, estava a sua falta de sistematicidade. Evidentemente, existia neles certo impulso para um tratamento sistemático da matéria jurídica, mas ainda longe das exigências que a nova ciência moderna iria estabelecer. Nessa época, foi introduzido igualmente o termo **sistema**, o qual se torna escolar e se generaliza, recebendo uma das configurações básicas que hoje lhe conferimos[142].

O **pensamento sistemático**, sobretudo no começo do século XVIII, em conexão estreita com o problema da **certeza** na discussão teológica, foi transposto da teoria da música e da astronomia para a teologia, para a filosofia e para a jurisprudência. No início, recorreu-se a isto como instrumento de técnica de ensino, logo depois da decadência do instrumental escolástico, própria de Idade Média, para a solução das questões da contingência e da certeza no plano da crença. Essa aproximação da noção de sistema com questões como a da contingência e da certeza no campo da moral terminou por produzir uma certa confusão (ou sobreposição) entre o conceito de sistema e o problema do conhecimento. Isso, por sua vez, provocou outra consequência, qual seja, o sistema passou a ser entendido como meio de ordem e de classificação (meio de organização e controle) e, dessa forma, de asseguramento e fundamentação de conhecimentos. Tal associação, por seu turno, proporcionou ao pensamento sistemático a participação no processo de autonomia da moderna teoria do conhecimento, até o ponto de o **sistema** ser tomado como esboço, hipótese, construção de um livro, forma de apresentação etc.[143]

---

142. FERRAZ JR., Tercio Sampaio. **Introdução ao estudo do direito**: técnica, decisão e dominação. 8. ed. São Paulo: Atlas, 2015, p. 42.

143. Idem, ibidem, p. 42-43.

É a partir de Christian Wolff[144], que dominou a ciência da época com sua terminologia, que o termo **sistema** se difunde e, também, se torna mais preciso, segundo Tercio Sampaio Ferraz Jr.[145]. Muito mais do que um agregado organizado de verdades, sustenta Wolff, o sistema diz respeito, em especial, ao *nexus veritatum* (ao nexo entre as verdades, ou seja, à relação que há entre elas). Se é assim, é possível concluir que o sistema pressupõe a correção e a perfeição formal da dedução, isto é, da relação dedutiva que há entre as verdades. Vale lembrar que, na dedução, parte-se de uma premissa maior, genérica e abstrata, a qual não é resultado de uma observação empírica, até se chegar a uma premissa menor, específica e concreta.

Acerca do tema, acrescenta Reinhold Zippelius:

> A ideia de que se pode deduzir de premissas gerais, quer sejam pressupostos antropológicos ou normativos, a solução de questões jurídicas concretas já estava esboçada nalgumas teorias de direito natural. Sobretudo Christian Wolff propusera-se, nas suas instituições do direito natural e do direito das gentes, retirar da natureza humana todos os direitos e obrigações (*Institutiones juris naturae er gentium, in quibus ex ipsa hominis natura continuo nexu omnes obligationes et jura omnia deducuntur, 1752*). Em Wolff, todas as regras jurídicas deveriam ser extraídas do instinto natural do homem de se aperfeiçoar a si e às suas condições de vida (*"ratiocinationis filo desducuntur ominia", loc. cit.*, § 43)[146].

144. WOLFF, Christian. **Philosophia moralis sive ethica**. 1770, p. 440. Apud FERRAZ JR., Op. cit., p. 43.

145. FERRAZ JR., Tercio Sampaio. **Conceito de sistema do direito**. São Paulo: Revista dos Tribunais, 1976, p. 7.

146. ZIPPELIUS, Reinhold. **Filosofia do direito**. São Paulo: Saraiva, 2012, p. 357.

Posteriormente, esse conceito foi reelaborado por Lambert. Foi ele que, em obra datada de 1787, logo depois da Constituição Norte-Americana, precisou, de modo ainda mais específico, o que se podia entender por sistema e quais eram os seus caracteres[147]. Lambert discorre sobre o sistema como um **mecanismo** e, ao fazê-lo, consigna que são partes ligadas umas às outras, mas independentes umas das outras. Lambert ainda explica o sistema como um **organismo**. Ao assim fazer, ele explica que, desse ponto de vista, o sistema se caracteriza por ter um princípio comum que conecta uma parte a outra, dando origem, a partir daí, a uma totalidade. E é ainda Lambert que consigna que o sistema pode ser entendido como um **ordenamento**. Enquanto ordenamento, o sistema se caracteriza por resultar de uma intenção fundamental e geral capaz de conectar e configurar as partes em um todo[148].

É, nesse sentido, mais precisamente, que podemos dizer que o ideal clássico da ciência correspondente aos séculos XVII e XVIII está ligado ao pensamento sistemático. Indo um pouco mais além, é possível afirmar que o conceito de **sistema** é, conforme a lição de Wieacker[149], a maior contribuição do denominado **jusnaturalismo moderno** ao direito privado europeu. A teoria jurídica europeia, que até aquele momento era predominantemente uma teoria da exegese e da interpretação de textos singulares, adquire, pouco a pouco, uma índole lógico-demonstrativo própria de um **sistema fechado**, cuja estrutura dominou e até hoje domina os códigos e os compêndios jurídicos[150]. Numa teoria que devia legi-

147. LAMBERT, H. Johann. **System und Klassifikation in Wissenschaft und Dokumentation**. Meisenhein/Glan: A. Diemer, 1968 (Fragment einer Sustematologie), p. 165.

148. FERRAZ JR., Tercio Sampaio. **Introdução ao estudo do direito**: técnica, decisão e dominação. 8. ed. São Paulo: Atlas, 2015, p. 43.

149. WIEACKER, Franz. **Privatrechsgeschite der Neuzeit**. Göttingen: Vandenhoeck & Ruprecht, 1967, p. 275.

150. "A jurisprudência ainda é, para muitos, hoje, uma disciplina sistemática explicativa, a ciência jurídica, a que procede dogmaticamente, ou seja, uma ciência humana explicada através de

timar-se perante a razão por meio da exatidão lógica da concatenação de suas proposições, o direito conquista, assim, uma dignidade metodológica especial. A redução das proposições às relações lógicas é pressuposto óbvio da formulação de leis naturais, universalmente válidas, a que se agrega o postulado antropológico que vê no homem não um cidadão da cidade de Deus, como queria Santo Agostinho, ou, como no século XIX, em um cidadão do mundo histórico, mas, sim, em um ser natural, em um elemento de um mundo concebido segundo leis naturais[151].

Antes de continuarmos essa jornada pela história, convém trazer à luz as palavras de Helmut Coing acerca dos três grupos de sistemas, os quais, segundo ele, podem ser observados ao longo da história:

> Podemos, portanto, dividir conceitualmente, na história da ciência jurídica, os sistemas desenvolvidos em três grupos:
>
> Sistemas didáticos, que ordenam o material jurídico de forma compreensiva segundo conceitos diretivos; Sistemas dedutivos de princípios; Sistemas que tentam retratar uma ordem imanente da vida social[152].

Voltando ao curso da abordagem histórica, em especial à ideia de sistema desenvolvida pelo jusnaturalismo moderno, um exemplo típico

verdades fundamentais apresentadas de forma axiomática. De fato, no próprio entendimento da jurisprudência nas últimas décadas houve uma mudança, um certo abandono da busca por um sistema, cuja estruturação esteve por longo tempo em primeiro plano, sobretudo nos séculos XVIII e XIX. Apesar disto, ainda hoje a jurisprudência tem, certamente seu lugar, especialmente na ciência jurídica continental". Cf. COING, Helmut. **Elementos fundamentais da filosofia do direito**. Tradução Elisete Antoniuk. Porto Alegre: Sergio Antônio Fabris Editor, 2002, p. 361-362.

151. FERRAZ JR., Tercio Sampaio. **Introdução ao estudo do direito**: técnica, decisão e dominação. 8. ed. São Paulo: Atlas, 2015, p. 43.

152. COING, Helmut. **Elementos fundamentais da filosofia do direito**. Tradução Elisete Antoniuk. Porto Alegre: Sergio Antônio Fabris Editor, 2002, p. 364.

dessa sistemática jurídica pode ser encontrado na obra de Samuel Pufendorf. As suas obras mais importantes são *De jure naturae et gentium: libri octo*, de 1672, a qual apresenta um sistema completo do Direito Natural, e *De officio hominis et civis: libre duo*, de 1673, uma espécie de resumo da obra anterior. Pufendorf coloca-se numa zona intermediária do desenvolvimento do pensamento jurídico do século XVII. Em razão disso, mas não apenas, ele pode ser considerado um grande sintetizador dos grandes sistemas de sua época, dele partindo, por outro lado, as linhas sistemáticas básicas que predominar, sobretudo, no direito alemão até o século XIX[153].

Reforçando e dando uma índole sistemática ao processo de secularização do direito natural iniciado com Hugo Grotius e Thomas Hobbes, Samuel Pufendorf vai além da mera distinção entre Direito Natural e Teologia Moral, de acordo com o critério de normas referentes ao sentido e à finalidade dessa vida, em contraposição às referentes a outra vida, distinguindo, assim, as ações humanas em internas (pensamentos e intenções) e externas (ações e omissões). O que permanece guardado no coração e não se manifesta exteriormente (ou seja, o que permanece apenas como pensamento) deve ser objeto apenas da Teologia Moral. Por sua vez, o que se manifesta exteriormente é objeto do Direito Natural. A influência dessa distinção na obra de Tomasius e, mais adiante, na obra de Kant[154]-[155], é bastante significativa[156].

As prescrições do direito natural pressupõem, de acordo com Pufendorf, a natureza decaída (corrompível) do homem. Em consequência, toda ordenação é, pois, todo direito pela sua própria essência

153. WIEACKER, Franz. **Privatrechsgeschite der Neuzeit**. Göttingen: Vandenhoeck & Ruprecht, 1967, p. 309.

154. BOBBIO, Norberto. **Diritto e stato nel pensiero di Emanuelle Kant**. Turim: Giappichelli, 1969, p. 86.

155. KOSCHAKER, Paul. **Europa und das römische Recht**. Berlin: C. H. Beck, 1966, p. 355.

156. FERRAZ JR. Op. cit., p. 43-44.

uma proibição. Ou seja, se o homem é, pela sua própria índole, alguém corrompível, forçoso é reconhecer que as normas jurídicas, em regras, serão, normalmente, proibitivas. O caráter fundamental do direito, portanto, repousa, nesses termos, em sua função imperativa (de proibir algo ou, de obrigar a fazer alguma coisa), e não em sua função indicativa (sugestiva ou de recomendar, ou facultar um determinado comportamento). De acordo com a função indicativa, a norma jurídica apenas dá conhecimento a todos do conteúdo da prescrição. Por sua vez, em sua função imperativa, a norma obriga alguém a fazer algo ou a deixar de fazê-lo[157].

Samuel Pufendorf assinala, ainda, a partir da noção de *imbecillitas*, o desamparo em que se acha o homem em sua solidão[158] quando entregues a si mesmo. Nessa situação, sustenta Pufendorf, o homem encontra-se num estado de necessidade (*naturalis indigentia*), necessitando, por isso, uns dos outros para sobreviver. Segundo Pufendorf, a *imbecillitas* é a principal qualidade do ser humano[159].

A partir da *imbecillitas*, surge o mais relevante e o mais racional dos princípios do Direito Natural, *a socialitas*. E o que é a *socialitas*? A necessidade de o homem viver em sociedade que, para Pufendorf, não é um instinto natural teleológico, como sustenta, por exemplo, Hugo Grotius (o pai do direito internacional público moderno). Para Pufendorf, a *Socialitas* seria um simples princípio regulador do modo de viver. Portanto, tanto Grotius como Pufendorf são **jusracionalistas** e admitem a natureza social do homem (ou seja, a *socialitas*). Por sua vez, Thomas Hobbes parte de pressuposto inverso, qual seja, o de que o homem não é um ser sociável. O certo é que se, para Grotius, a sociabilidade, esse **apetite de**

157. FERRAZ JR., Tercio Sampaio. **Introdução ao estudo do direito**: técnica, decisão e dominação. 8. ed. São Paulo: Atlas, 2015, p. 44.

158. Idem, ibidem, p. 44.

159. PUFENDORF, Samuel. **De officio hominis et civis juxta legem naturalem Libri duo**. New York: Oxford University Press, 1927, p. 19.

sociedade[160], brota de um instinto natural do homem, para Pufendorf, ela deriva dos próprios interesses dos homens. E por quê? Porque a sociabilidade do homem, para Pufendorf, deriva da *imbecillitas* (desamparo em que se acha o homem em sua solidão[161] quando entregues a si mesmo).

Sobre Pufendorf, escreve Luiz Cabral de Moncada:

> Pufendorf (1632-1964) é, do lado protestante, outro notável filósofo, jurista e pensador político, representante daquela segunda classe de espíritos de que acima falamos, que, provindos do humanismo e em viva discussão com a Escolástica, anunciam já o século XVIII. A tendência principal da época, desde os começos do século XVII, era, conforme já foi notado, para a construção de um sistema de direito natural perfeitamente racional, fundado na natureza humana, e que devia ser válido para todos os tempos e lugares. Grócio, seguindo os escolásticos, tinha pretendido ver o princípio desse direito na sociabilidade ou *appetitus societatis* do homem, assim como na dedução lógica o método mais apropriado para essa construção. Depois dele, Hobbes, partindo da ideia de uma *communitas-máquina*, tentara por de pé uma teoria filosófica do direito e do Estado como ciência exatamente demonstrável. Era o método científico-matemático e geométrico de Galileu, Gassendi, Descartes, Leibniz e Spinoza, do "*omnia apud me mathematice fiunt*", perante o qual toda a ciência da época se curvava. Com Pufendorf, esta tendência acentua-se; tal método desenvolve-se ainda mais; a matematização da ciência jurídica progride; e assim, a sua obra é mais uma tentativa para, combinando Grócio e Hobbes, deduzir também de um princípio único o sistema do direito natural. Este princípio é o da "*conservação do indivíduo*", e

160. Disponível em: <. Acesso em: 26 abr. 2017.

161. FERRAZ JR. Op. cit., p. 44.

> esta conservação só pode estar no pleno desenvolvimento e satisfação do seu instinto de sociabilidade. Deste único princípio se deduz depois, *more geométrico*, com uma necessidade lógica irrefragável, todo o direito[162].

A *socialitas*, como tal, consoante o que se disse do caráter imperativo do direito, não se confunde com o direito natural, oferecendo somente o fundamento racional ao conteúdo do direito natural, mais especificamente ao seu caráter indicativo. Mas a *socialitas* só adquire força impositiva (império) por meio da sanção divina, à medida que Deus prescreve ao homem a sua obrigação[163]. Ou seja, a *socialitas* só é um dever (ou a necessidade de se socializar) porque Deus teria imposto aos homens essa obrigação de conviver e depender uns dos outros. Ora, se é ela, a *socialitas,* que fundamenta o direito natural, fica fácil concluir de onde decorre a função imperativa do direito natural. O certo é que o direito natural, em sua função imperativa, de acordo com Pufendorf[164], tem, assim, seu fundamento na vontade divina que, desde o início dos tempos, teria fixado os princípios da razão humana de modo perpétuo[165].

Cabral de Moncada nos chama atenção de que Pufendorf, no seu tempo, não gozava de boa reputação, ou melhor, sua obra não desfrutava da melhor reputação. Alguém poderia se perguntar, por quê? Cabral Moncada pontua, então, que:

> ... nem a sua concepção do direito natural, nem a ideia que ele fazia de um "estado da natureza" anterior à sociedade

162. MONCADA, Luiz Cabral de. **Filosofia do Direito e do Estado**. Coimbra: Coimbra Editora, 2006, v. 1, p. 182-183.

163. PUFENDORF, Samuel. **De jure naturae et gentium**: libri octo. New York: Clarendon Press, 1934, p. 148.

164. Idem, ibidem, p. 127.

165. FERRAZ JR., Tercio Sampaio. **Introdução ao estudo do direito**: técnica, decisão e dominação. 8. ed. São Paulo: Atlas, 2015, p. 44.

> civil, nem a relativa à natureza do impulso que conduzia os homens à constituição desta, nem ainda a que fazia da natureza contratual de toda a sociedade ou a relativa à essência e limites da soberania, têm alguma coisa de novo. Pufendorf nada mais teria feito do que reeditar velhas ideias e esquemas, já ditos e reditos desde os escolásticos, sobre um fundo de pensamento ainda mais abstrato, mais matemático e portanto mais afastado da vida real. A sua ideia da natureza humana é quase tão pessimista como a de Hobbes; a da índole dos móbeis que levam à formação da sociedade tão exclusivamente egoísta como a do inglês; e enfim, a sua representação do "contrato social" ainda mais lastrada de preconceitos históricos ou **pseudo-históricos** do que as de Suarez, Grócio ou Hobbes. Parece um epígono e um repisador pouco feliz de doutrinas tornadas lugares comuns de toda uma escola. E contudo esta opinião só parcialmente é verdadeira e merece hoje ser retificada[166].

Mas, apesar dessa observação, convém notar que, ao fim de sua exposição, o próprio Cabral Moncada acentua que "esta opinião só parcialmente é verdadeira e merece hoje ser retificada", o que reforça a ideia de prosseguir nessa exposição em torno da obra e das ideias de Pufendorf. E é a partir dos dois princípios fundamentais acima mencionados (a *imbecillitas* e a *socialitas*) que Pufendorf desenvolve uma sistemática jurídica própria. Essa sistemática resulta da conjugação da dedução racional com a observação empírica, em cujas bases, sem dúvida, já é possível notar a influência do dualismo de René Descartes do método analítico e sistemático[167]. Por meio dessa estratégia metodológica, Pufendorf procura

166. MONCADA, Luiz Cabral de. **Filosofia do Direito e do Estado**. Coimbra: Coimbra Editora, 2006, v. 1, p. 185-186.

167. FERRAZ JR., Tercio Sampaio. **Introdução ao estudo do direito**: técnica, decisão e dominação. 8. ed. São Paulo: Atlas, 2015, p. 44.

estabelecer uma relação imediata com a própria realidade social, ao mesmo tempo em que procura não confundir os limites entre uma teoria do dever social e o material colhido da própria realidade social.

Por força disso, Pufendorf acaba se tornando um precursor da autonomia das denominadas ciências da cultura[168]. Desse modo, da perspectiva do sistema, Pufendorf divide as normas de direito natural em **absolutas** e **hipotéticas**. As primeiras são as que obrigam, independentemente das instituições estabelecidas pelo próprio homem. As segundas, ao contrário, pressupõem as instituições estabelecidas pelos homens[169]. Esta segunda categoria de normas, por consequência, é dotada de certa variabilidade e maleabilidade, possibilitando, dessa forma, ao direito natural uma certa adequação ao transcurso da história. A ideia de sistema envolve, a partir desse ponto, todo o complexo do direito (conjunto de norma) metodicamente coordenado (organizado por meio de um método) de modo a englobar a totalidade do direito natural[170].

Como se vê, a teoria do direito na Era Moderna se, de um lado, rompe o elo entre a jurisprudência e o procedimento dogmático fundado na autoridade dos textos romanos, de outro lado, não quebra o vínculo com o caráter dogmático. O que se assistirá, muito pelo contrário, será o aperfeiçoamento da Dogmática Jurídica ao longo da Era Moderna, o que se dará, sobretudo, por meio da ideia de sistema, na medida em que a própria dogmática será concebida de forma sistemática. E essa qualidade de sistema que a Dogmática Jurídica irá, pouco a pouco, adquirir será construída a partir de premissas, cuja validade repousa em sua generalidade racional (ou seja, no fato de poder ser racionalmente aceita por todo e qualquer homem).

---

168. WELZEL, Hans. **Naturrecht und materiale Gerechtigkeit**. Göttingen: 1955, p. 132.

169. PUFENDORF, Samuel. **De jure naturae et gentium**: libri octo. New York: Clarendon Press, 1934, p. 158.

170. FERRAZ JR. Op. cit., p. 44.

A teoria jurídica passa a ser uma construção sistemática da razão e, por força da própria razão, um instrumento de avaliação (crítica) da realidade social. Por conseguinte, as duas mais importantes contribuições do jusnaturalismo moderno para o desenvolvimento da Dogmática Jurídica são: o **método sistemático**, observado o rigor lógico da dedução, e o **sentido crítico-avaliativo do direito** (a capacidade de, a partir do direito, poder avaliar a realidade social), estabelecido em nome de padrões éticos contidos nos princípios reconhecidos pela razão[171].

Isso significa que o jurista da Era Moderna, ao construir os sistemas normativos, passa a servir ao seguinte propósito, o qual é também o seu princípio: a teoria instaura-se para o estabelecimento da paz, a paz do bem-estar social, a qual reside não apenas na manutenção da vida, mas da vida mais agradável possível. Por meio de leis, fundamentam-se e regulam-se ordens jurídicas que devem ser sancionadas, o que dá ao direito um sentido instrumental (relação entre meio e fim), que deve ser captado como tal. Ou seja, o direito como um instrumento para a manutenção da vida mais agradável possível. Nesse contexto, as leis têm um caráter formal (observa procedimentos) e genérico (dirige-se a um número de casos e pessoas), o que garante a liberdade dos cidadãos no sentido de disponibilidade[172] (o cidadão tem sempre a liberdade de escolher ou não se comportar de acordo com a lei).

Nesse sentido, a teoria jurídica estabelece uma oposição entre os sistemas formais do direito e a própria a realidade social (ordem vital), tudo de modo a construir um âmbito juridicamente neutro para a perseguição legítima da utilidade privada. O mais importante a destacar é que é esboçada, também aí, na Era Moderna, uma teoria da regulação genérica

171. FERRAZ JR., Tercio Sampaio. **Introdução ao estudo do direito**: técnica, decisão e dominação. 8. ed. São Paulo: Atlas, 2015, p. 44.

172. Idem, ibidem, p. 45.

e abstrata do comportamento através de normas gerais que fundamentam e viabilizam a convivência dos cidadãos. Fica patente, assim, que há, aí, uma preocupação em secularizar a teoria jurídica, o que contribui, também, para que haja uma ruptura com a prudência romana e com a grega, as quais tinham se mantido até o fim da Idade Média por obra do Cristianismo[173].

A experiência romana vai caindo no esquecimento à medida que a autoridade ligada à fundação de Roma vai, pouco a pouco, diluindo-se, até desaparecer. Nessa linha de raciocínio, Martinho Lutero, ao desafiar a autoridade temporal da Igreja, ao conclamar a Reforma, recorrendo ao livre-juízo individual, terminou por eliminar a tradição da jurisprudência romana, ao mudar a religião, o que provocou, por seu turno, o desaparecimento da autoridade romana[174]. E a tradição grega (e a sua prudência) que sobrevivia, de certo modo, por meio do conceito cristão da **Revelação**, como medida e padrão transcendentes, é atingida pela separação das esferas religiosa e humana, como resultado, inclusive, das guerras religiosas[175] (as Cruzadas, por exemplo).

Estava desenhado, portanto, um dos caminhos para uma ciência nos moldes do que se chama de moderno. Ou seja, uma ciência compreendida como um procedimento empírico-analítico. Não é verdade que, é bom que se diga, com o mesmo rigor de Descartes ou com os êxitos de Galileu Galilei[176]. Contudo, num sentido pragmático, em que os modelos de direito natural são compreendidos não como hipóteses científicas a verificar, mas como um exemplo, um paradigma (uma referência) que se adota como viável no dia a dia, na realização de cada experiência que

173. FERRAZ JR., Tercio Sampaio. **Introdução ao estudo do direito**: técnica, decisão e dominação. 8. ed. São Paulo: Atlas, 2015, p. 45.

174. ARENDT, Hannah. **Entre o passado e o futuro**. São Paulo: Perspectiva, 1972, p. 171.

175. FERRAZ JR. Op. cit., p. 45.

176. FERRAZ JR. Op. cit., p. 45.

é viver. Ou seja, se o direito é uma ciência, não o é nos mesmos moldes das ciências naturais. O certo é que, a partir desse cenário, fica aberto o caminho para que as situações sociais ali prescritas (nas normas de direito natural), com todas as suas condicionantes racionais, possam ser pensadas como possíveis de existir sob certas condições empíricas. Dito de outro modo, quando a razão serviu de ponto de partida para explicar o direito natural a partir do viés do jusnaturalismo, ela, a própria razão, terminaria por servir também para implodir a tese jusnaturalista e abrir espaço para o surgimento do juspositivismo.

Desse modo, a teoria jurídica consegue transformar o conjunto de regras que compõem o direito em regras técnicas. E, como regras técnicas, elas são controláveis, na medida em que se comparam as situações vigentes com as situações idealmente desejadas. Transforma-se, desse modo, o estatuto teórico do direito e de suas normas. O direito, agora, é uma ciência, ou pode vir a ser uma ciência. E por quê? Porque ele, em si mesmo, pode ser controlado. Não é mais nem contemplação, nem manifestação de autoridade, nem interpretação à maneira medieval, mas a capacidade de reprodução artificial (em laboratório) de processos artificiais. É dizer, assim como a biologia consegue reproduzir a vida em laboratório, o direito também é capaz de reproduzir certos comportamentos que acontecem de modo espontâneo na sociedade. O direito, considerado como ciência, adquire, assim, um novo parâmetro, que é o parâmetro de todas as técnicas: a sua **funcionalidade**[177].

Para compreender isso, é preciso atrelar a teoria jurídica do jusnaturalismo moderno a um conceito que está estabelecido no lugar tanto da **verdade** grega, quanto da **autoridade** romana e da **revelação** cristã. E que conceito é esse? O conceito de **revolução**. Esse conceito, do modo

177. FERRAZ JR., Tercio Sampaio. **Introdução ao estudo do direito**: técnica, decisão e dominação. 8. ed. São Paulo: Atlas, 2015, p. 45.

como aparece em Maquiavel, para dar um exemplo, e, mais tarde, em Robespierre, guarda certa relação com a ideia da fundação de Roma[178]. Também de acordo com Maquiavel, a fundação é uma ação política central, ou seja, ela centraliza de onde provém o poder político e o que o legitima. É dizer, também para Maquiavel o poder é algo centralizado e que, por isso, deriva de uma única e só fonte. Só que, enquanto para os romanos a **fundação** era um evento do passado e que legitima o poder de hoje, para Maquiavel, autor de *O Príncipe*, ela é um evento que se dá no presente, no agora, uma espécie de feito (de realização) que impõe e legitima o poder político[179].

Escreve Nicolau Maquiavel:

> Nada promove tanto a estima de um príncipe como as grandes empresas e os raros exemplos. Vejamos, em nossa época, Fernando de Aragão, rei de Espanha. A este príncipe quase se pode denominar novo, pois, de rei fraco que era, veio a ser, pela fama e pela glória, o primeiro rei cristão; e, se avaliardes seus atos, sabereis que todos são elevadíssimos, chegando, alguns, a extraordinários. Ele atacou Granada no início do reinado, e essa foi a base de seu Estado. Em primeiro lugar, procedeu ele sem preocupações e com a certeza de que não encontraria obstáculo – os barões de Castela, atentos à guerra mencionada, não pensavam em inovações. Fernando conquistava, então, naquele meio fama e autoridade sobre eles, que de tal coisa não se apercebiam[180].

Nesses termos, uma vez que a ideia de fundação deixa de ser um princípio do passado, a partir da introdução do conceito de revolução,

178. ARENDT, Hannah. **Entre o passado e o futuro**. São Paulo: Perspectiva, 1972, p. 182.

179. FERRAZ JR. Op. cit., p. 45-46.

180. MAQUIAVEL, Nicolau. **O príncipe**. São Paulo: Nova Cultural, 2000, p. 131.

ela se torna uma finalidade no presente: um fim que justifica os meios, inclusive os violentos[181]. E aí, mais uma vez, é preciso invocar as palavras de Maquiavel acerca do assunto:

> Origina-se aí a questão aqui discutida: se é preferível ser amado ou temido. Responder-se-á que se preferiria uma e outra coisa; porém, como é difícil unir, a um só tempo, as qualidades que promovem aqueles resultados, é muito mais seguro ser temido do que amado, quando se veja obrigado a falhar numa das duas. Os homens costumam ser ingratos, volúveis, dissimulados, covardes e ambiciosos de dinheiro; enquanto lhes proporcionas benefícios, todos estão contigo, oferecem-te sangue, bens, vida, filhos, como se disse antes, desde que a necessidade destas coisas esteja bem distante. Todavia, quando ela se aproxima, voltam-se para outra parte. Quanto ao príncipe, caso se tenha fiado integralmente em palavras e não haja tomado outras precauções, está arruinado. Porque, quando se fazem amizades por interesse, não por grandeza ou nobreza de caráter, são compradas, e não se podem contar com elas nos momentos de maior precisão. E os homens relutam menos em ofender aos que se fazem amar do que aos que se fazem temer, pois o amor se mantém por um vínculo de obrigação, o qual, mercê da perfídia humana, rompe-se sempre que lhes aprouver, enquanto o medo que se incute é alimentado pelo temor do castigo, sentimento que nunca se abandona. Assim, deve o príncipe tornar-se temido, de sorte que, se não for amado, ao menos evite o ódio, pois é fácil ser, a um só tempo, temido e não odiado, o que ocorrerá uma vez que se prive da posse dos bens e das mulheres dos cidadãos e dos súditos, e, mesmo quando

181. FERRAZ JR., Tercio Sampaio. **Introdução ao estudo do direito**: técnica, decisão e dominação. 8. ed. São Paulo: Atlas, 2015, p. 46.

> forçado a derramar sangue de alguém, poderá fazê-lo apenas se houver justificativa apropriada e causa manifesta[182].

Diante do que foi dito, o que precisa e deve ser frisado é que o ato de fundar, ao invés de ser uma **ação** passada, torna-se agora um **fazer** no presente[183]. Como assinala Hannah Arendt[184], a **ação**, do modo como era compreendida pelos gregos, é em si e por si absolutamente fútil, não sendo orientado por fins e nem tendo, em si, um fim, nem deixando um produto final em razão dela. O agir é uma sucessão ininterrupta de eventos, cujo resultado final o ator não é capaz de controlar de antemão. O que o ator consegue, a partir dessa visão grega sobre o que é ação, é apenas orientar o resultado de modo mais ou menos seguro. Contudo, isso não se passa com o **fazer**, que caracteriza a Era Moderna. O **fazer** possui um início definido (um ponto de partida inquestionável) e um fim previsível. Ele chega a um produto final que não só consegue sobreviver à atividade que o fabrica, como, além disso, daí para frente passa a ter uma vida própria, qual seja, o produto[185].

Sendo, agora, a fundação um fazer, ela irá se dar através de atos habilitados a instaurar, desde o princípio, uma situação. Tem-se, assim, a **revolução** como o **feito** novo. Ou seja, a cada novo **feito**, a cada nova **realização** do governante (a cada nova obra) ele (re)legitima (refunda) o seu poder e o seu governo. A conexão entre as teorias de direito natural, também denominado de direito racional, e a teoria e práxis da **revolução** deixam claro que o teórico do direito – como alguém capaz de reproduzir em "laboratório", isto é, em sua razão, o próprio direito, o qual assume a

182. MAQUIAVEL, Nicolau. **O príncipe**. São Paulo: Nova Cultural, 2000, p. 106.

183. FERRAZ JR. Op. cit., p. 46.

184. ARENDT, Hannah. **Entre o passado e o futuro**. São Paulo: Perspectiva, 1972, p. 91.

185. FERRAZ JR. Op. cit., p. 46.

forma de um sistema de enunciados cabais que funcionam politicamente com fins revolucionários – toma uma nova função[186].

E qual é essa nova função? A reconstrução racional do direito, que passa a ser compreendido como um conjunto, um sistema de enunciados respaldados na razão. Um sistema que adquire validade por meio de uma posição divina (como é o caso, por exemplo, da doutrina de Samuel Pufendorf). Um sistema que se coloca a serviço de um processo de conexão entre o *dominium* (dominar) e a *societas* (sociedade), entre a unidade do Estado e a sociedade. Um sistema que vai se soerguendo, pouco a pouco, ao longo dos séculos XVI e XVII. Um sistema que irá abrir espaço para dois fenômenos tipicamente modernos, a saber: a centralização e a burocratização do domínio por meio dos aparelhos estatais[187].

Os conceitos mais importantes do Direito Natural Racional, o *pactum* (o contrato social) e a *majestas* (a soberania), entrelaçam-se, dessa maneira, para dar origem e fundamentar a obrigatoriedade da obediência. É dizer, a obediência é algo obrigatório, pois, a rigor, a soberania da norma, a que todos devem obediência, decorre do pacto social, celebrado de modo racional e derivado da própria razão. O domínio legitimado pelo direito natural moderno organiza a ameaça da violência e o uso do poder em favor da sociedade política. Em outras palavras, o sistema organiza a fundação revolucionária. Contudo, esse novo direito natural, diferentemente do que foi gestado na Era Medieval, descarta o fundamento ético e bíblico para, no lugar deles, invocar a noção de "Estado da Natureza". E o que é isso, o "Estado da Natureza"[188]? Uma situação hipotética do ho-

---

186. FERRAZ JR., Tercio Sampaio. **Introdução ao estudo do direito**: técnica, decisão e dominação. 8. ed. São Paulo: Atlas, 2015, p. 46.

187. Idem, ibidem, p. 46.

188. Muitos anos mais tarde, Del Vecchio, discorrendo sobre a "natureza humana como fundamento do Direito", parece se aproximar do jusnaturalismo moderno: "A conclusão da anterior crítica dos diversos sistemas de fundamentação do Direito resume-se em julgar

mem e da vida em sociedade antes da organização social (antes do Estado Moderno) que serve de referência para avaliar e compreender o homem civilizado[189].

Essa mudança afasta, por completo, o pensamento prudencial, seja compreendendo-o como a busca de orientação para o agir certo e de modo justo, seja entendendo-o como a própria manifestação do certo e do justo. Essa nova perspectiva estabelece o pensamento sistemático como um tipo de técnica racional da convivência, desenvolvida a partir de considerações sobre o homem no "estado da natureza" e projetadas, a seguir, sobre a condição do homem na civilização[190].

E é Habermas, escrevendo sobre as qualidades formais do direito moderno, que pontua:

> Desde Locke, Rousseau e Kant, não apenas na filosofia, mas também pouco a pouco na realidade constitucional das sociedades ocidentais, firmou-se um conceito de direito do qual se espera que preste contas tanto à positividade quanto ao caráter do direito coercivo como assegurador

---

insuficientes todas as tentativas para negar este fundamento (cepticismo); ou para basear o direito sobre factos externos (realismo empírico ou historicismo nas suas diversas modalidades); ou sobre o comando de um ser transcendente (teologismo); ou para reduzir o direito à utilidade (utilitarismo). Resta-nos agora o recurso de atendermos à natureza humana – isto é, procurarmos na própria consciência do homem o fundamento último do direito. Adotando este procedimento, inserimo-nos na tradição clássica da nossa disciplina, embora tentemos revalorizá-la com várias distinções críticas e com diversos esclarecimentos metódicos. Substancialmente, o princípio afirmado por nós é o mesmo já formulado por Cícero: *Natura iuris ab hominis repetenda est natura* (A natureza do homem é a fonte da natureza jurídica)". VECCHIO, Giorgio Del. **Lições de Filosofia do Direito**. 5. ed. Tradução António José Brandão; revisão e prefácio Luiz Cabral de Moncada. Coimbra: Arménio Amado Editor Sucessor Ceira, 1979, p. 558.

189. FERRAZ JR., Tercio Sampaio. **Introdução ao estudo do direito**: técnica, decisão e dominação. 8. ed. São Paulo: Atlas, 2015, p. 46.

190. HABERMAS, Jürgen. **Theorie und práxis**. Berlin: Suhrkamp, 1972, p. 75.

> da liberdade. Se as normas sustentadas por meio da ameaça de sanções estatais remontam a decisões modificáveis de um legislador político, essa circunstância enreda-se à exigência de legitimação de que esse tipo de direito escrito seja capaz de assegurar equitativamente a autonomia de todas as pessoas do direito; e para que se atenda a essa exigência, o procedimento democrático legislativo deve ser suficiente. Dessa maneira cria-se uma relação conceitual entre o caráter coercivo e a modificabilidade do direito positivo, por um lado, e um modo de estabelecimento do direito capaz de gerar legitimidade, por outro. Por isso, de um ponto de vista normativo subsiste não apenas uma relação historicamente casual entre a teoria do direito e a teoria da democracia, mas sim uma relação conceitual ou interna[191].

O rompimento com a prudência antiga fica, desse modo, patente. Enquanto a prudência antiga se voltava para a formação do caráter, encontrando, na teoria jurídica, um sentido mais pedagógico, a sistemática moderna, por outro lado, apresenta um sentido mais técnico, comprometendo-se com a feitura de obras e o domínio virtuoso (Maquiavel) de tarefas objetivas (para dar um exemplo, como fundar e garantir, juridicamente, a paz entre os povos)[192]. É dizer, com o advento da Modernidade, o direito tende a ser cada vez mais técnico e, por consequência, menos vinculado à ética.

A teoria jurídica jusnaturalista, dessa forma, constrói uma relação entre a teoria e a práxis, em atenção ao modelo da mecânica clássica[193]

---

191. HABERMAS, Jürgen. **A inclusão do outro**: estudo de teoria política. Tradução George Sperber, Paulo Astor Soethe e Milton Camargo Mota. São Paulo: Edições Loyola, 2002, p. 294-295.

192. FERRAZ JR. Op. cit., p. 46.

193. FERRAZ JR. Op. cit.

(ao estilo de Newton). A reconfiguração racional do direito é um tipo de Física geral da socialização. Dito de outro modo, assim como a Física pretende explicar as Leis que regulam a natureza, caberia ao Direito, a partir da noção de sistema, na Era Moderna, de acordo com o jusnaturalismo moderno, explicar as Leis Naturais que regulam o funcionamento da sociedade. Nesses termos, a teoria fornece, mediante o conhecimento das essencialidades da "natureza humana"[194] (no dito "estado da natureza"), as implicações institucionais a partir das quais torna-se viável uma expectativa controlável das reações humanas (o controle da conduta humana) e a instauração de uma convivência ordenada.

Todavia, esse relacionamento entre a teoria e a práxis, como é possível observar a partir da palavra crítica de Giambattista Vico[195], termina por fracassar à medida que, à teoria, falta a dimensão prática que ela só tem de modo indireto, ao passo que se aplica a uma conduta teoricamente descrita, o que não pode ser então fundado teoricamente[196]. Dito de outro modo, o Direito reconstruído racionalmente não reproduz a experiência

---

194. VECCHIO, Giorgio Del. **Lições de Filosofia do Direito**. 5. ed. Tradução António José Brandão; revisão e prefácio Luiz Cabral de Moncada. Coimbra: Arménio Amado Editor Sucessor Ceira, 1979, p. 559.

195. VICO, Giambattista. **Ciência nova**. Tradução Jorge Vaz de Carvalho. Lisboa: Fundação Calouste Gulbenkian, 2005, p. 505.

196. "Não resta dúvida que, em nossa época, como reflexo da crise de valores que se opera na civilização do Ocidente, inclusive pelo impacto da ciência sobre a sociedade, alargando as bases de participação humana aos 'bens de vida' proporcionados pela técnica há inegável desajuste ou conflito entre as condições existenciais e as normas jurídicas vigentes. A chamada 'crise do Direito', que não é senão um aspecto relevante da crise-geral da cultura contemporânea, apresenta, a meu ver, um grave sintoma, que é **a perda de confiança nas soluções normativas**, ou por outras palavras, o crescente predomínio do emocional ou do intuitivo sobre a exigência fundamental de racionalidade que me parece essencial ao estudo científico-positivo da Jurisprudência, comprometendo a concepção democrática do direito, impensável com abstração dos valores de certeza e segurança" (grifo nosso). Cf. REALE, Miguel. **O Direito como experiência**: introdução à epistemologia jurídica. São Paulo: Saraiva, 2010, p. 188.

concreta de como o direito se manifesta na sociedade, criando-se, assim, uma distância entre a teoria e a práxis[197].

Esse impasse vai dar causa a algumas consequências relevantes para o pensamento jurídico, as quais acabaram se tornando decisivas no século XIX. Essa tentativa de conceder, pela primeira vez, à teoria jurídica dogmática o ***status* de uma ciência em sentido estrito**, termina por abrir uma perspectiva para sua recolocação, enfrentando-se, a partir de então, o problema de se determinar se o saber jurídico constitui ou não uma teoria científica[198]. Um dilema que se arrasta até os dias de hoje, o de saber se a teoria do direito é, ou não, uma teoria científica.

Antes de prosseguir nesta jornada, contudo, convém apresentar, ainda que de modo muito resumido, o que ocorreu até o fim do século XVIII. O fim do século XVIII que viria a testemunhar o nascimento do Positivismo Jurídico.

Tomando como ponto de partida a premissa que orienta e conduz essa exposição histórica, qual seja, trazer à luz passagens históricas que nos permitam uma **redefinição do direito enquanto objeto de uma ciência**, a ciência dogmática do direito, observou-se que, na Antiguidade Clássica, o direito (o *jus*) era um **fenômeno de ordem sagrada**, inerente à vida e à tradição romana, conhecido e compreendido como um saber de índole ética, qual seja, a **prudência**. A partir da Idade Média, percebe-se que, o direito continua a ter um caráter sagrado. Contudo, a partir desse momento, o direito adquire uma **dimensão sagrada transcendente** com a sua cristianização, o que viabiliza o aparecimento de um saber prudencial,

197. FERRAZ JR., Tercio Sampaio. **Introdução ao estudo do direito**: técnica, decisão e dominação. 8. ed. São Paulo: Atlas, 2015, p. 47.

198. Idem, ibidem.

mas que, agora, já apresenta fortes traços dogmáticos[199]. Se pudesse fazer uma analogia para me fazer melhor compreendido, diria, sem pestanejar, o texto de lei (do *Corpus Iuris*, para ser mais preciso), na Era Medieval, é visto como um texto sagrado, tal qual como a Bíblia. Um texto que, na e para a época, tinha origem divina e como tal deveria ser recebido, aceito e interpretado pela exegese jurídica. Isso talvez explique por que a exegese jurídica se converteu em uma estratégia de imunização dos textos contra quaisquer críticas.

A partir do Renascimento Cultural, inicia-se um processo de dessacralização do direito, o qual começa a ser compreendido como uma reconstrução, que se dá por meio da razão e que, por força dela, o direito passa a ser visto, gradativamente, como um conjunto de regras de convivências[200] que o homem descobriu graças a sua razão. Note-se, a razão não é vista, já neste momento, como mecanismo de criação ou de construção do direito. A razão é compreendida como um mecanismo de descoberta do direito. O direito, até o século XVIII, portanto, não é algo construído pelo homem, mas algo dado a ele e que ele, homem, por força da sua razão, é capaz de descobrir.

Essa razão, própria da Modernidade, que é sistemática, paulatinamente, é aproximada e, por que não dizer, confundida com o fenômeno do Estado Moderno. É nesse contexto que o direito surge como um regulador racional[201] (normas que regulam o comportamento e que elas, as próprias normas, são reguladas pela razão), supranacional (normas que, por meio da razão, podem ser descobertas e aplicáveis a todos os povos), capaz de operar, apesar das divergências nacionais e religiosas, em todas

---

199. FERRAZ JR., Tercio Sampaio. **Introdução ao estudo do direito**: técnica, decisão e dominação. 8. ed. São Paulo: Atlas, 2015.

200. Idem, ibidem, p. 47.

201. Idem ibidem.

as circunstâncias. Contudo, **a crise dessa racionalidade**[202] irá nos levar, como linhas atrás se dizia, a um impasse que se observará, no início do século XIX, por força do surgimento de formulações românticas sobre o direito, compreendido como um fenômeno histórico e, por isso mesmo, submetido às contingências e peculiaridades da cultura de cada povo[203]. A Escola Histórica do Direito e os escritos de Gustav Hugo e Savigny[204]

202. Ilya Prigogine fala em uma nova racionalidade: "Segundo Karl Popper, o senso comum tende a afirmar 'que *todo* evento é causado por um evento que o precede, de modo que se poderia predizer ou explicar qualquer evento... Por outro lado, o senso comum atribui às pessoas sadias e adultas a capacidade de escolher livremente entre várias vias de ação distintas...'. Esta tensão no interior do senso comum traduz-se no pensamento ocidental por um problema maior, que William James chamou de 'dilema do determinismo'. Esse dilema tem como desafio nossa relação com o mundo e particularmente com o tempo. O futuro é dado ou está em perpétua construção? É uma ilusão a crença em nossa liberdade? É uma verdade que nos separa do mundo? A questão do tempo está na encruzilhada do problema da existência e do conhecimento. O tempo é a dimensão fundamental de nossa existência, mas está também no coração da física, pois foi a incorporação do tempo no esquema conceitual da física galileana o ponto de partida da ciência ocidental. Por certo, este ponto de partida é um triunfo do pensamento humano, mas está também na origem do problema que constitui o objeto deste livro. Sabe-se que Einstein afirmou muitas vezes que o 'o tempo é ilusão'. E, de fato, o tempo tal como foi incorporado nas leis fundamentais da física da dinâmica clássica newtoniana até a relatividade a física quântica não autoriza nenhuma distinção entre o passado e o futuro. Ainda hoje, para muitos físicos, esta é uma verdadeira profissão de fé: em termos da descrição fundamental da natureza, *não há flecha do tempo*. E no entanto, em toda parte, na química, na geologia, na cosmologia, na biologia ou nas ciências humanas, o passado e o futuro desempenham papéis diferentes. Como poderia a flecha do tempo emergir de um mundo a que a física atribui uma simetria temporal? Este é o *paradoxo do tempo*, que transpõe para a física o *dilema do determinismo*. O paradoxo do tempo está no centro deste livro". PRIGOGINE, Ilya. **O fim das certezas**: tempo, caos e as leis da natureza. Tradução Roberto Leal Ferreira. São Paulo: UNESP, 1996, p. 9-10.

203. FERRAZ JR., Tercio Sampaio. **Introdução ao estudo do direito**: técnica, decisão e dominação. 8. ed. São Paulo: Atlas, 2015, p. 47.

204. "Se considerarmos, historicamente, o Estado como um ser que age, poderemos imaginar, em separado, certas categorias de ditas situações, a legislação entre elas, isto é, poderemos pensar o Estado como legislador. O objetivo da ciência jurídica é, por conseguinte, apresentar historicamente as funções legislativas de um Estado. Porém, encontramos que a legislação real é dupla, porque: a) estabelece os direitos que o Estado quer garantir para os cidadãos particulares: o direito privado ou civil; b) refere-se às disposições que ele estabelece para proteger as leis: o direito penal. (...) Por conseguinte, a função legislativa é dupla: legislação do direito

são dois excelentes exemplos disso. Como assinala Prigogine, "não somos nós, homens, que geramos a flecha do tempo. Muito pelo contrário, somos seus filhos"[205].

2.6. O DIREITO COMO NORMA POSTA? COMO A POSITIVAÇÃO DO DIREITO NO SÉCULO XIX FOI DETERMINANTE PARA TANTO?

De acordo com Helmut Coing, o século XIX "representa ao mesmo tempo a destruição e o triunfo do pensamento sistemático legado pelo jusnaturalismo, o qual baseava toda sua força na crença ilimitada na razão humana"[206]. A mesma razão que dá origem ao pensamento sistemático é a mesma razão que irá se autoquestionar e, por conta disso, irá observar os limites da própria razão. Os teóricos do direito racional não estavam vinculados a nenhuma fonte positiva do direito, embora a temporalidade da ação humana, que cria e modifica o direito, não fosse esquecida ou ignorada por eles. Até porque um aspecto relevante da experiência jurídica entre os séculos XVI e XVIII é a circunstância de o direito ter se convertido, cada vez mais, em um direito escrito. Isso se deu em razão do rápido crescimento da quantidade de leis oriundas do poder constituído[207]. Leis que provinham ou da mente do legislador (como se este tivesse uma carta

privado e legislação de direito penal. Porém, as normas da elaboração devem ser deduzidas daquilo que é comum às duas: os princípios fundamentais. Eles são: a) a ciência legislativa é histórica; b) a ciência legislativa é filosófica; c) a ciência legislativa é histórica e filosófica". Cf. SAVIGNY, Friedrich Carl von. **Metodologia jurídica.** Tradução Heloísa da Graça Buratti. São Paulo: Rideel, 2005, p. 19-20.

205. PRIGOGINE, Ilya. **O fim das certezas**: tempo, caos e as leis da natureza. Tradução Roberto Leal Ferreira. São Paulo: UNESP, 1996, p. 12.

206. COING, Helmut. **Elementos fundamentais da filosofia do direito**. Tradução Elisete Antoniuk. Porto Alegre: Sergio Antônio Fabris Editor, 2002, p. 318.

207. FERRAZ JR., Tercio Sampaio. **Introdução ao estudo do direito**: técnica, decisão e dominação. 8. ed. São Paulo: Atlas, 2015, p. 48.

em branco para elaborar a lei do modo como lhe aprouver), ou da conversão de costumes em texto de lei.

Afora isso, o fenômeno da recepção do direito romano veio a dar origem à tese da hierarquia entre as fontes do direito (lei, costumes, direito romano etc.). Quanto ao direito escrito, também conhecido como direito comum (a todos aplicado) ou direito comum escrito, mesmo sem uma definição precisa, parece que se referia, ao que tudo indica, ao denominado *jus comune*, ou seja, ao direito comum a todas as cidades e vilas, contrapondo-se, deste modo, ao chamado *jus propium*, específico de cada cidade ou vila[208]. Essa distinção já era usual na Europa, no território que viria a ser a Itália, desde o século XII.

A circunstância de o direito tornar-se escrito contribuiu para importantes transformações na concepção de direito e de seu conhecimento. O estabelecimento do direito na forma escrita, ao mesmo tempo em que aumenta a segurança e a precisão de seu entendimento, atiça e provoca o debate em torno dos limites do próprio direito e de sua criação. A possibilidade do confronto dos diversos conjuntos normativos cresce. Afinal, quanto mais normas, maior a probabilidade de que elas entrem em contradição umas com as outras. E quanto maior é o risco de confronto entre as normas, maior é a tendência de se ter maior rol de diferentes tipos de fontes do direito. Afinal, se há diferentes fontes do direito, haverá entre elas uma hierarquia, o que, por sua vez, preveniria, de certo modo, as eventuais contradições entre as normas. Logo, a raiz da hierarquia entre as normas reside na multiplicidade de fontes do direito[209].

Como lembra Marcelo Neves, discorrendo sobre a importância e o papel da escrita para o direito moderno:

---

208. Idem, ibidem.

209. FERRAZ JR., Tercio Sampaio. **Introdução ao estudo do direito**: técnica, decisão e dominação. 8. ed. São Paulo: Atlas, 2015, p. 48.

> A escrita deixa de ser apenas um meio de difusão e sistematização de normas e princípios jurídicos preestabelecidos, a facilitar-lhes a aplicação, e torna-se condição da própria vigência do direito. A positividade significa que a seleção, agora envolvendo o processo legislativo, intensifica-se e diferencia-se da restabilização, que se concentra na reflexão dogmática[210].

A noção de hierarquia entre as fontes do direito, no início da Era Moderna, ainda sustenta, provisoriamente, a supremacia dos costumes (do direito não escrito) sobre o direito escrito (a lei). Todavia, paulatinamente, o quadro inverte-se. Para tanto, contribuiu de modo decisivo o surgimento do Estado Absolutista (tão defendido por Thomas Hobbes) e o desenvolvimento progressivo da concentração do poder de legislar. Nesse mesmo momento, a percepção da necessidade de regras interpretativas (regras que controlem a interpretação) cresce[211]. E isso se pode observar a partir da multiplicação das regras de interpretação com o intuito de organizar e controlar as diversas fontes do direito existentes.

Esse conjunto de fatores e de transformações iriam resultar em duas novas condicionantes: uma de natureza política, outra de natureza técnico-jurídica. No que toca à condicionante política, destaque-se a noção de soberania nacional (desenvolvido por Jean Bodin) e o princípio da separação dos poderes (trabalhado por Montesquieu). Quanto à segunda condicionante, a técnico-jurídica, merece destaque o caráter privilegiado que a lei assume como fonte do direito[212] e a compreensão do direito como um sistema de normas positivadas.

210. NEVES, Marcelo da Costa Pinto. **Entre Têmis e Leviatã**: uma relação difícil: o Estado democrático de direito a partir e além de Luhmann e Habermas. São Paulo: Martins Fontes, 2006, p. 24.

211. FERRAZ JR. Op. cit., p. 48.

212. FERRAZ JR. Op. cit., p. 48.

Esse conjunto de fatores, até aqui desenhados, permite-nos falar no conceito de modernidade jurídica, um conceito que polariza, em torno de si, a ideia de lei, a noção de Estado Moderno, a ideia de multiplicidade de fontes do direito e de hierarquia entre elas, a exigência de que se interprete as leis e de que esta interpretação seja controlada, além, é lógico, da noção de sistema jurídico, dentre outros aspectos. Mas por que estudar a modernidade jurídica? Porque, segundo João Maurício Adeodato: "... os Estados que dogmatizaram seu direito parecem deter a supremacia militar, ideológica e política do mundo atual. A dogmatização do direito constituiu-se em instrumento importante para a eficiência do padrão europeu"[213].

Como nos lembra Tercio Sampaio Ferraz Jr., a Declaração dos Direitos do Homem e do Cidadão de 1789, em seu artigo 3º, já consignava: "o princípio de toda soberania reside essencialmente na nação"[214]. A soberania, a efetividade da força através da qual as determinações de autoridade são obedecidas e convertidas em determinações de observação incontornável, mesmo que para isso se recorra à coação, não estão submetidas a determinações de outros centros normativos. E aí são precisas as palavras de Carl Schmitt, em sua Teoria da Constituição, ao discorrer sobre o conceito positivo de Constituição:

> La Constitución no es, pues, cosa absoluta, por cuanto que no surge de sí misma. Tampoco vale por virtud de su justicia normativa o por virtud de su cerrada sistemática. No se da a sí misma, sino que es dada por una unidad política concreta. Al hablar, es tal vez posible decir que una Constitución se establece por sí misma sin que la rareza de

213. ADEODATO, João Maurício Leitão. **Ética e Retórica**: para uma teoria da dogmática jurídica. 2. ed. São Paulo: Saraiva, 2006, p. 197.

214. FERRAZ JR., Tercio Sampaio. **Introdução ao estudo do direito**: técnica, decisão e dominação. 8. ed. São Paulo: Atlas, 2015, p. 48.

> esta expresión choque en seguida. Pero que una Constitución se dé a sí misma es un absurdo manifesto. La Constitución vale por virtud de la voluntad política existencial de aquel que la da. Toda especie de formación jurídica, y también la formación constitucional, presupone una tal voluntad como existente[215].

Ela, a soberania, residira, em séculos passados, no senhor territorial ou no rei. Essa forma bastante concreta e personalíssima de simbolizar o centro único de normatividade assinalava uma operacionalidade bastante limitada na organização do poder político. Ora, a substituição do rei pela nação, conceito mais abstrato e, por conseguinte, mais flexível (e manipulável), iria permitir a manutenção do caráter uno, indivisível, inalienável e imprescritível da soberania (neste sentido, a Constituição francesa de 1791[216]). Desse modo, compatibilizava-se o conceito de soberania com o princípio da separação dos poderes. E isso, por sua vez, daria origem a uma concepção do poder judiciário com caracteres próprios e autônomos[217]. Mas não apenas isso, o Poder Judiciário passaria a ter, agora, uma atuação limitada[218].

E sobre ela, a Declaração dos Direitos do Homem e do Cidadão de 1789, Fábio Konder Comparato nos chama atenção para o seu espírito universal. Por isso, ele destaca que o "estilo abstrato e generalizante distingue, nitidamente, a Declaração de 1789 dos *bill of rights* dos Estados

---

215. SCHMITT, Carl. **Teoría de la Constitución**. Tradução Francisco Ayala. Madrid: Alianza Editorial, 1982, p. 59.

216. FERRAZ JR. Op. cit., p. 48.

217. Como assinalava o artigo 1º, capítulo V, da Declaração dos Direitos do Homem e do Cidadão de 1789, "o Poder Judiciário não pode, em nenhum caso, ser exercido pelo corpo legislativo, nem pelo rei".

218. Declaração dos Direitos do Homem e do Cidadão de 1789, artigo 3º, capítulo V: "Os tribunais não podem se imiscuir no exercício do poder legislativo, nem suspender a execução das leis".

Unidos". Os americanos, em regra, com a notável exceção, ainda aí, de Thomas Jefferson, "estavam mais interessados em firmar a sua independência e estabelecer o seu próprio regime político do que em levar a ideia de liberdade a outros povos"[219].

A teoria clássica da divisão dos poderes, soerguida com um claro destaque anti-hierarquizante diante da concepção personalista anterior, afinal agora a ideia é a de que o rei não concentra mais todo o poder em torno de si. E isso irá garantir, de certo modo, uma gradativa separação entre a política e o direito. Mas não apenas isso, irá contribuir também para regular a legitimidade da influência da política na administração. Essa influência se torna totalmente aceitável no funcionamento do Poder Legislativo. Contudo, a influência da política sobre o direito só é aceita de modo parcial no funcionamento do Poder Executivo, e, no âmbito do Poder Judiciário, ela é completamente neutralizada, observado os limites ideológicos do Estado de Direito. Ora, essa neutralização política do Judiciário, como assinala Niklas Luhmann, é um dos fatores importantes para o aparecimento de uma nova forma de saber jurídico: a ciência do direito do século XIX[220]. Escreve o sociólogo alemão:

> Coexistiam então a necessidade e a possibilidade do surgimento de um novo estilo jurídico, que hoje tornou-se obrigatório e generalizado. Só então colocaram-se tantos problemas de fixação do direito, principalmente no sentido de necessidades de evitar-se possibilidades de regulamentação legislativa, tornando-se necessária no século XIX a instauração de processos legislativos através do direito do Estado, como componente funcional permanente

219. COMPARATO, Fábio Konder. **A afirmação histórica dos direitos humanos**. 7. ed. São Paulo: Saraiva, 2010, p. 145.

220. FERRAZ JR., Tercio Sampaio. **Introdução ao estudo do direito**: técnica, decisão e dominação. 8. ed. São Paulo: Atlas, 2015, p. 49.

> do aparelho do Estado (e não só enquanto um direito utilizado pelas monarquias quando fosse necessário). Também aumenta, correspondentemente, a complexidade da preparação política das decisões que exige cada vez dedicação exclusiva e organização, ou seja, a diferenciação de uma esfera política (e partidária) no sistema político[221].

Nesse sentido, a neutralização política do Judiciário, como se dizia mais acima, implicará na canalização da elaboração do direito para o endereço legislativo, o que explica, por sua vez, o lugar privilegiado ocupado pela lei como fonte do direito. E essa concepção, que considera a lei como a principal fonte do direito, colocará em evidência a possibilidade de o direito mudar toda vez que mudar a legislação[222]. Desse modo, comparando com o passado, o direito deixa de ser um ponto de vista em nome do qual mudanças e transformações são recusadas. Ou seja, o direito deixa de ser um obstáculo à transformação social. Contudo, isso não irá retirar do direito o papel de resistência, que ele inicialmente normalmente desempenha, diante das possibilidades de mudança social.

No correr da história, o direito sempre foi percebido como algo estável diante das mudanças sociais, fosse o fundamento desta estabilidade a tradição, como sustentavam os romanos, a revelação divina, como se defendia na Idade Média, ou a razão, como se argumentava na Era Moderna. Mas, para a visão de mundo difundida a partir do século XIX, com o nascer do Positivismo Jurídico, a mutabilidade do direito passa a ser a regra, o corriqueiro, o usual[223]. A ideia de que, como regra, todo direito muda e se torna o novo padrão de referência. Por outro lado, se algum direito

---

221. LUHMANN, Niklas. **Sociologia do direito I**. Tradução Gustavo Bayer. Rio de Janeiro, 1983, p. 235.

222. FERRAZ JR., Tercio Sampaio. **Introdução ao estudo do direito**: técnica, decisão e dominação. 8. ed. São Paulo: Atlas, 2015, p. 49.

223. Idem, ibidem.

não muda, nesse novo cenário, isso será a exceção. Institucionaliza-se, dessa maneira, a mutabilidade do direito, e essa tendência, por sua vez, relaciona-se com o fenômeno da positivação do direito, como ensina Niklas Luhmann[224].

E é ele, Niklas Luhmann, que adverte ainda:

> De qualquer forma podemos constatar hoje que a positividade do direito não pode ser suficientemente compreendida através do fato da competência legislativa sobre todo o direito. No processo histórico de desenvolvimento da positivação do direito trata-se não somente da ampliação das atribuições legislativas com respeito a um dado sistema jurídico, também não do desaparecimento da hierarquia das leis, da simples continuidade da *lex positiva* após a perda da crença em fontes superiores do direito. Em termos mais estritos pode-se falar de positividade – no sentido do direito enquanto totalidade – somente quando o próprio estabelecimento do direito, ou seja, a decisão, tornou-se a base do direito. E isso só pode ocorrer na medida em que a própria seletividade desse estabelecimento é aproveitada para a estabilização do direito. **O direito positivo vige não porque normas superiores permitem, mas porque sua seletividade preenche a função de estabelecimento de congruência**[225-226] (grifo nosso).

Há um sentido filosófico e um sentido sociológico de positivação. No sentido filosófico, positivação se refere ao ato de positivar o direito, ou seja, de estabelecer um direito por meio da força de um ato de vontade.

224. LUHMANN, Niklas. **Sociologia do direito I**. Tradução Gustavo Bayer. Rio de Janeiro, 1983, p. 225-238.

225. Idem, ibidem, p. 236-237.

226. O direito positivo vige porque as normas que dele faz parte tratam de induzir o consenso por parte daqueles que irão se submeter a elas.

Decorre daí a tese de acordo com a qual todo e qualquer direito deriva de atos dessa natureza, isto é, o direito é um conjunto de normas que vale por força de ser estabelecido pela autoridade constituída, aquela autorizada pelo Ordenamento Jurídico. Ora, se é assim, somente por força de outra e nova decisão dessa autoridade a norma positivada poderá ser revogada. Se as normas decorrem das decisões da autoridade constituída, e se estas são frutos da vontade dessa autoridade, forçoso é reconhecer que a positivação do direito passa a ser algo correlato à decisão. Consequentemente, se toda norma decorre de uma decisão, toda decisão exige que se apresentem os motivos que levaram à decisão[227].

Positivação passa, assim, a ser um fenômeno em que **todas as valorações, regras e expectativas de comportamento na sociedade têm de ser filtradas através de processos decisórios antes de adquirir validade jurídica**[228]. Em outros termos, direito positivo é não só aquele que é posto por decisão, mas, além disso, aquele cujas premissas da decisão que o põem também são postas por decisão[229]. A ideia de que só existe um direito, o positivo nos termos apresentados, é o fundamento do denominado positivismo jurídico. Ou seja, a tese do positivismo jurídico é a de que não há outra forma de elaborar e de compreender o que é o direito, que não é essa, a do positivismo jurídico. Desde o século XIX, o positivismo jurídico é a corrente filosófico-jurídica predominante[230]. Mas, como se verá mais adiante, em meados do século XX, essa concepção sofrerá um duro golpe.

227. FERRAZ JR., Tercio Sampaio. **Introdução ao estudo do direito**: técnica, decisão e dominação. 8. ed. São Paulo: Atlas, 2015, p. 49.

228. LUHMANN, Niklas. **Sociologia do direito I**. Tradução Gustavo Bayer. Rio de Janeiro, 1983, p. 237.

229. Idem, ibidem.

230. FERRAZ JR. Op. cit., p. 49.

Mas há o sentido sociológico de positivação. De acordo com esse sentido, a positivação é um fenômeno que, no século XIX, foi representado pela crescente importância da lei, elaborada pelos membros do Poder Legislativo, como a principal fonte do direito. O antigo regime, o da França Absolutista do século XVIII, por exemplo, caracterizou-se pelo enfraquecimento da Justiça. E por quê? Porque o Poder Judiciário, naquela época, era fortemente influenciado pela política, e essa influência termina redundando no arbítrio das decisões. A crítica proveniente dos pensadores iluministas[231], como Charles Montesquieu (em seu Espírito das Leis), e a necessidade de segurança da sociedade burguesa foram dois fatores que passaram a exigir a valorização dos preceitos legais no julgamento dos casos, isto é, que o juiz se mantenha preso ao texto da lei. O que explica a tese da tripartição dos poderes, sustentada pelo Marquês de Montesquieu, a saber:

> Há em cada Estado três espécies de poder: o poder legislativo, o poder executivo das coisas que dependem do direito das gentes, e o poder executivo daquelas que dependem do direito civil. Pelo primeiro poder, o príncipe ou o magistrado cria as leis para um tempo determinado ou para sempre, e corrige ou ab-roga aquelas que já estão feitas. Pelo segundo, determina a paz ou a guerra, envia ou recebe embaixadas, estabelece a segurança, previne as invasões. Pelo terceiro, pune os crimes ou julga as questões dos indivíduos. Chamaremos este último de "**poder de julgar**", e o outro chamaremos, simplesmente, de "**o poder executivo do Estado**"[232] (grifo nosso).

231. FERRAZ JR. Op. cit., p. 50.

232. MONTESQUIEU, Charles de Secondat. **O espírito das leis**. Tradução Cristina Murachco. São Paulo: Martins Fontes, 2000, p. 167-168.

E ao assim consignar a tese da tripartição dos poderes, logo a seguir, Montesquieu, dissertando sobre o poder de julgar, escreve:

> O poder de julgar não deve ser dado a um senado permanente, mas exercido por pessoas extraídas da classe popular (como em Atenas), em certas épocas do ano, de modo prescrito pela lei, para formar um tribunal que apenas dure o tempo necessário. Dessa forma, o poder de julgar, tão terrível entre os homens, não estando ligado nem a uma certa situação, nem a uma certa profissão, torna-se, por assim dizer, invisível e nulo. E ninguém mais terá, constantemente, juízes diante dos olhos: temer-se-á a magistratura, e não os magistrados. (...) Entretanto, se os tribunais não devem ser fixos, os julgamentos devem sê-lo a um tal ponto, que nunca sejam mais que um texto fixo da lei. Se representassem uma opinião particular do juiz, viver-se-ia na sociedade sem saber precisamente quais os compromissos que nela são assumidos[233].

Daí se originou um respeito quase mítico pela lei, base, então, para o desenvolvimento da famosa e difundida Escola de Exegese, de grande penetração nos países em que predominou o espírito napoleônico. A redução do jurídico ao legal foi crescendo durante o século XIX, até resultar no denominado **legalismo**[234]. Ele não foi apenas uma exigência política, mas, sobretudo, econômica. Afinal, com a Revolução Industrial, a velocidade das transformações tecnológicas[235] aumenta, exigin-

233. Idem, ibidem, p. 169-170.

234. O legalismo foi um modo de compreensão do direito difundido durante o século XIX e que chega até os dias atuais, apesar de já muito defasado, e que se caracteriza pela ideia de atrelar o magistrado ao texto de lei, não dando a ele qualquer liberdade na interpretação e na aplicação da lei. Essa compreensão do direito reduz o direito apenas à lei. Além disso, sustenta que todo direito é elaborado única e exclusivamente pelo Estado.

235. FERRAZ JR., Tercio Sampaio. **Introdução ao estudo do direito**: técnica, decisão e dominação. 8. ed. São Paulo: Atlas, 2015, p. 50.

do respostas mais acabadas e imediatas do direito, as quais o direito costumeiro não estava apto a fornecer, por não ter a capacidade de acompanhar a velocidade daquelas transformações. Nesse sentido, escreve Antônio Luiz Machado Neto:

> Uma razão de ordem histórico-sociológica que não será de desprezar é que o advento dessa concepção legalista coincide com o das repercussões sociais da Revolução Industrial. Entre tais repercussões destacam-se a racionalização da vida econômica e a aceleração da mudança social que então se processa. E é óbvio que a lei, para ambos os casos, é a fonte jurídica que se apresenta mais funcional. Nem o costume nem a jurisprudência ou a doutrina poderiam competir com ela em racionalidade e prontidão[236].

O direito reduzido ao legal, diferentemente do direito costumeiro, fazia crescer a disponibilidade de tempo sobre o próprio direito, uma vez que o direito poderia ser, agora, mais facilmente modificado. Essa circunstância, por sua vez, permite chegar a outra conclusão, a saber: a de que a validade do direito pode e deve ser compreendida como algo maleável e, por que não dizer, manipulável, podendo ser tecnicamente limitada e controlada no tempo. E por quê? Porque, agora, o direito poderia ter todo o seu processo de produção controlado. Controlar-se-ia quem o elabora, como ele é elaborado, quanto tempo leva para elaborá-lo, além de outros aspectos. E no que isso importa? Na ideia de que um direito reduzido à lei estaria mais bem adaptado a possíveis necessidades futuras de revisão, possibilitando, desse modo, em alto grau, um detalhamento dos comportamentos como jurisdicizáveis (comportamentos que interessa ao direito controlar). Ora, se é assim, isso implica que o caráter jurídico das condutas não depende mais de a circunstância da conduta sempre ter

---

236. MACHADO NETO, Antônio Luiz. **Compêndio de introdução à ciência do direito**. 6. ed. São Paulo: Saraiva, 1988, p. 24.

sido, em gerações passadas, reputada como direito (que era o que acontecia no chamado direito costumeiro)[237].

O Direito, a partir e por conta da Revolução Francesa (1789), se reinventa, tornando-se uma criação desde a sua origem. É dizer, o direito deixa de ver visto como algo **dado** aos homens, para se converter em algo que é **construído** e criado desde a sua origem por eles, pelos próprios homens. Desse modo e por força disso, o direito instrumentaliza-se, o que irá importar em uma transformação do direito. Ele, o direito, deixará de ser visto como uma **prudência prática** para passar a ser compreendido como uma **técnica poiética**[238]. Dito de outro modo, recorrendo a um binômio imaginado por Aristóteles[239], o direito passa a ser entendido como *poiesis*, uma atividade que se exterioriza nas coisas externas ao agente (por exemplo, a partir de uma madeira fabricar uma mesa). Portanto, quando se diz que o direito se converteu em uma técnica poiética, o que se quer dizer é que ele se converteu em um agir que deve e tem que produzir resultados. E mais, que tais resultados, como técnica que é o direito, devem ser obtidos com o menor dispêndio possível de energia.

Ora, se a poiética é um agir que deve produzir resultados, forçoso é admitir que ela exige técnica. Ou seja, que ela requer uma espécie de **saber-fazer** (*know-how*)[240], para que o resultado seja obtido. Desse modo, repita-se uma vez mais, o direito deixa de ser compreendido, como o era desde a Antiguidade, como uma **práxis**, uma atividade que não tinha compromisso com resultados, fossem eles derivados da ação, fossem eles

237. FERRAZ JR., Tercio Sampaio. **Introdução ao estudo do direito**: técnica, decisão e dominação. 8. ed. São Paulo: Atlas, 2015, p. 50.

238. Idem, ibidem.

239. ARISTÓTELES. **Ética a Nicômaco**. Tradução Edson Bini. Bauru-SP: Edipro, 2009, p. 38-39.

240. FERRAZ JR. Op. cit., p. 50.

demonstrações do domínio da técnica por parte do agente (um adimplemento exterior a ela mesma e ao agente).

O direito enquanto práxis, portanto, não aspirava outra coisa senão o bem agir (ético), isto é, o bom desempenhar da argumentação e da sustentação jurídica, sem que esse bem agir, frise-se de novo, tivesse qualquer compromisso com a obtenção de resultados. O que o direito visto como práxis objetivava alcançar é aquilo que os gregos chamavam de **eupraxia**, ou seja, o bem agir do próprio agente. Dito de outro modo, a finalidade do direito como **práxis** era aprimorar o exercício da **práxis** por parte daquele que exercita e diz o direito, afinal, como já dizia o *estagirita*, a virtude é um hábito. Está aí, por conseguinte, o aspecto central da positivação do direito em seu sentido social[241]. O direito, a partir de agora, precisa ser eficaz, precisa produzir resultados.

No afã de buscar resultados, o direito, positivo que é a partir do século XIX, torna-se, por excelência, mutável. E a percepção dessa mutabilidade produziu consequências importantes para o saber jurídico. No início do século XIX, por exemplo, essa percepção redundou, em princípio, numa perplexidade. E qual foi ela? Aquela externada por Julius von Kirschmann, a saber: que ciência é esta, se três penadas do legislador transformam bibliotecas jurídicas inteiras em papel de embrulho[242]?

A primeira resposta a essa pergunta de Kirschmann veio da Alemanha, pela denominada Escola Histórica do Direito. Muito importante, nesse sentido, foi a contribuição do civilista alemão Gustav Hugo (1764-1844), que, de certo modo, foi um precursor das ideias que viriam a ser defendidas por aquela Escola. Ficou famosa a proposta de Hugo acerca da

241. FERRAZ JR., Tercio Sampaio. **Introdução ao estudo do direito**: técnica, decisão e dominação. 8. ed. São Paulo: Atlas, 2015, p. 50.

242. KIRSCHMANN, Julius von. **Die Wertlosigkeit der Jurisprudenz als Wissenschaft**. Darmstadt: 1966, p. 26. Apud FERRAZ JR. Op. cit., p. 50.

divisão tripartida do conhecimento científico do direito. Convém realçar que a obra de Hugo sofre forte influência dos escritos de Kant e a sua divisão tripartida do conhecimento científico do direito pode ser expressa por meio de três questões: a) o que deve ser reconhecido como direito? (essa indagação nos leva à ideia de **Dogmática Jurídica**); b) é racional que o que é reconhecido como direito assim o seja? (essa indagação nos remete ao campo da **filosofia do direito**); c) como aquilo que se tornou reconhecido como de direito se tornou tal? (essa indagação nos remete à seara da **história do direito**). Essa tripartição, como destacava o próprio Gustav Hugo, se observada do ponto de vista da temporalidade, podia transformar-se em uma bipartição, uma vez que a primeira e a segunda indagação dizem respeito ao presente, ao passo que a terceira se vincula ao passado. No entanto, se observarmos por um outro ponto de vista, a primeira e a terceira indagações são históricas, já a segunda não o é[243].

Como é possível notar, uma vez que se observe tais indagações, está aí, em germinação, uma concepção do direito não como um fenômeno que se dá na História, mas que é, ele mesmo, na sua essência, histórico. Uma vez que se perceba isso, forçoso será concluir que todo acontecimento que se dá no presente também é história e, mais que isso, faz a história. E por quê? Porque tudo aquilo que se dá no presente sempre resulta de um processo histórico marcado, simultaneamente, por avanços e retrocessos.

Ora, se é assim, necessário é concluir que o conhecimento jurídico é, a partir de Gustav Hugo, um conhecimento histórico e, desse modo, um conhecimento em permanente processo de construção e, por isso, sempre em aberto. Logo, para ele, Gustav Hugo, a História do Direito aparece como ciência propriamente dita, enquanto a Dogmática Jurídica é um

243. FERRAZ JR., Tercio Sampaio. **Introdução ao estudo do direito**: técnica, decisão e dominação. 8. ed. São Paulo: Atlas, 2015, p. 50.

tipo de continuação ou consequência da pesquisa histórica, um produto dela, dotado de outras ferramentas e características[244]. Afinal, se a ciência é um saber sempre incompleto, em constante processo de transformação, é possível, agora, sustentar que o direito pode ser estudado como uma ciência, pois, assim como ela, o direito também é histórico, incompleto e em constante processo de modificação.

Essa afirmação, a da historicidade do direito, seja como objeto, seja como ciência, foi uma reação à perplexidade provocada pela positivação. Afinal, se o direito muda, isso não invalida a qualidade científica de seu conhecimento, pois ele muda historicamente e a própria ciência, para ser ciência, precisa ser histórica. De acordo com Friedrich Carl von Savigny, jurista alemão de ascendência francesa considerado um dos pais da Escola Histórica do Direito, não será a lei, norma racionalmente formulada e positivada pelo legislador, primariamente o objeto de ocupação do jurista, mas, sim, a convicção comum do povo (o "espírito do povo"). Ela, a convicção comum do povo (Volksgeist), é a fonte originária do direito, de onde o direito brota e que confere sentido (histórico) ao direito em constante transformação[245]. O direito, portanto, não é algo artificialmente criado e construído pelo legislador em seus frios, distantes e herméticos gabinetes. O direito é algo vivo, que pulsa e que emerge do próprio processo de convivência social.

E é Savigny que, sobre a elaboração histórica da jurisprudência (ciência do direito), escreve:

> Da jurisprudência, muitos aspectos não podem ser compreendidos sem um certo conhecimento histórico prévio. E aqui não se trata de utilização da história para saber algo a respeito da jurisprudência, mas de pesquisar a medida

244. Idem, ibidem, p. 51.

245. Idem, ibidem.

> em que esta deve ter um caráter histórico. Esta elaboração é absolutamente indispensável, particularmente para a legislação justiniana, pois toda a legislação é, mais ou menos, o resultado da sua história anterior. Justiniano nunca teve a intenção de elaborar um código próprio, mas de formar uma simples compilação do rico material existente. O todo histórico converteu-se, assim, novamente em lei. De acordo com sua forma, a legislação justiniana carrega consigo o caráter histórico; por exemplo, são indicados os nomes dos autores dos fragmentos[246].

Savigny, por conseguinte, coloca em destaque o relacionamento primário da intuição do jurídico não à regra genérica e abstrata, mas aos institutos do direito, os quais exprimem relações vitais, típicas e concretas (por exemplo, a família). Os institutos são compreendidos como totalidades de natureza orgânica[247]. É dizer, são vistos por ele como um conjunto vivo e pulsante de elementos em constante processo de desenvolvimento. É tomando os institutos como ponto de partida que as regras jurídicas são elaboradas. Em outras palavras, as regras são geradas a partir dos institutos. Mas não é só isso. As regras jurídicas só podem ser entendidas a partir dos institutos. Ora, se é assim, o direito e as regras que dele fazem parte são, em si, uma contingência radical no tempo e no espaço. Dito de outro modo, o direito e as suas regras sempre poderiam ter sido de modo diferente, a depender do lugar no tempo e no espaço. O direito seria, assim, um lance de dados, algo sobre o qual não se tem o mais absoluto controle e previsibilidade.

---

246. SAVIGNY, Friedrich Carl von. **Metodologia jurídica**. Tradução Heloísa da Graça Buratti. São Paulo: Rideel, 2005, p. 41-42.

247. FERRAZ JR., Tercio Sampaio. **Introdução ao estudo do direito**: técnica, decisão e dominação. 8. ed. São Paulo: Atlas, 2015, p. 51.

Essa contingência, contudo, de acordo com Tercio Sampaio Ferraz Jr. [248], não deve ser confundida com irracionalidade[249], porque, nesse caso, não haveria ciência. Essa contingência é reflexo da historicidade dinâmica dos institutos. E os institutos, por sua vez, mantém uma conexão espiritual com a História. A organicidade dos institutos, de acordo com Savigny, não guarda respeito, pois, com a contingência real dos fenômenos sociais. Ela, a organicidade, deve ser buscada na índole complexa (multifatorial) e produtiva do pensamento conceitual de ciência jurídica elaborada pelos juristas desde o passado. Em outras palavras, a organicidade dos institutos não decorre da observação dos fenômenos sociais, mas, sim, da observação do conhecimento jurídico elaborado pelos juristas (professores) ao longo da história.

Nesse sentido, assinala Wieacker[250], a palavra **povo**, segundo Savigny, é antes um conceito cultural. Logo, para ele, o povo não é algo natural. Antes o contrário, é algo criado pela sociedade e para a sociedade. Ora, se assim o é, o conceito de povo é aquele que é dito, e construído, pelos juízes e juristas de um país num determinado momento da história. Não é de estranhar, portanto, que a Escola Histórica do Direito acabasse por marcar o surgimento do "direito dos professores", como ressalta Karl Larenz[251].

---

248. Idem, ibidem.

249. Antônio Luiz Machado Neto parece discordar dessa afirmação, pois sustenta que uma das características da Escola Histórica do Direito é a sua irracionalidade. Ele entende por irracionalidade a falta de capacidade de controlar um determinado fenômeno. Nesse sentido, o professor baiano traça uma analogia entre aquilo que se passa com a linguagem e aquilo que sucede no direito com os costumes. Nas duas situações, o homem não tem a plena capacidade de controlar o fenômeno por inteiro, uma vez que, por exemplo, não controla o que dá origem a um novo costume, o que provoca a revogação de um costume, quanto tempo vigora um costume, dentre outros aspectos. Nesse sentido, consulte-se MACHADO NETO, Antônio Luiz. **Compêndio de introdução à ciência do direito**. 6. ed. São Paulo: Saraiva, 1988, p. 35.

250. WIEACKER, Franz. **Privatrechsgeschite der Neuzeit**. Göttingen: Vandenhoeck & Ruprecht, 1967, p. 391.

251. LARENZ, Karl. **Metodologia da ciência do direito**. 3. ed. Tradução José Lâmego. Lisboa: Fundação Calouste Gulbenkian, 1997, p. 17.

O direito dos professores aparece quando, sob certas condições, a tônica na ocupação com o direito passa para as Faculdades de Direito e seus mestres. Nasce aí, nesse momento, a expressão **Ciência do Direito** como vocábulo escolar e que, desse modo, se propaga por toda a Europa. Aliás, é o próprio Savigny que escreve que o "verdadeiro objetivo da universidade é o de nos introduzir no estudo científico, de forma tal que nenhuma parte deste seja estranha a nós, ou, pelo menos, que estejamos em condições de aprender o que faltar de modo mais fácil e profundo"[252]. Mas é preciso alertar que a expressão "direito dos professores" não significa que o direito passasse a ser elaborado e produzido pelos professores. Isso significa outra coisa. O que? Significa que a doutrina passava a ocupar um lugar mais importante que a prática. Sendo assim, os doutrinadores, de acordo com a Escola Histórica, tinham mais importância no processo de produção do direito do que os profissionais do direito[253].

Todavia, essa maior importância dos doutrinadores apresentava, em si mesma, um aspecto curioso e até, por que não dizer, paradoxal. Por um lado, apesar do destaque atribuído à lei, obra do legislador, a doutrina (pelo menos na Alemanha da época) apresentava certa autonomia em relação ao poder central (o Estado). Nesse sentido, é importante destacar que as universidades alemãs, em geral, naquela época, sempre se encontravam localizadas fora das capitais políticas, única exceção feita à universidade de Berlim, mas que tinha sido fundada no século XIX, ou seja, recentemente. E no que isso importa? Importa para demonstrar que os professores viviam e conviviam, desse modo, fora dos centros políticos, livres de qualquer interferência ou ingerência política, embora sua atuação acabasse repercutindo no meio político[254].

252. SAVIGNY, Friedrich Carl von. **Metodologia jurídica**. Tradução Heloísa da Graça Buratti. São Paulo: Rideel, 2005, p. 91.

253. FERRAZ JR., Tercio Sampaio. **Introdução ao estudo do direito**: técnica, decisão e dominação. 8. ed. São Paulo: Atlas, 2015, p. 51.

254. FERRAZ JR., Tercio Sampaio. **Introdução ao estudo do direito**: técnica, decisão e dominação. 8. ed. São Paulo: Atlas, 2015, p. 51-52.

Por outro lado, os Mestres, Savigny, por exemplo, nunca tiveram relação positiva com a prática do dia a dia, a qual, na verdade, ignorava. É dizer, os mestres, de certo modo, desprezavam a prática dos tribunais. Apenas a título de exemplo, em seus livros não se faz citações de decisões, nem tinham eles qualquer contato com os práticos, com aqueles que militavam nos tribunais. Contudo, intuitivamente, os mestres supunham aquela que seria a rotina do trabalho prático dos profissionais. Seus livros não ensinavam única e tão somente a História do Direito, mas voltavam-se também para o direito vigente. Dessa maneira, isso não impediu que os práticos, educados nas Universidades, viessem a absorver as lições dos mestres. Muito pelo contrário, na medida em que os práticos eram educados a partir da doutrina dos mestres, essa doutrina se fazia sentir nas futuras decisões dos tribunais. Afinal, o aluno de hoje seria o magistrado de amanhã. E isso ficava cada vez patente, à medida que as teorias, maravilhosamente construídas pelos teóricos, encontravam ressonância[255] no dia a dia dos tribunais.

Em razão disso, a proposta metodológica da Escola Histórica terminou diluindo-se, até certo ponto com o próprio Savigny[256], numa estilização sistemática da tradição, como seleção abstrata das fontes históricas, sobretudo as romanas. Em outras palavras, a lição de Savigny vai pouco a pouco deixando de ser uma construção histórica para se converter, cada vez mais, em uma obra sistemática erguida a partir das contribuições da tradição. Quando isso acontece, o estudo do direito se transforma em uma seleção abstrata das fontes históricas. É dizer, estudar o direito como uma ciência e de modo a elaborar uma ciência do direito requer a identificação e a hierarquia das fontes do direito. Uma das fontes mais prestigiadas por Savigny em sua época era o legado deixado pelos juristas romanos.

255. Idem, ibidem, p. 52.

256. Idem, ibidem, p. 52.

Sucede que ao assim fazê-lo, Savigny acaba se reaproximando, por mais paradoxal que isso seja, da concepção sistemática erguida pelos jusnaturalistas modernos, de acordo com Tercio Sampaio Ferraz Jr.[257]. Savigny, que no início de sua carreira acadêmica combateu tão fortemente os ensinamentos jusnaturalistas, agora, em sua fase mais madura, parece se aproximar, de modo contraditório, de alguns dos ensinamentos sustentados pela concepção que ele havia criticado. E por que é possível afirmar isso? Porque Savigny acaba recorrendo à noção de sistema para explicar o direito, tal qual havia sido feito pelos jusnaturalistas, mas o faz, agora, sob uma nova roupagem[258]. A insistência que, inicialmente, ele havia dado acerca da intuição do jurídico a partir dos institutos, cede espaço agora a um sistema de construções conceituais das regras de direito. Ou seja, se de um lado a intuição parecia o único instrumento apto a captar de modo adequado a vitalidade dinâmica do direito, cristalizada sob a forma de instituto, por outro, o pensamento conceitual lógico-abstrato mostrava-se como o mais necessário e único instrumento à explicação do direito.

Antes de seguir nessa linha de raciocínio, convém trazer à baila o resumo sobre a Escola Histórica do Direito feito por Karl Larenz[259]:

> Resumindo: desde o começo é característica de SAVIGNY a exigência de uma combinação dos métodos "históricos" e "sistemático", referindo-se aquele à formação de cada lei dentro de uma certa situação histórica e propondo-se este compreender a totalidade das normas e dos institutos jurídicos subjacentes como um todo englobante. Ao passo, porém, que o escrito de juventude entende o sistema

257. FERRAZ JR., Tercio Sampaio. **Introdução ao estudo do direito**: técnica, decisão e dominação. 8. ed. São Paulo: Atlas, 2015, p. 52.

258. Idem, ibidem, p. 52.

259. LARENZ, Karl. **Metodologia da ciência do direito**. 3. ed. Tradução José Lâmego. Lisboa: Fundação Calouste Gulbenkian, 1997, p. 18.

> jurídico exclusivamente como um sistema de regras jurídicas – que se encontram entre si numa tal ligação lógica que as regras especiais se veem como brotando de certas regras gerais, às quais podem ser reconduzidas –, a obra da maturidade parte ao invés da ideia do nexo "orgânico" entre os "*institutos jurídicos*" que vivem na consciência comum.

E continua Karl Larenz:

> Dos institutos jurídicos – pensa agora SAVIGNY – é que as regras jurídicas particulares vêm posteriormente a extrair-se através de uma "abstração"; por isso, têm aqueles de estar, na "intuição", constantemente presentes ao intérprete, para que este possa compreender com justeza o sentido da norma particular. Na obra de maturidade, SAVIGNY liberta-se da estrita vinculação ao teor literal da lei defendida no seu escrito de juventude, em favor de uma consideração mais vigorosa do fim da lei e do nexo de significações fornecidas pela global intuição do instituto. Não esclarece, no entanto, como é possível reconduzir de novo a regra jurídica particular surgida por "abstração" à unidade de sentido do instituto jurídico correspondente, e tirar desta unidade quaisquer determinações, quando tal unidade só se oferece de modo intuitivo, não sendo acessível ao pensamento conceptual. Falta de clareza que não deve ter pesado pouco no fato de as sugestões metodológicas da obra de maturidade não terem merecido a atenção que se poderia esperar da grande influência de que gozou SAVIGNY[260].

260. LARENZ, Karl. **Metodologia da ciência do direito**. 3. ed. Tradução José Lâmego. Lisboa: Fundação Calouste Gulbenkian, 1997, p. 18-19.

Arremata, então, Larenz o seu breve resumo, ao mesmo tempo em que pontua como a mudança de posicionamento de Savigny e a sua valorização da noção de sistema irá implicar o ponto de partida da Escola da Jurisprudência dos Conceitos:

> Pois o que veio a influir mais tarde foi, além da perspectiva histórica, a ideia de sistema como sistema "científico" construído a partir dos conceitos jurídicos – ideia que serviu de ponto de arranque para a "Jurisprudência dos Conceitos", em que não deve incluir-se, ou então apenas com reservas, o nome do próprio SAVIGNY[261].

Desse modo, a partir de tudo que foi dito, é possível concluir que a Escola Histórica ampliou o abismo entre a teoria e a práxis[262], o qual já existia no jusnaturalismo moderno e que, até hoje, pode ser percebido no ensino jurídico e na prática dos juristas. Apesar de o Savigny da maturidade dar maior ênfase ao espírito do povo sobre as orientações e as interferências de uma codificação legislativa (que ele reputava, no seu tempo, como algo ultrapassado), Puchta, que foi seu maior discípulo, membro da Escola da Jurisprudência dos Conceitos, ao converter o espírito do povo em uma categoria formal do conhecimento jurídico, extraindo-lhe quer o caráter jusfilosófico, quer as repercussões sócio-históricas[263], deu causa a uma transformação importante, de decisiva consequência para o fenômeno da positivação do direito. E qual foi ela?

Para Puchta, o direito brotava a partir da convicção íntima e comum do povo (*Volksgeist*). Contudo, o modo pelo qual se formava essa convicção não tinha para ele, absolutamente, o menor interesse. Dessa maneira,

261. Idem, ibidem, p. 19.

262. FERRAZ JR., Tercio Sampaio. **Introdução ao estudo do direito**: técnica, decisão e dominação. 8. ed. São Paulo: Atlas, 2015, p. 52.

263. Idem, ibidem, p. 52.

ele conseguiu dar origem a um amálgama. E qual seria ele? O amálgama entre o direito posto (positivado) e o direito formado na consciência histórica. Ora, ao imaginar que o direito era essa simbiose entre convicção comum de um povo e lei, Puchta eleva o legislador à condição de máximo representante do direito[264]. O direito, então, é aquele dito pelo legislador por meio da lei, sendo esta presumivelmente derivada da convicção íntima e comum do povo. E por que se presume? Porque não se deseja saber o que deu causa a essa convicção comum. O que interessa apenas é partir da premissa de que toda lei é um reflexo dessa convicção. Mesmo que na prática não o seja, ao menos teoricamente ela o é, pois é o que se irá presumir.

Contudo, ao assim imaginar o direito, Puchta termina por se apartar dos ideais da Escola Histórica do Direito. Isso porque ele acaba conferindo à preocupação da Escola Histórica do Direito um aspecto meramente decorativo[265]. E por quê? Ora, se para a Escola Histórica do Direito a circunstância do direito ser visto como um fenômeno histórico é fundamental para que se possa compreendê-lo como uma ciência, sustentar o referido amálgama sobre o qual se falava linhas atrás, na prática, é fazer tábula rasa (não dar a mínima) do caráter histórico do direito. Seja como for, o certo é que a contribuição de Puchta e da Escola da Jurisprudência dos Conceitos colaboraram, e muito, para o desenvolvimento da Dogmática Jurídica.

A Dogmática Jurídica, para Savigny, não era o cerne da ciência do direito. Afinal, para ele, a preocupação da ciência do direito não deve ser a de elaborar uma teoria do direito vigente. Isso seria algo muito pequeno, na visão de Savigny. Contudo, com o passar do tempo, esse se tornou o lugar central da Ciência do Direito, qual seja, o de elaborar uma teoria

264. Idem, ibidem, p. 52.

265. FERRAZ JR., Tercio Sampaio. **Introdução ao estudo do direito**: técnica, decisão e dominação. 8. ed. São Paulo: Atlas, 2015, p. 52.

do direito vigente, o de estudar o que é a Dogmática Jurídica. É verdade que, ao lado dela, ainda existiam disciplinas como a História do Direito. Mas essas disciplinas, com o correr dos anos, passaram a ter uma função preliminar e de menor importância frente à Dogmática Jurídica. E essa menor importância, por seu turno, se fez sentir tanto na elaboração dos compêndios de direito, quanto no ensino jurídico[266] propriamente dito.

Em síntese, aquilo que a razão representou para os defensores do jusnaturalismo moderno foi, na Escola Histórica do Direito, substituído pela ideia de fenômeno histórico. E por força da exigência de fundamentação da mutabilidade do direito, acabou surgindo aquilo que se denomina como a moderna Dogmática do Direito. Inicialmente, o que se entendia por Dogmática Jurídica era a síntese do legado do direito romano com a sistemática lógica do jusnaturalismo moderno. Mas, com o tempo, a Dogmática Jurídica foi assumindo outras feições e significados. E, para isso, a vinculação do historicismo com uma teoria prática do direito foi muito importante. Contudo, isso teve um preço. E qual foi ele? Isso custou à ciência do direito, no que toca a sua metodologia histórica, uma falta de rigor lógico. Todavia, essa falta de rigor terminou sendo compensada pelo enorme desenvolvimento e pelo sucesso das construções dogmáticas[267] a partir de então.

Parece, portanto, que nesse ponto nos deparamos com um paradoxo. E por quê? Porque Savigny, a partir de uma proposta metodológica histórica, acaba desembocando numa atividade analítica (análise do direito positivado). Mas será que estamos mesmo diante de um paradoxo? Esse paradoxo pode ser desfeito caso se atente ao próprio conceito de História, conceito este imanente à própria Escola. Na Era Moderna, como destaca

266. Idem, ibidem, p. 52.

267. FERRAZ JR., Tercio Sampaio. **Introdução ao estudo do direito**: técnica, decisão e dominação. 8. ed. São Paulo: Atlas, 2015, p. 52-53.

Hannah Arendt[268], a história surgiu como algo distinto do que era antes. É dizer, história era tudo aquilo que era novo, porque ainda não havia se dado em nenhum momento do passado. Porém, no passado, a história era a soma dos feitos e dos acontecimentos que tinham se dado no mundo. Esse relato de fatos passados quase sempre era norteado pela ideia de que só fazia parte da história os eventos que tivessem, de algum modo, afetado a vida do homem. Contudo, agora, nos dias que correm, a história assume novos contornos. Ela passa a ser vista como um processo, um processo feito pelo homem, o único processo cuja existência tinha sido exclusivamente uma realização humana[269].

Note-se que a história não é um conjunto de ações humanas, selecionadas a partir do seu acontecer efêmero e que exigia, por isso, do historiador a necessária **imparcialidade**. A história resulta da própria experiência humana que, vista de modo abrangente, tem um começo, um meio e um fim. Ora, se é assim, se a história apresenta sempre essa estrutura (de início, meio e fim), isso exige do historiador a necessária **objetividade**, marca característica do saber científico moderno. Desse modo, assim como o homem faz a história, cujo processo deve ser captado pelo cientista de modo objetivo, ao descobrir as leis que norteiam a formação da própria história, da mesma maneira o homem **faz** (constrói) o direito historicamente[270].

Todavia, como esse processo é análogo ao de qualquer fabricação (a história como um fazer, um construir, e não como um agir, um mero acontecer), ele também apresenta um começo, um meio e um fim. E o que isso implica? Que o direito construído, ao final do processo, é o

268. ARENDT, Hannah. **Entre o passado e o futuro**. São Paulo: Perspectiva, 1972, p. 89.

269. FERRAZ JR. Op. cit., p. 53.

270. FERRAZ JR. Op. cit., p. 53.

direito vigente. Dessa forma, abandona-se a ideia da imortalidade[271] das ações humanas do passado, vez que o processo, quando acaba, transforma em algo irrelevante tudo aquilo que já aconteceu. Não importa o que foi, mas, sim, o que é.

O passado, e tudo que nele foi produzido, deve, assim, ser descartado. Para o direito vigente, o passado adquire, então, fazendo uso de uma imagem de Arendt, o mesmo sentido que as tábuas e os pregos para uma mesa que foi construída, ajudaram a construir, mas não é o que importa. É possível entender, a partir disso, que, apesar de a Escola Histórica sempre ter insistido acerca da historicidade do direito e do seu método de conhecimento, isso nunca encobriu, por outro lado, o que realmente importava, ao final do processo, o resultado[272]. É dizer, o resultado da investigação histórica, o sistema jurídico e a Dogmática Jurídica que dele deriva são mais importantes que a própria investigação que o precedera. Isso explica por que, nos anos que se seguiram, o mais importante passou a ser o estudo do saber dogmático do direito vigente do que a sua história.

A missão do jurista, que se converte então em algo tipicamente dogmático, a partir daí circunscreve-se cada vez mais à teorização e à sistematização[273] da experiência jurídica. E isso se dá em termos de uma unificação construtiva dos juízos normativos e do esclarecimento de seus fundamentos. Mas não para por aí. Ela termina desaguando, já no final do século XIX, no chamado Positivismo legalista. E é a partir daí, desse positivismo legalista, que se assiste à autolimitação do pensamento jurídico ao estudo da lei positiva e ao estabelecimento da tese da estatalidade

271. FERRAZ JR. Op. cit., p. 53.

272. FERRAZ JR., Tercio Sampaio. **Introdução ao estudo do direito**: técnica, decisão e dominação. 8. ed. São Paulo: Atlas, 2015.

273. Idem, ibidem, p. 53.

do direito[274]. Esse desenvolvimento resulta na configuração de um modo típico de pensar o direito e que se transformou no que ainda hoje conhecemos como **Ciência Dogmática do Direito**. De modo geral, esse pensamento apresenta uma **concepção de sistema característica**, apesar da diversidade de suas formas.

A primeira característica dessa nova ideia de sistema é: ele é um sistema fechado. E o que isso implica? A noção de sistema fechado pressupõe que o sistema é completo e, por conseguinte, não possui lacunas. O problema das lacunas da lei, diga-se de passagem, já pode ser notado nas obras da juventude Savigny, momento no qual ele ainda não está envolvido com o ideal da Escola Histórica do Direito. Porém, Savigny não faz referência expressa à noção de lacuna, nem faz uso desse jargão jurídico. Nesse sentido, na sua obra denominada *Kollegschrift*, escrita entre 1802 e 1803, distingue ele, ao lado da elaboração histórica, a elaboração filosófica ou sistemática do direito, a qual tinha por finalidade descobrir as conexões existentes entre as múltiplas normas[275].

Racionando de tal modo, o direito é compreendido como uma totalidade que se manifesta no sistema de conceitos e proposições jurídicas, havendo entre eles a mais íntima conexão. Nessa totalidade como é compreendido o sistema, ele tende a se fechar em si mesmo (autossuficiente)[276]. Ora, se assim o é, as lacunas (aparentes) devem sofrer uma correção por meio de um ato interpretativo, não pela criação de uma nova lei especial,

274. "A tese fundamental da Escola é a de que o Direito por excelência é o revelado pelas *leis*, que são normas gerais escritas emanadas pelo Estado, constitutivas de Direito e instauradoras de faculdades e obrigações, sendo o direito um *sistema de conceitos* bem articulados e coerentes, não apresentando senão lacunas-aparentes". Cf. REALE, Miguel. **Filosofia do Direito**. 20. ed. São Paulo: Saraiva, 2002, p. 403.

275. LARENZ, Karl. **Metodologia da ciência do direito**. 3. ed. Tradução José Lâmego. Lisboa: Fundação Calouste Gulbenkian, 1997, p. 9-10.

276. FERRAZ JR., Tercio Sampaio. **Introdução ao estudo do direito**: técnica, decisão e dominação. 8. ed. São Paulo: Atlas, 2015, p. 54.

mas pelo enquadramento (ou redução) de um caso dado à lei superior do ponto de vista hierárquico. É dizer, se há leis que são hierarquicamente superiores a outras, isso implica, também, que elas são mais abrangentes do que aqueloutras.

E, se elas são mais abrangentes, para que elaborar uma nova lei específica, se o caso já pode ser resolvido recorrendo à lei superior e que é mais abrangente? Isso significa, por conseguinte, que as leis de maior amplitude genérica contêm, logicamente, as outras que lhe são hierarquicamente inferiores, uma vez que tanto aquelas como estas fazem parte de um todo maior chamado sistema. Ora, se o todo contém sempre a parte, forçoso é concluir que toda e qualquer lacuna é sempre uma aparência[277]. Essa foi a tese dos jusnaturalistas modernos, a qual, nesse ponto, e somente nesse ponto, foi seguida por Savigny, bem como pelos membros da Escola de Exegese, por exemplo, Bugnet.

O **sistema jurídico** é, desse modo, visto, necessariamente, como a manifestação de uma **unidade imanente, perfeita e acabada**, que a análise sistemática, empreendida pela dogmática, tem a capacidade de explicitar. Essa concepção de sistema, que caracteriza de modo determinante a Jurisprudência dos Conceitos, escola doutrinária que, na Alemanha, sucedeu à Escola Histórica, acentua-se e desenvolve-se com Puchta e a sua pirâmide de conceitos[278]. Puchta dá ênfase ao caráter lógico dedutivo do sistema jurídico, ou seja, que a partir de uma premissa maior, mais abrangente e abstrata, é possível deduzir premissas menores e mais específicas[279].

277. Idem, ibidem, p. 54.

278. Idem, ibidem.

279. "A ideia de PUCHTA é a seguinte: cada conceito superior autoriza certas afirmações (por exemplo, o conceito de direito subjetivo é de que se trata de um 'poder sobre o objeto'); por conseguinte, se um conceito inferior se subsumir ao superior, valerão para ele, 'forçosamente' todas as afirmações que se fizeram sobre o conceito superior (para o crédito, como uma

O sistema organizado dessa forma é pensado a partir de uma norma abstrata. E, recorrendo-se à lógica-dedutiva, parte-se da generalidade de uma dada norma ou princípio abstrato, para, a partir daí, inferir normas e preceitos cada vez mais singulares. Dessa forma, fácil é concluir que o sistema é imaginado pela Jurisprudência dos Conceitos como uma totalidade fechada e perfeita[280]. Perfeito, porque o sistema é visto como completo. Fechado, porque ele seria autossuficiente. O certo é que, como pirâmide, na sua base ele apresentaria normas mais singulares e em maior número, enquanto que, no seu topo, as normas seriam raras e abstratas.

Com o surgimento da denominada Escola da Jurisprudência dos Interesses, que sucedeu à Jurisprudência dos Conceitos, o sistema continua tendo o seu caráter de totalidade fechada e perfeita, apesar de, em parte, perder algo de sua qualidade lógico-abstrata. Com a inserção do conceito de **interesse**, e já no momento anterior, com o de **finalidade** (Jhering), surge na concepção de sistema uma dualidade (uma dicotomia) que se consolidará mais tarde naquilo que Philipp Heck chamaria de **sistema exterior** e **sistema interior**[281]. É dizer, há um sistema exterior que se apresentaria sob a forma de conceitos. Mas há um outro sistema, subjacente àquele, o sistema interior que poderíamos denominar como o **sistema dos interesses**.

Um sistema constituído a partir do relacionamento das conexões vitais. E é nesse contexto, o da Jurisprudência dos Interesses, que a ideia

espécie de direito subjetivo, significa isto, por exemplo, que ele é um 'poder sobre um objeto que esteja sujeito à vontade do credor e que se poderá então vislumbrar, ou na pessoa do devedor, ou no comportamento devido por este último'. A 'genealogia dos conceitos' ensina, portanto, que o conceito supremo, de que se deduzem todos os outros, codetermina os restantes através do seu conteúdo)". Cf LARENZ, Karl. **Metodologia da ciência do direito**. 3. ed. Tradução José Lâmego. Lisboa: Fundação Calouste Gulbenkian, 1997, p. 25.

280. FERRAZ JR., Tercio Sampaio. **Introdução ao estudo do direito**: técnica, decisão e dominação. 8. ed. São Paulo: Atlas, 2015, p. 54.

281. Idem, ibidem, p. 54.

de sistema fechado, caracterizada pela ausência de lacunas, termina por ganhar a índole de ficção jurídica necessária. Ou seja, a ideia de sistema jurídico passa a ser compreendida como uma totalidade sem lacunas, mas isso por definição. E o que isso significa? Isso significa que agora, no cenário em que o sistema não é mais regido pela lógica abstrata, a ideia de completude não é mais algo passível de demonstração a partir da lógica, mas, no máximo, algo que pode ser sustentado em razão de alguma finalidade ou interesse. Ora, se é assim, a ideia de completude se transforma numa ficção jurídica, uma ficção necessária ao sistema. Todavia, autores como Karl Bergbohm[282] continuam a afirmar que o direito é um sistema completo de fato[283], e não por obra de uma ficção.

A segunda marca indelével dessa noção de sistema, a qual se encontra na base do desenvolvimento da ciência dogmática e é uma decorrência da primeira característica, revela a continuidade de uma tradição dos séculos XVI, XVII e XVIII, a saber: a ideia do **sistema como um método**, como um instrumento metódico do pensamento dogmático do direito. A essa segunda característica é que se vincula o denominado **procedimento construtivo** do direito, bem como o **dogma da subsunção**. De forma geral, por meio do procedimento construtivo, as regras jurídicas são referidas a um princípio ou a um pequeno número de princípios e, a partir daí, deduzidas[284]. Ou seja, por meio do procedimento construtivo sustenta-se que toda regra jurídica decorre de um princípio ou de um conjunto de princípios.

---

282. Um dos mais destacados defensores do Positivismo Jurídico, crítico do movimento da Jurisprudência dos Conceitos e que irá defender a bandeira do Positivismo Jurídico na Alemanha. Sua obra de maior relevo, publicada em 1892, quatro anos antes da publicação do Código Civil Alemão, é intitulada "Jurisprudência e Filosofia do Direito".

283. FERRAZ JR., Tercio Sampaio. **Introdução ao estudo do direito**: técnica, decisão e dominação. 8. ed. São Paulo: Atlas, 2015, p. 54.

284. Idem, ibidem, p. 54.

Já por meio do dogma da subsunção, de acordo com o modelo da lógica clássica, o raciocínio jurídico seria caracterizado pelo estabelecimento tanto de uma **premissa maior**, o qual conteria a diretiva legal genérica, quanto da **premissa menor**, que exprimiria o caso concreto, sendo a conclusão a decisão em si, o juízo concreto exarado na sentença. Independentemente do caráter lógico-formal do procedimento construtivo e da subsunção, e sem ter a intenção de fazer aqui uma generalização indevida, é possível dizer que, de modo geral, essas duas características marcam significativamente o desenvolvimento da dogmática no século XIX[285].

É possível notar, assim, que o desenvolvimento da dogmática no século XIX, no que se refere à sua função social, passa a conferir a seus conceitos um caráter abstrato. Ora, quando os conceitos jurídicos, como o de norma jurídica, são compreendidos como conceitos abstratos, essa circunstância confere a eles uma certa emancipação das necessidades cotidianas dos interesses em jogo. Desse modo, tornou-se possível uma neutralização dos interesses concretos na formação do próprio direito[286].

É dizer, viabilize-se, dessa forma, uma separação entre os interesses políticos ou econômicos e as normas do sistema jurídico. E isso, por sua vez, dá a impressão de que as normas jurídicas não decorrem de tais motivações ou interesses. Criam-se, assim, duas ideias-chave: a de que a legalidade já implica, por si só, legitimidade; e a de que o sistema jurídico é autossuficiente e não é vulnerável a influências externas, por exemplo, aquelas oriundas do ambiente econômico ou do contexto político.

Sabemos todos nós que essa influência, de fato, ocorre. Mas o ponto não é esse. O ponto é dar a impressão de que essa influência não se dá ou

285. Idem, ibidem. No mesmo sentido, LAZZARO, Giorgio. **Storia e teoria dela construzione giuridica**. Turim: Giappichelli, 1965.

286. FERRAZ JR., Tercio Sampaio. **Introdução ao estudo do direito**: técnica, decisão e dominação. 8. ed. São Paulo: Atlas, 2015, p. 55.

que, pelo menos, ela acontece, mas não é determinante, vez que estaria sob o controle do sistema jurídico admiti-la ou não. O certo é que essa neutralização do sistema jurídico já é, de algum modo, exigida politicamente por força da separação dos poderes e por conta da autonomia do poder judiciário. Além disso, importante é ainda registrar que, no século XIX, a atividade dogmática não se vincula mais a nenhum direito sagrado, nem mesmo a um conteúdo ético que tenha algum fundamento teológico. Isso faz parte do passado. No cenário do século XIX, a atividade dogmática está atrelada a formas abstratas, sobre as quais se dispõe (se manipula) com certa margem de liberdade por meio de outras abstrações[287].

Mesmo a polêmica da Jurisprudência dos Interesses[288] – e, algum tempo depois, a Escola da Livre Interpretação[289] – contra uma Jurisprudência dos Conceitos, não muda em nada essa situação que caracteriza,

287. Idem, ibidem, p. 55.

288. "A viragem de Jhering para uma Jurisprudência pragmática foi o ponto de partida da 'Jurisprudência dos Interesses', cujos principais representantes têm aqui de mencionar-se: Philipp Heck, Heirich Stoll e Rudolph Müller-Erzbach. Nas páginas seguintes atemo-nos preferentemente a Philipp Heck, que, além de ser o fundador da doutrina, a defendeu contra os respectivos críticos e curou sempre de a aplicar praticamente nos seus trabalhos de índole dogmática. A ele se deve também a designação como 'Jurisprudência dos conceitos' do pensamento metodológico de Puchta, do Jhering da primeira fase e de Windscheid. A influência de Heck no domínio da metodologia, sobretudo em matéria de Direito Civil, dificilmente poderá ser sobreestimada". Cf. LARENZ, Karl. **Metodologia da ciência do direito**. 3. ed. Tradução José Lâmego. Lisboa: Fundação Calouste Gulbenkian, 1997, p. 63.

289. "Ao lado do racionalismo, que, no século XVIII, teve sobretudo expressão na filosofia de Christian Wolf e no Direito natural, e que, no século XIX, assumiu a forma de crença na infrangível validade e cognoscibilidade das leis naturais no próprio mundo da convivência humana, bem como, em casos extremos, a forma de crença na previsibilidade do curso da história, ao lado do racionalismo repetimos, como uma sub e contra-corrente dentro da história intelectual europeia, vai de par a corrente do irracionalismo, particularmente nas vestes do voluntarismo. Os seus representantes mais ilustres foram, no século XIX, Schopenhauer, Nietzsche e Bergson. Na ciência do direito afirmou-se esta contra-corrente, nos começos do século XX, com o chamado 'Movimento do Direito Livre', de que pode considerar-se precursor o escrito de Oskar Bülow, aparecido em 1885, intitulado *Gesetz und Richteraamt* (Lei e função judicial)". Cf. LARENZ. Op. cit., p. 77-78.

agora, a ciência dogmática. A polêmica entre as Escolas não se dá contra o caráter abstrato da atividade dogmática, ou contra os conceitos de que ela se vale, mas somente contra uma pretensão de um dispor conceitual autônomo sobre questões jurídicas apenas de um ponto de vista cognitivo[290].

Dito com outras palavras, enquanto a Jurisprudência dos Conceitos sustenta que os conceitos jurídicos são livremente formulados a partir do conhecimento acumulado pela Ciência do Direito, a Jurisprudência dos Interesses[291], por sua vez, defende a tese de que esses conceitos não são determinados apenas por aspectos cognitivos (provenientes da Ciência do Direito), sendo antes objeto de forte influência por parte dos interesses em jogo na luta travada entre os diversos segmentos da sociedade. Em suma, para esta última escola, elaborar conceitos jurídicos não é uma tarefa imune aos interesses presentes na sociedade.

Desse modo, a partir do que foi até aqui explicado, a ciência dogmática do direito, no século XIX, instaura-se como uma **abstração dupla**[292]. Isso mesmo, uma abstração dupla. Lembrem-se, abstrair é reduzir o todo a uma de suas partes, isto é, abstrair é reduzir, enquadrar. Ora, quando se abstrai, portanto, sempre se seleciona algo e se descarta, por

---

290. FERRAZ JR., Tercio Sampaio. **Introdução ao estudo do direito**: técnica, decisão e dominação. 8. ed. São Paulo: Atlas, 2015, p. 55.

291. "A ligação entre Jhering e a Jurisprudência dos Interesses – ligação a que o próprio Heck faz várias vezes referência – torna-se nítida quando se lê em Heck que 'o cerne da disputa metodológica' reside na 'ação do Direito sobre a vida, tal como ela se realiza nas decisões judiciais'. Enquanto 'a orientação anterior, a da Jurisprudência dos conceitos', limita o juiz à 'subsunção lógica da matéria de facto nos conceitos jurídicos' – e, nessa conformidade, concebe o ordenamento como um sistema fechado de conceitos jurídicos, requerendo assim 'o primado da lógica' no trabalho científico –, a Jurisprudência dos Interesses tende, ao invés, para o 'primado da indagação da vida e da valoração da vida'. Decerto que Heck acentua expressamente que só preconiza o método da Jurisprudência dos Interesses para a 'ciência prática do Direito', ciência que ele equipara à 'tradicionalmente' chamada 'ciência dogmática do direito'". Cf. LARENZ, Karl. **Metodologia da ciência do direito**. 3. ed. Tradução José Lâmego. Lisboa: Fundação Calouste Gulbenkian, 1997, p. 64.

292. FERRAZ JR. Op. cit., p. 55.

tabela, algum elemento. Não há nessa observação qualquer crítica por ora. O que se quer é apenas esclarecer a própria ideia de abstração. Isto porque, sem isso, talvez não seja possível entender a ideia de dupla abstração. Primeiro, a própria ideia de sociedade já é, em si, uma abstração. Afinal, quando se faz uso da noção de sociedade é preciso saber o que se entende por sociedade e, por consequência, o que faz parte dessa noção e o que dela está excluído.

Mas o ponto a ser destacado não é esse. O que se quer chamar atenção é que a própria sociedade, à medida que o sistema jurídico diferencia-se como tal de outros sistemas – do sistema político, do sistema religioso, do sistema social (em sentido estrito)[293] –, provoca o sistema jurídico, levando-o a se sofisticar. Em outras palavras, quando a sociedade se torna mais complexa e diferenciada, ela acaba levando o sistema jurídico a também se valer de igual estratégia. Se a sociedade do século XIX se subdividiu em sistemas, por exemplo, o religioso, o político, o econômico e o jurídico, isso, por sua vez, irá demandar do direito que ele também se diferencie e dê origem a novos conceitos jurídicos e novos ramos do direito. Logo, se o direito, no século XIX, foi reduzido a um conjunto de normas, e nisso reside a primeira abstração, tais normas, por seu turno, poderão, a partir de agora, ser manipuladas pelo próprio direito e os seus juristas, por meio de conceitos e regras. Neste último aspecto, a possibilidade de manipulação por meio de conceitos e regras, encontra-se a segunda abstração.

Se é assim, o material da ciência dogmática, a partir do século XIX, torna-se, basicamente, normas, conceitos e regras[294], dentre outros aspectos. Esse material que já é abstrato, por interferência da própria dogmática, tornar-se-á, com o tempo, ainda mais abstrato. E por quê? Porque a

293. FERRAZ JR. Op. cit.

294. FERRAZ JR., Tercio Sampaio. **Introdução ao estudo do direito**: técnica, decisão e dominação. 8. ed. São Paulo: Atlas, 2015.

definição de tais conceitos ou normas, ou o modo de saber como aplicá-los ou interpretá-los, dependerá, por sua vez, de outros conceitos e regras mais abstratos. É dizer, a norma que já é abstrata e que se presta a controlar o comportamento humano será, ela mesma, regulada por conceitos e regras mais abstratos que ela.

Ora, e o que isso implica? Isso dará à ciência dogmática do direito, por um lado, certa independência e liberdade de manipulação do direito, permitindo-lhe modificar o direito sempre que se julgar necessário. Afinal, desse ponto de vista, tudo aquilo que é direito passa a ser determinado a partir de suas próprias construções[295].

Nessa linha de raciocínio, Jhering[296] fala-nos da construção jurídica. Ele nos lembra que, se por um lado a construção jurídica encontra-se ligada ao direito positivo como um dado, por outro, ela é capaz de dar a ele uma unidade sistemática necessária sem a qual ele não seria aplicável. Esse ganho na liberdade de manipulação do direito, graças à Dogmática Jurídica, é o que também explica o surgimento de noções como as da jurisprudência inferior (aquela que trata a matéria jurídica em sua forma originária, tal como ela é dada, por exemplo, regula as condutas) e a da jurisprudência superior (transforma a matéria da jurisprudência inferior

295. Idem, ibidem, p. 55.

296. "Porém, o que a ciência procura é sempre o 'caminho para um único objetivo final – para a ação sobre a vida'; não serve, portanto, 'nenhum segundo objetivo, autônomo, ou, quiçá, meramente teorético'. A sua única missão é 'facilitar a função do juiz, de sorte a que a investigação tanto da lei como das relações da vida prepare a decisão objetivamente adequada'. O objetivo final da atividade judicial e da resolução pelo juiz dos casos concretos é, por seu turno, 'a satisfação das necessidades da vida, a satisfação das apetências e das tendências apetitivas, quer materiais quer ideais, presentes na comunidade jurídica'. São estas 'apetências e tendências apetitivas' que designamos – elucida Heck – por interesses, e a particularidade da Jurisprudência dos Interesses consiste em 'tentar não perder de vista esse objetivo último em toda a operação, em toda a formação dos conceitos'". Cf. LARENZ, Karl. **Metodologia da ciência do direito**. 3. ed. Tradução José Lâmego. Lisboa: Fundação Calouste Gulbenkian, 1997, p. 64.

em noções mais altas e abstratas, por exemplo, elabora normas de definição que prescrevem o sentido de um conceito empregado pelas normas que controlam conduta)[297].

Contudo, se a Dogmática Jurídica confere, por um lado, tamanha liberdade de manipulação do direito, por outro, ela cobra um preço alto. E qual seria ele? O risco de um distanciamento progressivo da realidade, pois a ciência dogmática, sendo abstração de abstração, irá preocupar-se, de modo cada vez mais preponderante, com a função de suas próprias classificações, com a natureza jurídica de seus próprios conceitos[298]. Mas, ao assim agir, transformará o direito em um saber hermético e inacessível àqueles que estarão submetidos a ele. E mais, levará o direito, no fundo, a um paradoxo. E qual seria o paradoxo? O direito que se presta a regular a sociedade estará cada vez mais distante dela, estará cada vez preocupado em se autorregular. Em suma, o preço da tendência que se inicia a partir do século XIX, é que a Dogmática Jurídica seja uma pérola gerada e preservada dentro de uma ostra hermeticamente fechada. Dá para adivinhar quem é essa ostra? Não? Então, eu lhes digo: ela é o direito. O direito completamente indiferente aos anseios da sociedade.

2.7. O DIREITO COMO INSTRUMENTO DECISÓRIO? COMO A CIÊNCIA DOGMÁTICA NA ATUALIDADE CONTRIBUI PARA ISSO?

A primeira metade do século XX, como ensina Tercio Sampaio Ferraz Jr., testemunha quão aguçadas se tornam as preocupações metodológicas que já se podiam fazer sentir no século anterior. É dizer, se o método, no século XIX, já era algo reputado como importante, no início do século

297. FERRAZ JR., Tercio Sampaio. **Introdução ao estudo do direito**: técnica, decisão e dominação. 8. ed. São Paulo: Atlas, 2015, p. 55.

298. Idem, ibidem, p. 55.

XX, ele será considerado, para alguns juristas, como o elemento mais importante do saber jurídico. Nesse sentido, é notável a contribuição de Hans Kelsen e de sua Teoria Pura do Direito.

O início do século XX, portanto, é caracterizado seja por correntes que levam às preocupações do Pandectismo (na Alemanha) ao nível máximo de aperfeiçoamento – nesse sentido, Hans Kelsen –, seja por correntes que insistem que procuram sustentar uma concepção renovada do saber jurídico, atrelando-o à realidade empírica. Um bom exemplo desta última tendência, em nosso sentir, é o esforço desenvolvido por Miguel Reale e a sua Teoria Tridimensional do Direito.

Um exemplo da herança latente dos métodos dedutivos do jusnaturalismo (moderno) e do positivismo formalista do século XIX pode ser visto, em pleno século XX, nas teorias jurídicas encontradas, sobretudo na seara do Direito Privado, cuja dedicação à questão sistemática ainda se faz mui presente em muitos dos diversos manuais desse campo do direito. O jurista se apresenta, desse modo, como um teórico do direito que tem como grande finalidade construir e sustentar uma ordenação dos fenômenos a partir dos conceitos gerais obtidos. Para alguns juristas, tais conceitos gerais são obtidos a partir de processos de abstração lógica, como é o caso, novamente, da doutrina de Hans Kelsen e de seu famoso conceito de norma fundamental. Todavia, outros juristas entendem que tais conceitos gerais decorrem, na verdade, de um reconhecimento. E qual seria ele? O reconhecimento de institutos historicamente moldados e tradicionalmente conservados[299]. É dizer, tais conceitos gerais não foram descobertos, mas construídos. E mais, tal construção se deu ao longo do tempo e, graças à tradição, os conceitos gerais chegaram até o século XX.

---

299. FERRAZ JR., Tercio Sampaio. **Introdução ao estudo do direito**: técnica, decisão e dominação. 8. ed. São Paulo: Atlas, 2015, p. 55.

A partir desse momento, é possível perceber que se difunde uma grande preocupação, qual seja, a de se constituir séries conceituais[300]. E o que seriam essas séries conceituais? Conceitos jurídicos entrelaçados entre si, como se fossem elos de uma corrente, andares de um edifício. Quer um exemplo? Pense, por exemplo, nos conceitos de direito subjetivo, direito de propriedade, direito das coisas, direito real limitado, direito de utilização das coisas alheias, hipotecas etc. O que há entre tais conceitos? Uma série, um encadeamento, isso porque todos encontram-se entrelaçados entre si.

A característica que salta aos olhos nesse tipo de teorização é a preocupação com a **completude**, a qual se encontra patente na elaboração de tratados, em que se confere aos diferentes conceitos e à sua subdivisão em conceitos em subconceitos uma forma sistemática, o que, em tese, permitiria um processo seguro de **subsunção** de conceitos menos amplos a conceitos mais amplos. A ciência dogmática do direito desenvolve-se, desse modo, como um processo de subsunção dominada por um **esquematismo binário**. E esse esquematismo termina por reduzir os objetos jurídicos a duas possibilidades: ou se trata disso ou se trata daquilo. É dizer, como diz o ditado popular, ou é 8 (oito) ou é 80 (oitenta). E o que isso proporciona? Que se construam enormes redes paralelas de seções[301].

A busca, para cada ente jurídico, de sua natureza (jurídica[302]) – e isso é o que se vê quando se tenta identificar a natureza jurídica dos institutos, dos regimes jurídicos etc. – pressupõe uma atividade teórica que se vale desse tipo de raciocínio, qual seja, esquematismos binários e a ideia de subsunção. Quando se recorre a esse tipo de raciocínio, os fenômenos ou

300. Idem, ibidem, p. 56.

301. FERRAZ JR., Tercio Sampaio. **Introdução ao estudo do direito**: técnica, decisão e dominação. 8. ed. São Paulo: Atlas, 2015, p. 56.

302. Convém lembrar que não se deve confundir o *topoi* da **natureza jurídica** com o **da natureza das coisas**.

são de direito público ou de direito privado. Um direito qualquer, seja lá qual for, ou é direito real ou é direito pessoal. E o mesmo se diga, na seara do Direito Comercial, acerca do instituto das sociedades. Ou elas são sociedades comerciais ou são sociedades civis. E o que ocorre, caso haja, eventualmente, alguma incongruência? Elas serão tratadas pelo jurista ou como exceções (natureza híbrida) ou serão contornadas por meio de ficções. Em suma, não servirão para que se questione o esquematismo binário. O direito está cheio de esquemas binários ou dicotomias (direito objetivo/direito subjetivo; direito público/direito privado; direito positivo/direito natural, dentre outros)[303].

Nesse contexto, então, a ciência dogmática do direito, considerando a tradição herdada do século XIX, uma tradição predominantemente liberal, em sua ideologia, e concebendo, como consequência, o direito como um conjunto de regras que nos foram dadas (pelo Estado, protetor e, ao mesmo tempo, repressor), tende a ser **conservadora**. Repita-se, a ciência dogmática do direito tende, em regra, a ser conservadora. Mas conservadora de que? Conservadora daquelas regras, que, então, são por ela **sistematizadas e interpretadas**. Isso já nos permite desconfiar, por exemplo, que a interpretação jurídica não se presta a corroer ou flexibilizar o sentido das regras jurídicas, mas, sim, e em regra, a preservar tais regras jurídicas o máximo de tempo possível, imunizando-as contra eventuais questionamentos.

Essa postura teórica, a conservadora, é denominada por Norberto Bobbio[304] como **Teoria Estrutural do Direito**. Uma postura que tende a conservar o direito do modo como ele se encontra, ou seja, como um sistema de regras que é interpretado a partir das regras deste próprio sistema. Nessa postura, não se nega, prevalece um certo ângulo de observação,

---

303. FERRAZ JR. Op. cit., p. 56.

304. BOBBIO, Norberto. **Teoria Geral do Direito**. São Paulo: Martins Fontes, 2008, *passim*.

qual seja, aquele que tende a privilegiar as **questões formais**, por exemplo, o problema acima referido da "natureza jurídica" dos institutos, da coerência do ordenamento jurídico (as antinomias), do estabelecimento de regras de interpretação (a norma de segundo grau de Herbert Hart), da **conceituação analítica** (definição detalhada) de noções básicas como obrigação, responsabilidade, relação jurídica, sanção como uma retribuição negativa (pena, castigo), ou, ainda, o sentido da expressão ato ilícito, ou de direito subjetivo etc. Esse enfoque estrutural, em síntese, é sempre um enfoque *a posteriori*, que toma como ponto de partida o direito dado e procura as condições de sua aplicação[305]. O direito sempre é visto pelo retrovisor, porque ele está sempre preso ao passado, ao que já está consolidado.

É possível afirmar, nesse sentido, que a Ciência Dogmática do Direito costuma encarar o seu objeto, o direito posto e dado previamente, como um conjunto consolidado e adensado de normas, instituições e decisões. Ora, se assim o é, cabe a ela, à Ciência Dogmática do Direito, sistematizar, interpretar e direcionar, tendo em vista uma tarefa prática de solução de possíveis conflitos que ocorram socialmente. O jurista do século XX preocupa-se, assim, com o direito que ele postula ser um todo coerente, relativamente preciso em suas determinações, orientado para uma ordem finalista, e que proteja a todos indistintamente.

Mas, a partir da Segunda Guerra Mundial, ousamos dizer que estamos assistindo, lentamente, o soerguimento daquilo que Arthur Kaufmann denomina como terceira via[306]. E o que seria isso? A busca por uma nova forma de explicar o que é o Direito sem que se recaia nos erros do Positivismo Jurídico e do Jusnaturalismo. Segundo Kaufmann, o autor

305. FERRAZ JR., Tercio Sampaio. **Introdução ao estudo do direito**: técnica, decisão e dominação. 8. ed. São Paulo: Atlas, 2015, p. 56.

306. KAUFMANN, Arthur. **Filosofia do Direito**. Tradução António Ulisses Cortês. Lisboa: Fundação Calouste Gulbenkian, 2010, p. 61.

que inaugurou essa tendência teria sido Gustav Radbruch a partir da sua famosa lei, a lei de Radbruch[307]. O certo é que essa tendência se iniciou por força do aparecimento de um novo cenário de tendências, qual seja, a **pós-modernidade**. Como nos ensina Jean-François Lyotard, "o saber muda de estatuto ao mesmo tempo que as sociedades entram na idade dita pós-industrial e as culturas na idade dita pós-moderna"[308].

Essa passagem, revela o autor, começou desde "pelo menos o final dos anos 50, marcando para a Europa o fim de sua reconstrução"[309]. E ela foi razoavelmente rápida "conforme os países e, nos países, conforme os setores de atividade: donde uma discronia geral, que não torna fácil o quadro de conjunto". O certo é que, nesse contexto, a incidência das informações tecnológicas sobre o saber torna-se considerável. O saber e o Direito não escapam disso, são ou serão afetados em duas de suas principais funções: a pesquisa e a transmissão de conhecimentos na Era pós-moderna. Quanto à primeira, assistiremos à escalada da Cibernética e sua ingerência, cada vez maior, sobre o Direito. Quanto à segunda, assistiremos a uma profunda modificação nas operações de aquisição, classificação, acesso e exploração dos conhecimentos. A tecnologia irá afetar, sem dúvida nenhuma, e de modo cada vez mais intenso, a circulação dos conhecimentos[310] e, dentre eles, o jurídico.

É possível, ainda, prever que tudo o que no saber jurídico constituído até aqui não for passível de ser traduzido para uma linguagem tecnológica, mais dia ou menos dia, terminará sendo descartado. Isso porque a

307. RADBRUCH, Gustav. **Filosofia do Direito**. Tradução Marlene Holzhausen. São Paulo: Martins Fontes, 2004, p. 46.

308. LYOTARD, Jean-François. **A condição pós-moderna**. Tradução Wilmar do Valle Barbosa. Rio de Janeiro: José Olympio, 2006, p. 3.

309. Idem, ibidem.

310. LYOTARD, Jean-François. **A condição pós-moderna**. Tradução Wilmar do Valle Barbosa. Rio de Janeiro: José Olympio, 2006, p. 4.

orientação das novas pesquisas e práticas jurídicas, pensando em termos de futuro, estará subordinada à condição de tradutibilidade dos resultados eventuais em linguagem informática. Mas, o conhecimento que não for traduzível poderá, no futuro próximo, passar a sê-lo, graças ao desenvolvimento de máquinas-intérpretes[311] encarregadas de fazer a conversão da linguagem jurídica em linguagem informática. E será nesse cenário que assistiremos ao surgimento dos programas de *Big Data,* os quais prometem catalogar todas as variáveis envolvidas no processo de decisão de um conflito e, a seguir, delimitar o leque de decisões possíveis para um determinado caso e a margem de probabilidade estatística de cada uma das possíveis decisões. Em suma, podemos estar assistindo à transformação do Direito em uma *commodity*[312]? Talvez. O certo é que o Direito está passando por uma série de mudanças, com a inclusão de novas disciplinas e a reinvenção de antigos conceitos jurídicos, por exemplo, o de sistema jurídico.

2.8. CONCLUSÃO

Ao final deste esforço histórico, cabe aqui tanto uma última palavra de revisão do que foi dito quanto o anúncio do que se irá dizer no próximo capítulo. Revisões não precisam ser completas, precisam ser significativas. E, por seu turno, anúncios não precisam ser detalhados, precisam ser provocantes e esclarecedores. Quanto mais esclarecedores, mais encadeados se mostrarão os capítulos e a linha de continuidade que os interliga. Por isso, é sempre de bom tom fazer revisões e anúncios ao fim de cada capítulo.

311. Idem, ibidem.

312. VIEIRA, Oscar Vilhena. Desafios do ensino jurídico num mundo em transição: o projeto da Direito GV. **Revista de Direito Administrativo**, Rio de Janeiro, v. 261, p. 388, set./dez. 2012.

A título de revisão, convém insistir, uma vez mais, que este capítulo cumpriu a sua colaboração para a tese que será proposta. Se a tese é contribuir com a elaboração de um novo conceito de sistema jurídico, um conceito mais plural, circular, descentralizado e autopoiético, então, faz todo sentido ter levado a cabo o esforço hercúleo de uma travessia pela história da Dogmática Jurídica. E faz todo sentido, porque só se consegue compreender o amanhã quando se ganha a capacidade de entender bem o que se deu ontem. Até para que o amanhã não incorra nos erros do passado e não queira reinventar a roda que, no passado, já tinha sido mais bem construída.

Como ficou patente ao longo do capítulo, o que chamamos hoje de Direito e de Dogmática Jurídica nem sempre teve o mesmo significado, nem sempre se prestou a cumprir as mesmas tarefas. Se o Direito é um saber histórico, uma vez que se dá na história e pela história, então, ele está condenado a sempre se reinventar, até porque, como nos lembra Heráclito, se há uma máxima constante é a de que tudo está em constante processo de modificação. Não se imagina, é lógico, que com o Direito e com o conceito de sistema jurídico as coisas se passem de diferente maneira. O conceito de sistema jurídico se irrompeu, como foi dito ao longo do capítulo, em meio às lições do Jusnaturalismo Moderno durante o século XVII. Ali, naquele momento, sistema era entendido como ordenamento, que, por sua vez, era basicamente a relação entre as partes e o todo.

E foi a partir dessa noção básica de sistema, imaginada pelo Jusnaturalismo Moderno, que tal conceito serviu de suporte para o surgimento e a expansão do Positivismo Jurídico a partir do início do século XIX. O conceito de sistema foi aí, no seio do Positivismo Jurídico, desenvolvido e delimitado. E é aqui, neste ponto, que já se anuncia o próximo capítulo desta tese, o capítulo dedicado a fazer uma breve exposição da visão tradicional sobre o conceito de sistema jurídico. Para tanto, se lançará mão de um sobrevoo na noção de sistema jurídico imaginada por Norberto Bobbio. O objetivo não é cansar o leitor, tampouco perder páginas e páginas sem ir direto ao assunto. O objetivo, pelo contrário, é demarcar bem o antes e o depois acerca do conceito de sistema jurídico. É preciso conhecer razoavelmente o modelo tradicional de sistema jurídico para que se compreenda bem a ousadia e a audácia de um modelo não antropocêntrico ou pós-moderno de sistema. Do contrário, corre-se o risco de imaginar que a discussão é meramente terminológica ou acadêmica. E isso é o que se deseja evitar a todo custo.

III

O CONCEITO TRADICIONAL DE SISTEMA JURÍDICO

"Ao nosso ver, a teoria da instituição teve o grande mérito de pôr em relevo o fato de que se pode falar de Direito somente onde haja um complexo de normas formando um ordenamento, e que, portanto, *o Direito não é norma, mas um conjunto coordenado de normas*, sendo evidente que uma norma jurídica não se encontra jamais só, mas está ligada a outras normas com as quais forma um sistema normativo". BOBBIO, Norberto. **Teoria do Ordenamento Jurídico.** Tradução: Maria Celeste Cordeiro Leite dos Santos. Revisão técnica: Claudio de Cicco. Apresentação: Tercio Sampaio Ferraz Jr. 10. ed. Brasília: UnB, 1999, p. 21 (grifo nosso).

3.1. INTRODUÇÃO

Este capítulo tem a pretensão de traçar um panorama básico e não muito profundo do conceito tradicional de sistema jurídico. Desde já, convém esclarecer que o que se entende aqui por conceito tradicional de sistema jurídico é aquele proposto por Hans Kelsen. E o que seria sistema jurídico para esse autor? Um conjunto de normas jurídicas que se caracterizaria, sobretudo, por apresentar três aspectos: a unidade, a completude e a coerência. Unidade porque, para ele, o sistema jurídico, todo ele, derivaria de uma única norma, a fundamental[1]. Coerente porque o sistema jurídico não apresentaria antinomias. E, por fim, completude porque, de acordo com o mentor da "Teoria Pura do Direito", o sistema não apresentaria lacunas.

Alguém poderia se perguntar: por que apresentar a noção tradicional de sistema jurídico se o que se quer é sustentar uma nova noção? Ora, porque sem se saber de onde se parte, não há como se saber se o que se propõe é, ou não, realmente audacioso e inovador. Desse modo, e não só por isso, tal capítulo se faz imprescindível, seja porque ajudará a lançar luz sobre o conceito tradicional de sistema jurídico, seja porque nos ajudará a perceber como esse conceito tradicional já não se encontra mais adequado à realidade atual. E quando se chama atenção aqui para falta de adequação, pensa-se, em especial, no surgimento de novas disciplinas, por exemplo, a do Direito Animal[2], bem como no redimensionamento do conceito de sujeito de direito e a inclusão nele dos animais não humanos, apenas a título de exemplo.

Este capítulo ajudará, desse modo, a perceber como é antropocêntrico, em demasia, o conceito tradicional de sistema jurídico. Mas não

---

1. KELSEN, Hans. **Teoria geral das normas**. Tradução José Florentino Duarte. Porto Alegre: Fabris, 1986, p. 323.
2. Aqui esclareço, desde já, que irei me valer da disciplina de Direito Animal como um sintoma de que o conceito de sistema jurídico precisa ser reformulado. Não irei me deter na matéria em si, não é o que me interessa nesta tese. O que me interessa é, sobretudo, como essa disciplina, dentre outras, ou são muito mal explicadas a partir da atual concepção predominante de sistema jurídico, ao modo de Hans Kelsen, ou nem conseguem ser suficientemente explicadas, o que é pior ainda. Logo, não será a primeira e a única vez que iremos recorrer ao exemplo da disciplina do Direito Animal. Mas que fique claro, repita-se, será apenas um exemplo de um fenômeno maior, qual seja, o descompasso entre a concepção tradicional do sistema jurídico, de um lado, e a sociedade moderna dos dias atuais, do outro. Ou ainda, a falta de sintonia entre a concepção tradicional do sistema jurídico e o surgimento de novas disciplinas jurídicas próprias dessa sociedade pós-moderna.

apenas isso. Ajudará a notar também como esse conceito já era, até certo ponto, cerrado, na medida que se fechava, cada vez mais, em si mesmo, parecendo ignorar os reclames oriundos da sociedade. Aliás, se há algo do qual não se dúvida, e se pode afirmar, é que o mesmo Kelsen, um dos maiores juristas do século XX, foi também um dos juristas que mais imaginou o Direito como uma ciência autossuficiente. O problema não é afirmar a autonomia do Direito. O problema é defender uma autossuficiência tamanha em que a circunstância do Direito ser indiferente à sociedade seja visto como algo aceitável.

O Direito não pode ser indiferente à sociedade. E não pode por diversas razões. Mas fiquemos apenas com uma. O Direito não pode ser indiferente à sociedade porque não há nada, nem nenhum conhecimento que se dê fora ou para além da sociedade. Tudo que se conhece, que se produz, que se discute, se dá na e para a sociedade. Nesse sentido, como lembra Niklas Luhmann[3], e sobre ele muito se falará nos próximos capítulos, não há como se observar a sociedade de algum lugar de fora da sociedade. Quando se fala sobre a sociedade, não se fala de algum lugar de fora dela. Ora, se é assim, força é convir que quando se fala sobre a sociedade ou se tenta melhor compreendê-la, ou nela intervir, como o faz o Direito, já se está, de algum modo, tentando modificar a própria sociedade.

Mas não queremos nos deter a esse ponto no momento, mais adiante voltaremos a tratar do assunto e a aprofundá-lo. Agora, o que nos interessa é voltarmos a nossa atenção para esse conceito tradicional de sistema e as suas nuances mais básicas. Este capítulo não tem por fim relatar os defeitos dessa concepção, mas, sim, descrevê-la. As críticas irão surgir, gradativamente, à medida que adentrarmos o assunto e, também, à medida

3. LUHMANN, Niklas. Por que uma teoria dos sistemas? In: NEVES, Clarissa Eckert Baeta; SAMIOS, Eva Machado Barbosa. **Niklas Luhmann**: a nova teoria dos sistemas. Porto Alegre: Universidade UFRGS, Goethe-Institut/ICBA, 1997, p. 37-48.

que se avançar em direção aos próximos capítulos. Logo, este capítulo deve ser compreendido como o ponto de partida da noção de sistema jurídico que será reformulada.

Antes de ingressamos no tema propriamente dito, cabe, ainda, fazer um esclarecimento. E qual seria ele? A razão pela qual o capítulo irá adotar a doutrina do jurista italiano Norberto Bobbio como ponto de partida. Não se tem dúvida de que essa pergunta em algum momento surgiria. Por que partir de Bobbio e não partir de Kelsen, por exemplo? A resposta é simples e objetiva. Porque Bobbio, sobretudo, a sua concepção de sistema jurídico, é uma concepção a meio caminho entre aquilo que foi proposto por Kelsen e aquilo que irá aqui se propor. Logo, à medida que se explicar a lição de Bobbio sobre o assunto, por consequência, se estará também expondo de modo indireto a concepção de Kelsen, já que este serve de ponto de partida para aquele.

Ademais, não é novidade para ninguém que Bobbio foi demasiadamente influenciado pela obra de Kelsen. E isso não é um problema. Afinal, Bobbio não é, de modo algum, uma repetição do que foi dito por Kelsen. Pelo contrário, Bobbio parte muitas vezes de Kelsen para, em seguida, divergir dele. E aqui, no que toca ao tema do sistema jurídico, não é diferente. Cedo se perceberá que são muitas as divergências entre Bobbio e Kelsen.

Mas deixemos as divergências brotarem paulatinamente. Desse modo, a exposição do assunto ficará mais agradável e menos cansativa. O certo é que esse capítulo ajudará, e muito, a demonstrar, senão de forma direta, pelo menos de maneira indireta, que uma disciplina, como a de Direito Animal, jamais poderia ser explicada aos olhos dessa concepção tradicional de sistema. E mais, ajudará a perceber que os animais não humanos, nesse cenário, com esse pano de fundo, jamais seriam guindados à qualidade de sujeitos de direito. Como nos lembra Tom Hagen, o problema de os animais não serem reputados como sujeitos de direito é, antes de mais nada, um problema de sistema. Se o sistema não concebe e não fomenta tal ideia, não se pode esperar que os demais animais humanos concebam tal raciocínio como aceitável.

Por fim, uma última advertência: Bobbio se refere ao sistema jurídico como ordenamento jurídico e vice-versa. Ou seja, ele não faz qualquer distinção entre tais expressões, tomando-as como sinônimas. E mais, Bobbio não irá adotar, como o fez Kelsen, a norma jurídica como o objeto da Ciência do Direito. Para ele, o que a Ciência do Direito estuda, o que ela tem como objeto é o ordenamento jurídico. E essa circunstância, por sua vez, a nosso ver, é mais um motivo, e um motivo relevante, para escolher Bobbio como o autor que se tomará como ponto de partida. Bem, é isso. Feitos tais esclarecimentos, passemos à definição de Direito de Norberto Bobbio.

3.2. A DEFINIÇÃO DE DIREITO DE NORBERTO BOBBIO

Para Bobbio, só se pode definir o Direito recorrendo à noção de sistema jurídico. E por quê? Porque, segundo ele, quando se aprofunda os estudos em torno da norma jurídica, tal como o fez em sua obra *Teoria da Norma Jurídica*[4], forçosamente se chegará à conclusão de que não é possível definir o Direito a partir do conceito de norma jurídica. Como destaca o professor italiano, quem assim imaginar, como pensou Kelsen, terminará se esbarrando na seguinte pergunta: se o que caracteriza a norma jurídica é a sanção[5], como podem existir, dentro do ordenamento, normas jurídicas que não preveem sanção?

---

4. BOBBIO, Norberto. **Teoria da norma jurídica**. 2. ed. rev. Tradução Fernando Pavan Baptista e Ariani Bueno Sudatti; apresentação Alaôr Caffé. Bauru: Edipro, 2003.

5. Sobre o interessante tema da sanção e, em especial, da sanção premial ou sanções positivas, convida-se, desde já, o leitor a tomar contato com a obra BOBBIO, Norberto. **Da estrutura à função**: novos estudos de teoria do direito. Tradução Daniela Beccaccia Vesiani. Barueri: Manole, 2007, p. 23-32.

É dizer, se para Kelsen toda norma jurídica é dotada de sanção e, portanto, coercível, tal assertiva, de acordo com Bobbio, já revela a necessidade de que se recorra ao conceito de sistema jurídico (e/ou ordenamento jurídico, para esses autores) para definir o Direito. E por quê? Porque, para Bobbio, é inegável que há, dentro do ordenamento jurídico, normas jurídicas que não são dotadas de sanção. Pense nas normas que definem os conceitos jurídicos. Nesse sentido, vislumbre, por exemplo, o texto do artigo 327 do Código Penal, que define o conceito de funcionário público para fins de Direito Penal. Fica implícito, portanto, a um só tempo, duas conclusões, a saber: a de que cada ramo do direito pode definir o conceito de funcionário público para sua seara específica e, o mais importante, a de que normas, assim, não prescrevem sanções.

Ora, se tais normas não prescrevem sanções, dirá Bobbio, não se pode continuar tentando definir o Direito a partir da ideia de norma jurídica. Até porque, como lembra o próprio Bobbio, a sanção jurídica se notabiliza por ser **externa** e **institucionalizada**. E o que isso quer dizer? Que a sanção jurídica, para ser aplicada, pressupõe a existência de um ordenamento jurídico, na medida em que depende de outras normas e de uma rede de instituições (Ministério Público, Poder Judiciário, Polícia etc.), todas elas previstas em normas também. Fácil é concluir, então, na linha de raciocínio de Bobbio, que só se pode definir o Direito uma vez que se apele ao conceito de sistema jurídico (e/ou ordenamento jurídico).

É certo que Kelsen, como é sabido, irá recorrer à classificação entre normas autônomas e normas dependentes. Segundo ele, há, no ordenamento, normas que se apresentam de modo completo, ou seja, já com a previsão de sanção em seu corpo (normas autônomas). Mas há também normas que não têm em seu conteúdo a sanção jurídica. Neste último caso, Kelsen denomina tais normas como dependentes. De acordo com ele, em tais casos, a norma (dependente) combina-se com outra, uma norma autônoma, e faz incidir uma sanção sobre aquele que a violou.

Por força de tal raciocínio, como se vê, Kelsen seguiu sustentando a tese de que toda norma jurídica apresenta uma sanção, e por isso é coercível. E mais, seguiu sustentando a ideia de que o que a Ciência do Direito estuda são, única e exclusivamente, as normas jurídicas.

Mas esse ponto de vista de Kelsen, sobretudo este último acerca das normas dependentes e autônomas, não parece ter sido acolhido pela maioria da doutrina. Aliás, o próprio entendimento de Bobbio, acima explicitado, já é um excelente exemplar da rechaça a tal ideia. Sustentar que uma norma dependente é dotada de sanção por meio da combinação com outra norma (a norma autônoma), a nosso ver, é o mesmo que sustentar que uma norma que define um conceito jurídico só assim o faz para que uma sanção possa vir a ser aplicada. *Data maxima venia*, não é possível concordar com tal raciocínio.

Portanto, concorda-se aqui com a doutrina de Bobbio. Aliás, é ele também, o professor italiano, que nos lembra ainda que também será preciso recorrer ao conceito de ordenamento jurídico (e/ou sistema jurídico), caso se queira explicar a contento a **eficácia normativa**, bem como a **norma consuetudinária**. Com relação a esta última, Bobbio se refere ao problema de como distinguir uma norma consuetudinária jurídica de uma norma consuetudinária não jurídica. E aí, uma vez mais, ele demonstra que, para explicar tal distinção, necessário será recorrer à noção de sistema jurídico. O que nos reconduz novamente à ideia de que, para saber o que é o Direito, por mais que isso seja arrogante, tentar dizer a essência do Direito, será indispensável apelar ao conceito central de sistema jurídico.

Sucede, no entanto, que esse conceito também apresenta problemas. E qual conceito não o apresenta? Nenhum. Portanto, o ponto não é esse, ou seja, se há ou não problemas com o conceito de sistema jurídico. O ponto, na verdade, é outro, a saber: quais são os problemas específicos do conceito de sistema jurídico (e/ou ordenamento jurídico)? Esse é o aspecto que se tratará logo a seguir.

3.3. OS PROBLEMAS DO ORDENAMENTO JURÍDICO

Se um ordenamento é composto de mais de uma norma, deriva daí que os principais problemas conexos com a existência de um ordenamento são os que se originam das relações entre as diversas normas entre si. Não apenas das relações entre os diferentes tipos de normas jurídicas, mas também das diferentes relações mantidas entre as mais variadas normas jurídicas que integram o sistema jurídico.

Desse modo, o primeiro problema que salta aos olhos é o problema da **unidade**[6]**. Dito de outro modo, é saber se essas normas constituem uma unidade**. Mas não apenas isso. É preciso saber, ainda, de que modo essa unidade é constituída. Nesse sentido, o problema fundamental a ser debatido aí é o da **hierarquia** das normas. E a esse tema, o da teoria da unidade do ordenamento jurídico, mais se falará adiante, ainda dentro deste capítulo[7].

O segundo problema que assalta o conceito de ordenamento jurídico é o problema da sua **sistematicidade**. Em outras palavras, é o problema da coerência entre as normas jurídicas que dele fazem parte. Esse problema, como é possível desconfiar, levanta a questão das **antinomias jurídicas**. Questão essa que, de algum modo, já descola o conceito de ordenamento jurídico do conceito de sistema. E por quê? Porque aqui, neste ponto, Bobbio parece, pouco a pouco, introduzir a ideia de que sistema é palavra reservada ao exame da coerência entre as normas, ao passo que ordenamento seria termo utilizado para designar especificamente a ideia de conjunto de normas, de que entre elas são mantidas relações e,

6. Sobre o princípio da unidade do Direito, deve o leitor tomar contato com a obra de Francesco Carnelutti. Escreve o autor: "(...) A unidade da ciência do direito, como a de todas as ciências, quebra-se, necessariamente, na pluralidade dos cientistas. E porque a obra coletiva se desenvolve segundo o princípio da divisão do trabalho, *a unidade da instituição* se resolve na *pluralidade dos institutos*". Cf. CARNELUTTI, Francesco. **Metodologia do direito**. Tradução Frederico A. Paschoal. Campinas: Bookseller, 2002, p. 50.

7. BOBBIO, Norberto. **Teoria do Ordenamento Jurídico**. 10. ed. Tradução Maria Celeste C. J. Santos; revisão técnica Claudio de Cicco; apresentação Tercio Sampaio Ferraz Jr. Brasília: Universidade de Brasília, 1999, p. 34.

sobretudo, que há um princípio em comum entre elas, o qual as mantém unidas. Mas, não antecipemos a questão, pois, mais adiante, ainda neste capítulo, ela será enfrentada.

O terceiro problema que cerca a ideia de ordenamento jurídico é o que diz respeito a sua **completude**, isto é, à ideia de que o ordenamento tenha a capacidade de prever todos os eventuais casos que venham a se dar na sociedade. O problema da completude, assim, termina por dizer respeito ao problema da existência, ou não, de lacunas[8] no ordenamento jurídico. E, mais ainda, se elas existem, quais tipos haveria e como seria possível lidar com elas. Aqui, uma vez mais, pede-se um pouco de paciência ao leitor para que aguarde, páginas à frente, ainda neste capítulo, o detalhamento dessa temática[9].

O certo é que, a partir do que foi aqui apresentado, faz-se necessário, desde já, enfrentar o problema da unidade do ordenamento jurídico e, por consequência, de sua hierarquia. E é isso, exatamente isso, que se passará a fazer a seguir ao se analisar com maior cuidado o conceito de Norma Fundamental. Um conceito tipicamente Kelseniano.

3.4. DA UNIDADE DO ORDENAMENTO

3.4.1. A norma fundamental

Será que as normas constitucionais são as últimas, além das quais não se pode ir? Será que as normas constitucionais são elas mesmas a norma fundamental[10]? Para se fechar a ideia de sistema, sobretudo quando se a

8. KELSEN, Hans. **Teoria geral das normas**. Tradução José Florentino Duarte. Porto Alegre: Fabris, 1986, p. 286-288.

9. BOBBIO, Norberto. **Teoria do Ordenamento Jurídico**. 10. ed. Tradução Maria Celeste C. J. Santos; revisão técnica Claudio de Cicco; apresentação Tercio Sampaio Ferraz Jr. Brasília: Universidade de Brasília, 1999, p. 35.

10. KELSEN, Hans. **Teoria pura do direito**. 6. ed. Tradução João Baptista Machado. São Paulo: Martins Fontes, 1998, p. 224-228.

concebe com o formato de pirâmide, termina-se percebendo a necessidade de se dar um passo além das normas constitucionais.

Partindo da premissa de que toda norma pressupõe um poder normativo, já que a própria ideia de norma significa uma **imposição**[11] de obrigações (imperativo, comando, prescrição etc.), não é difícil concluir que, se há uma obrigação, é precisa que haja um poder. Afinal, uma obrigação deixa de ser uma obrigação se a norma que a impôs não é garantida e fiscalizada pelo poder que a estabeleceu.

Por conseguinte, se existem normas constitucionais, deve existir o poder normativo do qual elas derivam. Esse poder é o poder constituinte, que, como se sabe, é poder último num ordenamento jurídico.

Mas, se foi possível perceber que uma norma jurídica pressupõe um poder também jurídico, então, também é possível inferir que todo poder normativo pressupõe, de sua parte, uma norma que o autoriza a produzir normas jurídicas. É dizer, há entre poder normativo e a norma uma relação circular. A isso se voltará mais adiante.

Considerando o poder constituinte como o poder último, deve-se pressupor, portanto, uma norma que confira ao poder constituinte a faculdade de produzir normas jurídicas: **essa norma é a norma fundamental**[12]. A norma fundamental[13], enquanto, por um lado, atribui aos órgãos

11. BOBBIO, Norberto. Op. cit., p. 58.

12. BOBBIO, Norberto. **Teoria do Ordenamento Jurídico**. 10. ed. Tradução Maria Celeste C. J. Santos; revisão técnica Claudio de Cicco; apresentação Tercio Sampaio Ferraz Jr. Brasília: Universidade de Brasília, 1999, p. 58-59.

13. "A norma fundamental de uma ordem jurídica não é uma norma material que, por seu conteúdo ser havido como imediatamente evidente, seja pressuposta como a norma mais elevada da qual possam ser deduzidas – como o particular do geral – normas de conduta humana através de uma operação lógica. As normas de uma ordem jurídica têm de ser produzidas através de um ato especial de criação. São normas postas, quer dizer, positivas, elementos de uma ordem positiva. Se por Constituição de uma comunidade se entende a norma ou as

constitucionais poder de fixar normas válidas, impõe a todos aqueles aos quais se referem as normas constitucionais o dever de obedecê-las. É uma norma simultaneamente atributiva e imperativa, a depender do ângulo pelo qual ela seja observada. Será atributiva se vista a partir do ângulo do poder ao qual dá origem. Mas, se vista do ângulo da obrigação que é por ela imposta, é imperativa. Ela pode ser formulada, então, do seguinte modo: "o poder constituinte está autorizado a estabelecer normas obrigatórias para toda a coletividade". Ou, ainda, pode ser formulada da seguinte maneira: "a coletividade é obrigada a obedecer às normas estabelecidas pelo poder constituinte".

Compreenda-se bem: a norma fundamental[14] não é expressa, mas se pressupõe a existência dela para fundar o sistema normativo, como lembra Bobbio[15]. Para fundar o sistema normativo é indispensável, pelo menos para Kelsen, a existência de uma norma última, além da qual seria inútil. Todas as polêmicas da norma fundamental, e não são poucas, decorrem da não compreensão de sua função.

normas que determinam como, isto é, por que órgãos e através de que processos – através de uma criação consciente do Direito, especialmente, o processo legislativo, ou através do costume – devem ser produzidas as normas gerais da ordem jurídica que constitui a comunidade, a norma fundamental é aquela norma que é pressuposta quando o costume, através do qual a Constituição surgiu, ou quando o ato constituinte (produtor da Constituição) posto conscientemente por determinados indivíduos são objetivamente interpretados como fatos produtores de normas; (...)". Cf. KELSEN, Hans. **Teoria pura do direito**. 6. ed. Tradução João Baptista Machado. São Paulo: Martins Fontes, 1998, p. 221.

14. "Neste sentido, a norma fundamental é a instauração do fato fundamental da criação jurídica e pode, nestes termos, ser designada como constituição no sentido lógico-jurídico, para distinguir da Constituição em sentido jurídico-positivo. Ela é o ponto de partida de um processo: do processo da criação do Direito positivo. Ela própria não é uma norma posta, posta pelo costume ou pelo ato de um órgão jurídico, não é uma norma positiva, mas uma norma pressuposta, na medida em que a instância constituinte é considerada como a mais elevada autoridade e por isso não pode ser havida como recebendo o poder constituinte através de uma outra norma, posta por uma autoridade superior". Cf. KELSEN. Op. cit., p. 222.

15. BOBBIO, Norberto. Op. cit., p. 59.

Positivado um dado ordenamento de normas de diferentes procedências, a unidade do ordenamento postula que as normas que o formam sejam unificadas. Essa **unidade** não pode ser realizada se no cume do sistema normativo não se coloca uma norma única, da qual todas as outras, direta ou indiretamente, decorram.

Essa norma única não pode ser senão aquela que impõe obedecer ao poder originário do qual deriva a Constituição, a qual dá origem às leis ordinárias, que, por sua vez, dão origem aos regulamentos, às decisões judiciais etc. Caso não se sustentasse a ideia de uma norma fundamental, não se encontraria o *ubi consistam*, isto é, o ponto de apoio do sistema, o seu fundamento[16]. E essa norma última, ou primeira, a depender do ponto de vista que se enxergue, não pode ser senão aquela de onde decorre o poder primeiro. Em suma, o poder constituinte originário que lastreia a Constituição encontra-se, por sua vez, fundado na norma fundamental[17].

Tendo definido todo o poder jurídico como resultado de uma norma jurídica, é possível considerar o poder constituinte originário como um poder jurídico, mas desde que se considere que ele é produto de uma norma jurídica. E a norma jurídica que dá ensejo e fundamenta o poder constituinte é a norma fundamental.

Mas note-se, apenas para fins de avaliação, que aquilo que fundamenta o sistema normativo, a norma fundamental, está fora do sistema. Ou seja, o sistema não se fundamenta a partir de si mesmo, ou a partir de

16. BOBBIO, Norberto. **Teoria do Ordenamento Jurídico**. 10. ed. Tradução Maria Celeste C. J. Santos; revisão técnica Claudio de Cicco; apresentação Tercio Sampaio Ferraz Jr. Brasília: Universidade de Brasília, 1999, p. 59.

17. "Se se pergunta pelo fundamento de validade de uma norma pertencente a uma determinada ordem jurídica, a resposta apenas pode consistir na recondução à norma fundamental desta ordem jurídica, quer dizer: na afirmação de que esta norma foi produzida de acordo com a norma fundamental". Cf. KELSEN, Hans. **Teoria pura do direito**. 6. ed. Tradução João Baptista Machado. São Paulo: Martins Fontes, 1998, p. 222.

algo dentro dele, mas, sim, e tão somente a partir de algo fora dele. Contudo, essa é apenas uma observação. Depois, em outra ocasião, se voltará a tratar sobre esse aspecto e os seus desdobramentos.

Voltando à norma fundamental[18], é preciso esclarecer algo, a saber: o fato de essa norma não ser expressa não significa que não exista. A ela, Bobbio[19] pelo menos, se refere como o fundamento subentendido da legitimidade de todo o sistema. Quando se apela à Constituição para requerer a sua aplicação, em algum momento nos perguntamos: o que significa juridicamente essa nossa apelação? Significa que consideramos legítima a Constituição porque foi legitimamente estabelecida. Se, no momento seguinte, nos perguntarmos o que significa o "ter sido legitimamente estabelecida", não se poderá fazer outra coisa, segundo Bobbio[20], seguindo os passos de Kelsen, senão pressupor uma norma que impõe obediência àquilo que o poder constituinte estabelecer[21]. E essa é a norma funda-

18. KELSEN, Hans. **Teoria geral das normas**. Tradução José Florentino Duarte. Porto Alegre: Fabris, 1986, p. 326-327.

19. BOBBIO. Op. cit., p. 59-60.

20. BOBBIO. Op. cit.

21. "[...] se renunciarmos a reconduzir a validade da Constituição estadual e a validade das normas criadas em conformidade com ela a uma norma posta por uma autoridade metajurídica, como Deus ou a natureza – apenas pode ser que a validade desta Constituição, a aceitação de que ela constitui uma norma vinculante, tem de ser *pressuposta* para que seja possível interpretar os atos postos em conformidade com ela como criação ou aplicação de normas jurídicas gerais válidas, e os atos postos em aplicação destas normas jurídicas gerais como criação ou aplicação de norma jurídicas individuais válidas. Dado que o fundamento de validade de uma norma somente pode ser uma outra norma, este pressuposto tem de ser uma norma: não uma norma posta por uma autoridade jurídica, mas uma norma pressuposta, quer dizer, uma norma que é pressuposta sempre que o sentido subjetivo dos fatos geradores de normas postas de conformidade com a Constituição é interpretado como o seu sentido objetivo. Como essa norma é a norma fundamental de uma ordem jurídica, isto é, de uma ordem que estatui atos coercivos, a proposição que descreve tal norma, a proposição fundamental da ordem jurídica estadual em questão, diz: devem ser postos atos de coerção sob os pressupostos e pela forma que estatuem a primeira Constituição histórica e as normas estabelecidas em conformidade com ela". Cf. KELSEN, Hans. **Teoria pura do direito**. 6. ed. Tradução João Baptista Machado. São Paulo: Martins Fontes, 1998, p. 223-224.

mental, que, mesmo não expressa, mesmo não escrita, é o pressuposto da obediência de todos às leis que decorrem da Constituição, e à própria Constituição.

Também por outro caminho é possível tentar explicar a necessidade de se postular a norma fundamental. Tem-se falado de ordenamento, até agora, como um conjunto de normas. Mas se é assim, é preciso perguntar: como se faz para se estabelecer se uma norma faz parte ou não de um certo ordenamento? Como é possível saber se uma norma pertence ou não a um determinado ordenamento?

A pertinência de uma norma a um ordenamento é aquilo que se chama de **validade**[22]. Como é sabido de todos, e por isso não se aprofundará aqui sobre o tema, existem condições por meio das quais é possível afirmar se uma norma é válida. Tais condições se prestam exatamente a uma função específica: provar se uma certa norma pertence ou não a um determinado ordenamento. Logo, uma norma existe como norma jurídica, ou é juridicamente válida, enquanto ela pertence a um ordenamento jurídico.

Saber se uma norma jurídica é válida, ou não, não é uma questão irrelevante. Se uma norma jurídica é válida, isso significa que é obrigatório obedecê-la, submeter-se a ela. E ser obrigatório, conformar-se a ela, significa, em regra, que, se não nos submetemos a ela, o juiz será, por sua vez, obrigado a intervir, fazendo aplicar esta ou aquela sanção[23].

É verdade, ninguém duvida, que os cidadãos muitas vezes agem sem se preocupar com as consequências jurídicas de suas ações, e, portanto, sem se indagar se aquilo que fazem está ou não de acordo com uma

22. BOBBIO, Norberto. **Teoria do Ordenamento Jurídico**. 10. ed. Tradução Maria Celeste C. J. Santos; revisão técnica Claudio de Cicco; apresentação Tercio Sampaio Ferraz Jr. Brasília: Universidade de Brasília, 1999, p. 60.

23. Idem, ibidem, p. 61.

norma válida. Mas, apesar disso, também é verdade que o juiz[24] aplica somente as normas que são, ou melhor, que ele considera, válidas.

Se é assim, o juízo sobre a validade de uma norma é decisivo, se não o é sempre para a conduta do cidadão, sempre o será, sem dúvida, para a conduta do juiz[25]. Contudo, como faz o cidadão e o juiz para discernir uma norma válida de uma inválida? Em outras palavras, como eles, cidadãos e juiz, fazem para diferenciar uma norma que pertence ao sistema de uma norma que a ele não pertence[26]?

Como se sabe, falando sobre as condições de validade, ainda que rapidamente, a primeira delas é aquele que exige que uma norma, para ser válida, decorra de uma autoridade com poder de estabelecer normas jurídicas válidas[27]. Ou seja, a primeira condição é que quem a elabore tenha autoridade para fazê-lo. E autoridade, em última análise, é ser autorizado pelo sistema jurídico a elaborar normas jurídicas válidas.

Logo, qual é a autoridade que tem esse poder legítimo? Quem é essa autoridade à qual esse poder foi atribuído por uma norma superior,

---

24. Sobre o instigante tema dos juízes como legisladores, não há como deixar de ler a interessantíssima obra de Mauro Cappelletti. Vejam o que o autor afirma acerca da "revolta contra o formalismo": "Embora a interpretação judiciária seja e tenha sido sempre e inevitavelmente em alguma medida criativa do direito, é um dado de fato que a maior intensificação da criatividade da função jurisdicional constitui típico fenômeno do nosso século. Como escreve Lord Reid, outro eminente juiz inglês, em tempos anteriores 'entendia-se quase escandaloso sugerir que os juízes criassem o direito', em vez de meramente 'declará-lo'". Cf. CAPPELLETTI, Mauro. **Juízes legisladores?** Tradução Carlos Alberto Álvaro de Oliveira. Porto Alegre: Fabris, 1999, p. 31.

25. E o juiz pode ser responsabilizado judicialmente? Esse é um tema difícil enfrentado com fôlego por CAPPELLETTI, Mauro. **Juízes irresponsáveis?** Tradução Carlos Alberto Álvaro de Oliveira. Porto Alegre: Fabris, 1989, p. 15-34.

26. BOBBIO, Norberto. **Teoria do Ordenamento Jurídico**. 10. ed. Tradução Maria Celeste C. J. Santos; revisão técnica Claudio de Cicco; apresentação Tercio Sampaio Ferraz Jr. Brasília: Universidade de Brasília, 1999, p. 61.

27. Idem, ibidem, p. 61.

também legítima? E essa norma superior, de onde ela vem? Mais uma vez, de degrau a degrau, termina-se chegando ao poder supremo, cuja legitimidade é dada por uma norma para além da qual não existe outra, e é, por isso, a norma fundamental[28].

Desse modo, é possível responder a indagação: como se pode estabelecer a pertinência de uma norma a um certo ordenamento? Segundo Bobbio[29], na esteira da lição de Kelsen, remontando de grau em grau, de poder em poder, até a norma fundamental[30]. Ora, se é assim, se o fato de pertencer a um ordenamento torna a norma válida, é possível concluir que uma norma é válida quando puder ser reinserida, não importa se por meio de um ou mais graus, na norma fundamental.

Então é possível afirmar que a norma fundamental é o critério supremo que permite estabelecer se uma norma pertence a um ordenamento. Em outras palavras, a norma fundamental é o **fundamento de validade de todas as normas do sistema**. Por conseguinte, a norma fundamental não é apenas uma exigência de **unidade** do ordenamento, mas também a exigência de que se fundamente a validade do ordenamento. Logo, a norma fundamental é, a um só tempo, fundamento de validade do sistema normativo e princípio unificador das normas de um sistema. E como um ordenamento pressupõe a existência de um critério para estabelecer se as partes pertencem ao todo, e um princípio que as unifique, não há como existir um ordenamento sem norma fundamental, segundo a lição de Bobbio[31]. Em suma, uma teoria **coerente** do ordenamento jurídico

28. KELSEN, Hans. **Teoria pura do direito**. 6. ed. Tradução João Baptista Machado. São Paulo: Martins Fontes, 1998, p. 224-225.

29. BOBBIO. Op. cit., p. 62.

30. KELSEN, Hans. **Teoria geral das normas**. Tradução: José Florentino Duarte. Porto Alegre: Fabris, 1986, p. 326-328.

31. BOBBIO, Norberto. **Teoria do Ordenamento Jurídico**. 10. ed. Tradução Maria Celeste C. J. Santos; revisão técnica Claudio de Cicco; apresentação Tercio Sampaio Ferraz Jr. Brasília: Universidade de Brasília, 1999, p. 62.

e a teoria da norma fundamental estão, desse modo, umbilicalmente entrelaçadas.

Contudo, alguém pode indagar: "E a norma fundamental, sobre o que ela se fundamenta?". Grande parte da resistência à admissão da norma fundamental, segundo Bobbio, decorre da objeção que se encontra em tal pergunta. Bobbio[32], em diversas passagens de sua Teoria do Ordenamento Jurídico, afirma, por diversas vezes, que a norma fundamental é um pressuposto do ordenamento. Ou seja, ela, num sistema normativo, cumpre a mesma função que os postulados num sistema científico. Os postulados, como se sabe, são aquelas proposições primitivas ou primeiras a partir das quais se deduzem outras, mas que, por seu turno, não são deduzíveis.

Os postulados, convém lembrar, são colocados por convenção ou pela sua pretensa condição evidente. O mesmo se pode dizer da norma fundamental: ela é uma convenção, ou, caso se prefira, uma proposição evidente que é posta no vértice do sistema para que a ela se possam reconduzir todas as demais normas. À indagação "sobre o que a norma fundamental se funda", deve-se responder, de modo objetivo e direto, que ela não tem fundamento, porque, se tivesse, não seria mais norma fundamental, mas haveria outra norma superior, da qual ela dependeria. Ficaria, desse modo, sempre em aberto o problema do fundamento da nova norma, e esse problema não teria como ser resolvido senão remontando também a outra norma, ou aceitando a nova norma como postulado. Todo sistema tem um início. Questionar acerca do que estaria antes desse início é, de acordo com Bobbio[33], um problema estéril. A única resposta que se pode dar, de acordo com professor italiano, a quem quiser saber qual seria o

32. Idem, ibidem, p. 62.

33. BOBBIO, Norberto. **Teoria do Ordenamento Jurídico**. 10. ed. Tradução Maria Celeste C. J. Santos; revisão técnica Claudio de Cicco; apresentação Tercio Sampaio Ferraz Jr. Brasília: Universidade de Brasília, 1999.

fundamento do fundamento é que, para sabê-lo, seria **necessário sair do sistema**. Assim, no que toca ao fundamento da norma fundamental, é possível afirmar que ele, em si, se constitui em um problema não mais jurídico, cuja solução deve ser procurada **fora** do sistema jurídico, isto é, daquele sistema que, para ser fundado, traz a norma fundamental como postulado.

Com o problema do fundamento da norma fundamental, de acordo com Bobbio[34], termina por se sair da Teoria do Direito Positivo e ingressar na secular discussão acerca do fundamento, ou melhor, da justificação, em sentido absoluto, do **poder**.

É possível conceber as teorias tradicionais sobre o fundamento do poder como tentativas de se responder à indagação: "Qual é o fundamento da norma fundamental de um ordenamento jurídico?".

Tais respostas podem ser buscadas desde que se vá além do ordenamento jurídico positivo, e se tome em consideração um ordenamento mais amplo, por exemplo, o ordenamento cósmico, ou o ordenamento humano[35] de uma forma geral, do qual o ordenamento jurídico é compreendido como uma parte. Em outras palavras, desde que se faça a operação de inserir um determinado sistema (no caso do Direito, o sistema jurídico) num sistema mais amplo.

Apresenta-se aqui, como ilustração daquilo que se está dizendo, algumas respostas famosas dadas ao problema do fundamento último do poder, levando em conta que cada uma dessas respostas pode ser concebida como a formulação de uma norma superior à norma fundamental, na qual é preciso todo um livro para se estudar o assunto, e para se descobrir

---

34. Idem, ibidem.

35. Sobre o tema da "natureza humana como fundamento do direito", consulte-se VECCHIO, Giorgio Del. **Lições de Filosofia do Direito**. Tradução António José Brandão; revisão e prefácio Luís Cabral de Moncada. Coimbra: Coimbra Editora, 1979, p. 558-590.

um poder superior ao poder constituinte, como assinala Bobbio. Ou seja, um **poder que é a verdadeira fonte última de todo poder**[36].

Sendo assim, é possível imaginar três hipóteses, de acordo com a lição de Bobbio. A seguir, ainda que de modo breve, elas serão examinadas rapidamente.

A primeira delas é aquela que pode ser simplificada na seguinte afirmação: **todo poder vem de Deus** (*ominis potestas nisi a deo*). Essa doutrina integra a norma fundamental de um ordenamento jurídico afirmando que o dever da obediência ao poder constituinte decorre do fato de que esse poder (como todo e qualquer poder soberano) resulta de Deus, ou seja, foi autorizado por Deus a formular normas jurídicas válidas. Isso significa que na pirâmide do ordenamento é preciso acrescentar um grau superior ao representado pelo poder normativo dos órgãos constitucionais. Esse grau superior seria o **poder normativo divino**[37].

Trocando em miúdos, o legislador ordinário recebe uma delegação do legislador constituinte e este, por sua vez, recebe uma delegação de Deus. A norma fundamental, nesse caso, é aquela que faz de Deus a autoridade capaz de estabelecer normas obrigatórias para todos os homens e, ao mesmo tempo, manda que todos os homens obedeçam às ordens de Deus.

A segunda hipótese é aquela que sustenta que o dever de obedecer ao poder constituinte deriva da *lei natural*[38]. Por lei natural se entende uma lei que não foi prescrita por uma autoridade histórica, mas é revelada ao homem por meio da razão, como quis o jusnaturalismo moderno.

36. BOBBIO, Norberto. Op. cit., p. 63.

37. BOBBIO, Norberto. **Teoria do Ordenamento Jurídico**. 10. ed. Tradução Maria Celeste C. J. Santos; revisão técnica Claudio de Cicco; apresentação Tercio Sampaio Ferraz Jr. Brasília: Universidade de Brasília, 1999, p. 64.

38. Idem, ibidem.

A definição mais usual e corriqueira do direito natural[39] é: **é a ordem decorrente da razão** (*dictamem rectae rationis*). Para dar uma justificação do direito positivo, as teorias jusnaturalistas descobrem um outro direito, superior e anterior ao direito positivo, que resulta não da vontade deste ou daquele homem, mas da própria razão comum a todos os homens (uma razão compartilhada por todos). Algumas correntes jusnaturalistas, por sinal, defendem que um dos preceitos fundamentais da razão, e, por conseguinte, da lei natural, é o de que **é preciso obedecer aos governantes** (é a assim denominada teoria da obediência). Para aqueles que defendem uma teoria como essa, a norma fundamental de um ordenamento positivo é fundada sobre uma lei natural que determina que se obedeça à razão, a qual, por seu turno, ordena que se obedeça aos governantes[40].

Por fim, há uma terceira hipótese. De acordo com essa última hipótese, o dever de obedecer ao poder constituído deriva de uma **convenção originária**, da qual o poder tira a própria justificação. Durante todo o transcorrer da história do pensamento político, desde a antiguidade até a Era Moderna, segundo Bobbio[41], o fundamento do poder foi encontrado, em regra geral, no assim denominado **contrato social**. E o que é o contrato social, segundo Bobbio? Um acordo originário entre aqueles que convivem entre si em sociedade, ou entre os membros de uma sociedade e aqueles aos quais é confiado o poder.

39. A propósito do tema do direito natural e uma de suas características, qual seja, a imutabilidade, vale a pena registrar que tal característica, ainda hoje, no direito mulçumano, tem grande penetração. Sobre o tema do direito mulçumano e a sua base imutável, confira o que diz René David. Cf. DAVID, René. **Os grandes sistemas do direito contemporâneo**. 4. ed. Tradução Hermínio A Carvalho. São Paulo: Martins Fontes, 2002, p. 511-524.

40. BOBBIO, Norberto. Op. cit., p. 64.

41. BOBBIO, Norberto. **Teoria do Ordenamento Jurídico**. 10. ed. Tradução Maria Celeste C. J. Santos; revisão técnica Claudio de Cicco; apresentação Tercio Sampaio Ferraz Jr. Brasília: Universidade de Brasília, 1999, p. 65.

De acordo com a doutrina do contrato social, o poder constituído encontra a sua legitimidade não mais no fato de decorrer de Deus ou da natureza, mas no acordo de vontades daqueles que lhe dão existência a ele. Portanto, nesse caso, a **vontade coletiva** tem a mesma função de Deus nas doutrinas teológicas e da razão nas doutrinas jusnaturalistas. Ou seja, o papel de representar um grau superior além da norma fundamental de um ordenamento jurídico positivo, aquele grau supremo que permita dar uma resposta à pergunta sobre o fundamento do fundamento. Mas essa resposta, como alerta Bobbio[42], não é mais realista que as anteriores, e, como elas, desloca o problema da existência de um ordenamento jurídico para a sua justificação.

3.4.2. Direito e força

Além do questionamento e da crítica que normalmente se faz acerca do fundamento da norma fundamental, como se mostrou no tópico anterior, a teoria da norma fundamental é, ainda, objeto de uma outra crítica. Crítica essa muito frequente, que não se refere mais à circunstância da existência de uma norma fundamental, mas ao **seu conteúdo**[43]. A norma fundamental, assim como se tem aqui explicitado, estabelece que é preciso obedecer ao poder originário (que é o mesmo poder constituinte). Mas o que é, em si, o poder originário? Ele, segundo Bobbio, é o conjunto de forças políticas que num determinado momento histórico[44] tomaram o domínio e estabeleceram um novo ordenamento jurídico.

Questiona-se, então, que fazer depender todo o sistema normativo do poder originário significa, dizem alguns, **reduzir o direito à força**.

42. Idem, ibidem.

43. Idem, ibidem, p. 65.

44. Sobre a formação histórica do Direito e do Estado, consulte-se VECCHIO, Giorgio Del. **Lições de Filosofia do Direito**. Tradução António José Brandão; revisão e prefácio Luís Cabral de Moncada. Coimbra: Coimbra Editora, 1979, p. 517-526.

Em primeiro lugar, não se deve confundir o **poder** a **força**[45] (particularmente com a força física). Falando em poder originário, falamos das forças políticas que instauraram um determinado ordenamento jurídico. Que essa instauração tenha acontecido por meio do emprego da força física não está absolutamente implícito no conceito de poder. Pode-se muito bem imaginar, por exemplo, um poder que repouse sobre o consenso. Qualquer poder originário, afirma Bobbio, ampara-se um pouco sobre a força e um pouco sobre o consenso[46].

Quando a norma fundamental prescreve que se deve obedecer ao poder originário, não deve ela ser interpretada, de modo absoluto, no sentido de que todos devem se submeter à violência, mas, sim, no sentido de que devemos nos submeter àqueles que têm o poder coercitivo. E esse poder, é bom destacar, pode estar na mão de alguém por força de um consenso geral, porque esse alguém é um líder[47]. Os detentores do poder são aqueles que têm a força necessária para fazer respeitar as normas que eles elaboram. Nesse sentido, a força é um instrumento necessário do poder. Isso, contudo, não significa que ela, a força, seja o fundamento. A força é necessária para exercer o poder, mas não para justificá-lo[48].

Ao se afirmar aqui que o Direito é fundado em última instância sobre o poder coercitivo, o que se deseja dizer é o seguinte: é que o poder coercitivo é o poder de fazer respeitar, podendo para isso recorrer à força, as normas estabelecidas. Quando Bobbio afirmar isso, é preciso deixar

---

45. BOBBIO, Norberto. **Teoria do Ordenamento Jurídico**. 10. ed. Tradução Maria Celeste C. J. Santos; revisão técnica Claudio de Cicco; apresentação Tercio Sampaio Ferraz Jr. Brasília: Universidade de Brasília, 1999, p. 65-66.

46. Idem, ibidem, p. 66.

47. FERRAZ JR., Tercio Sampaio. **Introdução ao estudo do direito**: técnica, decisão e dominação. 8. ed. São Paulo: Atlas, 2015, p. 242. Líder ou poder-liderança é o poder de produzir consenso, na medida em que determina quem participa ou não da tomada de decisão.

48. BOBBIO. Op. cit., p. 66.

claro, ele não está dizendo absolutamente nada de diferente daquilo que repetidamente afirma em relação ao Direito como um conjunto de regras com eficácia reforçada. Se o Direito é um conjunto de regras com eficácia reforçada, isso implica dizer que o ordenamento jurídico é impensável sem o emprego, ainda que eventual, da força. Ou seja, não se pode falar em ordenamento jurídico desvinculado da ideia de força. Colocar o poder como o fundamento último de uma ordem jurídica positiva não quer dizer reduzir o Direito à força, mas simplesmente reconhecer que a força é necessária para a realização do Direito, como já sustentava Rudolph Jhering[49].

Dizer isso não é senão reforçar o conceito de Direito como ordenamento com eficácia reforçada. Reforçada porque, se o Direito não for obedecido em razão do consenso, o será por meio da força. Se a força é necessária para a realização do Direito, então existe ordem jurídica (ou seja, que corresponde à definição que Bobbio tem dado ao Direito) somente enquanto se impõe pela força. Dito de outro modo, o ordenamento jurídico existe enquanto seja **eficaz**[50]. Isso implica ainda uma diferença entre a consideração da norma específica (ou singular) e a do ordenamento em seu conjunto. Como se sabe, uma norma singular (individualmente considerada) pode ser válida, mas não ser eficaz. Contudo, o ordenamento jurídico, considerado em seu conjunto, só é válido, segundo Bobbio, se for eficaz.

A norma fundamental que manda obedecer aos detentores do poder originário é aquela que legitima o poder originário a exercer a força. E, nesse sentido, o exercício da força para fazer obedecer às normas é uma

---

49. JHERING, Rudolph. **A luta pelo direito**. 3. ed. Tradução José Cretella Jr. e Agnes Cretella. São Paulo: Revista dos Tribunais, 2003, p. 27.

50. BOBBIO, Norberto. **Teoria do Ordenamento Jurídico**. 10. ed. Tradução Maria Celeste C. J. Santos; revisão técnica Claudio de Cicco; apresentação Tercio Sampaio Ferraz Jr. Brasília: Universidade de Brasília, 1999, p. 67.

característica do ordenamento jurídico[51]. A norma fundamental, tal como aqui concebida, é verdadeiramente a base do ordenamento jurídico.

Aqueles que receiam que com a norma fundamental, como foi aqui concebida, se realize a redução do Direito à força, preocupam-se, ao ver de Bobbio, não tanto com o Direito, mas com a justiça. Essa preocupação, todavia, é descabida, de acordo com Bobbio. A definição do Direito, adotada pelo professor italiano, não coincide com a de justiça. A norma fundamental está na base do Direito como ele é (o Direito Positivo), e não no Direito como deveria ser (o Direito justo). Ela autoriza aqueles que detêm o poder a exercer a força, mas não declara que, por conta disso, o uso da força seja justo só pelo fato de ser vontade do poder originário. Ela confere uma legitimação jurídica, não moral, do poder[52]. O Direito, como ele é, é reflexo dos mais fortes, não dos mais justos. Mas não se nega, no entanto, que o melhor é que os mais fortes tentem ser, também, os mais justos.

Existe um outro modo de se compreender as relações entre o Direito e a força? Sim, há. Essa outra maneira foi defendida por Alf Ross, mas se apoia, sobretudo, em Kelsen. Para explicar essa ideia em poucas palavras, até agora, e a partir da lição de Bobbio[53], tem-se defendido que a força é um instrumento para a realização do Direito (entendido no sentido amplo como Ordem Jurídica). A teoria apresentada por Hans Kelsen[54] e defendida por Alf Ross[55] sustenta, ao contrário, que a força é o **objeto**[56]

---

51. Idem, ibidem.

52. Idem, ibidem, p. 67.

53. Idem, ibidem, p. 68.

54. KELSEN, Hans. **Teoria Geral do Direito e do Estado**. 4. ed. Tradução Luís Carlos Borges. São Paulo: Martins Fontes, 2005, p. 29.

55. ROSS, Alf. **Direito e Justiça**. Tradução Edson Bini; revisão técnica Alysson Leandro Mascaro. Bauru: Edipro, 2003, p. 77.

56. BOBBIO, Norberto. **Teoria do Ordenamento Jurídico**. 10. ed. Tradução Maria Celeste C. J. Santos; revisão técnica Claudio de Cicco; apresentação Tercio Sampaio Ferraz Jr. Brasília: Universidade de Brasília, 1999, p. 68.

da regulamentação jurídica. Em outras palavras, que por Direito deve se entender não um conjunto de normas que se tornam válidas por meio da força, mas um conjunto de normas que disciplinam o exercício da força em uma determinada sociedade.

Quando Kelsen afirma que o Direito é um ordenamento coercitivo, quer dizer que é composto por normas que regulam a coação, ou seja, que dispõem sobre a maneira pela qual se devem aplicar certas sanções. Aqui transcrevo para ser fiel às palavras do autor:

> Uma regra é uma regra jurídica não porque a sua eficácia é garantida por uma outra regra que dispõe uma sanção; *uma regra é uma regra jurídica porque dispõe uma sanção.* O problema da coerção não é o problema de garantir a eficácia das regras, mas *o problema do conteúdo das regras*[57].

Igualmente claro a esse respeito é Alf Ross:

> Devemos insistir sobre o fato de que a relação entre as normas jurídicas e a força consiste em que elas dizem respeito à aplicação da força e não em que são protegidas por meio da força. Um sistema jurídico nacional é um conjunto de normas que dizem respeito ao exercício da força física[58].

Resta claro, então, que esse modo de entender o Direito, que desloca a força de instrumento para objeto da regulamentação jurídica, está estritamente ligada à teoria que considera como normas jurídicas somente as normas secundárias[59], ou seja, as normas que têm como destinatários[60] os órgãos judiciários. Não é por acaso, bem observa Bobbio,

---

57. KELSEN. Op. cit., p. 29.

58. ROSS. Op. cit., p. 78.

59. BOBBIO. Op. cit., p. 68.

60. Consulte-se BOBBIO, Norberto. **Teoria da norma jurídica**. 2. ed. rev. Tradução Fernando Pavan Baptista e Ariani Bueno Sudatti; apresentação Alaôr Caffé. Bauru: Edipro, 2003, p. 119-124.

que Kelsen levou ao extremo a tese por ele defendida de que as normas jurídicas são somente as normas secundárias, a ponto de denominá-las como **primárias**[61].

Convém lembrar que se entendem por normas secundárias aquelas que regulam o modo e a medida em que devem ser aplicadas as sanções. Se a sanção é, em última análise, um ato de força, as normas, ao controlarem a aplicação das sanções, disciplinam na verdade o exercício da força. Se isso é certo, e Kelsen o confirma, seja pela presença da definição do Direito como regra que regula a força, seja pela identificação das normas jurídicas com as normas secundárias (a norma, ou a parte dela, que regula a sanção), a recusa desse modo de entender as relações entre Direito e força pode ser empreendida com os mesmos argumentos com que Bobbio, em outro livro[62], rechaça a consideração das normas secundárias como únicas normas jurídicas.

Afora isso, Bobbio ainda acrescenta alguma coisa do ponto de vista da teoria do ordenamento jurídico. A definição de direito como um conjunto de regras para o exercício da força é um conceito do direito que, segundo Bobbio[63], pode ser classificada como uma definição a respeito do conteúdo do direito. Contudo, trata-se de uma concepção extremamente limitativa, como ressalta o professor italiano. Caso se considerem as normas singulares (normas específicas, por exemplo, a sentença) de um ordenamento, esse aspecto limitado da definição material acima fica, desde logo, patente.

61. BOBBIO. Op. cit., p. 68-69.

62. BOBBIO, Norberto. **Teoria da Norma Jurídica**. 2. ed. rev. Tradução Fernando Pavan Baptista e Ariani Bueno Sudatti; apresentação Alaôr Caffé. Bauru: Edipro, 2003, *passim*.

63. BOBBIO, Norberto. **Teoria do Ordenamento Jurídico**. 10. ed. Tradução Maria Celeste C. J. Santos; revisão técnica Claudio de Cicco; apresentação Tercio Sampaio Ferraz Jr. Brasília: Universidade de Brasília, 1999, p. 69.

E por quê? Porque se compreende como norma jurídica não apenas aquelas que proíbem um certo comportamento, sob pena que seja aplicada uma sanção, mas também aquelas que prescrevem obrigações, permissões ou faculdades. Como Bobbio[64] afirma por mais de uma vez, a juridicidade de uma norma não é determinada pelo seu conteúdo (nem pela forma, nem pelo fim...), mas, simplesmente, pelo fato de pertencer ao ordenamento jurídico.

E esse fato, por sua vez, é determinado graças ao raciocínio regressivo que parte da norma jurídica inferior em direção à superior, até que se chegue à norma fundamental. Caso se considere o ordenamento jurídico em seu conjunto, é certamente adequado afirmar que um ordenamento se torna jurídico quando se vêm formando regras pelo uso da força (migra-se da fase do uso indiscriminado para o uso controlado da força). Ou seja, o ordenamento é jurídico quando ele, no seu todo, foi imposto, inicialmente, pela força. Mas, uma vez criado, o próprio ordenamento jurídico, no minuto seguinte, passa a controlar o exercício da força.

Contudo, é preciso esclarecer que tal alegação não significa afirmar que, em consequência desse raciocínio, um ordenamento jurídico é um conjunto de regras para o exercício da força. As regras para o exercício da força são, em um ordenamento jurídico, aquela parte de regras que serve para ordenar (controlar) a sanção[65] e, por consequência, para tornar mais eficazes as normas de conduta e o próprio ordenamento em sua totalidade. Mas o objetivo de todo legislador, segundo Bobbio, não é organizar a força em si, mas organizar a vida em sociedade mediante, se necessário, o exercício da força[66].

---

64. Idem, ibidem, p. 69.

65. BOBBIO, Norberto. **Teoria da norma jurídica**. 2. ed. rev. Tradução Fernando Pavan Baptista e Ariani Bueno Sudatti; apresentação Alaôr Caffé. Bauru: Edipro, 2003, p. 159-161.

66. BOBBIO, Norberto. **Teoria do Ordenamento Jurídico**. 10. ed. Tradução Maria Celeste C. J. Santos; revisão técnica Claudio de Cicco; apresentação Tercio Sampaio Ferraz Jr. Brasília: Universidade de Brasília, 1999, p. 70.

Por fim, ainda de acordo com Bobbio, as definições de Hans Kelsen e Alf Ross parecem **limitativas** também no que diz respeito ao ordenamento jurídico considerado no seu todo (em conjunto), porque tendem a confundir a parte com o todo, o instrumento com o fim[67]. O ordenamento jurídico não é, no seu todo, regulador do exercício da força, as normas secundárias é que o são. O ordenamento jurídico não contém apenas normas secundárias, logo, não pode ser reduzido a elas. Feitas tais considerações em torno da relação entre o Direito e a força, de acordo com o pensamento de Bobbio, cabe agora, no momento seguinte, compreender a visão desse autor acerca do ordenamento jurídico compreendido como sistema.

3.4.3. O ordenamento jurídico como sistema

Até o item anterior, tratou-se aqui, a partir da obra de Bobbio, acerca da **unidade** do ordenamento jurídico. E aí, Bobbio sustentou que só se pode falar de unidade do ordenamento jurídico quando se pressupõe, como fundamento deste, a ideia de norma fundamental, graças à qual é possível, direta ou indiretamente, relacionar todas as normas do ordenamento.

O próximo problema que se apresenta é se o ordenamento jurídico, além de uma unidade, constitui também um **sistema**. Em outras palavras, se ele é uma **unidade sistemática**. Bobbio entende por "sistema" uma **totalidade ordenada**, um conjunto de elementos entre os quais existe uma certa ordem[68]. Para que seja possível falar de uma ordem, é necessário que os entes que a constituem não estejam somente em relacionamento com o todo, mas também num relacionamento de coerência entre si. Ordem,

67. Idem, ibidem.

68. Idem, ibidem, p. 71.

então, implica duas afirmações: diferentes espécies de normas jurídicas se relacionam umas com as outras em razão de haver uma finalidade em comum e, em segundo lugar, as normas jurídicas não entram em contradição umas com as outras. Logo, quando se indaga se o ordenamento jurídico é um sistema, o que se pergunta, na verdade, é se as normas que o compõem estão numa relação de coerência entre si, e, sobretudo, em que condições é possível essa relação[69].

Segundo Bobbio, o problema do sistema jurídico foi até a época deste autor muito pouco estudado. Juristas e filósofos do direito falam em geral do direito como sendo um sistema. Contudo, em que consiste esse sistema não fica muito claro[70]. É possível, também aqui, tomar como ponto de partida o conceito de sistema proposto pela lição de Hans Kelsen. Ele, por sinal, diferencia entre os ordenamentos normativos dois tipos de sistemas, a saber: um que ele chama de **estático** e outro que ele denomina como **dinâmico**[71].

Sistema estático, explica Bobbio, é aquele no qual as normas estão relacionadas umas às outras como as proposições de um sistema dedutivo. Em outras palavras, as normas se relacionam umas às outras pelo fato de derivarem umas das outras, partindo de uma ou mais normas originárias de caráter geral. Tais normas originárias, por sua vez, têm a mesma função dos postulados ou axiomas num sistema científico[72].

Convém que se dê um exemplo para ilustrar o que Bobbio sustenta. Thomas Hobbes põe como fundamento de sua teoria do Direito e do

69. BOBBIO, Norberto. **Teoria do Ordenamento Jurídico**. 10. ed. Tradução Maria Celeste C. J. Santos; revisão técnica Claudio de Cicco; apresentação Tercio Sampaio Ferraz Jr. Brasília: Universidade de Brasília, 1999.

70. Idem, ibidem.

71. KELSEN, Hans. **Teoria pura do direito**. 6. ed. Tradução João Baptista Machado. São Paulo: Martins Fontes, 1998, p. 121-306.

72. BOBBIO. Op. cit., p. 72.

Estado a máxima *pax est quaerenda* (a paz deve ser procurada, conquistada), e com isso quer entender que o postulado ético fundamental do homem é a necessidade de evitar a guerra e procurar a paz. A partir dessa regra fundamental, Hobbes deduz ou pretende deduzir todas as regras da conduta humana, as quais ele denomina como leis naturais. É claro, por consequência, que todas essas leis naturais formam um sistema, uma vez que são deduzidas a partir da primeira. Uma semelhante construção de um conjunto de normas é o que Hans Kelsen compreende como "sistema estático". Pode-se afirmar, em outros termos, que em um sistema desse gênero as normas estão relacionadas entre si no que toca ao seu **conteúdo**[73].

Sistema dinâmico, por sua vez, é aquele no qual as normas que o constitui decorrem umas das outras pelas sucessivas delegações de poder, ou seja, não por seu conteúdo, mas por meio da **autoridade** que as colocou. Dito de outro modo, uma autoridade inferior decorre de uma autoridade superior, até que se alcance a autoridade suprema, que não tem nenhuma outra acima de si. Pode-se dizer, desse modo, que a relação entre as várias normas é, nesse tipo de ordenamento normativo, não material, mas **formal**. Um exemplo de sistema dinâmico, segundo Bobbio, seria aquele que colocasse no vértice do ordenamento a seguinte máxima: "É preciso obedecer a vontade de Deus"[74]. Nessa situação, o fato de outras normas pertencerem ao sistema não seria determinado pelo seu conteúdo, ou seja, pelo fato de que estabelecessem uma certa conduta de preferência a outra, mas pelo fato de que, por meio da passagem de uma autoridade a outra, seja possível ser reconduzido à autoridade divina.

A diferença entre os dois tipos de relação entre as normas, a material e a formal, é possível observar na experiência diária quando,

73. BOBBIO. Op. cit., p. 72.

74. BOBBIO, Norberto. **Teoria do Ordenamento Jurídico**. 10. ed. Tradução Maria Celeste C. J. Santos; revisão técnica Claudio de Cicco; apresentação Tercio Sampaio Ferraz Jr. Brasília: Universidade de Brasília, 1999, p. 72.

encontrando-nos na situação de ter que justificar uma ordem (e a justificação é feita inserindo-a num sistema), terminasse, quase sempre, abrindo duas possibilidades de caminho, a saber: o de justificar a ordem deduzindo-a de uma ordem de abrangência mais geral ou, o de atribuir a ordem a uma autoridade indiscutível[75]. Imagine o seguinte exemplo: um pai ordena que o filho faça a lição, e o filho pergunta: "Por quê?" Se o pai responde: "Porque deves aprender", a justificação tende à construção de um sistema estático. Caso o pai responda: "Porque deves obedecer a ter pai", a justificação tende à construção de um sistema dinâmico. Suponha agora que o filho, não satisfeito, peça outra justificação. Na primeira hipótese, perguntará: "Por que devo aprender?". A construção do sistema estático levará a uma resposta do seguinte tipo: "Porque precisas ser aprovado". No segundo caso, ele perguntará: "Por que devo obedecer a meu pai?". A elaboração do sistema dinâmico conduzirá a uma resposta do seguinte tipo: "Porque teu pai foi autorizado a mandar pela lei do Estado". Atente-se, no exemplo, os dois diferentes tipos de relação para caminhar de uma norma para outra: no primeiro caso, caminha-se por meio do conteúdo da prescrição; no segundo, por meio da autoridade que a estabeleceu[76].

Traçada essa distinção, Kelsen sustenta, de acordo com Bobbio, que os ordenamentos jurídicos são sistemas do segundo tipo, logo, são sistemas dinâmicos[77]. Sistemas estáticos, ainda segundo Kelsen, seriam os ordenamentos morais. Surge aqui, como destaca Bobbio, outro critério para distinção das searas do Direito e da Moral. O ordenamento jurídico é um ordenamento no qual o enquadramento das normas é julgado com base num critério meramente formal, ou seja, independentemente do conteúdo. O ordenamento moral, por seu turno, é aquele cujo critério

75. Idem, ibidem, p. 73.

76. Idem, ibidem.

77. Idem, ibidem, p. 73.

de enquadramento das normas no sistema é fundado sobre aquilo que as normas prescrevem (e não sobre a autoridade de que derivam). Todavia, se é assim, parece difícil falar apropriadamente do ordenamento jurídico como de um **sistema**[78].

Dito de outro modo, chamar de "sistema" o sistema do tipo dinâmico, associando a este último a mesma ideia com que se fala em geral de sistema, isto é, como uma totalidade ordenada, e em particular de um sistema estático, não parece, segundo Bobbio, muito apropriado. Que ordem pode haver entre as normas de um ordenamento jurídico se o critério de enquadramento é puramente formal, ou seja, referente não à conduta que elas regulam, mas unicamente à maneira com que foram postas? Da autoridade delegada pode emanar qualquer norma? E se pode emanar qualquer norma, pode emanar também uma norma contrária àquela emanada de uma outra autoridade delegada? Mas, nesse caso, poderíamos ainda falar de sistema, de ordem, de totalidade ordenada num conjunto de normas no qual duas normas contraditórias fossem ambas legítimas?[79]

Em um ordenamento jurídico complexo, como aquele que temos em geral entre nós, caracterizado pela pluralidade das fontes do direito[80], parece não remanescer nenhuma dúvida de que possam existir normas produzidas por uma fonte em contraste (contradição) com normas produzidas por outra fonte do direito. Ora, prendendo-se à definição de sistema jurídico como o sistema no qual o critério de enquadramento das normas é puramente formal, é necessário concluir, então, que, em um

---

78. BOBBIO, Norberto. **Teoria do Ordenamento Jurídico**. 10. ed. Tradução Maria Celeste C. J. Santos; revisão técnica Claudio de Cicco; apresentação Tercio Sampaio Ferraz Jr. Brasília: Universidade de Brasília, 1999, p. 73-74.

79. Idem, ibidem, p. 74.

80. É muito profunda e interessante a abordagem levada a cabo por Giorgio Del Vecchio sobre o tema das fontes do direito. Nesse sentido, consulte-se VECCHIO, Giorgio Del. **Lições de Filosofia do Direito**. Tradução António José Brandão; revisão e prefácio Luís Cabral de Moncada. Coimbra: Coimbra Editora, 1979, p. 403-431.

sistema dinâmico, duas normas em contradição são perfeitamente legítimas. E, de fato, para julgar a oposição de duas normas é preciso sempre examinar o seu conteúdo, não sendo suficiente se referir à autoridade da qual elas emanaram. Mas um ordenamento que admita no seu seio normas em oposição entre si pode ainda ser chamado de "sistema", questiona Bobbio[81].

Como é possível notar, que um ordenamento jurídico constitua um sistema, sobretudo se se partir da identificação do ordenamento jurídico com um sistema dinâmico, é tudo, menos algo óbvio. Ou, quando nada, faz-se necessário precisar, caso se queira continuar a falar de sistema normativo em relação ao Direito, em qual sentido, em quais condições e dentro de quais limites se pode falar dele[82]. Em suma, Bobbio adverte para a necessidade de se especificar o sentido como o jurista emprega a palavra **sistema**, as condições devem ser atendidas para que se possa falar de sistema e, sobretudo, dentro de que limites é possível falar de sistema.

3.4.4. Três significados de sistema

No vocabulário jurídico corriqueiro, o uso do termo "sistema" para se referir ao ordenamento jurídico é algo comum. O próprio Bobbio, em tópicos anteriores já aqui trabalhados, faz uso às vezes da expressão "sistema normativo", ao invés de empregar o termo "ordenamento jurídico", mais frequentemente usado. Mas qual é exatamente o significado da palavra "sistema", usada para se referir ao ordenamento jurídico, geralmente não é esclarecido, segundo Bobbio[83]. Levemos em consideração, para

81. BOBBIO, Norberto. Op. cit., p. 74.

82. BOBBIO, Norberto. **Teoria do Ordenamento Jurídico**. 10. ed. Tradução Maria Celeste C. J. Santos; revisão técnica Claudio de Cicco; apresentação Tercio Sampaio Ferraz Jr. Brasília: Universidade de Brasília, 1999, p. 74.

83. Idem, ibidem, p. 75.

esclarecer o sentido da palavra "sistema", dois dos autores italianos mais conhecidos e prestigiados, Giorgio Del Vecchio e Perassi. Lê-se, no ensaio de Del Vecchio, "Sobre a estatalidade do Direito", o seguinte trecho:

> Cada proposição jurídica em particular, mesmo podendo ser considerada também em si mesma, na sua abstratividade, tende naturalmente a se constituir em sistema. A necessidade de coerência lógica leva a aproximar aquelas proposições que são compatíveis ou respectivamente complementares entre si, e a eliminar as contraditórias ou incompatíveis. A vontade, que é uma lógica viva, não pode desenvolver-se também no campo do Direito, a não ser que ligue as suas afirmações, à guisa de reduzi-las a um todo harmônico[84].

Perassi, por sua vez, em sua *Introdução às ciências jurídicas*, consigna o seguinte:

> As normas, que entram para constituir um ordenamento, não ficam isoladas, mas tornam-se parte de um sistema, uma vez que certos princípios agem como ligações, pelas quais as normas são mantidas juntas de maneira a constituir um bloco sistemático[85].

Quando se passa das declarações programáticas ao exercício da atividade do jurista, depara-se com outra prova da tendência constante da jurisprudência de considerar o Direito como sistema: a consideração comum entre as várias formas de interpretação, da denominada **interpretação sistemática**. Denomina-se como interpretação sistemática aquela forma de interpretação que tira os seus argumentos do pressuposto de

84. O ensaio, de 1928, encontra-se no **Studi sul Diritto**, 1958, v. I, p. 89-115. O trecho citado acima está na p. 97. Consulte-se, ainda, VECCHO, Giorgi Del. **O Estado e suas fontes do Direito**. Tradução Henrique de Carvalho. Belo Horizonte: Líder, 2005, p. 7-40.

85. PERASSI, T. **Introduzione alle scienze giuridiche**, 1953, p. 32.

que as normas de um ordenamento, ou, mais precisamente, de uma parte do ordenamento (por exemplo, o Direito Penal) constituam uma totalidade ordenada (mesmo que depois se deixe um pouco no vazio o que se deva entender com esse termo), e, por conseguinte, seja adequado esclarecer uma norma obscura ou diretamente integrar uma norma deficiente recorrendo ao chamado **espírito do sistema**, mesmo que, desse modo, termine-se, por vezes, indo no sentido contrário daquilo que resultaria de uma interpretação meramente literal[86].

Também aqui, nesta passagem, apenas com o escopo de exemplificar, convém lembrar que o artigo 265 do Código Civil italiano admite somente a violência, e não o erro, entre os vícios do reconhecimento do filho natural. Um intérprete, que sustentou que se deveria aceitar entre os vícios do reconhecimento do filho natural também o erro, contra a letra da lei, teve que apelar para a chamada "vontade objetiva da lei", ou seja, para "aquele comando que, por ser fundado sobre a **lógica do inteiro teor do sistema**, pode dizer-se realmente definitivo para o intérprete"[87]. Que o ordenamento jurídico, ou pelo menos parte dele, constitua um sistema é um pressuposto da atividade interpretativa, um dos ossos do ofício do jurista[88].

Mas, é preciso esclarecer, a existência de um sistema normativo também não significa que se saiba exatamente que **tipo de sistema** é esse. O termo "sistema", adverte Bobbio, é um daqueles termos de muitos significados, que cada um usa conforme as suas próprias conveniências[89].

86. BOBBIO, Norberto. **Teoria do Ordenamento Jurídico**. 10. ed. Tradução Maria Celeste C. J. Santos; revisão técnica Claudio de Cicco; apresentação Tercio Sampaio Ferraz Jr. Brasília: Universidade de Brasília, 1999, p. 76.

87. SALVI, F. L'errore nell'accertamento dela filiazione naturale. **Riv. Trim. Dir. e Proc. Civ**, VI, 1952, p. 24.

88. BOBBIO. Op. cit., p. 76.

89. BOBBIO. Op. cit., p. 76.

No uso consolidado ao longo da história da linguagem jurídica, seja nos domínios da Filosofia do Direito, seja nos meandros da Jurisprudência (entendida como sinônimo de Ciência do Direito), é possível afirmar, segundo Bobbio, que três diferentes significados podem ser atribuídos à palavra sistema[90]. O primeiro, o mais próximo ao significado de "sistema", pode ser observado na expressão "sistema dedutivo". Esse primeiro significado, é possível dizer, é baseado nessa expressão, repita-se, "sistema dedutivo". Em tal acepção diz-se que um dado ordenamento é um sistema enquanto todas as normas jurídicas daquele ordenamento são deriváveis de alguns princípios gerais (denominados como "princípios gerais de direito"), concebidos do mesmo modo que os postulados de um sistema científico.

Essa acepção muito difundida do termo "sistema" foi referida historicamente somente ao ordenamento do Direito Natural (jusnaturalismo moderno). Uma das mais constantes pretensões dos jusnaturalistas modernos (Pufendorf, por exemplo), pertencentes à escola racionalista, foi a de construir o Direito Natural como um sistema dedutivo. E uma vez que o exemplo clássico do sistema dedutivo era a Geometria de Euclides, a aspiração dos jusnaturalistas resolvia-se na tentativa (realmente desesperada) de confeccionar um sistema jurídico *geometrico more demonstratum.* Acerca disso, convém citar um trecho bastante relevante da obra de Leibniz:

> De qualquer definição podem-se tirar consequências seguras, empregando as incontestáveis regras da lógica. Isso é precisamente o que se faz construindo as ciências necessárias e demonstrativas, que não dependem dos fatos, mas unicamente da razão, como a lógica, a metafísica, a geometria, a ciência do movimento, a *Ciência do Direito*, as

90. BOBBIO. Op. cit., p. 77.

> quais não são de modo nenhum fundadas na experiência e nos fatos, mas servem para dar a razão dos fatos e regulá-los por antecipação: isso valeria para o Direito ainda que não houvesse no mundo uma só lei[91].

A teoria do Direito faz parte do número daquelas ciências, pelo menos para Leibniz, que não dependem de experiências, mas, sim, de definições. Para aquele filósofo, como exalta Bobbio[92], a ciência do direito não depende daquilo que aprendemos com os sentidos, mas do que demonstra a razão.

O segundo significado que pode ser atribuído à palavra sistema, que não tem nada a ver com o que foi pontuado na passagem anterior, é encontrado na Ciência do Direito Moderno, a qual surge, pelo menos na Europa Continental, a partir da Escola Pandectista alemã e das contribuições de Savigny, ícone maior da Escola Histórica do Direito. Aliás, não por acaso, Savigny é o autor da célebre obra "Sistema do Direito Romano Atual". Pois bem, é preciso dizer, desde já, que é muito difundida entre os juristas a opinião de que a ciência jurídica moderna surgiu a partir da passagem da Jurisprudência Exegética à Jurisprudência Sistemática[93] ou, em outros termos, que a Jurisprudência alcançou o nível de Ciência quando se tornou sistemática[94]. É como se afirmasse, com outras palavras, que a Jurisprudência não merece o nome de ciência enquanto não galga a

91. LEIBNIZ. Riflessioni sulla nozione comune di giustizia. In: **Scritti politici e di diritto naturale**. Turim: Ed. Utet, 1951, p. 219.

92. BOBBIO, Norberto. **Teoria do Ordenamento Jurídico**. 10. ed. Tradução Maria Celeste C. J. Santos; revisão técnica Claudio de Cicco; apresentação Tercio Sampaio Ferraz Jr. Brasília: Universidade de Brasília, 1999, p. 77-78.

93. Traduzindo: quando o Direito deixou de ser visto como um mero saber ou técnica que dá ao jurista a capacidade de interpretar textos de lei e foi convertido em um saber sistemático.

94. BOBBIO, Norberto. **Teoria do Ordenamento Jurídico**. 10. ed. Tradução Maria Celeste C. J. Santos; revisão técnica Claudio de Cicco; apresentação Tercio Sampaio Ferraz Jr. Brasília: Universidade de Brasília, 1999, p. 78.

qualidade de sistema. Ou seja, quando a Jurisprudência não atingiu o status de sistema, ela é apenas uma arte hermenêutica, técnica ou comentário a textos legislativos.

Muitos são os tratados de diversos juristas que são intitulados como Sistema, o que é feito, com toda certeza, para sinalizar que se desenvolveu ali um trabalho científico sobre o Direito. A questão é: o que significa, nessa acepção, a palavra "sistema"? Os juristas não pretendem certamente dizer, segundo Bobbio, que a Jurisprudência sistemática consista na dedução de todo o Direito de alguns princípios gerais, como sustentou Leibniz. Aqui o termo "sistema", ainda com respaldo na explicação de Bobbio[95], é usado, ao contrário, para indicar um **ordenamento da matéria, realizado através do processo indutivo**. Ou seja, tomando como ponto de partida o conteúdo das normas singularmente consideradas, chega-se à construção de conceitos sempre mais gerais, e classificações ou divisões da matéria inteira. A consequência dessas operações será o ordenamento do material jurídico do mesmo modo que as trabalhosas classificações que a Zoologia confere aos animais na tentativa de ordenar o reino animal[96].

Na expressão "jurisprudência sistemática", usa-se a palavra "sistema" não no sentido das ciências dedutivas, mas no das ciências empíricas ou naturais, ou seja, como ordenamento desde baixo, da mesma que se fala de uma zoologia sistemática. O procedimento típico dessa forma de sistema não é a dedução, mas a **classificação**[97]. A sua finalidade não é mais a de desenvolver analiticamente, por meio de regras preestabelecidas, alguns postulados iniciais, mas a de reunir os dados fornecidos pela experiência, com base nas semelhanças, para formar conceitos sempre mais

95. Idem, ibidem, p. 78.

96. Idem, ibidem, p. 78.

97. Idem, ibidem, p. 79.

gerais até alcançar aqueles ditos conceitos "generalíssimos" que permitam unificar todo o material dado (o conjunto de normas).

Ter-se-á plena consciência do significado de sistema como ordenamento desde sua base, próprio da jurisprudência sistemática, caso se leve em consideração, como ressalta Bobbio, uma das maiores conquistas de que se orgulha essa jurisprudência, qual seja, a **teoria do negócio jurídico**[98]. O conceito de negócio jurídico é, inequivocamente, o resultado de um empenho construtivo e sistemático no sentido do sistema empírico, que organiza por meio da generalização e da classificação. Ele, o negócio jurídico, surgiu da reunião de fenômenos vários e talvez aparentemente distantes, mas que tinham em comum a característica de serem manifestações de vontade com repercussões jurídicas. O conceito mais amplo confeccionado pela jurisprudência sistemática é, muito provavelmente, o do relacionamento jurídico. Trata-se de conceito que permite a redução de grande parte dos fenômenos jurídicos a um esquema único, e propicia, por conseguinte, a elaboração de um sistema no sentido de sistema empírico ou indutivo (a partir de dados singulares, perceber entre eles algo em comum que possa ser elevado à categoria de princípio geral que possa ser útil a construir um sistema). O conceito de relacionamento jurídico é o conceito sistemático por excelência da ciência jurídica moderna, de acordo com Bobbio[99]. Contudo, é preciso advertir que a sua função não é a de iniciar um processo de dedução, mas a de permitir melhor organização da matéria.

O terceiro significado do sistema jurídico é, indubitavelmente, o mais interessante deles. E será a ele que se dedicará especial atenção neste capítulo. Afirma-se que um ordenamento jurídico constitui um sistema

---

98. BOBBIO, Norberto. **Teoria do Ordenamento Jurídico**. 10. ed. Tradução Maria Celeste C. J. Santos; revisão técnica Claudio de Cicco; apresentação Tercio Sampaio Ferraz Jr. Brasília: Universidade de Brasília, 1999, p. 79.

99. Idem, ibidem, p. 79.

porque não podem coexistir nele **normas incompatíveis**[100]. Aqui, portanto, a palavra "sistema" equivale à validade do princípio que exclui a **incompatibilidade das normas**. Se em um ordenamento vêm a existir normas incompatíveis, uma das duas ou ambas devem ser excluídas. Se isso é verdade, forçoso é concluir que as normas de um ordenamento mantêm um certo relacionamento entre si, e esse relacionamento é o relacionamento de compatibilidade, o que acarreta, por sua vez, que se elimine a incompatibilidade.

Note-se, contudo, que afirmar que as normas devam ser compatíveis não quer dizer que se encaixem umas nas outras, ou seja, que constituam um sistema dedutivo perfeito. Neste terceiro sentido de sistema, o sistema jurídico não é um sistema dedutivo, segundo Bobbio[101], como no primeiro sentido já apresentado. Aqui, o sistema se apresenta de modo menos incisivo ou, se se preferir, ele se apresenta com um sentido negativo, ou seja, uma ordem que exclui a incompatibilidade entre cada uma de suas partes simples. Imagine-se as seguintes proposições: a) "o quadro negro é negro"; e b) "o café é amargo" são compatíveis, mas não se encaixam uma na outra. Por conseguinte, não é correto falar, como se faz corriqueiramente, de **coerência** do ordenamento jurídico no seu conjunto[102]. Pode-se falar de exigência de coerência somente entre as suas partes simples. Em um sistema dedutivo, caso surja alguma contradição, todo o sistema cairá por terra[103]. Em um sistema jurídico, a aceitação do princípio que prescreve a exclusão da incompatibilidade tem como consequência, em caso de incompatibilidade de duas normas, não mais

100. Idem, ibidem, p. 80.

101. Idem, ibidem, p. 80.

102. BOBBIO, Norberto. **Teoria do Ordenamento Jurídico**. 10. ed. Tradução Maria Celeste C. J. Santos; revisão técnica Claudio de Cicco; apresentação Tercio Sampaio Ferraz Jr. Brasília: Universidade de Brasília, 1999, p. 80.

103. O que explica a tese de Hans Kelsen acerca do assunto e a sua noção de norma fundamental.

a queda de todo o sistema, mas somente de uma das duas normas envolvidas ou, no máximo, das suas[104].

De outra banda, comparado com um sistema dedutivo, o sistema jurídico é a alguma coisa a menor. Confrontado com um sistema dinâmico, sobre o qual se falou no item anterior, é algo a maior. De fato, caso se admita o princípio de compatibilidade, para se considerar o enquadramento de uma norma no sistema não será suficiente mostrar a sua derivação de uma das fontes autorizadas, mas se fará necessário também mostrar que ela não é incompatível com outras normas. Nesse sentido, nem todas as normas produzidas pelas fontes autorizadas seriam normas válidas, mas somente aquelas compatíveis com as outras. Cumpre descobrir, por outra banda, se esse princípio que exclui a incompatibilidade existe e qual é a sua função[105].

3.5. DA COERÊNCIA DO SISTEMA

3.5.1. As antinomias

A circunstância de normas incompatíveis entre si é uma dificuldade tradicional diante da qual se encontraram os juristas de todos os tempos, e teve uma denominação específica e característica: **antinomia**[106]. A ideia de que o ordenamento jurídico constitua um sistema no terceiro sentido aqui apresentado (sistema no sentido de não haver contradição entre as normas), pode ser expressa ao se afirmar que **o Direito não tolera antinomias**, segundo Bobbio[107].

---

104. BOBBIO. Op. cit., p. 80.

105. BOBBIO. Op. cit., p. 81.

106. KELSEN, Hans. **Teoria geral das normas**. Tradução José Florentino Duarte. Porto Alegre: Fabris, 1986, p. 271-272.

107. BOBBIO. Op. cit., p. 81.

Na tradição romanística que caracteriza o Brasil e também a Itália, o problema das antinomias já foi colocado com muita clareza nas duas famosas constituições de Justiniano, e com ele se abre o Digesto: "Nulla itaque in omnibus praedicti codicis membris antinomia (sic enim a vestutate Graeco vocábulo noncupatur) aliquidi sibi vindicet locum, sed sit una concordia, una consequentia, adversário nemine constituto (Deo auctore, ou De conceptione digestorum)". Analogamente, consigna-se: "Contratrium autem aliquid in hoc códice positum nulum sibi locum vindicabit nec invenitur, si quis subtili animo diversitatis rationes excutiet" (*Tanta*, ou *De confirmatione digestorum*)[108].

A circunstância de no Direito Romano, considerado por longos séculos o Direito na mais precisa e elevada acepção da palavra, não existirem antinomias foi regra básica para os intérpretes, pelo menos enquanto o Direito Romano foi o Direito vigente[109]. Um dos objetivos da interpretação[110] jurídica, desde aquela época, era também a de eliminar as antinomias, caso alguma viesse a surgir, valendo-se dos mais variados meios hermenêuticos para esse fim. Com o intuito de resolver algumas dessas antinomias, ao longo do tempo, terminou-se por elaborar algumas regras técnicas que, a seguir, serão apresentadas.

Mas antes de apresentar tais regras, é preciso responder a uma pergunta: quando duas normas podem ser reputadas como incompatíveis?

---

108. Apud BOBBIO, Norberto. **Teoria do Ordenamento Jurídico**. 10. ed. Tradução Maria Celeste C. J. Santos; revisão técnica Claudio de Cicco; apresentação Tercio Sampaio Ferraz Jr. Brasília: Universidade de Brasília, 1999, p. 81.

109. Idem, ibidem, p. 81-82.

110. Aliás, sobre a interpretação jurídica e maior aprofundamento do tema, é indispensável a leitura da obra de Francesco Ferrara. Veja o que escreve o autor: "Mas a atividade central que se desenvolve na aplicação da norma de direito é a que tem por objeto a interpretação. O texto da lei não é mais do que um complexo de palavras escritas que servem para uma manifestação de vontade, a casca exterior que encerra um pensamento, o corpo de um conteúdo espiritual". Cf. FERRARA, Francesco. **Como aplicar e interpretar as leis**. Tradução Joaquim Campos de Miranda. Belo Horizonte: Líder, 2002, p. 23.

Em que consiste uma antinomia jurídica? Com o escopo de esclarecer esse aspecto, lança-se mão aqui ao que foi dito por Bobbio, em seu livro *Teoria da Norma Jurídica*[111], *acerca dos relacionamentos intercorrentes entre as quatro figuras de qualificação normativa, a saber:* **o obrigatório, o proibido, o permitido positivo** (permitido fazer algo) e o **permitido negativo** (permitido não fazer algo)[112].

Entre essas qualificações normativas, é possível admitir seis relações: 1) a relação entre o obrigatório e o proibido; 2) a relação entre o obrigatório e o permitido negativo; 3) a relação entre o proibido e o permitido positivo; 4) a relação entre o obrigatório e o permitido positivo; 5) a relação entre proibido e permitido negativo; e, por fim, 6) a relação entre permitido positivo e permitido negativo[113].

Caso se defina como incompatíveis duas proposições (no caso, duas normas) que **não podem ser ambas verdadeiras**, das seis relações apontadas acima, três são de incompatibilidade e três são de compatibilidade. São relações de incompatibilidade as três primeiras mencionadas e, por sua vez, são relações de compatibilidade as últimas três ali listadas[114]. Convém, então, apreciar cada uma das relações de *per si.*

Na primeira relação, uma norma que obriga com uma norma que proíbe, tem-se dois contrários, e dois contrários podem, até, serem ambos falsos, mas não podem, em hipótese alguma, serem ambos verdadeiros. Na segunda relação, uma norma que obriga e uma norma que permite não fazer algo, há, também, dois contraditórios, e dois contraditórios,

---

111. BOBBIO, Norberto. **Teoria da norma jurídica**. 2. ed. rev. Tradução Fernando Pavan Baptista e Ariani Bueno Sudatti; apresentação Alaôr Caffé. Bauru: Edipro, 2003.

112. BOBBIO, Norberto. Op. cit., p. 82.

113. BOBBIO, Norberto. **Teoria do Ordenamento Jurídico**. 10. ed. Tradução Maria Celeste C. J. Santos; revisão técnica Claudio de Cicco; apresentação Tercio Sampaio Ferraz Jr. Brasília: Universidade de Brasília, 1999, p. 82.

114. Idem, ibidem, p. 83.

nesse caso, não podem ser nem ambos verdadeiros nem ambos falsos. Na terceira modalidade de relação, uma norma que proíbe e uma norma que permite fazer algo, tem-se dois contraditórios, e aí, nesse caso também, vale para essa relação à regra anterior, qual seja, não podem ser nem ambos verdadeiros nem ambos falsos[115].

Já na quarta modalidade de relação, uma norma que obriga e outra que permite fazer algo, não há contradição, há, na verdade, dois subalternos, entre os quais existe uma relação de implicação, no sentido de que da verdade do primeiro (ou subalternante) deduz-se a verdade do segundo, não sendo a recíproca verdadeira. E mais, é possível afirmar que, caso seja falsa a segunda norma (a subalternada, a que permite fazer algo), disso se deduz a falsidade da primeira, e não vice-versa. Em outros termos, se uma ação é obrigatória, é necessariamente também permitida, mas isso não significa que uma ação permitida seja também obrigatória. Desse modo, é possível dizer que a relação que vai do obrigatório ao permitido positivo é uma **relação de superimplicação**, ao passo que a relação que vai do permitido positivo ao obrigatório é uma **relação de subimplicação**[116].

Por sua vez, na quinta possibilidade, a relação entre uma norma proibitiva e uma norma que permite deixar de fazer algo (permitido negativo), há, também, uma relação entre subalternos. Sendo assim, valem aqui as mesmas considerações do parágrafo anterior.

Na última variação de relação, a sexta, tem-se uma relação entre permitido positivo e permitido negativo. São, portanto, subcontrários. Disso resulta que vale para eles a regra de que podem ser ambos verdadeiros, mas não podem ser ambos falsos[117].

115. Idem, ibidem, p. 83.

116. Idem, ibidem, p. 84.

117. BOBBIO, Norberto. **Teoria do Ordenamento Jurídico**. 10. ed. Tradução Maria Celeste C. J. Santos; revisão técnica Claudio de Cicco; apresentação Tercio Sampaio Ferraz Jr. Brasília: Universidade de Brasília, 1999, p. 84.

Caso se observe com atenção as modalidades de relação acima mencionadas, perceber-se-á que nos últimos três casos nunca se terá uma situação na qual se encontrem lado a lado duas proposições verdadeiras ao mesmo tempo. Isso significa que em nenhum dos primeiros três casos as duas proposições podem ser ambas verdadeiras. Por outro lado, nas últimas três modalidades de relação, pode haver, uma ao lado da outra, duas proposições ao mesmo tempo verdadeiras[118].

O que isso significa? Significa que nas três últimas hipóteses de relação as duas proposições podem ser ambas verdadeiras. Enfatize-se, por conseguinte, que, caso se defina como normas incompatíveis aquelas que não podem ser ambas verdadeiras ao mesmo tempo, só se poderá falar em relações de incompatibilidade normativa em três situações, a saber: 1) entre uma norma que **ordena** fazer algo e uma norma que **proíbe** fazê-lo (contrariedade); 2) entre uma norma que **ordena** fazer e uma que **permite não fazer** (contraditoriedade); 3) e entre uma norma que **proíbe** fazer e uma que **permite fazer** (contraditoriedade)[119].

Com o escopo de ser didático, serão apresentados, a seguir, três exemplos, de modo a esclarecer cada um dos casos acima mencionados. Vamos aos exemplos[120].

Primeira situação: o artigo 27 da Constituição italiana, em que se lê: "A responsabilidade penal é pessoal", está em oposição com o texto do artigo 57, § 2º, do Código Penal Italiano, o qual atribui ao diretor de jornal uma responsabilidade para os delitos cometidos por meio da imprensa pelos seus colaboradores, se se interpretar esse artigo como configurador de uma responsabilidade objetiva. Contudo, é preciso dizer que

118. Idem, ibidem, p. 85.

119. Idem, ibidem, p. 85.

120. Estes exemplos e outros temas deste capítulo foram extraídos da obra de G. Cavazzi: **Delle antinomie**, Turim, 1959, bem como do livro de BOBBIO. Op. cit.

este último artigo pode ser interpretado de outras maneiras que fazem desaparecer a antinomia. O certo é que se trata de dois artigos dirigidos aos órgãos judiciários, dos quais o primeiro pode ser formulado deste modo: "os juízes **não devem** condenar ninguém que não seja pessoalmente responsável"[121]. E o segundo dispositivo pode ser traduzido da seguinte maneira: "os juízes **devem** condenar alguém (no caso específico, o diretor de jornal), mesmo não sendo pessoalmente responsável". Uma vez que uma das normas obriga e a outra proíbe a mesma conduta, trata-se de duas normas incompatíveis por contrariedade.

A segunda situação: o artigo 18 do T.U. das Leis sobre a Segurança Pública italiana diz: "Os promotores de uma reunião num lugar público ou aberto ao público devem avisar, pelo menos três dias antes, o delegado". Já o artigo 17, § 2º, da Constituição prescreve: "Para as reuniões, também em lugares abertos ao público, não é exigido aviso prévio". Fica evidente, assim, a oposição: o artigo 18 do T.U. obriga a fazer aquilo que o artigo 17 da Constituição permite não fazer. Trata-se de duas normas incompatíveis, portanto, vez que são contraditórias[122].

O terceiro exemplo: o artigo 502 do Código Penal italiano considera a greve um crime. O artigo 40 da Constituição, por sua vez, prescreve: "O direito à greve exercita-se no âmbito das leis que o regulam". O que a primeira norma proíbe, a segunda norma reputa como lícito, ou seja, permite fazer, desde que dentro de certos limites previstos em lei[123]. Aqui também há uma situação de contraditoriedade.

---

121. BOBBIO, Norberto. **Teoria do Ordenamento Jurídico**. 10. ed. Tradução Maria Celeste C. J. Santos; revisão técnica Claudio de Cicco; apresentação Tercio Sampaio Ferraz Jr. Brasília: Universidade de Brasília, 1999, p. 85.

122. Idem, ibidem, p. 86.

123. Se o leitor quiser fazer uma incursão sobre a lei como fonte do direito a partir da perspectiva dos Direitos Socialistas, apesar de este não ser o foco desta pesquisa, vale a pena tomar contato com a obra de René David. Nesse sentido, consulte-se DAVID, René. **Os grandes**

3.5.2. Vários tipos de antinomias

Definiu-se antinomia, com apoio na lição de Bobbio, como aquela hipótese na qual são colocadas em existência duas normas, das quais uma obriga e a outra proíbe, ou uma obriga e a outra permite, ou, ainda, uma proíbe e outra permite a mesma conduta[124]. Contudo, essa definição não está completa. Para que possa restar caracterizada uma antinomia, são necessárias duas condições, as quais, mesmo sendo óbvias, precisam ser explicitadas.

A primeira pode ser resumida do seguinte modo: as duas normas jurídicas devem pertencer ao mesmo ordenamento[125]. O problema de uma antinomia entre duas normas pertencentes a diferentes ordenamentos surge quando eles não são independentes entre si, mas se encontram em um relacionamento qualquer que pode ser de coordenação ou de subordinação. Sobre esse problema específico, Bobbio discorre no último capítulo de sua *Teoria do Ordenamento Jurídico*[126], o qual é dedicado aos relacionamentos entre ordenamentos. Não nos deteremos sobre o tema, por entendermos que ele já escapa ao propósito desta tese e, também, deste segundo capítulo, razão pela qual remetemos, nesta passagem, o leitor à obra do professor italiano.

No momento, basta fazer alusão à tradicional discussão acerca da compatibilidade das normas de um ordenamento positivo com as do Direito Natural. Um problema real de antinomias entre Direito Positivo e Direito

---

sistemas do direito contemporâneo. 4. ed. Tradução Hermínio A Carvalho. São Paulo: Martins Fontes, 2002, p. 253-255.

124. BOBBIO. Op. cit., p. 86.

125. BOBBIO, Norberto. **Teoria do Ordenamento Jurídico**. 10. ed. Tradução Maria Celeste C. J. Santos; revisão técnica Claudio de Cicco; apresentação Tercio Sampaio Ferraz Jr. Brasília: Universidade de Brasília, 1999, p. 87.

126. BOBBIO, Norberto. **Teoria da norma jurídica**. 2. ed. rev. Tradução Fernando Pavan Baptista e Ariani Bueno Sudatti; apresentação Alaôr Caffé. Bauru: Edipro, 2003, p. 161-184.

Natural (ou seja, entre dois ordenamentos distintos) subsiste desde que se considere o Direito positivo como ordenamento subordinado ao Direito Natural. Nessa hipótese, o intérprete será obrigado a eliminar não apenas as antinomias no interior do ordenamento positivo, mas também as subsistentes entre ordenamento positivo e ordenamento natural[127].

Falou-se, até agora, convém lembrar, do ordenamento jurídico como sistema. Mas nada impede, segundo Bobbio, que o sistema decorra da relação entre alguns ordenamentos dentro de um ordenamento mais geral. A mesma passagem da norma inferior à norma superior, que aqui foi constatada no interior de um ordenamento simples, pode vir a se dar de um ordenamento inferior a um ordenamento superior, até que se alcance um ordenamento supremo que os abarca a todos (ao Direito Natural foi atribuída, geralmente, a função dessa coordenação universal de todo o Direito)[128].

A segunda condição para que haja uma antinomia é: as duas normas envolvidas devem ter o mesmo âmbito de validade. Pode-se falar em quatro âmbitos de validade de uma norma: o **temporal**, o **espacial**, o **pessoal** e o **material**. Não caracteriza antinomia duas normas que não coincidem no que toca a: a) validade temporal: "é proibido fumar das cinco às sete" não é incompatível com: "é permitido fumar das sete às nove"; b) validade espacial: "é proibido fumar na sala de teatro" não é contraditório com a norma que prescreve que "é permitido fumar na sala de espera"; c) validade pessoal: "é proibido, aos menores de dezoito anos, fumar" não é incompatível com "é permitido aos adultos fumar"; d) validade material: a norma que prescreve "que é proibido fumar charutos" não entra em conflito com a norma que prescreve é "permitido fumar cigarros"[129].

127. BOBBIO. Op. cit., p. 87.

128. BOBBIO. Op. cit., p. 87.

129. BOBBIO, Norberto. **Teoria do Ordenamento Jurídico**. 10. ed. Tradução Maria Celeste C. J. Santos; revisão técnica Claudio de Cicco; apresentação Tercio Sampaio Ferraz Jr. Brasília: Universidade de Brasília, 1999, p. 87-88.

Apresentadas essas especificações, é possível definir novamente a antinomia jurídica como aquela situação que ocorre entre duas normas incompatíveis, que fazem parte de um mesmo ordenamento e que integram um mesmo âmbito de validade. As antinomias, deste modo definidas, podem ser, por sua vez, distinguidas em três tipos diferentes, de acordo com a maior ou menor extensão do contraste entre as duas normas[130].

A primeira categoria de antinomia é aquela que se tem quando as duas normas incompatíveis têm **igual** âmbito de validade. Nesse caso, a antinomia pode ser denominada, caso se adote a terminologia de Alf Ross[131], que destacou esse tipo de antinomia, como **total-total**[132]. Em nenhum caso uma das duas normas pode ser aplicada sem entrar em atrito com a outra. Retorne-se ao exemplo mencionado acima: "é proibido, aos adultos, fumar das cinco às sete na sala de cinema" é incompatível com "é permitido aos adultos fumar das cinco às sete na sala de cinema". Entre os exemplos mencionados anteriormente, um caso de antinomia total-total é a oposição entre a proibição da greve e a permissão da greve[133].

Um segundo tipo de antinomia se dá se as duas normas incompatíveis têm âmbito de validade **em parte igual e em parte diferente**. A antinomia subsiste somente para a parte comum e pode ser denominada como **parcial-parcial**. Nesse caso, cada uma das normas tem um campo de aplicação em conflito com a outra, e um campo de aplicação no qual o conflito não existe. Observe-se o seguinte exemplo: "é proibido, aos adultos, fumar cachimbo e charuto das cinco às sete na sala de cinema" e "é permitido, aos adultos, fumar charuto e cigarro das cinco às sete na sala de cinema"[134].

---

130. Idem, ibidem, p. 88.

131. ROSS, Alf. **Direito e Justiça**. Tradução Edson Bini; revisão técnica Alysson Leandro Mascaro. Bauru: Edipro, 2003, p. 129-130.

132. BOBBIO. Op. cit., p. 88.

133. BOBBIO. Op. cit., p. 88-89.

134. BOBBIO. Op. cit., p. 89.

Uma terceira espécie de antinomia é aquela que ocorre se, de duas normas incompatíveis, uma tem um âmbito de validade igual ao da outra, porém mais restrito, ou, em outras palavras, se o seu âmbito de validade é, na íntegra, igual a uma parte do da outra. Nesse caso, a antinomia é total por parte da primeira norma com respeito à segunda, mas somente parcial por parte da segunda no que toca à primeira. Logo, ela pode ser denominada como **total-parcial**. E as coisas são assim porque a primeira norma não pode ser em nenhum caso aplicada sem entrar em conflito com a segunda, ao passo que a segunda tem um raio de aplicação que não entra em conflito com a primeira. Exemplo, "é proibido, aos adultos, fumar das cinco às sete na sala de cinema" e "é permitido, aos adultos, fumar, das cinco às sete, na sala de cinema, somente cigarros"[135].

Relacionado ao sentido aqui apresentado de antinomia como situação produzida pelo conflito entre duas normas incompatíveis[136], diz-se, na linguagem jurídica, sobre antinomias jurídicas, fazendo-se referência a outras situações. Aqui, por razão de conveniência, limitar-nos-emos a listar outros significados para palavra antinomia, advertindo, porém, que o problema clássico das antinomias jurídicas é aquele em torno do qual se explanou até agora[137].

Com o escopo de distinguir estes outros sentidos atribuídos à palavra antinomia, se irá denominá-las aqui como **antinomias impróprias**[138]. Emprega-se o termo "antinomia" no Direito para se fazer alusão ao fato

---

135. BOBBIO, Norberto. **Teoria do Ordenamento Jurídico**. 10. ed. Tradução Maria Celeste C. J. Santos; revisão técnica Claudio de Cicco; apresentação Tercio Sampaio Ferraz Jr. Brasília: Universidade de Brasília, 1999, p. 89.

136. KELSEN, Hans. **Teoria geral das normas**. Tradução José Florentino Duarte. Porto Alegre: Fabris, 1986, p. 263-271.

137. BOBBIO. Op. cit., p. 89-90.

138. A lista que aqui será apresentada foi extraída da obra de Karl Engisch. ENGISCH, Karl. **Introdução ao pensamento jurídico**. 6. ed. Tradução J. Baptista Machado. Lisboa: Fundação Calouste Gulbenkian, 1988, p. 275-342.

de que um ordenamento jurídico pode ser inspirado em valores contrapostos (em ideologias[139] contraditórias). Consideram-se, por exemplo, o valor da liberdade e o da segurança como valores antinômicos, porque acredita-se que a garantia da liberdade provoca danos, frequentemente, à segurança, e a garantia da segurança, por sua vez, tende a restringir a liberdade. Em consequência, um ordenamento inspirado em ambos os valores se diz que repousa sobre princípios antinômicos. Numa situação como essa, é possível falar em **antinomias de princípios**. De acordo com Bobbio[140], as antinomias de princípio não são antinomias jurídicas propriamente ditas, mas podem acabar resultando em normas incompatíveis. É lícito supor que uma fonte de normas incompatíveis possa ser o fato de o ordenamento encontrar-se minado por antinomias de princípio.

Outro significado de antinomia é a chamada **antinomia de avaliação**[141], a qual se verifica no caso em que uma norma pune um delito menor com uma pena mais grave do que a infligida a um delito maior. É evidente que nesse caso não existe uma antinomia em sentido próprio, porque as duas normas, a que pune o delito mais grave com penalidade menor e a que pune o delito menos grave com penalidade maior, são perfeitamente compatíveis. Não se deve falar de antinomia nesse caso, mas de injustiça. O que antinomia e injustiça têm em comum é que ambas dão lugar a uma situação que pede uma correção. Contudo, a razão pela qual se corrige a antinomia é diferente daquela pela qual se corrige a injustiça. A antinomia produz **incerteza**, a injustiça produz **desigualdade**[142],

139. Sobre a ideologia na doutrina de Santi Romano, consulte-se BOBBIO, Norberto. **Da estrutura à função**: novos estudos de teoria do direito. Tradução Daniela Beccaccia Vesiani. Barueri: Manole, 2007, p. 159-180.

140. BOBBIO. Op. cit., p. 90.

141. BOBBIO, Norberto. **Teoria do Ordenamento Jurídico**. 10. ed. Tradução Maria Celeste C. J. Santos; revisão técnica Claudio de Cicco; apresentação Tercio Sampaio Ferraz Jr. Brasília: Universidade de Brasília, 1999, p. 90.

142. Idem, ibidem, p. 90-91.

e, portanto, a correção obedece nos dois casos a diferentes valores, lá ao valor da ordem, aqui ao da igualdade.

Um terceiro sentido de antinomia diz respeito às chamadas **antinomias teleológicas**, de acordo com Bobbio. Esse tipo de antinomia ocorre quando existe uma oposição entre a norma que prescreve o meio para alcançar o fim e a que determina o fim. De modo que, se faço aplicar a norma que prevê o meio, não estou em condições de alcançar o objetivo, e a recíproca é verdadeira. Nesse caso, a oposição nasce, quase sempre, da insuficiência do meio. Mas, se é assim, se o meio é insuficiente, então, nesse caso, a situação é mais do que uma antinomia, sendo antes uma **lacuna**[143] (sobre as lacunas, mais adiante se falará a respeito).

3.5.3. Critérios para a solução das antinomias

Devido à tendência de cada ordenamento se constituir em sistema, a existência de antinomias em sentido próprio é um defeito, segundo Bobbio, que o intérprete se empenha em eliminar. Como antinomia significa o encontro de duas proposições incompatíveis, que não podem ser ambas verdadeiras, e, com referência a um sistema normativo, o encontro de duas normas que não podem ser ambas aplicadas, a eliminação do inconveniente não poderá consistir em outra coisa senão na eliminação de uma das duas normas (no caso de normas contrárias, também na eliminação das duas)[144].

Mas a pergunta que fica é: qual das duas normas deve ser eliminada?[145] Aqui, ressalta Bobbio, está o problema mais grave das antinomias.

---

143. Idem, ibidem, p. 91.

144. BOBBIO, Norberto. **Teoria do Ordenamento Jurídico**. 10. ed. Tradução Maria Celeste C. J. Santos; revisão técnica Claudio de Cicco; apresentação Tercio Sampaio Ferraz Jr. Brasília: Universidade de Brasília, 1999, p. 90.

145. Idem, ibidem, p. 91.

O que foi dito no item sobre as antinomias (item 3.5.1) diz respeito às regras para estabelecer quando se está diante de uma antinomia. Contudo, uma coisa é identificar a antinomia, outra, bem diferente, é resolvê-la. As regras apresentadas até agora são úteis para saber que duas normas são incompatíveis, mas elas nada falam sobre qual das duas deva ser conservada ou eliminada[146]. É necessário fazer a travessia da determinação das antinomias para a solução das antinomias.

Durante o transcurso de sua secular obra de interpretação das leis, a jurisprudência (ou Ciência do Direito) elaborou algumas regras para a solução das antinomias, que são comumente aceitas. De outra banda, faz-se necessário dizer desde logo que essas regras não são aptas a resolver todos os casos possíveis de antinomia. E disso decorre a necessidade de fazer incluir uma nova distinção na seara das antinomias próprias, ou seja, a distinção entre **antinomias solúveis** e **antinomias insolúveis**. Os motivos pelos quais nem todas as antinomias são solúveis podem ser resumidos em dois aspectos, a saber: i) há casos de antinomias nos quais não se pode aplicar nenhuma das regras pensadas para a solução das antinomias; ii) há casos em que se podem aplicar ao mesmo tempo duas ou mais regras em conflito entre si[147].

Denominam-se **antinomias solúveis** as antinomias **aparentes**. E chamam-se de **antinomias insolúveis** as antinomias **reais**. Dir-se-á, assim, que as antinomias reais são aquelas em que o intérprete é entregue a sua própria consciência, é abandonado a si mesmo. E isso se dá ou pela falta de um critério ou por conflito entre os critérios dados. A essas situações e a esse tipo antinomia dedicar-se-á os dois itens que serão a seguir apresentados[148]. Por ora, é preciso anunciar que as regras fundamentais

146. Idem, ibidem, p. 91-92.

147. Idem, ibidem, p. 92.

148. Convém ressaltar que só o fato de Bobbio admitir, de modo expresso, a existência de antinomias insolúveis, já é, por si só, algo muito relevante. Primeiro, porque demonstra uma clara

para a solução de antinomias são três: i) o critério cronológico; ii) o critério hierárquico; e iii) o critério da especialidade[149].

O critério cronológico, denominado também como *lex posterior*, é aquele a partir do qual, entre duas normas incompatíveis, confere-se preferência à norma posterior. Em latim, *lex posterior derogat priori*. Esse critério é tão evidente que não requer um comentário particular. Como se sabe, há uma regra geral no Direito em que a vontade posterior revoga a precedente, e que entre dois atos de vontade da mesma pessoa, prevalece aquele que seja o último no tempo. Suponha que a lei seja a expressão da vontade do legislador, se a suposição foi entendida, não será difícil justificar a regra da cronologia. Caso se entendesse de modo diverso, a consequência, como alerta Bobbio[150], seria a criação de um obstáculo ao progresso jurídico, além de se criar uma grande dificuldade de adaptação gradual do Direito a exigências sociais. Imagine-se, por absurdo, nas consequências que resultariam da regra que prescrevesse ater-se à norma precedente.

Ademais, presume-se que o legislador não quer ou não tem a intenção de fazer algo inútil e sem finalidade. Caso a norma precedente devesse prevalecer, a norma posterior seria um ato absolutamente inútil e sem qualquer finalidade. No ordenamento jurídico italiano, por sinal, o princípio da *lex posterior* é expressamente mencionado pelo artigo 15 das Disposições preliminares, na quais, entre as causas de ab-rogação,

---

distinção entre o pensamento dele e o de Kelsen. Segundo, porque essa circunstância, uma vez mais, reforça a ideia, por nós aqui sustentada, de a doutrina de Bobbio encontrar-se a meio caminho entre as lições de Hans Kelsen e de Niklas Luhmann. E terceiro, Bobbio, ao reconhecer a existência de antinomias insolúveis, abre espaço para que se possa repensar a ideia de sistema jurídico. E é isso, essa reformulação da ideia de sistema jurídico, que será o objeto do último capítulo desta obra.

149. BOBBIO, Norberto. **Teoria do Ordenamento Jurídico**. 10. ed. Tradução Maria Celeste C. J. Santos; revisão técnica Claudio de Cicco; apresentação Tercio Sampaio Ferraz Jr. Brasília: Universidade de Brasília, 1999, p. 92.

150. Idem, ibidem, p. 93.

relaciona-se também aquela que deriva da formulação de uma lei **incompatível** com uma lei precedente[151]. Diz o texto do artigo literalmente: "As leis não são revogadas a não ser ... por *incompatibilidade entre as novas disposições e as precedentes*".

O critério hierárquico, conhecido também como *lex superior*, é aquele pelo qual, entre duas normas incompatíveis, sobrepõe-se sempre a hierarquicamente superior. Em latim, diz-se do seguinte modo: *lex superior derogat inferiori*. Não há dificuldade em entender a razão desse critério depois que se viu, em itens anteriores aqui apresentados, que as normas de um ordenamento, como quer Bobbio e também Kelsen, são colocadas em planos diferentes, ou seja, são dispostas em ordem hierárquica. E uma das decorrências da hierarquia normativa é justamente esta: as normas superiores podem revogar as inferiores, mas estas últimas não podem revogar aquelas outras. A inferioridade de uma norma em relação a outra consiste na menor força do seu poder normativo. Essa menor força se manifesta exatamente na incapacidade de estabelecer uma regulamentação que esteja em contradição com a regulamentação de uma norma hierarquicamente superior[152].

No ordenamento italiano, o princípio da hierarquia entre normas está expresso de diferentes maneiras. A superioridade das normas constitucionais sobre as ordinárias é sancionada pelo artigo 134 da Constituição. A superioridade das leis sobre os regulamentos está apostada pelo artigo 4º das Disposições preliminares ("os regulamentos não podem conter normas contrárias às disposições das leis"). A superioridade das leis ordinárias sobre as sentenças do juiz está prevista no artigo 360 do CPC, o qual prescreve os motivos de impugnação de uma sentença, entre os

---

151. Idem, ibidem, p. 93.

152. BOBBIO, Norberto. **Teoria do Ordenamento Jurídico**. 10. ed. Tradução Maria Celeste C. J. Santos; revisão técnica Claudio de Cicco; apresentação Tercio Sampaio Ferraz Jr. Brasília: Universidade de Brasília, 1999, p. 93.

quais a "violação ou falsa aplicação de normas de Direito". Finalmente, a superioridade das leis ordinárias sobre os atos de autonomia privada, por exemplo, o contrato, está disposta no artigo 1.343 do CC, o qual reputa como casa ilícita de um contrato o fato de que seja contrário "a normas imperativas" (ou cogentes)[153].

Um problema com um maior número de variáveis envolvidas ocorre no que toca à relação entre Lei e costume[154]. No ordenamento italiano, o costume é uma fonte hierarquicamente inferior à lei. No artigo 1º das Disposições preliminares, o costume encontra-se, na lista de fontes, em terceiro lugar, vindo depois das leis e dos regulamentos. Do artigo 8º decorre que os usos "nas matérias reguladas pelas leis e pelos regulamentos... têm eficácia somente na medida em que são por eles reclamados". Da circunstância de que o costume seja hierarquicamente inferior à Lei decorre que entre duas normas incompatíveis, das quais uma é consuetudinária, prevalece a legislativa[155].

Com apoio na expressão mais difundida no âmbito jurídico, é possível dizer que o costume vale *secundum* e *praeter legem* (conforme e além da lei). Contudo, ele não vale *contra legem*. Dito de outro modo, nos ordenamentos em que o costume é inferior à lei, não vale o costume **ab-rogativo.** Ou seja, a lei não pode ser revogada por um costume a ela contrário. Entrementes, esse princípio não é aplicável em todos os ordenamentos. Existem ordenamentos menos evoluídos, menos centralizados, nos quais

---

153. Idem, ibidem, p. 94.

154. Sobre o tema dos costumes e sua relação com o Direito, recomenda-se a leitura da obra de Mário Giuseppe Losano. O autor, muito influenciado pela lição de Bobbio, discorre razoavelmente sobre o tema, dedicando algumas páginas ao direito consuetudinário inglês, ao direito consuetudinário africano e à sobrevivência do costume nos direitos codificados. LOSANO, Mário G. **Os grandes sistemas jurídicos**: introdução aos sistemas jurídicos europeus e extraeuropeus. Tradução Marcela Varejão. São Paulo: Martins Fontes, 2007, p. 317-391.

155. BOBBIO. Op. cit., p. 94.

leis e costumes são fontes de mesmo grau ou patamar hierárquico. Caso suceda um conflito entre lei e costume, em tais ordenamentos, o que se dá? Como resolvê-lo? Sem dúvida, não se pode aplicar o critério hierárquico. Nesse caso, então, lança-se mão do critério cronológico, com a consequência de que a lei sucessiva ab-roga o costume precedente e vice-versa[156].

Um exemplo de ordenamento no qual o costume apresenta maior força do que aquela encontrada nos ordenamentos estatais modernos é aquele prescrito pelo Direito Canônico. O cânon 27 apresenta três situações: i) um costume contrário ao direito divino e natural **não prevalece**; ii) um costume que se oponha ao direito eclesiástico **prevalece**, desde que seja *rationabilis* (razoável) e tenha durado por, pelo menos, quarenta anos; iii) um costume contrário a uma lei humana eclesiástica que exclua validade de qualquer futuro costume **prevalece**, sob a condição de que tenha tido uma duração de pelo menos cem anos ou seja de data ignorada[157].

Como é possível notar, no Direito Canônico, o costume ab-rogativo, embora dentro de certos limites, é admitido. Como foi dito aqui em oportunidade passada, com apoio na lição de Bobbio[158], o caso do relacionamento entre lei e costume é mais complexo, ou seja, envolve maior número de variáveis, porque não admite uma resposta geral para toda e qualquer situação. Alguns ordenamentos consideram o costume inferior à lei, e, então, no caso de antinomia, aplica-se o critério da *lex superior*. Outros ordenamentos, como o Direito Canônico, reputam que a lei e o costume se encontram em mesmo patamar hierárquico, e então, nesse caso, torna-se necessário lançar mão de outros critérios[159].

---

156. BOBBIO, Norberto. **Teoria do Ordenamento Jurídico**. 10. ed. Tradução Maria Celeste C. J. Santos; revisão técnica Claudio de Cicco; apresentação Tercio Sampaio Ferraz Jr. Brasília: Universidade de Brasília, 1999, p. 94-95.

157. Idem, ibidem, p. 95.

158. Idem, ibidem, p. 95.

159. Idem, ibidem, p. 95.

Geralmente, a preponderância da lei é resultado da formação do Estado[160] moderno e, com ele, a ideia de o poder ser altamente concentrado ou centralizado. No antigo Direito Romano, no Direito inglês, na sociedade medieval, enfim, em todos esses exemplos de ordenamento, o costume era fonte primária superior à própria lei, como salienta Bobbio[161]. Nesses ordenamentos, vale ressaltar, a lei contrária ao costume era admitida mediante uma aplicação do terceiro critério, ou seja, era considerada como *lex specialis*.

O terceiro critério, o da *lex specialis*, é aquele por meio do qual, entre duas normas incompatíveis, uma geral e uma especial (ou excepcional), prevalece a segunda: *lex specialis derogat generali*. Também nesse caso a justificativa da existência do critério não é obscura. A lei especial é aquela que se sobrepõe a uma lei mais geral, ou que subtrai de uma norma uma parte da sua matéria para submetê-la a uma disciplina diversa (contrária ou contraditória). A transposição de uma regra mais extensa (que abarca um certo *genus*) para uma regra derrogatória menos extensa (que diz respeito a uma *species* do *genus*) guarda correspondência com uma exigência indispensável de justiça, entendida como o tratamento igual das pessoas que pertencem à mesma categoria[162].

A passagem da regra geral para regra especial diz respeito a um processo natural de diferenciação das categorias, a uma descoberta gradual, por parte do legislador, dessa diferenciação (dessa crescente especialização)[163].

---

160. Consulte-se, ainda, VECCHO, Giorgio Del. **O Estado e suas fontes do Direito**. Tradução Henrique de Carvalho. Belo Horizonte: Líder, 2005, p. 7-40.

161. BOBBIO, Norberto. Op. cit., p. 95.

162. BOBBIO, Norberto. **Teoria do Ordenamento Jurídico**. 10. ed. Tradução Maria Celeste C. J. Santos; revisão técnica Claudio de Cicco; apresentação Tercio Sampaio Ferraz Jr. Brasília: Universidade de Brasília, 1999, p. 96.

163. Vale ressaltar que a diferenciação é uma característica da sociedade moderna, como exalta e sustenta Niklas Luhmann. E mais, que é ela, a diferenciação, que acarreta uma outra característica da sociedade moderna, qual seja, a complexidade. O certo é que, aqui, mais uma vez,

Identificada ou descoberta a diferenciação, a insistência na regra geral implicaria o tratamento igual de pessoas que pertencem a categorias diferentes, e, por conseguinte, numa injustiça. Nesse processo de gradual especialização (de subdivisão em regras ou ramos cada vez mais específicos), levado à cabo por meio de leis especiais, encontramos uma das regras essenciais da justiça, qual seja, a do *suum cuique tribuere* (*dar a cada um o que é seu*). Desse modo, é possível entender, por conseguinte, por que a lei especial deve prevalecer sobre a geral: ela retrata um momento inafastável da evolução de um ordenamento. Impedir a aplicabilidade ou o surgimento de leis especiais, por força da já existência de normas gerais, significa paralisar o desenvolvimento do ordenamento jurídico, como sustenta Bobbio[164].

No cenário do direito italiano, de especialidade, encontra-se, por exemplo, disposto no artigo 15 do Código Penal, que assim prescreve: "Quando algumas leis penais ou algumas disposições da mesma lei penal regulam a mesma matéria, a lei ou disposição da lei especial anula a lei ou a disposição da lei geral, salvo se estabelecido de outra forma".

A situação de antinomia, provocada pelo relacionamento entre uma lei[165] geral e uma lei especial, é aquela que corresponde ao tipo de antinomia **total-parcial**. Isso importa dizer que, quando se aplica o critério da *lex specialis*, não se dá a eliminação total de uma das duas normas incompatíveis, mas somente daquela parte da lei geral que é incompatível com a lei especial. Desse modo, por força da lei especial, a lei geral cai

---

percebe-se como a doutrina de Bobbio está a meio caminho entre a lição de Hans Kelsen e os ensinamentos de Niklas Luhmann. E por quê? Porque, como já é possível notar acima, Bobbio associa a ideia de diferenciação à ideia de desenvolvimento ou evolução da sociedade. Ora, ao fazê-lo, Bobbio vincula o desenvolvimento do Direito ao da sociedade e, mais que isso, compreende a noção de desenvolvimento como algo que implica diferenciação.

164. BOBBIO. Op. cit., p. 96.

165. KAUFMANN, Arthur. **Filosofia do Direito**. Tradução António Ulisses Cortês. Lisboa: Fundação Calouste Gulbenkian, 2010, p. 200-224.

parcialmente. Quando se aplica o critério cronológico ou o hierárquico, tem-se geralmente a eliminação por completo de uma das duas normas. Contudo, diferente do que se dá nos relacionamentos cronológico e hierárquico, que não dão ensejo necessariamente a situações antinômicas, o relacionamento de especialidade é necessariamente antinômico. O que implica dizer que os dois primeiros critérios se aplicam **quando** surge uma antinomia, ao passo que o terceiro se aplica **porque** vem a existir uma antinomia[166].

3.5.4. Insuficiência dos critérios

O critério cronológico é empregado quando duas normas incompatíveis são sucessivas. O critério hierárquico é colocado em uso quando duas normas incompatíveis se encontram em patamar distinto. O critério de especialidade é levado a efeito no choque de uma norma geral com uma norma especial. Contudo, nada impede que haja antinomia entre duas normas: i) contemporâneas; ii) de mesmo nível hierárquico; iii) sendo ambas gerais[167].

Ora, como destaca Bobbio[168], forçoso é admitir que, nessa situação, os três critérios não apresentam qualquer utilidade. Mas o pior não é isso, o pior é que essa situação é mais frequente do que normalmente se imagina. Isso é o que se dá, por exemplo, quando se tem duas normas gerais incompatíveis e que se encontram no mesmo código. Se em um código há antinomias do tipo total-total e parcial-parcial (com exclusão do tipo total-parcial, que recai sobre o critério da especialidade), tais antinomias não são solucionáveis com nenhum dos três critérios apresentados.

---

166. BOBBIO, Norberto. **Teoria do Ordenamento Jurídico**. 10. ed. Tradução Maria Celeste C. J. Santos; revisão técnica Claudio de Cicco; apresentação Tercio Sampaio Ferraz Jr. Brasília: Universidade de Brasília, 1999, p. 97.

167. Idem, ibidem, p. 97.

168. Idem, ibidem, p. 97.

O critério cronológico não faz sentido, pois as normas de um código são estabelecidas ao mesmo tempo. O critério hierárquico também não faz sentido invocar, porque as normas são todas de mesmo patamar hierárquico, sendo todas leis ordinárias. E, por fim, o critério da especialidade também não faz sentido, porque este se aplica apenas ao caso de antinomia total-parcial, e esta não é a situação[169].

E o que fazer diante disso? Há um quarto critério que possibilite resolver as antinomias desse tipo? Aqui, no presente caso, a partir do verbo "há", entenda-se como critério "válido", ou seja, um critério que seja reputado como legítimo pelo intérprete, quer por sua razoabilidade, quer pelo incontestável uso.

E a essa pergunta, em nosso sentir, só pode ser respondida de modo negativo. O único critério, do qual se encontram referências em velhos tratadistas (mas não há mais referência a ele em tratados modernos e, por isso, de qualquer forma seria necessário procurar uma confirmação numa paciente análise das decisões dos juízes), é aquele extraído da **forma da norma**[170].

De acordo com a **forma,** as normas podem ser, como é cediço, **imperativas**, **proibitivas** e **permissivas**. O critério certamente é aplicável, de acordo com Bobbio[171], porque é evidente que duas normas incompatíveis são diferentes quanto à **forma**. Se uma é imperativa, a outra ou é proibitiva ou é permissiva, e assim por diante. Não se afirma, porém, que esse critério é justo e que ele seja adotado constantemente pelos juristas.

O critério no que diz respeito à **forma** consistiria em prescrever uma graduação de prevalência entre as três formas da norma jurídica. Apenas

---

169. BOBBIO, Norberto. **Teoria do Ordenamento Jurídico**. 10. ed. Tradução Maria Celeste C. J. Santos; revisão técnica Claudio de Cicco; apresentação Tercio Sampaio Ferraz Jr. Brasília: Universidade de Brasília, 1999, p. 97-98.

170. Idem, ibidem, p. 98.

171. Idem, ibidem, p. 98.

a título de exemplo, ele poderia ter a seguinte configuração: se de duas normas incompatíveis uma é imperativa ou proibitiva e a outra é permissiva, deve prevalecer a permissiva. Esse critério, segundo Bobbio[172], parece razoável, além de corresponder a um dos cânones interpretativos mais constantemente seguidos pelos juristas, que é o de **dar preponderância, em caso de ambiguidade ou indefinição na interpretação de um texto, à interpretação *favorabilis* sobre a odiosa.**

Em termos gerais, caso se entenda por *lex favorabilis* aquela que concede uma liberdade (ou faculdade, ou direito subjetivo) e por *lex odiosa* aquela que impõe uma obrigação (apoiada em uma sanção), não há dúvida de que uma *lex permissiva* é *favorabilis*, e uma *lex imperativa* é *odiosa*. O cânone, por outro lado, é muito menos evidente do que pode aparentar ser, pelo simples motivo de que a norma jurídica é, em regra, bilateral[173], em outras palavras, ela ao mesmo tempo atribui um direito a uma pessoa e impõe uma obrigação (positiva ou negativa) a outra, do que resulta que uma interpretação a favor de um sujeito é ao mesmo tempo odiosa para o sujeito envolvido na relação jurídica com o primeiro, e vice-versa[174].

Dito de outra maneira, se uma norma é interpretada da maneira mais favorável para o devedor, fazendo prevalecer, em caso de ambiguidade ou de conflito, a interpretação que reconhece um certo direito em lugar daquela que lhe imporia uma certa obrigação, essa mesma interpretação é odiosa em relação ao credor. E disso deriva a ambiguidade do cânone apresentado. O problema real, diante do qual se encontra o intérprete, não é o de fazer prevalecer a norma permissiva sobre a imperativa ou

172. Idem, ibidem, p. 98.

173. No mesmo sentido, REALE, Miguel. **Lições preliminares do Direito.** São Paulo: Saraiva, 1990, p. 50.

174. BOBBIO, Norberto. **Teoria do Ordenamento Jurídico.** 10. ed. Tradução Maria Celeste C. J. Santos; revisão técnica Claudio de Cicco; apresentação Tercio Sampaio Ferraz Jr. Brasília: Universidade de Brasília, 1999, p. 99.

vice-versa, mas, sim, o de qual dos sujeitos da relação é mais justo tutelar. Ou seja, qual dos dois interesses em conflito é justo fazer prevalecer. E mais, nessa decisão, a diferença formal entre as normas não lhe oferece o mínimo auxílio[175].

No choque entre duas normas incompatíveis, há, com relação à forma das normas, um outro caso: aquele em que uma das duas normas é imperativa e a outra proibitiva. Aqui uma solução poderia ser deduzida da consideração de que, enquanto na primeira situação, já explicada, trata-se de um conflito entre duas **normas contraditórias**[176]**, no que toca às quais** *tertium non datur* (ou se aplica uma ou se aplica a outra), nesta segunda situação, aqui imaginada, trata-se de um conflito entre duas **normas contrárias**, as quais se excluem, sim, uma à outra, mas não excluem uma terceira solução, no sentido, já aqui apresentado, segundo o qual duas proposições contrárias não podem ser ambas verdadeiras, mas podem ser ambas falsas[177].

No conflito entre uma obrigação positiva e uma obrigação negativa, o *tertium* é a permissão. Pode-se então considerar bastante fundada a regra de que, no caso de duas normas contrárias, ou seja, entre uma norma que obriga fazer algo e uma norma que proíbe fazer a mesma coisa, essas duas normas anulam-se reciprocamente e, por conseguinte, o comportamento, em vez de ser ordenado ou proibido, reputa-se como permitido ou lícito[178].

Deve-se, contudo, admitir que essas regras deduzidas da **forma** da norma não têm a mesma legitimidade daquelas deduzidas dos três

175. Idem, ibidem, p. 99.

176. KELSEN, Hans. **Teoria geral das normas**. Tradução José Florentino Duarte. Porto Alegre: Fabris, 1986, p. 271-284.

177. BOBBIO. Op. cit., p. 100.

178. BOBBIO, Norberto. **Teoria do Ordenamento Jurídico**. 10. ed. Tradução Maria Celeste C. J. Santos; revisão técnica Claudio de Cicco; apresentação Tercio Sampaio Ferraz Jr. Brasília: Universidade de Brasília, 1999, p. 100.

critérios apreciados no item anterior. Isso implica dizer, em outras palavras, que, na hipótese de um conflito no qual não se possa lançar mão de nenhum dos três critérios, **a solução do conflito é confiada à liberdade do intérprete**[179]. Poder-se-ia, a este respeito, falar-se, por que não, de um **autêntico poder discricionário**[180] **do intérprete**, ao qual cabe resolver o conflito segundo a **oportunidade**[181], recorrendo-se a todas as técnicas hermenêuticas[182] utilizadas pelos juristas por uma longa e consolidada tradição, sem se limitar, de modo algum, a aplicar uma só regra. É possível falar então, de uma maneira mais geral, no caso de conflito entre duas normas, para o qual não seja aplicável nem o critério cronológico, nem o hierárquico, nem o da especialidade. O intérprete, seja ele o juiz, seja ele o jurista, tem diante de si três possibilidades: i) eliminar uma das normas; ii) descartar as duas normas; iii) preservar as duas normas[183].

Na primeira hipótese, a operação levada a cabo pelo magistrado ou pelo jurisconsulto denomina-se como **interpretação ab-rogante**. Todavia, ela é, na verdade, uma **ab-rogação em sentido impróprio**, porque, se a interpretação é feita pelo jurista, ele não tem o poder normativo e, por conseguinte, não tem o poder ab-rogativo (o jurista, no máximo, sugere solução aos juízes e também, eventualmente, ao legislador). Contudo, se a interpretação é levada a efeito pelo magistrado, este, em geral (nos

179. Idem, ibidem, p. 100.

180. HART, Herbert. **O conceito de direito**. 3. ed. Tradução A. Ribeiro Mendes. Lisboa: Fundação Calouste Gulbenkian, 2001, p. 335-340.

181. E, por que não, também a **conveniência** na apreciação da situação. Sobre o problema do decisionismo, que não é o mesmo que discricionariedade, mas que aqui, nesta passagem, vem a calhar a lembrança desse tema, Luigi Ferrajoli faz algumas interessantes observações. Nesse sentido, consulte-se FERRAJOLI, Luigi. **Direito e razão**: teoria do garantismo penal. Tradução Ana Paula Zomer, Fauzi Hassan Chouckr, Juarez Tavares e Luiz Flávio Gomes. São Paulo: Revista dos Tribunais, 2002, p. 36-37.

182. KAUFMANN, Arthur. **Filosofia do Direito**. Tradução António Ulisses Cortês. Lisboa: Fundação Calouste Gulbenkian, 2010, p. 67-69.

183. BOBBIO. Op. cit., p. 100.

ordenamentos estatais modernos), tem o poder de não aplicar a norma que reputar como incompatível no caso concreto, mas não o de excluí-la do sistema jurídico (de ab-rogá-la), até porque um outro magistrado, tendo que julgar o mesmo caso, poderia conferir ao conflito de normas uma solução totalmente diferente e aplicar aquela norma que o primeiro juiz já havia eliminado[184].

Não é uma tarefa fácil localizar exemplos de interpretação ab-rogante. No Código Civil italiano, como destaca Bobbio[185], um exemplo de normas consideradas **manifestamente** em oposição está no artigo 1.813 e também no artigo 1.822. O artigo 1.813 prescreve que o mútuo é um contrato real, a saber: "O mútuo é o contrato pelo qual uma parte *entrega* à outra uma determinada quantidade de dinheiro, etc.". O artigo 1.822 regulamenta o processo de mútuo, e assim o faz: "Quem prometeu dar em mútuo pode recusar o cumprimento de sua obrigação, etc.". Contudo, o que caracteriza a admissão da obrigatoriedade da promessa de mútuo senão a admissão, com outra nomenclatura, do mútuo como um contrato consensual? O mútuo, afinal, é um contrato real, como diz de modo claro o primeiro artigo, ou um contrato consensual, como parece insinuar, mesmo sem fazê-lo de modo explícito, o segundo artigo aqui invocado? O intérprete que respondesse de modo afirmativo à segunda indagação terminaria por reputar como inexistente a primeira norma, ou seja, levaria a efeito uma ab-rogação interpretativa[186].

A segunda situação – quando se cogita a possibilidade de excluir as duas normas envolvidas no conflito – pode verificar-se, como aqui foi destacado, somente quando a oposição entre as duas normas seja não de

184. BOBBIO, Norberto. **Teoria do Ordenamento Jurídico.** 10. ed. Tradução Maria Celeste C. J. Santos; revisão técnica Claudio de Cicco; apresentação Tercio Sampaio Ferraz Jr. Brasília: Universidade de Brasília, 1999, p. 101.

185. Idem, ibidem, p. 101.

186. Idem, ibidem, p. 101.

contradição, mas de **contrariedade**. Poder-se-ia dar como exemplo disso, ainda que se reconheça que ele é um pouco forçado, na dúvida a que pode dar ensejo a interpretação do artigo 602 do Código Civil, com respeito à colocação da data do testamento hológrafo[187] antes ou depois da assinatura[188]. Da primeira alínea, "o testamento hológrafo deve ser escrito por inteiro, **datado** e abaixo assinado pela mão do testador", poder-se-ia deduzir que a data deve ser colocada no fim das disposições. Da segunda alínea do mesmo artigo, "a subscrição deve ser posta no fim das disposições", no sentido diametralmente oposto, portanto, poder-se-ia chegar à conclusão de que a data, não sendo uma disposição, deve ser colocada depois da subscrição[189].

Diante da dúvida entre a obrigação e a proibição de colocar a data antes da assinatura, o intérprete poderia ser induzido a entender que as duas normas contrárias se excluem uma à outra, e a considerar, desse modo, que é lícito colocar a data tanto antes quanto depois da assinatura. Também aqui se pode falar, como quer Bobbio, em interpretação ab-rogante, ainda que, como na situação anterior, de **maneira imprópria**.

---

187. O Código Civil de 2002 apresentou uma nova modalidade do testamento particular, que é apresentado na doutrina como "testamento particular excepcional" ou "testamento hológrafo", o qual está previsto no artigo 1879 deste diploma legal. Essa modalidade de testamento permite que o testador que estiver em "circunstâncias especiais" possa testar sem a presença de testemunhas, exigência que como visto alhures é exigida em qualquer forma testamentária. O primeiro problema apresentado nessa forma testamentária é identificar o que seria considerado como "circunstâncias especiais", que poderiam permitir a feitura dessa forma excepcional de testamento. A doutrina vem pacificando exemplos dessas "circunstâncias especiais", como no caso de calamidade pública, peste ou sequestro, ou seja, quando o testador não puder fazer o testamento na presença de nenhuma testemunha. Sendo assim, é o único testamento no ordenamento jurídico que poderá ser feito sem a presença de ninguém, somente do testador e mesmo assim ser confirmado posteriormente.

188. BOBBIO. Op. cit., p. 101-102.

189. BOBBIO, Norberto. **Teoria do Ordenamento Jurídico**. 10. ed. Tradução Maria Celeste C. J. Santos; revisão técnica Claudio de Cicco; apresentação Tercio Sampaio Ferraz Jr. Brasília: Universidade de Brasília, 1999, p. 102.

Todavia, diferentemente do caso de duas disposições **contraditórias**, das quais uma elimina a outra e uma das duas não pode sobrar, aqui, tratando-se de dois dispositivos *contrários*, **eliminam-se umas às outras e não sobra nenhuma das duas**. Trata-se, como todos podem perceber, de uma **dupla ab-rogação**, ao passo que, na primeira situação, trata-se de uma **ab-rogação simples**[190].

A terceira possibilidade de solução – preservar as duas normas incompatíveis – é provavelmente aquela à qual o intérprete recorre mais frequentemente. Todavia, como é possível preservar duas normas incompatíveis que não podem coexistir? Sim, é possível, desde que se observe uma condição, a saber: sustentar que as normas envolvidas não são incompatíveis, que a incompatibilidade é puramente aparente, que a pressuposta incompatibilidade deriva de uma interpretação ruim, unilateral, incompleta ou errada de uma das normas ou de ambas. Aquilo a que tende o intérprete comumente, segundo Bobbio, não é mais à eliminação das normas incompatíveis, mas, preferentemente, à **eliminação da incompatibilidade**[191].

Às vezes, para alcançar tal finalidade, o intérprete introduz alguma leve ou parcial modificação no texto. E, quando isso se dá, tem-se aquela forma de interpretação denominada como **corretiva**. Em geral, a interpretação corretiva é aquela forma de interpretação que aspira conciliar duas normas aparentemente incompatíveis para conservá-las ambas no sistema, isto é, para evitar o remédio amargo da ab-rogação. Aqui é importante registrar que, na medida em que a correção introduzida modifica o texto original da norma jurídica, também a interpretação corretiva é ab-rogante[192], se bem que limitada à parte da norma corrigida. Mais do

190. Idem, ibidem, p. 102.

191. Idem, ibidem, p. 102.

192. Sobre a interpretação ab-rogante consulte-se: FERRARA, Francesco. **Como aplicar e interpretar as leis**. Tradução Joaquim Campos de Miranda. Belo Horizonte: Líder, 2002, p. 45-46.

que confrontar a interpretação corretiva à ab-rogante, dever-se-ia considerar a primeira como uma forma atenuada da segunda, no sentido de que, como sustenta Bobbio[193], enquanto a interpretação ab-rogante tem por efeito a eliminação **total** de uma norma (ou até mesmo de duas normas), a interpretação corretiva tem como consequência a eliminação apenas **parcial** de uma norma (ou de duas).

De modo a exemplificar essa forma de interpretação, faz-se referência aqui ao caso, já apresentado, de antinomia entre o artigo 57 do Código Penal italiano, que versa sobre a responsabilidade objetiva do diretor de jornal, e o artigo 27 da Constituição da Itália, que exclui toda a forma de responsabilidade que não seja pessoal. Pode-se falar em pelo menos duas possibilidades de interpretações do artigo 57 que eliminam a antinomia:

1) o diretor do jornal é **obrigado** a impedir os delitos dos seus colaboradores com base no artigo 40, 2ª alínea, do Código Penal italiano, conforme o qual "não impedir um acontecimento, que se tem a obrigação de impedir, equivale a causá-lo". Caso se admita essa obrigação, a sua condenação não depende da circunstância objetiva de sua função de diretor, mas do não cumprimento de uma obrigação, e, por conseguinte, da avaliação de uma responsabilidade subjetiva[194];

2) o diretor do jornal é **obrigado** a vigiar a atividade dos seus colaboradores, ou seja, em último caso, a controlar todos os artigos que são exibidos no jornal por ele dirigido. Admitindo-se essa obrigação, a condenação pode ser justificada por meio do reconhecimento de uma *culpa in vigilando*, ou seja, novamente, de uma responsabilidade subjetiva.

---

193. BOBBIO, Norberto. **Teoria do Ordenamento Jurídico**. 10. ed. Tradução Maria Celeste C. J. Santos; revisão técnica Claudio de Cicco; apresentação Tercio Sampaio Ferraz Jr. Brasília: Universidade de Brasília, 1999, p. 103.

194. Idem, ibidem, p. 103.

Contudo, não se discute que as duas interpretações acima apresentadas só são possíveis se se faz introduzir uma pequena modificação no texto do artigo 57 do Código Penal italiano. Tal artigo prescreve que o diretor responde "unicamente" pelo delito cometido. Não se duvida que a expressão "unicamente" significa "pelo único fato de ser diretor do jornal" e, por consequência, independentemente de qualquer culpa. Faz-se necessário, por conseguinte, eliminar o termo "unicamente", caso se queira tornar esse artigo compatível com a precisa disposição da Constituição. Em suma, a **conciliação** se dá mediante uma **correção**, uma **interpretação corretiva**[195].

Linhas atrás, foi consignado, em conformidade com o entendimento de Bobbio, que o terceiro caminho é o mais utilizado pelos intérpretes. O jurista e o juiz tendem, tanto quanto possível, **à conservação das normas dadas**. É certamente uma regra tradicional da interpretação jurídica que o **sistema deve ser obtido com a menor desordem possível**, ou, em outros termos, que a exigência do sistema não deve ocasionar prejuízo ao princípio da autoridade, de acordo com o qual as normas existem pelo único fato de terem sido estabelecidas. Apresenta-se, nesse sentido, um exemplo eloquente. Messineo, lembrado por Bobbio[196], chamou o artigo 2.937, § 1º, do Código Civil, de quebra-cabeça que "põe a dura prova as meninges do intérprete"[197].

O artigo diz que não pode renunciar à prescrição que não pode dispor validamente do direito. Contudo, de qual direito se fala? A prescrição extintiva a qual se refere este artigo minimiza um **dever**, não faz surgir um direito. Messineo demonstra que o artigo deriva do dispositivo 2.108 do

---

195. BOBBIO, Norberto. **Teoria do Ordenamento Jurídico**. 10. ed. Tradução Maria Celeste C. J. Santos; revisão técnica Claudio de Cicco; apresentação Tercio Sampaio Ferraz Jr. Brasília: Universidade de Brasília, 1999, p. 104.

196. Idem, ibidem, p. 104.

197. MESSINEO, F. Variazioni sul concetto di 'rinunzia ala prescrizione. **Riv. Trim. Dir e Proc. Civ.**, XI, 1957, p. 505 e s.

Código Civil, de 1865, no qual, não sendo distinta a disciplina da prescrição extintiva da disciplina da prescrição aquisitiva (usucapião), o caso da renúncia ao direito referia-se não mais à primeira, mas à segunda[198]. E, relativamente à segunda forma de prescrição, era perfeitamente apropriado falar de direito do qual se possa dispor.

Entrementes, apesar do aparente equívoco da dicção, Messineo sustenta que o dever do intérprete seja o de dar a ela um sentido e, por conseguinte, observa que se poderia entender a palavra "direito", no contexto do artigo 2.937, como "direito à liberação da obrigação". E faz a esse propósito uma manifestação de extremo interesse pelo valor de referência que ela ganha em relação à atitude de respeito do intérprete para com o legislador[199]. "É estrito dever do intérprete, antes de chegar à interpretação ab-rogante (pela qual, num primeiro momento, optaríamos), tentar qualquer saída para que a norma jurídica tenha um sentido. Há um direito à existência que não pode ser negado à norma, desde que ela veio à luz"[200].

3.5.5. Conflito dos critérios

Foi dito aqui, no início do item 3.5.3, dedicado a tratar sobre os critérios para a solução das antinomias, que existem antinomias solúveis, e que as razões pelas quais existem **antinomias insolúveis são duas**: a **inaplicabilidade dos critérios** ou a **aplicabilidade de dois ou mais critérios conflitantes**[201]. À primeira razão, à inaplicabilidade dos critérios dedicou-se o item anterior a este. À segunda razão, à aplicabilidade de dois ou mais critérios conflitantes será dedicado este item.

---

198. BOBBIO. Op. cit., p. 104-105.

199. BOBBIO. Op. cit., p. 105.

200. MESSINEO, F. Variazioni sul concetto di 'rinunzia ala prescrizione. **Riv. Trim. Dir e Proc. Civ.**, XI, 1957, p. 516.

201. BOBBIO, Norberto. **Teoria do Ordenamento Jurídico**. 10. ed. Tradução Maria Celeste C. J. Santos; revisão técnica Claudio de Cicco; apresentação Tercio Sampaio Ferraz Jr. Brasília: Universidade de Brasília, 1999, p. 105.

Foi visto que os critérios tradicionalmente aceitos para a solução das antinomias são três: o cronológico, o hierárquico e o da especialidade. Pode suceder que duas normas incompatíveis mantenham entre si uma relação em que se podem aplicar concomitantemente não apenas um, mas dois ou três critérios.

Para exemplificar: uma norma constitucional e uma norma ordinária geralmente são formuladas em momentos diferentes: entre essas duas normas, existe ao mesmo tempo uma diferença hierárquica e uma cronológica. Se depois, como frequentemente ocorre, a norma constitucional é geral e a ordinária é especial, os critérios aplicáveis são três. Essa situação complexa não causa grande dificuldade quando as duas normas são colocadas de maneira que, qualquer que seja o critério que se queira aplicar, a solução não muda: por exemplo, se de duas normas incompatíveis, uma é superior e subsequente e a outra é inferior e antecedente, tanto o critério hierárquico quanto o cronológico conduzem ao mesmo resultado de fazer prevalecer a primeira. O mesmo se dá se a norma subsequente é especial em relação à precedente: ela prevalece seja com base no critério de especialidade, seja a partir do critério cronológico. Os dois critérios, nessas situações, se somam: e uma vez que bastaria um só para dar a preponderância a uma das duas normas, diz-se que a norma preponderante prevalece *a fortiori* (com razão mais convincente).

Mas a situação não é sempre tão simples assim. Imagine-se o caso em que duas normas se encontrem numa relação tal que sejam aplicáveis dois critérios, mas que a aplicação de um critério dê uma solução oposta à aplicação do outro. É óbvio que nesse caso não se podem aplicar simultaneamente os dois critérios. Faz-se necessário dar preferência a algum dos critérios. Qual? Eis o problema, consigna Bobbio[202].

202. BOBBIO, Norberto. **Teoria do Ordenamento Jurídico**. 10. ed. Tradução Maria Celeste C. J. Santos; revisão técnica Claudio de Cicco; apresentação Tercio Sampaio Ferraz Jr. Brasília: Universidade de Brasília, 1999, p. 106.

Para apresentar um exemplo fácil, basta pensar no caso de uma incompatibilidade entre a norma constitucional anterior e a norma ordinária posterior. É um caso, como se vê, em que são aplicáveis dois critérios, o hierárquico e o cronológico. Mas, se for aplicado o primeiro, dá-se prevalência à primeira norma, se for aplicado o segundo, confere-se predominância à segunda. Não se podem aplicar, ao mesmo tempo, os dois critérios, pois eles são incompatíveis.

Aqui, portanto, tem-se uma **incompatibilidade de segundo grau**: não se trata mais da incompatibilidade sobre a qual se falou até agora, entre normas, mas da incompatibilidade entre os critérios válidos para a solução da incompatibilidade entre as normas. Ao lado do conflito entre as normas, que abre espaço para o problema das antinomias, há o conflito dos critérios para a solução das antinomias, o que proporciona uma **antinomia de segundo grau**[203]. Essas antinomias de segundo grau são solúveis? A resposta afirmativa depende do fato de haver regras tradicionalmente admitidas para a solução do conflito dos critérios, do mesmo modo como há regras admitidas para a solução do conflito entre normas. Trata-se, dito de outro modo, de saber se há um critério estável para a solução dos conflitos entre os critérios e qual seria ele. Não é possível dar uma resposta geral, é preciso examinar, um por um, os casos de conflito entre os critérios[204].

Se são três os critérios (hierárquico, de especialidade e cronológico), os conflitos entre os critérios podem ser três: hierárquico *versus* cronológico; hierárquico *versus* o de especialidade; e o de especialidade *versus* o cronológico. Examinemos cada um deles *de per si*.

203. Idem, ibidem, p. 107.

204. Idem, ibidem, p. 107.

1) **Conflito entre o critério hierárquico e o cronológico**: esse conflito se dá quando uma norma anterior e superior é antinômica em relação a uma norma posterior e inferior. O conflito consiste no fato de que, caso se aplique o critério hierárquico, prevalece a primeira norma, e se se aplicar o critério cronológico, prevalece a segunda. O problema é: qual dos dois critérios tem preponderância sobre o outro? Aqui a resposta não é dúbia. **O critério hierárquico prevalece sobre o cronológico**, o que tem como consequência fazer eliminar a norma inferior, mesmo que seja posterior. Dito de outro modo, pode-se afirmar que o princípio *lex posterior derogat priori* não vale quando a *lex posterior* é hierarquicamente inferior à *lex priori*[205].

   Essa solução, diga-se de passagem, é muito óbvia: se o critério cronológico devesse prevalecer sobre o hierárquico, o princípio mesmo da ordem hierárquica das normas seria tornado vão, porque a norma perderia o poder, que lhe é próprio, de não ser ab-rogado pelas normas que lhe são inferiores. O critério cronológico vale como critério de escolha entre duas normas colocadas no mesmo plano. Quando duas normas são colocadas sobre dois planos diferentes, o critério de referência para fins de escolha é aquele que nasce da própria diferença de planos[206].

2) **Conflito entre o critério de especialidade e o cronológico**: esse conflito ocorre quando uma norma anterior e especial é incompatível com uma norma posterior e geral. Tem-se conflito porque, aplicando o critério de especialidade, dá-se preponderância à primeira norma; aplicando o critério cronológico, dá-se

205. BOBBIO, Norberto. **Teoria do Ordenamento Jurídico**. 10. ed. Tradução Maria Celeste C. J. Santos; revisão técnica Claudio de Cicco; apresentação Tercio Sampaio Ferraz Jr. Brasília: Universidade de Brasília, 1999, p. 107.

206. Idem, ibidem, p. 107-108.

prevalência à segunda. Também aqui foi transmitida uma regra geral, que soa do seguinte modo: *Lex posterior generalis non derogat priori speciali.* Com base nessa regra, **o conflito entre critério de especialidade e critério cronológico deve ser resolvido em favor do primeiro: a lei geral sucessiva não tira do caminho a lei especial precedente**. O que leva a uma posterior exceção ao princípio *lex posterior derogat priori*: esse princípio falha não só quando a *lex posterior* **é inferior**, mas também quando é *generalis* (e a *lex priori* é *specialis*). Essa regra, contudo, deve ser adotada com uma certa cautela, e **tem um valor menos decisivo que o da regra anterior**. Pode-se dizer que a *lex specialis* é menos forte que a *lex superior*, e que, portanto, a sua vitória sobre a *lex posterior* é mais contestada e discutida[207]. Para fazer afirmações mais precisas nesse campo, seria necessário dispor de uma ampla casuística.

3) **Conflito entre o critério hierárquico e o de especialidade**: nos dois casos precedentes, viu-se o conflito desses dois critérios respectivamente com o critério cronológico, e constatou-se que ambos são mais fortes que o cronológico. O caso mais interessante de conflito é, agora, aquele que se verifica quando entram em oposição não mais um dos dois critérios fortes com o critério fraco (o cronológico), mas os dois critérios fortes entre si. É o caso de uma norma superior e geral incompatível com uma norma inferior e especial. Caso se aplique o critério hierárquico, prevalece a primeira; se se aplicar o critério de especialidade, prevalece a segunda. Qual dos dois critérios se deve aplicar? **Uma resposta segura é impossível**. Não existe uma regra geral consolidada. **A solução dependerá também, nesse caso, como no da falta**

207. Idem, ibidem, p. 108.

dos critérios, do intérprete, que aplicará ora um ora outro critério segundo as circunstâncias[208].

A gravidade do conflito deriva do fato de que estão em jogo dois valores fundamentais de todo ordenamento jurídico: o do respeito **da ordem**, que exige o respeito à hierarquia e, portanto, do critério da superioridade, e o da **justiça**[209], que exige a adaptação gradual do Direito às necessidades sociais e, portanto, o respeito do critério da especialidade. Teoricamente, deveria prevalecer o critério hierárquico: se se admitisse o princípio de que uma lei ordinária especial pode derrogar os princípios constitucionais, que são normas de cunho geral, os princípios fundamentais de um ordenamento jurídico seriam destinados a se esvaziar rapidamente de qualquer conteúdo. Mas, na prática, a exigência de adaptar os princípios gerais de uma Constituição às sempre novas situações leva frequentemente a fazer prevalecer a lei especial, mesmo que ordinária, sobre a constitucional[210].

Um bom exemplo disso é quando a Corte Constitucional italiana, nos lembra Bobbio[211], decidiu que o artigo 3º, § 3º, da Lei de 22 de dezembro de 1956, atinente à instituição do Ministério das Participações Estatais, que impunha às empresas de forte participação estatal que deixassem de fazer parte das organizações sindicais dos outros empregadores, não era incompatível com o artigo 39 da Constituição italiana, o qual afirma para qualquer um a liberdade sindical (e, por conseguinte, a liberdade de participar da associação sindical de livre escolha). Nesse caso, o contraste era claramente entre uma lei superior e geral e uma

208. BOBBIO, Norberto. **Teoria do Ordenamento Jurídico**. 10. ed. Tradução Maria Celeste C. J. Santos; revisão técnica Claudio de Cicco; apresentação Tercio Sampaio Ferraz Jr. Brasília: Universidade de Brasília, 1999, p. 109.

209. Idem, ibidem, p. 109.

210. Idem, ibidem, p. 109.

211. Idem, ibidem, p. 109.

lei inferior e especial. Mas, com a exclusão da inconstitucionalidade, pronunciada pela Corte, foi dada a prevalência à segunda, não à primeira[212]. Em suma, trata-se do velho dilema entre segurança jurídica, de um lado, representada aqui pelo critério da hierarquia, e o ideal de justiça, de outro, que, nesse caso, se faz representado pelo critério da especialidade.

3.5.6. O dever de coerência

Todo o discurso apresentado e defendido até agora parte do pressuposto de que a incompatibilidade entre duas normas seja um mal a ser eliminado e, por conseguinte, pressupõe uma **regra de coerência**, que poderia ser apresentada da seguinte maneira: "Num ordenamento jurídico não **devem** existir antinomias". Mas essa regra é, por sua vez, uma regra jurídica? O dever de eliminar as antinomias, pergunta Bobbio[213], é um dever jurídico? Poder-se-ia dizer que uma regra, assim, pertence ao ordenamento jurídico, mesmo se ela não estivesse expressa? Existirão argumentos suficientes para considerar que em cada ordenamento esteja implícita a proibição das antinomias, e que caiba ao intérprete somente torná-la explícita? Levanta-se, aqui, por último, essa pergunta porque se considera habitualmente que a proibição das antinomias é uma regra do sistema, mas não se aprofunda essa assertiva nem em natureza, nem em alcance, nem em eficácia[214].

Uma regra que faz alusão às normas de um ordenamento jurídico, como o é a proibição de antinomias, pode ser destinada apenas àqueles

212. Idem, ibidem, p. 109-110.

213. BOBBIO, Norberto. **Teoria do Ordenamento Jurídico**. 10. ed. Tradução Maria Celeste C. J. Santos; revisão técnica Claudio de Cicco; apresentação Tercio Sampaio Ferraz Jr. Brasília: Universidade de Brasília, 1999, p. 109.

214. Idem, ibidem, p. 110.

que têm relação com a produção e aplicação das normas, ou seja, ao legislador, que é o produtor por excelência, e ao magistrado, que é o aplicador autorizado pelo ordenamento, dentre outros[215]. Dirigida aos elaboradores de normas, a proibição soa do seguinte modo: "Não deveis criar normas que são incompatíveis com outras normas do sistema". Direcionada aos aplicadores, a proibição tem esta outra apresentação: "Se os senhores esbarrarem em antinomias, devem eliminá-las". Trata-se agora de ver se e em quais situações existem uma ou outra dessas duas normas, ou ambas, como destaca Bobbio[216].

Admitam-se, por suposição, três casos:

1) **O de normas de diferentes patamares, dispostas hierarquicamente dentro do sistema**[217]. Nesse caso, normalmente, a regra da coerência existe em ambas as formas:

    a) a pessoa ou o órgão autorizado a formular normas inferiores é levado a estabelecer normas que não estejam em oposição a normas superiores (pense-se, por exemplo, na obrigação de quem tem um poder regulamentar ou um poder negocial de exercitar esse poder dentro dos limites estabelecidos pelas normas superiores);

    b) o magistrado, quando se encontrar diante de um conflito entre uma norma superior e uma norma inferior, será levado a aplicar a norma superior.

215. Idem, ibidem, p. 110.

216. Idem, ibidem, p. 110.

217. BOBBIO, Norberto. **Teoria do Ordenamento Jurídico**. 10. ed. Tradução Maria Celeste C. J. Santos; revisão técnica Claudio de Cicco; apresentação Tercio Sampaio Ferraz Jr. Brasília: Universidade de Brasília, 1999, p. 109.

2) **O caso das normas do mesmo nível, mas sucessivas no tempo**[218]. Nesse caso, não existe dever algum de coerência por parte do legislador, enquanto existe, por parte do juiz, o dever de resolver a antinomia, eliminando a norma anterior e aplicando a posterior. Há, por conseguinte, a regra da coerência na segunda forma, ou seja, direcionada aos juízes, mas não na primeira (destinada ao legislador):

   a) o legislador ordinário é perfeitamente livre para formular sucessivamente normas em oposição entre si: isso está previsto, por exemplo, no artigo 15 das Disposições preliminares[219], já citado, no qual se admite a ab-rogação implícita, ou seja, a legitimidade de uma lei posterior em oposição a uma anterior.

   b) mas quando a oposição se verifica, o juiz deve eliminá-la, aplicando, das duas normas, a posterior. É possível afirmar, portanto, o seguinte: o legislador é perfeitamente livre para contradizer-se, mas a coerência é salva igualmente, porque, dentre as duas normas em oposição, uma cai e somente a outra permanece válida.

3) **O caso das normas de mesmo nível, contemporâneas**[220] (por exemplo, a formulação de um Código, de um texto único ou de uma lei que regula toda uma matéria). Também aqui, ressalta Bobbio, não há nenhuma obrigação juridicamente qualificada, por parte do legislador, de não se contradizer, no sentido de que uma lei, que contenha disposições contraditórias, é sempre uma lei válida, e são válidas, também, ambas as disposições

218. Idem, ibidem, p. 111.

219. Aqui Bobbio se refere ao Ordenamento Jurídico italiano. *Vide* BOBBIO. Op. cit., p. 111.

220. BOBBIO. Op. cit., p. 112.

contraditórias. Pode-se dizer, quando muito, nas relações do legislador, de um **dever moral de não se contradizer**, em consideração ao fato de que uma lei contraditória torna mais difícil, e às vezes vã, a administração da justiça[221].

Quanto ao juiz, que se encontra diante de uma antinomia entre normas, por exemplo, de um mesmo Código, ele também não tem nenhum dever juridicamente qualificado de eliminar a antinomia. Simplesmente, no momento em que duas normas antinômicas não puderem ser ambas aplicadas no mesmo caso, ele se encontrará na necessidade de aplicar uma e deixar de aplicar a outra. Mas trata-se de uma **necessidade de fato, não de uma obrigação (ou de uma necessidade moral)**[222]. Tanto é verdade que as duas normas antinômicas continuam a subsistir no ordenamento, lado a lado, e o próprio juiz, em um caso posterior, ou outro juiz no mesmo caso (por exemplo, um juiz de segunda instância) podem aplicar, das duas normas antinômicas, aquela que anteriormente não foi aplicada, ou o contrário também pode acontecer.

Em resumo, nos três casos apresentados, o problema de uma pressuposta regra de coerência resolve-se de três maneiras diferentes: **no primeiro caso, a regra da coerência vale em ambas as formas (legislador e juiz); no segundo, vale somente na segunda forma (juiz); no terceiro, não vale nem na primeira nem na segunda forma, ou seja, não há nenhuma regra de coerência**[223]. Dessa constatação, é possível extrair luz, de modo a iluminar a questão controvertida: a compatibilidade é uma condição necessária para a validade de uma norma jurídica?

---

221. BOBBIO, Norberto. **Teoria do Ordenamento Jurídico**. 10. ed. Tradução Maria Celeste C. J. Santos; revisão técnica Claudio de Cicco; apresentação Tercio Sampaio Ferraz Jr. Brasília: Universidade de Brasília, 1999, p. 109.

222. Idem, ibidem, p. 112.

223. Idem, ibidem, p. 112.

Aqui se deve responder negativamente, pelo menos em relação ao terceiro caso. Ou seja, pelo menos em relação ao caso de normas de mesmo nível hierárquico e que sejam contemporâneas, no qual, como se viu, não há nenhuma regra de coerência. **Duas normas incompatíveis do mesmo nível e contemporâneas são ambas válidas**[224]. Não podem ser, ao mesmo tempo, ambas eficazes, no sentido de que a aplicação de uma ao caso concreto exclui a aplicação da outra; mas **são ambas válidas, no sentido de que, apesar de seu conflito, ambas continuam a existir no sistema e não há remédio para a sua eliminação**[225] (além, é claro, da ab-rogação legislativa).

A coerência não é condição de validade da norma (ou seja, se ela é, ou não, obrigatória), mas é sempre, e isso sim, condição para a **justiça** do ordenamento. É óbvio que duas normas contraditórias podem ser ambas válidas, e pode haver indiferentemente a aplicação de uma ou de outra, conforme o livre-arbítrio daqueles que são chamados a aplicá-las. Contudo, ao se admitir essa ideia, são ofendidas duas exigências fundamentais em que se inspiram ou tendem a inspirar-se os ordenamentos jurídicos modernos: a **exigência de certeza** (que corresponde ao valor da paz ou da ordem), e **exigência da justiça** (que corresponde ao valor da igualdade)[226].

Onde há duas normas antinômicas, ambas válidas e, portanto, ambas aplicáveis, o ordenamento jurídico não consegue garantir nem a certeza, entendida como possibilidade, por parte do cidadão, de prever com exatidão as consequências jurídicas da própria conduta, nem a justiça, entendida como o igual tratamento das pessoas que pertencem a uma

224. Idem, ibidem, p. 113.

225. Idem, ibidem, p. 113.

226. BOBBIO, Norberto. **Teoria do Ordenamento Jurídico**. 10. ed. Tradução Maria Celeste C. J. Santos; revisão técnica Claudio de Cicco; apresentação Tercio Sampaio Ferraz Jr. Brasília: Universidade de Brasília, 1999, p. 109.

mesma categoria. Há um episódio, citado por Bobbio[227], em *I promessi sposi* (Os noivos) que ilustra, segundo o professor italiano, muito bem as razões morais pelas quais é bom que não haja antinomias no Direito. É o episódio do homicídio praticado por Frei Cristóvão (também conhecido como Ludovico).

A rixa, seguida por um duplo homicídio, havia nascido porque "os dois (Ludovico e o seu adversário) caminhavam rente ao muro, mas Ludovico (notem bem) esbarrava nele com o lado direito, e isso, segundo um costume, dava-lhe o direito (veja até onde vai o direito) de não ter de se afastar do dito muro para dar passagem a quem quer que fosse, coisa da qual se fazia, então, muita questão. O outro pretendia, ao contrário, que tal direito coubesse a si próprio, como nobre que era, e que Ludovico tivesse que andar pelo meio, e isso por força de outro costume. Porque nisso, como se dá em outros muitos negócios, estavam em vigor dois costumes contrários, sem que fosse decidido qual dos dois era o certo, o que dava oportunidade de fazer uma guerra cada vez que um cabeça-dura encontrasse outro da mesma índole"[228].

3.6. DA COMPLETUDE DO SISTEMA

3.6.1. O problema das lacunas

Examinaram-se, nos itens anteriores, dois aspectos do ordenamento jurídico: a **unidade** e a **coerência**. Falta agora enfrentar uma terceira característica que lhe é normalmente atribuída, a saber: a **completude**. Por "completude" entende-se a **propriedade pela qual um ordenamento jurídico tem uma norma para regular qualquer caso**. Uma

227. Idem, ibidem, p. 113.

228. **I promessi sposi**. Turim: Einaudi, Cap. IV, p. 58. O episódio é citado por C. Balossini. **Consuetudini, usi, pratiche, regole del costume**, 1958. Apud BOBBIO. Op. cit., p. 114.

vez que a falta de norma se chama geralmente "lacuna[229]" (num dos sentidos do termo lacuna), "completude" significa "falta de lacunas". Em outras palavras, um ordenamento é completo quando o juiz pode encontrar nele uma norma para regular qualquer caso que se lhe apresente, ou melhor, não há caso que não possa ser regulado por uma norma tirada do sistema[230].

Com o intuito de oferecer uma definição mais técnica de **completude**, pode-se dizer que um ordenamento é completo quando jamais se verifica o caso de que a ele não se podem demonstrar pertencentes **nem** uma certa norma **nem** a norma contrária. Sendo ainda mais preciso na explicação, a incompletude consiste no fato de que o sistema não compreende nem a norma que proíbe um determinado comportamento nem a norma que o permite. De fato, se é possível demonstrar que nem a proibição nem a permissão de um comportamento são dedutíveis de um sistema, da forma como foi colocado, é necessário destacar que o sistema é incompleto e que o ordenamento jurídico tem uma **lacuna**[231].

Tomando como ponto de partida essa definição mais técnica de completude, compreende-se melhor qual é o nexo entre o problema da completude e o da coerência, examinado nos itens anteriores. Pode-se, de fato, definir a coerência como aquela propriedade por meio da qual nunca ocorre o caso em que se possa demonstrar que pertencem ao mesmo

229. Sobre a lacuna, escreve Kelsen: "(...) Trata-se da ficção de que a ordem jurídica tem uma lacuna – significando que o direito vigente não pode ser aplicado a um caso concreto porque não existe nenhuma norma geral que se refira a esse caso. A ideia é a de que é logicamente impossível aplicar o direito efetivamente válido a um caso concreto porque falta a premissa necessária.". Cf. KELSEN, Hans. **Teoria geral do Direito e do Estado**. Tradução Luis Carlos Borges. São Paulo: Martins Fontes, 2005, p. 212.

230. BOBBIO, Norberto. **Teoria do Ordenamento Jurídico**. 10. ed. Tradução Maria Celeste C. J. Santos; revisão técnica Claudio de Cicco; apresentação Tercio Sampaio Ferraz Jr. Brasília: Universidade de Brasília, 1999, p. 109.

231. Idem, ibidem, p. 115.

sistema tanto a norma que prescreve um certo comportamento como também, e ao mesmo tempo, uma norma que é contraditória à primeira. Como foi visto aqui, há uma antinomia quando se nota que ao sistema pertencem, simultaneamente, tanto a norma que proíbe uma certa conduta quanto a que a permite.

Por conseguinte, a relação entre coerência e completude reside no fato de que a coerência significa a exclusão de toda a situação na qual pertençam ao sistema ambas as normas que se contradizem; a completude significa a exclusão de toda a situação na qual não pertençam ao sistema nenhuma das duas normas que se contradizem. Diz-se "incoerente" um sistema no qual existem tanto a norma que proíbe um certo comportamento quanto aquela que o permite[232]. "Incompleto" é o sistema no qual não existem nem a norma que proíbe um determinado comportamento nem aquela que o permite[233].

O elo entre os dois problemas (completude e coerência) foi quase sempre ignorado. Mas ele não é esquecido pela melhor literatura jurídica, segundo Bobbio[234], a qual faz alusão à necessidade de um estudo comum. Apenas para exemplificar, na obra *Sistema,* de Savigny[235], lê-se o seguinte trecho, que é muito significativo, diga-se de passagem:

---

232. Nos dias atuais, é possível presumir que o desafio da coerência do sistema é muito mais audacioso do que o da sua completude, tanto porque o sistema é abastecido por diferentes fontes do direito (lei, costume, jurisprudência, doutrina etc.) quanto porque harmonizá-las entre si na medida em que mais normas continuam a ser produzidas tende a ser uma tarefa cada vez mais complexa. O que abre espaço para que se questione a regra da coerência, ou se faça uma releitura dela, numa nova concepção de sistema jurídico. Mas esse será um dos temas que mais adiante, em outro capítulo, será enfrentado.

233. BOBBIO, Norberto. **Teoria do Ordenamento Jurídico**. 10. ed. Tradução Maria Celeste C. J. Santos; revisão técnica Claudio de Cicco; apresentação Tercio Sampaio Ferraz Jr. Brasília: Universidade de Brasília, 1999, p. 109.

234. Idem, ibidem, p. 116.

235. SAVIGNY, Friedrich Carl von. **Sistema del diritto romano attuale**. Tradução italiana, v. 1, § 42, p. 267. Apud **Teoria do Ordenamento Jurídico**. 10. ed. Tradução Maria Celeste C.

> O conjunto das fontes de direito... forma um todo, que está destinado à solução de todas as questões surgidas no campo do Direito. Para corresponder a tal finalidade, ele deve apresentar estas características: *unidade e completude*... O procedimento ordinário consiste em retirar do conjunto das fontes um *sistema de direito*... Falta a *unidade*, e então trata-se de remover uma *contradição*. Falta a *completude*, e então trata-se de preencher uma *lacuna*. Na realidade, porém, essas duas coisas podem reduzir-se a um único conceito fundamental. De fato, o que tentamos estabelecer é sempre a unidade: a *unidade negativa*, com a eliminação das contradições; e a *unidade positiva*, com o preenchimento das lacunas[236].

Francesco Carnelutti, em sua *Teoria geral do Direito*, trata conjuntamente os dois problemas, e fala de incompletude por **exuberância**, no caso das **antinomias**, e na incompletude por **deficiência**, no caso das **lacunas**, donde os dois remédios opostos da **purificação** do sistema, para eliminar as normas exuberantes ou as antinomias, e da **integração**, para eliminar a deficiência de normas ou lacunas[237]. Carnelutti vê bem que o caso de antinomia é um caso no qual há mais normas do que deveria haver, aquilo que se expressou aqui, em parágrafos antecedentes, com as duas conjunções **e** ... **e**, em que o dever do intérprete, por consequência, é suprimir aquilo que está a mais. O caso de lacuna[238], no entanto, é um

---

J. Santos; revisão técnica Claudio de Cicco; apresentação Tercio Sampaio Ferraz Jr. Brasília: Universidade de Brasília, 1999, p. 116-117.

236. *Apud* BOBBIO. Op. cit., p. 116-117.

237. CARNELUTTI, Francesco. **Teoria generale del diritto**. 2. ed. 1946, p. 76. Apud BOBBIO, Norberto. **Teoria do Ordenamento Jurídico**. 10. ed. Tradução Maria Celeste C. J. Santos; revisão técnica Claudio de Cicco; apresentação Tercio Sampaio Ferraz Jr. Brasília: Universidade de Brasília, 1999, p. 116-117.

238. "(...) O seu dispositivo – o do Código Civil Suíço – presumivelmente se refere apenas a casos em que a obrigação que o queixoso afirma ter sido violada pelo réu não é estipulada por nenhuma norma geral. Nesses casos, o juiz não será obrigado a rejeitar a demanda do queixoso.

caso em que há menos normas do que deveria existir, fato que também aqui foi registrado com as duas conjunções **nem** ... **nem**, em que o dever do intérprete é, ao contrário, acrescer aquilo que falta[239].

Como foi visto que, a respeito do caráter da coerência, o problema teórico geral do Direito é se e em que medida um ordenamento jurídico é coerente, do mesmo modo, no que toca ao caráter da completude, o problema é se e em que medida um ordenamento jurídico é completo. Pelo que diz respeito à coerência, a resposta apresentada por Bobbio[240] foi a de que **a coerência era uma exigência, mas não uma necessidade**, no sentido de que **a total exclusão das antinomias não é uma condição necessária para a existência do ordenamento jurídico**. Um ordenamento jurídico pode tolerar em seu âmbito normas incompatíveis, realça Bobbio, sem, por isso, desmoronar-se[241].

Frente ao problema da completude, caso se tenha como pretensão de ordenamento um ordenamento jurídico como o italiano ou o brasileiro, marcado pelo princípio de que o juiz deve julgar cada caso mediante uma norma pertencente ao sistema[242], a completude é algo mais que uma

---

Ele terá a possibilidade de estipular, na condição de legislador, a obrigação sustentada para o caso concreto. Mas ele também terá a outra possibilidade, a de recusar a ação a pretexto de que o Direito vigente não estipula a obrigação reclamada". Cf. KELSEN, Hans. **Teoria geral do Direito e do Estado**. Tradução Luis Carlos Borges. São Paulo: Martins Fontes, 2005, p. 212-213.

239. BOBBIO. Op. cit., p. 117.

240. BOBBIO. Op. cit., p. 117.

241. BOBBIO. Op. cit., p. 117.

242. Uma clara consequência do princípio da vedação do *non liquet*. Tal princípio, por sinal, encontra expressa previsão no ordenamento jurídico brasileiro, seja no Código de Processo Civil, seja na Lei de Introdução ao Ordenamento Jurídico Brasileiro. Esse princípio, como sustenta Tercio Sampaio Ferraz Jr., ao lado de outro, o da **inegabilidade dos pontos de partida**, constitui um dois dos princípios mais importantes para que se possa compreender o Direito de modo dogmático. Nesse sentido, FERRAZ JR., Tercio Sampaio. **Introdução ao estudo do direito**: técnica, decisão e dominação. São Paulo: Atlas, 2015, p. 25.

exigência, é uma necessidade, quer dizer, é uma condição necessária para o funcionamento do sistema[243]. A norma que estabelece o dever do juiz de julgar cada caso com espeque em uma norma pertencente ao sistema não poderia ser aplicada se o sistema não fosse, por pressuposto, completo, ou seja, com uma regra para cada caso. A completude é, por conseguinte, uma condição sem a qual o sistema, em seu conjunto, não poderia funcionar[244].

O lastro dos ordenamentos fundados sobre o **dogma da completude**, como já foi dito, é o Código Civil francês, de 1804[245], o famoso Código de Napoleão[246], cujo artigo 4º prescreve: "O juiz que recusar julgar, a pretexto do silêncio, da obscuridade ou da insuficiência da lei, poderá ser processado como culpado de negar a justiça"[247]. No Direito italiano,

243. Se, por um lado, a coerência é apenas uma exigência, ou melhor, uma recomendação, a completude, por outro, segundo Bobbio, é uma necessidade, não sendo uma mera exigência ou recomendação. Mas não há nada de errado no raciocínio apresentado pelo professor italiano. Ao contrário, será esse raciocínio que possibilitará acomodar as duas ideias. Isso porque, se a coerência fosse uma necessidade, o preço que se pagaria seria alto demais. E por quê? Porque, nesse caso, a chance de haver lacuna seria muito provável. No entanto, se a coerência é apenas uma exigência, uma recomendação, a chance de existir lacuna é pouco provável, ou melhor, é quase que impossível. Sobre esse raciocínio, mais adiante, em capítulo próprio, se aprofundará o tema.

244. Apud BOBBIO, Norberto. **Teoria do Ordenamento Jurídico**. 10. ed. Tradução Maria Celeste C. J. Santos; revisão técnica Claudio de Cicco; apresentação Tercio Sampaio Ferraz Jr. Brasília: Universidade de Brasília, 1999, p. 117-118.

245. Sobre o assunto, Orlando Gomes escreve "A redação do Código Civil francês coube a uma comissão de quatro juristas: Tronchet, Bigot de La Préameneau, Maleville e Portalis, nomeada em 1800. O projeto foi discutido no Conselho de Estado, em numerosas sessões, presididas, na sua maior parte, por Napoleão, que interveio nos debates. Em 21 de março de 1804, depois de terem sido votadas as 36 leis promulgadas sucessivamente desde 1803, uniram-se, formando o Código". GOMES, Orlando. **Introdução ao Direito Civil**. 17. ed. Rio de Janeiro: Forense, 2000, p. 63.

246. Um dos mais importantes marcos históricos da Escola de Exegese, também conhecida como Exegetismo Jurídico. Nesse sentido, consulte-se MACHADO NETO, Antônio Luiz. **Compêndio de introdução à ciência do direito**. 6. ed. São Paulo: Saraiva, 1988, p. 20.

247. Note-se como há uma clara relação entre o princípio da vedação do *non liquet* com o princípio do direito de ação e, também, entre esses princípios e a ideia de que o Estado detém o

lembra Bobbio[248], esse princípio é estabelecido no artigo 113 do Código de Processo Civil, o qual prescreve: "Ao pronunciar-se sobre a causa, o juiz deve seguir as normas do Direito, salvo se a lei lhe atribuir o poder de decidir segundo a equidade".

Logo, a completude é uma condição necessária para os ordenamentos em que valem estas duas regras:

a) o juiz é obrigado a julgar todas as controvérsias que se apresentarem ao seu exame (princípio da vedação do *non liquet*);

b) o juiz deve julgá-las com base em uma norma pertencente ao sistema[249].

Compreende-se que, se uma das duas regras perder o efeito, a completude deixará de ser reputada como um requisito do ordenamento[250]. É possível imaginar dois tipos de ordenamentos incompletos, caso falte a primeira ou a segunda regra. Num ordenamento em que faltasse a primeira regra, o juiz não teria que julgar todas as controvérsias que lhe fossem apresentadas: poderia pura e simplesmente repelir o caso como juridicamente irrelevante, com um juízo de *non liquet* (não convém). Para alguns, o ordenamento internacional é um ordenamento desse tipo. O juiz de um tribunal internacional teria a faculdade, em alguns casos, de não culpar nem desculpar a nenhum dos contendores, e esse juízo seria diferente (mas é discutível que o seja) do juízo do juiz que daria a culpa a um e a razão ao outro, ou vice-versa[251].

---

monopólio da jurisdição, ou seja, o monopólio de decidir os conflitos jurídicos. Mas, sobre isso, mais adiante, em capítulo próprio, mais se falará.

248. BOBBIO. Op. cit., p. 118.

249. O que abre espaço para a importância da distinção entre autointegração e heterointegração. Neste capítulo, por sinal, há um item específico sobre o assunto.

250. BOBBIO. Op. cit., p. 118.

251. BOBBIO, Norberto. **Teoria do Ordenamento Jurídico**. 10. ed. Tradução Maria Celeste C. J. Santos; revisão técnica Claudio de Cicco; apresentação Tercio Sampaio Ferraz Jr. Brasília: Universidade de Brasília, 1999, p. 119.

Por outro lado, em um ordenamento no qual não existisse a segunda regra, o juiz seria, sim, levado a julgar cada caso, mas não seria obrigado a julgá-lo baseado em uma norma do sistema. É o caso do ordenamento que autoriza o juiz a julgar, na falta de um dispositivo de lei ou da lei dedutível, conforme a equidade. É possível reputar como ordenamentos desse tipo o ordenamento inglês e, em medida reduzida, o ordenamento suíço, que autoriza o juiz a resolver a controvérsia, na falta de uma lei ou de um costume, como se ele mesmo fosse legislador. Dá para entender que, em um ordenamento em que o juiz está autorizado a julgar segundo a equidade, não tem nenhuma importância que o ordenamento seja preventivamente completo, porque é, em cada caso, completado[252].

3.6.2. O dogma da completude

O **dogma da completude**, ou seja, o princípio de que o ordenamento jurídico seja completo para oferecer ao juiz, em cada caso, uma solução sem recorrer à equidade, **foi dominante, e o é, em parte, até agora, na teoria jurídica europeia de origem romana**. Por alguns juristas, inclusive, ele é considerado um dos aspectos salientes do positivismo jurídico[253].

Fazendo uma regressão no tempo, é possível afirmar que esse dogma surge provavelmente da tradição românica medieval, dos tempos em que o direito romano vai sendo, aos poucos, como o direito por excelência, de uma vez por todas enunciado nos *Corpus Juris*[254], *ao qual não há nada*

252. Idem, ibidem, p. 119.

253. Idem, ibidem, p. 119.

254. Sobre o *Corpus Juris*, merece destaque e referência a importante tradução feita para o português do Digesto ou Pandectas. Neste sentido, consulte-se VASCONCELLOS, Manoel da Cunha Lopes *et al.* **Digesto ou Pandectas do Imperador Justiniano**. São Paulo: YK Editora, 2017, v. 1.

a acrescentar[255] e do qual não há nada a retirar, pois contêm as regras que dão ao bom intérprete a capacidade de resolver todos os problemas jurídicos apresentados ou que venham a surgir. A **completa e sofisticada técnica hermenêutica** que se desenvolve entre os juristas comentadores do Direito Romano, e depois entre os tratadistas, é, especialmente, uma técnica para a ilustração e o desenvolvimento interno do Direito Romano, partindo-se do pressuposto de que ele constitui um sistema potencialmente completo, um tipo de fonte inesgotável da sabedoria jurídica, que o intérprete deve limitar-se a escavar para encontrar o aquífero escondido. Se fosse possível resumir com uma frase a índole da jurisprudência desenvolvida sob o império e sob à sombra do Direito Romano, dir-se-ia que **ela desenvolveu o método da *extensio* em prejuízo do método da equidade**[256], inspirando-se no princípio de autoridade, ao invés de fazê-lo com base no princípio da natureza das coisas.

Na Era Moderna[257], o dogma da completude tornou-se parte integrante da concepção estatal do Direito, ou seja, daquela concepção que faz da produção jurídica um monopólio do Estado. Na medida em que o Estado Moderno ia crescendo em potência, iam sendo sucumbidas todas as fontes do Direito que não fossem a lei ou o comando do soberano[258]. A

255. BOBBIO, Norberto. **Teoria do Ordenamento Jurídico**. 10. ed. Tradução Maria Celeste C. J. Santos; revisão técnica Claudio de Cicco; apresentação Tercio Sampaio Ferraz Jr. Brasília: Universidade de Brasília, 1999, p. 120.

256. Idem, ibidem, p. 120.

257. É na Modernidade que surge o conceito de Estado que se conhece até os dias de hoje e, com ele, outros diversos institutos jurídicos. Por isso, aprofundar a compressão sobre o que é a Modernidade e, também, sobre o que vem a ser uma possível Pós-Modernidade é imprescindível. Sobre esse assunto, consulte-se LYOTARD, Jean-François. **A condição pós-moderna**. Tradução Wilmar do Vale Barbosa. Rio de Janeiro: José Olympio, 2006, *passim*.

258. O conceito de soberania, por sinal, passa por uma profunda reformulação nos dias atuais. Sobre o assunto, a obra de Luigi Ferrajoli é significativa. Consulte-se FERRAJOLI, Luigi. **A soberania no mundo moderno**: nascimento e crise do Estado nacional. Tradução Carlos Coccioli e Márcio Lauria Filho. São Paulo: Martins Fontes, 2002. Vale aqui trazer à baila uma excelente reflexão levada a efeito por Ferrajoli, a saber: "Ao menos no plano da teoria

onipotência do Estado reverteu-se sobre o Direito de origem estatal, e não foi reconhecido outro Direito senão aquele proveniente direta ou indiretamente do soberano. Onipotente, como o Estado do qual emanava, o Direito Estatal tinha por obrigação regular cada caso possível: havendo lacunas[259], o que deveria ter feito o juiz senão recorrer às fontes jurídicas extraestatais, por exemplo, o costume, a natureza das coisas e a equidade?[260]

Nesse contexto, admitir que o ordenamento jurídico estatal não era completo significa introduzir um Direito concorrente e, com isso, quebrar o monopólio da produção jurídica estatal, segundo Bobbio[261]. E é por isso que a afirmação do dogma da completude prossegue no mesmo passo que a monopolização do Direito por parte do Estado. Para preservar o próprio monopólio, o Direito do Estado deve ser útil para todo e qualquer caso. Uma expressão macroscópica dessa vontade de completude

---

do direito, a soberania revelou-se, em suma, um pseudoconceito ou, pior, uma categoria antijurídica. Sua crise – agora o podemos afirmar – começa justamente, tanto na sua dimensão interna quanto naquela externa, no mesmo momento em que a soberania entra em contato com o direito, dado que ela é a negação deste, assim como o direito é a sua negação. E isso uma vez que a soberania é a ausência de limites e de regras, ou seja, é o contrário daquilo em que o direito consiste. Por essa razão, a história jurídica da soberania é a história de uma antinomia entre dois termos – direito e soberania –, logicamente incompatíveis e historicamente em luta entre si". Cf. FERRAJOLI. Op. cit., p. 44.

259. "A ordem jurídica não pode ter quaisquer lacunas. Se o juiz está autorizado a decidir uma disputa como legislador no caso de a ordem jurídica não conter nenhuma norma geral obrigando o réu à conduta reclamada pelo queixoso ele não preenche uma lacuna do direito efetivamente válido uma norma individual à qual não corresponde nenhuma norma geral. O direito efetivamente válido poderia ser aplicado ao caso concreto pela rejeição da lacuna. O juiz, contudo, está autorizado a modificar o Direito para um caso concreto, ele tem o poder de obrigar juridicamente um indivíduo que antes estava juridicamente livre". Cf. KELSEN, Hans. **Teoria geral do Direito e do Estado**. Tradução Luis Carlos Borges. São Paulo: Martins Fontes, 2005, p. 213.

260. BOBBIO, Norberto. **Teoria do Ordenamento Jurídico**. 10. ed. Tradução Maria Celeste C. J. Santos; revisão técnica Claudio de Cicco; apresentação Tercio Sampaio Ferraz Jr. Brasília: Universidade de Brasília, 1999, p. 120.

261. Idem, ibidem, p. 121.

foram as grandes codificações. E é justamente no interior de uma dessas grandes codificações, observe-se bem, que foi declarado o veredicto de que o juiz deve julgar permanecendo sempre do sistema já dado[262]. A miragem da codificação, portanto, é a completude (uma regra para cada caso). O código é, para o juiz, um prontuário que lhe deve servir infalivelmente e do qual não pode desgarrar-se.

A cada grande codificação (desde a francesa de 1804 até a alemã de 1900), foi sendo sedimentado entre os juristas e os juízes a tendência de ater-se escrupulosamente aos códigos, atitude esta que foi chamada, em alusão aos juristas franceses e ao Código de Napoleão, mas que se poderia estender a cada nação com direito codificado, de **fetichismo da lei**[263]. Na França, a Escola jurídica que se foi impondo depois da codificação é, normalmente, chamada de **Escola de Exegese**, e se contrapõe à **Escola Científica**, que surgiu depois. O aspecto peculiar da Escola de Exegese é a sua admiração incondicional pela obra realizada pelo legislador por meio da codificação, uma confiança excessiva na suficiência das leis, a crença de que o código, uma vez promulgado, basta-se completamente a si próprio, ou seja, não apresenta lacunas: em um termo, o dogma da completude jurídica[264].

Uma Escola da Exegese não existiu somente na França, como destaca Bobbio[265], mas também na Itália, na Alemanha e em outros países. Existe

262. Nesse sentido, é a tese sustentada pela Escola de Exegese e os seus respectivos autores, por exemplo, Bugnet. Aliás, é a esse autor que se atribui uma famosa frase, qual seja, "eu não ensino o Direito Civil, eu ensino o que está no Código Civil".

263. Uma verdadeira idolatria que se nutria para com a lei e o código, e que, de certo modo, resultava da empolgação que o homem do século XIX tinha para com a ciência e as suas descobertas.

264. BOBBIO. Op. cit., p. 121.

265. BOBBIO, Norberto. **Teoria do Ordenamento Jurídico**. 10. ed. Tradução Maria Celeste C. J. Santos; revisão técnica Claudio de Cicco; apresentação Tercio Sampaio Ferraz Jr. Brasília: Universidade de Brasília, 1999, p. 121.

até agora tal Escola, mesmo que, como se verá, o problema das lacunas, nos dias atuais, seja colocado de modo mais crítico. Seria até possível dizer, exagerando um pouco, que a Escola de Exegese e a Codificação são fenômenos estreitamente vinculados e, por isso, de difícil separação.

Quando, como se verá no próximo item, começou a reação ao fetichismo legislativo e, ao mesmo tempo, ao dogma da completude, um dos maiores representantes dessa reação, o jurista alemão Eugen Ehrlich, em um livro dedicado ao estudo e à crítica da mentalidade do jurista tradicional, *A lógica dos juristas*[266], afirmou que o raciocínio do jurista tradicional, enraizado no dogma da completude, era fundado em três pressupostos, a saber: i) a proposição maior de cada raciocínio jurídico deve ser uma norma jurídica; ii) essa norma deve ser sempre uma lei do Estado; iii) todas essas normas devem formar no seu conjunto uma unidade[267].

Ehrlich, criticando a mentalidade tradicional do jurista, como destaca Bobbio[268], queria combater aquela atitude de conformismo diante da ideia de um Direito Estatal que, por sinal, terminou dando causa ao dogma da completude e, a seguir, fazendo morada na jurisprudência.

3.6.3. A crítica da completude

O livro de Ehrlich, citado linhas acima, é uma das expressões mais relevantes daquela revolta contra o monopólio estatal do direito, que se desenvolveu, quase que simultaneamente, na França e na Alemanha no final do século XIX, e que, mesmo sendo denominada com nomes diversos, é conhecida, em especial, pelo nome de **Escola do Direito Livre**. O

266. EHRLICH, Eugen. **Die juristische Logik**. Tübingen, 1925. Apud BOBBIO. Op. cit., p. 122.

267. BOBBIO. Op. cit., p. 122.

268. BOBBIO. Op. cit., p. 122.

principal alvo dessa tendência, segundo Bobbio[269], é o dogma da completude do ordenamento jurídico. Caso se queira criticar o fetichismo legislativo dos juristas, será preciso, em primeiro lugar, colocar por terra a crença de que o Direito Estatal é completo.

A guerra da Escola do Direito Livre contra as várias escolas da exegese é em torno das lacunas. Os comentadores do Direito constituído acreditavam que o Direito não tinha lacunas e que o dever do intérprete era somente o de tornar explícito aquilo que já estava implícito na mente do legislador[270]. Os defensores da nova escola asseveram que o Direito constituído está cheio de lacunas e, para preenchê-las, é necessário confiar, principalmente, no poder criativo do magistrado, isto é, naquele que é chamado a resolver os infinitos conflitos jurídicos que as relações sociais provocam, além e fora de toda regra pré-existente[271].

Os motivos pelos quais, no final do século XIX, surge e se desenvolve rapidamente esse movimento contra o estadismo jurídico e o dogma da completude são vários. Mas, segundo Bobbio, os principais motivos seriam dois, a saber:

1) Antes de tudo, à medida que **a codificação envelhecia** (isso se aplica sobretudo à França), descobriam-se as insuficiências. O que, em um primeiro momento, é objeto de admiração incondicional, vai se convertendo aos poucos em objeto de análise crítica

269. BOBBIO. Op. cit., p. 122.

270. E disso resultou a importante concepção de hermenêutica conhecida como a interpretação dirigida a desvelar a *Voluntas Legislatoris*. Acerca do debate travado entre as concepções subjetivista e objetivista de hermenêutica jurídica, consulte-se a obra de ENGISCH, Karl. **Introdução ao pensamento jurídico**. 6. ed. Tradução J. Baptista Machado. Lisboa: Fundação Calouste Gulbenkian, 1988, p. 165-197.

271. BOBBIO, Norberto. **Teoria do Ordenamento Jurídico**. 10. ed. Tradução Maria Celeste C. J. Santos; revisão técnica Claudio de Cicco; apresentação Tercio Sampaio Ferraz Jr. Brasília: Universidade de Brasília, 1999, p. 123.

sempre mais exigente, e a confiança na onisciência do legislador diminui ou perde o valor. Na história do Direito na Itália, bastará comparar a atitude da geração mais próxima aos primeiros códigos, situada entre os anos 70 e 90 do século XIX, e a atitude da geração posterior. Falou-se muito da passagem de uma jurisprudência exegética a uma jurisprudência científica para sinalizar, entre outros aspectos, o desenvolvimento de uma livre crítica em relação aos códigos, o que preparou a reforma deles. E, também hoje, quem confronta a atitude do jurista atual com a dos primeiros anos depois da formulação dos mais recentes códigos não demorará a perceber maior desapontamento e um respeito menos inerte[272].

2) Em segundo lugar, ao lado do processo natural de envelhecimento de um código, é necessário considerar que, na segunda metade do século XIX, ocorreu, por força da chamada revolução industrial, **uma profunda e rápida transformação da sociedade**, que fez as primeiras codificações – que espelhavam uma sociedade ainda predominantemente agrícola e escassamente industrializada[273] – parecerem anacrônicas e, por conseguinte, insuficientes e inadequadas, e com isso terminou por acelerar o processo natural

272. Idem, ibidem, p. 123.

273. Sobre esse aspecto, qual seja, a mudança da sociedade, mais adiante, em outro capítulo se irá dar ênfase a isso. Contudo, não se fará mais alusão ao século XIX e à revolução industrial, mas, sim, ao conjunto de mudanças que estão em curso desde o fim da Segunda Grande Guerra Mundial e que vêm provocando profundas e rápidas mudanças no tecido social. Mudanças estas que motivaram Niklas Luhmann a afirmar que as teorias sociológicas existentes até a elaboração de sua teoria não conseguem mais refletir e explicar como funciona a sociedade moderna. Serão essas mudanças, essa revolução silenciosa da sociedade e da comunicação que a constitui que irão levar Luhmann a elaborar a sua teoria sistêmica e funcional sobre a sociedade. E, mais adiante, em capítulo próprio, será a partir desta contribuição de Luhmann que se oferecerá aqui uma nova concepção de sistema jurídico, uma concepção para Teoria Geral do Direito.

de envelhecimento. Basta pensar, como destaca Bobbio[274], que ainda no Código Civil italiano de 1865, que decorria do francês, todos os problemas do trabalho, aos quais nos dias atuais é dedicado um livro inteiro, estavam resumidos em um artigo. Falar de completude de um Direito, que ignorava o surgimento da grande indústria e todos os problemas da organização do trabalho a ela ligados, importava, na prática, em fechar os olhos frente à realidade por amor a uma fórmula e deixar-se embalar pela inércia mental e preconceito[275], algo próprio dos fanáticos, mas não dos filósofos ou cientistas.

Agregue-se, ainda, que essa discrepância, sempre mais rápida e macroscópica, entre o Direito constituído e a realidade social, foi acompanhada pelo particular desenvolvimento da filosofia social e das Ciências Sociais no século XIX, as quais, mesmo nas diversas correntes a que deram lugar, apresentaram uma característica comum: **a polêmica contra o Estado e a descoberta da sociedade abaixo do Estado**[276]. Tanto o marxismo quanto a sociologia positivista de August Comte – para que se fique limitado aqui às duas principais correntes de filosofia social – foram impulsionados a partir de uma crítica contra o monismo estatal, que havia tido a sua expressão mais reacionária e teimosa na filosofia de Hegel[277], mas tinha ramificações muito mais antigas.

O Estado se erguia acima da sociedade, e tendia a absorvê-la, mas a luta das classes, de um lado, que tendia a quebrar continuamente os

274. BOBBIO, Norberto. **Teoria do Ordenamento Jurídico**. 10. ed. Tradução Maria Celeste C. J. Santos; revisão técnica Claudio de Cicco; apresentação Tercio Sampaio Ferraz Jr. Brasília: Universidade de Brasília, 1999, p. 124.

275. Idem, ibidem, p. 124.

276. Idem, ibidem, p. 124.

277. HEGEL, Friedrich. **Princípios de filosofia do direito**. Tradução Orlando Vitorino. São Paulo: Martins Fontes, 1997, p. 80-96.

limites da ordem estatal, e a contínua formação espontânea (não provocada ou impossibilitada pelo Estado) de novos conjuntos sociais, como os sindicatos, os partidos, e de novos relacionamentos entre os homens, derivados da transformação dos meios de produção, punham em evidência uma vida subordinada ou em oposição ao Estado, que nem o sociólogo, portanto, nem o jurista podiam ignorar[278].

A sociologia, essa nova ciência que foi o produto mais típico do espírito científico do século XIX[279], desde o momento em que se conscientizou das correntes subterrâneas que animavam a vida social, representou a destruição do mito de um Estado onipresente e onisciente. Um dos elementos do mito do Estado, como foi dito aqui, era exatamente o dogma da completude. Diante disso, é possível compreender como a sociologia pode proporcionar armas críticas aos juristas novos contra as várias formas de jurisprudência presas ao dogma do estadismo e da completude do Direito. Ao final das contas, a consciência que ia se soerguendo a partir do desajuste entre o Direito constituído e a realidade social era ajudada pela descoberta da importância da sociedade em relação ao Estado, e encontrava na sociologia um ponto de apoio para contrastar a pretensão do estadismo jurídico[280].

No âmbito mais vasto da sociologia, formou-se uma corrente de sociologia jurídica, da qual Ehrlich é um dos representantes mais destacados. O programa da sociologia jurídica foi o de apresentar, sobretudo no início, que o Direito era um fenômeno social, e que, portanto, a aspiração dos juristas ortodoxos de fazer do Direito um produto do Estado era infundada e conduzia a diversos absurdos, por exemplo, o de acreditar na

278. BOBBIO. Op. cit., p. 124-125.

279. E as lições de August Comte e de Emile Durkheim são um excelente exemplo disso.

280. BOBBIO, Norberto. **Teoria do Ordenamento Jurídico**. 10. ed. Tradução Maria Celeste C. J. Santos; revisão técnica Claudio de Cicco; apresentação Tercio Sampaio Ferraz Jr. Brasília: Universidade de Brasília, 1999, p. 125.

completude do Direito codificado. As relações entre a Escola do Direito Livre e a Sociologia Jurídica são muito estreitas, sendo possível afirmar que são as duas faces da mesma moeda. Se o Direito era um fenômeno social, um produto da sociedade (nas suas mais variadas formas), e não somente do Estado, o juiz e o jurista tinham que extrair as regras jurídicas, adaptadas às novas necessidades, do estudo da sociedade, da dinâmica das relações entre as diferentes forças sociais, e dos interesses que estas representavam, e não das regras mortas e cristalizadas dos códigos[281].

O Direito Livre, em outras palavras, tirava as consequências não somente da lição dos fatos (ou seja, da constatação de como o Direito estatal era inadequado frente ao desenvolvimento da sociedade), mas também da nova consciência, que o desenvolvimento das Ciências Sociais ia difundindo, da importância das forças sociais latentes no interior da aparentemente granítica estrutura do Estado[282]. E a lição dada pelos fatos sociais e a maturidade científica colaboravam reciprocamente uma com a outra na luta contra o monopólio jurídico do Estado e, por consequência, contra o dogma da completude.

A literatura crítica do estadismo jurídico é imensa. Aqui, por conveniência, limitamo-nos a invocar a obra de Gény, *Méthode d'interprétation et sources du droit positif*, 1899, que contrapunha à imitadora exegese dos textos legislativos **livre pesquisa científica**, por meio da qual o jurista deveria extrair a regra jurídica diretamente do Direito vivo nas relações sociais. Como escrevia Gény, "o Direito é coisa muito complexa e móvel para que um indivíduo ou uma assembleia, ainda que investidos de

281. Idem, ibidem, p. 125.

282. Idem, ibidem, p. 126.

autoridade soberana, possam pretender fixar de uma só vez os preceitos de modo a satisfazer todas as exigências da vida jurídica"[283].

No mesmo período, os estudos da Edouard Lambert sobre o direito consuetudinário e sobre o Direito judiciário serviam para chamar a atenção sobre um Direito de origem não legislativa. Livros como o de Jean Cruet, *La vie du droit et l'impuissance des lois*, 1914 (*A vida do Direito e a impotência das leis*), em que se sustentava o método de uma legislação experimental, que deveria adequar-se às necessidades sociais, dando a máxima importância ao costume e à jurisprudência, ou como o de Gaston Morin, *La revolte des faits contre la loi*, 1920 (*A revolta dos fatos contra a lei*), em que se colocava em destaque a oposição entre a sociedade econômica e o Estado, são exemplos eloquentes do movimento antidogmático que vinha se desenvolvendo na jurisprudência francesa[284].

Na nação alemã, o sinal da guerra contra o tradicionalismo jurídico em nome da sociologia jurídica e da livre pesquisa do Direito foi dado por Hermann Kantorowicz, que em 1906 publicou um "panfleto" sob o título de *A luta pela ciência do Direito* (*Der Kampf um die Rechswissenschaft*), com o pseudônimo de Gnaeus Flavius, no qual assinalava no Direito Livre, tirado diretamente da vida social, independentemente das fontes jurídicas de derivação estatal, o novo Direito natural, que tinha a mesma função do antigo Direito natural, que era a de representar uma ordem normativa de origem não estatal, mesmo que não tivesse mais a sua natureza, do momento que o Direito livre era, também ele, um direito positivo, ou seja, eficaz. Somente o Direito Livre estava em condições de preencher as lacunas da legislação. Caía, como inútil e perigoso empecilho à adaptação do Direito às exigências sociais, o dogma da completude.

---

283. Apud BOBBIO, Norberto. **Teoria do Ordenamento Jurídico**. 10. ed. Tradução Maria Celeste C. J. Santos; revisão técnica Claudio de Cicco; apresentação Tercio Sampaio Ferraz Jr. Brasília: Universidade de Brasília, 1999, p. 126.

284. Idem, ibidem, p. 126.

No seu lugar, entrava a convicção de que o Direito legislativo era lacunoso, e que as lacunas não podiam ser preenchidas mediante o próprio Direito estabelecido[285], mas por meio do reencontro e da formulação do Direito livre[286].

3.6.4. O espaço jurídico vazio

A corrente do Direito Livre e da Livre Pesquisa do Direito teve, entre os juristas, muitos adversários. Aliás, mais adversários do que aliados. O positivismo jurídico de estrita observância, vinculado à concepção estatal do Direito, não se deixou abalar. O Direito livre representava aos olhos dos juristas tradicionalistas a mais nova encarnação do Direito natural[287], que, a partir das críticas da Escola Histórica de Savigny, já era reputado como aniquilado e, por conseguinte, sepultado para todo o sempre. Admitir a livre pesquisa do Direito, livre no sentido de não atrelada ao Direito estatal, conceder abrigo ao Direito Livre, ou seja, a um Direito criado de vez em quando por um juiz, importava em violar a barreira do princípio da legalidade, que havia sida construída, a duras penas, para a defesa do indivíduo, e, ao mesmo tempo, abrir as portas para o arbítrio, o caos e a anarquia[288].

Desse modo, a completude não era um mito, mas uma exigência de justiça, segundo Bobbio[289]. Não era, assim, uma função inútil, mas

285. O que se denomina como autointegração. Sobre esse assunto, mais adiante se dedicará um item específico neste capítulo.

286. BOBBIO, Norberto. **Teoria do Ordenamento Jurídico**. 10. ed. Tradução Maria Celeste C. J. Santos; revisão técnica Claudio de Cicco; apresentação Tercio Sampaio Ferraz Jr. Brasília: Universidade de Brasília, 1999, p. 127.

287. Cf. HART, Herbert. **O conceito de direito.** Tradução A. Ribeiro Mendes. Lisboa: Fundação Calouste Gulbenkian, 2001, p. 201-209.

288. BOBBIO. Op. cit., p. 127-128.

289. BOBBIO. Op. cit., p. 128.

uma defesa útil de um dos valores supremos a que deve servir a ordem jurídica, a **certeza**. Por detrás da batalha dos métodos havia, como sempre, e é bom que isso nunca seja olvidado, uma batalha ideológica[290]. O dever dos juristas era o de defender a justiça legal ou de favorecer a justiça[291] substancial? Os defensores da legalidade ficaram presos ao dogma da completude.

Contudo, para ali permanecerem, eles tiveram que encontrar novos argumentos. Após o ataque do Direito Livre, não era mais suficiente repetir a velha confiança na sabedoria do legislador. A confiança estava abalada. Era necessário demonstrar criticamente que a completude, longe de ser um cômodo fingimento ou, pior ainda, uma ingênua crença, era uma característica constitutiva de todo ordenamento jurídico. E que, se havia uma teoria equivocada a ser combatida, esta não era mais a teoria da completude, mas aquela que sustentava a existência de lacunas. Os juristas tradicionalistas passaram, então, ao contra-ataque. O efeito desse contra-ataque foi que o problema da completude passou de uma fase dogmática a uma fase crítica[292].

---

290. Aliás, nesse ponto, são precisas as palavras de Tercio Sampaio Ferraz Jr., em especial, quando ele destaca que, qualquer que seja a definição que se dê ao Direito, sempre será, em alguma medida, contaminada por alguma ideologia. Mas, como alerta o professor do Largo de São Francisco, isso não é um problema, mas uma constatação que precisa ser posta às claras, de modo que qualquer pessoa tome consciência dessa circunstância. A influência ideológica se faz sentir em qualquer que seja a definição, porque ela sempre se encontra voltada à comunicação. E, por sua vez, a comunicação, estreitamente vinculada que é à linguagem, tem no seu aspecto pragmático a sua característica mais saliente, pelo menos de acordo com a doutrina de Tercio Sampaio Ferraz Jr. Nesse sentido, consulte-se FERRAZ JR., Tercio Sampaio. **Introdução ao estudo do direito**: técnica, decisão e dominação. São Paulo: Atlas, 2015, p. 18. No mesmo sentido, BOBBIO. Op. cit., p. 128.

291. HART. Op. cit., p. 169-181.

292. BOBBIO, Norberto. **Teoria do Ordenamento Jurídico**. 10. ed. Tradução Maria Celeste C. J. Santos; revisão técnica Claudio de Cicco; apresentação Tercio Sampaio Ferraz Jr. Brasília: Universidade de Brasília, 1999, p. 128.

O primeiro argumento trazido à baila pelos positivistas de estrita observância foi aquele que se denominará aqui, por uma questão de brevidade, como **espaço jurídico vazio**. Foi elaborado e defendido, contra qualquer renascimento jusnaturalístico, por um dos maiores defensores do positivismo jurídico, o professor Karl Bergbohm, no seu livro *Jurisprudenz und Rechtsphilosphie*, de 1892, (*Jurisprudência e Filosofia do Direito*). Na Itália, como destaca Bobbio[293], esse argumento foi acolhido por Santi Romano, no ensaio "Observações sobre a completude do ordenamento estatal", de 1925.

O raciocínio de Bergbohm é mais ou menos o seguinte: toda norma jurídica representa uma limitação à livre atividade humana. Fora da esfera regulada pelo Direito, o homem é livre para fazer o que quiser[294]. O âmbito da atividade de um homem pode, portanto, ser considerado dividido, do ponto de vista do Direito, em dois comportamentos: aquele no qual é regulado por normas jurídicas, e que se poderá chamar de **espaço jurídico pleno**, e aquele no qual é livre, e que poderá ser chamado de **espaço jurídico vazio**. Ou há o vínculo jurídico ou há a absoluta liberdade. *Tertium non datur.* A esfera da liberdade pode diminuir ou aumentar,

293. Idem, ibidem, p. 128.

294. Tudo que não foi proibido, por consequência, encontra-se imediatamente permitido. A regra é a liberdade, ou seja, que a conduta seja permitida, e a exceção, por sua vez, é que a conduta seja proibida ou obrigatória. Seja como for, o certo é que, em quaisquer dos casos, a conduta sempre se encontra regulada, controlada, disciplinada pelo ordenamento jurídico, seja de um modo, seja de outro. Isso porque se há uma norma proibindo ou obrigando, então, não há lacuna. Mas se não há norma alguma, à primeira vista, nem por isso se pode concluir que há uma lacuna. Pelo contrário, o que há, nesse caso, é uma norma permissiva também controlando a conduta. Essa norma não precisa estar expressa no Ordenamento Jurídico para que ela exista. Ela, na verdade, está e sempre esteve implícita, por ser uma consequência lógica da premissa do seguinte raciocínio básico: todo e qualquer ser humano nasce livre. Essa é a lição de Hans Kelsen. Consulte-se KELSEN, Hans. **Teoria geral do Direito e do Estado.** Tradução: Luis Carlos Borges. São Paulo: Martins Fontes, 2005, p. 212-215. No mesmo sentido, MACHADO NETO, Antônio Luiz. **Compêndio de introdução à ciência do direito.** 6. ed. São Paulo: Saraiva, 1988, p. 42-50.

conforme aumentem ou diminuam as normas jurídicas, mas não pode acontecer, em hipótese alguma, que o ato seja, simultaneamente, livre e regulado[295].

Transporte-se, agora, essa alternativa para o campo do problema das lacunas: um caso ou está regulado pelo Direito, e então é um caso jurídico ou juridicamente importante, ou não está regulado pelo Direito, e então pertence àquela esfera de livre desenvolvimento da atividade humana, que é a esfera do **juridicamente irrelevante**. Não há lugar, assim, para lacuna do Direito[296]. Como é absurdo pensar num caso que não seja jurídico e, todavia, seja regulado, do mesmo modo também não é possível admitir um caso que seja jurídico e que apesar disso não seja regulado: ou seja, não é possível admitir uma lacuna do Direito.

Até onde o direito alcança com suas normas, evidentemente não há lacunas. **Onde não alcança, há espaço jurídico vazio e, por conseguinte, não há lacuna do Direito, mas, sim, uma atividade indiferente ao Direito. Um espaço intermediário entre o juridicamente pleno e o juridicamente vazio, onde se possam colocar as lacunas, não existe.** Ou existe o ordenamento jurídico, e então não se pode falar de lacuna, ou há a chamada lacuna, e então não existe mais o ordenamento jurídico, e a lacuna não é mais tal, porque não representa uma deficiência do ordenamento, mas seu limite natural. O que está além dos limites das regras de um ordenamento não é uma lacuna do ordenamento, mas algo diferente do ordenamento, assim como a margem do rio não é a falta do rio, mas simplesmente a separação entre o que é e o que não é rio[297].

295. BOBBIO, Norberto. **Teoria do Ordenamento Jurídico**. 10. ed. Tradução Maria Celeste C. J. Santos; revisão técnica Claudio de Cicco; apresentação Tercio Sampaio Ferraz Jr. Brasília: Universidade de Brasília, 1999, p. 129.

296. Idem, ibidem, p. 129.

297. Idem, ibidem, p. 129-130.

O ponto frágil dessa teoria é que ela está fundada sob um conceito muito discutível como o do **espaço jurídico vazio**[298] ou o de esfera do juridicamente irrelevante. Existe espaço jurídico vazio? Parece que a afirmação do espaço jurídico vazio nasce de uma premissa errada. E qual seria ela? A premissa de que o jurídico se identifica com o obrigatório. Mas aquilo que não é obrigatório e, portanto, representa a esfera do permitido e do lícito, deve ser considerado juridicamente irrelevante ou indiferente? Aqui está o erro.

É sabido, e não é novidade para ninguém, que há três modalidades normativas: as normas obrigatórias, as proibitivas e as permissivas. Para sustentar a tese do espaço jurídico vazio, é necessário excluir a permissão das modalidades jurídicas de normas. Aquilo que é permitido coincidiria com aquilo que é juridicamente indiferente. Quando muito, seria necessário distinguir duas esferas da permissão ou da liberdade, uma juridicamente relevante e a outra juridicamente irrelevante. Mas é possível tal distinção? Existe uma esfera da liberdade jurídica ao lado da esfera da liberdade juridicamente irrelevante[299]? São perguntas levantadas por Bobbio.

A primeira impressão de que uma liberdade juridicamente irrelevante não existia nasce do fato de que Santi Romano, para definir essa liberdade e para distingui-la da liberdade jurídica (considerada como esfera do lícito), chama de e**sfera daquilo que não é nem lícito nem ilícito**. Ora, como lícito e ilícito são dois termos contraditórios, não podem excluir-se mutuamente, porque, se não podem ser ambos verdadeiros, não podem

298. Sobre esse conceito, Arthur Kaufmann faz interessantes observações acerca do "espaço livre de direito". KAUFMANN, Arthur. **Filosofia do Direito**. 4. ed. Tradução António Ulisses Cortês. Lisboa: Fundação Calouste Gulbenkian, 2010, p. 337-351.

299. BOBBIO, Norberto. **Teoria do Ordenamento Jurídico**. 10. ed. Tradução Maria Celeste C. J. Santos; revisão técnica Claudio de Cicco; apresentação Tercio Sampaio Ferraz Jr. Brasília: Universidade de Brasília, 1999, p. 130.

também ser ambos falsos. E, portanto, não pode existir uma situação que não seja ao mesmo tempo nem lícita nem ilícita, segundo Bobbio[300].

Na realidade, a "liberdade não jurídica" poderia ser mais bem definida como "liberdade não protegida". O que significa essa expressão? Faz sentido falar de uma liberdade não protegida, ao lado da liberdade protegida? É preciso refletir sobre o assunto. Por "liberdade protegida" entende-se aquela liberdade que é garantida (por meio da coerção jurídica) contra eventuais impedimentos por parte de terceiros (ou do próprio Estado). Trata-se daquela liberdade que é reconhecida no próprio momento em que é imposta a terceiros a obrigação jurídica (ou seja, reforçada pela sanção, no caso de não cumprimento) de não impedir o seu exercício. Observe-se bem que a esfera da permissão (numa pessoa) está sempre ligada a uma esfera do obrigatório (numa outra pessoa ou em outras pessoas). Isso quer dizer que o campo da permissão jurídica pode sempre ser considerada do ponto de vista da obrigação (ou seja, da obrigação dos outros de não impedir o exercício da ação lícita). E mais, que o Direito não permite nunca sem ao mesmo tempo ordenar ou proibir[301].

Pois bem, se por liberdade protegida se entende a liberdade garantida contra o impedimento dos outros, por liberdade não protegida (aquilo que deveria constituir a esfera do que é juridicamente irrelevante e do espaço jurídico vazio) dever-se-ia entender uma liberdade não garantida contra o impedimento dos outros[302]. Isso quer dizer que o uso da força por parte de um terceiro para impedir o exercício daquela liberdade seria

---

300. Idem, ibidem, p. 130.

301. Idem, ibidem, p. 131.

302. Isso já permite perceber, como realça Raffaele De Giorgi, o paradoxo da liberdade, uma vez que a liberdade pressupõe a norma e vice-versa. Também José Joaquim Calmon de Passos percebeu isso. Mais adiante, em capítulo próprio, esse assunto será mais explorado. Desde já, fica registrada a recomendação das seguintes leituras: CALMON DE PASSOS, José Joaquim. **Direito, poder, justiça e processo**: julgando os que nos julgam. Rio de Janeiro: Forense, 2003, p. 41; e DE GIORGI, Raffaele. **Ciência do direito e legitimação**: crítica da

lícito. Em síntese apertada, **liberdade não protegida significa licitude do uso da força privada**[303]. Mas se é assim, nos ordenamentos estatais modernos, caracterizados pela monopolização da força por parte do Estado e pela consequente proibição do uso privado da força (por exemplo, o artigo 345 do Código Penal brasileiro), a situação hipotética de liberdade não protegida não é possível.

Entende-se que ao Estado, quando atribui uma liberdade, não interessa o que o indivíduo escolhe, mas o que ele pode escolher. Aquilo que o Ordenamento protege não é a escolha de um determinado indivíduo específico, mas o direito de escolher. Poder-se-ia objetar que o ordenamento estatal moderno não pode ser tomado como modelo de cada possível ordenamento jurídico, e que há ordenamentos jurídicos nos quais a monopolização da força não é completa, e, portanto, nesses ordenamentos há casos em que a intervenção da força privada é lícita. Também nesse caso, Bobbio acredita ser difícil falar de uma esfera daquilo que é juridicamente irrelevante[304].

Que em alguns casos a força privada seja lícita significa que a liberdade de um não está protegida, mas está protegida a força do outro, e que, por conseguinte, a relação direito-dever está invertida, no sentido de que ao dever do terceiro de respeitar a liberdade dos outros sucede o direito de violá-la, e ao direito do outro de exercer a própria liberdade sucede o dever de aceitar o impedimento do outro. O fato de que a liberdade não seja protegida não torna essa situação juridicamente irrelevante, porque, no momento em que a liberdade de agir de um não está protegida,

epistemologia jurídica de Kelsen a Luhmann. Tradução Pedro Jimenez Cantisano. Curitiba: Juruá, 2017, p. 217.

303. BOBBIO, Norberto. **Teoria do Ordenamento Jurídico**. 10. ed. Tradução Maria Celeste C. J. Santos; revisão técnica Claudio de Cicco; apresentação Tercio Sampaio Ferraz Jr. Brasília: Universidade de Brasília, 1999, p. 131.

304. Idem, ibidem, p. 132.

está protegida a liberdade do outro de exercer a força. E, enquanto está protegida, esta é a juridicamente relevante em vez da outra. Não falha a relevância jurídica, simplesmente altera-se a relação entre o direito e o dever[305].

3.6.5. A norma geral exclusiva

Se não há um espaço jurídico vazio, então existe somente, segundo Bobbio, o espaço jurídico pleno. Justamente nessa constatação se baseou a segunda teoria que, na reação contra a Escola do Direito Livre, procurou colocar criticamente o problema da completude. Sinteticamente, a primeira teoria, que se examinou no item anterior, sustentou que não há lacunas porque, onde falta o ordenamento jurídico, falta o próprio Direito e, por consequência, deve-se falar adequadamente de **limites** do ordenamento jurídico do que de **lacunas**. Limites, entenda-se, no sentido das fronteiras que demarcam o território do ordenamento jurídico. A segunda teoria defende que não há lacunas pelo motivo inverso, ou seja, pela circunstância de que o Direito nunca falta, nunca deixa de regular algo, seja de modo direto, seja de modo indireto. Esta segunda teoria foi sustentada pela primeira vez, ainda segundo Bobbio[306], pelo jurista alemão Ernst Zitelmann, no ensaio intitulado "As lacunas no direito" (*Lücken im Recht*, 1903), e com alguma variação, na Itália, Donato Donati, no importante livro *O problema das lacunas do ordenamento jurídico*, de 1910.

O raciocínio adotado por esses autores pode ser sintetizado da seguinte maneira: uma norma que regula um comportamento não só limita a regulamentação e, por conseguinte, as consequências que desta

305. Idem, ibidem, p. 132.

306. BOBBIO, Norberto. **Teoria do Ordenamento Jurídico**. 10. ed. Tradução Maria Celeste C. J. Santos; revisão técnica Claudio de Cicco; apresentação Tercio Sampaio Ferraz Jr. Brasília: Universidade de Brasília, 1999, p. 132-133.

regulamentação decorram para aquela conduta, mas ao mesmo tempo exclui daquela regulamentação todos os outros comportamentos. É dizer, por exemplo, uma norma que proíbe fumar exclui da proibição, ou seja, permite, todos os outros comportamentos que não sejam o de fumar. Todos os comportamentos não compreendidos na norma particular são regulados por uma **norma geral exclusiva**, ou seja, pela regra que exclui (por isso é exclusiva) todos os comportamentos (por isso é geral) que não sejam aqueles previstos pela norma particular[307].

Poder-se-ia dizer, também, que as normas nunca surgem sozinhas, mas sempre aos pares (ou de modo **binário**): cada norma particular, que se pode chamar de inclusiva, está acompanhada, como se fosse por sua própria sombra, pela norma geral exclusiva. Segundo essa teoria, nunca ocorre que haja, além das normas particulares, um espaço jurídico vazio, mas acontece, sim, que além daquelas normas haja toda uma esfera de ações reguladas pelas normas gerais exclusivas. Enquanto para a primeira teoria a atividade humana está dividida em dois campos, um regulado por normas e outro não regulado, para esta segunda teoria toda a atividade humana é regulada por normas jurídicas, porque aquela que não cai no campo das normas particulares cai nos domínios da norma geral exclusiva.

Para maior clareza, serão citadas aqui as palavras dos dois autores que conceberam a teoria. Diz Zitelmann, citado por Bobbio:

> Na base de toda norma particular que sanciona uma ação com uma pena ou com uma obrigação de indenizar dos danos, ou atribuindo qualquer outra consequência jurídica, está sempre como subentendida e não expressa uma norma fundamental geral e negativa, segundo a qual, à parte esses casos particulares, todas as outras ações ficam

307. Idem, ibidem, p. 133.

> isentas de pena ou indenização: cada norma positiva com a qual é atribuída uma pena ou uma indenização, é nesse sentido uma exceção daquela norma fundamental geral e negativa. Donde se segue: no caso em que falte uma tal exceção positiva não há lacunas, porque o juiz pode sempre, aplicando aquela norma geral e negativa, reconhecer que o efeito jurídico em questão não interveio, ou que não surgiu o direito à pena ou a obrigação à indenização[308].

Por sua vez, na mesma linha de raciocínio, escreve Donati:

> Dado o conjunto das disposições que, prevendo determinados casos, estabelecem a existência de dadas obrigações, do conjunto das disposições deriva ao mesmo tempo uma série de normas particulares inclusivas e uma norma geral exclusiva: uma série de normas particulares dirigidas a estabelecer, para os casos por elas particularmente considerados, dadas limitações, e uma norma geral dirigida a excluir qualquer limitação para todos os outros casos não particularmente considerados. Por força dessa norma, cada possível caso vem a encontrar no ordenamento jurídico o seu regulamento. Num caso determinado, ou existe na legislação uma disposição que particularmente a ele se refere, e dela derivará para o próprio caso uma norma particular, ou não existe, e então cairá sob a norma geral referida[309].

---

308. ZITELMANN, Ernst. **Lücken im Recht**. Leipzig: 1903, p. 17. Apud BOBBIO, Norberto. **Teoria do Ordenamento Jurídico**. 10. ed. Tradução Maria Celeste C. J. Santos; revisão técnica Claudio de Cicco; apresentação Tercio Sampaio Ferraz Jr. Brasília: Universidade de Brasília, 1999, p. 133-134.

309. DONATI, Donato. **Il problema delle lacune dell'ordenamento giuridico**. Milano: 1910, p. 36-37. Apud BOBBIO. Op. cit., p. 134.

O exemplo apresentado por Donati, em sua obra, é o seguinte: em um Estado Monárquico falta uma disposição que discipline a sucessão ao trono na hipótese de extinção da família real. Indaga-se, então: a quem cabe a coroa no caso em que se verifique a extinção da família real? Ter-se-ia a impressão de que, nesse caso, estaríamos diante de um típico caso de lacuna. Contudo, Donati defende que, com base na teoria da norma geral exclusiva, mesmo nesse caso, existe uma solução jurídica. Uma vez que o caso não encontra no ordenamento nenhuma norma particular a que ele se refira, cairá sob a norma geral exclusiva, que justamente estabelece, para os casos nela compreendidos, a exclusão de qualquer limitação. Portanto, a questão proposta, "a quem cabe a coroa?", terá a seguinte solução e será a única solução jurídica possível: a coroa não cabe a ninguém, ou seja, o Estado e os súditos estão livres de qualquer limitação relativa à existência de um rei e, por conseguinte, terão direito a recusar à pretensão de quem quiser ser reconhecido como rei. Se essa solução não é **politicamente** satisfatória, isso não significa, de modo algum, que ela não seja uma solução **jurídica**. Será possível lamentar que, em um Estado no qual falte tal lei, acabe se tendo como consequência um Estado **mal** constituído, mas não será possível afirmar que o seu ordenamento seja incompleto ou que tenha lacuna[310].

Todavia, também a teoria da norma geral exclusiva tem o seu "calcanhar de Aquiles". Aquilo que diz, o diz bem, e com aparência de grande rigor, mas não diz tudo. O que ela não diz é que, normalmente, como adverte Bobbio, em um ordenamento jurídico não existe apenas um conjunto de **normas particulares inclusivas** e uma **norma geral exclusiva** que as acompanha, mas também **um terceiro tipo de norma, que é inclusiva como a primeira e geral como a segunda**, e que podemos

310. BOBBIO, Norberto. **Teoria do Ordenamento Jurídico**. 10. ed. Tradução Maria Celeste C. J. Santos; revisão técnica Claudio de Cicco; apresentação Tercio Sampaio Ferraz Jr. Brasília: Universidade de Brasília, 1999, p. 135.

denominar como **norma geral inclusiva**. Bobbio[311] denomina como **norma geral inclusiva** uma norma como a que vem expressa no artigo 12 das Disposições preliminares do ordenamento italiano, de acordo com a qual, na hipótese de lacuna, o juiz deve recorrer às normas que regulam casos parecidos ou matérias análogas. Enquanto a norma geral exclusiva é aquela norma que regula todos os casos não compreendidos na norma particular, mas os regula de maneira oposta, a característica da norma geral inclusiva é a de regular os casos não compreendidos na norma particular, mas semelhantes a eles, de **maneira idêntica**. Diante de uma lacuna, se aplicarmos a norma geral exclusiva, o caso não regulamentado será resolvido de maneira **oposta** ao que está regulamentado. Se, no entanto, aplicarmos a norma geral inclusiva, o caso não regulamentado será resolvido de maneira **idêntica** àquele que está regulamentado[312].

Como se vê, as consequências da aplicação de uma ou outra norma geral são bem diferentes, aliás, opostas. E a aplicação de uma ou outra norma depende do resultado da indagação sobre se o caso não regulamentado é ou não semelhante ao regulamentado. Mas o ordenamento, em geral, nada nos diz sobre as condições com base nas quais dois casos podem ser considerados parecidos. **A decisão[313] sobre a semelhança dos casos cabe ao intérprete[314]**. Portanto, cabe ao intérprete decidir se, em caso de lacuna, ele deve aplicar a norma geral exclusiva e, por conseguinte, excluir o caso não previsto da disciplina do caso previsto, ou aplicar a norma geral inclusiva e, por consequência, incluir o caso não previsto na

311. Idem, ibidem, p. 135.

312. Idem, ibidem, p. 135-136.

313. Vale aqui a leitura da obra de Francesco Carnelutti ao tratar sobre o tema do que é a decisão e dos cuidados que ela envolve. Nesse sentido, consulte-se CARNELUTTI, Francesco. **Como se faz um processo?** Tradução Maria Angelina de Lima. Campinas: Servanda, 2010, p. 93-101.

314. BOBBIO. Op. cit., p. 136.

disciplina do caso previsto. No primeiro caso, se diz que o intérprete usa o *argumentum a contrario*, no segundo, o *argumentum a simili*[315].

Mas, se diante de um caso não regulamentado se pode aplicar tanto a norma geral exclusiva quanto a norma geral inclusiva, é necessário delimitar a fórmula de acordo com a qual existe sempre, em cada caso, uma solução jurídica. Nesta outra, ou seja, no caso de lacuna, existem pelo menos duas soluções jurídicas: 1) **a consideração do caso não regulamentado como diferente do regulamentado, e a consequente aplicação da norma geral exclusiva**; 2) **a consideração do caso não regulamentado como semelhante[316] ao regulamentado, e a consequente aplicação da norma geral inclusiva**[317].

Porém, o fato de que o caso não regulamentado oferece matéria para duas soluções opostas torna o problema das lacunas menos simples, menos fácil e menos óbvio do que parecia partindo-se da teoria bastante linear da norma geral exclusiva. **Se existem duas soluções, ambas possíveis, e a decisão entre as duas cabe ao intérprete, uma lacuna existe e consiste justamente no fato de que o ordenamento deixou impreciso qual das duas soluções é a pretendida**[318]. Caso existisse, tratando-se de comportamento não regulamentado, uma única solução, a da norma geral exclusiva, como acontece, por exemplo, no Direito Penal, em que a extensão analógica não é admitida, seria possível também dizer que não existem lacunas: todos os comportamentos que não são expressamente

---

315. BOBBIO, Norberto. **Teoria do Ordenamento Jurídico**. 10. ed. Tradução Maria Celeste C. J. Santos; revisão técnica Claudio de Cicco; apresentação Tercio Sampaio Ferraz Jr. Brasília: Universidade de Brasília, 1999, p. 136.

316. A semelhança é o resultado de uma construção argumentativa, e não uma mera constatação. Nesse sentido, também, FERRAZ JR., Tercio Sampaio. **Introdução ao estudo do direito**: técnica, decisão e dominação. São Paulo: Atlas, 2015, p. 264-266.

317. BOBBIO. Op. cit., p. 136-137.

318. BOBBIO. Op. cit., p. 137.

proibidos pelas leis penais são lícitos. Mas, uma vez que as soluções, em caso de comportamento não regulamentado, são normalmente duas, a lacuna consiste justamente na falta de uma regra que permita acolher uma solução em vez de outra[319].

Desse modo, segundo Bobbio, não apenas é impossível excluir as lacunas, em oposição à teoria da norma geral exclusiva, como também fica muito mais claro o próprio conceito de lacuna: a lacuna se verifica não mais por falta de uma norma expressa pela regulamentação de um determinado caso, mas pela falta de um critério para a escolha de qual das duas regras gerais, a exclusiva ou a inclusiva, deve ser aplicada[320]. Num certo sentido, Bobbio propõe que se vá além da teoria da norma geral exclusiva, porque ele admite que no caso do comportamento expressamente não regulamentado não há sempre só uma, mas duas soluções jurídicas. Em outro sentido, porém, Bobbio desmente a teoria, na medida em que, se as soluções jurídicas possíveis são duas e falta um critério para aplicar ao caso concreto uma em vez da outra, reencontra-se aqui a lacuna que a teoria havia acreditado poder eliminar: lacuna não a respeito do caso singular, mas a respeito do critério com base no qual o caso deve ser resolvido[321].

Vamos a um exemplo para esclarecer o assunto. No artigo 265 do Código Civil italiano, está prescrita a seguinte determinação: somente a violência é considerada como causa de impugnação do reconhecimento do filho natural. O artigo não disciplina o caso de erro. Trata-se de uma lacuna? Caso não se tivesse outra norma para aplicar que não a geral

319. BOBBIO. Op. cit., p. 137.

320. BOBBIO, Norberto. **Teoria do Ordenamento Jurídico**. 10. ed. Tradução Maria Celeste C. J. Santos; revisão técnica Claudio de Cicco; apresentação Tercio Sampaio Ferraz Jr. Brasília: Universidade de Brasília, 1999, p. 137.

321. Idem, ibidem, p. 137-138.

exclusiva, poderíamos responder, segundo Bobbio[322], tranquilamente que não. A norma geral exclusiva implica que aquilo que não está compreendido na norma particular (nesse caso, o erro) deve ter uma disciplina oposta à do caso previsto. Por conseguinte, se a violência que está prevista é causa de impugnação, o erro, que não está previsto, não o é.

Mas o problema é que o intérprete, como observa Bobbio[323], deve levar em conta também a norma geral inclusiva, de acordo com a qual, em caso de comportamento não regulamentado, deve-se regulamentá-lo do mesmo modo que o caso semelhante. O caso de erro assemelha-se ao da violência? Se o intérprete der a essa pergunta uma resposta afirmativa, é claro que a solução será oposta à solução anterior. O erro é, da mesma maneira que a violência, causa de impugnação. Como se vê, a dificuldade, que habitualmente não se considera, não é a de que diante do caso não regulamentado haja insuficiência de soluções jurídicas possíveis. Há, sim, exuberância. E a dificuldade de interpretação, na qual consiste o problema das lacunas, é que o ordenamento não oferece nenhum meio jurídico para eliminar essa abundância de possibilidades de resposta, ou seja, para decidir, com base no sistema, em favor de uma solução e em detrimento da outra.

Dirigindo a atenção para a definição técnica de lacuna, dada em um dos itens anteriores, quando se afirmou, na esteira da lição de Bobbio, que a lacuna significa que o sistema, em certos casos, não oferece a possibilidade de resolver um determinado caso nem de uma maneira nem da maneira oposta, como foi dito aqui acerca da norma geral exclusiva, forçoso é concluir que um ordenamento jurídico, apesar da norma geral

322. Idem, ibidem, p. 138.

323. Idem, ibidem, p. 138.

exclusiva, pode ser incompleto[324]. E pode ser incompleto porque entre a norma particular inclusiva e a norma geral exclusiva introduz-se, normalmente, a norma geral inclusiva. E é essa última norma que estabelece uma zona intermediária entre o regulamentado e o não regulamentado, em direção à qual tende a penetrar o ordenamento jurídico, de forma quase sempre indeterminada e indeterminável.

Contudo, normalmente, essa penetração fica imprecisa no âmbito do sistema. Se, no caso de comportamento não regulamentado, não tivéssemos outra norma para aplicar a não ser a exclusiva, a solução seria óbvia. Mas agora já se sabe que em muitos casos é possível aplicar tanto a norma geral exclusiva (a norma que quer os comportamentos diferentes regulamentados de maneira oposta ao comportamento regulamentado) quanto a norma geral inclusiva (a norma que quer os comportamentos semelhantes regulamentados de maneira idêntica ao comportamento regulamentado). E não se está em condições de decidir, mediante regras do sistema, se o caso é semelhante ou diferente. E é aí que a solução já não é mais óbvia. O fato de a solução não ser mais óbvia, ou seja, de não se poder tirar do sistema nem uma solução nem a solução oposta, revela a lacuna, ou seja, deixa à mostra a incompletude do ordenamento jurídico[325].

3.6.6. As lacunas ideológicas

Procurou-se esclarecer, no item anterior, em que sentido, de acordo com Bobbio[326], é possível falar de lacunas no ordenamento jurídico ou de incompletude do ordenamento jurídico. Não no sentido, repita-se mais

324. BOBBIO, Norberto. **Teoria do Ordenamento Jurídico**. 10. ed. Tradução Maria Celeste C. J. Santos; revisão técnica Claudio de Cicco; apresentação Tercio Sampaio Ferraz Jr. Brasília: Universidade de Brasília, 1999, p. 138-139.

325. Idem, ibidem, p. 139.

326. Idem, ibidem, p. 139-140.

uma vez, de falta de uma norma a ser aplicada, mas de falta de critérios válidos para decidir qual norma deve ser aplicada. Mas há outro sentido de lacuna, mas óbvio, por sinal, que também merece uma breve explicação.

Compreende-se também por "lacuna" a falta não já de uma solução, qualquer que seja ela, mas de uma **solução satisfatória**, ou, em outras palavras, não já a falta de uma norma, mas a falta de uma **norma justa**, ou seja, de uma norma que se desejaria que existisse, mas que não existe. Uma vez que essas lacunas decorrem não da consideração do ordenamento jurídico como ele é, mas da comparação entre o ordenamento jurídico como ele é e como deveria ser, foram chamadas de "ideológicas"[327], para distingui-las daquelas que se encontrassem do ordenamento jurídico como ele é, e que se podem denominar como "reais". É possível também enunciar a diferença deste modo: **as lacunas ideológicas são lacunas de *iure condendo* (de direito a ser estabelecido), as lacunas reais são de *iure condito* (do direito já estabelecido)**[328].

Que existem lacunas ideológicas em cada sistema jurídico é tão óbvio que não é preciso nem insistir. Nenhum ordenamento jurídico é perfeito, pelo menos nenhum ordenamento jurídico positivo. Somente o ordenamento jurídico natural não deveria ter lacunas ideológicas. Aliás, uma possível definição do direito natural poderia ser aquela que o define como um direito sem lacunas ideológicas, no sentido de que ele é aquilo que deveria ser[329].

Mas um sistema de direito natural nunca ninguém formulou. A nós interessa o direito positivo. Ora, com respeito ao direito positivo, se é

327. BOBBIO, Norberto. **Teoria do Ordenamento Jurídico.** 10. ed. Tradução Maria Celeste C. J. Santos; revisão técnica Claudio de Cicco; apresentação Tercio Sampaio Ferraz Jr. Brasília: Universidade de Brasília, 1999, p. 140.

328. Idem, ibidem, p. 140.

329. Idem, ibidem, p. 140.

óbvio que cada ordenamento tem lacunas ideológicas, é igualmente óbvio que as lacunas com as quais deve se preocupar aquele que é chamado a aplicar o direito não são ideológicas, mas as reais. Quando os juristas sustentam, na opinião de Bobbio[330], sem razão, que o ordenamento jurídico é completo, ou seja, não tem lacunas, referem-se às lacunas reais, e não às ideológicas.

Quem procurou colocar em destaque a diferença entre os dois planos do problema das lacunas, o de *iure condito* e o de *iure condendo*, foi Brunetti[331], em uma série de ensaios que constituem, juntamente com as obras de Santi Romano e Donato Donati, as maiores contribuições da ciência jurídica para o problema. **Brunetti defende que, para se poder falar de completude ou de incompletude de uma coisa qualquer, é necessário não considerar a coisa em si mesma, mas compará-la com alguma outra.** Os dois casos típicos, segundo Bobbio, no qual se pode falar em completude, ou não, são: 1) quando comparo uma determinada coisa com o seu tipo ideal ou com aquele que deveria ser (só faz sentido perguntar se uma dada mesa, por exemplo, é perfeita ou não, somente se a comparar com aquela que deveria ser a mesa perfeita); 2) quando comparo a representação de uma coisa com a coisa representada, por exemplo, um mapa da Itália com a Itália.

Ora, com relação ao ordenamento jurídico, Brunetti sustenta que se o considerarmos em si mesmo, ou seja, sem compará-lo com alguma outra coisa, perguntar se é completo ou não se torna **sem sentido**,

330. Idem, ibidem, p. 140.

331. Apud BOBBIO. Op. cit., p. 141. BRUNETTI, G. "Sul valore del problema delle lacune", 1913; "Il senso del problema delle lacune dell'ordinamento giuridico", 1917; "Ancora sul senso del problema del lacune", 1917; "Sulle dottrine che affermano l'esistenza di lacune nell'ordinamento giuridico", 1918; "Il dogma dela completeza dell'ordinamento giuridico", 1924. Esses ensaios são encontrados em **Scritti giuridici vari**, respectivamente, I, p. 34 e s.; III, p. 1 e s.; p. 30 e s.; p. 50 e s.; IV, p. 161 e s.

como se nos perguntássemos se o ouro é completo, se o céu é completo. Para que o problema das lacunas tenha sentido, é preciso comparar o ordenamento jurídico real com o ordenamento jurídico ideal, conforme o significado exposto em item anterior, e nessa hipótese é lícito falar de completude ou de incompletude do ordenamento jurídico – mas não é o sentido que interessa ao jurista (trata-se de fato das lacunas ideológicas) – ou considerar o ordenamento legislativo como representação da vontade do Estado, conforme o significado exposto em item já trabalhado, e perguntar se a lei contém ou não tudo aquilo que deve conter para poder ser considerada a manifestação tecnicamente perfeita da vontade do Estado[332].

Contudo, nesse segundo caso, o problema da completude ou da incompletude pode ser referido unicamente ao ordenamento legislativo, como parte do ordenamento jurídico, e não ao ordenamento jurídico em sua totalidade. Referindo-se ao ordenamento jurídico em sua totalidade, o problema da completude, segundo Brunetti, não tem sentido, porque o ordenamento jurídico em sua totalidade, em si mesmo considerado, não pertence à categoria das coisas das quais se possa predicar a completude ou a incompletude, como não se pode predicar o azul ao triângulo ou à alma[333].

Em síntese, de acordo com Brunetti, o problema das lacunas tem três aspectos[334]:

---

332. BOBBIO, Norberto. **Teoria do Ordenamento Jurídico**. 10. ed. Tradução Maria Celeste C. J. Santos; revisão técnica Claudio de Cicco; apresentação Tercio Sampaio Ferraz Jr. Brasília: Universidade de Brasília, 1999, p. 141-142.

333. Idem, ibidem, p. 142.

334. Idem, ibidem, p. 142.

1) o problema de o ordenamento jurídico, considerado em si próprio, ser completo ou incompleto: o problema assim colocado (a colocação mais frequente entre os juristas) não tem sentido;

2) o problema de ser completo ou incompleto o ordenamento jurídico, tal como ele é, comparado a um ordenamento jurídico ideal: esse problema tem sentido, mas as lacunas que aqui vêm à baila são as lacunas ideológicas, que não interessam aos juristas;

3) o problema de ser completo ou incompleto o ordenamento legislativo, considerado como parte de um todo e confrontado com um todo, ou seja, com o ordenamento jurídico: esse problema tem sentido e é o único caso em que se pode falar de lacunas no sentido próprio da palavra[335].

Na realidade, só para deixar claro, também esse terceiro caso pode ser enquadrado na categoria das lacunas ideológicas, ou seja, na oposição entre aquilo que a lei diz e aquilo que deveria dizer para ser perfeitamente adequada ao espírito do sistema como um todo. **Sendo assim, segundo Brunetti, o problema da completude é um problema sem sentido, e, lá onde tem sentido, as únicas lacunas, das quais se pode mostrar a existência, são lacunas ideológicas**[336]. E esse sentido, como já afirmado por Bobbio, é tão óbvio que, se a isso se reduz o problema, não se justificariam as diversas páginas que já foram escritas sobre ele. Em resumo, segundo Brunetti, o que se chama de lacuna, na prática, são lacunas ideológicas e, se assim for, o problema da lacuna, na realidade, não é um problema.

---

335. BOBBIO, Norberto. **Teoria do Ordenamento Jurídico**. 10. ed. Tradução Maria Celeste C. J. Santos; revisão técnica Claudio de Cicco; apresentação Tercio Sampaio Ferraz Jr. Brasília: Universidade de Brasília, 1999, p. 142-143.

336. Idem, ibidem, p. 143.

3.6.7. Os vários tipos de lacunas

A distinção que se apresentou até agora, na trilha das pegadas de Bobbio, em torno das lacunas reais e das lacunas ideológicas, corresponde, dadas as devidas proporções, à distinção, frequentemente repetida nos tratados gerais, entre **lacunas próprias** e **impróprias**. A lacuna própria é uma lacuna do sistema ou dentro do sistema. A lacuna imprópria deriva da comparação do sistema real com o sistema ideal. Em um sistema em que cada caso não regulamentado faz parte da norma geral exclusiva (por exemplo, como geralmente se dá no campo do Direito Penal, o qual não admite a extensão analógica) não pode haver outra coisa ali além das lacunas impróprias. O caso não regulamentado não é uma lacuna do sistema porque só pode pertencer à norma geral exclusiva (ou seja, tudo que não é proibido é, por consequência, permitido), mas, quando muito, é uma lacuna que se refere a como deveria ser o sistema (e aí já se está no campo da política)[337].

Tem-se a lacuna própria somente quando, ao lado da norma geral exclusiva, existe também a norma geral inclusiva, e o caso não regulamentado, como já dito aqui, poderá ser enquadrado tanto numa como na outra. O que tem em comum os dois tipos de lacuna? É que elas designam um caso não regulamentado pelas leis vigentes em um dado ordenamento jurídico. O que as distingue? É a forma pela qual podem ser eliminadas: a lacuna imprópria somente pela formulação de novas normas, e a própria, por meio das leis vigentes. As lacunas impróprias são preenchidas apenas pelo legislador, pois se trata de opções políticas. As lacunas próprias são completáveis por obra do intérprete. Todavia, quando se diz que um sistema está incompleto, diz-se isso em relação às lacunas próprias, e não às

337. BOBBIO, Norberto. **Teoria do Ordenamento Jurídico**. 10. ed. Tradução Maria Celeste C. J. Santos; revisão técnica Claudio de Cicco; apresentação Tercio Sampaio Ferraz Jr. Brasília: Universidade de Brasília, 1999, p. 143.

impróprias. O problema da completude do ordenamento jurídico, arremata Bobbio[338], é se há e como podem ser eliminadas as lacunas próprias.

No que toca aos motivos que dão ensejo a elas, as lacunas diferenciam-se em **subjetivas** e **objetivas**. Subjetivas são aquelas que dependem de algum motivo imputável ao legislador, objetivas são aquelas que derivam do desenvolvimento das relações sociais, das novas invenções, de todas aquelas circunstâncias que provocam o envelhecimento dos textos legislativos e que, por conseguinte, não dependem da vontade do legislador. As subjetivas, por seu turno, podem ser divididas em: **voluntárias** e **involuntárias**. Involuntárias são aquelas que derivam de um descuido do legislador, que faz parecer regulamentado um caso que não é, ou faz deixar de lado um caso que talvez se considere pouco frequente. Voluntárias, por sua vez, são aquelas lacunas que o próprio legislador deixa de propósito, quando a matéria é muito complexa e não pode ser disciplinada com regras muito detalhadas, sendo melhor, nesse caso, confiar a solução da lacuna, caso a caso, à interpretação do magistrado[339].

Nesse sentido, convém dizer que, em algumas matérias, o legislador distribui normas muito gerais que podem ser denominadas como **diretrizes**. A característica das diretrizes[340] é a de que elas traçam linhas gerais da ação a ser cumprida, mas deixam a determinação dos particulares a quem as deve executar ou aplicar. Por exemplo, a diretriz traça o fim que se deve atingir, mas delega a determinação dos meios aptos a procurar alcançar o fim à livre escolha do executor autorizado pelo ordenamento (quase sempre, o juiz)[341]. Diversas normas constitucionais são, em relação

338. Idem, ibidem, p. 143-144.

339. Idem, ibidem, p. 144.

340. Idem, ibidem, p. 144.

341. Em nosso sentir, percebemos aqui uma aproximação muito grande entre o conceito de **diretriz** sustentado por Norberto Bobbio e a noção de **textura aberta da norma** defendida por Herbert Hart. Os conceitos não são iguais, mas são muito próximos. HART, Herbert.

ao legislador ordinário que as deverá aplicar, puras e simples diretrizes. Aliás, algumas normas constitucionais de caráter geral não podem ser aplicadas se não forem integradas (especificadas e/ou preenchidas pelo órgão encarregado da aplicação)[342].

O legislador que as colocou não ignorava que elas eram lacunosas, mas a sua função era justamente a de estabelecer uma diretriz geral que deveria ser integrada ou preenchida posteriormente por órgãos mais aptos a esse fim. De acordo com o significado de lacunas que foi aqui apresentado e é sustentado por Bobbio, as **voluntárias** não são verdadeiramente lacunas. Aqui, de fato, a integração do vazio, deixado de forma intencional, é delegada ao poder criativo do órgão hierarquicamente inferior. A lacuna em sentido próprio existe quando se presume que o intérprete (nessa hipótese, o órgão inferior) decidiu com base em uma dada norma do sistema e essa norma não existe ou, para ser mais preciso, o sistema não oferece a devida solução. Onde atua o poder criativo daquele que deve aplicar as normas do sistema, o sistema está sempre, em sentido próprio, completo, porque em cada caso concreto ele é completável ou completado e, por consequência, o problema da incompletude nem se faz notar[343].

Outro modo de distinguir as lacunas é aquele que faz alusão às lacunas *praeter legem* e lacunas *intra legem*. As primeiras ocorrem quando as regras, expressas para serem muito particulares, não abrangem todos os casos que podem ser apresentados nesse nível de particularidade. A segunda categoria de lacuna tem lugar, ao contrário, quando as normas são muito gerais e revelam, no interior das disposições dadas, vazios ou

---

O conceito de direito. 3. ed. Tradução A. Ribeiro Mendes. Lisboa: Fundação Calouste Gulbenkian, 2001, p. 137-148.

342. BOBBIO, Norberto. **Teoria do Ordenamento Jurídico**. 10. ed. Tradução Maria Celeste C. J. Santos; revisão técnica Claudio de Cicco; apresentação Tercio Sampaio Ferraz Jr. Brasília: Universidade de Brasília, 1999, p. 144-145.

343. Idem, ibidem, p. 145.

buracos que caberá ao intérprete preencher. As lacunas voluntárias são normalmente *intra legem*. No primeiro caso, a integração irá consistir em formular novas regras **ao lado** das expressas. No segundo, as novas regras deverão ser formuladas **dentro** das regras expressas[344].

3.6.8. Heterointegração e autointegração

Foi visto no item 3.6.2 que o dogma da completude está historicamente ligado à concepção estatal do direito. Não se deve, no entanto, acreditar que a completude de um ordenamento está confiada unicamente à norma geral exclusiva, quer dizer, à regra segundo a qual cada caso não regulamentado é regulado pela norma que o exclui da regulamentação do caso regulado. Entre os casos inclusos expressamente e os casos exclusos há, em cada ordenamento, uma zona incerta de casos não regulamentados, mas potencialmente colocáveis na esfera de influência dos casos expressamente regulamentados. Cada ordenamento prevê os meios e os remédios aptos a penetrar essa zona intermédia, a estender o campo do regulamentado em confronto com o do não regulamentado. Foi visto aqui, páginas atrás, que os ordenamentos a que fazemos alusão são ordenamentos complexos em que as normas decorrem de fontes diversas, embora recolhidas, por meio do sistema hierárquico, em uma unidade. **Se, estaticamente considerado, um ordenamento jurídico não é completo a não ser pela norma geral exclusiva, dinamicamente considerado**, contudo, é **completável**[345].

Para se completar um ordenamento jurídico, pode-se recorrer a dois métodos diferentes que podem ser chamados, de acordo com a

344. Idem, ibidem, p. 145.

345. BOBBIO, Norberto. **Teoria do Ordenamento Jurídico**. 10. ed. Tradução Maria Celeste C. J. Santos; revisão técnica Claudio de Cicco; apresentação Tercio Sampaio Ferraz Jr. Brasília: Universidade de Brasília, 1999, p. 146.

terminologia de Carnelutti, de **heterointegração** e de **autointegração**[346]. O primeiro método consiste na integração operada por meio do: i) **recurso a ordenamentos diversos**; ii) **recurso a fontes diversas daquela que é a dominante** (identificada, no ordenamento que temos em consideração, com a lei).

O segundo método consiste na integração cumprida por meio do mesmo ordenamento, nos domínios da mesma fonte prioritária, sem fazer referência ou recorrer a outros ordenamentos e com o mínimo recurso a fontes diversas da dominante[347]. Neste item, será examinado de modo breve o método da heterointegração nas suas duas formas principais.

O tradicional método de heterointegração mediante recurso a outros ordenamentos consistia, no que toca ao juiz, na obrigação de recorrer, em caso de lacuna do Direito Positivo, ao Direito Natural. Uma das funções tradicionais do Direito Natural, durante o período em que predominaram as escolas jusnaturalistas, foi a de preencher as lacunas do Direito Positivo. O Direito Natural era imaginado como um sistema jurídico perfeito, sobre o qual repousava o ordenamento positivo, por natureza imperfeito: a tarefa do Direito Natural era dar remédio às imperfeições inevitáveis do Direito Positivo[348]. Era doutrina constante do Direito Natural que o legislador positivo se deixasse inspirar, para a formulação das próprias normas, no Direito Natural. Dessa inspiração deriva como consequência lógica que, em caso de lacuna, o juiz recorresse à mesma fonte.

346. Idem, ibidem, p. 146; CARNELUTTI, Francesco. **Arte do direito**: seis meditações sobre o direito. Tradução Ricardo Rodrigues Gama. Campinas: Bookseller, 2001, p. 23-34.

347. BOBBIO. Op. cit., p. 147.

348. BOBBIO, Norberto. **Teoria do Ordenamento Jurídico**. 10. ed. Tradução Maria Celeste C. J. Santos; revisão técnica Claudio de Cicco; apresentação Tercio Sampaio Ferraz Jr. Brasília: Universidade de Brasília, 1999, p. 147.

Nos códigos modernos, o último resquício dessa doutrina é o artigo 7º do Código Civil austríaco de 1812[349], no qual se lê que, nos casos dúbios, que não podem ser resolvidos com normas de direito positivo, o juiz deve recorrer aos **princípios do Direito Natural** (*natürliche Rechtsgrundsätze*)[350]. No artigo 17, lê-se que no *silentium legis*, até prova em contrário, tem-se como subsistente, sem limitações, tudo aquilo que é conforme aos direitos naturais inatos (*angeborene natürliche Rechte*).

Essa doutrina, nas codificações mais recentes, foi, na maioria das vezes, abandonada. Bobbio lembra que, no artigo 3º, das Disposições preliminares do Código Civil italiano de 1865, que decorria, direta e quase literalmente, do artigo 7º do Código austríaco, a expressão **princípios gerais do Direito Natural** foi substituída por expressão mais simples, e talvez também mais equívoca, qual seja, **princípios gerais de Direito**[351]. A grande maioria dos juristas interpretou essa expressão como se significasse "princípios gerais do Direito Positivo" e, com essa interpretação, operava-se a passagem do método de heterointegração para o de autointegração. Mas houve quem sustentasse, como Giorgio Del Vecchio[352], em um ensaio muito discutido, que, seguindo a tradição jusnaturalista da qual o artigo 3º era derivado, se deveria interpretar a expressão "princípios gerais do Direito" como se ela significasse "princípios gerais do Direito Natural"[353].

Não está excluído que um dado ordenamento recorra, para operar a própria integração, a outros ordenamentos positivos. Pode-se distinguir

349. Idem, ibidem, p. 147.

350. Idem, ibidem, p. 147.

351. Idem, ibidem, p. 147-148.

352. VECCHIO, Giorgio Del. **Lições de Filosofia do direito**. 5. ed. Tradução António José Brandão. Coimbra: Coimbra Editora, 1979, p. 582-586.

353. BOBBIO. Op. cit., p. 148. Consulte-se, também, VECCHIO, Giorgio Del. Sui principi generali del diritto (1920), **Studi sul diritto**, Milano, 1958, I, p. 205-271.

duas situações: a) **o reenvio a ordenamentos anteriores no tempo**, por exemplo, o recurso de um ordenamento vigente ao Direito Romano, sua matriz histórica. Alguém já acreditou poder interpretar a tão discutida fórmula dos "princípios gerais do Direito", do Código Civil de 1865, como significando "princípios gerais do Direito Romano"; b) **o reenvio a ordenamentos vigentes contemporâneos**, como na hipótese em que um ordenamento estatal faz referência a normas de um outro ordenamento estatal ou do Direito Canônico[354].

No que toca ao recurso a outras fontes diversas da que é dominante (a lei, no regime da *civil law*), levar-se-á em consideração os ordenamentos derivados da tradição romano-germânica[355], cuja fonte predominante é a lei. A heterointegração, desse modo, assume, então, três formas: **recurso ao costume** considerado como fonte subsidiária da lei. Trata-se do assim chamado *consuetudo praeter legem*.

É possível distinguir uma aplicação restrita do costume *praeter legem*, ou, como também se diz, de modo a indicar exatamente a sua função de fonte subsidiária, **integradora**. A aplicação ampla tem lugar quando o costume é relacionado com uma norma desse gênero: "o costume tem vigência em todas as matérias não reguladas pela lei". A aplicação restrita ocorre quando a relação está contida em uma norma desse gênero:

354. Sobre esse aspecto mais específico, remete-se o leitor à obra de Bobbio acerca do tema. Não que esse tema não seja relevante e que não pudéssemos tratar dele com maior profundidade, mas como o segundo capítulo desta tese pretende apresentar os contornos gerais do pensamento de Bobbio, enveredar por tal temática poderia implicar "um desvio de rota" e comprometer o restante da exposição. Consulte-se BOBBIO, Norberto. **Teoria do Ordenamento Jurídico**. 10. ed. Tradução Maria Celeste C. J. Santos; revisão técnica Claudio de Cicco; apresentação Tercio Sampaio Ferraz Jr. Brasília: Universidade de Brasília, 1999, p. 161-184.

355. Limita-se a esse tipo de tradição jurídica, porque o autor utilizado para a confecção do segundo capítulo desta tese, por opção própria, prende-se à tradição romano-germânica. Logo, não se desconhece a tradição da *common law*, nem se parte do pressuposto de que há uma tradição cultural melhor que a outra, apenas o capítulo se prende ao autor e a sua obra selecionada como base para sua confecção.

"o costume tem vigência somente nos casos em que é expressamente citado pela lei". O artigo 8º das Disposições preliminares do Código Civil italiano, como lembra Bobbio, diz: "nas matérias reguladas pelas leis e pelos regulamentos, os costumes só têm validade quando são por estes citados". Esse artigo pode ser interpretado, ao mesmo tempo, como citação em sentido amplo e como citação em sentido restrito[356].

O método mais importante de heterointegração, entendida como recurso a outra fonte diferente da legislativa é o recurso, em caso de lacuna da lei, ao **poder criativo do juiz**, ou seja, ao assim denominado **Direito judiciário**. Como é sabido, os sistemas jurídicos anglo-saxões recorrem a essa forma de integração mais amplamente que os sistemas jurídicos continentais, nos quais não se reconhece, pelo menos oficialmente, o poder criativo do juiz, salvo em casos expressamente indicados em que se atribui ao juiz o poder de emitir **juízos de equidade**[357].

Após a batalha deflagrada pela Escola do Direito Livre em favor do Direito judiciário, o Código Civil suíço, no artigo 1º, enunciava, como lembra Bobbio, o princípio de que, em casos de lacuna, seja da lei, seja do costume, o juiz poderia decidir o caso como se ele mesmo fosse o legislador. Foi demonstrado, por outro lado, que o juiz suíço quase nunca recorre ao emprego de poder tão amplo, demonstrando claramente com isso o apego da nossa tradição jurídica à autointegração ou, então, a desconfiança em relação ao Direito judiciário, reputado, normalmente, de acordo com Bobbio, como veículo de incerteza e de desordem[358-359].

---

356. BOBBIO. Op. cit., p. 149.

357. BOBBIO, Norberto. **Teoria do Ordenamento Jurídico**. 10. ed. Tradução Maria Celeste C. J. Santos; revisão técnica Claudio de Cicco; apresentação Tercio Sampaio Ferraz Jr. Brasília: Universidade de Brasília, 1999, p. 149.

358. Idem, ibidem, p. 149-150.

359. Chame-se atenção que Bobbio reflete um entendimento que, ainda no fim do século XX, parecia exprimir o entendimento majoritário acerca do assunto, mas que, nos dias atuais, nesta quase segunda década do século XXI, parece já ser bem questionável e discutível. É

A rigor, segundo Bobbio[360], com que Miguel Reale[361] discorda, é possível considerar como recurso a outra fonte o recurso às **opiniões dos juristas (a doutrina)**, aos quais seria atribuída, em circunstâncias particulares, no caso do silêncio da lei e do costume, a autoridade de fonte de Direito. Para se referir a essa fonte de Direito é possível usar a expressão **Direito científico**, cunhada por Savigny[362]. Nos ordenamentos italianos, assim como não é reconhecido o direito de cidadania ao juiz como fonte normativa, também, e com maior razão, não é atribuído o direito de cidadania ao jurista, o qual exprime opiniões que tanto o legislador quanto o juiz podem levar em consideração, mas não emite nunca juízos obrigatórios nem para o legislador nem para o juiz.

Para ilustrar essa forma de integração, nos limitamos a formular a hipótese de um ordenamento que contivesse uma norma desse gênero: "Em caso de lacuna da lei (e do costume), o juiz deverá ater-se à opinião predominante na doutrina"[363], ou, ainda mais especificamente, "... à solução adotada por este ou aquele jurista". Essa hipótese, de resto, não é completamente inventada. Recorde-se a *Lei das Citações* (426 d.C.), de Teodósio II e Valentiniano III, que determinava o valor a ser atribuído aos escritos dos juristas e reconhecia, em primeiro lugar, plena autoridade

---

possível dizer, por que não, que há uma tendência, pelo menos no Brasil, de a jurisprudência, a médio ou longo prazo, tornar-se a principal fonte do Direito. Nesse sentido, por exemplo, João Maurício Adeodato e Tercio Sampaio Ferraz Jr. Cf. FERRAZ JR., Tercio Sampaio. **O direito, entre o futuro e o passado**. São Paulo: Noeses, 2014, p. 1-28; ADEODATO, João Maurício. **A retórica constitucional**: sobre tolerância, direitos humanos e outros fundamentos éticos do direito positivo. São Paulo: Saraiva, 2009, p. 47-72.

360. BOBBIO. Op. cit., p. 150.

361. REALE, Miguel. **Lições preliminares do direito**. 17. ed. São Paulo: Saraiva, 1990, p. 175-178.

362. SAVIGNY, Friedrich Carl von. **Metodologia Jurídica**. Tradução Heloisa Buratti. São Paulo: Rideel, 2005, p. 38-41.

363. BOBBIO. Op. cit., p. 150.

a todas as obras de Papiniano, Paulo, Ulpiano, Modestino e Gaio[364], como lembra Bobbio[365].

3.6.9. Analogia

O método de autointegração recorre basicamente a dois procedimentos, a saber: a) a analogia; e b) os princípios gerais de direito.

Esses são os métodos que interessam à Bobbio mais de perto, porque são os adotados, particularmente, pelo legislador italiano. Aliás, é o legislador italiano que dispõe, no artigo 12 das Disposições preliminares do Código Civil, o seguinte: "Se uma controvérsia não pode ser decidida com uma disposição precisa, devem-se levar em conta disposições que regulem **casos semelhantes** ou **matérias análogas**; se o caso permanece ainda duvidoso, deve ser decidido segundo os **princípios gerais do ordenamento jurídico do Estado**". Com a sinalização dos dois procedimentos, o da analogia[366] e o dos princípios gerais de direito, o legislador pretende ou presume que, em caso de lacuna, a regra deve ser encontrada no âmbito mesmo das leis vigentes, quer dizer, sem recorrer a outros ordenamentos ou a fontes diversas da lei.

Compreende-se por **analogia[367] o procedimento pelo qual se atribui a um caso não regulamentado a mesma disciplina que a um caso**

364. VASCONCELLOS, Manoel da Cunha Lopes et al. **Digesto ou Pandectas do Imperador Justiniano**. São Paulo: YK Editora, 2017, v. 1, p. 62.

365. BOBBIO, Norberto. **Teoria do Ordenamento Jurídico**. 10. ed. Tradução Maria Celeste C. J. Santos; revisão técnica Claudio de Cicco; apresentação Tercio Sampaio Ferraz Jr. Brasília: Universidade de Brasília, 1999, p. 150.

366. HART, Herbert. **O conceito de direito**. 3. ed. Tradução A. Ribeiro Mendes. Lisboa: Fundação Calouste Gulbenkian, 2001, p. 248-254.

367. KAUFMANN, Arthur. **Filosofia do Direito**. 4. ed. Tradução António Ulisses Cortês. Lisboa: Fundação Calouste Gulbenkian, 2010, p. 67-70.

regulamentado semelhante. Já se deparou aqui, neste capítulo, com essa analogia, quando se discorreu sobre a norma geral inclusiva. O artigo 12 mencionado linhas antes pode ser reputado como a norma geral inclusiva do ordenamento jurídico da Itália, segundo Bobbio. A analogia é, certamente, **o mais típico e o mais importante dos procedimentos interpretativos**[368] **de um determinado sistema normativo. A analogia é o procedimento mediante o qual se explica a assim chamada tendência de cada ordenamento jurídico a expandir-se** além dos casos expressamente regulamentados[369]. Ela, a analogia, sempre foi usada de modo muito difundido, desde tempos imemoriais. Nesse sentido, vale a pena recordar uma interessante passagem do Digesto: "Non possunt omnes articuli singillatim aut legibus aut senatus consultis compreendi: sed cum in aliqua causa setentia eorum manifesta est, is qui jurusductioni praeest as similia procedere atque ita ius dicere debet (10 D. de leg. 1,3)"[370].

Além disso, vale lembrar, como destaca Bobbio[371], que, no Direito intermédio, a analogia ou *argumentum a simili* era considerada como o procedimento mais eficaz para levar a cabo a assim denominada *extensio legis*. O certo é que a analogia, como se nota, é um dos procedimentos mais antigos de interpretação e integração do Direito.

---

368. BOBBIO. Op. cit., p. 151.

369. Essa tendência é de grande utilidade, sobretudo, se ela servir de base para uma constatação, qual seja, a de que ordenamento jurídico não é o conjunto de textos de leis. Dito de outra maneira, a Constituição não é um mero livro que contém algumas centenas de artigos escritos em forma de texto. O direito, portanto, não é um mero texto. Se texto fosse, o direito seria algo estático, fossilizado, na medida em que todo texto tem a pretensão de transpor o obstáculo do tempo. Sobre isso, em capítulo próprio, mais adiante se irá aprofundar a abordagem.

370. Apud BOBBIO, Norberto. **Teoria do Ordenamento Jurídico**. 10. ed. Tradução Maria Celeste C. J. Santos; revisão técnica Claudio de Cicco; apresentação Tercio Sampaio Ferraz Jr. Brasília: Universidade de Brasília, 1999, p. 151; VASCONCELLOS, Manoel da Cunha Lopes et al. **Digesto ou Pandectas do Imperador Justiniano**. São Paulo: YK Editora, 2017, v. 1.

371. BOBBIO. Op. cit., p. 151.

O raciocínio por analogia foi estudado, com atenção, pelos lógicos. Encontra-se menção a ele com o nome de **paradigma** (traduzido posteriormente para o latim como *exemplum*) no *Órganon* de Aristóteles (*Primeiros analíticos*)[372]. O exemplo invocado por Aristóteles é o seguinte: "A guerra dos focenses contra os tebanos é um mal; a guerra dos atenienses contra os tebanos é semelhante à guerra dos focenses contra os tebanos; a guerra dos atenienses contra os tebanos é um mal". A fórmula do raciocínio por analogia[373] pode ser traduzida de modo esquemático da seguinte maneira:

i) M é P;

ii) S é semelhante a M;

iii) S é P.

Essa formulação precisa de alguns breves comentários. Assim como está, ela se apresenta como um **silogismo** em que a proposição menor exprime uma relação de **semelhança** em vez de **identidade** (a fórmula do silogismo é: M é P; S é M; S é P). Na realidade, basta observar com maior cuidado: ela esconde o vício dito do *quaternio terminorum*[374]*, de acordo com o qual os termos são aparentemente três, como no silogismo, mas, em verdade, são quatro. Vejamos um exemplo:*

Os homens são mortais.

Os cavalos são semelhantes aos homens.

Os cavalos são mortais.

372. ARISTÓTELES. **Órganon**. 2. ed. Tradução Edson Bini. Bauru: Edipro, 2010, p. 111-113.

373. BOBBIO. Op. cit., p. 152.

374. BOBBIO, Norberto. **Teoria do Ordenamento Jurídico**. 10. ed. Tradução Maria Celeste C. J. Santos; revisão técnica Claudio de Cicco; apresentação Tercio Sampaio Ferraz Jr. Brasília: Universidade de Brasília, 1999, p. 152.

A conclusão só é aceitável se os cavalos forem semelhantes aos homens em uma certa qualidade que seja a razão suficiente para que os homens sejam mortais. E é preciso advertir que **semelhança** não é uma semelhança qualquer, mas uma **semelhança relevante**[375].

Admitamos que essa semelhança relevante entre homens e cavalos com o objetivo de deduzir a mortalidade dos cavalos é a de que ambos pertençam à categoria dos seres vivos. Decorre disso, então, que os termos do raciocínio já não são três (homens, cavalo e mortal), mas, na realidade, quatro[376] (homem, cavalo, mortal e ser vivo). Para extrair a conclusão – os cavalos são mortais – dos três termos, o raciocínio deveria, em tese, ser formulado da seguinte maneira:

Os seres vivos são mortais.

Os cavalos são seres vivos.

Os cavalos são mortais.

No modelo acima, os termos se tornaram três, contudo, como se vê claramente, não se trata mais de um raciocínio por analogia, mas, sim, de um silogismo comum[377].

O mesmo é possível dizer no raciocínio por analogia usado pelos juristas. Para que se possa obter a conclusão, ou seja, para fazer a imputação ao caso não regulado das mesmas consequências jurídicas atribuídas ao caso disciplinado semelhante, é necessário que entre os dois casos exista não uma semelhança qualquer, mas, como foi dito, uma **semelhança relevante**. Em outras palavras, é preciso, a partir dos dois casos, chegar a uma qualidade compartilhada pelos dois casos, que seja ao mesmo tempo

375. Idem, ibidem, p. 152.

376. Idem, ibidem, p. 153.

377. Idem, ibidem, p. 153.

a **razão suficiente**[378] pela qual foram atribuídas aquelas e não outras consequências ao caso regulamentado.

Observe-se um exemplo: uma lei de Estado americano atribui uma pena de detenção a quem exerce o comércio de livros obscenos. Trata-se de saber se igual pena pode estender-se, de um lado, aos livros policiais, de outro, aos discos reproduzindo canções obscenas. É provável que o intérprete aceite a segunda extensão (músicas obscenas) e recuse a primeira (livros policiais). No primeiro caso, de fato, existe uma bem visível semelhança entre livros obscenos e livros policiais, mas trata-se de semelhança não relevante, porque o que há em comum, isto é, serem compostos de papel impresso, não foi a **razão suficiente para a pena de detenção** estabelecida pela lei aos distribuidores de livros obscenos[379].

No segundo caso, todavia, a semelhança entre livros obscenos e discos reproduzindo canções obscenas é relevante (mesmo se menos visível), porque tal gênero de disco tem em comum com os livros obscenos exatamente aquela qualidade que foi a razão da proibição. Por razão suficiente de uma lei, Bobbio[380] compreende que ela é aquela que tradicionalmente se chama de *ratio legis*. Se é assim, é possível dizer que, para que o

378. Esta é uma importante observação que precisa ser levada em consideração no que toca à definição do que seja semelhança relevante. E por quê? Porque ela delimita, em parte, o campo de atuação daquele que interpreta e argumenta. Em outras palavras, por mais que o conceito de semelhança relevante implique no exercício de argumentação, e isso não se nega, isso não significa dizer, também, que aquele que decide o conflito e avalia uma possível semelhança relevante o faz de forma arbitrária. Afinal, para definir o que é semelhança relevante é preciso que o intérprete ou aquele que decide o conflito leve em consideração a finalidade que havia levado o legislador a atribuir determinadas consequências ao caso regulamentado e que é, agora, utilizado como referência para fins de analogia. Cf. BOBBIO, Norberto. **Teoria do Ordenamento Jurídico**. 10. ed. Tradução Maria Celeste C. J. Santos; revisão técnica Claudio de Cicco; apresentação Tercio Sampaio Ferraz Jr. Brasília: Universidade de Brasília, 1999, p. 153.

379. Idem, ibidem, p. 153.

380. Idem, ibidem, p. 154.

raciocínio por analogia seja aceitável no Direito, é necessário que os dois casos, o regulamentado e o não disciplinado, tenham em comum a *ratio legis*[381]. De resto é o que foi dito com a seguinte fórmula: "onde houver o mesmo motivo, há também a mesma disposição de direito" (*Ubi eadem ratio, ibi eadem iuris dispositio*)[382].

Admita-se, apenas por hipótese, que um intérprete se pergunte se a proibição de pacto comissório (artigo 2.744 do Código Civil da Itália)[383] se estende, ou não, à venda com finalidade de garantia. Em qual direção ele desenvolverá a sua indagação? Ele buscará a razão pela qual o legislador colocou a proibição prevista no artigo 2.744 e estenderá ou não a proibição segundo considere válida ou não a mesma razão para a proibição da venda com escopo de garantia.

É muito comum entre os juristas a sustentação da distinção entre a analogia propriamente dita, conhecida também pela nomenclatura *analogia legis*, e a *analogia juris*, bem como a distinção entre a *analogia legis* e a **interpretação extensiva**[384]. É curioso o fato de que a *analogia iuris*, não obstante a identidade do nome, não tem nenhuma relação com o raciocínio por analogia, ao passo que a interpretação extensiva, apesar da diversidade do nome, é uma situação de aplicação do raciocínio por analogia. Por *analogia juris* entende-se o procedimento por meio do

381. Aquilo que alguns juristas denominam como o *espírito da lei*. Mas o que seria este espírito da lei? A vontade da lei? A vontade do legislador? Uma essência escondida por detrás do texto da lei? Este é um dos temas mais audaciosos da hermenêutica jurídica. Respondê-lo aqui de modo breve e sucinto seria leviano de nossa parte. Por ora, basta destacar que, a partir de tal questão, é possível notar de modo nítido como os campos da hermenêutica jurídica e do sistema jurídico encontram-se completamente interpenetrados um no outro.

382. BOBBIO. Op. cit., p. 154.

383. BOBBIO. Op. cit., p. 154.

384. Sobre a interpretação ab-rogante consulte-se: FERRARA, Francesco. **Como aplicar e interpretar as leis**. Tradução Joaquim Campos de Miranda. Belo Horizonte: Líder, 2002, p. 43-45.

qual se extrai uma nova regra para um caso imprevisto, não mais da regra que se refere a um caso específico, como se dá na *analogia legis*, mas de **todo o sistema ou de uma parte dele**. Esse procedimento, destaca Bobbio, não é nada diferente daquele que é levado a cabo nos princípios gerais de direito[385].

No que toca à interpretação extensiva, é opinião comum, mesmo que às vezes questionada, que ela é diferente da analogia propriamente dita. A relevância jurídica da distinção está em que: considera-se, em geral, que, quando a extensão analógica é proibida, como, por exemplo, no artigo 14 das Disposições preliminares do Código Civil italiano, como lembra Bobbio[386], ou ainda, nas leis penais e nas leis excepcionais, a interpretação extensiva é admitida. Aqui se pode notar, fazendo referência ao quanto foi dito repetidamente a propósito das lacunas anteriormente, que, quando não é admitida a extensão analógica, funciona imediatamente, em caso de silêncio da lei, a norma geral exclusiva (tudo que não é proibido é permitido)[387]. Não há uma zona intermédia ou de fronteira entre os casos não regulados e os casos disciplinados[388].

Contudo, a indagação persiste: qual é a diferença entre a interpretação extensiva e a analogia? Foram desenvolvidos vários critérios ao longo do tempo para justificar a distinção. Segundo Bobbio, o único critério aceitável é aquele que busca colher a diferença com base nos diferentes efeitos, respectivamente, da analogia propriamente dita e da interpretação extensiva. O efeito da analogia é a criação de uma nova norma jurídica.

385. BOBBIO, Norberto. **Teoria do Ordenamento Jurídico**. 10. ed. Tradução Maria Celeste C. J. Santos; revisão técnica Claudio de Cicco; apresentação Tercio Sampaio Ferraz Jr. Brasília: Universidade de Brasília, 1999, p. 154.

386. Idem, ibidem, p. 155.

387. Logo, a distinção tem uma relevância prática e pressupõe um lugar de poder daquele a quem cabe dirimir se a situação em questão é de analogia ou de interpretação extensiva.

388. BOBBIO, Norberto. Op. cit., p. 155.

O efeito da interpretação extensiva é a extensão de uma norma para casos não previstos por esta[389].

Observe-se dois exemplos para fins didáticos. Há quem indague, lembra Bobbio[390], se o artigo 1.577 do Código Civil italiano, que se refere às obrigações do locatário no tocante a reparos da casa alugada, pode estender-se, com relação a obrigações da mesma natureza, ao comodatário. Se for dada a resposta afirmativa, fica criada uma nova regra disciplinadora do comodato, que antes não existia. Se, no entanto, for feita a seguinte pergunta: o artigo 1.754 do Código Civil italiano, que define como mediador "aquele que coloca em contato duas ou mais partes para a conclusão de um negócio", se estende também àquele que "induz à conclusão do negócio depois que as partes iniciaram os contatos por si ou por meio de outro mediador"? Caso se responda de modo afirmativo, não se criou uma regra nova, mas, simplesmente, se alargou o alcance da regra dada. O primeiro exemplo é de analogia. O segundo, de interpretação extensiva.

Com a interpretação extensiva, o intérprete se limita à redefinição de um termo, mas a norma aplicada é sempre a mesma[391]. Com a analogia, passa-se de uma norma a outra. Enquanto é correto dizer que com a interpretação extensiva se ampliou o conceito de mediador, no exemplo anterior, não seria, entretanto, correto dizer que, no caso do artigo 1.577 do Código Civil, com a analogia se ampliou o conceito de locação. Nesse caso, é acrescentada, a partir de uma norma específica, outra norma específica, desaguando em um gênero comum. Na interpretação extensiva, acrescentou-se uma nova espécie ao gênero, já previsto pela lei.

389. BOBBIO, Norberto. **Teoria do Ordenamento Jurídico**. 10. ed. Tradução Maria Celeste C. J. Santos; revisão técnica Claudio de Cicco; apresentação Tercio Sampaio Ferraz Jr. Brasília: Universidade de Brasília, 1999, p. 155.

390. Idem, ibidem, p. 155.

391. Idem, ibidem, p. 156.

De forma esquemática, as duas situações podem ser expressas do seguinte modo:

1) Analogia:

a' (caso disciplinado)

A (a *ratio* comum de ambos)

a" (caso não regulado)

a" é semelhante a' mediante A

onde (A)a' e (A)a"

2) Interpretação extensiva:

Aa' (caso regulado)

a" (caso não regulado)

a" é semelhante a'

onde Aa' a"

Esclarecidas as diferenças entre a analogia e a interpretação extensiva e as implicações de ordem prática que decorrem da distinção, convém, agora, abordar com um pouco mais de profundidade o tema dos princípios gerais do Direito. Eles, como já dito, também são um dos métodos de autointegração.

3.6.10. Princípios gerais do direito

Outro procedimento de autointegração é a recorrência aos princípios gerais do Direito[392], tradicionalmente conhecidos pelo nome de *analogia*

392. Arthur Kaufmann faz uma breve lista, apenas de índole exemplificativa, de alguns dos princípios gerais de Direito – o princípio *suum cuique tribuere*, a regra de ouro, o imperativo categórico, o princípio da equidade, o princípio da responsabilidade e o princípio da tolerância – mais difundidos na doutrina e na jurisprudência. Nesse sentido, consulte-se KAUFMANN,

juris. A expressão "princípios gerais de Direito" foi empregada, segundo Bobbio, pelo legislador de 1865. Contudo, pelos equívocos que ela podia provocar, quanto a se se deveria entender por "Direito" o Direito Natural ou o Direito Positivo, o projeto do novo código havia adotado a fórmula "princípios gerais de Direito vigente", modificada na última redação para a atual fórmula: "princípios gerais do ordenamento jurídico do Estado"[393].

Essa mudança, como assinala Bobbio, foi explicada no Relatório do Ministro[394] por meio das seguintes palavras:

> Em lugar da fórmula "princípios gerais do Direito vigente", que poderia parecer extremamente limitativa para o intérprete, julguei preferível a de "princípios gerais do ordenamento jurídico do Estado". Nesta, o termo "ordenamento" torna-se compreensivo em seu amplo significado, para além das normas e dos institutos, e para além, ainda, da orientação político-legislativa estatal e da tradição científica da Nação (Direito romano, Direito comum, etc.). Este ordenamento adotado ou sancionado pelo Estado, seja ele privado ou público, dará ao intérprete todos os elementos necessários para a pesquisa da norma reguladora[395].

Foi citado aqui de modo integral esse trecho do relatório, pois as últimas linhas, como sustenta Bobbio, mostram-se como uma expressão

Arthur. **Filosofia do Direito**. 4. ed. Tradução António Ulisses Cortês. Lisboa: Fundação Calouste Gulbenkian, 2010, p. 272-274.

393. BOBBIO, Norberto. **Teoria do Ordenamento Jurídico**. 10. ed. Tradução Maria Celeste C. J. Santos; revisão técnica Claudio de Cicco; apresentação Tercio Sampaio Ferraz Jr. Brasília: Universidade de Brasília, 1999, p. 156-157.

394. O equivalente, aqui no Brasil, à Exposição geral de motivos do Código Civil.

395. Apud BOBBIO, Norberto. **Teoria do Ordenamento Jurídico**. 10. ed. Tradução Maria Celeste C. J. Santos; revisão técnica Claudio de Cicco; apresentação Tercio Sampaio Ferraz Jr. Brasília: Universidade de Brasília, 1999, p. 157.

bastante característica do dogma da completude e, de outra parte, a referência à "tradição científica na Nação" pode conduzir à ideia de uma evasão, provavelmente inconsciente, para a heterointegração[396].

Que a recorrência aos princípios gerais, mesmo na nova formulação, representa um procedimento de heterointegração foi sustentado pelo maior estudioso italiano do problema da interpretação, Emílio Betti[397]. Contudo, os argumentos de Betti não convencem a Bobbio[398]. Betti sustenta que a recorrência aos princípios gerais de direito é um procedimento de heterointegração, ao lado dos juízos de equidade, e, para tanto, sustenta os seguintes argumentos:

> Um dos instrumentos (de heterointegração) é constituído pelos princípios gerais de direito se e enquanto puder ser a eles reconhecida uma força de expansão, não meramente lógica, mas axiológica, de tal modo que possam ir além das soluções legislativas determinadas por suas valorações e, portanto, transcendam o mero Direito Positivo[399].

Em outra passagem da obra, Betti, ainda sobre o tema, consigna:

> É que, assim como as normas singulares refletem apenas em parte os princípios gerais (...) assim também os princípios gerais, enquanto critérios de valoração imanentes à ordem jurídica, são caracterizados por um *excesso de conteúdo deontológico* (ou axiológico, se se quiser dizer assim) em confronto com as normas singulares, também reconstruídas no seu sistema[400].

---

396. BOBBIO. Op. cit., p. 157.

397. BETTI, Emílio. **Interpretação da lei de dos atos jurídicos**: teoria geral e dogmática. Tradução Karina Jannini. São Paulo: Martins Fontes, 2007, p. 67-72.

398. BOBBIO. Op. cit., p. 157.

399. BETTI. Op. cit., p. 68.

400. BETTI. Op. cit., p. 269.

O problema da tese de Betti é, de acordo com Bobbio, que ela é sustentada a partir de duas afirmações contrastantes, a saber: de uma banda, os princípios gerais de Direito são reputados como **imanentes** à ordem jurídica e, da outra, eles são **excedentes**. Se fossem realmente "excedentes", lançar mão deles, ao invés de integrar o sistema, terminaria por desnorteá-lo por completo[401].

Os princípios gerais de direito, no sentir de Bobbio, são apenas normas[402] fundamentais ou generalíssimas do sistema, ou seja, as normas mais gerais do sistema. Segundo o professor italiano, a palavra princípio induz a engano, tanto que é velha a questão entre os juristas se os princípios gerais são, ou não, normas. Para Bobbio não há dúvida, os princípios gerais são normas como todas as outras. E essa é também a tese defendida por Crisafulli[403].

Para defender a tese de que os princípios gerais são normas, os argumentos, basicamente, são dois, e ambos são relevantes: em primeiro lugar, se são normas aquelas que decorrem dos princípios gerais, por meio de um procedimento de generalização sucessiva, não é plausível que também eles, os princípios gerais de direito, não sejam normas. Exemplo: se a partir da abstração da espécie animal sempre obtenho animais, e não plantas ou minerais, não é razoável pensar que, invertendo o raciocínio, a recíproca não seja verdadeira. Em segundo lugar, a função para a qual são extraídos e empregados os princípios gerais de Direito é a mesma

401. BOBBIO, Norberto. **Teoria do Ordenamento Jurídico**. 10. ed. Tradução Maria Celeste C. J. Santos; revisão técnica Claudio de Cicco; apresentação Tercio Sampaio Ferraz Jr. Brasília: Universidade de Brasília, 1999, p. 158.

402. HART, Herbert. **O conceito de direito**. 3. ed. Tradução A. Ribeiro Mendes. Lisboa: Fundação Calouste Gulbenkian, 2001, p. 321-325.

403. CRISAFULLI, Vezio. Per la determinazione del concetto dei principi denerali dei diritto. **Riv. Int. Fil. Dir.**, XXI (1941), p. 41-64; 157-182; 230-265. Do mesmo autor, ainda, consulte-se **La constituzione e le sue disposizioni de principio**, Milano, 1952, em especial, as páginas 38-42. Apud BOBBIO. Op. cit., p. 158.

cumprida por toda e qualquer norma, ou seja, a função de disciplinar um caso. Se é assim, indaga-se: com que finalidade se extrai ou se obtém um princípio geral de direito em caso de lacuna? Para regular uma conduta não disciplinada. Ora, se é assim, eles servem à mesma finalidade a que se prestam as normas expressas. Então, por que os princípios gerais do Direito não deveriam ser reputados como normas[404]?

O que leva Bobbio a talvez não concordar com Crisafulli é a tese, por ele defendida, de que o artigo 12 se refere tanto aos princípios gerais de Direito não expressos quanto aos expressos. Crisafulli divide os princípios gerais em expressos e não expressos. Os expressos dividem-se, por seu turno, em expressos já aplicados e em expressos ainda não aplicados. Muitas normas, tanto dos códigos como da Constituição, são normas generalíssimas e, portanto, são verdadeiros e autênticos princípios gerais expressos. Podem ser colocadas nessa categoria, ainda segundo o professor italiano, normas como o artigo 2.043 do Código Civil italiano, que apresenta um dos princípios fundamentais pelo qual se rege a convivência social, levada a efeito por meio da conhecida máxima da justiça[405]: *neminem laedere* (ninguém deve ser lesado). Também podem ser incluídos o artigo 2.041 do Código Civil italiano, atinente ao enriquecimento ilícito, e o artigo 1.176 do Código Civil italiano, pertinente ao cumprimento das obrigações. Diversas normas da Constituição são princípios gerais, de acordo com Bobbio[406]. Entretanto, diferentemente das normas do Código Civil, algumas delas esperam ainda ser aplicadas: são princípios gerais expressos não aplicados.

---

404. BOBBIO. Op. cit., p. 158-159.

405. KAUFMANN, 2010, p. 281-290. KAUFMANN, Arthur. **Filosofia do Direito**. 4. ed. Tradução António Ulisses Cortês. Lisboa: Fundação Calouste Gulbenkian, 2010, p. 281-290.

406. BOBBIO, Norberto. **Teoria do Ordenamento Jurídico**. 10. ed. Tradução Maria Celeste C. J. Santos; revisão técnica Claudio de Cicco; apresentação Tercio Sampaio Ferraz Jr. Brasília: Universidade de Brasília, 1999, p. 159.

Mas não há apenas os princípios gerais expressos, há, também, os não expressos, ou seja, aqueles que se podem obter por abstração de normas específicas ou, pelo menos, não muito gerais. Eles, como já foi consignado aqui, são princípios, ou normas generalíssimas, elaboradas pelo intérprete, que visa a obter, a partir do cotejo entre normas aparentemente diversas entre si, aquilo a que normalmente se chama o espírito do sistema[407].

Bobbio sustenta que os princípios gerais de que fala o artigo 12 são somente os não expressos. O artigo 12, segundo o professor italiano, guarda relação com as lacunas e os meios para preenchê-las. Quando os princípios gerais são expressos, exatamente pelo fato de que são normas como as demais, não se pode dizer que há uma lacuna. A primeira exigência para que se possa dizer que há uma lacuna é a de que o caso não esteja disciplinado por norma alguma. E o caso não está regulado quando não existe nenhuma norma expressa, nem específica, nem geral, nem generalíssima, que se refira a ele, isto é, quando, além da ausência de uma norma específica que lhe diga respeito, também o princípio geral, dentro do qual poderia entrar, não é expresso. Se o princípio geral é expresso, argumenta Bobbio[408], não haveria distinção entre julgar o caso com base nele ou com espeque em uma norma específica. É verdade, não se nega, que o legislador italiano ao tratar do tema não diz "por falta de uma disposição expressa", mas sim "por falta de uma disposição precisa". Porém, um princípio geral expresso é uma disposição precisa. E o artigo 12 autoriza o intérprete a buscar os princípios gerais não expressos. No que toca aos princípios gerais expressos, seria, no mínimo curioso, se houvesse uma norma que autorizasse a sua aplicação.

407. Idem, ibidem, p. 159.

408. Idem, ibidem, p. 160.

3.7. CONCLUSÃO

Ao cabo deste segundo capítulo, como fora feito ao fim do primeiro capítulo, são necessários uma breve revisão e, em seguida, alguns anúncios já acerca do próximo capítulo, daquele que introduzirá a lição de Niklas Luhmann[409] e o seu conceito de sistema. Tudo isso, é lógico, sempre com o intuito de dar a linha de continuidade necessária entre os capítulos, de sorte enfatizar, uma vez mais, como eles se encontram interligados. Mas assim não se procede apenas em razão de tal finalidade. Revisões e anúncios são sempre indispensáveis, também, para demonstrar o caminho que se está percorrendo para a construção de uma nova concepção de sistema jurídico.

A título de revisão, parte-se da premissa de que o leitor deve ter percebido, ao término deste capítulo, alguns aspectos: o primeiro, o de que sistema jurídico é visto como a relação entre o todo e as partes; e o segundo, de que a noção de sistema jurídico encontra-se fundada nos conceitos de unidade, coerência e completude. Conceitos que, como foi visto, foram defendidos por Hans Kelsen, na sua integralidade, mas que já passam por alguns tipos de revisões na obra de Norberto Bobbio. E se serve de exemplo, de algumas dessas revisões, é preciso lembrar as diversas críticas que o professor italiano desfere ao conceito de Norma Fundamental. Um conceito tão fortemente defendido por Kelsen, mas que é objeto de duras críticas por parte de muitos autores, dentre eles, Bobbio.

O certo é que, chamada a atenção para esse aspecto, é possível perceber, graças às contribuições proporcionadas por este capítulo, o que já mostra a sua importância para tese, que o conceito tradicional de sistema jurídico já passa por alguns ajustes na obra de Bobbio. Em outras palavras,

---

409. LUHMANN, Niklas. Por que uma teoria dos sistemas? In: NEVES, Clarissa Eckert Baeta; SAMIOS, Eva Machado Barbosa. **Niklas Luhmann:** a nova teoria dos sistemas. Porto Alegre: Universidade UFRGS, Goethe-Institut/ICBA, 1997, p. 37-48.

se Kelsen nos oferece o que se chama de concepção tradicional de sistema jurídico, Bobbio, por sua vez, não a acata por inteiro, antes a reformula de modo parcial. Mas como essa reformulação é parcial, não pode ser considerada uma nova concepção de sistema jurídico, na medida em que, de algum modo, toma aquela como ponto de partida e, ao fazê-lo, termina por revitalizá-la. Por conseguinte, a nosso ver, a noção de sistema jurídico de Bobbio é uma noção a meio caminho entre a concepção de sistema de Kelsen e a proposta que aqui se fará.

O certo é que, ao tratar de tais assuntos neste capítulo, a um só tempo, consegue-se trazer à tona dois elementos: como este capítulo é importante para introduzir o conceito de sistema de Niklas Luhmann[410], na medida em que a partir dele se poderá fazer o contraponto entre as ideias (a noção de sistema em Luhmann[411] e a concepção de Bobbio); e como este capítulo é relevante para que se perceba como essa noção de sistema jurídico a partir de Bobbio não contempla, por exemplo, o surgimento de disciplinas como a do Direito Animal, tampouco os animais como possíveis sujeitos de direito. Não que este último aspecto seja de interesse desta pesquisa, mas convém registrar que a concepção de sistema jurídico de Bobbio parece ignorar o surgimento desta e de outras disciplinas jurídicas. E ao dizer isso, já se está anunciando o que se pode aguardar no próximo capítulo. Um capítulo de fronteira. Como assim? Um capítulo que irá demarcar o rompimento com a noção tradicional de sistema jurídico.

---

410. LUHMANN, Niklas. Por que uma teoria dos sistemas? In: NEVES, Clarissa Eckert Baeta; SAMIOS, Eva Machado Barbosa. **Niklas Luhmann:** a nova teoria dos sistemas. Porto Alegre: Universidade UFRGS, Goethe-Institut/ICBA, 1997, p. 37-48.

411. Sobre a Teoria do Direito segundo Niklas Luhmann, consulte-se DE GIORGI, Raffaele. **Ciência do direito e legitimação**: crítica da epistemologia jurídica de Kelsen a Luhmann. Tradução Pedro Jimenez Cantisano. Curitiba: Juruá, 2017, p. 217-264.

IV

UMA INTRODUÇÃO AO SISTEMA AUTOPOIÉTICO DO DIREITO

> "*Luhmann separa aquilo que, para a informática aplicada, deve estar unido, ou seja, o sistema psíquico e o sistema social*, e é, portanto, apenas em parte utilizável nela. (...) Essa separação em Luhmann é completamente incompatível com a práxis da automação e com o debate sobre as consequências, porque neles os dois aspectos não se apresentam divididos e, portanto, não podem ser repartidos entre duas disciplinas heterogêneas, tais como a psicologia e a sociologia". LOSANO, Mario G. **Sistema e estrutura no direito**. Volume 3. Do século XX à pós-modernidade. Tradução: Carlos Alberto Dastoli. São Paulo: Martins Fontes, 2011, p. 211. (grifo nosso).

4.1. INTRODUÇÃO

Como é possível perceber, o capítulo anterior foi dedicado a apresentar a concepção tradicional de sistema jurídico. Nesse sentido, ali, naquele capítulo, lançou-se mão da lição de Norberto Bobbio para, a partir de sua doutrina, apresentar uma concepção tradicional de sistema jurídico. Uma concepção que não distingue os termos sistema e ordenamento, uma concepção que se encontra alicerçada em três conceitos básicos, a saber: unidade, completude e coerência.

Mas, como foi anunciado ao fim do capítulo anterior, o objetivo daquele capítulo não era, e não foi, sustentar essa concepção tradicional de sistema jurídico, mas, sim, delimitar bem e de modo consistente o conceito tradicional de sistema jurídico. E por que fazer isso, ou seja, dedicar um capítulo para demarcar o conceito tradicional de sistema jurídico, era algo fundamental? Porque sem se saber bem o que se entende por conceito de sistema jurídico, no seu sentido tradicional, não é possível propor ao fim deste trabalho, no seu último capítulo, uma concepção nova e mais arrojada de sistema jurídico, para o que se irá valer das contribuições da sociologia jurídica[1].

Ora, e é com este fim, o de propor um novo conceito de sistema jurídico, que este capítulo, que agora se inicia, é imprescindível, sobretudo em tempos de globalização econômica[2]. E por quê? Porque para apresentar um novo conceito de sistema jurídico e justificá-lo, além de fundamentar as bases a partir da qual ele virá a ser proposto, requer que se diga a partir de onde esse conceito está sendo proposto. Em outras palavras, quando se faz uma proposta de um novo conceito, é preciso que se diga qual é o lugar de fala daquele que propõe. E é isso que se quer deixar claro com este capítulo, o lugar de fala a partir do qual será proposta uma nova concepção de sistema jurídico.

E esta nova concepção de sistema jurídico será proposta a partir da lição de Niklas Luhmann e, em especial, do conceito por ele sustentado,

---

1. Uma breve revisão, por sinal, sobre a sociologia jurídica no Brasil pode ser feita a partir da obra de FARIA, José Eduardo; CAMPILONGO, Celso Fernandes. **A sociologia jurídica no Brasil**. Porto Alegre: Sergio Antonio Fabris Editor, 1991.

2. Sobre as implicações e as perspectivas acerca da relação entre o direito e a globalização econômica, consulte-se FARIA, José Eduardo. **Direito e globalização econômica**: implicações e perspectivas. São Paulo: Malheiros, 2010.

qual seja, o de um sistema autopoiético[3] do Direito. A ideia deste capítulo é desenvolver uma introdução ao sistema autopoiético[4] do direito, a partir de Niklas Luhmann[5]. Com isso já se pretende deixar claro dois aspectos: não se fará uma incursão profunda (demais) em torno do conceito de sistema autopoiético[6] do Direito, mas apenas uma introdução, com o escopo de lançar as principais bases desse conceito; e esse conceito só será aqui apresentado a partir da lição de Niklas Luhmann, desprezando-se, portanto, as eventuais lições que tenham alguma crítica ao conceito ou que proponham alguma correção ou ajuste a ele. Tudo de modo a deixar bem delimitado de onde se parte.

Vale ressaltar, por sinal, uma coisa é o termo "sistema" compreendido em seu sentido jurídico, outra, totalmente diferente, é o termo "sistema"

3. LUHMANN, Niklas. **Sociedad y sistema**: la ambición de la teoría. Traducción Santiago López Petit y Dorothee Schmitz. Barcelona: Editorial Paidós, 1990, p. 87-99.

4. Marcelo Neves já discorre sobre o direito como um sistema autopoiético desde a sua obra NEVES, Marcelo. **A constitucionalização simbólica**. São Paulo: Martins Fontes, 2007, p. 135-139.

5. Sobre o pensamento de Niklas Luhmann, recomenda-se a leitura dos seguintes trabalhos: GONÇALVES, Guilherme Leite; BÔAS FILHOS, Orlando Villas. **Teoria dos sistemas sociais**: direito e sociedade na obra de Niklas Luhmann. São Paulo: Saraiva, 2013; BÔAS FILHO, Orlando Villas. **Teoria dos sistemas e o direito brasileiro**. São Paulo: Saraiva, 2009; MANSILLA, Darío Rodríguez; NAFARRATE, Javier Torres. **Introducción a la teoría de la sociedad de Niklas Luhmann**. Ciudad de México: Herder & Universidad Iberoamericana, 2008; MARCONDES FILHO, Ciro. **O escavador de silêncios**: formas de construir sentidos e de descontruir sentidos na comunicação. Nova teoria da comunicação III. São Paulo: Paulus, 2004.

6. Mário Giuseppe Losano desenvolve um excelente trabalho acerca do sistema autopoiético proposto por Niklas Luhmann. Esta obra servirá também de base para exposição que se desenvolverá. Trata-se de obra didática e acessível que certamente facilitará ao leitor e a este próprio trabalho na apresentação de algumas das principais ideias acerca do tema. Nesse sentido, consulte-se LOSANO, Mario Giuseppe. **Sistema e estrutura no Direito**: do século XX à Pós-Modernidade. Tradução Carlos Alberto Dastoli. São Paulo: WMF Martins Fontes, 2011, v. 3, p. 291-421.

compreendido como um sistema autopoiético[7]. As palavras são iguais, mas os sentidos são totalmente diferentes. O termo "sistema jurídico" já foi aqui apresentado no seu sentido tradicional no capítulo anterior, logo, já se sabe o que ele significa. Agora, mais adiante, o que se quer é propor uma nova concepção de sistema jurídico, o que se fará ao fim do trabalho, no último capítulo. E o termo "sistema autopoiético"?

Esse termo "sistema autopoiético"[8] não é um conceito do vocabulário jurídico, não é uma ferramenta desenvolvida pela Dogmática Jurídica. Trata-se de conceito próprio do universo sociológico, gerido ali, naquele campo do saber, ainda que, quando de sua gestação, tenha resultado do influxo de outras searas do saber, notadamente, em especial, das searas da cibernética e da biologia[9]. Logo, é preciso deixar essa informação bem destacada, qual seja, a palavra é a mesma, "sistema", mas o sentido é totalmente diferente. E o que se pretende com a ideia de apresentar esse termo, o de sistema autopoiético?

O objetivo é apresentar o conceito de sistema autopoiético dentro dos domínios da sociologia e da sociologia jurídica para, no momento seguinte, propor um novo conceito de sistema jurídico que, de algum modo, beba na fonte do conceito de sistema autopoiético. Em outras

---

7. Convém mencionar, por sinal, a excelente explicação levada a efeito sobre o direito como sistema autopoiético desenvolvida por Gregorio Robles. Nesse sentido, consulte-se ROBLES, Gregorio. **Sociología del derecho**. 2. ed. Madrid: Editorial Civitas, 1997, p. 233-236.

8. Sobre o assunto, desenvolvendo uma abordagem bastante esclarecedora, consulte-se LUHMANN, Niklas. Por que uma teoria dos sistemas? In: NEVES, Clarissa Eckert Baeta; SAMIOS, Eva Machado Barbosa. **Niklas Luhmann**: a nova teoria dos sistemas. Porto Alegre: Universidade UFRGS, Goethe-Institut/ICBA, 1997, p. 37-48.

9. Nesse sentido, a influência dos escritos de Francisco Varela e Humberto Maturana, dois biólogos chilenos, foi decisiva sobre a obra de Luhmann. Consulte-se MATURANA, Humberto Romesín; VARELA, Franscisco J. **De máquinas y seres vivos. Autopoiesis**: la organización de lo vivo. 5. ed. Santiago do Chile: Editorial Universitaria, 1998; bem como MATURANA, Humberto R.; VARELA, Francisco J. **A árvore do conhecimento**: as bases biológicas da compreensão humana. Tradução Humberto Mariotti e Lia Diskin. São Paulo: Palas Athena, 2001.

palavras, a ideia é desenvolver um positivismo jurídico de influxo sociológico. Ou melhor, dito de outra maneira, a ideia é desenvolver, posteriormente, um novo conceito de sistema jurídico a partir das contribuições da sociologia jurídica e do seu conceito de sistema autopoiético. Um conceito de sistema jurídico novo que não é uma cópia do conceito de sistema autopoiético, mas que se vale dele para superar antigos problemas com os quais a Dogmática Jurídica, ainda hoje, não parece ter resolvido a contento, como a relação entre sistema jurídico e ambiente social.

Por isso é tão importante este capítulo. Afinal, sem ele não ficaria razoavelmente apresentado o conceito de sistema autopoiético a partir do qual será reformulado o conceito tradicional de sistema jurídico apresentado no capítulo anterior. E mais, sem este capítulo não ficaria bem esclarecido o novo conceito de sistema jurídico que será proposto e as diferenças entre ele e o conceito de sistema autopoiético. Dito de outro modo, sem este capítulo, correr-se-ia o risco de o leitor mais desavisado achar que o novo conceito de sistema jurídico que será proposto é a mesma coisa que sistema autopoiético. E não é isso.

Por fim, convém responder uma questão que neste momento poderia ser levantada, a saber: não é de bom alvitre propor um novo conceito de sistema jurídico, mas sem recorrer a uma concepção do campo da sociologia jurídica para isso? A resposta só pode ser negativa. E as razões são várias. A primeira seria: a Dogmática jurídica e o conceito de Positivismo Jurídico, após a Segunda Grande Guerra Mundial, de modo acertado, sofreram um duro e grande golpe[10]. O que ajuda a explicar, inclusive, o surgimento daquilo que alguns denominam como Pós-Positivismo Jurídico. Uma segunda razão é a de que o próprio conceito de sistema, seja ele

10. A aproximação de Bobbio com a proposta funcionalista pode ser observada também como um reflexo desse duro golpe. Nesse sentido, consulte-se BOBBIO, Norberto. **Da estrutura à função**: novos estudos de teoria do direito. Tradução Daniela Beccaccia Versiani. Barueri: Manole, 2007, p. 81-114.

no sentido jurídico tradicional, seja ele no sentido autopoiético, resulta do influxo de outras áreas do saber. É dizer, por exemplo, o próprio o conceito de sistema autopoiético decorre fortemente das contribuições da biologia[11] de Humberto Maturana e Francisco Varela[12]. E uma terceira razão, para ficar apenas com estas, é a de que uma nova concepção de sistema jurídico que se vale do conceito de sistema autopoiético é algo mais do que louvável, sobretudo quando a academia parece ter chegado ao consenso de que a melhor metodologia é aquela que envereda pelos caminhos da transdisciplinaridade[13]-[14].

Se é assim, o ponto agora é saber como surgiu o conceito de sistema autopoiético e contar, ainda que de modo breve, a história que precede o seu aparecimento, o seu surgimento em si e o conceito proposto por Günther Teubner que pretende superar este próprio conceito. E para começar esta jornada, é preciso dar conta da concepção de sistema, dentro do campo da sociologia, e fazer isso a partir de Talcott Parsons para, no

11. Ideia próxima à noção de autopoiese pode ser encontrada nos escritos de Jacques Monod, sobretudo, quando este disserta sobre "as máquinas que se reproduzem". Sobre o assunto, consulte-se MONOD, Jacques. **O acaso e a necessidade – Ensaio sobre a filosofia natural da biologia moderna**. 2. ed. Tradução Bruno Palma e Pedro Paulo de Sena Madureira. Petrópolis: Vozes, 1971, p. 23-24.

12. MATURANA, Humberto Romesín; VARELA, Francisco J. **De máquinas y seres vivos**. Autopoiesis: la organización de lo vivo. 5. ed. Santiago do Chile: Editorial Universitaria, 1998, p. 79-81.

13. Conhece-se a distinção entre os termos transdisciplinaridade, multidisciplinariedade e interdisciplinaridade. Mas não se adentrará aqui nessas distinções, pois não é esse o objeto deste capítulo, nem da pesquisa em si, considerada no seu todo. Vale aqui registrar a contribuição de Fritjof Capra sobre o tema. Nesse sentido, consulte-se CAPRA, Fritjof. **A teia da vida**: uma nova compreensão científica dos sistemas vivos. Tradução Newton Roberval Eichemberg. São Paulo: Cultrix, 1996, p. 46-55.

14. Também nesse sentido, MORIN, Edgar. **Introdução ao pensamento complexo**. 4. ed. Tradução Eliane Lisboa. Porto Alegre: Sulinas, 2011, p. 102-105. Convém registrar, por sinal, que a compreensão de Morin sobre a complexidade em nada se parece com a compreensão de Luhmann sobre o assunto.

momento seguinte, chegar à concepção de Niklas Luhmann[15]. Como se verá, Parsons foi professor de Luhmann. Mas esta história é que se passará a tratar no próximo item.

4.2. O SISTEMA: DE PARSONS A LUHMANN

A noção de sistema na obra de Luhmann toma como ponto de partida a concepção de sistema em Talcott Parsons, ainda que às avessas. Isto porque é possível afirmar que a partir de Parsons, Luhmann inicia a sua parábola sobre o sistema, ainda que mais adiante ele se afaste progressivamente das ideias de Parsons. Uma análise da origem dessa noção de sistema em Parsons pode, por conseguinte, ajudar a compreender melhor a concepção de Luhmann sobre o sistema e, sobretudo, contribuir para diferenciar a noção tradicional de sistema no direito da noção mais recente, usada na sociologia.

Essa reconstrução pode contar com uma fonte autêntica: de fato, em 1970, Parsons traçou sua sintética biografia intelectual, sinalizando, de forma acurada, tanto a evolução e a sucessão de assuntos que despertaram o seu interesse, quanto – assunto especificamente referente a esta pesquisa – as fontes da noção de sistema por ele defendida. É exatamente essa noção que, observada a partir do ângulo teórico, deu a ele a possibilidade de manter *some serious continuity* ao mudar os temas, objeto de suas obras[16].

---

15. Vale registrar que, no Brasil, as pesquisas pioneiras desenvolvidas por Cláudio Souto, desde a década de 1960 do século passado, já davam conta dos estudos desenvolvidos por Niklas Luhmann. Ou seja, é possível dizer que Cláudio Souto foi o primeiro a introduzir a obra de Niklas Luhmann no Brasil. Nesse sentido, consulte-se SOUTO, Cláudio; SOUTO, Solange. **A explicação sociológica**: uma introdução à sociologia. São Paulo: EPU, 1985, p. 16-18.

16. LOSANO, Mario Giuseppe. **Sistema e estrutura no Direito**: do século XX à Pós-Modernidade. Tradução Carlos Alberto Dastoli. São Paulo: WMF Martins Fontes, 2011, v. 3, p. 316.

O começo, no Amherst College, apresenta um jovem Parsons que, observando as pegadas do irmão mais velho, médico, pretendia desenvolver estudos de biologia, disciplina em que esse *college* era particularmente qualificado. Durante o terceiro ano dos estudos, Parsons decidiu dedicar-se às ciências sociais e, em especial, à sociologia[17]. Mas, ele levava em sua bagagem cultural uma consistente capacitação em biologia e um curso sobre a *Crítica da razão pura* de Kant, como assinala Losano[18].

A relevância desse contato inicial com a obra de Kant não deve ser minimizada. Parsons sentia a exigência, própria dos primeiros anos do século XX, de construir teoricamente a matéria empírica, isto é, queria não apenas "desenvolver uma concepção sobre a natureza e sobre as condições do conhecimento empírico", mas também dar-se conta "da natureza e da função da teoria neste tipo de conhecimento"[19]. A biologia fornecia-lhe as bases empíricas, ao passo que a filosofia – a filosofia alemã, destaque-se – fornecia-lhe o cabedal teórico necessário.

O encontro com a obra de Kant foi revigorado em Heidelberg, em 1926, quando Parsons frequentou um seminário e foi aprovado em um exame, juntamente com Karl Jaspers, sobre a *Crítica da razão pura*[20]. Para Parsons, aquela obra de Kant tornara-se, por conseguinte, um paradigma a partir do qual ele iria se basear para a edificação de sua própria obra

17. Também o pai teve forte influência nessa decisão: professor e pároco congregacionalista, participou do movimento *Social Gospel*, que, comenta Parsons, "favoreceu a difusão da sociologia neste país": PARSONS, 1970, p. 887, nota 23.

18. LOSANO. Op. cit., p. 317.

19. PARSONS, Talcott. **The Social System**. London/New York: The Free Press/Collier-Macmillan, 1964, p. 829.

20. KANT, Immanuel. **Crítica da razão pura**. 5. ed. Tradução Manuela Pinto dos Santos e Alexandre Fradique Morujão; introdução e notas Alexandre Fradique Morujão. Lisboa: Fundação Calouste Gulbenkian, 2001, *passim*.

científica[21] e, ao mesmo tempo, um ponto de referência para avaliar as obras de outrem[22].

O que o próprio Parsons rotula como um percurso de estudos não ortodoxo e uma carreira não "meticulosamente planejada" conduziu ele, inicialmente, à London School of Economics, onde conheceu o antropólogo Bronislaw Malinowski, reputado por Parsons como o intelectual de maior relevância em seus anos de formação. De Londres ele passou, meio por acaso, por Heidelberg, onde ainda era muito forte a influência dos escritos de Max Weber, porque se passara apenas cinco anos de sua morte.

Parsons nunca ouvira falar dele, mas deixou-se impressionar por sua obra – *A ética protestante e o espírito do capitalismo* –, que mais tarde traduzira para o inglês. E foi ali, em Heidelberg, que Parsons decidiu obter o título de doutor em filosofia, com um texto sobre o conceito de capitalismo em Weber e Sombart[23]. E, nesse primeiro trabalho, Parsons identificou dois temas que marcariam a sua vida intelectual: o estudo de Weber e a "essência do capitalismo como sistema socioeconômico"[24]. Cinquenta anos depois, ao regressar a Heidelberg, foi a Weber que Parsons dedicou uma conferência na aula magna daquela universidade[25].

21. "A importância reside no fato de que mergulhei no estudo aprofundado e repetido de um grande livro e do produto de uma grande mente, até me encontrar capaz de apreciar a natureza de sua contribuição e sentir-me insatisfeito com os milhares de comentários bastante superficiais. Essa experiência também me ajudou a enfrentar os meus autores e a chegar àquele que me pareceu uma compreensão aprofundada de seu pensamento, comparada com muitas interpretações distorcidas – mesmo que comumente aceitas – presentes na literatura secundária". PARSONS. Op. cit., p. 876, nota 10.

22. LOSANO, Mario Giuseppe. Op. cit., p. 317.

23. LOSANO, Mario Giuseppe. **Sistema e estrutura no Direito**: do século XX à Pós-Modernidade. Tradução Carlos Alberto Dastoli. São Paulo: WMF Martins Fontes, 2011, v. 3, p. 318.

24. PARSONS, Talcott. **The Social System**. London/New York: The Free Press/Collier-Macmillan, 1964, p. 827.

25. PARSONS, Talcott. On the Relation of Theory of Action to Max Weber's "Verstehende Soziologie". In: SCHLUCHTER (Hrsg.). **Verhalten, Handeln und System**, p. 150-163.

Se o primeiro contato de Parsons com Heldelberg foi quase que acidental, o vínculo que daí derivou foi bastante duradouro. Cinco décadas depois de ter-lhe atribuído o título de doutor, a Universidade de Heidelberg "renovou-lhe" o título (em uma cerimônia da qual participou, por sinal, o seu aluno Niklas Luhmann), rememorando entre os seus méritos, diga-se de passagem, a recepção e o desenvolvimento sistemático da sociologia europeia no mundo anglo-saxão[26].

Por volta do fim da década de 1920, ao regressar para a América, seu interesse migrou da economia para a sociologia, as quais, ao sentir dele, pareciam brotar do mesmo solo. Após dez anos de pesquisa, tomou forma a *The Structure of Social Action*, expressão do seu "realismo analítico" (pretensão de descrever de forma lógica e meticulosa a realidade social).

Em estreita conexão com essas suas pesquisas estava a sua compreensão acerca do que é o sistema (no sentido sociológico da expressão, é claro). Essa concepção de sistema, por sinal, cristalizou-se, sobretudo, sob a influência de Pareto e de Handerson[27], mesmo que uma sólida da base para esse desenvolvimento decorresse de Schumpeter e Whitehead[28]. A pessoa de Lawrence J. Henderson (1878-1942) é quase desconhecida na Europa, mas foi por meio dele que Parsons aproximou-se dos escritos de Pareto. Sem dúvida, Handerson via no sistema de Pareto um modelo decorrente da mecânica e, no seu entender, um grande mérito dele (da concepção de sistema de Pareto) estava no fato de ter elaborado a noção de "sistema social": "uma afirmação – escreve Parsons – que levei tão a sério a ponto de usá-la alguns anos mais tarde como título de um de meus livros" [29]. Esse título, que ganhara prestígio, estava destinado a reapare-

26. LOSANO. Op. cit., p. 318.

27. LOSANO. Op. cit., p. 319.

28. PARSONS. Op. cit., p. 830.

29. PARSONS, Talcott. **The Social System**. London/New York: The Free Press/Collier-Macmillan, 1964, p. 830.

cer em uma das obras de Luhmann e na revista fundada, em 1995, por Luhmann e sua escola[30].

O que mais encantava Henderson no modelo de sistema de Pareto era, contudo, a sua proximidade com o sistema físico-químico e com a noção de sistema biológico. Em um debate durante os encontros de Bellagio, apareceram dúvidas sobre a fundamentação[31] científica dessas referências biológicas, que nesse lapso de tempo passaram de Henderson para a obra de Parsons. Quando os debates tocaram nesse ponto, um dos participantes fez alusão à alta qualidade do ensino de biologia no Amherst College, enfatizando que, em um *college* diverso, Parsons teria sido, com certeza, menos influenciado pela biologia[32].

O próprio Parsons admite essas influências culturais quando consigna: "Já naqueles primeiros anos foram lançadas as bases para a transição do conceito de sistema mecânico e de sistema físico-químico (assim como o entendia Henderson) para o especial 'sistema vivo'". E, mais adiante, ele confirma que essa influência "foi essencial para uma fase posterior do meu pensamento, designada habitualmente como teoria 'estrutural-funcionalista', que culminou em meu livro *The Social System*"[33].

Ademais, de 1952 a 1957, Parsons frequentou diversos encontros regulares sobre a teoria dos sistemas organizados por Roy Grinker em

---

30. O livro de Luhmann em questão é: LUHMANN, Niklas. **Sistemas sociais**: esboço de uma teoria geral. Tradução Antônio C. Luz Costa; Roberto Dutra Torres Júnior, Marco Antônio dos Santos Casanova. Petrópolis: Vozes, 2016.

31. Sobre o problema da fundamentação, é indispensável a leitura da obra ALBERT, Hans. **Tratado da razão crítica**. Tradução Idalina Azevedo da Silva, Erika Gudde e Maria José P. Monteiro. Rio de Janeiro: Tempo Brasileiro, 1976, p. 22-46.

32. LOSANO, Mario Giuseppe. **Sistema e estrutura no Direito**: do século XX à Pós-Modernidade. Tradução Carlos Alberto Dastoli. São Paulo: WMF Martins Fontes, 2011, v. 3, p. 319-320.

33. PARSONS. Op. cit., p. 831.

Chicago, onde conheceu o biólogo e entomossociólogo Alfred Emerson, nascido em 1896[34], cujas lições e artigos reforçaram em Parsons a convicção sobre o modelo homeostático que lhe fora perpassado por Cannon (1871-1945). Esse intelectual abriu para Parsons, segundo Mário Giuseppe Losano[35], as portas dos estudos cibernéticos, que ainda estavam, naquele momento, nos seus primórdios, apontando-lhe as possibilidades de como se orientar diante dos sistemas vivos e não vivos, "um tema que mais tarde se tornaria dominante na minha forma de pensar"[36].

Parsons reconduz sempre a Emerson o seu entendimento de paralelismo entre sistemas vivos do mundo orgânico e sistemas do mundo social[37], que Emerson explicava como equivalência entre a noção de "gene" e a de "símbolo", sustentando uma continuidade entre a estrutura genética das espécies e dos organismos e a herança cultural do sistema social. "Nos últimos anos – escreveu Parsons em 1970 –, essa perspectiva adquiriu para mim uma importância teórica fundamental"[38].

Passado o sucesso da fase "estrutural-funcionalista", a atenção de Parsons dirigiu-se cada vez mais às questões da regulação dos fenômenos sociais, valendo-se também aqui de paradigmas biológicos. Com o intuito de ser claro, observe-se o seguinte exemplo: o dinheiro desempenha um papel regulador na sociedade, que pode ser assimilado ao dos hormônios em um organismo (essa compreensão em torno do dinheiro também aparece nos escritos de Luhmann). É a ideia do sistema biológico como

34. PARSONS. Op. cit., p. 831.

35. LOSANO, Mario Giuseppe. **Sistema e estrutura no Direito**: do século XX à Pós-Modernidade. Tradução Carlos Alberto Dastoli. São Paulo: WMF Martins Fontes, 2011, v. 3, p. 320-321.

36. PARSONS, Talcott. **The Social System**. London/New York: The Free Press/Collier-Macmillan, 1964, p. 831.

37. LOSANO. Op. cit., p. 321.

38. PARSONS. Op. cit., p. 831.

sistema aberto[39] em contínuo intercâmbio com o ambiente. O problema da regulação (*control*) ou guia dos fenômenos "ganhou enorme relevância graças a um desenvolvimento científico que – assinala Parsons – se manifestou em um momento estrategicamente importante para mim: o desenvolvimento da cibernética em sua estreita conexão com a teoria da informação"[40]. Com efeito, a partir do advento da cibernética "podia-se plausivelmente sustentar que, nos sistemas de ação, as funções não tinham necessariamente 'nascido livres e iguais', mas (...) apresentavam uma diferente posição hierárquica sobre o eixo de controle"[41].

Com a cibernética[42], Parsons podia voltar, de maneira mais frutífera, à analogia de Emerson entre gene e símbolo, mergulhando em paralelismos mais profundos entre a teoria cibernética e a própria teoria da ação como elemento para a conservação do sistema. Mas não apenas isso. Parsons iria encontrar na cibernética uma possibilidade de resposta para o problema da estabilidade e da mudança em um sistema de ações. Ao cuidar da socialização, Parsons distinguira claramente os processos que servem para a manutenção do sistema daqueles que permitem a mudança da estrutura do sistema. Com a cibernética, arremata Parsons, revelavam-se

39. Na seara jurídica, Claus-Wilhelm Canaris também propõe uma concepção de sistema jurídico, de acordo com a qual o sistema jurídico deveria ser concebido como um sistema aberto. Sobre a abertura do sistema, consulte-se, em especial, o capítulo terceiro da obra CANARIS, Claus-Wilhelm. **Pensamento sistemático e conceito de sistema na ciência do direito**. 3. ed. Tradução António Menezes Cordeiro. Lisboa: Fundação Calouste Gulbenkian, 2002, p. 103-126.

40. PARSONS. Op. cit., p. 850.

41. PARSONS. Op. cit., p. 850.

42. Sobre a cibernética, indispensável se faz a leitura das seguintes obras: WIENER, Norbert. **Cibernética e sociedade**: o uso humano dos seres humanos. Tradução José Paulo Paes. São Paulo: Cultrix, 1993; WIENER, Norbert. **Cibernética**: ou controle e comunicação no animal e na máquina. Tradução Gita K. Ghinzberg. São Paulo: Universidade de São Paulo/ Polígono, 1970; ASHBY, W. Ross. **Introdução à cibernética**. Tradução Gita K. Ghinzberg. São Paulo: Perspectiva, 1970; FRANK, Helmar G. **Cibernética e filosofia**. Tradução Celeste Aída Galeão. Rio de Janeiro: Tempo Brasileiro, 1970.

paralelismos entre aquela teoria – que recebia, assim, uma ulterior ratificação – e a distinção, fundamental na biologia, entre processos fisiológicos, que alteram ou conservam o organismo individual, e processos evolutivos, que transformam a estrutura genética da espécie[43].

Parsons resume a sua trajetória no mundo sistêmico com uma investigação acerca do equilíbrio, a saber:

> Inicialmente, na versão de Pareto e Henderson, reforçada pelo uso que Schumpeter faz dessa noção na economia. Essa versão utilizava o conceito de sistema no sentido da mecânica, tomando como modelo os sistemas físico-químicos. A ênfase era colocada nas condições de estabilidade, embora Henderson tivesse o cuidado de sublinhar que a concepção de equilíbrio em Pareto não era, de modo algum, necessariamente estática. Logo, porém, foi influenciado por uma concepção mais fisiológica de equilíbrio, sobretudo na formulação de Cannon a respeito da homeostase[44].

De modo bem geral, essa foi a compreensão de sistema que Parsons transmitiu a Luhmann e que este foi, posteriormente, desenvolvendo e modificando no curso da sua produção intelectual. É nitidamente uma noção menos criteriosa do que aquela europeia continental já trazida à baila na contraposição entre sistema externo e sistema interno. Parsons está ciente dessa circunstância e, precisamente em relação ao Direito, ele mesmo define as linhas mais importantes de uma comparação entre a própria noção de sistema e a noção europeia[45].

---

43. LOSANO, Mario Giuseppe. **Sistema e estrutura no Direito**: do século XX à Pós-Modernidade. Tradução Carlos Alberto Dastoli. São Paulo: WMF Martins Fontes, 2011, v. 3, p. 322.
44. PARSONS, Talcott. **The Social System**. London/New York: The Free Press/Collier-Macmillan, 1964, p. 849.
45. LOSANO. Op. cit., p. 322.

Parsons lecionara com o filósofo do direito Lon L. Fuller[46] (1902-1978) dois seminários sobre Direito e Sociologia na Harvard Law School. "Do ponto de vista dos sistemáticos da Europa Continental – cujo exemplo mais eminente é Hans Kelsen –o Common Law é, do ponto de vista intelectual, um escândalo"[47]. Não parece outra coisa, arremata Parsons, "um agregado de casos individuais, desprovido de princípios"[48]. Mas Fuller convenceu Parsons de que o Common Law tinha uma sistemática sua, mesmo que diferente daquela europeia continental[49].

O sistema que Parsons percebe e identifica na Common Law é, contudo, do europeu continental. Os tribunais devem não apenas decidir cada caso apresentado de forma processualmente adequada, mas também fundamentar a decisão proferida, pois de outro modo a sentença é anulada em uma apelação e criticada pela doutrina. Para Parsons, o sistema jurídico origina-se do fato de que a "justificação assim entendida implica a subsunção daquele a determinada decisão não apenas nos antecedentes específicos, mas também em princípios jurídicos mais gerais"[50].

Nessa explicação e reflexão sobre a sistemática da Common Law, fica em aberto o problema de como são ordenados os "princípios jurídicos mais gerais". Mas, para Parsons, que é um sociólogo, essa organização do Direito parece satisfatória e, indo mais além, ela seria correspondente à ordem que

---

46. Autor, dentre outras obras, do livro FULLER, Lon L. **O caso dos exploradores de caverna**. Tradução Plauto Faraco de Azevedo. Porto Alegre: Sergio Antônio Fabris Editor, 1976, passim.

47. PARSONS, Talcott. **The Social System**. London/New York: The Free Press/Collier-Macmillan, 1964, p. 867.

48. Idem, ibidem, p. 867.

49. LOSANO, Mario Giuseppe. **Sistema e estrutura no Direito**: do século XX à Pós-Modernidade. Tradução Carlos Alberto Dastoli. São Paulo: WMF Martins Fontes, 2011, v. 3, p. 323. Parsons faz referência a FULLER, Lon L. **The Anatomy of the law**. New York: Praeger, 1968, p. 94-96. Fuller detém-se sobre a noção de Sistema no Common Law e no Civil Law.

50. PARSONS. Op. cit., p. 880.

ele tenta introduzir na realidade social com o seu método sociológico. Também o ensino do Direito nas universidades americanas, sobretudo em níveis mais aprofundados, contribui para essa forma de pensar (*forma mentis*) do jurista, porque o docente não ministra uma aula magna (*cours magistral*)[51] ao modo clássico da Sorbonne, mas, ao contrário, responde às perguntas que os alunos lhe formulam durante as aulas, nos seminários ou nos trabalhos escritos: "dentro de certos limites, os problemas são apresentados pelos estudantes, e não pelo docente" e, por consequência, se o professor "se dirige aos estudantes com competência e honestidade, deve constantemente remetê-los à estrutura teórica geral das matérias em questão"[52].

Essa ideia de sistema sustentada por Parsons não parecia suficientemente científica para seu colega de Harvard, George Homans. Pode ser recomendável tomar contato com as reflexões de Homans, para ver como se configura a ideia de sistema em um contexto que não é o jurídico e em um mundo dominado pelo pragmatismo, mais do que pelo idealismo. O método de trabalho de Homans consiste na busca de "proposições empíricas e na tentativa de formulá-las em um único conjunto de conceitos"[53]. O pragmatismo dele é evidente: "Deem-me a descoberta concreta de uma pessoa – afirmava Homans – e eu não me preocupo com a teoria que a inseri"[54]. Esse pragmatismo é reforçado precisamente como uma referência ao Common Law por meio da frase de Holmes: "Os sistemas dos homens são esquecidos, o que é lembrado são os seus *aperçus* (*insignt*)"[55].

---

51. LOSANO. Op. cit., p. 323.

52. PARSONS, Talcott. **The Social System**. London/New York: The Free Press/Collier-Macmillan, 1964, p. 880, nota 67.

53. HOMANS, George Caspar. **Social Behavior. Its Elementary Forms**. Under general editorship of Robert K. Merton. New York: Harcourt, Brace & World, 1961, p. 9.

54. Idem, ibidem, p. 9.

55. Apud LOSANO, Mario Giuseppe. **Sistema e estrutura no Direito**: do século XX à Pós-Modernidade. Tradução Carlos Alberto Dastoli. São Paulo: WMF Martins Fontes, 2011, v. 3, p. 324.

"O inevitável passo seguinte – prossegue Homans – consiste em perguntar-se por que as proposições empíricas tomaram precisamente aquela forma, e isso significa ir em busca de explicações". Esse desdobramento do raciocínio conduz o sociólogo americano a construir algo muito parecido ao sistema externo tradicionalmente conhecido. E a resposta a esse segundo passo do raciocínio é dada apenas por "um conjunto de proposições ainda mais gerais, sempre com a mesma forma de proposições empíricas, das quais (dentro de determinadas condições) se podem deduzir logicamente estas últimas. Conseguir deduzi-las é explica-las"[56].

A circunstância de estarem inseridas em um processo dedutivo diferencia essas proposições mais gerais das puras invenções[57]. "Chamo de *indução*, mesmo que o termo possa não coincidir com o dos filósofos, esse processo de tomar emprestado ou de inventar as proposições mais gerais"[58]. E prossegue Homans, "chamo de *explicação* o processo de deduzir (*deriving*) as proposições empíricas daquelas mais gerais, e esta é a explicação dos filósofos"[59]. Essa transposição do geral para o particular é norteada pelas regras da lógica e a lição de Homans quer "chegar por via indutiva às explicações dedutivas"[60]. Em resumo, a explicação científica deve seguir as regras da lógica, como no sistema externo[61].

Uma teoria, nessa linha de raciocínio, deve contar com três elementos: um esquema conceitual; um conjunto de proposições que estabelecem relações entre os conceitos do esquema conceitual, constituindo um sistema dedutivo; e, por fim, algumas proposições que devem ser

56. HOMANS. Op. cit., p. 9.

57. LOSANO. Op. cit., p. 325.

58. HOMANS. Op. cit., p. 10.

59. HOMANS. Op. cit., p. 10.

60. HOMANS, George Caspar. **Social Behavior. Its Elementary Forms**. Under general editorship of Robert K. Merton. New York: Harcourt, Brace & World, 1961, p. 10.

61. LOSANO, Mario Giuseppe. **Sistema e estrutura no Direito**: do século XX à Pós-Modernidade. Tradução Carlos Alberto Dastoli. São Paulo: WMF Martins Fontes, 2011, v. 3, p. 325.

"contingentes", isto é, passíveis de verificação empírica. Em um trabalho voltado à noção de teoria[62], Homans usa como exemplo emblemático a teoria de Durkheim sobre a pequena porcentagem de suicídios na Espanha, para, no momento seguinte, passar a explicar uma teoria[63] – isto é, um sistema externo – mais ampla:

> Geralmente falamos de teoria somente se ela se ocupa de uma certa classe de fenômenos, por exemplo, de todas as variações nas taxas de suicídio. Nessa acepção, a teoria consiste em um agrupamento (*cluster*) de sistemas dedutivos, naturalmente diferentes nas proposições de nível inferior que devem ser explicadas, mas contendo uma ou mais proposições de nível superior. Quando dizemos que uma teoria é "potente", queremos dizer uma grande variedade de proposições de nível superior[64].

Compreendendo desse modo a ideia de teoria, Homans podia, com acerto, chegar à conclusão de que muitas construções sociológicas lhe pareciam "possuir todas as virtudes, menos a de explicar algo"[65] e que "alguns sociólogos parecem não saber o que é uma teoria"[66]. E, como exemplo referencial desse tipo de sociólogo, Homans indica Parsons, cuja definição de sistema – "um sistema teórico é um conjunto generalizado de conceitos logicamente interconectados e empiricamente relevados"[67] – é submetida a uma crítica meticulosa, ampliada depois às teorias normativas e não normativas, às teorias estruturais e às funcionais e psicológicas[68].

---

62. HOMANS, George Caspar. Contemporary Theory in Sociology, p. 951-977. In: FARIS, Robert E. L. (ed.). **Handbook of Modern Sociology**. Chicago: Rand McNaill, 1966, p. VIII-1088.
63. LOSANO. Op. cit., p. 325.
64. HOMANS. Op. cit., p. 952.
65. HOMANS. Op. cit., p. 10.
66. HOMANS. Op. cit., p. 957.
67. PARSONS, Talcott. **Enssays in Sociological Theory Pure and Applied**. Glincoe (Ill.): Free Press, 1949, p. 17. Consulte-se, ainda, HOMANS. Op. cit., p. 957.
68. LOSANO. Op. cit., p. 326.

Falta, portanto, ao trabalho de muitos sociólogos, o necessário rigor lógico, porque eles elaboram, sustenta Homans:

> (...) sistemas de categorias semelhantes a pombais, em que o teórico encaixa os diversos aspectos do comportamento social. Ora, nenhuma ciência pode proceder sem um sistema de categorias ou um esquema conceitual seu, mas esse último não basta, por si só, para atribuir-lhe uma força explicativa[69].

Já os sociólogos ficam paralisados nesse esquema conceitual. E aqui, registra Homans, "penso particularmente em meu amigo e colega Talcott Parsons"[70]. Ademais, a observação empírica fornece uma cadeia de "descrições anatômicas" (*anatomical descriptions*) que diversas vezes "descrevem de novo o fenômeno sem nada acrescentar, traduzindo para uma linguagem insólita o que se pode dizer em uma linguagem familiar"[71]. Uma teoria deve ir além dos esquemas conceituais e além das descrições anatômicas. Homans quer demonstrar que "um certo de proposições não gerais que os estudiosos verificaram empiricamente podem (sob certas condições) ser deduzidas a partir das gerais: deduzi-las significa explicá-las"[72].

Parsons sintetiza com êxito as críticas feitas por Homans à sua concepção sistemática[73], reputada por este último como insuficientemente rigorosa. Segundo Homans, escreve Parsons:

> (...) o único uso legítimo do termo "teoria" é o que designa um sistema lógico dedutivo, com premissas axiomáticas

69. HOMANS, George Caspar. **Social Behavior. Its Elementary Forms**. Under general editorship of Robert K. Merton. New York: Harcourt, Brace & World, 1961, p. 10.

70. Idem, ibidem, p. 10, nota 7.

71. Idem, ibidem, p. 11.

72. Idem, ibidem, p. 12.

73. LOSANO, Mario Giuseppe. **Sistema e estrutura no Direito**: do século XX à Pós-Modernidade. Tradução Carlos Alberto Dastoli. São Paulo: WMF Martins Fontes, 2011, v. 3, p. 327.

> fixadas com precisão e de maneira formal, bem como (em harmonia com algumas apropriadas premissas menores) um conjunto de deduções que delas derivam e que coincidem com juízos de fato empiricamente verificáveis[74].

Essa é precisamente a descrição de sistema externo, própria das teorias da Europa continental. Mas é preciso dizer que se trata de uma definição no mínimo rara no universo cultural anglo-americano. De acordo com aquela concepção, arrematava Parsons, "tudo o que produzi seriam esquemas conceituais, mas não teorias"[75]. Mas essa crítica foi obviamente rejeitada por Parsons, o qual consigna como contra-argumento, nas suas próprias palavras, que "eu nunca limitei o uso do termo 'teoria' a uma acepção tão restrita; considero esta última um objetivo legítimo para um curso sobre o desenvolvimento das teorias"[76], mas dizer que "não é teoria tudo que não alcança esse objetivo é outra coisa"[77].

A partir dessa visão pragmática da maneira de organizar teoricamente as observações científicas, Parsons extrai duas considerações que tornam mais clara a sua concepção de sistema e, em especial, a estrutura sistemática de suas obras. "Em primeiro lugar, o que se pode achar hoje nos meus escritos mais abstratos não é um sistema teórico amadurecido, assim com o entende Homans"[78]. Por conseguinte, Parsons não recusa a noção mais rigorosa de sistema, mas reputa – diferentemente das concepções clássicas europeias continentais sobre o sistema – que possa ser científica uma obra mesmo não completamente sistemática. Em outras palavras, para Parsons

74. PARSONS, Talcott. **The Social System**. London/New York: The Free Press/Collier-Macmillan, 1964, p. 868.

75. Idem, ibidem, p. 868.

76. Idem, ibidem, p. 868.

77. Idem, ibidem, p. 868.

78. PARSONS, Talcott. **The Social System**. London/New York: The Free Press/Collier-Macmillan, 1964, p. 868.

a sistematicidade não coincide com a cientificidade, como, ao contrário, sustentam os clássicos defensores europeus do sistema externo[79].

"Em segundo lugar, o processo pelo qual eu cheguei lá (isto é, a formular as minhas teorias) não consistiu em enunciar, enfaticamente, e em formular os princípios axiomáticos fundamentais"[80], deduzindo, depois, as suas "implicações lógicas e comparando-as com os fatos conhecidos"[81]. Parsons explica que construiu um sistema indutivo, não um dedutivo, daí o paralelismo com o "sistema" do Common Law[82], um sistema, por conseguinte, que os europeus continentais não enxergam e que os anglo-americanos, pelo contrário, conseguem ver. No estudo feito por ele, Parsons toma como ponto de partida um sistema teórico ("teórico no meu sentido", o próprio Parsons faz questão de esclarecer) o qual funciona como ponto de referência para explorar uma série de "highways and byways of empirical-theoretical problems"[83-84]. A partir desse entendimento flexível, Parsons enfrentou, posteriormente, com curiosidade diversos estímulos externos: "serendipitous encounters"[85] com personalidades interessantes, solicitações para escrever sobre assuntos novos e assim por diante[86].

Ao ajustar aquele esquema mental às situações da vida, Parsons regressa à comparação com a tradição da Common Law. E é ele que escreve:

---

79. LOSANO, Mario Giuseppe. **Sistema e estrutura no Direito**: do século XX à Pós-Modernidade. Tradução Carlos Alberto Dastoli. São Paulo: WMF Martins Fontes, 2011, v. 3, p. 327-328.

80. PARSONS. Op. cit., p. 868.

81. PARSONS. Op. cit., p. 868.

82. PARSONS. Op. cit., p. 868.

83. Tradução livre: "estradas e caminhos de problemas teórico-empíricos".

84. PARSONS. Op. cit., p. 868.

85. Tradução livre: "encontros acidentais".

86. LOSANO. Op. cit., p. 328.

> Espero ter reagido mais ou menos como um bom juiz de apelação no Common Law, ou seja, pus o caso examinado em relação com o esquema teórico, que apresentava suficiente clareza, coerência e continuidade (mesmo que as suas premissas não estivessem definidas com absoluta precisão e, portanto, aceitas como dadas em sua globalidade, em um sentido totalmente lógico)[87].

Em cada análise, às vezes prevalecia a preocupação teórica, outras vezes, o interesse empírico: "em suma – conclui Parsons –, isso é substancialmente o que eu queria dizer com a frase 'building social system theory', usada no título deste ensaio"[88].

A aproximação intelectual e pessoal com Parsons acabou representando para Niklas Luhmann o momento de transição das teorias sociológicas tradicionais para uma nova teoria. Parsons faz uso amplo e frequente da noção de sistema no sentido tradicional. Porém, às vezes, ele também emprega aquele termo (sistema) para designar um objeto real. Luhmann logo nota essa ambiguidade e redefine a noção de sistema[89].

A teoria de Parsons influiu menos na terminologia que no estilo de Luhmann. Sua linguagem é pouco flexível, "por assim dizer, engessada", o que lhe confere "certa rigidez e repetição" estilística[90]. E é Walter Reese-Scäfer, citado por Mário Losano, que, sobre o tema, escreve:

> Ele orientou-se, antes de mais nada, pelo modelo linguístico que tanto o encantara em Talcott Parsons durante a

87. PARSONS, Talcott. **The Social System**. London/New York: The Free Press/Collier-Macmillan, 1964, p. 868.

88. Idem, ibidem, p. 868.

89. LUHMANN, Niklas. **Sistemas sociais**: esboço de uma teoria geral. Tradução Antônio C. Luz Costa; Roberto Dutra Torres Júnior, Marco Antônio dos Santos Casanova. Petrópolis: Vozes, 2016, p. 29-79.

90. LOSANO, Mario Giuseppe. **Sistema e estrutura no Direito**: do século XX à Pós-Modernidade. Tradução Carlos Alberto Dastoli. São Paulo: WMF Martins Fontes, 2011, v. 3, p. 329.

> sua estadia em Harvard. Nesse meio tempo, foi evoluindo da terminologia das máquinas cibernéticas à linguagem da atual biologia cognitivista de Humberto Maturana e Francisco Varela[91].

Essa evolução no estilo reflete também, por que não, a evolução dos modelos de Luhmann e, em particular, a sua guinada autopoiética. Essa guinada é fundamental em sua obra, tão importante que alguns autores[92] chegam a sustentar que há dois Luhmann: o que antecede e o que sucede a sua aproximação com o conceito de autopoiese.

O certo é que a concepção sistêmica de Luhmann e a de Parsons são duas visões sistêmicas centrais na história da sociologia do século XX, mas drasticamente diferentes entre si. Por isso, o mais recomendado é tratar delas, de tais teorias, de modo separado, uma ao lado da outra, sem cair no equívoco de tentar fazer uma síntese das duas[93]. Entre as duas concepções existe, entretanto, uma vinculação de fundo, que ultrapassa as recepções específicas e as influências mostradas até agora: Luhmann acredita que, depois de Parsons, os sociólogos não tenham mais tentado formular "uma teoria universal de sua matéria". Todavia, ao mesmo tempo, Luhmann considera que é chegado o momento de transpor "esse limiar". E é ele, Luhmann, que irá formular uma teoria própria sobre a sociedade, alicerçada na diferença entre sistema e ambiente[94]. E essa teoria, segundo Losano, se apresenta como uma teoria universal ou superteoria[95].

---

91. Apud LOSANO. Op. cit., p. 329. Consulte-se: REESE-SCHÄFER, Walter. **Luhmann zur Einführung**. Hamburg: Junius, 1996, p. 11.

92. LOSANO. Op. cit., p. 329.

93. LOSANO. Op. cit., p. 329. Nesse sentido, também, consulte-se: KLIMPEL, Andreas; DE CARNÉE, Georg. **Systemtheoretische Weltbilder**. Zur Gesellschaftstheorie bei Parsons und Luhmann. Berlin: Institu für Soziologie der Technischen Universität Berlin, 1983, p. X-210.

94. LUHMANN, Niklas. **Sistemas sociais**: esboço de uma teoria geral. Tradução Antônio C. Luz Costa; Roberto Dutra Torres Júnior, Marco Antônio dos Santos Casanova. Petrópolis: Vozes, 2016, p. 202-237.

95. LOSANO, Mario Giuseppe. **Sistema e estrutura no Direito**: do século XX à Pós-Modernidade. Tradução Carlos Alberto Dastoli. São Paulo: WMF Martins Fontes, 2011, v. 3, p. 330.

4.3. PARSON, LUHMANN E O SISTEMA CIBERNÉTICO

Por meio de Parsons, por conseguinte, Luhmann se aproxima da noção cibernética de sistema, o que o leva a ser reputado como um dos pioneiros na aplicação da nova matéria ao direito. Contudo, em seus primeiros escritos, o sistema de Luhmann é distinto do da cibernética, tanto que os estudiosos desta última, como Hansjürgen Garstka, citado por Losano, tendem a vê-lo como "a construção de uma teoria jurídica" (ou, mais adequadamente, de uma teoria sociológica do direito), "a qual parece perseguir uma finalidade cognoscitiva parecida, se não igual, à da cibernética: uma teoria sistêmica do direito"[96].

Na densa e diversificada concepção de Parsons, a cibernética constitui uma das ferramentas para o controle social, por meio da qual uma sociedade com elevado conteúdo de informação, mas com escassa energia, exerce o controle sobre uma sociedade que, ao contrário, possuía muita energia, mas com parco conteúdo informativo. Com o intuito de exemplificar essas sequências programáticas de controle, Parsons expõe, de modo muito pitoresco, o exemplo de uma máquina de lavar[97]. Na máquina de lavar, lembra ele, o botão regulador do ciclo demanda menos energia que o funcionamento da própria máquina. Outro exemplo dado por ele revela, uma vez mais, como Parsons tem forte vinculação com a biologia. Esse exemplo é o do controle exercido pelo gene sobre o metabolismo da célula[98].

---

96. Apud LOSANO. Op. cit., p. 330. GARSTKA, Hansjürgen. **Regelkreismodelle des Rechts**. Untersuchung zur Übertragung kybernetischer Vorstellungen auf das Recht. München: Schweitzer, 1983, p. 47.

97. PARSONS, Talcott. **Societies**. Evolutionary and Comparative Perspectives. Englewoods Cliffs (N.J.): Prentice Hall, 1966, p. VII-120.

98. LOSANO. Op. cit., p. 331.

Contudo, é preciso alertar que o termo "sistema" designa coisas diferentes na biologia e na sociologia. De acordo com Bertalanffy[99], o sistema biológico delimita certas porções de realidade em relação ao ambiente circunstante; por exemplo, ele circunscreve os organismos em relação ao ambiente[100]. Já nas ciências sociais, ao contrário, a situação é distinta, como é possível perceber com clareza no debate entre Niklas Luhmann e Jürgen Habermas[101]: a vida do organismo é totalmente diferente da existência de uma estrutura social[102].

A compreensão do que é sistema na obra de Parsons é mutável, para não dizer propositalmente ambígua. Como "teórico" de uma disciplina empírica, Parsons sustenta um "sistema teórico", compreendido como totalidade de conceitos gerais logicamente interconectados e com uma referência empírica: é o sistema na sua acepção clássica, marcado por uma "completude lógica" que proporciona executar operações lógicas sobre as proposições individuais que integram o sistema[103].

Como teórico de uma matéria empírica, Parsons contrapõe, ao sistema teórico composto de proposições, o "sistema empírico", compreendido como o conjunto dos fenômenos objeto de um estudo teórico. As proposições do sistema teórico seriam, de fato, desprovidas de sentido se não fosse esclarecido o objeto a que se referem. É o que afirma Parsons,

99. BERTALANFFY, Ludwig von. **Teoria geral dos sistemas**. Tradução Francisco M. Guimarães. Petrópolis: Vozes, 1975, p. 183-200.

100. LOSANO, Mario Giuseppe. **Sistema e estrutura no Direito**: do século XX à Pós-Modernidade. Tradução Carlos Alberto Dastoli. São Paulo: WMF Martins Fontes, 2011, v. 3, p. 331.

101. Idem, ibidem, p. 304-308. Nesse sentido, consulte-se as seguintes obras: LUHMANN, Niklas. **Sistemas sociais**: esboço de uma teoria geral. Tradução Antônio C. Luz Costa; Roberto Dutra Torres Júnior, Marco Antônio dos Santos Casanova. Petrópolis: Vozes, 2016, p. 202-237; HABERMAS, Jürgen. **Direito e democracia**: entre facticidade e validade. Tradução Flávio Beno Siebeneichler. Rio de Janeiro: Tempo Brasileiro, 1992, v. 1, p. 170-189.

102. LOSANO. Op. cit., p. 331.

103. LOSANO. Op. cit., p. 332.

citado por Losano, ao consignar que são "os fenômenos reciprocamente conectados, que constituem o objeto da descrição e da análise de uma pesquisa científica"[104]. A este último conjunto Parsons confere precisamente o nome de "sistema empírico".

Os dois sistemas sobre os quais discorre Parsons não são, por conseguinte, similares entre si. Ademais, essa dupla concepção de Parsons sobre o conceito de sistema distancia-se também daquela que é própria da cibernética[105] clássica, que é uma concepção formal: os dados empíricos podem ser descritos em um sistema cibernético apenas se já tiverem sido, de certa maneira, organizados[106]. Afora isso, o sistema cibernético é aberto, enquanto que Parsons direciona a sua concepção de sistema a um contexto bem determinado: o da ação direta a um determinado fim[107]. A base de sustentação da ação é o organismo, de sorte que também "all gratification or deprivation"[108] decorrentes da ação "have an organic significance"[109-110]. Para Parsons, a relação que grava o sistema social na "situação da ação" (isto é, no contexto ou no ambiente da ação) é semelhante àquela que, em biologia, insere o "organismo no ambiente"[111].

104. Apud LOSANO. Op. cit., p. 332. A obra original em questão é: PARSONS, Talcott. Systematische Theorie in der Soziologie. In: PARSONS, Talcott. **Beiträge zur soziologischen Theorie**. Luchterhand: Herausgegeben und eingeleiter von Dietrich Rüschemayer, 1964, p. 31.

105. WIENER, Norbert. **Cibernética**: ou controle e comunicação no animal e na máquina. Tradução Gita K. Ghinzberg. São Paulo: Universidade de São Paulo/Polígono, 1970, p. 32.

106. LOSANO, Mario Giuseppe. **Sistema e estrutura no Direito**: do século XX à Pós-Modernidade. Tradução Carlos Alberto Dastoli. São Paulo: WMF Martins Fontes, 2011, v. 3, p. 332.

107. Idem, ibidem, p. 332.

108. Tradução livre: "todas as gratificações e privações".

109. Tradução livre: "que tem um significado orgânico".

110. PARSONS, Talcott. **The Social System**. London/New York: The Free Press/Collier-Macmillan, 1964, p. 5.

111. Apud LOSANO, Mario Giuseppe. **Sistema e estrutura no Direito**: do século XX à Pós-Modernidade. Tradução Carlos Alberto Dastoli. São Paulo: WMF Martins Fontes, 2011, v. 3, p. 332. A obra original em questão é: PARSONS, Talcott. Systematische Theorie in der

Tem-se, por conseguinte, indivíduos que agem constituindo um sistema: o nexo que vincula as partes do sistema (que é constituído por indivíduos) são as "expectativas". A expectativa do comportamento de terceiros – como resposta ao comportamento do indivíduo – dá origem ao que Parsons denomina como "estrutura". Esse termo, estrutura, torna-se, desse modo, um sinônimo de relação ou nexo. Uma vez mais a palavra "estrutura" é usada em um sentido diferente daquele técnico empregado pelos linguistas[112] estruturalistas[113]. A estrutura social é, por conseguinte, um entrelaçamento de expectativas, "um sistema de modelos de expectativa, que definem o comportamento correto das pessoas que ocupam determinadas funções"[114]. Em síntese, as ações estão ligadas ao sistema e aos seus elementos por "expectativas" que, na obra de Niklas Luhmann, serão potencializadas também em "expectativas de expectativas"[115].

O sistema de Parsons é, por assim dizer, um conjunto de propostas terminológicas relativas ao mundo empírico[116]. Logo, não é calculável, distintamente do que se passa no sistema cibernético[117]. O distanciamento

---

Soziologie. In: PARSONS, Talcott. **Beiträge zur soziologischen Theorie**. Luchterhand: Herausgegeben und eingeleiter von Dietrich Rüschemayer, 1964, p. 31.

112. LOSANO. Op. cit., p. 332-333.

113. Para Luhmann, diga-se de passagem, a "estrutura" de um sistema é aquilo que permanece quando se observa o fluxo de informações dentro do sistema e que, por isso mesmo, também se presta a guiar este fluxo. Nesse sentido, consulte-se: LUHMANN, Niklas. **Sociologia do direito I**. Tradução: Gustavo Bayer. Rio de Janeiro: Tempo Brasileiro, 1983, p. 133; LUHMANN, Niklas. **Recht und Automation in der offentlichen Verwaltung**. Eine verwaltungswissenschaftliche Untersuchung. Berlin: Duncker & Humblot, 1966, p. 61.

114. Apud LOSANO. Op. cit., p. 333. A obra original em questão é: PARSONS, Talcott. Systematische Theorie in der Soziologie. In: PARSONS, Talcott. **Beiträge zur soziologischen Theorie**. Luchterhand: Herausgegeben und eingeleiter von Dietrich Rüschemayer, 1964, p. 56.

115. LUHMANN, Niklas. **Sociologia do direito I**. Tradução Gustavo Bayer. Rio de Janeiro: Tempo Brasileiro, 1983, p. 47-48.

116. LOSANO, Mario Giuseppe. **Sistema e estrutura no Direito**: do século XX à Pós-Modernidade. Tradução Carlos Alberto Dastoli. São Paulo: WMF Martins Fontes, 2011, v. 3, p. 333.

117. Apud LOSANO. Op. cit., p. 333. GARSTKA, Hansjürgen. **Regelkreismodelle des Rechts**. Untersuchung zur Übertragung kybernetischer Vorstellungen auf das Recht. München: Schweitzer, 1983, p. 49.

do sistema cibernético é ainda mais perceptível em Luhmann, mas aqui será preciso restringir a comparação entre os dois tipos de sistema a poucas referências.

Niklas Luhmann, referindo-se ao sistema de Parsons[118], enxerga o sistema do Direito como um conjunto de ações individuais que tendem a um fim[119]. O sistema do Direito é um subsistema social ao lado de tantos outros, sobre os quais exerce uma influência parcial. Todavia, como se verá de melhor maneira mais adiante, o Direito de Luhmann não é sistema, mas estrutura, isto é, é um entrelaçamento de expectativas que são próprias não de cada subsistema, mas de todo o sistema social[120]. A pesquisa de Luhmann não aponta para finalidade do Direito, que seria um modo de reconduzir, antes de mais nada, cada ação ao subsistema jurídico, e depois aquele subsistema ao sistema social[121]. Mas ela se presta, isso sim, para determinar quais são as características da expectativa especificamente jurídica[122]. Dessa maneira, a investigação modifica-se de sistemática para procedimental[123], porque as estruturas gerais da expectativa estão fundadas na ideia de procedimento.

---

118. Apud LOSANO, Mario Giuseppe. **Sistema e estrutura no Direito**: do século XX à Pós-Modernidade. Tradução Carlos Alberto Dastoli. São Paulo: WMF Martins Fontes, 2011, v. 3, p. 333.

119. Falar de finalidade nas sociedades e nas ações humanas sempre é uma metáfora: não precisamente inaceitável, mas com certeza não verificável. Acerca do significado do "Sinn" (sentido) de uma ação, consulte-se: LUHMANN, Niklas. Sinn als Grundbegriff der Soziologie. In: HABERMAS, Jürgen; LUHMANN, Niklas. **Theorie der Gesellschaft oder Sozialtechnologie**. Frankfurt: a.M., 1971, p. 25-100.

120. LUHMANN, Niklas. **Sociologia do direito I**. Tradução Gustavo Bayer. Rio de Janeiro: Tempo Brasileiro, 1983, p. 167-238.

121. LOSANO. Op. cit., p. 334.

122. LUHMANN, Niklas. **Sociologia do direito I**. Tradução Gustavo Bayer. Rio de Janeiro: Tempo Brasileiro, 1983, p. 53-65.

123. LUHMANN, Niklas. **Legitimação pelo procedimento**. Tradução Maria da Conceição Côrte-Real. Brasília: UnB, 1980, p. 37-48.

Neste ponto da exposição levado a efeito até agora, é possível tentar sintetizar a diferença entre os vários tipos de sistema. O tradicional sistema externo corresponde ao sistema teórico de Parsons, o qual, contudo, é entrelaçado por Parsons com o "sistema empírico": o sistema de Parsons e, por conseguinte, o de Luhmann, é um sistema interno às coisas, ou seja, ontológico[124]. A noção de sistema que Luhmann incorpora a partir das ciências biológicas é concreta: para ele, o sistema existe na realidade. Com essa concepção de sistema, fica esclarecida e radicalizada uma concepção que, de um lado, é profundamente diferente daquela epistemológica (de acordo com a qual o sistema é uma construção intelectual e, por isso, ele seria um sistema externo aos fenômenos que se passam na realidade) e, de outro, é mais detalhista e meticulosa que a que ele, Luhmann, recebia de Talcott Parsons. É preciso, portanto, registrar um grande distanciamento do sistema de Luhmann em relação ao de Parsons, e de ambos em relação ao sistema cibernético[125].

Parsons, observe-se bem, tem a pretensão de criar uma moldura categorial (o sistema externo) na qual ele possa colocar cada um dos fenômenos sociais, obtendo, desse modo, como resultado uma imagem organizada da sociedade. Tomando como ponto de partida a observação de diferentes planos de abstração (por exemplo, o organismo, o sistema pessoal, o sistema social, a cultura etc.), ele tenta encontrar aí as estruturas constantes (as similitudes entre esses planos de abstração). Uma vez identificadas, ela passa a um segundo patamar de abstração, dentro do qual ele

124. LOSANO. Op. cit., p. 334. Aqui foi empregado o termo ontológico no modo como o usa Mário Losano. Convém destacar isso, pois não se desconhece a circunstância de que Luhmann não se vê como um ontológico nem o seu sistema. E mais, é possível dizer que Luhmann abomina qualquer vinculação com o aspecto ontológico no sentido por ele empregado. Logo, Luhmann se refere a ontológico como a essência das coisas ou o Ser, com o que ele não concorda. Ao passo que Losano faz uso do termo ontológico querendo se referir à lógica interna das coisas ou fenômenos observáveis empiricamente.

125. LOSANO, Mario Giuseppe. **Sistema e estrutura no Direito**: do século XX à Pós-Modernidade. Tradução Carlos Alberto Dastoli. São Paulo: WMF Martins Fontes, 2011, v. 3, p. 334.

relaciona as estruturas à sociedade[126]. O elo ou nexo entre as estruturas e a sociedade é conferido pela "função" que cada subsistema desempenha para a conservação da sociedade[127]. Logo, a teoria de Parsons adota como ponto de partida as estruturas e investiga as suas funções: é um estrutural-funcionalismo[128], como bem simplifica Mário Losano[129].

Luhmann inverte a ordem da investigação: são as funções que dão origem às estruturas, porque estas últimas devem ter a capacidade de adaptar-se às mudanças de função. Por conseguinte, para a mesma função podem ser identificadas várias estruturas equivalentes do ponto de vista funcional. A missão da sociologia é descobrir essas equivalências, de acordo com Luhmann[130]. Por isso, para definir a sua teoria, Luhmann fala de funcional-estruturalismo, contrapondo ao estrutural-funcionalismo de Parsons[131].

---

126. Idem, ibidem, p. 334.

127. LUHMANN, Niklas. **Sistemas sociais**: esboço de uma teoria geral. Tradução Antônio C. Luz Costa; Roberto Dutra Torres Júnior, Marco Antônio dos Santos Casanova. Petrópolis: Vozes, 2016, p. 29-79. Consulte-se, ainda, PARSONS, Talcott. Systematische Theorie in der Soziologie. In: PARSONS, Talcott. **Beiträge zur soziologischen Theorie**. Luchterhand: Herausgegeben und eingeleiter von Dietrich Rüschemayer, 1964, p. 38. Mais detalhadamente sobre o assunto: LUHMANN, Niklas. Iluminismo sociológico. In: SANTOS, José Manuel. **O Pensamento de Niklas Luhmann**. Tradução Artur Morão. Covilhã: Universidade da Beira Interior, 2005, p. 19-70.

128. LUHMANN, Niklas. **Introdução à teoria dos sistemas**. 2. ed. Tradução Ana Cristina Arantes Nasser. Petrópolis: Vozes, 2010, p. 35-58.

129. LOSANO. Op. cit., p. 334.

130. LUHMANN, Niklas. Iluminismo sociológico. In: SANTOS, José Manuel. O Pensamento de Niklas Luhmann. Tradução Artur Morão. Covilhã: Universidade da Beira Interior, 2005, p. 19-70; LUHMANN, Niklas. **Sistemas sociais**: esboço de uma teoria geral. Tradução Antônio C. Luz Costa; Roberto Dutra Torres Júnior, Marco Antônio dos Santos Casanova. Petrópolis: Vozes, 2016, p. 29-79.

131. LUHMANN, Niklas. **Introdução à teoria dos sistemas**. 2. ed. Tradução Ana Cristina Arantes Nasser. Petrópolis: Vozes, 2010, p. 35-58.

Após se ter traçado de modo bem sintético os contornos básicos da noção de sistema em Parsons e em Luhmann, é possível concluir o seu cotejo com o sistema cibernético, que perdura sempre – apesar das distinções – como a fonte inicial das concepções daqueles dois autores. Verdadeiramente, a cibernética foca a sua atenção na estabilidade de cada elemento do sistema. O seu intrínseco valor no contexto social não tem nenhuma relevância, ao passo que, ao contrário, a sua averiguação está relacionada a verificações estruturais precisas. O centro de interesse da cibernética é analisar, do modo mais profundo possível, o ciclo regulador do sistema, ou seja, o seu padrão de funcionamento. Pois bem, esse interesse fundamental da cibernética está quase que ausente nas investigações sistêmicas levadas a efeito por Luhmann[132].

Para informática[133], por exemplo, os processos pelos quais circula a informação são de fundamental importância. Os modelos que dela decorrem têm como escopo a tentativa de controlar todos os processos de regulação: todos são, de fato, equivalentes em importância para os fins de uma futura aplicação da informática. Já Luhmann desloca a sua atenção da estrutura para as expectativas, isto é, das informações para as motivações do agir, e oferece uma proposta de explicação de toda a sociedade também com tendências na ontologia, como revela a importância que ele atribuiu ao conceito de evolução[134].

132. LOSANO, Mario Giuseppe. **Sistema e estrutura no Direito**: do século XX à Pós-Modernidade. Tradução Carlos Alberto Dastoli. São Paulo: WMF Martins Fontes, 2011, v. 3, p. 335. GARSTKA, Hansjürgen. **Regelkreismodelle des Rechts**. Untersuchung zur Übertragung kybernetischer Vorstellungen auf das Recht. München: Schweitzer, 1983, p. 50.

133. No sentido que Losano emprega tal palavra. LOSANO. Op. cit., p. 67-69.

134. LUHMANN, Niklas. **Sociologia do Direito I**. Tradução Gustavo Bayer. Rio de Janeiro: Tempo Brasileiro, 1983, p. 167-238. NEVES, Marcelo. **Entre Têmis e Leviatã**: uma relação difícil: o Estado Democrático de Direito a partir de Luhmann e Habermas. São Paulo: Martins Fontes, 2006, p. 1-3.

4.4. O SISTEMA JURÍDICO E A DOGMÁTICA JURÍDICA ANTES DA GUINADA AUTOPOIÉTICA DE LUHMANN

Os escritos do período "administrativista" trazem à tona a progressiva separação de Luhmann do mundo do Direito, no qual se dera a sua formação universitária, e sua conversão para o campo da sociologia. Nesses domínios, Luhmann está constantemente em busca de uma teoria cada vez mais ampla e abrangente sobre a sociedade. Dessa busca resultará, por seu turno, a construção de uma "superteoria", como denomina Losano[135]. Uma teoria tão abrangente a ponto de compreender também as teorias dos adversários. A conquista da superteoria se dá em etapas, que as próximas páginas tentarão sintetizar em duas fases: antes e depois da guinda autopoiética.

De fato, a passagem para a teoria geral dos sistemas assinala uma guinada na produção científica de Luhmann. Uma guinada, repita-se, mas não uma ruptura: de fato, os seus estudos tendem a elaborar uma teoria sociológica o mais geral e amplo possível, e a teoria geral dos sistemas disponibiliza os instrumentos teóricos mais adequados para alcançar tal finalidade[136]. O próprio Luhmann, vale frisar, nota essa passagem como uma "mudança de paradigma": como data marcante dessa passagem da primeira para a segunda fase é possível tomar como ponto de referência o ano de 1984, quando Luhmann publica o seu livro *Soziale Systeme*. Essa obra, por sinal, é iniciada com um ensaio com o seguinte título: "Mudança de paradigma na teoria dos sistemas". E, como bem observa Losano[137], o título traz em si duas importantes ideias: a primeira, a ideia de continuidade, pois Luhmann continuará se dedicando à teoria dos sistemas.

---

135. LOSANO, Mario Giuseppe. **Sistema e estrutura no Direito**: do século XX à Pós-Modernidade. Tradução Carlos Alberto Dastoli. São Paulo: WMF Martins Fontes, 2011, v. 3, p. 380.

136. Idem, ibidem, p. 381.

137. Idem, ibidem, p. 381.

E a segunda, Luhmann passará a se ocupar da teoria dos sistemas a partir da perspectiva daquilo que se convencionou chamar de segunda cibernética.

Para arrematar, fazendo alusão ao Direito, a análise da sua noção de sistema antes da guinada autopoiética, este item abordará um relevante texto publicado em 1981[138], no qual a origem do Direito é tratada a partir da teoria sistêmica, isto é, como diferenciação do sistema social. Será posteriormente examinado detalhadamente um texto de 1974, em que Luhmann compara a Dogmática Jurídica tradicional com a sua noção de sistema[139]. As datas não devem nos induzir a erro: a obra de 1981 reúne vários ensaios, entre os quais aquele sobre a "Diferenciação do sistema jurídico", que é o que mais interessa agora e que confere o título a toda a coletânea: trata-se da reelaboração de uma conferência de 1976 e, por conseguinte, reflete uma fase de pensamento próxima ao da obra sobre o sistema e a dogmática[140].

O breve exame que será levado a efeito mais adiante registrará um aspecto especialmente relevante para o jurista: os assuntos técnico-jurídicos que constituem o pão de cada dia do jurista **não** são objeto da sociologia sistêmica de Luhmann. Também ele, como Kelsen, concebe a própria obra, antes de mais nada, como uma *actio finium regundorum*, ou

138. LUHMANN, Niklas. **Ausdifferenzierung des Rechts.** Beitträge zur Rechts-soziologie und zur Rechtstheorie. Frankfurt: Suhrkamp, 1981, p. 456. LUHMANN, Niklas. **La differenziazione del diritto.** Contributi alla sociologia e alla teoria del diritto. A cura di Raffaele De Giorgi. Bologna: Il Mulino, 1990, p. 397.

139. LUHMANN, Niklas. **Rechtssystem und Rechtsdogmatik.** Stuttgart: Kohlhammer, 1974, 99 p. FEBBRAJO, Alberto. Introduzione all'edizione italiana. In: LUHMANN, Niklas. **Sistema giuridico e dogmática giuridica.** Bologna: Il Mulino, 1974, p. 7-23. Obviamente, a expressão "mudança de paradigma" aparece frequentemente nos escritos de Luhmann a partir dos anos 1980.

140. LOSANO, Mario Giuseppe. **Sistema e estrutura no Direito**: do século XX à Pós-Modernidade. Tradução Carlos Alberto Dastoli. São Paulo: WMF Martins Fontes, 2011, v. 3, p. 381.

seja, como uma precisa delimitação dos limites da própria investigação[141]. O limite estabelecido por Kelsen exclui da ciência do direito tudo o que é sociologia, ao passo que o limite traçado por Luhmann exclui da sociologia tudo o que é direito[142]. Entre as críticas dirigidas à teoria de Luhmann, todavia, uma certamente seria descabida: a de não ter avisado ao jurista que não procurasse nos seus escritos aquilo que ele declara de modo explícito não querer levar em consideração[143].

Com a "Diferenciação do sistema jurídico"[144], Luhmann propõe-se "apresentar uma teoria sociológica que inclua a possibilidade de analisar a teoria do direito"[145]. Logo, é preciso enfatizar, uma vez mais, não é o propósito de Luhmann unificar a sociologia e a teoria do direito em uma única teoria sociológica do direito. Tentando ser mais claro ainda, o objetivo de Luhmann é criar uma teoria sociológica bem abrangente, excluindo dela, contudo, uma série de problemas especificamente jurídicos. O soerguimento de sua teoria sociológica, antecipa Luhmann, conduz a "questões abertas, que devem ser interpretadas e cuja elaboração deve esperar pela teoria do direito"[146], isto é, por um nível intermediário de abs-

141. É conhecida a pretensão de Kelsen no que toca à sustentação de que o Direito é uma ciência. Tal assertiva acarreta, sobretudo, a seguinte consequência: delimitar o objeto de estudo desta ciência e o método do qual ela se vale para estudar o referido objeto. Logo, a finalidade maior do trabalho de Kelsen não foi estudar o objeto do Direito, no caso, a norma jurídica, mas, sim, sustentar que era preciso delimitar o campo de estudo do Direito para que ele fosse compreendido como uma ciência. Nesse sentido, consulte-se KELSEN, Hans. **Teoria pura do direito.** 6. ed. Tradução João Baptista Machado. São Paulo: Martins Fontes, 1998, p. 1-4.

142. LOSANO. Op. cit., p. 382.

143. LUHMANN, Niklas. **Sociologia do Direito I**. Tradução Gustavo Bayer. Rio de Janeiro: Tempo Brasileiro, 1983, p. 167-238; LOSANO, 2011, p. 382.

144. Isto é, segundo Luhmann, a partir da Modernidade, o sistema social começou um intenso processo de diferenciação social. Ou seja, o sistema social começou a se subdividir em diversos subsistemas cada vez mais especializados, como o Direito, a Economia, a Política, a Religião, dentre tantos outros.

145. LUHMANN, Niklas. **La differenziazione del diritto**. Contributi alla sociologia e alla teoria del diritto. A cura di Raffaele De Giorgi. Bologna: Il Mulino, 1990, p. 31.

146. LUHMANN, Niklas. **La differenziazione del diritto**. Contributi alla sociologia e alla teoria del diritto. A cura di Raffaele De Giorgi. Bologna: Il Mulino, 1990, p. 31. Quando ele,

tração, delimitado pela Dogmática Jurídica para baixo e pela sociologia sistêmica para cima[147]. Ficam, desse modo, excluídos pela teoria luhmanniana os principais problemas do direito, por exemplo, "a exposição da contingência e da modificabilidade do direito, a interpretação do critério jurídico da justiça e, além disso, a recondução do direito à natureza e às fontes do direito"[148].

Outras questões de interesse jurídico são ainda mais estranhas à sociologia sistêmica. Essas questões, de fato, "pertencem, em parte, à teoria do direito, e, em parte, à Dogmática Jurídica"[149], embora guardem relação com situações subjetivas de grande importância, "como as concessões de liberdade que se exprimem no respeito das decisões tomadas segundo a consciência e no preparo dos direitos subjetivos"[150]. Todos esses temas devem ser excluídos da sociologia sistêmica e "deve ser verificado no interior da própria teoria do direito", porque a "sociologia não pode prevê-lo nem estabelecê-lo: ela deve deixá-lo para a evolução do direito e a teoria do direito"[151].

Luhmann, escreve que as contribuições de sua teoria devem "esperar pela Teoria do Direito", ele parece dizer, em outras palavras, que apesar de sua teoria não se dedicar a problemas jurídicos específicos tratados pela Teoria do Direito, ela terá, sim, alguma repercussão sobre esta última. Contudo, ainda segundo Luhmann, tal tarefa cabe aos juristas. Ou seja, a tarefa de quais serão as repercussões da Teoria sistêmica sociológica sobre a Teoria do Direito cabe aos juristas analisar. E o propósito desta tese enquadra-se nessa recomendação, qual seja, propor uma nova concepção de sistema jurídico, dentro dos limites da Teoria do Direito, a partir das contribuições da teoria sistêmica sociológica luhmanniana.

147. LOSANO, Mario Giuseppe. **Sistema e estrutura no Direito**: do século XX à Pós-Modernidade. Tradução Carlos Alberto Dastoli. São Paulo: WMF Martins Fontes, 2011, v. 3, p. 382. Como se vê, segundo o entendimento de Losano, a Teoria do Direito encontra-se delimitada por cima e por baixo. Por baixo, pela Dogmática Jurídica e, por cima, pela Sociologia Sistêmica. Logo, a Teoria do Direito encontra-se em um nível intermediário entre as duas perspectivas. Mas a Teoria do Direito não é objeto de estudo e das preocupações de Luhmann. A ele interessa desenvolver uma teoria sistêmica da sociedade o máximo abrangente possível.

148. LUHMANN. Op. cit., p. 31.

149. LUHMANN. Op. cit., p. 32.

150. LUHMANN. Op. cit., p. 32.

151. LUHMANN. Op. cit., p. 33.

A essa limitação, no que tange ao direito positivo-institucional[152], segue-se uma ampliação em relação àquilo que, de alguma maneira, é juridicamente importante na sociedade[153] (isto é, interessa a Luhmann como o Direito interfere sobre a sociedade e qual a função que este subsistema cumpre dentro do sistema social). Luhmann demarca, assim, um âmbito do direito que não é aquele em que age o jurista. Ademais, ele reputa esse âmbito como um sistema (ou melhor, como um subsistema do sistema social), que é analisado por Luhmann do ponto de vista de sua função e da comunicação: "O sistema jurídico de uma sociedade é constituído por todas as comunicações sociais que são formuladas com referência ao direito"[154]. Um sistema comunicativo nesses moldes se faz presente em qualquer sociedade, das antigas às modernas, das primitivas às industrializadas. O trabalho sociológico de Luhmann quer verificar como surge a estrutura especializada em negócios jurídicos em uma específica sociedade; quer descrever em termos mais gerais possíveis essa diferenciação (esse processo de especialização) entre a estrutura jurídica e as outras estruturas sociais[155]. Ou seja, ele quer explicar como "se chega a uma maior diferenciação, funcionalmente específica, de um contexto de comunicação juridicamente orientado"[156-157].

152. Muito esclarecedoras são as palavras de Willis Santiago Guerra Filho acerca da centralidade do Judiciário no que toca ao sistema jurídico. Nesse sentido, consulte-se GUERRA FILHO, Willis Santiago. **A filosofia do direito**: aplicada ao direito processual e à teoria da Constituição. 2. ed. São Paulo: Atlas, 2002, p. 98.

153. LOSANO. Op. cit., p. 383.

154. LUHMANN, Niklas. **La differenziazione del diritto**. Contributi alla sociologia e alla teoria del diritto. A cura di Raffaele De Giorgi. Bologna: Il Mulino, 1990, p. 61.

155. LOSANO, Mario Giuseppe. **Sistema e estrutura no Direito**: do século XX à Pós-Modernidade. Tradução Carlos Alberto Dastoli. São Paulo: WMF Martins Fontes, 2011, v. 3, p. 383.

156. LUHMANN. Op. cit., p. 63.

157. Ou seja, interessa a Luhmann como a sociedade foi se diferenciando em subsistemas sociais cada vez mais específicos e, sobretudo, como esse processo se deu a partir da orientação do subsistema jurídico, o qual é guindado, na doutrina de Luhmann, à qualidade de estrutura da sociedade.

Por meio de várias atividades sistêmicas, o sistema do direito se diferencia do ambiente **interno** da sociedade. Os outros subsistemas sociais podem, desse modo, recorrer ao subsistema jurídico, o que, por sua vez, possibilita a eles prever as consequências desse recurso. O modo como o subsistema jurídico se relaciona com o ambiente, sua permanência depois de ter se diferenciado do ambiente[158], dentre outros aspectos, são acontecimentos explicados por Luhmann em termos sistêmicos e exemplificados por diversas referências históricas que não é aqui o caso de analisar. É suficiente estabelecer que o sistema social é constituído por comunicações (e não por indivíduos)[159] e que o subsistema jurídico se diferencia do ambiente social por meio de um procedimento complexo (que envolve diversas variáveis), mas que nenhuma relação mantém com o conteúdo e a aplicação das normas jurídicas positivas.

Esses últimos temas, no sentir de Luhmann, estão reservados à Dogmática Jurídica e à disciplina que a estuda, isto é, à teoria jurídica, disciplinas que, contudo, para Luhmann, são dotadas de um grau de abstração inferior ao da sociologia sistêmica e que, por isso, ele exclui do seu campo de trabalho[160]. Convém repetir, uma vez mais, o objetivo de Luhmann de desenvolver uma teoria sobre o funcionamento da sociedade moderna. Logo, adentrar em questões pertinentes à Teoria do Direito não é o foco do seu interesse.

Abrindo um pequeno parêntese na linguagem de Luhmann, é preciso destacar que o conceito de diferenciação – essencial para toda a teoria de Luhmann – já era empregado no âmbito da sociologia alemã, desde o final do século XIX, quando Simmel publicou exatamente sobre aquele

158. LOSANO. Op. cit., p. 383.

159. LUHMANN, Niklas. **O direito da sociedade**. Tradução Saulo Krieger; tradução das citações em latim Alexandre Agnolon. São Paulo: Martins Fontes, 2016, p. 80.

160. LOSANO. Op. cit., p. 384.

tema[161]. Luhmann, contudo, não pretende dar continuidade à tradição sociológica da Alemanha do século XIX, mas acolhe as contribuições da mais recente sociologia norte-americana[162].

Sistema jurídico e dogmática jurídica[163] é um livro especialmente dedicado ao desenvolvimento da noção de sistema no direito, no qual o uso clássico do termo "sistema" é confrontado ao uso proposto pelo próprio Luhmann. Ele, Luhmann, está ciente de que o uso do termo "sistema" em sentido técnico (ou, em suas palavras, "conceitual") parece ter surgido no distante ano de 1600 (início do século XVII). E, logo no momento seguinte, Luhmann chega à teoria geral dos sistemas, volta-se para trás e, em uma curta exposição histórica, refere-se à literatura jurídica e teológica sobre a noção de sistema desde os primórdios até aqueles dias. O desenvolvimento do conceito de sistema é apresentado por Luhmann de modo subdividido em três etapas[164], produzidas por duas cesuras, isto é, por duas "mudanças de paradigma", que ajudam a explicar as transformações que aconteceram entre o ano de 1600 e as últimas teorias sistêmicas[165].

O conceito clássico de sistema é representado pela contraposição entre as partes e o todo, nos quais o todo é, contudo, algo além do que a mera soma das partes[166]. Esse modo de entender o sistema não consegue

161. Apud LOSANO, Mario Giuseppe. **Sistema e estrutura no Direito**: do século XX à Pós-Modernidade. Tradução Carlos Alberto Dastoli. São Paulo: WMF Martins Fontes, 2011, v. 3, p. 384. SIMMEL, Georg. **Über soziale Differenzierung.** Soziologische und psychologische Untersuchungen. Leipzig: Duncker & Humblot, 1890, VII-148 p. Seria interessante uma comparação aprofundada entre as duas concepções do termo "diferenciação" em Simmel e Luhmann. Mas isso já seria objeto de uma outra pesquisa.

162. LOSANO. Op. cit., p. 384.

163. LUHMANN, Niklas. **Sistema jurídico y dogmática jurídica.** Traducción Ignacio de Otto Pardo. Madrid: Centro de Estudios Constitucionales, 1983.

164. Idem, ibidem, p. 23-39.

165. LOSANO. Op. cit., p. 384.

166. LOSANO. Op. cit., p. 385.

deixar claro como o todo seja composto por partes e, ao mesmo tempo, seja uma unidade feita de partes e de um *surplus* (um algo a mais). No século XVIII, é bem verdade, houve um grande esforço para explicar essa totalidade recorrendo-se ao quanto de geral há no conceito de ser humano, na ideia de forma, ou na noção de *a priori*. Mas, para dar um passo à frente, era preciso transpor o paradigma do sistema como sendo composto de parte e todo[167].

A primeira mudança de paradigma ocorreu por meio da substituição do conceito de todo e partes pela dicotomia sistema/ambiente. Nesse ponto, Luhmann aponta Bertallanfy como o "proeminente autor" dessa mudança e, ao fazer tal referência ao biólogo, Luhmann está sinalizando para a radical modificação que aconteceu no momento em que as pesquisas na biologia, por exemplo, substituíram a visão sistemática pela visão sistêmica[168]. A essa modificação no modo de enxergar o problema, Losano se refere por meio de uma conhecida expressão em latim, ainda que seja no sentido oposto a que a ela habitualmente se faz alusão, a saber: *natura facit saltus* (a natureza dá saltos)[169]. Se na concepção clássica o sistema era fechado, a partir dessa mudança de paradigma, conecta-se à noção de sistema fechado a ideia de sistema aberto, isto é, aberto à influência do ambiente.

Todavia, essa mudança não acarreta a rejeição das noções antigas: "aquilo que se queria dizer com a diferença todo/parte é reformulado como teoria da diferenciação sistêmica e inserido mais tarde no novo paradigma"[170]. De fato, o sistema diferencia-se do ambiente e, no seu pró-

167. LOSANO, Mario Giuseppe. **Sistema e estrutura no Direito**: do século XX à Pós-Modernidade. Tradução Carlos Alberto Dastoli. São Paulo: WMF Martins Fontes, 2011, v. 3, p. 385.

168. Idem, ibidem, p. 385.

169. Idem, ibidem, p. 237-290.

170. LUHMANN, Niklas. **O direito da sociedade**. Tradução Saulo Krieger; tradução das citações em latim Alexandre Agnolon. São Paulo: Martins Fontes, 2016, p. 23.

prio interior, diferencia-se dos subsistemas que o constituem (em outras palavras, das partes), repetindo o mesmo procedimento: todo o sistema apresenta-se como ambiente em relação aos subsistemas que o compõem. O sistema não é mais composto de um todo e de várias partes, mas "de um número mais ou menos grande de diferenças sistema/ambiente operacionalmente utilizáveis que, segundo diferentes linhas de intersecção, reconstroem o sistema global como unidade de subsistemas e ambiente"[171].

A segunda mudança de paradigma propõe a substituição do paradigma do sistema aberto pelo paradigma do sistema autorreferencial. Essa proposta "de arrebatadora radicalidade" fora elaborada em torno de 1960, e sobre ela o debate ainda estava aberto no momento em que Niklas Luhmann escrevia o seu *Soziale Systeme*. Inicialmente, foi debatido o problema, em especial o biológico, de um sistema que se modifica com os próprios meios; no momento seguinte, essas reflexões foram estendidas a qualquer forma de sistema[172]. Um sistema pode diferenciar-se apenas com referência a si mesmo. Para levar a efeito tal circunstância, "os sistemas devem produzir e utilizar uma descrição deles próprios; eles devem ser capazes de servir-se, no interior do sistema, como orientação e como princípio para a produção de informações, (pelo menos) da diferença entre sistema e ambiente"[173]. Essa circunstância, por sua vez, levanta algumas importantes questões, a saber: o fechamento autorreferencial não é uma forma moderna de solipsismo? De que maneira o fechamento autorreferencial pode se tornar compatível com a abertura do sistema? O fechamento autorreferencial, responde-se, é possível apenas em relação a

171. Idem, ibidem. Essa teoria sistêmica encontrou aplicação direta na sociologia, sobretudo na sociologia da organização.

172. LOSANO, Mario Giuseppe. **Sistema e estrutura no Direito**: do século XX à Pós-Modernidade. Tradução Carlos Alberto Dastoli. São Paulo: WMF Martins Fontes, 2011, v. 3, p. 386.

173. LUHMANN, Niklas. **O direito da sociedade**. Tradução Saulo Krieger; tradução das citações em latim Alexandre Agnolon. São Paulo: Martins Fontes, 2016, p. 25.

um ambiente, e com esse argumento a teoria sistêmica de Luhmann tenta evitar a acusação de solipsismo[174].

Na primeira mudança de paradigma, a concepção de sistema foi enriquecida a partir da distinção entre sistemas abertos e sistemas fechados. Na segunda mudança, por sua vez, ela foi incrementada graças à noção de autorreferencialidade e, portanto, a partir do conceito de observador. Em 1974, ao encarar as diferenças entre a Dogmática Jurídica e o sistema jurídico, Luhmann movimentava-se ainda dentro dos domínios da primeira mudança de paradigma e traçava, por consequência, a linha de separação entre as teorias sistêmicas clássicas e uma nova teoria sistêmica do direito.

A origem daquele texto foi ocasional: um seminário em Karlsruhe, num debate com Josef Esser (expoente da Jurisprudência dos Valores). O objeto da controvérsia era a circunstância de que cada decisão do jurista parece ser orientada a um fim, mas – de acordo com Luhmann – "o jurista não seria capaz de resolver com instrumentos puramente jurídicos o problema da determinação das consequências da sua decisão"[175]. Em outros termos, a Dogmática Jurídica clássica aparenta ter alcançado o seu limite e pode-se indagar qual função ainda possa desempenhar na sociedade complexa atual[176].

De todo modo, é necessário precisar quais foram as mudanças das condições sociais que aconteceram, uma vez que a Dogmática Jurídica opera dentro desse cenário. Ainda de acordo com Luhmann[177], é com Jhering que se leva a cabo uma guinada significativa na ciência jurídica.

174. LOSANO. Op. cit., p. 386.

175. LUHMANN, Niklas. **Sistema jurídico y dogmática jurídica**. Traducción Ignacio de Otto Pardo. Madrid: Centro de Estudios Constitucionales, 1983, p. 28.

176. LOSANO. Op. cit., p. 387.

177. Helmut Coing, referindo-se à concepção de Luhmann, afirma que: "Luhmann definiu o sistema social como relação sensorial de ações sociais..., que remetem-se umas às outras e não se deixam limitar por ações que não pertençam a este meio". Cf. COING, Helmut.

Antes dele, o sistema era apenas externo (um sistema lógico e conceitual estruturado de modo dedutivo), isto é, tinha apenas um valor classificatório ou didático. Porém Jhering, contaminado pelas ciências naturais, buscara demonstrar a estrutura do direito a partir da introdução do conceito de "interesse": com essa noção, passa-se do sistema externo ao sistema interno (ou seja, o jurista deseja saber agora como, na realidade social, na prática dos tribunais, o sistema funciona, e esse sistema não é o sistema conceitual, lógico e dedutivo). E isso é o que Luhmann denominaria como mudança de paradigma: "o sistema jurídico é visto como um sistema da realidade social, como subsistema da sociedade. A palavra 'interesse' marca essa guinada". Por conseguinte, a ciência jurídica deixa de ser um "sistema de conceitos para se transformar em um sistema de ações"[178].

Contudo, inserir o conceito de interesse termina por vincular o jurista ao legislador: o jurista deve, de fato, presumir que o interesse tivera sido avaliado pelo legislador que elaborou a norma. Ao confeccionar conceitualmente essas normas do direito positivo, além disso, o jurista está atrelado a elas e não atinge o nível de autonomia necessário para desenvolver uma livre análise científica. O saber jurídico deve, por conseguinte, ser ordenado a partir de dois níveis de abstração. No primeiro nível, em direto contato com as normas, operam as abstrações da dogmática. A dogmática, como se vê, parte do pressuposto, por conseguinte, que as normas positivas tenham alcançado determinado grau de complexidade e devam ser, de alguma maneira, reordenadas. No segundo nível, em direto contato com os modelos teóricos, operam as abstrações da teoria do direito. Ela, a teoria do direito, elabora, portanto, abstrações (próprias)

Elementos fundamentais da filosofia do direito. Tradução Elisete Antoniuk. Porto Alegre: Sergio Antonio Fabris, 2002, p. 121.

178. LUHMANN. Op. cit., p. 37. LUHMANN, Niklas. **O direito da sociedade**. Tradução Saulo Krieger. Tradução das citações em latim: Alexandre Agnolon. São Paulo: Martins Fontes, 2016, p. 51. COING, Helmut. **Elementos fundamentais da filosofia do direito**. Tradução Elisete Antoniuk. Porto Alegre: Sergio Antonio Fabris, 2002, p. 121.

sobre as abstrações (da dogmática). O patamar da Dogmática Jurídica é marcado pela obrigatoriedade. Por sua vez, o nível da teoria do direito é caracterizado pela não obrigatoriedade. O primeiro nível dá origem ao sistema jurídico, o segundo, ao sistema científico[179]. Em resumo, é "errado já considerar esses instrumentos classificatórios (ou seja, a dogmática e a teoria do direito) como se fossem o sistema do direito"[180].

A teoria de Luhmann coloca-se assim na corrente que, de Weber a Kelsen, divide em duas partes o mundo jurídico: o estudo da validade do direito cabe à ciência jurídica, ao passo que o da sua eficácia cabe à sociologia. Por consequência, para Kelsen é inadmissível o sincretismo da jurisprudência sociológica, que procura explicar de modo causal a realidade jurídica: esta última é uma realidade normativa que obedece a regras distintas da realidade natural[181]. Por razões diversas, Luhmann chega à mesma conclusão e separa o estudo prático do direito do seu estudo científico. Mas, nesse aspecto, sua teoria afasta-se também daqueles que são os problemas da ciência jurídica tradicional: Luhmann deseja realmente estudar, "em conexão com a pesquisa científica e sob pontos de vista não dogmáticos, qual é a *função* da Dogmática Jurídica para sistemática jurídica e para a sociedade, e qual é o seu futuro"[182].

É o ponto de vista de uma sociologia funcional, que se deixa fora do seu objeto de estudo. Aquilo que acontece no interior do sistema jurídico

179. LOSANO, Mario Giuseppe. **Sistema e estrutura no Direito**: do século XX à Pós-Modernidade. Tradução Carlos Alberto Dastoli. São Paulo: WMF Martins Fontes, 2011, v. 3, p. 388.

180. LUHMANN, Niklas. **Sistema jurídico y dogmática jurídica**. Traducción Ignacio de Otto Pardo. Madrid: Centro de Estudios Constitucionales, 1983, p. 67. Essas considerações valem tanto para o Civil Law como para o Common Law, porque, para Luhmann, "a casuística e a dogmática não se excluem na realidade do sistema jurídico": "na medida em que razões de analogia entre casos são reflexos e são tornados critérios para estabelecer relações, surge uma dogmática". Conforme LUHMANN. Op. cit., 1983, p. 67.

181. LOSANO. Op. cit., p. 388.

182. LUHMANN. Op. cit., p. 39.

efetivamente[183] não diz respeito ao sociólogo Luhmann. Em outras palavras, interessam-lhe as possíveis funções da dogmática no sistema social, mas não as funções da dogmática no sistema jurídico. As conclusões a que chega dizem respeito, por isso, ao sociólogo ou, no máximo, ao sociólogo do direito, mas – como se verá mais adiante – driblam o jurista positivo[184].

De acordo com o aspecto sistêmico, a divisão entre a dogmática e a teoria do direito é trazida à tona pela assertiva de que a Dogmática Jurídica é orientada para o *input* do sistema jurídico (isto é, para o passado: por exemplo, pelas condutas mantidas pelos indivíduos envolvidos e para as normas que o legislador introduz aqui), enquanto que a sociologia do direito é voltada para o *output* (isto é, para o futuro: para as consequências das decisões jurídicas)[185]. Presente e futuro são, porém, o fruto da autonomia do sistema jurídico, cujo horizonte temporal não mais coincide com o do seu ambiente[186].

Um sistema jurídico pode, assim, inclinar-se mais a uma das duas áreas, porém sem nunca se centralizar por inteiro em uma ou outra. Caso se concentre mais na área do *input*, a partir do ângulo de todo o sistema social, tem-se um sistema jurídico voltado para as informações que recebe e pouco interessado pelas consequências desencadeadas pelas suas decisões. Se, pelo contrário, dirige seu foco mais para a área do *output*, resulta daí um sistema jurídico concentrado nos resultados a serem obtidos. O primeiro seleciona os resultados com base nas informações recebidas.

---

183. Sobre o tema, em uma perspectiva diferente, consulte-se REHBINDER, Manfred. **Sociologia do direito**. Tradução Márcio Flávio Mafra Leal. São Paulo: Saraiva, 2017, p. 195-230.

184. LOSANO. Op. cit., p. 389.

185. LUHMANN, Niklas. **Sistema jurídico y dogmática jurídica**. Traducción Ignacio de Otto Pardo. Madrid: Centro de Estudios Constitucionales, 1983, p. 47.

186. LOSANO, Mario Giuseppe. **Sistema e estrutura no Direito**: do século XX à Pós-Modernidade. Tradução Carlos Alberto Dastoli. São Paulo: WMF Martins Fontes, 2011, v. 3, p. 389.

O segundo, ao contrário, seleciona as informações com base nos resultados a serem perseguidos[187]. De acordo com Luhmann, a essas duas atitudes correspondem dois diferentes tipos de programação[188].

Para o jurista, a maior atenção dedicada ao *input* refere-se ao que se conhece como sistema jurídico formalístico, em outras palavras, ao sistema norteado pelo rigoroso positivismo jurídico: lei é lei, bem ao modo da Escola de Exegese francesa. O foco voltado ao *output* diz respeito ao uso moderno do direito como instrumento promocional, àquilo que Jhering já denominava como "direito premial"[189]: as normas de incentivo, por exemplo, "têm a liberdade de escolher os meios para alcançar o objetivo perseguido, por exemplo, utilizando o instrumento do dinheiro"[190].

As escolas ou os movimentos de viés contrário ao formalismo jurídico – a "jurisprudência dos interesses, a jurisprudência sociológica, o método teleológico de interpretação, a abordagem do *social engineering*, o pensamento realístico, as preocupações com a efetividade do direito e, mais recentemente, a exigência de um empenho sociopolítico por parte dos juristas"[191] – surgiram logo após a vertente pandectística, isto é, a mais exigente Dogmática Jurídica, e exprimem uma tendência que Luhmann explica "como uma tentativa de deslocar a orientação preponderante do limite *input* para o limite *output*"[192]. Nas entrelinhas, por detrás dessas

187. Idem, ibidem, p. 389.

188. Os programas podem ser do tipo finalístico ou condicional. LUHMANN, Niklas. **Sociologia do direito II**. Tradução Gustavo Bayer. Rio de Janeiro: Tempo Brasileiro, 1985, p. 27-33.

189. LOSANO. Op. cit., p. 390.

190. LUHMANN, Niklas. **Sistema jurídico y dogmática jurídica**. Traducción Ignacio de Otto Pardo. Madrid: Centro de Estudios Constitucionales, 1983, p. 48.

191. Idem, ibidem, p. 54-55.

192. Idem, ibidem, p. 55.

formulações sistêmicas, entreveem-se as polêmicas de 1968[193], ainda muito presentes no instante em que Luhmann desenvolvia essas ideias[194].

A tendência moderna consiste, por conseguinte, em trocar a orientação à norma pela orientação as suas consequências, em retirar o olhar do passado e dirigi-lo para o futuro, em considerar o sistema jurídico mais para o limite do *output* que para o do *input*. Durante os anos em que se propunha um uso alternativo do direito e uma intensa introdução das ciências sociais no direito, Luhmann já sustentava que não era suficiente corrigir a dogmática tradicional e que a nova tendência exigia uma instrumentação conceitual que não poderia ser fornecida pela dogmática tradicional. Para ele, "a orientação às consequências torna fragmentárias as orientações classificatórias"[195], porque os conceitos gerais da dogmática

193. O ano de 1968 é conhecido como "O ano que não terminou", e entrou para a história como um ano extremamente movimentado e cheio de acontecimentos importantes, como o assassinato de Martin Luther King e de Robert Kennedy, a Guerra do Vietnã, além de inúmeras manifestações, sobretudo estudantis, contra a Guerra do Vietnã e contra os regimes autoritários vigentes em diversos países do mundo, sobretudo na América Latina. No Brasil, o ano foi marcado pela instituição do AI-5 pelo então Presidente Costa e Silva.

194. LOSANO, Mario Giuseppe. **Sistema e estrutura no Direito**: do século XX à Pós-Modernidade. Tradução Carlos Alberto Dastoli. São Paulo: WMF Martins Fontes, 2011, v. 3, p. 390.

195. "La orientación a las consecuencias descompone los instrumentos de clasificación. Se va perdiendo la amplitud de la tipificación necesaria para la clasificación de hechos y de problemas jurídicos, se pierde tan pronto como se pregunta por las consecuencias caso por caso. Ya no serla posible una cualificación relativamente sencilla y de aplicación rápida de circunstancias fácticas complejas. Los conceptos habrán de relativizarse a contextos de aplicación de un grado de abstracción más limitado. Las consecuencias del concepto de la declaración de voluntad o del instituto jurídico del enriquecimiento sin causa no pueden divisarse en esta situación de abstracción. Cuando se usan con conciencia de las consecuencias, los conceptos siguen sirviendo como entrada al análisis del caso. Esto precisamente dificulta su crítica a partir del resultado, aparecen demasiados abstractos para la crítica, como meras fórmulas de cobertura para situaciones y hechos heterogéneos. Esto rige ante todo cuando, a la vista de resultados inaceptables del empleo de conceptos, se buscan resultados diversos pero equivalentes desde el punto de vista jurídico", cf. LUHMANN, Niklas. **Sistema jurídico y dogmática jurídica**. Traducción Ignacio de Otto Pardo. Madrid: Centro de Estudios Constitucionales, 1983, p. 56.

se estilhaçam se se pretendem preestabelecer as consequências de cada decisão. O modelo metodológico de Luhmann, isto é, a teoria dos sistemas, sinaliza que as exigências de integração entre os limites do *input* e do *output* seriam possíveis apenas em um nível de abstração superior tanto ao da Dogmática Jurídica quanto ao da teoria do direito[196].

A questão ao redor da qual gravita todo o texto é a seguinte: "O sistema jurídico da sociedade atual pode manter e desenvolver uma Dogmática Jurídica utilizando as consequências como critério da decisão jurídica?"[197]. A resposta de Luhmann, rica em argumentos, é negativa no plano cognoscitivo, porque a dogmática e a teoria do direito operam em dois níveis diferentes de abstração. Contudo, sua resposta negativa não é clara porque Luhmann levanta uma série de perguntas sobre o futuro da Dogmática Jurídica[198] sem, todavia, respondê-las encaminhando

196. LOSANO. Op. cit., p. 391.

197. LUHMANN. Op. cit., p. 68.

198. "La cuestión del futuro de la dogmática jurídica ha de formularse con la correspondiente complejidad. Suena así: ¿Se puede y se debe mantener y desarrollar como nivel de reflexión del derecho este nivel de generalización e indiferencia frente a los efectos a pesar de la gran alteración de las condiciones sociales? ¿o no lo permite el número de conexiones del derecho con un sistema social en rápido cambio? ¿Se puede, en las circunstancias actuales, garantizar la integración social del derecho solamente en el plano más concreto de la producción y del cambio de programas jurídicos? ¿Impide la reforzada y acelerada producción de normas jurídicas, sólo por su rapidez, el ulterior desarrollo de la dogmática jurídica en conexión con un material normativo tan fluctuante? ¿La dogmática será capaz, debido a su potencial de abstracción, de desarrollar una flexibilidad que anticipe y comprenda también los cambios jurídicos? Finalmente: ¿Podría la producción de normas jurídicas, aún excluyendo por su cuantía y rapidez el desarrollo de una dogmática adecuada, compensar su falta, o se pagará la positividad del derecho al precio de un proceso de desdiferenciación de política y derecho, de tal forma que la autonomía del sistema jurídico sólo se fundamente en la inercia, en la inamovilidad y en la inescrutabilidad de la masa de normas y no en la conclusividad y elegancia del argumento dogmático?". Cf. LUHMANN, Niklas. **Sistema jurídico y dogmática jurídica**. Traducción Ignacio de Otto Pardo. Madrid: Centro de Estudios Constitucionales, 1983, p. 113.

tudo à concreta atividade dos juristas: "Para um sociólogo não é possível responder a questões de tão amplo alcance com uma previsão – sobretudo porque a resposta a essas questões depende essencialmente daquilo que os juristas farão quando alguém, de modo explícito, fizer a eles tais perguntas"[199].

Forçando um pouco as ideias e as provocações levantadas por Luhmann, é possível concluir que, para sua teoria sociológica, o direito é uma "caixa-preta" da qual se estuda o quanto ela recebe do ambiente social e o quanto ela lhe transmite, mas cujo conteúdo é desconhecido ou intencionalmente ignorado. O jurista, desse modo, toca com os dedos o alto grau de abstração de uma superteoria e, por conseguinte, também aqueles que, para ele, são seus limites. Uma teoria universal deve abranger tudo e, por isso, não pode descer aos conteúdos, mas deve limitar-se às formas, tanto melhores quanto mais abstratas e gerais[200].

Uma superteoria dessa natureza também se põe, contudo, fora do horizonte da esmagadora maioria dos juristas. Quando a obra *Sistema Jurídico e Dogmática Jurídica* foi discutida e analisada em um dos cursos ministrados por Mário Losano[201], na Itália, a conclusão acima transcrita – aquela com que Luhmann remete os problemas jurídicos à atividade dos juristas – foi vista pelos estudantes com um certo ar de frustração, como se esperassem de Luhmann as respostas para as perguntas por ele levantadas.

---

199. Idem, ibidem, p. 113.

200. LOSANO, Mario Giuseppe. **Sistema e estrutura no Direito**: do século XX à Pós-Modernidade. Tradução Carlos Alberto Dastoli. São Paulo: WMF Martins Fontes, 2011, v. 3, p. 392.

201. Idem, ibidem, p. 392.

4.5. O SISTEMA JURÍDICO E A GUINADA AUTOPOIÉTICA DE LUHMANN

A teoria sistêmica de Luhmann toma a sua forma clássica em torno dos anos 1980, quando recebe a teoria geral dos sistemas na elaboração mais arrojada fornecida pelos cognitivistas, como Maturana e Varela[202]. Como exemplos de textos dessa transição podem ser indicados um ensaio "sobre a mudança de paradigma", de 1984, e algumas páginas acrescentadas em 1980 à *Sociologia do direito*[203]. O primeiro ensaio permite identificar, em grandes linhas, as fontes e a arquitetura da noção de sistema em Luhmann. O segundo desce do nível da superteoria ao da teoria sistêmica do direito, entendida sempre como sociologia sistêmica[204].

Vislumbram-se assim três planos de análise: a) a sociologia sistêmica ocupa-se de toda a sociedade e estuda seus componentes, um dos quais é o subsistema jurídico; b) a sociologia sistêmica do direito fornece os instrumentos conceituais para analisar o funcionamento do direito, mas não considera sua tarefa descer à análise dos seus problemas práticos; c) a sociologia sistêmica do direito move-se, de fato, em um nível superior ao das disciplinas teóricas propriamente jurídicas, como a teoria do direito ou a Dogmática Jurídica[205]. Luhmann declara, programaticamente, querer manter-se fora desse terceiro nível: a teoria jurídica ou a dogmática são, para ele, "teorias práticas", porque dizem respeito ao interior do sistema jurídico, ao passo que sua sociologia detém-se no exterior do sistema.

202. MATURANA, Humberto Romesín; VARELA, Francisco J. **De máquinas y seres vivos. Autopoiesis**: la organización de lo vivo. 5. ed. Santiago do Chile: Editorial Universitaria, 1998, *passim*.

203. LUHMANN, Niklas. **Sociologia do Direito I**. Tradução Gustavo Bayer. Rio de Janeiro: Tempo Brasileiro, 1983.

204. LOSANO, Mario Giuseppe. **Sistema e estrutura no Direito**: do século XX à Pós-Modernidade. Tradução Carlos Alberto Dastoli. São Paulo: WMF Martins Fontes, 2011, v. 3, p. 393.

205. Idem, ibidem, p. 393.

A Dogmática Jurídica tradicional deteve-se com o problema da sistematicidade ou da unidade do direito, enquanto a sociologia jurídica – dando como certa essa unitariedade – ocupou-se das relações entre o direito e várias situações extrajurídicas. A crítica que Luhmann direciona à sociologia tradicional é a de não ser suficientemente teórica: crítica sob certo aspecto paradoxal, porque endereçada a uma disciplina que, na seara das ciências sociais, é reputada como empírica[206].

Na busca de uma teoria adequada à sociologia moderna, Luhmann experimenta vários métodos: o sistema tradicional, o sistema de Parsons e – após a "mudança de paradigma" – a teoria geral dos sistemas[207]. Os *Soziale Systeme* de 1984 surgem como um esforço de aplicar esta última teoria à sociologia. A essa área do saber (a sociologia), Luhmann direciona, de fato, uma crítica que poderia ser aplicada também para jurisprudência (entendida como sinônimo de Ciência do Direito): "A sociologia não contribuiu para essas pesquisas; aliás, neste contexto interdisciplinar demonstrou-se incapaz de aprender"[208]. Essa censura já estava contida na conclusão da sua obra *Sociologia do Direito*: "Até hoje a sociologia do direito está desprovida (...) de uma própria teoria sociológica da unidade do sistema jurídico"[209].

O trabalho a que Luhmann se propõe é, por conseguinte, o de elaborar uma teoria unitária para toda a sociologia, um "Musterbeispiel"[210], um "paradigma". A alusão aos clássicos, a construção de teorias setoriais

---

206. Idem, ibidem, p. 393.

207. LOSANO, Mario Giuseppe. **Sistema e estrutura no Direito**: do século XX à Pós-Modernidade. Tradução Carlos Alberto Dastoli. São Paulo: WMF Martins Fontes, 2011, v. 3, p. 394.

208. LUHMANN, Niklas. **Sistemas sociais**: esboço de uma teoria geral. Tradução Antônio C. Luz Costa; Roberto Dutra Torres Júnior, Marco Antônio dos Santos Casanova. Petrópolis: Vozes, 2016, p. 27.

209. LUHMANN, Niklas. **Sociologia do direito II**. Tradução Gustavo Bayer. Rio de Janeiro: Tempo Brasileiro, 1985, p. 193.

210. LUHMANN, Niklas. **Sistemas sociais**: esboço de uma teoria geral. Tradução Antônio C. Luz Costa; Roberto Dutra Torres Júnior, Marco Antônio dos Santos Casanova. Petrópolis: Vozes, 2016, p. 17.

e sua combinação tornou complexa e obscura a discussão teórica[211]. Uma teoria que aspira apresentar-se como paradigmática deve começar com a distinção entre complexidade transparente e não transparente:

> A renúncia a construir uma teoria disciplinar unitária não permite escapar desse problema, mas permite simplesmente deixá-lo de lado. Exatamente aqui pode começar o trabalho de uma teoria nova, que considere a relação entre complexidade transparente e complexidade opaca. Ela não pretende, de modo algum, *refletir* toda a realidade do objeto, *exaurir* todas as possibilidades de conhecimento do objeto e, portanto, *excluir* as pretensões de verdade de outras empresas teóricas concorrentes, *mas* pretende ter uma fundamentação *universal* no sentido de que a teoria sociológica leva em consideração *todo* o social e não apenas fragmentos dele[212].

A teoria universal (ou superteoria) tem como objeto ela mesma, isto é, é autorreferencial, pois apreende do seu objeto algo sobre si mesma. A teoria que Luhmann propõe distingue-se da de Parsons porque, no lugar da distinção tradicional entre o todo e a parte, coloca uma distinção inovadora, a distinção entre sistema e ambiente[213]. Distingue-se das teorias tradicionais porque não toma como pressuposto critérios cognoscitivos externos à própria teoria, porque localiza a partir de si mesma o procedimento cognoscitivo e os critérios para aceitar ou rejeitar o que se verifica no âmbito da sua investigação: como moderna teoria "circular" diferencia-se, portanto, das tradicionais teorias "assimétricas"[214].

211. LOSANO. Op. cit., p. 394.

212. LUHMANN, Niklas. **Sistemas sociais**: esboço de uma teoria geral. Tradução Antônio C. Luz Costa; Roberto Dutra Torres Júnior, Marco Antônio dos Santos Casanova. Petrópolis: Vozes, 2016, p. 56.

213. Idem, ibidem, p. 53.

214. LOSANO, Mario Giuseppe. **Sistema e estrutura no Direito**: do século XX à Pós-Modernidade. Tradução Carlos Alberto Dastoli. São Paulo: WMF Martins Fontes, 2011, v. 3, p. 395.

Diferencia-se, ainda, das tradicionais teorias sociológicas por sua complexidade: de fato, pretende dotar de novas bases toda a disciplina e, por isso, deve ser muito mais complexa do que acreditaram os clássicos e "o próprio Parsons". Essa complexidade é, pelo menos em parte, uma resposta à acusação de decisionismo[215]: de fato, retrucam os críticos, como a teoria luhmanniana faz para escolher os elementos a serem incluídos no sistema? Poderia ser puro arbítrio, mas, na realidade, a complexidade do sistema restringe a possibilidade de escolha. Por sinal, diga-se de passagem, quanto mais complexo o sistema, mas restringida é a escolha. Se o sistema for muito complexo, como é na obra de Luhmann, a escolha será bem limitada[216].

Para que essas diferenças sejam levadas em consideração, é preciso erguer uma nova teoria, de que a sociologia, por sinal, não oferece nenhum exemplo prévio. O que leva Luhmann a escrever: "temos, portanto, de nos referir a bem-sucedidos desenvolvimentos teóricos, de outras disciplinas ou interdisciplinares, e escolher, se for necessário, as contribuições para uma teoria dos sistemas autorreferenciais ou 'autopoiéticos'"[217].

Ao detalhar os conceitos que serão interligados entre si, Luhmann proporciona uma síntese, ao menos em nível terminológico, de toda a teoria. Também nesse nível mínimo nota-se que a complexidade do raciocínio luhmanniano não pode ser dominada a partir de teorias tradicionais, como o estruturalismo ou a teoria da ação[218]. Para a sua nova teoria, Luhmann adota "a marca de fábrica 'teoria sistêmica' (*Systemtheorie*),

215. LUHMANN, Niklas. **Sistemas sociais**: esboço de uma teoria geral. Tradução Antônio C. Luz Costa; Roberto Dutra Torres Júnior, Marco Antônio dos Santos Casanova. Petrópolis: Vozes, 2016, p. 58.

216. LOSANO. Op. cit., p. 395.

217. LUHMANN. Op. cit., p. 61.

218. LOSANO. Op. cit., p. 396.

porque as principais contribuições ao tipo de teoria que procuramos encontram-se no âmbito da teoria geral dos sistemas"[219].

Sinalizado o modelo de teoria a partir do qual é possível extrair os instrumentos de trabalho, Luhmann descreve o trabalho que o teórico desenvolve com essas ferramentas. Todos os conceitos próprios da sua teoria são relacionados não apenas entre si, mas também com os das teorias tradicionais, e "qualquer definição conceitual deve ser vista como delimitação das possibilidades de posteriores definições de conceitos"[220]. Ainda assim, as combinações seriam muitas[221]. O teórico seleciona, então, algumas combinações preferenciais entre esses conceitos: "a teoria escreve-se por si só seguindo essas faixas preferenciais, mas isso não exclui, definitivamente, outras possibilidades combinatórias"[222]. Dito de outro modo, a teoria de Luhmann persegue a todo custo a redução da complexidade não excluindo a complexidade (como se dá nas teorias tradicionais), mas apenas colocando-a de lado.

Exprimir essas combinações demanda uma "insólita capacidade de abstração", em um voo da mente que inspira em Luhmann algumas linhas literariamente envolventes[223]. Apresentar a complexidade de maneira abstrata é também um desafio tanto para quem escreve quanto para aquele que lê: reaparece aqui – mesmo que não dito de modo claro – a questão da obscuridade do estilo muitas vezes censurado em Luhmann[224].

219. LUHMANN. Op. cit., p. 62.

220. LUHMANN, Niklas. **Sistemas sociais**: esboço de uma teoria geral. Tradução Antônio C. Luz Costa; Roberto Dutra Torres Júnior, Marco Antônio dos Santos Casanova. Petrópolis: Vozes, 2016, p. 62.

221. LOSANO, Mario Giuseppe. **Sistema e estrutura no Direito**: do século XX à Pós-Modernidade. Tradução Carlos Alberto Dastoli. São Paulo: WMF Martins Fontes, 2011, v. 3, p. 396.

222. LUHMANN. Op. cit., p. 62.

223. LUHMANN. Op. cit., p. 63.

224. LOSANO. Op. cit., p. 396-397.

As dificuldades para o leitor surgem não apenas das redefinições dos termos, mas também das múltiplas possibilidades de relacioná-los. O livro impõe uma escritura sequencial, ao passo que o ideal para Luhmann seria quebrar a grade da sequencialidade e permitir várias leituras alternativas àquela imposta pela ordem fixa dos capítulos[225]. Ele gostaria – mesmo que não utilize esses termos – que o seu livro assumisse a forma do "scrambled book" (livro embrulhado ou embaralhado) da instrução programada ou do hipertexto, abrindo infinitas possibilidades combinatórias ao leitor. "A teoria – conclui – assemelha-se, em suma, mais a um **labirinto** que a uma rodovia em direção a uma saída preestabelecida"[226]. Especificamente essa explosão do texto – que pode ser seguido de perto em várias direções e reelaborado de várias maneiras – é uma das causas da obscuridade de Luhmann[227].

Como se dá nas páginas dedicadas à dogmática, Luhmann toma como ponto de partida da definição geral do termo "sistema": "De sistema em geral pode-se falar se se tem presentes características cuja falta é suficiente para pôr em questão o caráter de sistema de determinado objeto, e às vezes pode-se chamar de sistema também o conjunto de todas essas características"[228].

Aqui, contudo, sucede logo a seguir uma guinada para a moderna teoria geral dos sistemas. A noção de sistema mostra-se como um primeiro nível, que serve de referência para um segundo nível: das máquinas, dos organismos, dos sistemas sociais e dos sistemas psíquicos. Luhmann faz

225. LOSANO. Op. cit., p. 397.

226. LUHMANN. Op. cit., p. 64, grifo nosso.

227. LOSANO. Op. cit., p. 397.

228. LUHMANN, Niklas. **Sistemas sociais**: esboço de uma teoria geral. Tradução Antônio C. Luz Costa; Roberto Dutra Torres Júnior, Marco Antônio dos Santos Casanova. Petrópolis: Vozes, 2016, p. 65. Note-se que a definição do sistema oscila, assim, de Luhmann para o leitor, o único que "tem presentes" os elementos do sistema de que se ocupa.

incidir a teoria geral dos sistemas aos sistemas sociais e consegue, desse modo, especificar um terceiro nível: das interações, dos organismos e das sociedades. Os níveis e os tipos de sistema são determinados intuitivamente e, portanto, podem ser reparados a partir dos resultados da pesquisa[229]. Ademais, são toleráveis comparações apenas entre elementos situados no mesmo nível. Por exemplo, não é admissível o uso do conceito de máquina – inspirado no sucesso do computador – no nível da teoria geral dos sistemas. Luhmann ressalta que as suas pesquisas ater-se-ão exclusivamente ao nível dos sistemas sociais[230].

Luhmann almeja precisar de que maneira uma "mudança de paradigma" no nível da teoria geral dos sistemas influi no nível da teoria geral dos sistemas sociais. De fato, sua aceitação da teoria geral dos sistemas deveu-se ao fato de que, por volta dos anos 1970, aquela teoria fizera progressos que "tendem aproximar-se dos interesses teóricos da sociologia muito mais do que geralmente se acredita"[231].

Ainda que a expressão "paradigma" tenha entrado para o uso corrente por meio da obra de Thomas Kuhn[232], Luhmann afirma afastar-se do significado que "paradigma" pode ter naquele autor, dirigindo sua atenção, ao contrário, na distinção entre superteoria e diferença-guia

229. LOSANO, Mario Giuseppe. **Sistema e estrutura no Direito**: do século XX à Pós-Modernidade. Tradução Carlos Alberto Dastoli. São Paulo: WMF Martins Fontes, 2011, v. 3, p. 397-398.

230. Idem, ibidem, p. 398.

231. LUHMANN, Niklas. **Sistemi sociali**. Fondamenti di una teoria generale. Tradução A. Febbrajo; R. Schmidt. Bologna: Il Mulino (Collezione di testi e di studi), 2001, p. 65.

232. KUHN, Thomas S. **A estrutura das revoluções científicas**. 9. ed. Tradução Beatriz Viana Boeira e Nelson Boeira. São Paulo: Perspectiva, 2006, p. 67-77. O curioso é que Luhmann, nesse texto, não define o que ele entende por "paradigma", mas se apressa a afirmar como "desesperadas" as tentativas de determinar aquilo que Kuhn entende com aquele termo. LUHMANN, Niklas. **Sistemas sociais**: esboço de uma teoria geral. Tradução Antônio C. Luz Costa; Roberto Dutra Torres Júnior, Marco Antônio dos Santos Casanova. Petrópolis: Vozes, 2016, p. 20.

(*Leitdifferenz*)[233], para a qual "não encontrei nem apoio nem paralelismo na literatura de uma ciência da ciência"[234].

Luhmann já havia se ocupado, alguns anos antes[235], das superteorias. Com o termo, Luhmann refere-se às teorias universais, ou *global theories*[236], a que compreende também a própria, e que incluem "as suas mesmas e os seus adversários"[237]. As diferenças-guia – isto é, aquelas que se poderiam chamar de conceitos portadores de uma teoria – "são distinções que guiam as capacidades da teoria de elaborar informações" e que podem dar ensejo a uma transformação de paradigma. Ou, a partir do ponto de observação da superteoria, quando "uma superteoria atinge uma elevada centralização da diferença, pode-se também ter uma mudança de paradigma"[238].

Para alcançar a sua forma atual, no lapso de tempo de aproximadamente um século, a teoria dos sistemas sofreu duas modificações[239], tornando-se, desse modo, mais adequada às ciências sociais. Não se trata

233. LOSANO, Mario Giuseppe. **Sistema e estrutura no Direito**: do século XX à Pós-Modernidade. Tradução Carlos Alberto Dastoli. São Paulo: WMF Martins Fontes, 2011, v. 3, p. 398; LUHMANN, Niklas. **Sistemas sociais**: esboço de uma teoria geral. Tradução Antônio C. Luz Costa; Roberto Dutra Torres Júnior, Marco Antônio dos Santos Casanova. Petrópolis: Vozes, 2016, p. 20.

234. LUHMANN, Niklas. **Sistemas sociais**: esboço de uma teoria geral. Tradução Antônio C. Luz Costa; Roberto Dutra Torres Júnior, Marco Antônio dos Santos Casanova. Petrópolis: Vozes, 2016, p. 20.

235. LUHMANN, Niklas. **La moral de la sociedad**. Traducción Iván Ortega Rodríguez. Madrid: Editorial Trotta, 2013, p. 57-60.

236. LOSANO. Op. cit., p. 399.

237. LUHMANN, Niklas. **Sistemas sociais**: esboço de uma teoria geral. Tradução Antônio C. Luz Costa; Roberto Dutra Torres Júnior, Marco Antônio dos Santos Casanova. Petrópolis: Vozes, 2016, p. 20.

238. LUHMANN, Niklas. **Sistemi sociali**. Fondamenti di una teoria generale. Tradução A. Febbrajo; R. Schmidt. Bologna: Il Mulino, (Collezione di testi e di studi), 2001, p. 68.

239. Idem, ibidem, p. 69.

de recortes que rejeitam o passado, mas de uma evolução que engloba, seletivamente, o passado na nova e mais ampla teoria. A história dessa evolução e das duas modificações de paradigma, como não é o foco deste trabalho, será aqui mencionada de modo breve. O primeiro paradigma é aquele típico da doutrina clássica do sistema, alicerçada na relação entre todo e partes[240]. Esse paradigma foi substituído por um segundo, aquele entre sistema e ambiente. Uma terceira modificação de paradigma é aquela entre identidade e diferença, desencadeada pelos sistemas autorreferenciais[241].

Luhmann sustenta a elaboração de uma teoria sociológica do direito como parte de uma teoria sociológica geral mais abrangente, recorrendo aos resultados obtidos pela teoria geral dos sistemas e pelas suas aplicações mais prestigiadas, como, por exemplo, a cibernética e a teoria dos sistemas vivos. Com a inserção dessas inovações metodológicas na teoria sociológica, o pensamento luhmanniano adota a concepção de "autopoiese"[242], que, a partir do início dos anos 1980, se transforma no seu elemento característico[243]. Um de seus textos curtos, de 1983, entrelaça essa teoria sistêmica com a teoria do direito[244]. Mais adiante, por motivo de ordem didática, serão transcritos alguns fragmentos do aludido texto.

Antes de qualquer coisa, é preciso não olvidar que, enquanto Luhmann foi vivo, sua teoria esteve em contínua evolução, assim como está ainda

---

240. Idem, ibidem, p. 69-71. Essa evolução do sistema clássico guarda referência com a relação entre a teoria de Luhmann e a Dogmática Jurídica.

241. LOSANO. Op. cit., p. 399.

242. MATURANA, Humberto Romesín; GARCÍA, Franscisco J. Varela. **De máquinas y seres vivos. Autopoiesis**: la organización de lo vivo. 5. ed. Santiago do Chile: Editorial Universitaria, 1998, p. 79-81.

243. LOSANO, Mario Giuseppe. **Sistema e estrutura no Direito**: do século XX à Pós-Modernidade. Tradução Carlos Alberto Dastoli. São Paulo: WMF Martins Fontes, 2011, v. 3, p. 400.

244. LUHMANN, Niklas. **Sociologia do direito II**. Tradução Gustavo Bayer. Rio de Janeiro: Tempo Brasileiro, 1985, p. 193.

hoje a teoria dos sistemas. O fato, contudo, de que a sua *Sociologia do Direito* esteja fundamentada do ponto de vista histórico ("evolutivo", diz Luhmann) poderia levar a pensar que a sociologia do direito não possa ser objeto de uma teoria sociológica, mas que ela tenha de permanecer confinada ao âmbito da ciência jurídica[245]. A fundamentação histórica poderia ser adequada dez anos antes, mas, durante esse tempo, deu-se uma "mudança de paradigma" na teoria dos sistemas, com a qual a abertura ao ambiente foi substituída pela autorreferência e a oposição entre fechamento e abertura de um sistema foi substituída pela sua combinação[246]. Em particular, o sistema do direito é um sistema aberto do ponto de vista normativo, o que "modifica também a caracterização sociológica da ciência jurídica e da teoria do direito"[247].

E, mais adiante, escreve Luhmann fazendo alusão aos últimos desenvolvimentos da teoria dos sistemas: "as novidades mais importantes estão ligadas à recepção e à inclusão do conceito de autorreferencialidade na teoria dos sistemas"[248]. Com esses termos hoje não se faz mais referência apenas à autoprogramação dos computadores ou aos problemas da auto-organização, a que – no âmbito do direito – corresponderia a positivação do próprio direito. Em outras palavras, com o conceito de

245. Mais uma vez aparece a oposição entre os termos sistemático e sistêmico. Quando Luhmann afirma que "não existe ainda hoje nenhuma teoria sistemática da sociologia do direito", entende, na realidade, "teoria sistêmica"; quando, logo depois, escreve que "o pensamento sistemático sobre o direito" parece reservado à ciência jurídica, parece entender "pensamento sistemático" precisamente, no sentido tradicional. LUHMANN, Niklas. **Sociologia do direito II**. Tradução: Gustavo Bayer. Rio de Janeiro: Tempo Brasileiro, 1985, p. 198; LOSANO. Op. cit., p. 400.

246. LOSANO. Op. cit., p. 400.

247. LUHMANN, Niklas. **Sociologia do direito II**. Tradução Gustavo Bayer. Rio de Janeiro: Tempo Brasileiro, 1985, p. 191.

248. LUHMANN, Niklas. **Sistemas sociais**: esboço de uma teoria geral. Tradução Antônio C. Luz Costa; Roberto Dutra Torres Júnior, Marco Antônio dos Santos Casanova. Petrópolis: Vozes, 2016, p. 23.

autorreferencialidade, não há reflexos apenas no plano das estruturas do sistema, mas se faz também alusão a sistemas autorreferenciais que produzem por si mesmos o tipo de unidade de que têm necessidade e de que se utilizam: também a unidade do próprio sistema e a unidade dos elementos que integram o sistema (por exemplo, as ações)[249].

Seguindo uma proposta de Humberto Maturana, esses sistemas são chamados de "sistemas autopoiéticos"[250]. Eles se caracterizam pela circunstância de que a unidade operacional dos seus elementos (para o setor que nos interessa, por conseguinte, os eventos e as decisões juridicamente relevantes) é produzida e delimitada pelas operações de seus próprios elementos, e é exatamente esse processo autopoiético que confere ao sistema a sua unidade[251].

O foco dirigido, inicialmente, aos conceitos de sistema aberto e sistema fechado é encerrado com a proposta de superação dessa dicotomia. Contudo, Luhmann continua se valendo da noção de sistema aberto e sistema fechado, o que pode provocar algum tipo de perplexidade no leitor. Mas convém consignar que um sistema autopoiético é um sistema fechado e recursivo, porque "aquilo que nele exerce a função de unidade não pode ser recebido de fora"[252], um princípio que, sem dúvida, consigna Losano, também seria endossado por Kelsen[253]. Mas o sistema

249. LOSANO, Mario Giuseppe. **Sistema e estrutura no Direito**: do século XX à Pós-Modernidade. Tradução Carlos Alberto Dastoli. São Paulo: WMF Martins Fontes, 2011, v. 3, p. 401.

250. MATURANA, Humberto Romesín; GARCÍA, Franscisco J. Varela. **De máquinas y seres vivos. Autopoiesis**: la organización de lo vivo. 5. ed. Santiago do Chile: Editorial Universitaria, 1998, p. 80.

251. LUHMANN, Niklas. **Sociologia do direito II**. Tradução Gustavo Bayer. Rio de Janeiro: Tempo Brasileiro, 1985, p. 192.

252. Idem, ibidem, p. 192.

253. LOSANO. Op. cit., p. 401.

autopoiético e autorreferencial não é apenas fechado: é **também** aberto[254]. De fato, os elementos que se autodefinem no interior do sistema têm a função de selecionar os elementos do ambiente a serem importados para o próprio sistema, ou seja, desempenham a função de reduzir a complexidade do ambiente[255].

Essa concepção de um sistema que é simultaneamente aberto e fechado exprime a superação da dicotomia de sistema aberto e sistema fechado:

> A diferença entre fechamento e abertura não indica uma oposição, mas uma relação de superação. A abertura pressupõe a autorreprodução fechada, e a questão que surge então é a seguinte: em uma relação semelhante, quais são as condições com base nas quais pode ser aumentado o acesso à complexidade? Nesse sentido, os sistemas autorreferenciais revelam-se capazes de uma conservação evolutiva graças à combinação de fechamento e abertura[256].

Contudo, após ter declarado a superação da contraposição, Luhmann esclarece que "a sociedade é um sistema operacionalmente fechado" (isto é, pode "comunicar **sobre** seu ambiente, mas não com o seu ambiente"), mas também "um sistema aberto com base em um fechamento recursivo da comunicação"[257]. A conjugação de fechamento e abertura, como foi dito, assegura a conservação evolutiva do sistema. Essa concepção sistêmica geral pode ser levada a efeito a qualquer objeto[258].

---

254. LUHMANN, Niklas. **Sistemas sociais**: esboço de uma teoria geral. Tradução Antônio C. Luz Costa; Roberto Dutra Torres Júnior, Marco Antônio dos Santos Casanova. Petrópolis: Vozes, 2016.

255. LOSANO. Op. cit., p. 401-402.

256. LUHMANN, Niklas. **Sociologia do direito II**. Tradução Gustavo Bayer. Rio de Janeiro: Tempo Brasileiro, 1985, p. 193.

257. LUHMANN, Niklas. **Sociologia do direito II**. Tradução Gustavo Bayer. Rio de Janeiro: Tempo Brasileiro, 1985, p. 193.

258. LOSANO, Mario Giuseppe. **Sistema e estrutura no Direito**: do século XX à Pós-Modernidade. Tradução Carlos Alberto Dastoli. São Paulo: WMF Martins Fontes, 2011, v. 3, p. 402.

Até aqui se tratou sobre os sistemas em geral. O próprio Luhmann dá dois passos sucessivos em direção ao real (ou ao que se entende comumente como real) para tornar mais explícita a sua teoria. Antes de qualquer coisa, ele trata de traçar as linhas gerais de uma teoria sociológica (aplicável também ao direito); posteriormente, da teoria sociológica passa ao sistema jurídico[259].

O que foi dito até aqui permite afirmar, nas palavras de Luhmann que:

> Não vale em igual medida para todas as partes da sociedade, portanto, nem para o sistema do direito: elas, de fato, podem ser diferenciadas apenas no interior de um ambiente já socialmente estruturado. Também em seu ambiente interno à sociedade ocorrem comunicações, tornando assim possível conectar as comunicações internas ao sistema com as do ambiente: uma sentença, por exemplo, pode dar origem a um pagamento. Para cada subsistema é preciso, portanto, predispor um ponto de vista específico, que torne possível o fechamento autorreferencial do sistema juntamente com sua contemporânea abertura. A escolha destes pontos de vista determina o princípio de diferenciação social. Nas sociedades tradicionais, este era um princípio hierárquico garantido pelo direito natural. Nas sociedades modernas funcionalmente diferenciadas, essa é a função do subsistema, ou seja, a sua contribuição para a solução de um problema específico da sociedade[260].

Migrando da teoria sociológica ao sistema jurídico, Luhmann regressa à contraposição entre sistema aberto e sistema fechado e define o direito como um sistema "normativamente fechado e cognoscitivamente aberto"[261]. Um evento do mundo externo recebe do sistema jurídico

259. Idem, ibidem, p. 402.

260. LUHMANN. Op. cit., p. 194.

261. LUHMANN. Op. cit., p. 195.

um "*status* particular" que é relevante apenas para esse mesmo sistema. Contudo, simultaneamente, o sistema jurídico está aberto ao ambiente. Por exemplo, atribui normativamente a capacidade jurídica como consequência do nascimento. Desse modo, averigua cognitivamente se o nascimento ocorreu, o que não pode ser resolvido com um simples "juízo baseado no dever-ser" (*Soll-Urteil*). Ao jurista é natural perguntar-se **como** o sistema jurídico atribui aquele *status* particular, mas, particularmente, essa indagação é de menor relevância para teoria soerguida por Luhmann, que se localiza no exterior do sistema jurídico[262].

O emprego dessa "proposta teórica – sinaliza Luhmann – tem também várias consequências para problemas há muito tempo discutidos na teoria do direito"[263]. Observe-se que Luhmann não afirma que as soluções por ele propostas sejam novas: a nova teoria restringe-se a explicar o sistema jurídico empregando os conceitos que lhe são próprios, colocando-os, assim, em um cenário epistemológico universal[264].

Especificamente, ao afirmar que a unidade do sistema jurídico "se realiza como sua reprodução autopoiética", torna-se inevitável a alusão à teoria de Kelsen. Luhmann, de modo explícito, afasta-se desse paralelismo: a unidade do sistema jurídico "não é garantida pelo exterior. Ela não se deve nem a um criador nem a um observador. Não é tampouco reconduzível a uma *Grundnorm* que prescreve que deve existir direito, nem a uma hipótese gnosiológica como a entende Kelsen, e nem sequer a um puro fato da consciência no sentido kantiano da Crítica da Razão Prática. Essa unidade nada mais é que o fechamento da reprodução autorreferencial

262. LOSANO, Mario Giuseppe. **Sistema e estrutura no Direito**: do século XX à Pós-Modernidade. Tradução Carlos Alberto Dastoli. São Paulo: WMF Martins Fontes, 2011, v. 3, p. 403.

263. LUHMANN, Niklas. **Sociologia do direito II**. Tradução Gustavo Bayer. Rio de Janeiro: Tempo Brasileiro, 1985, p. 195.

264. LOSANO. Op. cit., p. 403-404.

do sistema jurídico"[265]. Desse modo, a teoria luhmanniana explica não apenas a unidade, como também diversas outras características do sistema jurídico a partir da teoria geral dos sistemas[266].

É relevante chamar atenção, no pensamento de Luhmann, para a diferença entre essa teoria sistêmica e a "teoria do direito, a dogmática jurídica e todos os tipos de exposição 'científica' do direito que se referem a elas"[267]. O que Luhmann sugere é uma teoria sociológica do **sistema** jurídico, não uma teoria sociológica do direito[268]-[269]. A terminologia de Luhmann não é constante, porque contrapõe a teoria do direito à sociologia do direito (definida, contudo, mais acima, como sociologia do sistema jurídico). A teoria do direito não é, para Luhmann, uma teoria geral do direito, mas, na verdade, uma "teoria prática" do direito, porque tem como escopo "utilizabilidade dogmática e a aplicabilidade ao caso concreto"[270]. Por conseguinte, do ponto de vista da superteoria luhmanniana, a teoria do direito é um evento interno ao subsistema do direito, uma autodescrição do sistema jurídico, isto é, uma das formas de autorreferencialidade do sistema. Ao contrário, a teoria sociológica do direito "observa e descreve o sistema do exterior"[271] e, portanto, não aceita descer

265. LUHMANN, Niklas. **Rechtssoziologie**. 3. ed. Opladen: Westdeutscher Verlag, 1987, p. 358.

266. LOSANO. Op. cit., p. 404.

267. LUHMANN, Niklas. **Rechtssoziologie**. 3. ed. Opladen: Westdeutscher Verlag, 1987, p. 360.

268. LOSANO. Op. cit., p. 404.

269. Sobre a distinção entre sociologia do direito e jurisprudência sociológica, consulte-se: TREVES, Renato. **Sociologia del diritto**. Torino: Einaudi, 1988, p. 133 e 139.

270. L LUHMANN, Niklas. **Rechtssoziologie**. 3. ed. Opladen: Westdeutscher Verlag, 1987, p. 361.

271. A conclusão de Orlando Vilas Bôas Filho parece divergir dessa. Segundo o autor, a teoria luhmaniana pretende explicar, simultaneamente, o sistema jurídico a partir das perspectivas interna e externa. Nesse sentido, consulte-se BÔAS FILHO, Orlando Vilas. **A sociologia do**

a especificações diretamente aplicáveis ao direito[272]. "Admira", os juristas, mas preserva-se a distância[273].

Sua sociologia do sistema jurídico situa-se, por conseguinte, em um nível de abstração superior ao da teoria do direito:

> Uma teoria sociológica do direito não é, portanto, por si só, uma teoria do direito que possa ser aceita e recebida pela dogmática jurídica. A sociologia – que deve dar conta de toda a sociedade, aliás, de tudo aquilo que é social – deve manter uma fria distância do mundo específico do direito. Para ela, a *unidade* do direito é apenas uma *diferença*, e precisamente a diferença do sistema jurídico em relação ao seu ambiente. Ela fornece uma descrição de fora, não uma autodescrição do sistema jurídico. Trabalha com comparações ousadas e mais abstratas, coisa que é percebida pelos juristas como desconhecimento de sua própria tarefa social. Não contribui para a autopoiese do direito, e exatamente por isso pode utilizar esse conceito para descrever a atividade dos juristas e para analisá-la como caso particular de um problema muito mais geral, próprio dos sistemas autorreferenciais[274].

As ideias apresentadas por Luhmann sobre a unidade e o fechamento recursivo, sobre a abertura, sobre a simetria e a assimetria, sobre os programas condicionais, sobre a esquematização binária entre lícito e ilícito podem constituir a base para a construção de uma teoria sistêmica

---

direito: o contraste entre a obra Émile Durkheim e a de Niklas Luhmann. Disponível em: <https://www.revistas.usp.br/rfdusp/article/view/67914>. Acesso em: 6 mar. 2018.

272. LOSANO, Mario Giuseppe. **Sistema e estrutura no Direito**: do século XX à Pós-Modernidade. Tradução Carlos Alberto Dastoli. São Paulo: WMF Martins Fontes, 2011, v. 3, p. 405.

273. LUHMANN, Niklas. **Rechtssoziologie**. 3. ed. Opladen: Westdeutscher Verlag, 1987, p. 360.

274. Idem, ibidem, p. 361.

do direito, para a qual Luhmann fornece também algumas diretrizes[275]. Contudo, essa é uma missão diferente do estudo da posição que a teoria de Luhmann ocupa na história do pensamento sistemático do direito. E, além disso, é uma reconstrução que já foi levada a efeito[276].

4.6. A GUINADA DA AUTOPOIESE EM LUHMANN E A EXCOMUNHÃO DOS CONSTRUTIVISTAS

O próprio Luhmann, em torno dos anos 1980, grifou com tintas escuras sua passagem ao construtivismo radical com um ensaio que anuncia uma mudança de paradigma na teoria dos sistemas[277]. Sobre esse momento determinante na trajetória científica de Luhmann, é suficiente, aqui, levantar uma única questão, inevitável depois do exame das teorias científico-naturalistas: até que ponto é cientificamente fecunda essa transferência metodológica da ciência da natureza para a ciência da sociedade?[278] Mas, se essa indagação, levantada por Losano é possível, também a partir dela é possível outra: se Luhmann se valeu de tal transferência para soerguer a sua teoria da sociedade, por que não é possível se valer, igualmente, de algum tipo de transferência para propor uma nova concepção de sistema jurídico?[279] Contudo, esta pergunta será respondida a contento no quinto e último capítulo desta tese.

---

275. LOSANO. Op. cit., p. 405.

276. A reconstrução não pode levar em consideração a última evolução do pensamento de Luhmann: DE GIORGI, Raffaele. **Ciência do direito e legitimação**: crítica da epistemologia jurídica alemã de Kelsen a Luhmann. Tradução Pedro Jimenez Cortisano. Curitiba: Juruá, 2017, p. 217-220.

277. LUHMANN, Niklas. **Sistemas sociais**: esboço de uma teoria geral. Tradução Antônio C. Luz Costa; Roberto Dutra Torres Júnior, Marco Antônio dos Santos Casanova. Petrópolis: Vozes, 2016, p. 17-28.

278. LOSANO, Mario Giuseppe. **Sistema e estrutura no Direito**: do século XX à Pós-Modernidade. Tradução Carlos Alberto Dastoli. São Paulo: WMF Martins Fontes, 2011, v. 3, p. 406.

279. Ou seja, por que não é possível se valer do conceito de "sistema autopoiético" para, a partir dele, e das contribuições da sociologia jurídica, tentar propor um novo conceito de sistema

No momento, mais do que tentar fornecer uma resposta à primeira das indagações, mostra-se como mais importante outra providência, qual seja, a de que essa pesquisa se limite a reportar um debate que, precisamente sobre essa questão, envolveu os protagonistas dessas teorias[280].

Na primavera do hemisfério norte de 1986, alguns psicoterapeutas organizaram um congresso em Heidelberg com o escopo de tentar esclarecer os fundamentos das teorias que estavam na base de suas exposições sistêmicas. Cientes de que o tema transcendia os limites de suas disciplinas, eles convidaram os maiores representantes do pensamento sistêmico: o físico Heinz von Foerster, o sociólogo Niklas Luhmann e o neurobiólogo Francisco Varela. O livro derivado das atas publicou, além das contribuições desses autores, também o relatório de interessante interrogatório cruzado, em que se pedia a cada um dos três cientistas que respondesse como se estivesse no lugar do outro[281].

Desse modo, indagou-se a Varela: "A seu juízo, o que diria Niklas Luhmann se lhe perguntassem o que pensa do construtivismo radical de Heinz von Foerster?". De outra banda, ao mesmo tempo, uma outra pergunta era feita a Luhmann: "O que diria Heinz von Foerster se o interrogassem sobre a ética, sobre o conceito de ética, de Varela e Maturana?". E, por fim, a Heinz von Foerster foi feita a seguinte pergunta: "O que diria Francisco Varela se o interrogassem sobre a recepção do conceito de autopoiese por parte de Luhmann?". E é exatamente esta última questão que deve ser acentuada aqui. A resposta de Heinz von Foerster foi surpreendente sob os mais diferentes ângulos de observação[282].

---

jurídico, ou um novo modo de pensar o conceito de sistema dentro dos domínios da Teoria do Direito?

280. LOSANO. Op. cit., p. 406-407.

281. LOSANO. Op. cit., p. 407.

282. LOSANO, Mario Giuseppe. **Sistema e estrutura no Direito**: do século XX à Pós-Modernidade. Tradução Carlos Alberto Dastoli. São Paulo: WMF Martins Fontes, 2011, v. 3, p. 407.

Diante da indagação posta, Heinz von Foerster começa a sua resposta do seguinte modo: "Francisco Varela diria naturalmente assim ..."; mas, é aí, neste instante, que Foerster interrompe-se e corrige-se:

> Aliás, não, repetir-se-ia uma cena que já vi uma vez, quando Humberto Maturana pediu a Erich Jantsch[283] que não utilizasse o conceito de "autopoiese" para interpretar fenômenos sociais. A exortação dirigida por Maturana a Jantsch foi muito dramática. Aconteceu durante um jantar, enquanto todos estavam sentados juntos e falavam das possibilidades da autopoiese. Jantsch tinha a tendência de aplicar a autopoiese a qualquer fenômeno em que aparecesse algo de recursivo, ainda que apenas perceptível. Maturana disse: "Por favor, caro Erich Jantsch, não faça isso!". E Jantsch respondeu: "Querido Humberto Maturana, o senhor não entende o que é a autopoiese; eu sei melhor!". Então Maturana ajoelhou-se diante de Jantsch dizendo: "Suplico-lhe, por amor a mim, não utilize este conceito". Aplicando essa afirmação à interpretação que Varela daria de Luhmann, creio que Varela provavelmente dirigiria a Luhmann este pedido: "Não use o conceito de autopoiese neste contexto, porque nas nossas ideias originárias ele se refere a um âmbito completamente diferente. Eis o que Varela diria"[284-285].

283. O astrofísico austro-americano Erich Jantsch (1929-1980) foi uma das figuras centrais na aplicação da ideia da auto-organização também nas ciências sociais. Seu livro mais bem-sucedido, **Die Selbstorganisation des Universums. Vom Urknall zum menschlichen Geist**. München: DTV, 1988, p. 462. A primeira edição dessa obra é de 1979 e é dedicada a Ilya Prigogine, "der Katalysator des Paradigmas der Selbstorganisation". Seu interesse nas ciências sociais manifestou-se não apenas na sua ativa participação no Clube de Roma, mas também em outras obras que escreveu.

284. LOSANO. Op. cit., p. 407-408.

285. SIMON, Fritz B. (Hrsg.). **Lebende Systeme**. Wirklichkeitskonstruktionen in der systemischen Therapie. Berlin: Springer, 1988, p. 97 s.

Era indispensável transcrever por extenso esse apólogo porque ele circula em duas versões distorcidas. Por um lado, poder-se-ia recusar qualquer valor a essa declaração de inaplicabilidade da autopoiese às ciências sociais, trazendo-a à luz como uma ficção mais lúdico-retórica que científica, vez que naquele interrogatório cruzado cada cientista foi convidado a se colocar no lugar do outro. Mas não foi exatamente desse modo que as coisas se passaram, pelo menos do ponto de vista de Mário Losano, pois Heinz von Foerster faz alusão a um episódio a que ele realmente assistiu. De outra banda, essa declaração da inaplicabilidade da autopoiese[286] às ciências sociais muitas vezes foi apresentada com a desaprovação de Maturana em relação às teorias de Luhmann. Contudo, não é exatamente assim que as coisas se passam, pois o episódio real a que se refere Heinz von Foerster tem como protagonistas Maturana e Jantsch[287], e não Luhmann[288].

Já que, entretanto, tanto Jantsch como Luhmann aplicam a autopoiese ao campo das ciências sociais, o apelo de Maturana sobre a inaplicabilidade da autopoiese acaba alcançando também a teoria de Luhmann, mesmo que de modo indireto. Os dois estudiosos – Jantsch e Luhmann – são diferentes, mas o objeto do apólogo é o mesmo: a autopoiese. E também a exortação, é preciso admitir, aplica-se a ambos: não fazer incidir a autopoiese sobre as ciências sociais. Logo, uma interpretação realista do apólogo situa-se a meio caminho entre as duas "vulgutae" acima

---

286. Muito esclarecedoras são as palavras de Willis Santiago Guerra Filho acerca da teoria da autopoiese do Direito. Nesse sentido, consulte-se GUERRA FILHO, Willis Santiago; CARNIO, Henrique Garbellini. **Teoria da ciência jurídica**. 2. ed. São Paulo: Saraiva, 2009, p. 193-240.

287. JANTSCH, Erich. **Die Selbstorganisation des Universums**. Vom Urknall zum menschlichen Geist. München: DTV, 1988, p. 22.

288. LOSANO, Mario Giuseppe. **Sistema e estrutura no Direito**: do século XX à Pós-Modernidade. Tradução Carlos Alberto Dastoli. São Paulo: WMF Martins Fontes, 2011, v. 3, p. 408.

lembradas: ao contrário, a sua mensagem científica mantém, de qualquer modo, o seu pleno valor para as ciências sociais[289].

Por volta de junho de 1979, durante a escrita do prefácio de um dos seus livros, Jantsch aparenta fazer menção à vivaz diferença entre as opiniões (a sua opinião e a de Maturana e Varela sobre a aplicabilidade da autopoiese às ciências sociais) ou, quando nada, ao contraste que ela expressava. Jantsch alimentava, sem dúvida, alguma incerteza sobre a maneira como Ilya Prigogine[290] teria acolhido a sua interpretação da auto-organização[291]. E é isso, talvez, que tenha levado Jantsch a escrever:

> (...) ao contrário, eu sei bem – continuava naquele prefácio – que os meus amigos chilenos, Humberto Maturana e Francisco Varela, não ficam felizes quando seu conceito de "autopoiese" é colocado no mais amplo contexto da auto-organização dissipadora. Querem vê-lo aplicado apenas às células e aos organismos biológicos. Com muito prazer prometi-lhes informar aos meus leitores desse meu abuso; feito isto, brindamos seu conceito que alçara voo, mesmo tendo sido até aquele momento tão acuradamente protegido[292].

Se é assim, cabe agora observar a observação de Luhmann. É dizer, melhor compreender como ele, Luhmann, observou o Direito (o subsistema jurídico) após a guinada autopoiética. E é esse empreendimento que se fará a seguir.

---

289. Idem, ibidem, p. 409.

290. Aliás, nesse sentido, Ilya Prigogine faz afirmações contundentes a respeito da questão. Consulte-se PRIGOGINE, Ilya. **O fim das certezas**: tempo, caos e as leis da natureza. Tradução Roberto Leal Ferreira. São Paulo: Universidade Estadual Paulista, 1996, p. 93-112.

291. LOSANO. Op. cit., p. 409.

292. JANTSCH. Op. cit., p. VII.

4.7. LUHMANN E O DIREITO APÓS A GUINADA AUTOPOIÉTICA

A elaboração mais amadurecida das concepções de Luhmann sobre o direito localiza-se em uma das suas últimas obras, a saber: *O direito da sociedade*, de 1993[293]. As considerações feitas anteriormente por Luhmann em suas outras obras já deveriam ter colocado em estado de alerta o jurista sobre o seguinte: o que lhe é apresentado é um livro sociológico sobre o direito, e não de teoria jurídica. Aliás, não há problema algum, Luhmann pode "tranquilamente deixar em aberto a questão do nome a ser dado à sua investigação, seja o de sociologia ou o de sociologia do direito"[294]. Como ele assevera, o que "importa, principalmente, é proceder em graus sucessivos de abstração que, na própria sociologia, hoje são pouco incentivados"[295].

Sem dúvida, não se nega, existem também outras abstrações, mas Luhmann as considera como manifestações setoriais, não unificáveis entre si em uma teoria de nível superior[296]. De fato, a teoria geral do direito objetiva a abstração, porém para ela "é irrenunciável o conceito de norma como *conceito fundamental*"[297]. Ela se presta também à comparação entre

293. LUHMANN, Niklas. **Das Recht der Gesellschaft**. Frankfurt a. M.: Suhrkamp, 1993, p. 598. Consulte-se também a tradução da obra para o português, a saber: LUHMANN, Niklas. **O direito da sociedade**. Tradução Saulo Krieger; tradução das citações em latim Alexandre Agnolon. São Paulo: Martins Fontes, 2016a, p. 11.

294. Idem, ibidem, p. 12; LUHMANN, Niklas. **Das Recht der Gesellschaft**. Frankfurt a. M.: Suhrkamp, 1993, p. 37.

295. LUHMANN, Niklas. **O direito da sociedade**. Tradução Saulo Krieger; tradução das citações em latim Alexandre Agnolon. São Paulo: Martins Fontes, 2016a, p. 12; LUHMANN, Niklas. **Das Recht der Gesellschaft**. Frankfurt a. M.: Suhrkamp, 1993, p. 37.

296. LOSANO, Mario Giuseppe. **Sistema e estrutura no Direito**: do século XX à Pós-Modernidade. Tradução Carlos Alberto Dastoli. São Paulo: WMF Martins Fontes, 2011, v. 3, p. 410.

297. LUHMANN, Niklas. **O direito da sociedade**. Tradução Saulo Krieger; tradução das citações em latim Alexandre Agnolon. São Paulo: Martins Fontes, 2016a, p. 12; LUHMANN, Niklas. **Das Recht der Gesellschaft**. Frankfurt a. M.: Suhrkamp, 1993, p. 12, grifo no original.

ordenamentos jurídicos diferentes, que leva à "formação de uma cultura jurídica mundial"[298], o que, por sua vez, gera abstrações e teorias. Todas essas teorias não têm, porém, um fundamento comum e, por conseguinte, não conseguem dialogar[299] entre si, é o que sustenta Luhmann.

Esse traço da incomunicabilidade pode ser observado também nas relações entre a ciência jurídica e a sociologia[300]. Para Luhmann, "a ciência jurídica ocupa-se de um ordenamento normativo, ao passo que a sociologia (segundo as suas várias correntes teóricas) ocupa-se do comportamento social, das instituições, dos sistemas sociais"[301]. Em particular, ao descrever o objeto da teoria geral do direito, Luhmann percorre novamente a trajetória de um tratado de filosofia do direito (que, em certa medida, é também o seguido no referido livro sobre o sistema no direito)[302]:

> A teoria geral do direito, ou o que foi ensinado nos cursos de introdução ao direito, deve limitar-se a descrever tudo o que existe: o realismo jurídico americano com a sua variante escandinava, a teoria analítica do direito, a jurisprudência sociológica e a sociologia do direito, as correntes do direito racional e do positivismo jurídico com a sua variada e respectiva atenuação nas fases mais tardias, a análise econômica do direito e a teoria sistêmica. Em tudo isso é preciso renunciar a um mínimo denominador comum[303].

---

298. LUHMANN, Niklas. **O direito da sociedade**. Tradução Saulo Krieger; tradução das citações em latim Alexandre Agnolon. São Paulo: Martins Fontes, 2016a, p. 13; LUHMANN, Niklas. **Das Recht der Gesellschaft**. Frankfurt a. M.: Suhrkamp, 1993, p. 13.

299. LOSANO, Mario Giuseppe. **Sistema e estrutura no Direito**: do século XX à Pós-Modernidade. Tradução Carlos Alberto Dastoli. São Paulo: WMF Martins Fontes, 2011, v. 3, p. 410.

300. Por exemplo, na obra de Hans Kelsen.

301. LUHMANN, Niklas. **O direito da sociedade**. Tradução Saulo Krieger; tradução das citações em latim Alexandre Agnolon. São Paulo: Martins Fontes, 2016a, p. 13; LUHMANN, Niklas. **Das Recht der Gesellschaft**. Frankfurt a. M.: Suhrkamp, 1993, p. 13.

302. LOSANO. Op. cit., p. 410.

303. LUHMANN, Niklas. **O direito da sociedade**. Tradução Saulo Krieger; tradução das citações em latim Alexandre Agnolon. São Paulo: Martins Fontes, 2016a, p. 14; LUHMANN, Niklas. **Das Recht der Gesellschaft**. Frankfurt a. M.: Suhrkamp, 1993, p. 14.

Talvez um aspecto em comum seja a determinação dos limites do direito, que pode provir do observador ou ser inerente ao próprio objeto[304]. Entrementes, cada observador teria um ponto de vista seu considerado objetivo, ao menos para ele próprio, e isso implicaria, por conseguinte, que qualquer colóquio interdisciplinar resultaria impossível. Por força disso, Luhmann afirma que o limite do direito é determinado pelo próprio objeto, é dizer, pelo próprio direito[305].

Luhmann conclui o seu raciocínio valendo-se de uma justaposição entre o jurista e o sociólogo, que culmina no esclarecimento da própria posição. Antes de avançar na exposição, convém ressaltar que quando ele fala de um modo jurídico e de um modo sociológico de estudar o direito, aspira falar sempre do "direito como sistema que se auto-observa"[306]. E, por isso, ele consigna mais adiante:

> O sociólogo observa o direito de fora; o jurista o observa de dentro. O sociólogo segue apenas os vínculos do seu próprio sistema que, por exemplo, pode pedir-lhe que desenvolva pesquisas empíricas. Também o jurista obedece apenas aos vínculos do seu sistema, mas esse sistema é o próprio sistema jurídico. Uma teoria sociológica do direito acaba sendo, portanto, uma descrição alheia (isto é, de fora) ao sistema jurídico e seria uma teoria adequada ao seu objeto se descrevesse o sistema jurídico como um sistema que descreve a si mesmo (coisa que quase nunca foi tentada na atual sociologia do direito). Uma teoria

304. LOSANO. Op. cit., p. 411.

305. "O próprio direito determina quais são os limites do direito, ou seja, determina o que pertence ao direito e o que está fora dele", cf. LUHMANN, Niklas. **O direito da sociedade**. Tradução Saulo Krieger; tradução das citações em latim Alexandre Agnolon. São Paulo: Martins Fontes, 2016a, p. 15; LUHMANN, Niklas. **Das Recht der Gesellschaft**. Frankfurt a. M.: Suhrkamp, 1993, p. 15.

306. LOSANO, Mario Giuseppe. **Sistema e estrutura no Direito**: do século XX à Pós-Modernidade. Tradução Carlos Alberto Dastoli. São Paulo: WMF Martins Fontes, 2011, v. 3, p. 411.

> jurídica do direito[307] desembocaria em uma autodescrição do sistema jurídico, a qual, porém, deveria levar em consideração que as auto-observações e as autodescrições podem compreender o próprio objeto apenas como diferença em relação a alguma outra coisa, ou seja, devem identificar o seu objeto (o que significa diferenciá-lo) para poder relacionar-se com ele. Aqui são cada vez mais oferecidas apenas fórmulas problemáticas, como 'direito e sociedade' que favorecem o erro de acreditar que o direito exista fora da sociedade. Por isso, o título do nosso livro é, depois de bem refletir, *O direito da sociedade*"[308].

Disso se conclui que, a sociologia sistêmica[309], na sua descrição do direito, "não é obrigada a respeitar as normas internas, os usos e as convenções tácitas. Pode – ou melhor, deve – trabalhar segundo perspectivas incongruentes"[310]. A perspectiva sistêmica é certamente "incongruente" para o jurista porque afirma que "o direito não tem nenhum poder vinculante, mas consiste apenas de comunicações"[311]. O defeito da teoria sistêmica, segundo Losano, é a sua própria complexidade e consequente abstração[312]. A sua interdisciplinaridade a leva a operar com grandes áreas do saber, como a física, a biologia e a psicologia, nas quais "nenhum jurista pode considerar-se adequadamente informado" e menos ainda

307. Aqui Luhmann contrapõe uma teoria sociológica do direito (*soziologische Rec*) a uma teoria jurídica do direito: denominação, esta última, que o jurista percebe como tautológica.

308. LUHMANN, Niklas. **O direito da sociedade**. Tradução Saulo Krieger; tradução das citações em latim Alexandre Agnolon. São Paulo: Martins Fontes, 2016a, p. 16; LUHMANN, Niklas. **Das Recht der Gesellschaft**. Frankfurt a. M.: Suhrkamp, 1993, p. 17.

309. LOSANO, Mario Giuseppe. **Sistema e estrutura no Direito**: do século XX à Pós-Modernidade. Tradução Carlos Alberto Dastoli. São Paulo: WMF Martins Fontes, 2011, v. 3, p. 412.

310. LUHMANN, Niklas. **O direito da sociedade**. Tradução Saulo Krieger; tradução das citações em latim Alexandre Agnolon. São Paulo: Martins Fontes, 2016a, p. 18; LUHMANN, Niklas. **Das Recht der Gesellschaft**. Frankfurt a. M.: Suhrkamp, 1993, p. 18.

311. Idem, ibidem, p. 33.

312. LOSANO. Op. cit., p. 412.

atualizado[313]. E dessa circunstância decorre a fundamentação puramente abstrata que Luhmann pretende dar à sua pesquisa:

> Portanto, renunciamos desde já à apresentação de uma teoria que sirva como guia à prática e descrevemos, ao contrário, o sistema jurídico como um sistema que se auto-observa e se autodescreve, isto é, que desenvolve teorias próprias e que, ao fazer isso, deve proceder-se "de maneira construtivista", ou seja, **renunciando a qualquer tentativa de reproduzir o mundo externo no interior do sistema**[314].

Nas suas entranhas, essa teoria está longe das exigências do jurista, mesmo porque ela vai no encalço – com instrumentos no limite do solipsismo[315] – da finalidade de descrever não o sistema do direito, mas o sistema da sociedade: ela define o direito em sentido diferente daquilo que o faz o jurista em geral; pergunta-se acerca de como pode nascer um direito em uma sociedade (mas seria mais correto dizer: **cada** direito em **cada** sociedade); indaga-se, enfim, sobre qual é a função que exerce o direito na sociedade (mas, também aqui, seria mais correto dizer: **cada** direito em **cada** sociedade)[316]. E é, talvez, por força de tudo isso, que arremata Luhmann:

---

313. LUHMANN, Niklas. **O direito da sociedade**. Tradução Saulo Krieger; tradução das citações em latim Alexandre Agnolon. São Paulo: Martins Fontes, 2016a, p. 24; LUHMANN, Niklas. **Das Recht der Gesellschaft**. Frankfurt a. M.: Suhrkamp, 1993, p. 24.

314. LUHMANN, Niklas. **O direito da sociedade**. Tradução Saulo Krieger; tradução das citações em latim Alexandre Agnolon. São Paulo: Martins Fontes, 2016a, p. 24; LUHMANN, Niklas. **Das Recht der Gesellschaft**. Frankfurt a. M.: Suhrkamp, 1993, p. 24 (grifo nosso).

315. LOSANO, Mario Giuseppe. **Sistema e estrutura no Direito**: do século XX à Pós-Modernidade. Tradução Carlos Alberto Dastoli. São Paulo: WMF Martins Fontes, 2011, v. 3, p. 412.

316. Idem, ibidem, p. 412.

> O sentido desse tipo de descrição teórico-sistêmica – conclui Luhmann – consiste sobretudo na produção de um vínculo entre a teoria do direito e a teoria da sociedade, ou seja, em uma reflexão do direito do ponto de vista de uma teoria da sociedade[317].

Luhmann pode, assim, construir uma visão do direito baseada na diferenciação do direito sobre o fechamento operacional do sistema jurídico, sobre a programação, sobre a codificação[318], sobre a contingência, em suma, sobre toda a construção conceitual que já entrou na ciência jurídica com o nome de concepção autopoiética do direito[319]. E talvez isso explique por que Luhmann, mais adiante, assevere:

> O ambiente do sistema jurídico no interior da sociedade apresenta-se, portanto, como altamente complexo, com o resultado de que o sistema jurídico é remetido a si mesmo: à sua autonomia, aos limites autodeterminados, a um código próprio e a filtros muito seletivos, cuja ampliação poderia colocar em perigo o sistema ou até mesmo privá-lo da sua determinação estrutural[320].

Aqui, neste estágio da exposição, deveria estar suficientemente claro que, em relação à concepção clássica de sistema que o jurista utiliza, o sistema jurídico proposto por Luhmann põe-se em uma perspectiva não só completamente diferente da do jurista, mas também, em larga medida,

---

317. LUHMANN, Niklas. **O direito da sociedade**. Tradução Saulo Krieger; tradução das citações em latim Alexandre Agnolon. São Paulo: Martins Fontes, 2016a, p. 24; LUHMANN, Niklas. **Das Recht der Gesellschaft**. Frankfurt a. M.: Suhrkamp, 1993, p. 24.

318. Na teoria sistêmica, a codificação é a atribuição de um código, não a promulgação de um Código.

319. LOSANO. Op. cit., p. 413.

320. LUHMANN, Niklas. **O direito da sociedade**. Tradução Saulo Krieger; tradução das citações em latim Alexandre Agnolon. São Paulo: Martins Fontes, 2016a, p. 23; LUHMANN, Niklas. **Das Recht der Gesellschaft**. Frankfurt a. M.: Suhrkamp, 1993, p. 23.

estranha a ele[321]. Luhmann deixou uma imensa obra que tem o seu centro de equilíbrio na aplicação de conceitos extremamente abstratos à análise da sociedade. Em diversos artigos, e não é exagero, ele aplica a teoria sistêmica a âmbitos sociais específicos. Enfim, somente a título de exemplo, apenas na última década de sua vida, Luhmann concentrou, em diversas obras bastante extensas, a aplicação da teoria sistêmica a grandes setores da vida social. Primeiramente, à economia e à ciência, depois ao direito, no texto aqui examinado, e, por conseguinte, à própria sociedade[322].

A obra deixada por Luhmann é, contudo, menos sistemática do que possa aparentar ser. Lembrando-se aqui, mais uma vez, da distinção entre os termos sistemática e sistêmica. O certo é que será, sem dúvida, interessante reconstruir sistematicamente (isto é, como um sistema didático, externo, tradicional) a visão sistêmica do direito em Luhmann. Aliás, uma reconstrução sistemática da teoria sistêmica de Luhmann poderia desenvolver também uma obra de esclarecimento dessa teoria, pronunciando um juízo documentado sobre a natureza dessa teoria e da dificuldade em entendê-la[323].

Mesmo que essa vasta tarefa não faça parte dos objetivos deste trabalho, não se pode, contudo, concluir o discurso sobre Luhmann sem elevar o olhar da análise do direito na teoria luhmanniana ao conjunto dessa abstrata superteoria por ele empreendida[324]. Como não é o principal objetivo perseguido por esta pesquisa, aqui, intencionalmente, restringir-se-á a enunciar algumas impressões de leitura, dada a vastidão de textos

321. LOSANO. Op. cit., p. 413.

322. LUHMANN, Niklas. **La sociedad de la sociedad**. Traducción Javier Torres Nafarrete. Ciudad México: Editorial Herder, 2007, p. 5-20.

323. LOSANO, Mario Giuseppe. **Sistema e estrutura no Direito**: do século XX à Pós-Modernidade. Tradução Carlos Alberto Dastoli. São Paulo: WMF Martins Fontes, 2011, v. 3, p. 414.

324. Idem, ibidem, p. 414.

do autor, a complexidade deles e o caráter deveras abstrato de muitos de seus conceitos.

Deixando de lado a polêmica que há acerca da obscuridade dos conceitos empregados por Luhmann, a sua superteoria apresenta-se em termos tão abstratos que resulta estranha a qualquer disciplina específica. Um exemplo, segundo Losano, pode vir da afirmação por meio da qual Luhmann se defende da acusação de decisionismo: viu-se que a escolha dos elementos do ambiente social não é arbitrária, mas é limitada pela complexidade do próprio ambiente[325].

Em um seminário sobre a situação nos Balcãs, entre 2000 e 2001, constatava-se, ao modo luhmanniano, que as respostas ao desafio balcânico seriam infinitas, mas que as possíveis respostas eram reduzidas a poucas opções pela contraposta complexidade do mundo vivido nos Balcãs. É, sem dúvida, uma explicação teoricamente elegante da intervenção militar. Contudo, em situações como essa, a impressão que se tem, segundo Losano[326], é a de que não seja a complexidade da teoria que explica a realidade, mas, ao contrário, é a realidade que esclarece uma teoria muito complexa.

Se essa superteoria de toda a sociedade é aplicada ao direito, constata-se que ela manifesta a sua abrangência conseguindo descrever **também** o direito. Contudo, essa descrição, no sentir de Losano, não parece oferecer nada de intrinsecamente novo em relação a uma teoria jurídica tradicional[327]. Dito de outro modo, a referência à dogmática e à teoria do direito (tão frustrante para o jurista, como foi consignado linhas atrás) significa que a superteoria abrange as subteorias que a ciência jurídica foi

325. Idem, ibidem, p. 414.

326. LOSANO, Mario Giuseppe. **Sistema e estrutura no Direito**: do século XX à Pós-Modernidade. Tradução Carlos Alberto Dastoli. São Paulo: WMF Martins Fontes, 2011, v. 3, p. 415.

327. Idem, ibidem, p. 415.

elaborando por conta própria. A impressão de Losano, continua o professor italiano, é, por conseguinte, de que o direito seja útil à superteoria; contudo, a superteoria não seria, ou não parece ser, ainda segundo Losano, ao direito[328]. E, talvez, não o seja sequer à sociologia, segundo Vincenzo Ferrari: "Se essa concepção apresenta contradições ou aporias, e até que ponto ela é sociologicamente explicativa, são questões em aberto"[329].

Os sistemas autorreferenciais e autopoiéticos, segundo Luhmann, são diferentes dos sistemas lógicos tradicionais, que se dirigem a um objeto sobre o qual formulam um juízo de verdade ou falsidade. Dada essa referência a um único objeto, Luhmann denomina essa lógica como "univalente" e "ontológica". A ela contrapõe os sistemas autorreferenciais[330] que procedem apenas por diferenças entre si e o ambiente: eles seriam, em razão disso, "binários" (dicotomias)[331] e a teoria que os descreve seria "altamente abstrata e pós-ontológica"[332]. Foi, desse modo, subvertido o uso corriqueiro das expressões. A lógica alética, fundada no binômio verdadeiro/falso, é correntemente designada como uma lógica binária ou bivalente (não, portanto, *einwertig*) e, como lógica binária, em toda uma série de implicações para a informática[333].

---

328. Idem, ibidem, p. 415.

329. FERRARI, Vincenzo. **Lineamenti di sociologia del diritto**. Torino: Laterza, 2004, p. 223.

330. LOSANO. Op. cit., p. 415.

331. O binômio do subsistema jurídico seria o código lícito/ilícito. Mas o direito está permeado por outras dicotomias, por exemplo, direito privado/direito público, direito objetivo/direito subjetivo, e assim por diante. Nesse sentido, no Brasil, FERRAZ JR., Tercio Sampaio. **Introdução ao estudo do direito**: técnica, decisão e dominação. São Paulo: Atlas, 2015, p. 100-137.

332. Luhmann faz uso dos adjetivos *einwerting* e *ontologisch* a respeito da lógica clássica, enquanto que, ao se referir aos sistemas autorreferenciais, ele fala de *hochabstrake, postontologische Systemtheorie*. Nesse sentido, consulte-se LUHMANN, Niklas. **Die soziologische Beobachtung des Recghts**. Frankfurt a. M.: Metzner, 1986, p. 12.

333. Sobre esse vastíssimo problema, remete-se o leitor ao capítulo "Dal linguaggio naturale al linguaggio logico", em LOSANO, Mário G. **Informatica per le scienze social**. Torino: Einaudi, 1985, p. 67-97.

Ademais, a lógica é, em geral, contraposta à ontologia, como se costuma sustentar no debate entre lógica formal e lógica dialética. A ontologia, enfim, não apresenta um antes e um depois: o termo "pós-ontológico", no sentir de Losano, é apenas uma invenção verbal para reafirmar que aquela teoria é "altamente abstrata"[334]. Mas, convém repetir, essa é a percepção de Losano.

Ainda segundo Losano, tal circunstância se lhe apresenta como paradoxal. O paradoxo, segundo ele, decorreria da circunstância de que essa teoria, a de Luhmann, se autodenomina como superteoria e pós-ontológica, além de altamente abstrata, mas só é compreensível quando recorre à ontologia, ao objeto, isto é, quando se dá, a ela própria, um conteúdo. Mas o conteúdo, lembra Losano novamente, é precisamente o que a superteoria rejeita. Em conclusão, a teoria de Luhmann, ainda segundo Losano, deixa a impressão de uma grande criatividade, frequentemente também de genialidade, mas que, segundo o professor italiano, não convence. E é ele, Losano, que arremeta: "parece-me um genial arsenal de metáforas que explicam tudo sem dizer nada"[335].

4.8. DO DIREITO AUTOPOIÉTICO AO DIREITO AUTOCATALÍTICO

O pensamento sistêmico de Luhmann deu causa a uma grande abundância de obras que acatam, reveem, criticam ou rejeitam as ideias de seu fundador e que, no seu conjunto, constituem um dos fenômenos mais relevantes no panorama atual da sociologia do direito não apenas na

334. LOSANO, Mario Giuseppe. **Sistema e estrutura no Direito**: do século XX à Pós-Modernidade. Tradução Carlos Alberto Dastoli. São Paulo: WMF Martins Fontes, 2011, v. 3, p. 416.

335. Idem, ibidem, p. 416. Essa crítica tem um precedente ilustre, porque parece ter sido formulada por Salvemini contra o marxismo dogmático: o marxismo, dizia Salvemini, é uma doutrina maravilhosa para despertar as consciências e, depois, depois de despertadas, tratar de adormecê-las de novo por meio de uma série de formulações que explicam tudo sem dizer nada.

Europa, mas também nos Estados Unidos[336]. Como a partir do ângulo da noção de sistema, muitos estudiosos aceitam a concepção de Luhmann em suas grandes linhas, e essa é a tendência deste trabalho, mas apenas, frise-se, nas suas grandes linhas, é preciso exemplificar essa afirmação[337]. E, nesse sentido, dá-se aqui como exemplo dessa difusão do pensamento de Luhmann a penetração e a capilaridade que uma de suas teorias acabou tendo.

Nessa escola luhmanniana, entre os autores mais conhecidos internacionalmente é preciso incluir o alemão Gunther Teubner (nascido em 1944, durante a Segunda Guerra Mundial), que se deteve, antes de tudo, sobre a teoria dos padrões. Num segundo momento, seguindo as pegadas de Luhmann, Teubner dedicara-se ao direito como sistema autopoiético[338]. Mas, em um terceiro momento, Teubner passou a desenvolver uma concepção sua, própria, segundo a qual – analogamente ao que fizera Luhmann com a noção de autopoiese – é possível extrair das ciências da natureza (para Teubner, em especial, da química) a noção maior de sua construção teórica, isto é, a noção de sistema autocatalítico[339].

Sendo assim, em primeiro lugar, faz-se mister ilustrar, ainda que em linhas muito gerais, o significado dessa nova expressão e de sua possível utilidade para seara da ciência jurídica[340]. Um interessante e louvável trabalho de reconstrução histórica foi realizado por Hans-Jürgen Frug acerca

336. Ensaios de vários autores norte-americanos estão contidos em PRIBÁN, Jirí; NELKEN, David. **Law's New Boundaries**. The Consequences of Legal Autopoiesis. Dartmouth: Ashgate, 2001, p. 341.

337. LOSANO, Mario Giuseppe. **Sistema e estrutura no Direito**: do século XX à Pós-Modernidade. Tradução Carlos Alberto Dastoli. São Paulo: WMF Martins Fontes, 2011, v. 3, p. 417.

338. TEUBNER, Gunther. **O direito como sistema autopoiético**. Tradução José Engrácia Antunes. Lisboa: Fundação Calouste Gulbenkian, 1993, p. 53-58.

339. LOSANO. Op. cit., p. 417.

340. Se é que o direito é uma ciência. Essa afirmação virou lugar-comum. Entrementes, esse autor já reconhece a sua tendência em não compreender o direito como uma ciência.

da matéria, ele que é um dos editores da revista *Selbstorganisation*[341]. O autor reconstruiu a origem e o sucesso daquela noção (sistema autocatalítico) na seara da química sem, contudo, fazer referência ao seu recebimento pelas ciências humanas[342] e sociais[343].

A partir de meados do século XIX, os químicos já tinham conhecimento de alguns casos em que os tempos das reações químicas se afastavam do padrão regular. Nesses casos, os químicos descrevem o seguinte comportamento: a um lento crescimento inicial (chamado de período de indução) após o qual se inicia um rápido crescimento que atinge depressa os valores máximos. Vale ressaltar que, quando a reação se aproxima dos valores máximos, observa-se algo interessante, a saber: a velocidade de reação ajusta-se até retornar lentamente ao valor zero. O processo ilustra, em resumo, uma curva para representar a reação, ou seja, o sigmoide[344]. Esse fenômeno secundário, embora perceptível, despertou o interesse dos estudiosos de química apenas por volta do fim do século XIX[345]. No cenário cultural do desenvolvimento científico geral daqueles anos, os químicos começaram a dedicar atenção à progressiva aceleração de algumas reações, destacando-se, nesse sentido, a "indução química" ou a "aceleração inicial" que marcava essas reações, graficamente ilustradas pelo sigmoide já mencionado.

341. KRUG, Hans-Jürgen. Autokatalyse – Herkunft und Gesechichte eines Begriffes. In: **Selbstorganisation**, 1992, p. 129-154.

342. Vale registrar que foi Kant o primeiro mentor dessa distinção entre ciências naturais, de um lado, e ciências humanas, de outro.

343. LOSANO. Op. cit., p. 417-418.

344. LOSANO, Mario Giuseppe. **Sistema e estrutura no Direito**: do século XX à Pós-Modernidade. Tradução Carlos Alberto Dastoli. São Paulo: WMF Martins Fontes, 2011, v. 3, p. 418.

345. De certo modo, esse interesse maior por tais reações químicas ao fim do século XIX revela o modo como o homem daquele século se via e como ele compreendia a sua relação com a natureza. Ou seja, não interessava mais esperar pelo tempo da natureza, pela velocidade de reação da natureza. Agora, interessava subjugar a natureza aos interesses do homem e, desse modo, acelerar as reações.

Entre esses químicos, Wilhelm Ostwald (1853-1932) dedicou-se a estudar a velocidade das reações químicas, tendo escrito uma obra sobre a dinâmica química e criando as bases científicas para aquela que hoje é denominada como cinética química[346]. Ostwald foi uma figura importante na vida cultural alemã[347]. Recebeu o prêmio Nobel em 1909 pelos seus estudos sobre a catálise, manteve uma intensa correspondência com os estudiosos da sua época (correspondência que alimenta os livros que continuam sendo publicados também em anos recentes), aprofundou a teoria das cores do ponto de vista científico e estético, ocupou-se da sistemática da química e das ciências e (por meio da teoria das cores) também da pintura[348]. Seus interesses culturais conduziram-no a publicar uma coleção de clássicos da ciência e a escrever biografias de cientistas. Na seara filosófica, ele teorizou o "monismo energético"[349], contrastando-se, assim, às concepções atomísticas. Ele foi um dos principais expoentes do monismo alemão juntamente com Mach, e fundou em 1906, com Haeckel, o "Deutscher Monistenbund"[350].

O termo "autocatálise" foi imaginado originalmente em 1890 por Wilhelm Ostwald com o intuito de sinalizar os fenômenos de autoaceleração das reações químicas. O conceito de catálise já indicava, havia alguns anos, o efeito das substâncias que, aparentemente, com a sua presença, aceleravam (ou, para alguns, melhoravam) a reatividade de outras

346. LOSANO. Op. cit., p. 418.

347. Sobre a poliédrica atividade de Wilhelm Ostwald conforme a sua autobiografia: OSTWALD, Wilhelm. **Lebenslinien**. Eine Selbstbiographie. Berlin: Klasing, 1926-27, v. 2: Leipzig. 1887-1905, p. 262. Uma bibliografia sua foi publicada pela filha OSTWALD, Grete. **Wilhelm Ostwald, mein Valter**. Stuttgart: Berliner Union, 1953, p. 290.

348. OSTWALD, Wilhelm. **Die Pyramide der Wissenschaften**. Eine Einführung in wissenschaftliches Denken uns Arbeiten. Stuttgart: Cotta, 1929, p. 148.

349. A ideia de que a energia se encontra concentrada em um único centro produtor ou coisa parecida.

350. LOSANO. Op. cit., p. 419.

substâncias[351]. "A catálise – escrevia Ostwald – é a aceleração provocada pela presença de uma substância estranha, de um processo químico que se desenvolve lentamente"[352].

As pesquisas de Wilhelm Ostwald e as de seus alunos levaram-no a demonstrar que a substância que provoca a aceleração nem sempre vem do exterior, mas que "em certos casos uma substância catalisa-se sozinha"[353]. O termo autocatálise deu o título a uma comunicação científica de 1890[354] e, desde então, serviu para designar

> um tipo de reação em que o influxo catalítico sobre a velocidade origina-se da própria substância inicial, ou seja, em que – do exterior – não é transmitida uma crescente aceleração da reação. Apenas alguns anos depois, Ostwald dedicou-se a um fenômeno parecido, isto é, às reações em que um produto intermediário ou final funciona como catalisador, conduzindo, assim, a uma autoaceleração da reação[355-356].

351. LOSANO, Mario Giuseppe. **Sistema e estrutura no Direito**: do século XX à Pós-Modernidade. Tradução Carlos Alberto Dastoli. São Paulo: WMF Martins Fontes, 2011, v. 3, p. 419.

352. Citado por KRUG, Hans-Jürgen. Autokatalyse – Herkunft und Gesechichte eines Begriffes. In: **Selbstorganisation**, 1992, p. 137.

353. Citado por KRUG, Hans-Jürgen. Autokatalyse – Herkunft und Gesechichte eines Begriffes. In: **Selbstorganisation**, 1992, p. 138. Aqui se encontra também uma descrição dos experimentos e da literatura que a ele se refere.

354. OSTWALD, Wilhelm. Über Autokatalyse. **Berichte der Königlichen Sächsischen Akademie der Wissenschaften**. Mathematisch-physische Klasse, 1890, p. 189-191.

355. KRUG, Hans-Jürgen. Autokatalyse – Herkunft und Gesechichte eines Begriffes. In: **Selbstorganisation**, 1992, p. 138. É possível dizer, segundo Losano, que Ostwald elaborou o conceito de autocatálise entre a comunicação de 1890 e a de 1896.

356. LOSANO. Op. cit., p. 419.

Ostwald continuou na universidade de Leipzig até 1906. Durante esse tempo, construiu a sua filosofia natural[357] e, por meio de contatos com diversos de seus colegas de outras disciplinas, ampliou a aplicabilidade do conceito de autocatálise também a fenômenos fisiológicos, como a febre, ou a memória. A partir do começo do século XX, o emprego do termo "autocatálise" foi, por conseguinte, se consolidando não apenas na química[358]. A partir desses desenvolvimentos terminou por surgir, também, a noção de hiperciclo, usada para designar um modelo sistêmico em que um conjunto de substâncias (com maior precisão, cadeias de ácidos nucleicos) não apenas se autorreproduzem individualmente em um ciclo autocatalítico, mas também se unem uma com a outra em um posterior ciclo, dito precisamente, agora, com a nomenclatura de hiperciclo[359].

Teubner estendeu ao direito as noções de autocatálise e de hiperciclo, sofisticando posteriormente a construção proposta por Niklas Luhmann[360]. Aliás, é Teubner que escreve:

> O direito é um sistema autopoiético de segunda ordem, e isso porque, em relação à sociedade, vista como sistema autopoiético de primeira ordem, ele realiza um fechamento operacional independente na medida em que constitui,

357. OSTWALD, Wilhelm. **Vorlesungen über Naturphilosophie**. Gehalten im Sommer 1901 an der Universität Leipzig. Leipzig: Veit, 1902, p. XIV-457; DELBOS, Victor. **Une théorie allemande de la culture**: Wilhelm Ostwald et as philosophie. Paris: 1916, p. 31.

358. Aqui não é possível seguir os desenvolvimentos dessa teoria na química, em que os estudos de Wilhelm Ostwald foram continuados pelo filho Wolfgang (1883-1943), que ampliou o conceito de autocatálise para o de autocatacinese. Nesse sentido, consulte-se KRUG. Op. cit., p. 146.

359. KRUG. Op. cit., p. 151. Para os hiperciclos, Teubner inspira-se nos trabalhos de EIGEN, Manfred & SCHUSTER, Peter. **The Hipercycle**: a principle of natural self-organization. Berlin: Springer, 1979, p. VIII-92.

360. LOSANO, Mario Giuseppe. **Sistema e estrutura no Direito**: do século XX à Pós-Modernidade. Tradução Carlos Alberto Dastoli. São Paulo: WMF Martins Fontes, 2011, v. 3, p. 420.

> autorreferencialmente, os seus componentes e os conecta entre si em um hiperciclo[361].

Teubner aspira, portanto, fazer incidir sobre o direito o conceito de Manfred Eigen e Peter Schuster[362], de modo levemente modificado. Também aqui, como sustentado por Losano em diversas oportunidades, o conceito científico começa a transformar-se em metáfora. Segundo o professor italiano, nem a clareza ganha com o uso de tais expressões, além de tais expressões, ainda segundo Losano, provocarem uma irritada reação de Adomeit a essa teoria dos ciclos hipercatalíticos[363].

Se, para Luhmann, a sociedade é um sistema fechado de comunicações, Teubner vai ainda mais além: os subsistemas sociais não apenas podem observar-se reciprocamente, "mas podem unir-se comunicativamente". É dizer, pode-se, assim, obter a "criação de uma comunicação que supera o fechamento luhmanniano porque resulta contemporaneamente interna a vários sistemas sem que seja necessário supor uma 'transferência' de informação"[364]. E aí, como sustenta Losano, surge a lembrança do *homunculus* de Jhering. Contudo, Jhering falava de união somente quando ironizava a produtividade dos conceitos jurídicos, que, para os pandectistas, por exemplo, Bernhard Windscheid, uniam-se e produziam novos conceitos. Em Teubner, ao contrário, a metáfora biológica da união é levada muito mais a sério: os subsistemas sociais, entre os quais o direito, comunicam-se entre si "unindo-se mediante a interferência e

361. TEUBNER, Gunther. **O direito como sistema autopoiético**. Tradução José Engrácia Antunes. Lisboa: Fundação Calouste Gulbenkian, 1993, p. 32-33; TEUBNER, Gunther. **Il diritto come sistema autopoietico**. A cura di Alberto Febbrajo e Carlo Pennisi. Milano: Giuffrè, 1996, p. 39.

362. EIGEN, Manfred & SCHUSTER, Peter. **The Hipercycle**: a principle of natural self-organization. Berlin: Springer, 1979, p. VIII-92.

363. LOSANO. Op. cit., p. 421.

364. FEBBRAJO, Alberto & PENNISI, Carlo. Introduzione. In: TEUBNER, Gunther. **Il diritto come sistema autopoietico**. Milano: Giuffrè, 1996, p. XIV.

comunicações através da organização"[365]. É para esclarecer essa comunicação não comunicação entre subsistemas que Teubner propõe o conceito de hiperciclo, compreendido como um circuito autorreprodutivo que dá origem (de modo misterioso até) a autodescrições dos componentes do subsistema[366].

À luz dessa concepção podem ser descritas novamente amplas partes da Dogmática Jurídica. Aqui é importante observar apenas que a concepção de Teubner é uma elaboração da lição de Luhmann e que, por isso, apresenta, segundo Losano, as mesmas características e está exposta às mesmas críticas. Em especial, a noção de sistema permanece sempre aquela deduzida das ciências naturais, mesmo que de uma forma revista e enriquecida. Mas, ainda segundo Losano, a obra de Teubner padece do mesmo problema encontrado nos escritos de Luhmann, a saber: uma linguagem excessivamente obscura[367]. O que, nem por isso, diminui o valor das contribuições de Luhmann e Teubner. Cabe agora, por fim, enfrentar a questão da evolução dos sistemas sociais, porque sem entender tal questão não é possível entender por que, no próximo capítulo, propor uma nova concepção de sistema jurídico.

4.9. A EVOLUÇÃO DOS SISTEMAS SOCIAIS

A compreensão sistêmica do caráter positivo do direito moderno é, como explica Marcelo Neves, indissociável do modelo de evolução social, o que se nota, sobretudo, com a ampliação da complexidade ao longo dessa evolução e que, por sua vez, conduz, na sociedade moderna, à diferenciação funcional[368] (a sociedade vai se subdividindo, cada vez mais,

---

365. Apud LOSANO. Op. cit., p. 421.

366. LOSANO, Mario Giuseppe. **Sistema e estrutura no Direito**: do século XX à Pós-Modernidade. Tradução Carlos Alberto Dastoli. São Paulo: WMF Martins Fontes, 2011, v. 3, p. 421.

367. Idem, ibidem, p. 422.

368. NEVES, Marcelo. **Entre Têmis e Leviatã**: uma relação difícil: o Estado Democrático de Direito a partir de Luhmann e Habermas. São Paulo: Martins Fontes, 2006, p. 1.

em novos e diferentes subsistemas). Antes, contudo, de qualquer tipo de raciocínio sobre a própria emergência ao longo da história do fenômeno de complexificação da sociedade (cada vez ser maior o número de sentidos e de possibilidades de comportamento), que conduz à modernidade[369], é indispensável delimitar o sentido que o termo "evolução" assume no contexto da teoria sistêmica, de modo a afastar eventuais maus entendidos sobre a expressão.

Segundo o modelo sistêmico de Luhmann, a evolução se dá com a transformação do improvável em provável[370]. Ela implica o "paradoxo da probabilidade do improvável"[371]. Dito de outro modo, sustenta-se que a evolução "normaliza improbabilidades, compreendidas como grau de desvio em relação a uma situação inicial"[372]. Ocorre evolução, por conseguinte, quando aquilo que é desviante passa a fazer parte da estrutura do respectivo sistema[373].

Vistas as coisas por esse ângulo, o fenômeno evolutivo só se completa quando se atende a três condições entrelaçadas reciprocamente, a saber: variação[374], seleção e restabilização ou retenção. Trata-se dos chamados

369. Sobre a Modernidade e o Direito, destacam-se aqui as observações feitas por João Maurício Adeodato, observações deveras esclarecedoras sobre o assunto ADEODATO, João Maurício. **Ética e retórica**: para uma teoria da dogmática jurídica. 2. ed. São Paulo: Saraiva, 2006, p. 165-180.

370. Nesse sentido, é importantíssimo tomar contato com a obra LUHMANN, Niklas. **A improbabilidade da comunicação**. 4. ed. Tradução Anabela Carvalho; seleção e apresentação João Pissarra. Lisboa: Vega Editora, 2006, p. 39-64.

371. Idem, ibidem, p. 60.

372. LUHMANN, Niklas. **Complejidad y modernidad**: de la unidad a la diferencia. Traducción Josetxo Beriain y José María García Blanco. Madrid: Editorial Trotta, 1998, p. 25.

373. NEVES, Marcelo. **Entre Têmis e Leviatã**: uma relação difícil: o Estado Democrático de Direito a partir de Luhmann e Habermas. São Paulo: Martins Fontes, 2006, p. 1.

374. É possível fazer uma analogia, apenas a título didático, correndo-se o risco até de não estar sendo fiel à lição de Luhmann, como será destacado mais adiante, entre a ideia de variação e a ideia da mutação muito estudada pela biologia. Marcelo Neves repudia também qualquer

instrumentos evolutivos ou funções de evolução[375]. "A variação consiste em uma reprodução desviante dos elementos através dos elementos do sistema"[376]. O que importa aqui é o aparecimento de elementos que se afastam do modelo de reprodução até então existente[377]. A variação não significa a imediata evolução do sistema. E aqui, para ser claro, refere-se ao termo sistema no seu sentido sociológico, pensando na sociedade como um grande e o maior de todos os sistemas[378].

No plano das estruturas, o sistema pode reagir negativamente ao desvio (à variação)[379]. Mas, é verdade também que pode ocorrer a seleção de estruturas para viabilizar a continuidade da reprodução do elemento inovador. Contudo, mesmo assim, o processo evolutivo singular não se completa necessariamente. Impõe-se a restabilização como engrenagem que, no plano da formação do sistema como unidade de reprodução[380], venha a assegurar à estrutura inovadora "duração e capacidade de resistência"[381].

---

analogia que induza a acreditar que o pensamento sistêmico de Luhmann seja uma nova forma de evolucionismo biológico.

375. NEVES. Op. cit., p. 2.

376. LUHMANN, Niklas. **O direito da sociedade**. Tradução Saulo Krieger; tradução das citações em latim Alexandre Agnolon. São Paulo: Martins Fontes, 2016a, p. 319; TEUBNER, Gunther. **O direito como sistema autopoiético**. Tradução José Engrácia Antunes. Lisboa: Fundação Calouste Gulbenkian, 1993, p. 112; DE GIORGI, Raffaele. **Direito, democracia e risco**: vínculos com o futuro. Tradução Ana Perez, Regina Maria Escosteguy Flores da Cunha, Sandra Regina Martini Vial. Porto Alegre: Safe, 1998, p. 165-184.

377. LUHMANN. Op. cit., p. 319.

378. NEVES. Op. cit., p. 2.

379. Vale lembrar que, segundo Luhmann, inicialmente, o sistema é composto por repertório e estrutura. Alguns estudiosos sustentam que, posteriormente, Luhmann teria passado a sustentar a ideia de que o sistema é composto apenas por repertório. Como esse não é o foco deste trabalho, não se irá aqui aprofundar a abordagem sobre o tema.

380. NEVES, Marcelo. **Entre Têmis e Leviatã**: uma relação difícil: o Estado Democrático de Direito a partir de Luhmann e Habermas. São Paulo: Martins Fontes, 2006, p. 2.

381. LUHMANN, Niklas. **O direito da sociedade**. Tradução Saulo Krieger; tradução das citações em latim Alexandre Agnolon. São Paulo: Martins Fontes, 2016a, p. 330.

No modelo sistêmico, a própria diferenciação entre essas funções – variação, seleção e restabilização – está atrelada ao grau de evolução ou complexidade do sistema. Em formas menos complexas, não ficam distintos de modo claro a variação e a seleção. Já em um grau intermediário de complexidade, essa diferença passa a ser nítida, mas a seleção não se aparta da restabilização. Por fim, em situações de alta complexidade, ou seja, quando o sistema social alcançou um grau de complexidade elevado, a restabilização diferencia-se da seleção, mas se torna difícil, por sua vez, distingui-la da variação. O certo é que a restabilização evolutiva (dinâmica) transforma-se em motor da própria variação[382].

Apesar de os mecanismos evolutivos – variação, seleção e restabilização – estarem presentes também na evolução dos sistemas vivos[383], não se trata, no caso específico da concepção de Luhmann dos sistemas sociais, de analogia aplicadora de conceitos próprios do evolucionismo biológico. "Evolução" mostra-se como um conceito genérico que se submete, por sua vez, a especificações analíticas, respectivamente, conforme se refira aos sistemas biológicos, psíquicos ou sociais[384]. Ademais, sem deixar de reconhecer a relevância do modelo darwiniano para a compreensão dos mecanismos evolutivos, rechaça-se o dogma da "seleção natural". Ele, o dogma, sinaliza para a predominância dos fatores ambientais na emergência do processo evolutivo, enquanto a teoria sistêmica, por seu turno, dá ênfase à tese de que a evolução decorre de transformações internas na respectiva unidade de reprodução (vem de dentro para fora, e não de fora para dentro): as "perturbações" advindas do ambiente só se tornam determinantes da evolução sistêmica quando assimiladas internamente como inovações[385].

382. NEVES. Op. cit., p. 2.
383. NEVES. Op. cit., p. 2.
384. NEVES. Op. cit., p. 3.
385. NEVES. Op. cit., p. 3.

Em relação direta com essa compreensão teórica, o paradigma sistêmico rejeita a ideia, inegavelmente carregada pela ideologia liberal predominante no período de surgimento do evolucionismo biológico, de que a evolução reside na "sobrevivência do mais apto" ou na "luta pela vida"[386]. No que toca à evolução sociocultural, isso terminaria por reduzir, de modo excessivamente simplório, o processo evolutivo a ações instrumentalmente direcionadas, desconhecendo-se a complexidade dos mecanismos sociais[387]. E a evolução sociocultural, é preciso dizer, nem sempre, ou quase nunca, segue ou obedece a uma direção predefinida. E isso pelo motivo mais simples, porque não há uma direção predefinida.

No campo de discussão da teoria sistêmica, recusa-se efusivamente qualquer tipo de redução sociobiológica da evolução social por meio de explicações, no mínimo curiosas, como a que se baseia na noção de um "gene egoísta"[388]. Os fatores genéticos, é preciso frisar, pertencem à infraestrutura bioquímica, ao ambiente orgânico da sociedade. Esta diferencia-se do seu ambiente, como sustenta Luhmann, na medida em que é constituída por comunicações como unidades elementares[389]. Os aspectos genéticos, por conseguinte, podem apenas condicionar as comunicações e, por meio disso, a evolução social. Todavia, repita-se, não a determinam. Caso contrário, a sociedade não poderia ser definida, como quer Luhmann, como conexão autorreferencialmente fechada de comunicações[390].

386. TEUBNER, Gunther. **O direito como sistema autopoiético**. Tradução José Engrácia Antunes. Lisboa: Fundação Calouste Gulbenkian, 1993, p. 95-103.

387. Idem, ibidem, p. 95-103; NEVES, Marcelo. **Entre Têmis e Leviatã**: uma relação difícil: o Estado Democrático de Direito a partir de Luhmann e Habermas. São Paulo: Martins Fontes, 2006, p. 3.

388. TEUBNER. Op. cit., p. 104-111.

389. LUHMANN, Niklas. **O direito da sociedade**. Tradução Saulo Krieger; tradução das citações em latim Alexandre Agnolon. São Paulo: Martins Fontes, 2016a, p. 333.

390. NEVES. Op. cit., p. 3-4.

Pela mesma justificativa apresentada que recusa a postura reducionista da sociobiologia, o modelo sistêmico-teorético não reconduz a evolução social a indivíduos ou grupos humanos[391]. Essa concepção parte da ideia de que a sociedade é formada por um agrupamento de indivíduos humanos, resultando precisamente da reunião deles (o que se pode chamar de "emergência de baixo"). Contudo, quando se leva em consideração que o homem faz parte do ambiente dos sistemas sociais, seu organismo ou sua consciência apenas podem condicionar-lhes, mas não lhes determinar a evolução. Isso porque a sociedade, compreendida como um grande sistema, só emerge quando conexões de comunicação – unidades elementares desse sistema – distanciam-se e diferenciam-se de sua infraestrutura orgânica e psíquica, ou seja, diferencia-se da vida e da consciência dos homens (o que se pode denominar como "emergência de cima")[392]. As suas unidades evolutivas são, por conseguinte, comunicações (elementos) e expectativas (estruturas)[393].

Além disso, é importante destacar que, conforme o paradigma sistêmico-teorético, a evolução social não pode ser compreendida como um processo de passagem para uma vida melhor, um estágio de maior felicidade[394].

---

391. TEUBNER. Op. cit., p. 112-118.

392. De acordo com Luhmann, os sistemas sociais, unidades autopoiéticas de comunicações, emergem de "cima", ou seja, constituem-se ao introduzirem e operacionalizarem, em um outro plano, uma nova diferença entre sistema e ambiente. Não decorrem, pois, do acúmulo de elementos infraestruturais, tais como consciência, seres humanos etc. Em sentido contrário, na distinção de Maturana e Varela entre autopoiese de primeira, segunda e terceira ordem, os seres vivos apresentam-se como componentes dos sistemas sociais ("emergência de baixo"). Nesse sentido, também TEUBNER, Gunther. **O direito como sistema autopoiético**. Tradução José Engrácia Antunes. Lisboa: Fundação Calouste Gulbenkian, 1993, p. 112-118. Vale advertir que o conceito de sociedade (gênero) de Maturana e Varela, primariamente biológico, é mais abrangente do que o de sociedade humana (espécie). MATURANA, Humberto Romesín; VARELA, Francisco J. **De máquinas y seres vivos. Autopoiesis**: la organización de lo vivo. 5. ed. Santiago do Chile: Editorial Universitaria, 1998, p. 79-81.

393. NEVES, Marcelo. **Entre Têmis e Leviatã**: uma relação difícil: o Estado Democrático de Direito a partir de Luhmann e Habermas. São Paulo: Martins Fontes, 2006, p. 4.

394. LUHMANN, Niklas. **O direito da sociedade**. Tradução Saulo Krieger; tradução das citações em latim Alexandre Agnolon. São Paulo: Martins Fontes, 2016a, p. 334-336. Luhmann,

Nesse sentido, construiu-se a ideia de progresso no século passado, sinalizando para o aprimoramento contínuo, unilinear, regular e necessário da sociedade[395]. A evolução não se direciona a um objetivo determinado ou à realização de um ideal ou valor. Não há uma teleologia da evolução (uma evolução dirigida por um grande guia), embora se possa falar de determinações teleológicas que a condicionam positiva ou negativamente[396]. Dito de outro modo, a evolução também não é planejada, embora formas concretas de planificação apresentem-se como fatores de evolução[397].

Do mesmo modo que recusa qualquer concepção progressista ou teleológica da evolução, a teoria sistêmica rejeita a noção ontológica do processo histórico como uma unidade na qual se desenvolve o "espírito" até alcançar a sua forma final "absoluta" (Hegel)[398]. A teoria sistêmica recusa também a ideia de que a evolução é uma unidade em que se sucedem estágios de desenvolvimento social no sentido da superação de formas materialmente determinadas de dominação e do advento de uma sociedade de plena liberdade (Marx)[399]. E a teoria sistêmica discorda dessas outras compreensões sobre a evolução, exatamente porque considera a evolução como a transformação do improvável em provável, dando destaque, assim, ao "acaso"[400]. Em suma, o modelo sistêmico não fornece "nenhuma interpretação do futuro"[401].

---

aliás, faz, a esse respeito, uma referência crítica a Spencer ao dizer que "a evolução só pode acabar no estabelecimento da máxima perfeição e da mais completa felicidade".

395. Idem, ibidem, p. 337.

396. NEVES. Op. cit., p. 5.

397. LUHMANN. Op. cit., p. 337.

398. LUHMANN. Op. cit., p. 338.

399. NEVES. Op. cit., p. 5.

400. LUHMANN, Niklas. **O direito da sociedade**. Tradução Saulo Krieger; tradução das citações em latim Alexandre Agnolon. São Paulo: Martins Fontes, 2016a, p. 343; Luhmann compreende por pressão o acaso como uma forma de conexão entre sistema e ambiente que se subtrai à sincronização (e, pois, ao controle, à "sistematização") por meio do sistema.

401. LUHMANN. Op. cit., p. 344-345. Teubner radicaliza, sustentado que a evolução é cega. Para uma formulação no sentido diametralmente oposto basta pensar no modelo de Hegel. NEVES. Op. cit., p. 5.

Esses comentários genéricos e introdutórios de esclarecimento do modelo sistêmico de evolução social, contudo, nada falam ainda acerca da forma específica em que surgem os mecanismos evolutivos na sociedade. A pergunta principal é a seguinte: como se realizam a variação, a seleção e a restabilização como funções da evolução no plano do sistema social? Observem, por sinal, que a pergunta é introduzida pela partícula "como" e não pelo termo "o que", em atenção aos ensinamentos de Raffaele De Giorgi[402-403].

Considerando que, segundo Luhmann, a comunicação é a unidade elementar da sociedade, resulta daí que a variação ocorre quando a comunicação desvia-se do modelo estrutural de reprodução social. Dito de outro modo, a variação "consiste em uma comunicação inesperada, surpreendente"[404]. As expectativas sociais correspondentes não levam em conta, não esperam por aquele tipo inovador de comunicação, que se apresenta, por isso, inicialmente, como uma negação das estruturas estabilizadas. Ela termina colocando um "não"[405] à conexão de expectativas reguladora da reprodução sistêmica[406].

402. DE GIORGI, Raffaele. **Direito, tempo e memória**. Tradução Guilherme Leite Gonçalves. São Paulo: Quartier Latin, 2006, p. 223-225.

403. Em outro trabalho, Luhmann deixa essa questão em aberto, sustentando que "para os sistemas sociais faltam noções correspondentes – provavelmente porque aqui aquelas três funções podem ser satisfeitas por mecanismos muito diversos, para os quais, até agora, não se introduziram designações que os compreendam em conjunto (por exemplo, mutação)". Consulte-se LUHMANN. Op. cit., p. 349. Sobre a noção de mutação, em sentido diverso, consulte-se CAPRA, Fritjof. **O ponto de mutação**: a ciência, a sociedade e a cultura emergente. Tradução: Álvaro Cabral. São Paulo: Cultrix, 1982, p. 257-259.

404. LUHMANN. Op. cit., p. 346.

405. NEVES, Marcelo. **Entre Têmis e Leviatã**: uma relação difícil: o Estado Democrático de Direito a partir de Luhmann e Habermas. São Paulo: Martins Fontes, 2006, p. 6. Daí por que a variação está estreitamente conectada com a produção de conflitos.

406. LUHMANN. Op. cit., p. 350.

Não se nega que essa circunstância possa levar, no plano das estruturas, isto é, das expectativas que orientam a comunicação, a uma forma de seleção negativa, que "rejeita explicitamente" ou "abandona ao esquecimento" o desvio[407]. De maneira evidente, a situação imaginária em que todo comportamento social desviante fosse assimilado constituiria um caso-limite de complexidade desestruturada[408], incompatível com a vida social. Entrementes, a seleção pode conduzir a que referências de sentido envolvidas na comunicação desviante sejam escolhidas tendo em vista a construção de estruturas "idôneas para um uso repetido", isto é, para a condensação de expectativas que sejam aptas a atuar como diretivas[409] das comunicações ulteriores[410].

Como já dito linhas atrás, apesar de essa assimilação estrutural da inovação ser imprescindível à ocorrência do acontecimento evolutivo, ela lhe é insuficiente. Impõe-se a restabilização como "a inserção das novas estruturas no complexo de estruturas já existentes"[411]. O problema reside aqui na relação das novas estruturas com o sistema como unidade de reprodução, isto é, "consiste na inserção das transformações da estrutura em um sistema que opera de modo determinado pela estrutura e na consequência de tal inserção"[412].

---

407. LUHMANN. Op. cit., p. 350.

408. Sobre a diferença entre a complexidade não estruturada e estruturada, consulte-se LUHMANN, Niklas. **O direito da sociedade**. Tradução Saulo Krieger; tradução das citações em latim Alexandre Agnolon. São Paulo: Martins Fontes, 2016a. Paralelamente, ele distingue complexidade indeterminada/indeterminável e determinada/determinável. Destaque-se, ainda, que Bertalanffy, analogamente, falava de complexidade desorganizada e organizada. BERTALANFFY, Ludwig von. **Teoria geral dos sistemas**. Tradução Francisco M. Guimarães. Petrópolis: Vozes, 1975, p. 54-81.

409. NEVES, Marcelo. **Entre Têmis e Leviatã**: uma relação difícil: o Estado Democrático de Direito a partir de Luhmann e Habermas. São Paulo: Martins Fontes, 2006, p. 6.

410. LUHMANN. Op. cit., p. 351.

411. LUHMANN. Op. cit., p. 352.

412. LUHMANN. Op. cit., p. 352.

Pode-se afirmar que a restabilização (dinâmica) diz respeito à compatibilização das novas expectativas com o sistema[413], o que significa que ela envolve uma questão de consistência sistêmica. As estruturas inovadoras só terão capacidade de resistência se forem incorporadas como parte de uma unidade de reprodução autorreferencial de comunicações, seja esta a sociedade como um todo ou os seus sistemas parciais. Disso não decorre, contudo, que elas tenham que se "adaptar passivamente" ao modelo estrutural já existente. Ao contrário, a restabilização como mecanismo evolutivo implica, em grau maior ou menor, que as estruturas preexistentes se rearticulam para adequar-se às novas expectativas, possibilitando, assim, a continuidade dinâmica da sociedade[414].

Tal como em relação ao conceito de evolução em geral, a teoria sistêmica vincula a evolução social à diferenciação dos três mecanismos evolutivos[415]. Nas formas menos complexas das sociedades diferenciadas segmentariamente[416], variação e seleção confundem-se. Isso porque, nelas, entre elementos e estrutura ainda não há uma clara distinção. As comunicações e as expetativas sobrepõem-se. A "carência de alternativas"[417], ou seja, o baixo grau de variação, significa que as comunicações inesperadas são exceções que põem em xeque a própria estrutura social. O desvio é

413. LUHMANN. Op. cit., p. 353; DE GIORGI, Raffaele. **Ciência do direito e legitimação**: crítica da epistemologia jurídica de Kelsen a Luhmann. Tradução Pedro Jimenez Cantisano. Curitiba: Juruá, 2017, p. 232-237.

414. NEVES. Op. cit., p. 7.

415. LUHMANN. Op. cit., p. 353.

416. LUHMANN, Niklas. **O direito da sociedade**. Tradução Saulo Krieger; tradução das citações em latim Alexandre Agnolon. São Paulo: Martins Fontes, 2016a, p. 355; DE GIORGI. Op. cit., p. 221-224. A diferenciação segmentária caracteriza-se pela "*igualdade* dos sistemas parciais, que se distinguem com base na descendência ou na comunidade de habitação, ou mediante a combinação de ambos os critérios", cf. LUHMANN. Op. cit., p. 355. NEVES, Marcelo. **Entre Têmis e Leviatã**: uma relação difícil: o Estado Democrático de Direito a partir de Luhmann e Habermas. São Paulo: Martins Fontes, 2006, p. 7.

417. LUHMANN. Op. cit., p. 356.

tido como algo estranho à comunidade[418]. O presente está determinado pelo passado. Nesse contexto, a interação ritualística tem um papel relevante. Nos rituais, condensam-se expectativas por meio da repetição, entre os presentes, de práticas que refletem e modelam comportamentos cotidianos, esperado como evidentes. O fato de o sistema de interação, baseado na comunicação entre os presentes, ser predominante (isto é, estrutura de interação e estrutura da sociedade não se distinguem claramente) faz com que o desvio tenha ínfima possibilidade de impor-se como inovação. O baixo grau de variação importa em insuficiente "pressão seletiva" e, portanto, pouca complexidade[419-420].

Nas sociedades estratificadas ou diferenciadas hierarquicamente[421], variação e seleção já se distinguem, na medida em que se pode discernir entre elementos e estruturas. Embora se condicionem reciprocamente, comunicações e expectativas não mais se sobrepõem. O modelo estrutural de expectativas condensadas se confronta regularmente com o problema do desvio comportamental. A conduta desviante é avaliada como algo interno à sociedade, a ser tratado por procedimentos de aplicação jurídica fundada em representações morais (e, ao mesmo tempo, religiosas) válidas para todas as esferas da sociedade[422]. A seleção por procedimentos vai implicar a discussão sobre a existência ou não de desvio em face do padrão estrutural vigente, ou seja, o cotejo entre comunicações concretas e expectativas consolidadas[423].

418. Analogamente, é possível dizer que a variação, na teoria de Luhmann, comporta-se de modo similar ao vírus, no contexto da biologia. A analogia é nossa, e não há referência a ela na obra de Luhmann. E a analogia aqui tem finalidade exclusivamente didático-pedagógica. É dizer, assim como o vírus é uma ameaça ao sistema imunológico, por um lado, por outro, ele induz o sistema imunológico a evoluir.

419. NEVES. Op. cit., p. 8.

420. Complexidade significa, praticamente, pressão seletiva. Nesse sentido, LUHMANN. Op. cit., p. 356.

421. LUHMANN. Op. cit., p. 357.

422. NEVES. Op. cit., p. 8.

423. LUHMANN. Op. cit., p. 358.

Tal situação envolve um grau mais elevado de produção de conflitos e tolerância[424], mas é sobretudo com o surgimento da escrita que se vai incrementar maior possibilidade de comunicação inovadora[425]. A partir da escrita como aquisição evolutiva referente aos próprios meios de difusão da comunicação, tem início o processo de superação do "controle estrito" dos participantes da comunicação (leitor e escrevente) pelos sistemas de interação (entre os presentes)[426], predominantes nas sociedades arcaicas, o que torna prováveis as interpretações antes improváveis, a negação dos sentidos sedimentados anteriormente[427].

No entanto, nas sociedades estratificadas[428], apesar do incremento da variação pela escrita, a uma "seleção plausível ou evidente" vincula-se uma "estabilidade normativa ou dogmaticamente indubitável" na forma de evolução das ideias[429]. Assim sendo, não se distingue entre seleção e restabilização. Isso, ao que parece, pode ser relacionado à confusão entre unidade e estrutura sistêmicas. Em outras palavras, pode ser relacionado ao fato de que a unidade do sistema social apresenta-se como unidade estrutural. Os próprios instrumentos procedimentais de solução de conflitos destinam-se basicamente a averiguar a adequação das condutas ao modelo estrutural de expectativas evidentes e inquestionáveis.

424. LUHMANN, Niklas. **O direito da sociedade**. Tradução Saulo Krieger; tradução das citações em latim Alexandre Agnolon. São Paulo: Martins Fontes, 2016a, p. 359; DE GIORGI, Raffaele. **Ciência do direito e legitimação**: crítica da epistemologia jurídica de Kelsen a Luhmann. Tradução Pedro Jimenez Cantisano. Curitiba: Juruá, 2017, p. 232; KAUFMANN, Arthur. **Filosofia do direito**. 4. ed. Tradução António Ulisses Cortês. Lisboa: Fundação Calouste Gulbenkian, 2010, p. 131.

425. LUHMANN. Op. cit., p. 360; DE GIORGI. Op. cit., p. 232.

426. NEVES, Marcelo. **Entre Têmis e Leviatã**: uma relação difícil: o Estado Democrático de Direito a partir de Luhmann e Habermas. São Paulo: Martins Fontes, 2006, p. 9.

427. LUHMANN. Op. cit., p. 361; DE GIORGI. Op. cit., p. 233. Daí por que a escrita está relacionada com a maior capacidade de suportar conflitos e tolerá-los.

428. NEVES. Op. cit., p. 9.

429. LUHMANN. Op. cit., p. 361; DE GIORGI. Op. cit., p. 233.

Isso significa a presença de um plexo de valores, imediatamente válido como padrão de comportamento em todas as esferas da vida social, que legitima a dominação da camada superior. A moral de conteúdo, religiosamente fundamentada, ao mesmo tempo excludente na dimensão pessoal ou social e totalizante na dimensão material e temporal, atua como freio aos desvios inovadores, na medida em que estabelece que o proveniente "de baixo" deve adequar-se ao fixado "em cima"[430].

Só na sociedade moderna, diferenciada funcionalmente[431], distinguem-se claramente seleção e restabilização como mecanismos evolutivos. A unidade sistêmica não se apresenta mais, primariamente, no plano estrutural (expectativas). A unidade é, sobretudo, operativa, manifesta-se, primeiramente, no plano dos elementos (as comunicações). Não só a difusão da escrita por meio da imprensa e, posteriormente, a emergência dos meios de comunicação de massa, mas também e sobretudo o surgimento de sistemas parciais autônomos levam a uma fragmentação estrutural[432]. Entretanto, essa situação, embora importe o distanciamento entre seleção e restabilização, envolve também uma aproximação desta à variação[433]. "Na perspectiva da teoria da evolução, destaca-se que os sistemas funcionais são estabilizados no sentido da variação, de tal sorte

430. NEVES. Op. cit., p. 9-10.

431. Características da diferenciação funcional são "**tanto a desigualdade quanto a igualdade** dos sistemas parciais. Os sistemas funcionais são iguais na sua desigualdade". Daí por que as diretrizes para as relações entre eles não residem em mecanismos abrangentes de toda a sociedade. LUHMANN. Op. cit., p. 363; DE GIORGI, Raffaele. **Ciência do direito e legitimação**: crítica da epistemologia jurídica de Kelsen a Luhmann. Tradução Pedro Jimenez Cantisano. Curitiba: Juruá, 2017, p. 234. Há horizontalidade nas relações intersistêmicas e autonomia perante a sociedade como um todo. NEVES. Op. cit., p. 10.

432. NEVES, Marcelo. **Entre Têmis e Leviatã**: uma relação difícil: o Estado Democrático de Direito a partir de Luhmann e Habermas. São Paulo: Martins Fontes, 2006, p. 10.

433. LUHMANN, Niklas. **O direito da sociedade**. Tradução Saulo Krieger; tradução das citações em latim Alexandre Agnolon. São Paulo: Martins Fontes, 2016a, p. 389.

que o mecanismo da estabilização atua simultaneamente como o motor da variação evolutiva"[434-435].

Disso decorre que a sociedade torna-se excessivamente dinâmica e complexa. A pressão seletiva intensifica-se[436]. A questão complica-se porque cada sistema social parcial constitui-se como unidade de reprodução autorreferencialmente fechada, fazendo parte do ambiente dos sistemas parciais. A unidade da sociedade repousa na diferenciação sistêmico-funcional. Isso resulta em que, no interior da própria sociedade, relativamente a cada sistema parcial, impõe-se decisivamente a distinção entre evolução interna e evolução externa[437], ou melhor, a confrontação permanente entre diversas formas de evolução sistêmica[438].

4.10. CONCLUSÃO

Ao cabo deste terceiro capítulo, como fora feito ao fim do segundo, é preciso fazer uma breve revisão e, em seguida, fazer alguns anúncios já acerca do próximo. Tudo isso, é lógico, sempre com o intuito de dar a linha de continuidade necessária entre eles, de sorte a enfatizar, uma vez mais, como eles se encontram interligados. Mas assim não se procede apenas em razão de tal escopo. Revisões e anúncios são sempre

434. LUHMANN. Op. cit., p. 389; DE GIORGI. Op. cit., p. 131.

435. Isso se torna particularmente relevante desde que se possa, a título de simplificação, "definir a evolução também como seleção da estrutura e, considerando-se que as estruturas guiam a seleção de operações, pode-se definir a evolução como seleção de seleção", cf. LUHMANN. Op. cit., p. 390.

436. LUHMANN. Op. cit., p. 392.

437. Nesse sentido, LUHMANN. Op. cit., p. 393. De modo contrário, TEUBNER, Gunther. **O direito como sistema autopoiético**. Tradução José Engrácia Antunes. Lisboa: Fundação Calouste Gulbenkian, 1993, p. 122-126.

438. NEVES. Op. cit., p. 11.

indispensáveis, também, para deixar claro o caminho que se está percorrendo para a construção de uma nova concepção de sistema jurídico.

A título de revisão, cabe ressaltar o esforço que foi feito ao longo deste capítulo para explicar o conceito de sistema autopoiético. Para o que se tomou como ponto de partida a relação entre Parsons e Luhmann e a influência que aquele exerceu sobre este. E esse conceito de sistema autopoiético precisava ser abordado com maior parcimônia. Não por que ele será a base necessária a partir da qual se irá tentar propor um novo conceito de sistema jurídico. É bom lembrar que o conceito de sistema autopoiético é um conceito exclusivamente sociológico, ao menos, vale registrar, essa é a intenção de Luhmann. Mas era preciso abordar com maior riqueza de detalhes o conceito de sistema autopoiético, dentro dos limites de pesquisa desta obra, porque esse conceito, a um só tempo, anuncia o declínio do conceito tradicional de sistema jurídico (nos moldes de Kelsen e Bobbio), por um lado, e proclama, por outro, a necessidade de um novo conceito de sistema jurídico, um conceito que busque estar antenado com a sociedade do seu tempo.

Ainda a título de revisão, o capítulo apresentou o conceito de sistema autopoiético, mas não se limitou apenas a isso. O capítulo dedicou as suas primeiras páginas a mostrar a relação entre Parsons e Luhmann, e o modo como cada um deles compreendia o conceito de sistema. Ademais, o capítulo também discorreu sobre os pensamentos de tais autores e a noção de sistema cibernético, ainda que em breves linhas. E assim o fez para, no momento seguinte, dedicar-se a esclarecer o que Luhmann entendia por sistema jurídico e Dogmática Jurídica antes da guinada autopoiética. Isso porque, de outro modo, não seria possível explicar de forma didática o que Luhmann viria a sustentar sobre sistema jurídico após a guinada autopoiética. Até porque coube ao capítulo, logo a seguir, esclarecer de que maneira a guinada da autopoiese em Luhmann terminou levando-o a excomungar os construtivistas. E foi a partir daí, da excomunhão dos construtivistas, que se apresentou, em breves linhas, dentro dos limites daquilo que interessa ao presente trabalho, como Luhmann passou a compreender o Direito após a guinada autopoiética. Para, só no fim do capítulo, suscitar como reflexão, a partir da lição de Günther Teubner, se a noção de sistema autopoiético deve, ou não, ceder lugar ao conceito de sistema autocatalítico[439].

O certo é que, chamada a atenção para esses aspectos, é possível perceber, graças às contribuições proporcionadas por este capítulo, que a noção de sistema autopoiético sustentada por Niklas Luhmann será de grande importância, como se verá no capítulo a seguir, para sustentar uma nova concepção de sistema jurídico. Essa nova concepção de sistema jurídico irá se valer, e muito, das contribuições da sociologia de Luhmann, mas não necessariamente para concordar na íntegra com ela. De sorte que é possível dizer que a Teoria Geral do Direito e um de seus conceitos centrais, o conceito de sistema, ganha uma nova sobrevida a partir das contribuições de Niklas Luhmann. Apesar de que, segundo Willis Santiago Guerra Filho[440], a partir da lição de Niklas Luhmann, seria possível sustentar tese completamente oposta, qual seja, a de que a doutrina de Luhmann decretou a morte da Teoria Geral do Direito. No que, aliás, é preciso dizer que o próprio Luhmann já havia sustentado tal ideia[441].

Data maxima venia, a tese sustentada neste trabalho é outra. É dizer, a tese é a de que as críticas desenvolvidas pela lição de Niklas Luhmann à Teoria Geral do Direito podem ser aproveitadas por esta última para, a partir de tais críticas, reinventar a si mesma e, por consequência, os conceitos com os quais aquela trabalha, em especial, o conceito de sistema

439. TEUBNER, Gunther. **O direito como sistema autopoiético**. Tradução José Engrácia Antunes. Lisboa: Fundação Calouste Gulbenkian, 1993, p. 127.

440. GUERRA FILHO, Willis Santiago; CANTARINI, Paola. **Teoria Poética do Direito**. Rio de Janeiro: Lumen Juris, 2015, p. 40-47.

441. LUHMANN, Niklas. **O direito da sociedade**. Tradução Saulo Krieger; tradução das citações em latim Alexandre Agnolon. São Paulo: Martins Fontes, 2016a, p. 667-740.

jurídico. Logo, a principal conclusão a que se chega ao fim deste capítulo, como contribuição que ele proporciona para o desfecho da tese, é o seguinte: o conceito de sistema autopoiético proporciona as bases necessárias para a proposta de um novo conceito de sistema jurídico ou para que se ponha em discussão o conceito de sistema no âmbito da Teoria do Direito. E é a contribuição deste capítulo somada à contribuição dos capítulos anteriores que permitirá esboçar em linhas gerais uma proposta de novo conceito de sistema jurídico.

O certo é que ao tratar de tais assuntos neste capítulo, a um só tempo, consegue-se trazer à tona dois elementos importantes. O primeiro, como este capítulo é relevante para introduzir o conceito de sistema autopoiético defendido por Niklas Luhmann[442]. E, por sua vez, o segundo elemento: o de como este capítulo é valioso para que se perceba como a noção de sistema autopoiético pode ajudar a provocar uma reformulação significativa no conceito de sistema jurídico. Uma reformulação capaz de, por exemplo, admitir o surgimento de novas disciplinas jurídicas, como o Direito Animal, e a elevação dos animais não humanos[443], ou até mesmo, por que não, os robôs[444], à qualidade de sujeitos de direito.

Não que este último aspecto seja de interesse desta pesquisa, não o é, mas convém registrar que a concepção de sistema jurídico de Bobbio parece ignorar o surgimento dessa e de outras disciplinas jurídicas. E ao

442. LUHMANN, Niklas. Por que uma teoria dos sistemas? In: NEVES, Clarissa Eckert Baeta; SAMIOS, Eva Machado Barbosa. **Niklas Luhmann**: a nova teoria dos sistemas. Porto Alegre: Universidade UFRGS, Goethe-Institut/ICBA, 1997, p. 37-48.

443. TRAJANO, Tagore. Direito Animal e Pós-Humanismo: formação e Autonomia de um Saber Pós-Humanista. **Revista Jurídica Luso Brasileira**, v. 2, p. 2001-2066, 2015.

444. CASTRO JÚNIOR, Marco Aurélio de. **Personalidade jurídica do robô e sua efetividade jurídica no Direito**. Salvador: Repositório de teses do Programa de Pós-Graduação *Stricto Sensu* da Faculdade de Direito da UFBA (Universidade Federal da Bahia), 2009. Disponível em: <https://repositorio.ufba.br/ri/bitstream/ri/10 719/3/Personalidade%20Juridica%20do%20Rob%C3%B4%20e%20sua%20efetividade%20no%20Direito.pdf>. Acesso em: 19 jan. 2018.

dizer isso, já se está anunciando o que se pode aguardar no próximo capítulo. Um capítulo de fronteira. Um capítulo que irá demarcar o rompimento com a noção tradicional de sistema jurídico. Esse rompimento, convém salientar, passa pela lição de Luhmann, mas bebe, também, na medida do possível, nas ideias propostas por Thomas Vesting[445].

Por isso, a título de anúncio, o próximo capítulo irá apresentar uma proposta de um novo conceito de sistema jurídico em suas linhas gerais. Esse novo conceito adotará como premissa uma concepção não antropocêntrica de sistema jurídico. E ali, naquele capítulo, será explicado o que se entende por não antropocêntrica[446]. Delineada essa premissa, o capítulo se dedicará a refundar as bases da noção geral daquilo que se chamou aqui (no segundo capítulo) de concepção tradicional de sistema jurídico.

E essa refundação passará por diversos aspectos, dentre outros, os seguintes: a estrutura circular do conceito de sistema jurídico, a noção de regra de calibração, um novo olhar sobre a relação entre princípios e regras[447], a reformulação do conceitos tradicionais de unidade, lacuna e antinomia e as contribuições de Thomas Vesting[448] para o debate, na medida do possível e do que seja ajustável à proposta que aqui será feita. Vale ressaltar, desde já, que Vesting, como ressalta Ricardo R. Campos, propõe uma "pós-teoria dos sistemas, na medida em que, ao abordar o

445. VESTING, Thomas. **Teoria do direito**: uma introdução. Tradução Gercélia B. de O. Mendes; revisão: Geraldo de Carvalho Neto. São Paulo: Saraiva, 2015, *passim*.

446. LUHMANN, Niklas. Por que uma teoria dos sistemas? In: NEVES, Clarissa Eckert Baeta; SAMIOS, Eva Machado Barbosa. **Niklas Luhmann**: a nova teoria dos sistemas. Porto Alegre: Universidade UFRGS, Goethe-Institut/ICBA, 1997, p. 37-48. Consulte-se, ainda, TRAJANO, Tagore. Direito Animal e Pós-Humanismo: Formação e Autonomia de um Saber Pós-Humanista. **Revista Jurídica Luso Brasileira**, v. 2, p. 2001-2066, 2015. TRAJANO, Tagore. **Direito animal & ensino jurídico**: formação e autonomia de um saber pós-humanista. Salvador: Evolução, 2014, p. 31-90.

447. NEVES, Marcelo. **Entre Hidra e Hércules**: princípios e regras constitucionais. São Paulo: Martins Fontes, 2013, p. 89-170.

448. VESTING. Op. cit., p. 263-318.

caráter constitutivo das mídias para o 'design' do Direito ao longo de sua evolução, torna impossível uma 'higienização das fronteiras' do projeto luhmanniano" [449], no qual as "operações jurídicas dotadas de sentido (*Sinn*) só podem operar dentro dos limites do sistema autopoiético"[450].

Ou seja, Vesting não adere à noção de sentido de Luhmann e parece propor um rompimento total com a teoria dos sistemas, seja no modo como a compreende a concepção jurídica e tradicional de Kelsen e Bobbio, seja na maneira sociológico-sistêmica como a concebe Luhmann. Não é essa a compreensão que se adotará neste trabalho[451], mas, sem dúvida, são de grande valia as observações de Vesting sobre as duas concepções de sistema e as críticas dirigidas a elas, ainda que este trabalho não adote por inteiro as suas considerações acerca do tema. Aliás, se há algo em comum entre este trabalho e o estudo de Vesting é o esforço por propor um novo olhar sobre a Teoria do Direito e sobre alguns de seus conceitos básicos, em especial, é lógico, o conceito de sistema. Em suma, a Teoria do Direito, em tempos de pós-modernidade[452], está, mais do que nunca, em voga, seja para sustentar o seu fim, como fazem alguns[453], seja para reformulá-la de modo arrojado, como é a percepção deste trabalho.

---

449. VESTING, Thomas. **Teoria do direito**: uma introdução. Tradução Gercélia B. de O. Mendes; revisão: Geraldo de Carvalho Neto. São Paulo: Saraiva, 2015, p. 24.

450. Idem, ibidem, p. 24.

451. A ideia que aqui será levada a efeito adere a algumas das propostas apresentadas por Tercio Sampaio Ferraz Jr., no capítulo quarto de sua obra FERRAZ JR., Tercio Sampaio. **Introdução ao estudo do direito**: técnica, decisão e dominação. São Paulo: Atlas, 2015, p. 66-209.

452. Sobre o tema e os seus reflexos, consulte-se NEVES, António Castanheira. **A crise actual da filosofia do direito no contexto da crise global da filosofia**: tópicos para possibilidade de uma reflexiva reabilitação. Coimbra: Coimbra Editora, 2003. Emblemática, por sinal, nesse sentido, qual seja, de uma visão pós-moderna e de uma crise da filosofia em geral é a obra de Richard Rorty. Esse autor, de viés pragmatista, e fortemente contaminado pelas ideias de Heidegger e de Nietzsche, chega a sustentar o fim da filosofia. Nesse sentido, consulte-se RORTY, Richard. **A filosofia e o espelho da natureza.** Tradução: Antônio Trânsito. Rio de Janeiro: Relume-Dumará, 1994, p. 381.

453. GUERRA FILHO, Willis Santiago; CANTARINI, Paola. **Teoria Poética do Direito**. Rio de Janeiro: Lumen Juris, 2015, p. 80-89.

V

POR UMA NOVA CONCEPÇÃO DE SISTEMA JURÍDICO – OS PRIMEIROS PASSOS DE UMA CONSTRUÇÃO

"Quando pensamos a árvore jurídica a partir não apenas do seu solo (o Estado), mas dos seus frutos (a Justiça), percebemos que o modelo da árvore talvez já não seja suficiente. E é aqui que a Botânica também pode fornece uma imagem nova. De fato, além das árvores, há ainda as formações vegetais de natureza *rizomática*, cujas raízes são *rizomas*. O rizoma é uma raiz que troca a profundidade do solo pela sua superfície sem fronteiras. As plantas rizomáticas crescem horizontalmente: suas raízes espalham-se em todas as direções possíveis e só visam a verticalidade se for por intermédio de um muro que se quer ultrapassar, transpor. Nesse sentido, é impossível determinar o número de raízes que servem de apoio ao movimento de uma planta rizomática, visto que suas raízes são múltiplas, incontáveis: brotam e nascem conforme as exigências de expansão da planta". SOUZA, Elton Luiz Leite de. **Filosofia do direito, ética e justiça – Filosofia contemporânea**. Porto Alegre: Núria Fabris Editora, 2007, p. 15-16 (grifos do autor).

5.1. INTRODUÇÃO

Como é possível notar, o capítulo anterior foi dedicado a apresentar o conceito de sistema autopoiético. Nesse sentido, ali, naquele capítulo, lançou-se mão da lição de Niklas Luhmann[1] para, a partir de sua doutrina, expor a sua concepção de sistema autopoiético, a qual, segundo o próprio autor, destina-se, exclusivamente à seara da sociologia ou, quando muito, ao campo da sociologia jurídica. Isso porque, como se procurou acentuar, o conceito de sistema autopoiético não foi gestado para a Teoria do Direito[2], não se destinando, portanto, a uma reformulação da Dogmática Jurídica. Ainda que, nas entrelinhas, em diversas ocasiões, Luhmann insinue que a Teoria Geral do Direito experimenta uma forte crise.

E é aqui, nesse ponto, que cabe logo um prévio esclarecimento, antes que se avance pelos itens a seguir. E esse esclarecimento diz respeito ao alerta para que não se confunda Teoria Geral do Direito com a expressão Teoria do Direito. A primeira expressão, Teoria Geral do Direito, em franco processo de declínio, remonta a uma tradição oriunda do século XIX. Essa expressão pressupõe existir uma única teoria ou forma de se explicar os principais conceitos jurídicos ou a Dogmática Jurídica. Sucede que, a partir do fim da Segunda Grande Guerra Mundial, em especial, esse discurso passou a ser duramente criticado. Isso porque, a partir dali, sobretudo, o positivismo jurídico clássico, no seu sentido estrito, sofreu um duro golpe, o que, por sua vez, abriu campo para o surgimento do

1. Como destaca Manfred Rehbinder, a sociologia do direito de Niklas Luhmann é uma sociologia do direito pura, ou seja, pretende ser uma ciência explicativa da sociedade e do seu funcionamento, assim como a sociologia sustentada por Max Weber. Nesse sentido, consulte-se REHBINDER, Manfred. **Sociologia do direito**. Tradução Márcio Flávio Mafra Leal. São Paulo: Saraiva, 2017, p. 20.

2. Compreende-se aqui a Teoria do Direito como uma metateoria, uma teoria da teoria. Em suma, defende-se aqui a tese de que a Teoria do Direito está situada no nível da observação de segunda ordem. Nesse sentido, consulte-se VESTING, Thomas. **Teoria do direito**: uma introdução. Tradução Gercélia B. de O. Mendes. São Paulo: Saraiva, 2015, p. 37.

que Arthur Kaufmann, por exemplo, denominou como "terceira via". É dizer, a multiplicação de escolas de filosofia do direito, ou não, que passavam, agora, a partir da década de 1950, a tentar explicar o Direito por meio de "uma terceira via" que não recorresse, necessariamente, nem ao jusnaturalismo moderno de Kant nem ao normativismo jurídico de Hans Kelsen.

Pois bem, é no contexto do pós-Segunda Grande Guerra Mundial, com a multiplicação de escolas filosóficas, com o desabrochar das ideias de globalização, com o avanço dos meios de transporte, com o surgimento dos meios de comunicação de massa, com a germinação das ideias pós-modernistas é que se assistiu a ascensão da ideia de que não há mais que se falar em uma Teoria Geral do Direito, mas, sim, e quando muito, em Teorias do Direito. E o plural aqui se impõe. Isso mesmo. Teorias do Direito porque agora se admite que os conceitos com os quais a Dogmática Jurídica trabalha podem ser relidos a partir de diferentes perspectivas filosóficas. Ora, se é assim, a disciplina de Teoria do Direito e os conceitos e as ideias a ela atrelados, sobretudo o de sistema jurídico, podem agora, nesse novo contexto, admitir novas leituras e releituras. E isso não deve causar qualquer melindre ou mal-estar, afinal, essa circunstância, a da divergência, é algo muito próprio do Direito e de sua filosofia.

Essa nova leitura que se pode vir a fazer, por exemplo, sobre o conceito de sistema jurídico, em grande medida, é preciso que se diga, foi impulsionada por críticas contundentes provenientes da seara da sociologia e da sociologia jurídica. Nesse sentido, por sinal, o "sociologismo" jurídico que Kelsen tanto combateu por meio de sua Teoria Pura do Direito foi o mesmo que se fez sentir, ainda que de modo indireto, em diversos movimentos filosóficos do século XX, como o Culturalismo Jurídico, que, no Brasil, teve em Miguel Reale o seu maior expoente. E é nesse cenário, das críticas da sociologia à concepção jurídica reinante à época, notadamente o normativismo jurídico de Kelsen, que os estudos de Niklas Luhmann se inserem também.

Seus estudos, mesmo que não dirigidos à Teoria do Direito, podem, sim, provocar nesta uma perplexidade, um alerta para que mudanças venham a ser empreendidas. É dizer, se a noção de sistema autopoiético não é uma noção jurídica, mas, sim, e tão somente sociológica, isso não quer dizer que ela não possa de algum modo se prestar à sinalização de que a concepção clássica ou tradicional de sistema jurídico já está a merecer, há algum tempo, algum tipo de reformulação. Aliás, é nesse sentido, por sinal, que parece se encaminhar a doutrina de Thomas Vesting. Explica-se melhor. Se é certo que Vesting não adere à concepção de sistema autopoiético de Luhmann por completo, não é menos certo que ele, Vesting, também percebe em Luhmann uma referência, um marco de transição ou de reformulação da Teoria do Direito e, por consequência, do conceito de sistema jurídico.

O empreendimento que se levará a cabo neste capítulo não se filiará às ideias de Vesting nem adotará a sua concepção acerca de uma pós-teoria dos sistemas, mas se apropriará, ali e acolá, de observações e advertências feitas por ele. Destaca-se isso, desde logo, de modo a evitar qualquer mal-entendido sobre o tema e sobre a abordagem que aqui será empreendida. O esforço que aqui se pretende fazer, o de propor ou tentar propor uma reformulação do conceito tradicional de sistema jurídico, procura beber na fonte da sociologia jurídica, para que, a partir desta, seja possível empreender modificações na Teoria do Direito e, por consequência, na noção de sistema jurídico. E esse esforço, como já é possível notar, toma como pano de fundo uma metodologia transdisciplinar, que, por sinal, também se pode notar nos estudos desenvolvidos por Luhmann e no seu diálogo intenso com a cibernética e a biologia, como já destacado no capítulo anterior.

A reformulação do conceito tradicional de sistema jurídico que aqui será proposta é, portanto, em grande medida influenciada pelas contribuições da sociologia, mas com ela, por óbvio, não se confunde. É possível dizer, valendo-se aqui da nomenclatura empregada por Ana Lúcia

Sabadell, que a reformulação que aqui se sustentará está filiada, de algum modo, a um positivismo jurídico de caráter sociológico (ou a Escolas positivistas de caráter sociológico)[3], ou ao aspecto pragmático da comunicação, como quer Tercio Sampaio Ferraz Jr.[4]. Isso porque essa reformulação irá, ali e acolá, se valer de assertivas formuladas por Niklas Luhmann no contexto da teoria sistêmica da sociedade por ele desenvolvida. Mas irá também dialogar e se aproveitar de reflexões desenvolvidas por Tercio Sampaio Ferraz Jr. e Marcelo Neves[5] acerca do tema do sistema jurídico e dos aspectos periféricos a ele relacionados.

Mas não são apenas essas as premissas a partir das quais se tentará empreender a reformulação do conceito tradicional de sistema jurídico. A reformulação que se pretende sustentar aqui toma como ponto de partida, ainda que com o fim de reformulá-las, as premissas básicas da concepção clássica de sistema jurídico. E essas premissas, cabe recordar mais uma vez, são as noções de unidade[6], coerência e completude. Noções que, segundo Hans Kelsen, grifam de modo marcante a noção de sistema jurídico por ele sustentada, e que, ainda na obra de Norberto Bobbio, se fazem muito presentes, mesmo que já com algumas ressalvas.

Pois bem, essas noções, nas próximas páginas, serão revisitadas e reformuladas. E é partir daí, da reformulação dessas noções impregnadas à concepção clássica de sistema jurídico, que se tentará propor a

3. SABADELL, Ana Lúcia. **Manual de sociologia jurídica**: introdução e uma leitura externa do direito. 3. ed. São Paulo: Revista dos Tribunais, 2005, p. 38.

4. FERRAZ JR., Tercio Sampaio. **Introdução ao estudo do direito**: técnica, decisão e dominação. 8. ed. São Paulo: Atlas, 2015, p. 66.

5. NEVES, Marcelo. **Entre Hidra e Hércules**: princípios e regras constitucionais como diferença paradoxal do sistema jurídico. São Paulo: Martins Fontes, 2013.

6. Vale ressaltar que a ideia de unidade aqui sustentada, após passar por uma redefinição, parte da premissa do paradoxo do início. Logo, este trabalho se aproveitará em parte das lições de Thomas Vesting. Nesse sentido, consulte-se VESTING, Thomas. **Teoria do direito**: uma introdução. Tradução Gercélia B. de O. Mendes. São Paulo: Saraiva, 2015, p. 154-158.

reformulação do conceito tradicional de sistema jurídico[7]. Uma reformulação que não recorrerá mais à ideia de unidade[8] nos mesmos moldes que Kelsen. Uma reformulação que não se socorrerá mais da noção de norma fundamental[9], ou pelo menos não fará mais menção a ela do mesmo modo como o faz Kelsen. Uma reformulação que irá rever a noção de coerência, a partir da rediscussão da questão da antinomia. E, por fim, mas não de modo exaustivo e conclusivo, uma reformulação que irá abordar a questão da lacuna por uma outra perspectiva, reformulando, assim, as bases da ideia de completude.

Mas não é apenas aí que residem os traços dessa tentativa de reformulação do conceito tradicional de sistema jurídico que se pretende propor. A reformulação que aqui se pretende desenhar abandonará a ilustração piramidal. Pirâmide que, como se sabe, remete à ideia de hierarquia[10],

---

7. "Na estrutura que assim descrevo, o direito é essencialmente *desconstruível*, ou porque ele é fundado, isto é, construído sobre camadas textuais interpretáveis e transformáveis (e esta é a história do direito, a possível e necessária transformação, por vezes a melhora do direito), ou porque o seu fundamento último, por definição, não é fundado". Cf. DERRIDA, Jacques. **Força de lei**: o fundamento místico da autoridade. Tradução Leyla Perrone-Moisés. São Paulo: Martins Fontes, 2007, p. 26.

8. Convém registrar, logo de saída, para fins de esclarecimento, que o termo "unidade" aqui ainda é empregado, mesmo sustentando uma nova concepção de sistema de sistema jurídico. Mas quando se faz uso do termo "unidade", no contexto dessa nova concepção de sistema jurídico, a rigor, não se opõe aos conceitos de diferença e de código binário, conceitos do vocabulário de Luhmann. Na verdade, a ideia de unidade aqui sustentada, já devidamente reformulada em seu sentido, é algo que pressupõe a própria ideia de diferença. Em sentido diverso, preferindo distinguir o conceito de unidade do conceito de diferença, como se fossem conceitos antônimos, é a doutrina de Thomas Vesting. Cf. VESTING. Op. cit., p. 131-134.

9. No lugar da ideia de norma fundamental, uma nova concepção de sistema jurídico precisa e toma consciência do paradoxo do início. Nesse sentido, consulte-se VESTING. Op. cit., p. 154-158.

10. Esta tese é muito simpática à ideia sustentada por Thomas Vesting sobre o assunto, qual seja, a de que o conceito de hierarquia deve dar lugar ao conceito de rede. Isso significa dizer que uma nova concepção de sistema jurídico que é aqui sustentada em suas linhas gerais, substitui o modelo hierárquico por um modelo heterárquico, ou seja, colateral, em redes

de estrutura vertical entre as normas jurídicas envolvidas. Pirâmide que levou Kelsen, influenciado por Kant, a sustentar a ideia de uma norma fundamental. Ela, a reformulação que aqui se deseja levar a efeito, pretende partir de novas premissas, em especial, da ideia, já defendida por Luhmann, de que a melhor maneira de ilustrar o sistema do Direito é recorrer à imagem de um círculo ou de uma circularidade. E esse aspecto, o da circularidade, será explorado mais adiante. Mas esse aspecto já sinaliza para outra direção, qual seja, a de que o sistema jurídico deve se basear, muito mais, na ideia de horizontalidade[11] do que na perspectiva de uma visão que privilegia a verticalidade.

Essa horizontalidade que aqui já se destaca como um dos aspectos dessa reformulação do conceito tradicional de sistema jurídico que se deseja propor é muito bem expressa pelas palavras de Elton Luiz Leite de Souza, citadas e transcritas no início deste de capítulo. Palavras estas que, segundo o próprio autor, em grande medida refletem a lição de Gilles Deleuze e a sua concepção rizomática[12]. Convém, então, uma vez mais,

---

de proximidade. Nesse sentido, consulte-se VESTING, Thomas. **Teoria do direito**: uma introdução. Tradução Gercélia B. de O. Mendes. São Paulo: Saraiva, 2015, p. 151-154.

11. Por isso, Thomas Vesting, em sua Teoria do Direito, já faz uso da ideia de rede, no lugar de pirâmide, bem como prefere a ideia de um sistema heterárquico, ao invés de um sistema hierárquico. E esse aspecto, para este trabalho, é um ponto muito importante dessa nova concepção de sistema jurídico que aqui se propõe. Nesse sentido, consulte-se VESTING. Op. cit., p. 33.

12. Nesse sentido, escreve Deleuze: "Um rizoma não começa nem conclui, ele se encontra sempre no meio, entre as coisas, inter-ser, intermezzo. A árvore é filiação, mas o rizoma é aliança, unicamente aliança. A árvore impõe o verbo 'ser', mas o rizoma tem como tecido a conjunção 'e... e... e...'. Há nesta conjunção força suficiente para sacudir e desenraizar o verbo ser. Entre as coisas não designa uma correlação localizável que vai de uma para outra e reciprocamente, mas uma direção perpendicular, um movimento transversal que as carrega uma e outra, riacho sem início nem fim, que rói suas duas margens e adquire velocidade no meio", cf. DELEUZE, Gilles; GUATTARI, Félix. **Mil platôs**: capitalismo e esquizofrenia. Tradução Aurélio Guerra Neto e Célia Pinto Costa. São Paulo: Editora 34, 2000, v. 1, capa do livro. Discorrendo com maior profundidade, consulte-se as páginas 10 a 36.

transcrever as ditas palavras, pela força da ideia que elas exprimem e pelo ponto de partida que elas inauguram:

> Quando pensamos a árvore jurídica a partir não apenas do seu solo (o Estado), mas dos seus frutos (a Justiça), percebemos que o modelo da árvore talvez já não seja suficiente. E é aqui que a Botânica também pode fornece uma imagem nova. De fato, além das árvores, há ainda as formações vegetais de natureza *rizomática*, cujas raízes são *rizomas*. O rizoma é uma raiz que troca a profundidade do solo pela sua superfície sem fronteiras. As plantas rizomáticas crescem horizontalmente: suas raízes espalham-se em todas as direções possíveis e só visam a verticalidade se for por intermédio de um muro que se quer ultrapassar, transpor. Nesse sentido, é impossível determinar o número de raízes que servem de apoio ao movimento de uma planta rizomática, visto que suas raízes são múltiplas, incontáveis: brotam e nascem conforme as exigências de expansão da planta[13].

Nessa breve descrição das feições da reformulação do conceito tradicional de sistema jurídico que se pretende propor, cabe dizer, ainda, que este capítulo percorrerá os seguintes passos: a) propor uma concepção não antropocêntrica de sistema jurídico; b) sustentar que o sistema jurídico encontre-se baseado nas noções de estrutura e repertório; c) defender que a reformulação do conceito tradicional de sistema jurídico implica um sistema jurídico de estrutura circular ou em rede[14] (de modo heterárqui-

---

13. SOUZA, Elton Luiz Leite de. **Filosofia do direito, ética e justiça**: filosofia contemporânea. Porto Alegre: Núria Fabris Editora, 2007, p. 15-16 (grifos do autor).

14. Aliás, vale ressaltar que, recentemente, em entrevista concedida ao site Conjur, Tercio Sampaio Ferraz Júnior passa a sustentar ou a indicar que irá sustentar também uma concepção de sistema como rede ou rizoma, tal qual como aqui se sustenta. Neste sentido, consuslte-se o sítio eletrônico https://www.conjur.com.br/2019-jun-23/ativismo-judicial-acabou-tarefas-juristas-sampaio-ferraz. Acesso em 23/01/2020, às 11:00.

co)[15]; d) se valer da ideia de regra de calibração, para repensar o problema da unidade do sistema jurídico; e) rediscutir a ideia de lacuna, para, desse modo, rever a concepção clássica sobre a ideia da completude (agora, a distinção entre normas e fatos é vista como uma distinção interna ao sistema jurídico[16]); f) propor uma nova visão sobre o conceito de antinomia jurídica; e, por fim, g) ir em busca de outro modelo de diferença entre princípios e regras.

Feitas tais considerações introdutórias seja sobre o capítulo que se iniciará, seja sobre as características da reformulação do conceito tradicional de sistema jurídico que se deseja propor, convém, por fim, destacar um último aspecto relevante, qual seja, o de que a reformulação que se deseja realizar parte de duas premissas: a primeira, a de que a norma jurídica é, em si, uma comunicação, nesse sentido, Tercio Sampaio Ferraz Jr. E a segunda, a de que o sistema jurídico não é um mero conjunto de normas, apesar de, não se nega isso, as normas serem as suas unidades de maior relevância ou protagonismo. E aqui, neste ponto, a reformulação do conceito tradicional de sistema jurídico, uma vez mais, se afasta da concepção tradicional de Kelsen, pois, segundo ele, o sistema jurídico é composto apenas por normas jurídicas (assim também Bobbio).

Ora, quando se diz aqui que a norma jurídica é, em si, uma comunicação, é preciso salientar que tal assertiva, de algum modo, bebe na fonte dos escritos de Luhmann. Isso porque é ele que, por sua vez, sustenta que a unidade básica da sociedade não é o ser humano, mas, sim, a comunicação. Os seres humanos, segundo o sociólogo alemão, fazem parte do ambiente social, não são as unidades básicas a partir das quais se constitui o sistema social e, por sua vez, o próprio sistema do Direito. Pois bem,

15. Nesse sentido, consulte-se VESTING, Thomas. **Teoria do direito**: uma introdução. Tradução Gercélia B. de O. Mendes. São Paulo: Saraiva, 2015, p. 34.

16. Nese sentido, consulte-se VESTING. Op. cit., p. 35.

essa ideia, em alguma medida, aqui também será aproveitada, no desenho da reformulação do conceito tradicional de sistema jurídico que aqui será levado a efeito. E é por isso que, já a partir do item seguinte, se discorrerá aqui sobre uma concepção não antropocêntrica de sistema jurídico.

5.2. UMA CONCEPÇÃO NÃO ANTROPOCÊNTRICA DE SISTEMA JURÍDICO

Inicialmente, nesse projeto de reformulação do conceito tradicional de sistema jurídico que aqui se deseja incrementar, imperioso se faz esclarecer o que se sustenta aqui como uma concepção não antropocêntrica[17] de sistema jurídico. Por essa expressão se entende, a título de consequência, que qualquer construção que venha a ser feita de um novo conceito de sistema jurídico precisa levar em consideração, necessariamente, o surgimento de novas disciplinas jurídicas que, com base no conceito tradicional de sistema jurídico, não conseguem ser explicadas e justificadas.

Esse é o caso, por exemplo, da disciplina de Direito Animal. Uma disciplina que, por muito tempo, foi confundida com a disciplina de Direito Ambiental, mas que hoje, cada vez mais, mostra-se como uma disciplina autônoma com princípios fundamentais próprios. Princípios como o da dignidade animal, o do antiespecismo, o da não violência e o do veganismo. Nesse sentido, por sinal, é o que sustenta Tagore Trajano de Almeida Silva ao discorrer sobre o Direito Animal e o ensino

17. Já se esclarece aqui, logo de saída, que o termo não antropocêntrico quer também significar que uma nova concepção de sistema jurídico, uma concepção compreendida em termos autopoiéticos, é, como salienta Luhmann e explica Thomas Vesting, uma concepção que retira de seu ponto central o conceito de pessoa. Esse conceito, o de pessoa, passa a ser compreendido como um sistema psíquico ou como um sistema de consciência e, por consequência, como o ambiente do sistema social. Nesse sentido, consulte-se, por exemplo, VESTING, Thomas. **Teoria do direito**: uma introdução. Tradução Gercélia B. de O. Mendes. São Paulo: Saraiva, 2015, p. 138.

jurídico e, em seguida, debater a formação e a autonomia de um saber não antropocêntrico[18].

Disciplinas como essa não conseguem ser explicadas e justificadas a contento, caso se tome como ponto de partida a concepção tradicional de sistema jurídico que aqui já foi exposta. E, diante de tal circunstância, resulta claro que a opção mais adequada não é a de negar a essa matéria, ou a outras que venham a surgir, a sua condição de disciplina jurídica. Não é conveniente negar o caráter de disciplina jurídica ao Direito Animal, apenas para se manter aferrado ao conceito tradicional de sistema jurídico. Se assim se admitir, corre-se o sério risco de fraturar a conexão necessária entre o sistema social e o subsistema jurídico, para continuar vinculado aqui ao jargão da doutrina de Luhmann.

Não é que o surgimento dessa nova disciplina justifique uma concepção não antropocêntrica de sistema jurídico. Se assim o fosse, a reformulação que aqui se leva a efeito, na verdade, estaria comprometida, desde o seu início, em justificar o que se quer. Ou seja, para invocar a feliz expressão do processualista italiano Franco Cordero[19], haveria o que ele denomina como o "primado da hipótese sobre o fato". Em outras palavras, uma reformulação do conceito tradicional de sistema jurídico estaria sendo feita de modo tendencioso, com vistas a justificar a existência dessa nova disciplina jurídica que é o Direito Animal. Mas não é isso que se passa, é preciso, uma vez mais, enfatizar. Não, não é isso que se passa.

O que está acontecendo, na verdade, é o oposto, ou o inverso. Está em curso um processo de reformulação do conceito de sujeito de direito. Um conceito que está, pouco a pouco, perdendo a sua referência

18. SILVA, Tagore Trajano de Almeida. **Direito animal & ensino jurídico**: formação e autonomia de um saber pós-humanista. Salvador: Evolução, 2014, p. 95.

19. CORDERO, Franco. **Procedimiento penal**. Traducción Jorge Guerrero. Santa Fé de Bogotá: Editorial Têmis, 2000, v. 2, p. 102.

antropocêntrica, em diversos países e ordenamentos jurídicos ao redor do mundo. Nesse sentido, por exemplo, já há evidentes sinais nos ordenamentos jurídicos da Bolívia, do Equador, dos Estados Unidos da América, dentre outros[20]. Ou seja, em tais países, sobretudo nos Estados Unidos, está em curso, e ganha corpo cada vez mais, a ideia de que os animais são também sujeitos de direito e, por força disso, são dotados de personalidade jurídica. E é aqui, nesta passagem, ao se dar conta de que essa revolução silenciosa está acontecendo, que se faz questão de esclarecer, uma vez mais, o que se entende aqui como concepção não antropocêntrica de sistema jurídico.

Uma concepção não antropocêntrica de sistema jurídico significa, também, passar a admitir que o conceito de sujeito de direito não continue a ser lido de modo exclusivamente antropocêntrico. É dizer, uma concepção não antropocêntrica de sistema jurídico reconhece a existência do Direito Animal como uma das novas disciplinas jurídicas e, mais ainda, admite que dentro dos domínios do conceito de sujeito de direito seja agora incluso o animal não humano. Isto é, não são apenas os seres humanos que são sujeitos de direito neste amanhecer do século XXI, mas também os animais não humanos encontram-se enquadrados nessa qualidade jurídica, como sustenta Tom Regan[21].

E, é preciso salientar, até para fins de melhor esclarecimento do que aqui se denomina uma concepção não antropocêntrica de sistema jurídico, que essa leitura reformuladora do conceito tradicional de sistema jurídico que se leva a efeito está em plena sintonia com o arcabouço teórico desenvolvido por Luhmann ao longo dos anos. Em outras palavras, a reformulação que aqui se opera do conceito de sujeito de direito não

---

20. SILVA, Tagore Trajano de Almeida. **Animais em juízo**: direito, personalidade jurídica e capacidade processual. Salvador: Editora Evolução, 2012, p. 95-134.

21. REGAN, Tom. A causa dos direitos animais. **Revista Brasileira de Direito Animal**, v. 8, n. 12, jan./abr. 2013.

destoa da lição sociológica de Luhmann e de sua tentativa de explicar o funcionamento da sociedade moderna. Muito pelo contrário, as ideias se encontram na mais absoluta harmonia.

Em primeiro lugar, porque a lição de Luhmann colabora sobremaneira para melhor compreensão do surgimento de novas disciplinas jurídicas, por exemplo, o Direito Animal. Essa colaboração se mostra, sobretudo, quando Luhmann afirma, categoricamente, que, para que o subsistema jurídico consiga lidar com o incremento de complexidade do ambiente social, ele, o próprio subsistema jurídico, precisa incrementar a sua própria complexidade. E incrementar a complexidade aqui significa, em outros termos, admitir o surgimento gradativo e contínuo de novas disciplinas jurídicas. Em outras palavras, o que Luhmann sustenta é: com o passar do tempo, o sistema social se tornará cada vez mais complexo e, por sua vez, cada um dos seus subsistemas, em especial, o Direito, também se tornará cada vez mais complexo[22]. Ora, se o subsistema jurídico se torna mais complexo, faz sentido que surjam novas disciplinas jurídicas, por exemplo, o Direito Animal.

Mas a sintonia entre a lição de Luhmann e a concepção não antropocêntrica de sistema jurídico não para por aí. Essa sintonia é ainda maior, pois é o próprio Luhmann que propõe explicar a sociedade como um sistema, cuja unidade básica não seria o ser humano, mas, sim, a ideia de comunicação. Essa perspectiva sustentada por Luhmann, até hoje, diga-se de passagem, é objeto de muitos mal-entendidos ou, por que não dizer, de muitas críticas infundadas. Isso porque, é preciso de imediato salientar, Luhmann não está negando a importância do ser humano, tampouco a sua dignidade ou coisa parecida. Não se trata disso. O que Luhmann está a dizer, em bom português, é outra coisa. Ele está afirmando que não

22. LUHMANN, Niklas. **Sistemas sociais**: esboço de uma teoria geral. Tradução Antônio C. Luz Costa, Roberto Dutra Torres Júnior, Marco Antônio dos Santos Casanova. Petrópolis: Vozes, 2016, p. 33.

é possível explicar o funcionamento da sociedade moderna atual caso se tome como ponto de partida aquilo que se passa na cabeça dos homens. Dito de outro modo, valendo-se do vocabulário de Luhmann: não é possível explicar a operacionalidade do sistema social a partir do sistema psíquico. Trata-se de sistemas distintos. E, por isso, fácil é perceber, como ressalta Luhmann, que o ser humano não faz parte do sistema social, antes se encontra no ambiente desse sistema[23].

Ora, se o ser humano foi deslocado para uma nova posição, se ele perdeu a centralidade que tinha em outras antigas explicações[24] sobre o que é a sociedade, então, é preciso reconhecer que isso, essa circunstância, já é, em si mesma, denunciadora de que o conceito tradicional de sistema jurídico está em processo de degradação. Uma degradação que, por ser tão evidente, já justifica a reformulação que aqui é exercitada. Uma reformulação que não está a propor, de imediato, como consequência, um novo conceito de sistema jurídico, mas que, sem dúvida alguma, abre espaço e lança as bases, sim, para que essa nova concepção de sistema jurídico possa, doravante, vir a surgir de modo mais nítido e consistente.

O certo é que, no cenário de uma sociedade moderna, altamente complexa e diferenciada, como bem percebeu Luhmann, é preciso lançar mão de novas bases teóricas para, por um lado, compreender a contento o funcionamento dessa sociedade e, por outro, mantê-la coesa e minimante integrada por meio do Direito. E o Direito, enquanto subsistema social, também experimenta um incremento constante de complexidade, o que, por seu turno, abre espaço para reformulação da antiga Teoria Geral do

23. LUHMANN, Niklas. **Sistemas sociais**: esboço de uma teoria geral. Tradução Antônio C. Luz Costa, Roberto Dutra Torres Júnior, Marco Antônio dos Santos Casanova. Petrópolis: Vozes, 2016, p. 34.

24. Nesse sentido, serve de exemplo a obra de WEBER, Max. **A ética protestante e o "espírito" do capitalismo**. Tradução José Marcos Mariani de Macedo. São Paulo: Companhia das Letras, 2004, p. 29.

Direito e do conceito tradicional de sistema jurídico. Logo, se é assim, a própria reformulação do conceito tradicional de sistema jurídico não chega a ser algo acidental, mas, na verdade, é algo quase que previsível neste início de século XXI.

E essa reformulação do conceito tradicional de sistema jurídico, além de implicar a reformulação do conceito de sujeito de direito, como sustentado acima, também acarreta como consequência a percepção de que ela, a norma jurídica, em si mesma, é uma comunicação, como defende Tercio Sampaio Ferraz Jr.[25]. Essa ideia está em perfeita sintonia com a ideia de reformulação do conceito de sujeito de direito e com a própria reformulação do conceito tradicional de sistema jurídico. E isso porque, quando se admite que a norma jurídica é uma comunicação, de algum modo se está a reconhecer, ainda que indiretamente, que o ser humano, ou o sistema psíquico, como prefere Luhmann, já não é mais o centro gravitacional a partir do qual será explicado o sistema jurídico. E isso, repita-se, não acontece porque o ser humano não merece a devida importância e reconhecimento, mas, sim, porque, ele, o ser humano, é, em si, um outro tipo de sistema, o sistema psíquico, que, por sua vez, não pode ser confundido com o sistema jurídico, ou com o sistema social.

Dito de outro modo, uma concepção não antropocêntrica de sistema jurídico resulta do esforço de reformulação do conceito tradicional de sistema jurídico. Esse reforço reclama uma reformulação do conceito de sujeito de direito, por força do surgimento de novas disciplinas jurídicas, por exemplo, o Direito Animal. O surgimento dessas novas disciplinas requer um novo conceito de sistema jurídico que seja capaz de açambarcá-las e que esteja em sintonia com a própria operacionalidade do sistema social com um todo. Esse sistema social, por sua vez, é pensado a partir

25. FERRAZ JR., Tercio Sampaio. **Introdução ao estudo do direito**: técnica, decisão e dominação. São Paulo: Atlas, 2015, p. 73.

da lição de Luhmann. E, se assim o é, esse sistema não tem como sua unidade básica o ser humano, mas, sim, a comunicação. Ora, se é assim, faz todo sentido que um dos elementos constituintes do sistema jurídico, a norma jurídica, seja agora compreendida como uma comunicação. Até porque a comunicação traz em si mesma algo de normativo, ou dogmático, o que seja, a circunstância de não ser possível rechaçá-la, pois, como bem lembra Tercio Sampaio Ferraz Jr., quem comunica que não quer se comunicar já comunicou que não quer se comunicar[26]. Em suma, há algo de dogmático, de inafastável na comunicação[27].

Feitos esses esclarecimentos acerca do que se propõe aqui como uma concepção não antropocêntrica de sistema jurídico, convém esclarecer que essa concepção não antropocêntrica não chega a ser, repita-se, uma proposta de um novo conceito de sistema jurídico. Parece contraditório ou paradoxal, mas não é. O que se deseja ao empregar a expressão "concepção não antropocêntrica de sistema jurídico" é lançar as bases de um

26. "Entendemos, neste contexto, por sociedade um sistema de interações, comportamentos mutuamente dirigidos e referidos uns aos outros, formando uma rede de relações. Definimos *comportamento* como estar em situação. Quem está em situação transmite mensagens, quer queira quer não. Comportar-se é estar em situação com os outros, os endereçados das mensagens, os quais também estão em situação. De onde, comportamento é troca de mensagens, comunicação". Cf. FERRAZ JR., Tercio Sampaio. **Introdução ao estudo do direito**: técnica, decisão e dominação. São Paulo: Atlas, 2015, p. 74.

27. "Em primeiro lugar, temos uma propriedade do comportamento que dificilmente poderia ser mais básica e que, no entanto, é frequentemente menosprezada: o comportamento não tem oposto. Por outras palavras, não existe um não comportamento ou, ainda em termos mais simples, um indivíduo não pode não se comportar. Ora, se está aceito que todo o comportamento, numa situação interacional, tem valor de mensagem, isto é, é comunicação, segue-se que, por muito que o indivíduo se esforce, é-lhe impossível *não* comunicar. Atividade ou inatividade, palavras ou silêncio, tudo possui um valor de mensagem; influenciam outros e estes outros, por sua vez, não podem *não* responder a essas comunicações e, portanto, também estão comunicando", cf. WATZLAWICK, Paul; BEAVIN, Janet H.; JACKSON, Don D. **Pragmática da comunicação humana**: um estudo dos padrões, patologias e paradoxos da interação. Tradução Álvaro Cabral. São Paulo: Cultrix, 2007, p. 44. Em sentido diverso, LUHMANN, Niklas. **A improbabilidade da comunicação**. Tradução Anabela Carvalho. Lisboa: Editora Vega, 2006, p. 39.

novo conceito de sistema jurídico que possa vir a ser elaborado no futuro a partir desse esforço de reformulação que agora está sendo realizado. E é dentro desse contexto de reformulação do conceito tradicional de sistema jurídico que mais adiante se aprofundará a ideia de norma jurídica como comunicação e se apresentará as bases a partir das quais deve ser repensado o próprio conceito de sistema jurídico. E essas bases são as ideias de norma e ordenamento.

5.3. NORMA E SISTEMA JURÍDICO

Inicialmente, convém ressaltar, mais uma vez, porque já dito acima, que a reformulação do conceito tradicional de sistema jurídico implica, dentre outras consequências, a circunstância de que uma nova concepção de sistema jurídico que vier a ser concebida não partirá mais da premissa de que ela, essa nova concepção, seja constituída apenas por normas jurídicas. Sim, as normas jurídicas são as protagonistas, ainda, do conjunto de elementos que integram esse novo modo de compreender o sistema jurídico, mas elas, agora, já não detêm mais a exclusividade na composição do sistema. Outros elementos precisam e devem ser levados em consideração como, também, integrantes desse novo modo de compreender o sistema jurídico, após a reformulação que aqui se desenvolve.

Sendo assim, o primeiro esclarecimento a fazer é: a noção de sistema jurídico é complexa. Em princípio, mas apenas em princípio, o sistema jurídico é um conjunto de normas. O sistema jurídico brasileiro é um conjunto de todas as suas normas, em que estão incluídas todas as espécies de normas[28]. Contudo, não apenas. Nele estão contidos critérios de

28. Sobre as espécies de normas, consulte-se, nesse sentido, a classificação proposta por Tercio Sampaio Ferraz Jr., a qual é a que se toma aqui como ponto de referências. Consulte-se FERRAZ JR., Tercio Sampaio. **Introdução ao estudo do direito**: técnica, decisão e dominação. São Paulo: Atlas, 2015, p. 92-100.

classificação, como é o caso, por exemplo, das classificações legais das coisas (Código Civil Brasileiro de 2002, artigo 79 e s.), que organizam a matéria, esclarecem as relações de integração, porém, não são normas, não se caracterizam como uma imposição vinculante e institucionalizada[29].

Também são elementos integrantes do sistema jurídico as meras definições (que não se confundem com as definições normativas, ou seja, com a imposição compulsória de uma definição), como é, por exemplo, a definição de doação (Código Civil Brasileiro de 2002, artigo 538). A definição constante do Código, convém advertir, é uma orientação, mas que não decide inapelavelmente sobre o sentido, pois o texto de lei pode ter fornecido uma noção que, observando-se o contexto em que se insere (o denominado regime jurídico), pode mostrar-se ou como estreito ou como demasiado abrangente. Descobrir se uma definição é obrigatória ou não quase sempre é uma tarefa difícil, provocando, em alguns casos, disputas doutrinárias[30].

Outro elemento que também integra esse novo modo de compreender o sistema jurídico são os preâmbulos e as exposições gerais de motivos, em que o legislador esclarece as razões e as intenções pelas quais as normas foram estabelecidas. Nos preâmbulos, normalmente, aparecem considerações de ordem avaliativa, nomeiam-se valores, indicam-se situações de fato, dentre outras providências (nesse sentido, consulte-se o preâmbulo da Constituição Federal de 1988)[31].

Ademais, a própria ordem em que os conceitos são apresentados em uma norma é, também, um elemento não normativo derivado dessa reformulação do conceito tradicional de sistema jurídico, dessa reformulação

29. Idem, ibidem, p. 139.

30. FERRAZ JR., Tercio Sampaio. **Introdução ao estudo do direito**: técnica, decisão e dominação. São Paulo: Atlas, 2015, p. 139.

31. Idem, ibidem, p. 139.

que acarreta como consequência uma nova concepção de sistema jurídico. Essa ordem em que os conceitos são apresentados indica, muitas vezes, uma preferência que não necessita ser vinculante. Por exemplo, nesse sentido, o artigo 4º da Lei de Introdução às Normas do Direito Brasileiro prescreve: "Quando a lei for omissa, o juiz decidirá o caso de acordo com a analogia, os costumes e os princípios gerais de direito". A ordem na apresentação pode ser uma orientação – primeiro se tenta a analogia, depois, os costumes e, por último, os princípios gerais de direito –, mas ela não é compulsória, não estabelece impositivamente uma relação de superioridade da analogia sobre os costumes e destes sobre os princípios[32].

Um sistema jurídico (visto a partir de um novo olhar derivado da reformulação que aqui se empreende), em relação ao qual o pertencimento (ou a pertinência) de uma norma a ele é importante para identificá-la como norma válida, além de ser um **conjunto de elementos** normativos (normas jurídicas) e não normativos, o **repertório** do sistema jurídico é também, por outro lado, uma **estrutura**, ou seja, um **conjunto de regras** que prescreve como se dará as relações entre os elementos. Preste-se bem atenção na diferença[33]. Para isso, veja-se o seguinte exemplo: uma sala de aula é um conjunto de elementos, as carteiras, a mesa do professor, o quadro negro, o giz, o apagador, a porta, dentre outros. Entretanto, esses elementos, todos juntos, não constituem uma sala de aula, pois pode-se tratar, por exemplo, do depósito da escola. O que leva o conjunto desses elementos a formar a sala de aula, é a disposição deles, uns em relação aos outros, o que permite identificar, por sua vez, se o que se tem é, ou não, uma sala de aula. Essa disposição entre os elementos, ou seja, o modo como eles se relacionam, depende de regras, que regulam o relacionamento entre tais elementos. O conjunto dessas regras e das relações por elas estabelecidas é o que se chama de **estrutura**. O conjunto dos elementos é

32. Idem, ibidem, p. 139.

33. Idem, ibidem, p. 139-140.

o que se denomina como **repertório**. Assim, quando se diz que a sala de aula é um conjunto de relações (estrutura) e de elementos (repertório), nela e sobre ela se pensa como se fora um sistema[34].

E o mesmo se passa no que toca ao sistema jurídico. O sistema é um complexo que se compõe de uma estrutura e um repertório. Nesse sentido, e observados tais moldes, o que a doutrina tradicional chama de ordenamento jurídico pode agora, e desde que observadas tais recomendações, ser compreendido como um sistema[35]. E aí se observa como a recomendação de Tercio Sampaio Ferraz Jr. bebe na fonte da lição de Niklas Luhmann, sobretudo, nesse ponto, ao se valer das ideias básicas, quais sejam, estrutura e repertório[36]. E ao assim fazê-lo, a leitura jurídica de Tercio Sampaio Ferraz Jr. vale-se das contribuições da Sociologia Jurídica. E é por isso que aqui se recorre, neste ponto, e em outros mais adiante, à lição do autor brasileiro.

E não poderia ser diferente, afinal, a proposta de sistema jurídico levado a efeito pelo professor da Faculdade do Largo de São Francisco está em sintonia com os anseios do século XXI. Ademais, ela retrata bem o que aqui se compreende como uma nova concepção de sistema jurídico que, pouco a pouco, vai se consolidando com o passar dos anos e que resulta desse processo de reformulação que este capítulo está apresentando, paulatinamente, ao longo destas linhas. E é assim, nesse diapasão, que agora é preciso observar o sistema jurídico como um sistema dinâmico.

34. FERRAZ JR., Tercio Sampaio. **Introdução ao estudo do direito**: técnica, decisão e dominação. São Paulo: Atlas, 2015, p. 140.

35. Idem, ibidem, p. 140.

36. LUHMANN, Niklas. **Sistema jurídico y dogmática jurídica.** Traducción Ignacio de Otto Pardo. Madrid: Centro de Estudios Constitucionales, 1983, p. 235.

5.4. SISTEMA JURÍDICO COMO SISTEMA DINÂMICO

Um ordenamento, como sistema, ou, de outro modo, um sistema jurídico compreendido a partir das contribuições da teoria sistêmica de Luhmann, sobretudo, da sua noção de sistema autopoiético, nessa reformulação que aqui se empreende, contém um repertório e uma estrutura. Elementos normativos e não normativos (o repertório) guardam relações entre si. Por exemplo, quando se diz que as normas estão dispostas hierarquicamente, umas são superiores, outras inferiores, está se fazendo referência à noção de estrutura. Hierarquia é o conjunto de relações estabelecidas segundo regras de subordinação e de coordenação. Essas regras não são normas jurídicas nem são, de outra banda, elementos não normativos, ou seja, não fazem parte do repertório, sendo antes integrantes da estrutura do sistema jurídico observado a partir desse novo olhar.

Outro exemplo de regra relativa à estrutura do sistema jurídico é o que se conhece pela nomenclatura de princípio[37] da *lex superior* (regra de acordo com a qual estabelece-se o seguinte: a norma que dispõe, formal e materialmente, sobre a edição de outras normas prevalece sobre estas em caso de contradição: normas constitucionais prevalecem sobre leis ordinárias). Outro exemplo é o princípio da *lex posterior* (havendo normas do mesmo escalão em contradição, prevalece a que, no tempo, apareceu por último). E há, ainda, outro exemplo de regra de estrutura, aquele insculpido no princípio da *lex specialis* (a norma especial revoga a geral no que esta dispõe especificamente)[38].

---

37. Solicita-se ao leitor que não parta aqui da premissa de que a noção de princípio já foi esclarecida, ou que ela não se confunde com a de regra, ou que se adota a compreensão deste ou daquele autor. Neste primeiro momento, adverte-se que, mais adiante, esse tema, o dos princípios e o das regras, será abordado com a profundidade necessária e a partir de uma perspectiva diferente da que foi difundida por Ronald Dworkin e Robert Alexy. Logo, tome-se aqui a expressão "princípio" sem maiores preocupações com o rigor científico no emprego do termo.

38. FERRAZ JR., Tercio Sampaio. **Introdução ao estudo do direito**: técnica, decisão e dominação. São Paulo: Atlas, 2015, p. 140.

Como salienta Tercio Sampaio Ferraz Jr., a Filosofia do Direito e a Teoria Geral do Direito contêm diversas divergências acerca das noções de estrutura e repertório e, por consequência, acerca da própria noção de ordenamento jurídico ou, como aqui se prefere, de sistema jurídico. Por força disso, as teorias (zetéticas[39]) do sistema jurídico (ou do ordenamento, como quer Bobbio, por exemplo) ora estreitam o repertório, reputando como elementos do sistema jurídico apenas as normas (como é o caso de Hans Kelsen[40]), ora reconhecem que faz parte de tal repertório não apenas as normas, mas também os fatos e os valores (como sustenta Miguel Reale).[41-42]

De igual maneira, a estrutura também é objeto de debate entre os doutrinadores, havendo quem lhe atribua um caráter lógico-formal (nesse sentido, de modo indireto, Hans Kelsen[43], ao afirmar que as normas manifestam um sistema pela concatenação lógica das proposições jurídicas com que a ciência do direito as descreve). Mas, há, também, quem atribua à estrutura a compreensão de que ela se manifesta como relações dialéticas (de implicação e polaridade, como sustenta Miguel Reale).[44-45]

Por outro lado, muito importante é a questão do sistema jurídico como sistema unitário, ou seja, a compreensão do sistema jurídico como

---

39. Para fazer alusão ao termo criado e empregado por Theodor Viehweg. Nesse sentido, consulte-se VIEHWEG, Theodor. **Tópica y filosofia del derecho**. 2. ed. Traducción Jorge M. Seña. Barcelona: Editorial Gedisa, 1997, p. 25.

40. KELSEN, Hans. **Teoria geral do Direito e do Estado**. 4. ed. Tradução Luís Carlos Borges. São Paulo: Martins Fontes, 2005, p. 163.

41. REALE, Miguel. **Lições preliminares do Direito**. 17. ed. São Paulo: Saraiva, 1990, p. 193-196.

42. FERRAZ JR., Tercio Sampaio. **Introdução ao estudo do direito**: técnica, decisão e dominação. São Paulo: Atlas, 2015, p. 140.

43. KELSEN. Op. cit., p. 165.

44. REALE. Op. cit., p. 67.

45. FERRAZ JR. Op. cit., p. 140.

repertório e estrutura marcados por um princípio (princípio como axioma, não como espécie de norma) que organiza e mantém o conjunto como um todo homogêneo. Esse princípio recebe, em Hans Kelsen, o nome de norma fundamental[46], noção que, de modo intuitivo, é possível ser percebida de forma simples (se as normas do sistema jurídico constituem séries escalonadas, no escalão mais alto está a primeira norma da série, da qual todas as demais derivam), mas que é difícil de ser caracterizada (é a pergunta sobre o seu estatuto teórico: ela é uma norma? Ou é um ato ou fato de poder? Ela é uma norma historicamente positivada ou uma espécie de princípio lógico que organiza o sistema?)[47].

Para a dogmática analítica (um dos tipos de dogmática que se subdivide em teoria da norma jurídica e teoria do sistema jurídico), o sistema jurídico é, antes de mais nada, um conceito operacional que permite a integração das normas num conjunto, dentro do qual é possível identificá-las como normas jurídicas válidas. Concretamente, como aqui já dito, seu repertório não contém apenas elementos normativos, mas também elementos não normativos. A decisão de incluí-los, ou não, na consideração do sistema jurídico como um sistema é uma opção teórica, cujo fundamento último é um problema zetético, para recorrer a expressão de Theodor Viehweg empregada por Tercio Sampaio Ferraz Jr.[48]

46. "A derivação das normas de uma ordem jurídica a partir da norma fundamental dessa ordem é executada demonstrando-se que as normas particulares foram criadas em conformidade com a norma fundamental. (...) Se perguntarmos por que a Constituição é válida, talvez cheguemos a uma Constituição mais velha. Por fim, alcançaremos alguma Constituição que é historicamente a primeira e que foi estabelecida por um usurpador individual ou por algum tipo de assembleia. A validade dessa primeira Constituição é a pressuposição última, postulado final, do qual depende a validade de todas as normas de nossa ordem jurídica". Cf. KELSEN. Op. cit., p. 168.

47. FERRAZ JR. Op. cit., p. 140-141.

48. FERRAZ JR., Tercio Sampaio. **Introdução ao estudo do direito**: técnica, decisão e dominação. São Paulo: Atlas, 2015, p. 141.

De igual maneira, em sua estrutura concreta, manifestam-se os mais variados tipos de regras e de relações. Algumas são regras empíricas, ou seja, nascidas e percebidas na experiência, por exemplo, o princípio da soberania e a tese de que as normas estatais gozam de maior importância. Outras regras, por sua vez, são lógicas, como a que exige que haja coerência entre as normas. Outras regras, ainda, são expressões de valorações, como o princípio da *lex superior.* Assim, a decisão de incluí-las como componentes da estrutura do sistema jurídico enquanto sistema é, aqui também, uma opção teórica de fundamento zetético[49].

A compreensão do próprio sistema jurídico enquanto sistema é, contudo, uma tendência historicamente localizada na Era Moderna (a partir de meados do século XVI até o fim do século XVIII). A bem da verdade, é possível dizer sobre isso, por exemplo, que já se podia falar, de algum modo, em ordenamento jurídico na Roma Antiga, mas o sistema do Direito Romano é uma criação do século XIX. A famosa "codificação" de Justiniano, o *Corpus Juris Civilis*, não só não era um sistema, no sentido que lhe empresta a dogmática atual, como também sequer essa expressão era, então, à época, conhecida. A expressão "sistema", por sinal, só é introduzida no pensamento jurídico a partir do século XVI, como já ressaltado no primeiro capítulo, e só se torna um termo técnico no século XVIII. Só a partir do século XIX, enfatize-se, que essa expressão ganha maior repercussão, reverberando, por sinal, até os dias atuais[50].

Em resumo, essas considerações iniciais permitem que se chegue à seguinte conclusão: o conceito de sistema jurídico é operacionalmente importante para a dogmática. Nele estão inclusos elementos normativos (as normas jurídicas), que são os protagonistas, e os elementos não

49. Idem, ibidem, p. 141.

50. Idem, ibidem, p. 141.

normativos (definições, critérios classificatórios, preâmbulo, dentre outros), que são os coadjuvantes de seu repertório. Por sua vez, sua estrutura apresenta regras de diversos tipos[51]. E, por fim, ainda a título de conclusão, no Direito contemporâneo, a dogmática tende a vê-lo como um conjunto sistemático, ou seja, quem fala em ordenamento ou em sistema jurídico associa tal ideia a uma compreensão sistêmica. E aqui, no caso, tal associação é feita, na medida do possível, à leitura sistêmica empreendida por Niklas Luhmann.

O sistema sobre o qual se discorreu neste ponto tem, ademais, caráter dinâmico. A expressão "sistema dinâmico", como se sabe, provém de Kelsen e em contraposição à noção conhecida como estática jurídica. Tal expressão compreende as normas dentro de um processo de contínua transformação, que não é ditada pela sociedade, o ambiente social, mas que com ela se relaciona. Nesse sentido, normas são promulgadas, normas conseguem subsistir no tempo, normas atuam, normas são substituídas por outras, normas perdem a sua atualidade em decorrência de alterações nas situações normadas. O sistema, como adverte Tercio Sampaio Ferraz Jr.[52], é apenas uma forma técnica de conceber os ordenamentos, os quais, em si, são um dado social.

A dogmática, por seu turno, capta o sistema jurídico, esse complexo de elementos normativos e não normativos e de relações entre eles, de forma sistemática para atender as exigências da decidibilidade dos conflitos jurídicos. É dizer, o sistema jurídico se socorre de uma compreensão sistêmica, para que, dessa forma, ele tenha a capacidade de colaborar para a função maior do subsistema do Direito (Luhmann), qual seja, a de tornar passível de decisão todo e qualquer conflito jurídico a

---

51. Idem, ibidem, p. 141.

52. FERRAZ JR., Tercio Sampaio. **Introdução ao estudo do direito**: técnica, decisão e dominação. São Paulo: Atlas, 2015, p. 141.

partir dos dogmas jurídicos (princípio da inegabilidade dos pontos de partida[53]). Nesse sentido, é preciso dizer se o que se tem diante de si é, ou não, uma norma jurídica, se ela é válida ou não, mas, para isso, é preciso integrá-la no conjunto, e esse conjunto tem de apresentar contornos, vez que sistema implica a noção de limite, essa linha diferencial abstrata que autoriza a identificar o que está dentro, o que entra, o que sai e o que permanece fora[54].

E aí, mais uma vez, já se percebe como essa nova concepção de sistema jurídico que, pouco a pouco, se depreende da reformulação do conceito tradicional de sistema jurídico, dialoga com a noção de sistema autopoiético de Luhmann, em especial, aqui, com as noções de abertura cognitiva e fechamento normativo. Tais expressões, que fazem parte do vocabulário de Luhmann, terminam por delimitar os contornos do subsistema do Direito e, assim, coincidir, aqui, com a ideia de limite do sistema jurídico, da sua fronteira, daquilo que a ele pertence, daquilo que nele pode ingressar, daquilo que dele pode vir a ser excluído ou, ainda, daquilo que dele permanece do lado de fora. Tais noções, a de abertura cognitiva e a de fechamento normativo, repita-se, ajudam, também, ainda, a retratar a dinamicidade do sistema jurídico, a sua relação com o ambiente social, bem como consegue se relacionar com o sistema social, sem comprometer a sua unidade e identidade. Sendo assim, é preciso dedicar algumas palavras à ideia de unidade do sistema.

53. LUHMANN, Niklas. **O direito da sociedade**. Tradução Saulo Krieger. São Paulo: Martins Fontes, 2016, p. 15; FERRAZ JR. Op. cit., p. 25.

54. FERRAZ JR. Op. cit., p. 141.

5.5. UNIDADE DO SISTEMA: DA ESTRUTURA CIRCULAR À REGRA DE CALIBRAÇÃO

Inicialmente, convém ressaltar que validade, do ângulo pragmático, enquanto relação de imunização[55] do cometimento[56] de uma norma pelo relato[57] de outra (respectivamente, a norma imunizada e a norma imunizante), como sustenta Tercio Sampaio Ferraz Jr., implica, como se sabe, a neutralização[58] da indiferença[59]. Ou seja, a indiferença não conta.

E aqui, uma vez mais, é possível perceber como a concepção de sistema jurídico desenhada por Tercio Sampaio Ferraz Jr. mostra-se como uma nova concepção de sistema jurídico. Uma nova concepção que é tanto mais bem compreendida quando se toma consciência de que ela deriva da reformulação que aqui se procura demonstrar. Mas, não apenas isso. É preciso dizer também que essa nova concepção de sistema jurídico erguida pela lição de Tercio Sampaio Ferraz Jr. e que aqui se apresenta é em

55. Vale ressaltar que, segundo Tercio Sampaio Ferraz Jr., o conceito de validade, quando compreendido do ponto de vista pragmático da comunicação, implica a ideia de imunização. É dizer, norma válida, nesse sentido, é a norma que tem a sua autoridade imunizada contra eventuais questionamentos.

56. Cometimento é o tipo de relação que há entre os interlocutores envolvidos em uma comunicação, que pode ser de coordenação ou de subordinação. No caso do Direito, normalmente, essa relação é de subordinação. Esse conceito Tercio Sampaio Ferraz Jr. obtém a partir da obra de WATZLAWICK, Paul; BEAVIN, Janet H.; JACKSON, Don D. **Pragmática da comunicação humana**: um estudo dos padrões, patologias e paradoxos da interação. Tradução Álvaro Cabral. São Paulo: Cultrix, 2007, p. 27.

57. Relato é o conteúdo da comunicação propriamente dita. No caso da norma jurídica, é o seu conteúdo.

58. Neutralização não é eliminação, nem é exclusão, mas, sim, manter sob controle algo, no caso, a indiferença. Isso porque a norma jurídica não admite a indiferença. Ela tolera a desobediência, convive com a obediência, mas não reconhece a indiferença, por isso, reage à indiferença como se fosse desobediência. FERRAZ JR., Tercio Sampaio. **Introdução ao estudo do direito**: técnica, decisão e dominação. São Paulo: Atlas, 2015, p. 143-149.

59. É o ato de não reconhecer o emissor da comunicação como uma autoridade. No caso, seria o mesmo que dizer que a norma não é reconhecida como uma norma que goze de autoridade, logo, o indivíduo não se sente na obrigação de obedecê-la.

muito influenciada pela lição de Luhmann e pelo seu conceito de sistema autopoiético. Por isso, faz todo sentido trazer à tona as contribuições de Tercio Sampaio Ferraz Jr. para o soerguimento, paulatino, de uma nova concepção de sistema jurídico e, ao mesmo tempo, perceber, ali e acolá, como tal contribuição é deveras influenciada pelos escritos de Luhmann.

Mas, voltando ao que se dizia, ou seja, que a indiferença não conta, é possível compreender, nesses termos, o sentido da conhecida máxima jurídica: a ninguém é dado ignorar a lei (a ignorância da lei pode ser até um fato – quantas são as leis que o cidadão comum, de fato, ignora – no entanto, isso não conta, pois, em princípio, o cidadão não pode alegá-la para desculpar-se por seu descumprimento). É dizer, se a indiferença não conta, a ignorância não pode ser alegada para afastar a aplicação de uma norma válida. A neutralização jurídica da indiferença (manter a indiferença sob controle) não é um processo lógico, ou seja, a validade de uma norma não se deduz da validade de outra[60]. E aqui, mais uma vez, já se nota o afastamento para com a compreensão tradicional de Kelsen sobre o sistema jurídico e a sua ideia de validade.

Como a relação de imunização condicional e finalística[61] tem a ver com a relação meio/fim, desvinculados na primeira[62], solidários na segunda[63], o processo de validação é simultaneamente retrospectivo e

60. FERRAZ JR., Tercio Sampaio. **Introdução ao estudo do direito**: técnica, decisão e dominação. São Paulo: Atlas, 2015, p. 149.

61. Aqui, novamente, Tercio Sampaio Ferraz Jr. mostra a influência da lição de Luhmann, que desenvolve a ideia de programas condicionais e finalísticos. Nesse sentido, consulte-se LUHMANN, Niklas. **Sociologia do direito II**. Tradução Gustavo Bayer. Rio de Janeiro: Tempo Brasileiro, 1985, p. 27-33.

62. O meio e o fim estão desvinculados na imunização condicional. A imunização do meio independe do fim que se deseja alcançar. E isso reclama que o meio seja imunizado por algo que lhe anteceda, ou seja, uma imunização retrospectiva.

63. O meio e o fim estão entrelaçados na imunização finalística. A imunização do meio fica a depender do fim que se deseja alcançar. E isso exige que o meio seja imunizado por algo que lhe suceda, isto é, uma imunização prospectiva.

prospectivo: ao mesmo tempo, exige que se remonte regressivamente à origem e, progressivamente, que da origem proceda-se ao desdobramento dos princípios nela contidos. Vê-se, assim, que há um esboço de desenho ou ilustração circular, ou de circularidade, na relação de imunização condicional e finalística. E mais, é possível a partir daí levantar algumas indagações. No primeiro caso, o retrospectivo, a questão é: como se formam as hierarquias? No segundo, por seu turno, o prospectivo, a pergunta seria a seguinte: como atuam os princípios? Uma coisa é certa, destaque-se de imediato, nem a formação de hierarquias nem a atuação de princípios obedecem a critérios lógicos[64].

Afinal, uma relação hierárquica é uma relação de superioridade e inferioridade, que a lógica não explica, como ressalta Tercio Sampaio Ferraz Jr. As inferências lógicas, vale lembrar, se dão entre antecedentes e consequentes, contudo, antecedência não significa superioridade, nem consequência implica inferioridade. Da mesma maneira, a atuação de um princípio não significa tomá-lo como antecedente para daí estabelecer consequências. Antes o oposto, a ideia é que o princípio seja concebido como um fim, como algo que orienta e direciona. Essa explicação, por sua vez, não exclui, por inteiro, a possibilidade de uma lógica formal das normas ou entre as normas, como parece ter privilegiado esse olhar Kelsen. Mas isso significa, sim, que a metodologia jurídica não é estritamente lógico-formal[65]. E dessa constatação diversas observações serão, mais adiante, extraídas.

O problema jusfilosófico da validade das normas engloba, desse modo, outros aspectos que compõem também o pano de fundo do quadro conceitual da dogmática. Se a validade é um conceito relacional, ou

64. FERRAZ JR. Op. cit., p. 149.

65. FERRAZ JR., Tercio Sampaio. **Introdução ao estudo do direito**: técnica, decisão e dominação. São Paulo: Atlas, 2015, p. 149.

seja, é sempre a relação existente entre dois ou mais elementos, surgem aqui duas novas perguntas. A primeira: como é que de relação em relação, chega-se ao todo normativo como um conjunto globalmente vinculante? E a segunda: há um ponto de Arquimedes no sistema jurídico, um grau zero, capaz de fundar a validade de todas as normas? Pois bem, a primeira pergunta refere-se à unidade do sistema jurídico. Já a segunda guarda respeito ao fundamento[66] de validade do próprio sistema jurídico[67].

Aqui também há diversas explicações teóricas (zetéticas). Para Kelsen, por exemplo, a norma impera, é vinculante (obriga), desde que seja válida (esteja em conformidade com a norma que lhe é imediatamente superior). Esses conceitos, ressalte-se, são redutíveis um ao outro. Se a norma vale, ela impera. Se ela impera, ela é válida. Como, todavia, para Kelsen, validade é uma relação sintática entre normas (uma relação de conformidade), abstração (descartando-se) feita dos conteúdos e dos usuários, as séries hierárquicas de validade (uma norma se apoia em outra e assim sucessivamente) terminam conduzindo à suposição de uma primeira norma, a fundamental. Essa é responsável pela validade de todas as demais e caracteriza, ao mesmo tempo, o sistema como um conjunto de normas redutíveis a uma unidade (a unidade aqui é interna)[68]. Só pode

66. Sobre o problema da fundamentação, é imprescindível tomar contato com a obra de Hans Albert. Nesse sentido, discorrendo sobre o Trilema de Münchhausen, consulte-se ALBERT, Hans. **Tratado da razão crítica**. Tradução Idalina Azevedo da Silva e Erika Gudde. Rio de Janeiro: Tempo Brasileiro, 1976, p. 24-28.

67. FERRAZ JR. Op. cit., p. 149.

68. "A teoria dos sistemas de Luhmann pode ser interpretada – segundo a teoria pura do Direito de Kelsen – como uma nova tentativa de reagir à crise do positivismo jurídico sem renunciar ao conceito de sistema. Contudo, em Luhmann, o conceito de sistema recebe um teor totalmente diferente. Diferentemente do que ocorria no Positivismo Jurídico, o sistema da teoria dos sistemas não é mais constituído através de uma 'unidade interna' de normas jurídicas e instituições coordenadas entre si. A hipótese de Kelsen de que o sistema jurídico precisa pressupor uma 'norma fundamental' para poder operar com êxito também é abandonada. No lugar dela, surge a demarcação contínua do sistema jurídico em relação a tudo que não é Direito. Ao invés de orientar-se pela unidade, a teoria dos sistemas orienta-se pela diferença,

haver, por isso, uma única norma fundamental, sob pena de não se ter um sistema. O problema, contudo, é precisar o estatuto teórico dessa norma fundamental[69].

Para Kelsen, se toda norma ou vale ou não é norma jurídica, a norma fundamental tem de possuir uma qualidade diferente. Ela não pode ser válida no mesmo sentido das demais. Se validade é conceito relacional, a primeira norma não pode relacionar-se a outra, pois não seria então a primeira. Assim, por exemplo, se se afirmar que a sentença de um juiz (norma individual) repousa sobre as normas gerais de competência e de obrigação, e estas, sobre as normas constitucionais, em que repousa a validade destas? As normas constitucionais, como as demais, são postas por uma autoridade competente, afirma Kelsen.

Entretanto, para explicar sua validade, é preciso admitir uma norma que não é posta e que, por isso, não exige outra norma. Desse modo, a norma fundamental, diz Kelsen, é pressuposta. Ela é pressuposta pela razão (dogmática), ou seja, ela encarna, é possível dizer, o próprio princípio da inegabilidade dos pontos de partida[70]. Essa norma surge, então, como uma condição do pensar dogmaticamente o direito. A norma fundamental "prescreve" (as aspas aqui são necessárias, porque essa norma não é positivada), desse modo, que o jurista reconheça uma primeira norma posta como fundamento das demais normas e raciocine, na sequência, tomando-a como ponto de partida (por exemplo, a norma estabelecida

---

por um pensamento que concebe o sistema jurídico a partir de uma distinção entre sistema/ambiente". Cf. VESTING, Thomas. **Teoria do direito**: uma introdução. Tradução Gercélia B. de O. Mendes. São Paulo: Saraiva, 2015, p. 131. A consequência disso? A consequência disso é que "limite" talvez seja, como ressalta ainda Thomas Vesting, o conceito mais importante para a descrição das características de um sistema.

69. FERRAZ JR., Tercio Sampaio. **Introdução ao estudo do direito**: técnica, decisão e dominação. São Paulo: Atlas, 2015, p. 150.

70. Idem, ibidem, p. 150.

por revolução, ou pelo povo, ou pela tradição, dentre outras possibilidades)[71]. Por consequência, a norma fundamental pressuposta ganha agora um tipo de validade que não é relacional, como adverte Tercio Sampaio Ferraz Jr.[72]. A validade, sobre a qual aqui se fala, é, agora, a validade das condições do próprio pensamento (o que Kelsen, sobre o assunto, denomina como uma condição transcendental do pensar[73]).

Herbert Hart, por sua vez, sobre o tema, propõe outra explicação. Ele também compreende o sistema jurídico, que ele chama de ordenamento, como um sistema dinâmico e unitário[74]. Para identificar essa unidade e, simultaneamente, a validade das demais normas jurídicas, é necessária uma norma de reconhecimento[75], ou seja, de identificação de normas como pertencentes ao sistema (norma válida), que seja última na série. Essa norma última de reconhecimento, porém, não é válida nem inválida: ela simplesmente existe[76-77]. Não é, por outro lado, nenhum pressuposto

71. Vale ressaltar que a norma fundamental não tem qualquer conteúdo nem é um acontecimento histórico, logo, os exemplos acima são apenas para fins didáticos não devendo ser compreendidos como uma tentativa de dar conteúdo à norma fundamental.

72. FERRAZ JR. Op. cit., p. 150.

73. Condição transcendental do pensar significa, aqui, em outras palavras, o seguinte: como é possível justificar a estrutura hierárquica piramidal do sistema jurídico sem cair no problema do regresso ao infinito?

74. HART, Herbert. **O conceito de direito**. 3. ed. Tradução A. Ribeiro Mendes. Lisboa: Fundação Calouste Gulbenkian, 2001, p. 111-121.

75. FERRAZ JR., Tercio Sampaio. **Introdução ao estudo do direito**: técnica, decisão e dominação. São Paulo: Atlas, 2015, p. 93.

76. Nota-se aí o positivismo de viés empírico de Hart que o diferencia, sobremaneira, do positivismo lógico-analítico de Kelsen.

77. Sobre o problema do fundamento do fundamento, novamente é preciso fazer alusão aqui à lição de Hans Albert. Nesse sentido, vale aqui uma breve transcrição: "Se o nosso princípio é levado a sério, apresenta-se, então, o segundo problema: quando se exige uma fundamentação para tudo, então terá que se exigir, também, uma fundamentação para os conhecimentos aos quais foi remetida a concepção – ou seja, o referido conjunto de enunciados – a fundamentar. Isto conduz à uma situação com três alternativas que parecem, ou são, inaceitáveis, portanto a um trilema que eu, em vista da analogia existente entre a nossa problemática e o

da razão, pois sua existência significa que ela é usada num determinado âmbito: o sistema jurídico de uma sociedade. Ora, caso se observe essa norma do ponto de vista externo (por exemplo, um teórico que pretendesse descrever o ordenamento jurídico inglês), a norma última de reconhecimento é vista como um dado objetivo (os juízes e o legislador usam aquela norma como um ponto de partida). Se, no entanto, tal norma for observada a partir do ponto de vista interno, olhando a partir do sistema jurídico, de dentro para fora, por exemplo, o juiz quando aplica o direito ou, o cidadão quando o cumpre, essa norma se apresenta como uma norma que se assume[78], a qual se recorre.

Bobbio, por sua vez, fornece outro modo de abordar essa questão. Modo este que foi enfrentado em detalhes no segundo capítulo desta obra. Contudo, por ser conveniente à explicação que se desenvolve agora, se retomará, aqui, o olhar deste autor sobre a questão que se trata nesta oportunidade. Bobbio, observando que Kelsen, com sua norma fundamental pressuposta, está buscando o impossível (uma validade não relacional), propõe que a norma última se identifique com um ato de poder. A norma fundamental, na visão de Bobbio, é a que é posta pelo poder fundante da ordem jurídica e sua característica é a efetividade: ou o poder se impõe, ou não é poder fundante e não se terá uma norma fundamental[79].

Vistas as coisas por esse ângulo, Bobbio justifica que, se qualquer norma é posta, nem toda norma é válida. Se um juiz, por exemplo, estabelece uma norma, uma sentença, fora de sua competência, houve positivação, mas a norma não é válida. Quando se sobe na hierarquia

problema que o famoso barão da mentira teve que solucionar uma vez, denomino de *trilema de Münchhausen.*". Cf. ALBERT, Hans. **Tratado da razão crítica**. Tradução Idalina Azevedo da Silva e Erika Gudde. Rio de Janeiro: Tempo Brasileiro, 1976, p. 26.

78. FERRAZ JR. Op. cit., p. 150.

79. FERRAZ JR. Op. cit., p. 150-151.

do sistema jurídico (pirâmide novamente), contudo, a distância entre a positividade e a validade vai se estreitando até que se chegue àquele primeiro ato de poder, por exemplo, o poder constituinte originário, que, ao positivar a norma, já a estabelece como válida. Não há, por conseguinte, neste momento, mais distância entre uma coisa e outra[80], entre validade e positivação.

Mas, como sustenta Tercio Sampaio Ferraz Jr., ao lançar um olhar pragmático sobre a questão, o tema pode ser observado a partir de uma nova perspectiva, que se coaduna aqui com a reformulação do conceito tradicional de sistema jurídico. E mais, se coaduna também com a proposta de uma nova concepção de sistema jurídico, ou o esboço dela, que daí resulta, isto é, que resulta da própria reformulação do conceito tradicional de sistema jurídico. Um esboço que não é rígido e estático, mas também ele, futuramente, sujeito a novas reformulações.

Do ponto de vista pragmático[81] (acrescente-se sistêmico-funcionalista[82]), é preciso considerar validade e imperatividade como conceitos diferentes, não redutíveis um ao outro, e o conceito de sistema jurídico (ou ordenamento, como querem alguns) como um sistema que admite não uma, mas várias hierarquias, o que elimina, por consequência, a hipótese de uma (única) norma fundamental e a correspondente concepção de unidade que daí deriva[83]. Insista-se, não há uma única hierarquia, uma única série normativa (ou corrente de normas entrelaçadas entre si) nesse

80. FERRAZ JR., Tercio Sampaio. **Introdução ao estudo do direito**: técnica, decisão e dominação. São Paulo: Atlas, 2015, p. 151.

81. Idem, ibidem, p. 151.

82. Tal acréscimo faz-se necessário, pois a posição adotada por Tercio Sampaio Ferraz Jr., por ele denominada como pragmática, em uma clara alusão à ideia de linguagem e aos seus estudos sobre comunicação, não deixa de sofrer, por seu turno, uma grande influência dos estudos sistêmico-funcionalistas empreendidos por Niklas Luhmann.

83. FERRAZ JR. Op. cit., p. 151.

novo modo de compreender o sistema jurídico. Logo, não há uma única norma fundamental e, por sua vez, também perde espaço a representação ilustrativa de pirâmide normativa tão difundida e associada a Kelsen.

A compreensão pragmática é de que uma norma pode ser válida e, não obstante isso, não ter império, ou seja, força de obrigatoriedade, e vice-versa, ter império e não ser válida[84]. Em outras palavras, uma norma pode pertencer ao sistema jurídico, mas nem por isso ser efetivamente respeitada pela prática social (por exemplo, a situação de desuso). E o oposto também, qual seja, uma norma não ser válida, por não pertencer ao sistema jurídico, mas, mesmo assim, na prática social, ser imperativa, ou seja, gozar da efetividade social necessária (esse é o caso, por exemplo, do costume *contra legem*).

Desse modo, uma norma tem imperatividade à medida que se lhe garante a possibilidade de impor um comportamento independentemente do concurso ou da colaboração do destinatário (o cidadão ou o servidor público, a depender da concepção a que se filie). Ou seja, uma norma é imperativa quando ela, para ser cumprida, não fica a depender da colaboração daquele a quem ela se destina. Portanto, quando a norma possui imperatividade, há a real possibilidade de que ela produza efeitos imediatos, inclusive sem a verificação de sua validade, e essa verificação, repita-se, não impede que ela seja imperativa[85].

Por exemplo, pode acontecer, como ocorreu no Brasil dos planos econômicos heterodoxos, lembra Tercio Sampaio Ferraz Jr., que uma norma imponha, a partir de sua vigência (inserção no sistema jurídico), um índice

84. Aqui, nota-se a influência dos escritos de Miguel Reale, ainda que de modo indireto, sobre a produção intelectual de Tercio Sampaio Ferraz Jr. Uma compreensão um tanto quanto parecida pode ser encontrada na obra REALE, Miguel. **O direito como experiência**: introdução à epistemologia jurídica. 2. ed. São Paulo: Saraiva, 1992, p. 111-122.

85. FERRAZ JR., Tercio Sampaio. **Introdução ao estudo do direito**: técnica, decisão e dominação. São Paulo: Atlas, 2015, p. 151.

de reajuste de salários que ignora parte do índice inflacionário do mês imediatamente anterior (caso da URP). Essa circunstância, certamente, será impugnada pelos trabalhadores pela sua inconstitucionalidade e, na sequência, muito provavelmente, acatada pelos Tribunais. Contudo, as empresas que cumpriram a norma não terão, em contrapartida, a mínima possibilidade de responsabilizar o legislador por eventuais prejuízos que venham a sofrer em razão de a norma ser do modo como ela é. Para elas, as empresas, trata-se de norma inválida (em dissonância com a Constituição) que terá tido império (que tinha que ser cumprida por parte das empresas)[86].

Além disso, a posição pragmática, é dizer, esse novo modo de compreender o sistema jurídico a partir da reformulação do conceito tradicional de sistema, sustenta que o sistema do ordenamento (ou o sistema jurídico, enquanto subsistema social), não se reduzindo a uma única unidade hierárquica, não tem, repita-se, estrutura ou ilustração de pirâmide, mas estrutura ou ilustração circular. Uma estrutura circular[87] de competências (normas que autorizam os órgãos a atuarem de determinado modo que são, por sua vez, determinadas, elas mesmas, por estes órgãos) referidas mutuamente, dotada de coesão[88].

86. Idem, ibidem, p. 151.

87. Ou, como prefere Marcelo Neves, uma estrutura circular de procedimentos do Estado Democrático de Direito. E aí, nota-se, uma vez mais, a proximidade entre o olhar sistêmico-funcionalista de Luhmann que influencia, por sua vez, o olhar de Marcelo Neves, e a compreensão pragmática de Tercio Sampaio Ferraz Jr. Nesse sentido, consulte-se NEVES, Marcelo. **Entre Têmis e Leviatã**: uma relação difícil: o Estado Democrático de Direito a partir e além de Luhmann e Habermas. São Paulo: Martins Fontes, 2006, p. 185-195.

88. "Contra a proposta de caracterizar o Estado Democrático de Direito através da pluralidade circular de procedimentos poderia levantar-se a objeção de que todos eles estão previstos na Constituição como ordem básica da comunicação jurídico-política. Assim sendo, haveria uma prevalência do procedimento constituinte originário como instituidor da ordem dos procedimentos constitutivos. É inegável que a Constituição, proveniente do procedimento constituinte, regula abrangentemente os procedimentos constituídos: o político-eleitoral, o legislativo-parlamentar, o jurisdicional e o político-administrativo. Mas não se deve desconhecer que do procedimento constituinte só resulta o texto constitucional, não exatamente a Constituição como plexo de sentidos normativos. O texto já define limites flexíveis à

Por exemplo, o Supremo Tribunal Federal (STF) recebe do poder constituinte originário sua competência para determinar em última instância o sentido normativo das normas constitucionais. Desse modo, seus acórdãos são válidos, com base em uma norma constitucional de competência, configurando uma subordinação do STF ao poder constituinte originário. Contudo, como o STF pode determinar o sentido de validade da própria norma que lhe dá aquela competência, de certo modo, a validade da norma constitucional de competência do STF também depende de seus acórdãos (normas jurídicas específicas)[89], configurando uma subordinação do poder constituinte originário ao STF[90]. Ou seja, é possível falar, assim, em uma "hierarquia entrelaçada"[91], porque a construção e a reconstrução do significado do documento constitucional no âmbito da concretização jurisdicional relativizam a posição hierárquica do procedimento constituinte[92] (ou, se assim se preferir, relativizam a hierarquia da norma constitucional que confere a competência jurisdicional do STF)[93].

---

concretização constitucional. Mas é na prática dos diversos procedimentos que será revestido de sentidos normativos específicos. Trata-se, novamente, da 'hierarquia entrelaçada'", cf. NEVES. Op. cit., p. 194.

89. "A importância da jurisdição constitucional é, assim, crucial em um direito dogmaticamente organizado, pois o poder judiciário a constitui, dirimindo lides que se originam de divergências sobre o próprio texto constitucional. O último plano para fixar o conteúdo específico de um texto constitucional e, por extensão, de qualquer outro texto normativo, transformando-os em norma jurídica, é do tribunal, dos juízes, pois são eles que eliminam a discutibilidade do conflito ao fazerem a coisa julgada. Resta claro que, na 'sociedade aberta dos intérpretes da Constituição', todos constituem as normas jurídicas, mesmo ao conduzirem-se licitamente, sem necessidade de tribunais; mas é a partir dos conflitos a ele submetidos que o Estado interfere, proibindo o *non liquet*, e aí são primordiais os juízes". Cf. ADEODATO, João Maurício. **A retórica constitucional**: sobre tolerância, direitos humanos e outros fundamentos éticos do direito positivo. São Paulo: Saraiva, 2009, p. 141.

90. FERRAZ JR., Tercio Sampaio. **Introdução ao estudo do direito**: técnica, decisão e dominação. São Paulo: Atlas, 2015, p. 151.

91. NEVES. Op. cit., p. 194.

92. NEVES, Marcelo. **Entre Têmis e Leviatã**: uma relação difícil: o Estado Democrático de Direito a partir e além de Luhmann e Habermas. São Paulo: Martins Fontes, 2006, p. 194.

93. "Principalmente, no âmbito da interpretação-aplicação judicial, fica claro que o texto constitucional, apesar de configurar-se como metalinguagem de todas as linguagens

A questão da distinção entre validade e imperatividade das normas e a questão da coesão do sistema (que não é o mesmo que coerência), cuja estrutura é circular, repita-se mais uma vez, estão umbilicalmente relacionadas entre si[94]. As relações de validade (uma redundância necessária), compreendidas de modo pragmático[95], acarretam na formação de séries normativas (cadeias de normas entrelaçadas entre si) de subordinação, por conseguinte, hierarquias normativas, nas quais o cometimento de uma norma (a posição de autoridade de uma norma) é imunizado pelo relato de outra (pelo conteúdo material da mensagem), e assim sucessivamente[96].

Essa série culmina em uma primeira norma, não sendo, pois, infinita. Não é infinita porque o laço de subordinação não é causal (não há uma relação de causalidade), mas de imputação (uma relação por meio da qual é possível atribuir a alguém uma certa consequência, responsabilizando-o). Causalidade implica relações lineares que se prolongam indefinidamente nos dois lados da série (para cima ou para baixo; para frente ou para trás): toda causa produz um efeito que é causa de outro efeito, e assim por diante. E, por sua vez, todo efeito provém de uma causa que, regressivamente, é efeito de uma causa, que é efeito de outra causa etc. A lógica da causalidade é fruto da lição de Aristóteles[97]. Já a imputação

---

procedimentais, torna-se, simultaneamente, linguagem-objeto da metalinguagem jurisdicional". Cf. NEVES. Op. cit., p. 194-195.

94. FERRAZ JR., Tercio Sampaio. **Introdução ao estudo do direito**: técnica, decisão e dominação. São Paulo: Atlas, 2015, p. 151.

95. Modo este em muito influenciado pelas ideias do "segundo" Ludwig Witgenstein e o seu conceito de "jogos de linguagem". Nesse sentido, consulte-se WITGENSTEIN, Ludwig. **Investigações filosóficas**. Tradução Marcos G. Montagnoli; revisão da tradução Emanuel Carneiro Leão. 2. ed. Petrópolis: Vozes, 1996, p. 18-19.

96. FERRAZ JR., Tercio Sampaio. **Introdução ao estudo do direito**: técnica, decisão e dominação. São Paulo: Atlas, 2015, p. 151.

97. ARISTÓTELES. **Órganon**: categorias, da interpretação, analíticos anteriores, analíticos posteriores, tópicos, refutações sofísticas. Tradução Edson Bini. 2. ed. Bauru: Edipro, 2010, p. 313.

é uma relação terminal, conclusiva: por exemplo, quando se imputa a alguém a responsabilidade por um delito, pratica-se um corte na série causal, pois a responsabilização significa que se deixou de considerar as causas que conduzem alguém ao crime, tomando-as como condição inicial da série, interrompendo-se a regressividade[98].

Se a regressão continuasse, a responsabilidade não estaria mais no ato de alguém, mas em suas condições (por exemplo, na coação que alguém exercesse sobre outrem). Se essa série fosse ao infinito, jamais haveria responsabilização. Quando se diz, portanto, que a validade de uma norma significa a imunização de seu cometimento (de sua relação de autoridade) pelo relato de outra (pelo conteúdo material de outra norma), estabelece-se, assim, entre elas uma subordinação, imputando à superior uma competência[99] (e um princípio que se projeta[100] sobre a norma subordinada)[101].

Nada impede que se repita a imputação para a norma superior, subordinando-a a outra norma superior. Todavia, a série deve ter um ponto final, sob pena de a subordinação perder sentido (uma competência levada ao infinito jamais se caracterizaria como competência, pois sua origem seria indefinidamente prolongada, não sendo possível determiná-la: ao infinito ninguém seria competente como ninguém seria responsável)[102]. De igual maneira, no outro lado da série, também não se pode ir ao

98. FERRAZ JR. Op. cit., p. 152.

99. Uma capacidade de autorizar a aplicação da norma a ela subordinada. E este autorizar, na prática, imuniza a norma subordinada contra eventuais questionamentos, ou seja, imuniza o próprio obedecer. Afinal, não basta provocar obediência, é preciso provocar a obediência com a menor perturbação social.

100. Aqui a imunização se dá não de forma regressiva, mas de forma progressiva, ou seja, o que imuniza a norma é o princípio que se projeta sobre ela, é o fato de ela ser um desdobramento do princípio que a orienta.

101. FERRAZ JR., Tercio Sampaio. **Introdução ao estudo do direito**: técnica, decisão e dominação. São Paulo: Atlas, 2015, p. 152.

102. Idem, ibidem, p. 152.

infinito, pois a responsabilidade seria transferida para outro e deste para outro, e ninguém seria, afinal, responsabilizado. Aqui vale, igualmente, o mesmo raciocínio, a saber: a competência tem de ter um ponto terminal sob pena de nunca se viabilizar a execução (final) de uma decisão. O problema que resta é explicar quando e como se interrompe a série normativa, tanto regressivamente (questão da norma-origem), quanto progressivamente (questão da decisão final)[103].

Para explicar melhor o quanto até aqui apresentado, bem como lançar luz sobre as questões apresentadas, convém que, agora, recorra-se a um exemplo que se preste a esclarecer melhor os aspectos envolvidos. E quem traz o exemplo é o próprio Tercio Sampaio Ferraz Jr.[104] O exemplo em questão diz respeito ao famoso julgamento do Tribunal de Nuremberg, após a Segunda Guerra Mundial. Um dos dilemas enfrentados pelos juízes estava no fato de que não havia normas superiores de Direito Internacional Penal que, à época, tipificassem o genocídio como crime, sendo, contudo, aceito o princípio do *nullum crimen nulla poena sine lege* (não há crime nem pena sem prévia lei). Como então responsabilizar os criminosos nazistas[105]?

O tribunal definiu genocídio como crime contra a humanidade e, para escapar ao princípio do *nullum crimen*, invocou, naquela ocasião, a existência de certas exigências fundamentais de vida na sociedade internacional que implicariam a responsabilidade penal individual dos governantes e dos que executam as suas determinações[106]. A norma que previu os crimes contra a humanidade constou do artigo 6º, alínea *c*, do Estatuto

103. Idem, ibidem, p. 152.

104. Idem, ibidem, p. 152.

105. Para uma interessante discussão desse dilema, consulte-se ARENDT, Hannah. **Eichmann in Jerusalém**. New York: Penguin Books, 1979, epílogo.

106. LAFFER, Celso. **A reconstrução dos direitos humanos**. São Paulo: Companhia das Letras, 1988, p. 169.

do Tribunal e acabou por se converter no momento inicial que conduziu à afirmação positiva de um Direito Internacional Penal. Princípio de uma nova série, ela interrompeu uma regressão (que levaria à irresponsabilidade e à incompetência), devendo ser considerada **norma-origem** da série[107]. Ou seja, naquele julgamento, a norma-origem foi o disposto no artigo 6º, alínea *c*, do Estatuto do Tribunal.

Por ser norma-origem, não há como considerá-la válida, posto que validade exige relação de imunização, o que conduziria a postular outra norma que lhe fosse superior, o que não é o caso. No entanto, se não é norma válida, é ainda assim norma? Certamente que sim, posto que seu cometimento, relação de autoridade/sujeito (subordinação), está imune à indiferença. Se, porém, não é por subordinação à outra norma, como se explica essa imunização? Na verdade, o que ocorre não é propriamente imunização, mas situação de fato, conjunto de circunstâncias favoráveis, institucionalizada (goza do consenso presumido de terceiros) por meio de regras que não são normas, embora façam parte do sistema[108]. Essa situação de fato, institucionalizada por regras, configura o que Tercio Sampaio Ferraz Jr. chama de imperatividade da norma. Ou seja, a regra, em questão, é dotada de exigibilidade, mas, a rigor, ela não é válida, porque não pertence ao sistema e, por isso, ao pé da letra, ela não seria uma norma[109].

No exemplo em exame, a regra invocada é a de **exigências fundamentais de vida na sociedade internacional**, que permite o afastamento momentâneo de outras dessas regras e de normas já constantes do sistema jurídico, como é, no caso, o princípio do *nullum crimen* (que retorna

---

107. FERRAZ JR., Tercio Sampaio. **Introdução ao estudo do direito**: técnica, decisão e dominação. São Paulo: Atlas, 2015, p. 152.

108. Idem, ibidem, p. 152-153.

109. Idem, ibidem, p. 153.

plenamente para as demais normas da série)[110]. Essas regras, porque institucionalizadas (no sentido de Luhmann, ou seja, porque gozam do consenso presumido de terceiros), conferem à norma-origem **imperatividade**, isto é, possibilidade de impor um comportamento independentemente do concurso ou da colaboração dos sujeitos e da verificação de qualquer forma de validade[111].

Observe-se que nem toda situação de fato favorável explica uma norma-origem, mas apenas aquela situação institucionalizada pelas regras, isto é, não são meras situações de fato, por exemplo, situações de força, como quer Bobbio, que exemplificam as normas-origem, mas sua institucionalização por meio de regras. É dizer, é preciso que a situação de fato conte com o consenso presumido de terceiros, e o consenso decorre das próprias regras. Desse modo, normas-origem são normas efetivas (ocorrem numa situação de fato favorável, ou seja, surgem a partir de um conjunto de circunstâncias favoráveis), dotadas de império e primeiras de uma série. Como não guardam nenhuma **relação** com qualquer **norma** antecedente, não são válidas, apenas imperativas, isto é, têm força impositiva. E as regras responsáveis por sua imperatividade são regras estruturais[112] do sistema ou regras de calibração[113]. A partir disso, é possível dizer que a imperatividade expressa uma relação regida por uma regra de calibração, ou seja, uma relação não com outra norma, pois isso seria

110. FERRAZ JR., Tercio Sampaio. **Introdução ao estudo do direito**: técnica, decisão e dominação. São Paulo: Atlas, 2015, p. 153.

111. Nota-se aqui, claramente, o diálogo entre a proposta de sistema jurídico feita por Tercio Sampaio Ferraz Jr. e as contribuições da sociologia jurídica de Luhmann. Diga-se de passagem, é com base nesse critério, o da institucionalização, que Tercio Sampaio Ferraz Jr. distingue as normas jurídicas das normas morais.

112. Aqui de novo se percebe a influência dos escritos de Luhmann.

113. Nota-se aqui a influência dos estudos do campo da Cibernética nos escritos de Tercio Sampaio Ferraz Jr.

validade, mas com uma regra de ajustamento[114], isto é, uma relação com a regra que se destina a disciplinar as relações.

A expressão **regra de calibração** é oriunda da Cibernética[115], a qual se mencionou aqui, em breves linhas, no capítulo anterior. A Cibernética que, por sinal, exerceu grande influência sobre os primeiros escritos de Luhmann. A regra de calibração é uma regra de regulagem ou ajustamento de um sistema. Ou seja, ela se destina a controlar ou ajustar o padrão de funcionamento do sistema. Em outras palavras, ela é a regra que regula a operação da diferença lícito/ilícito e que, por ser última, foge necessariamente à auto-observação do sistema, tratando-se, por isso, de um "ponto cego" e, por consequência, de um paradoxo[116]. Tome-se, apenas a título de exemplo, uma máquina, como a geladeira. Para controle do grau de temperatura interna, seu maquinismo de produção de ar frio é regulado por um termostato. Sem ele, a geladeira iria esfriando o seu espaço interno (sua finalidade) ilimitadamente, o que levaria a uma disfunção (deteriorar os alimentos, por exemplo)[117].

Para evitar essa circunstância, o termostato permite manter uma temperatura, de modo que, se esta cai abaixo de um limite ou sobe acima dele, o motor volta a produzir frio ou cessa de fazê-lo, respectivamente. Para produzir esse efeito, estabelece-se um valor de temperatura para o termostato (por exemplo, 16 graus), chamado **valor de dever-ser**, que o termostato "compara" com o valor real ou o **valor de ser** (temperatura

114. FERRAZ JR. Op. cit., p. 153.

115. CUBE, Felix von. **Was ist Kübernetik**. Bremen: DTV, 1967, p. 23.

116. Trata-se de um paradoxo, afinal, pois aquilo que se presta a fundamentar o sistema, a regra de calibração e a diferença lícito/ilícito que ela regula, ela mesma não é fundamentada. Em suma, o que fundamenta não é fundamentado. Nesse sentido, consulte-se VESTING, Thomas. **Teoria do direito**: uma introdução. Tradução Gercélia B. de O. Mendes. São Paulo: Saraiva, 2015, p. 39.

117. FERRAZ JR., Tercio Sampaio. **Introdução ao estudo do direito**: técnica, decisão e dominação. São Paulo: Atlas, 2015, p. 153.

abaixo ou acima de 16 graus). Nesse momento, se a temperatura do espaço interno da geladeira, por qualquer razão, subir, a produção de ar frio é retomada. Se, no entanto, a temperatura do espaço interno estiver em queda, a produção de ar frio será suspensa imediatamente[118].

Esses valores prescritos para o termostato (escolhidos pelo dono da geladeira) não são propriamente elementos do motor (não operam o esfriamento), mas os regulam, ou seja, determinam como os elementos funcionam. Dito de outro modo, o valor estabelecido no termostato prescreve como os elementos guardam entre si relações de funcionamento. Eles fazem parte da estrutura de funcionamento da geladeira. Em suma, os valores de dever-ser e de ser correspondem às regras de calibração ou de regulagem (regras da estrutura) do sistema[119]. Regras que controlam a **diferenciação** entre sistema e ambiente. No exemplo dado, entre o padrão de temperatura da geladeira (o sistema) e a temperatura do espaço externo à geladeira (o ambiente, no sentido de Luhmann).

Pois bem, a hipótese que aqui se adota, na linha daquilo que é sustentado por Tercio Sampaio Ferraz Jr., é de que os ordenamentos ou os sistemas normativos jurídicos são constituídos primariamente por normas (repertório do sistema) que guardam entre si relações de validade controladas por regras de calibração (estrutura do sistema). Como sistema, eles atuam no meio ambiente, a vida em sociedade, que lhes impõe demandas (exigem que conflitos sejam decididos). Para essa atuação ou funcionamento, as normas têm de estar imunizadas contra a indiferença, o que se dá pela constituição de séries hierárquicas de validade, que culminam em uma norma-origem[120].

---

118. Idem, ibidem, p. 153.

119. Idem, ibidem, p. 153.

120. FERRAZ JR., Tercio Sampaio. **Introdução ao estudo do direito**: técnica, decisão e dominação. São Paulo: Atlas, 2015, p. 153-154.

Quando, contudo, uma série normativa não dá conta das demandas oriundas do ambiente, o sistema é "irritado" pelo ambiente e termina por experimentar uma mudança em seu padrão de funcionamento, uma mudança que não determinada pelo ambiente, de fora para dentro, mas, sim, e somente só, pelo próprio sistema, de dentro para fora. Essa mudança no padrão de funcionamento do sistema se dá pela criação de uma nova norma-origem e, em consequência, de uma nova série hierárquica. O que regula essa criação e, por consequência, a mudança de padrão, são suas regras de calibração[121], ou seja, a estrutura do sistema. Graças a elas, o sistema muda de padrão, mas não se desintegra[122], frente as demandas do ambiente. Em outras palavras, o sistema jurídico continua funcionando, mesmo diante da pressão oriunda do ambiente social.

A mudança de padrão de funcionamento do sistema do Direito, como ressalta Luhmann e com ele concorda Tercio Sampaio Ferraz Jr., é dinâmica[123] – daí a defesa do caráter positivo do direito. O sistema vai de um padrão a outro, volta ao padrão anterior, adquire um novo, num processo de mudanças estruturais (mudanças nas regras que regulam as relações entre as normas), cuja velocidade, ressalte-se, depende da

121. Fazendo uma analogia entre a substituição de uma norma-origem (norma fundamental) por outra e o jogo de xadrez, as regras de calibração, que regulam a substituição de uma norma-origem por outra, não seriam nem as peças do jogo – o seu repertório – nem as regras de como se joga o jogo – a sua estrutura –, mas a decisão do jogador em mudar a sua estratégia de jogo, observando as regras existentes, de modo a tentar vencer o jogo. O momento no qual o jogador decide mudar a sua estratégia de jogo, dentro do jogo e durante o jogo, é o que se poderia chamar de substituição de uma norma-origem e a sua série normativa por outra norma-origem. Vê-se, assim, que não há uma só norma fundamental, mas, na verdade, muitas e diferentes normas fundamentais que podem ser substituídas umas pelas outras. Essa substituição é regulada, por seu turno, pelas regras de calibração. Ou seja, não é determinada pelas regras de calibração, mas devem observar os limites impostos por elas.

122. FERRAZ JR., Tercio Sampaio. **Introdução ao estudo do direito**: técnica, decisão e dominação. São Paulo: Atlas, 2015, p. 154.

123. Idem, ibidem, p. 154.

flexibilidade de suas regras de calibração[124]. Quanto mais flexíveis as regras de calibração, maior a possibilidade de que o sistema mude o seu padrão de funcionamento com maior velocidade.

Volte-se, agora, ao exemplo do Tribunal de Nuremberg. Ali, o valor de dever-ser era estabelecido para evitar desvio de poder. Traduzindo, não se deve permitir a represália descontrolada dos vencedores sobre os vencidos. E o valor de ser, por sua vez, era percebido na constatação de uma possível impunidade em face das normas existentes: sem julgamento, os criminosos nazistas ficariam impunes[125]. Desse modo, o padrão de funcionamento do sistema jurídico penal internacional – padrão de legalidade –, baseado na norma-origem do princípio do *nullum crimen nulla poena sine lege*, foi substituído por um novo padrão, o de legitimidade. Esse novo padrão é regulado por uma outra norma-origem, o princípio de exigências fundamentais de vida na sociedade internacional[126-127]. O certo é que os dois princípios invocados são exemplos de regras de calibração de um sistema normativo, segundo Tercio Sampaio Ferraz Jr.[128-129].

Os sistemas normativos jurídicos conhecem inúmeras regras de calibração, as quais não chegam a formar, entre si, um conjunto lógico. Até porque, vale lembrar, algumas constituem valores de dever-ser e outras

124. Idem, ibidem, p. 154.

125. FERRAZ JR., Tercio Sampaio. **Introdução ao estudo do direito**: técnica, decisão e dominação. São Paulo: Atlas, 2015, p. 154.

126. Idem, ibidem, p. 154.

127. Algo que, na obra de Antônio Luiz Machado Neto, prefere-se chamar de costumes compartilhados pela comunidade internacional.

128. FERRAZ JR. Op. cit., p. 154.

129. Nesse ponto, talvez, esta tese tenha uma pequena divergência da compreensão sustentada por Tercio Sampaio Ferraz Jr. Isso porque, no modo de compreender desta tese, tais princípios seriam, na verdade, normas-origem que dão lugar, cada uma delas, a diferentes séries normativas, mas não seriam eles mesmos, os princípios, regras de calibração. As regras de calibração seriam as regras que regulam a substituição de uma norma-origem por outra, do padrão da legalidade pelo padrão da legitimidade.

valores de ser. Por conseguinte, colocadas umas ao lado das outras, mostram oposições de incompatibilidade. O princípio do *nullum crimen* significa: nenhum crime sem norma prévia. O princípio das exigências fundamentais implica, por outro lado, que, sim, é possível haver crime mesmo sem norma prévia. As regras jurídicas de calibração não só estabelecem relações dinâmicas de imperatividade, lembra Ferraz Jr., mas também surgem e desaparecem na História, e têm por fonte a Jurisprudência dos Tribunais (regras jurisprudenciais, por exemplo, a prova cabe a quem alega), a doutrina (regras doutrinárias, por exemplo, normas jurídicas são juízos hipotéticos), a política (regras políticas, por exemplo, o princípio da maioria), a moral (regras morais, por exemplo, o princípio da boa-fé), a religião[130] (regras religiosas, por exemplo, o princípio cristão da dignidade da pessoa humana), entre outras fontes.

Algumas dessas regras de calibração desaparecem com o tempo ou, pelo menos, perdem expressividade e força, por exemplo, a regra hermenêutica *in claris cessat interpretativo*. Outras, no entanto, surgem, ganham força e até se sobrepõem a outras mais conhecidas, como é o caso, por exemplo, do princípio do *disregard* ou da reformulação da pessoa jurídica para chegar à pessoa física que por detrás dela se esconde. Algumas regras de calibração, segundo Tercio Sampaio Ferraz Jr.[131], ainda, passam a fazer parte do relato de normas, que as incorporam como o seu conteúdo, como é o caso do princípio da moralidade na seara da Administração Pública, o que lhes acrescenta à função calibradora a validade normativa, tornando o sistema jurídico ainda mais complexo (cheio de variáveis umas implicadas às outras).

130. FERRAZ JR. Op. cit., p. 154.

131. FERRAZ JR., Tercio Sampaio. **Introdução ao estudo do direito**: técnica, decisão e dominação. São Paulo: Atlas, 2015, p. 154.

Uma classificação das regras de calibração (calibrar remete à ideia de controle, no caso, de controle da substituição de uma norma-origem por outra) de um sistema normativo é tarefa difícil de ser realizada. Não apenas pela variedade de suas fontes, como acima apontado, mas também pela diversidade de suas funções. Entre estas, pode-se destacar a manutenção global da relação de autoridade-sujeito (de dominação ou controle) em um processo dinâmico (de constante transformação), em que novos conflitos pedem decisões e decisões engendram novos conflitos. Essa verdadeira estabilidade dinâmica permite concluir que os sistemas normativos são *autopoiéticos*[132].

Sistemas autopoiéticos são sistemas cuja estabilidade se alimenta de si própria, tanto em face de perturbações externas quanto internas[133]. Desse modo, por exemplo, quando no interior do ordenamento (sistema jurídico) surge a configuração de um fato cuja relevância jurídica se reconhece, mas para o qual não se encontra uma norma adequada (problema das lacunas), o sistema evoca uma regra de calibração segundo a qual é defeso ao juiz deixar de julgar sob o argumento de falta ou obscuridade da lei[134]. Ou seja, diante de uma perturbação interna, o sistema jurídico estabiliza a partir de si mesmo.

Já na hipótese de uma perturbação externa, por exemplo, um golpe militar[135], o sistema também busca a partir de si próprio a sua estabilização, invocando para isso, por exemplo, uma conhecida teoria constitucional, cujo efeito calibrador é bastante significativo. Trata-se da noção de

---

132. LUHMANN, Niklas. **Sistemas sociais**: esboço de uma teoria geral. Tradução Antônio C. Luz Costa, Roberto Dutra Torres Junior e Marco Antônio dos Santos Casanova. Petrópolis: Vozes, 2016, p. 27. NEVES, 2006, p. 59. ADEODATO, João Maurício. **Ética e retórica**: para uma teoria da dogmática. 2. ed. São Paulo: Saraiva, 2006, p. 165-180.

133. FERRAZ JR. Op. cit., p. 155.

134. FERRAZ JR. Op. cit., p. 155.

135. FERRAZ JR. Op. cit., p. 155.

soberania, capaz de superpor-se à realidade, forçá-la, simplificá-la, fazendo com que o Estado, enquanto unidade de domínio, mantenha-se numa situação de relações políticas e sociais efêmeras e cambiantes[136]. Ou seja, o Estado e o sistema jurídico a ele relacionado conseguem se estabilizar, mesmo diante da perturbação externa, graças ao efeito calibrador da soberania. Com base nisso, na noção de soberania, distingue-se entre poder constituinte originário e derivado, entendendo-se o primeiro como poder autônomo, inicial e incondicionado, reconhecido como fonte-princípio do Direito que, uma vez exaurido o seu efeito fundante, deixa à autoridade constitucionalmente instituída (poder derivado) a instauração de subsequentes relações de subordinação[137].

Tanto no exemplo das lacunas (perturbação interna) quanto no caso do golpe militar (perturbação externa), o sistema é estabilizado por regras de calibração que permitem uma mudança momentânea de padrão de funcionamento em troca de sua manutenção. Apenas para dar um exemplo, de um padrão de legalidade passa-se a um padrão de efetividade e, em seguida, retorna-se a um padrão de legalidade. Ora, o que permite regular esse câmbio no padrão de funcionamento do sistema? As regras de calibração. No caso da lacuna, em sistemas normativos que não preveem regras para o seu preenchimento[138] – como é o caso do sistema jurídico alemão –, o juiz é, não obstante, até autorizado a inventar uma norma (equidade, por exemplo), contra o princípio de que ninguém está obrigado a fazer ou a deixar de fazer alguma coisa senão em virtude de lei[139]. No caso do golpe militar, as forças armadas assumem o poder supremo

136. BOBBIO, Norberto. **O futuro da democracia**. São Paulo: Paz e Terra, 1986, p. 132.

137. FERRAZ JR., Tercio Sampaio. **Introdução ao estudo do direito**: técnica, decisão e dominação. São Paulo: Atlas, p. 155.

138. Bobbio denomina a existência de tais regras como regras para autointegração.

139. Bobbio denomina isso como o recurso à heterointegração.

de legislar (a soberania) para, em ato contínuo, subordinar-se à legislação existente e a que venha a ser criada[140].

Tome-se, agora, um exemplo concreto da recente história brasileira. A Emenda Constitucional n. 26, de 27 de novembro de 1985, com base na Constituição de 1967, conforme a Emenda Constitucional n. 1, de 1969, conferiu aos membros da Câmara dos Deputados e ao Senado o poder de se reunirem unicameralmente em Assembleia Nacional Constituinte, livre e soberana, terminando, assim, o período conhecido como Revolução de 1964. Nesse exemplo, a troca de padrão de funcionamento do sistema é extremamente sutil[141], vez que, aparentemente, o padrão de legalidade não era rompido pela invocação do artigo 48[142] da Constituição, então vigente, que disciplinava o modo de sua alteração por meio de emendas.

O **relato** da norma em tela é composto de uma descrição da ação (que na doutrina chama-se *fact species*, hipótese normativa) – no caso, o modo da discussão, o quórum e a forma de sua verificação – e uma descrição das condições da ação, a proposta conforme o "artigo anterior"[143]. O cometimento se localiza nas formas verbais "será" e "considerando-se", que caracterizam uma obrigação que limita a competência do artigo anterior. Tomando-se, para simplificar, o conjunto, temos de identificar aí também o emissor e o receptor que integram a norma-comunicação[144].

140. FERRAZ JR. Op. cit., p. 155.

141. FERRAZ JR. Op. cit., p. 155.

142. Constituição de 1967 – Emenda n. 1, de 1969, artigo 48: "Em qualquer dos casos do artigo anterior, a proposta será discutida e votada em sessão conjunta do Congresso Nacional, em dois turnos, considerando-se aprovada quando obtiver, em ambas as votações, dois terços dos votos dos membros de cada uma das Casas".

143. FERRAZ JR., Tercio Sampaio. **Introdução ao estudo do direito**: técnica, decisão e dominação. São Paulo: Atlas, 2015, p. 155-156.

144. Idem, ibidem, p. 156.

Dentro do **padrão-legalidade**, o emissor da norma que autoriza emendar é um papel institucionalizado, denominado **constituinte**. Seu receptor é também um papel institucionalizado, denominado poder **constituído**. Desse modo, se o receptor emendar a Constituição conforme o relato da norma que autoriza emendar, tem-se uma nova norma – uma emenda constitucional –, na qual o receptor da anterior é agora emissor, sendo receptores os emissores das normas de hierarquia inferior. O que acontece, contudo, quando o receptor promulga uma emenda que altera o relato da norma que lhe confere competência? **Aparentemente**, ele cumpre a norma e engendra um paradoxo (serra o galho sobre o qual está sentado, em outras palavras)[145]. Na verdade, no entanto, isso não ocorre. Por quê? Porque ao promulgar emenda alterando o relato da norma que autoriza os procedimentos para emendar, o receptor (poder constituído) se põe como emissor (poder constituinte). Ou seja, já não é a norma que autoriza os procedimentos de emenda que está sendo acionada, mas uma outra, com o mesmo relato, mas com outro emissor e outro receptor. É uma norma nova, uma norma-origem[146].

Uma norma que prevê procedimentos modificadores de um sistema normativo, enquanto conjunto de normas-atores-comportamentos (normas de conduta), tem um caráter constitutivo. Ou seja, trata-se de norma que constitui ela própria o comportamento que prevê (norma competência): regras, atores e movimentos são solidários, pois o ator só é ator e o movimento só é movimento na norma. Sua alteração, ou porque se altere o movimento prescrito, ou porque se altere o emissor que prescreve ou o receptor da prescrição, exige uma nova norma. Assim, para fins de explicação, vai-se aqui denominar de norma 1 (N1) aquela que tem por emissor a autoridade 1 (A1), e por receptor o sujeito 1 (S1) e por cometimento uma faculdade 1 (F1). Logo, A1 faculta S1. O relato dessa

145. Idem, ibidem, p. 156.

146. Idem, ibidem, p. 156.

norma é a descrição de procedimentos para emendar a Constituição. Vai-se denominar esses procedimentos descritos como P1[147]. Graficamente, pode-se exprimir do seguinte modo:

N1: A1 (emissor) {cometimento (F1) + relato (P1)} – S1 (receptor)

Ora, quando o sujeito S1 cumpre o relato (P1) para alterar a norma N1, na verdade, ele passa a ocupar o lugar de A1, e seu lugar passa a ser ocupado por outros receptores (por exemplo, S2). Assim, quando se cria um procedimento novo (P2) a partir do que prescrevia o procedimento antigo (P1), obtendo-se uma nova norma (N3, por exemplo), a derivação não é de N1 para N3[148], mas, sim, de N2 para N3, podendo se exprimir, graficamente, N2 do seguinte modo:

N2: S1 {cometimento(F1) + relato (P1)} – S2[149]

No caso concreto, quando o Congresso Nacional promulga uma emenda, (a de n. 26) conforme os artigos 47 e 48 da Constituição 67/69, emenda que modifica os próprios artigos, não é a norma dos artigos 47 e 48 que está sendo utilizada, mas outra, pois o poder constituído já assumiu o papel de constituinte. Vê-se, assim, que não há um paradoxo. A ilusão de uma autorreferência paradoxal[150] está em que, formalmente, são os artigos 47 e 48 que estão sendo aplicados quando, na verdade, já se está diante de uma outra norma[151] (com a mesma numeração, o mesmo relato, a mesma relação de cometimento, mas com **outro** emissor e **outro** receptor, os quais integram à norma-comunicação. O emissor passa

147. FERRAZ JR., Tercio Sampaio. **Introdução ao estudo do direito**: técnica, decisão e dominação. São Paulo: Atlas, 2015, p. 156.

148. Idem, ibidem, p. 156.

149. Idem, ibidem, p. 156.

150. Essa percepção também é muito trabalhada por Niklas Luhmann.

151. O que reforça, uma vez mais, a ideia já mencionada de uma hierarquia entrelaçada, que remete, outra vez, à ideia de circularidade.

a ser o Congresso Nacional e o receptor, a futura Assembleia Nacional Constituinte)[152].

Sabe-se, no entanto, que nem toda norma-origem integra o sistema em sua coesão[153]. Veja-se um exemplo. Se, por hipótese, uma "frente partidária extraparlamentar" a tivesse estabelecido, ter-se-ia dificuldade de integrá-la no sistema, com a mesma regra de calibração invocada nesse caso: o Congresso Nacional, bem ou mal, **representa** o povo (abstração feita dos detalhes políticos: a presença dos senadores "biônicos"). Essa regra de calibração (a noção de soberania)[154] é que permite integrar a norma-origem ao sistema, o qual, assim, mantém-se em funcionamento, trocando, porém, seu padrão: do padrão-legalidade para o padrão-efetividade. O padrão-efetividade está em uso no momento em que aparece a nova norma-origem. Daí para frente, volta o padrão-legalidade[155].

Seria necessária, nesse momento, uma consideração sobre o conceito de **revolução**, vez que, a partir do que foi dito, nem mesmo um golpe de Estado significa, necessariamente, uma ruptura do sistema[156]. Se se entende por revolução uma ruptura do sistema normativo, ou seja, uma perturbação capaz de destruí-lo, do ponto de vista pragmático, como quer Tercio Sampaio Ferraz Jr., fortemente influenciado pela perspectiva sistêmica de Niklas Luhmann, revolução é outra coisa. Revolução significa uma sobrecarga de informações[157]. Ou seja, a entrada de informa-

152. FERRAZ JR. Op. cit., p. 157.

153. Anuncie-se, desde logo, que coesão não é sinônimo de coerência. Esse tema será trabalhado com maior fôlego mais adiante.

154. Sobre o tema, recomenda-se a leitura da obra de Carl Schmidt. SCHMIDT, Carl. **Teoría de la Constitución**. Traducción Francisco Ayala. Madrid: Alianza Editorial, 2011, *passim.*

155. FERRAZ JR., Tercio Sampaio. **Introdução ao estudo do direito**: técnica, decisão e dominação. São Paulo: Atlas, 2015, p. 157.

156. Idem, ibidem, p. 157.

157. Vale aqui lembrar a noção empregada por João Maurício Adeodato, a "sobrecarga ética" do Direito.

ções, oriundas do ambiente social, no sistema de normas, o subsistema do Direito, que não conseguem ser calibradas (ajustadas) como normas-origem (normas que dão origem a uma nova série normativa), destruindo-se, assim, por consequência, o próprio dispositivo regulador (as regras de calibração[158]). Isto é, com uma revolução, o sistema não troca de padrão de funcionamento, mas deixa de funcionar, possibilitando o aparecimento de outro em seu lugar[159]. O sistema tem comprometida a sua capacidade autopoiética.

Vistas as coisas por esse ponto de observação, revoluções não se confundem com meros golpes de Estado ou atos de força que substituem a Constituição vigente por outra, por eles estabelecida ou estabelecida com base em princípios deles emanados. De acordo com a visão de Kelsen, por exemplo, apenas para fins de comparação, tem-se uma revolução, do ângulo jurídico, toda vez que muda a norma fundamental positiva (por essa expressão, entenda-se, a Constituição, por conta da expressão positiva, já que a norma fundamental, em si, ela mesma, não é positivada) do sistema[160]. Contudo, de acordo com a concepção pragmática sustentada por Tercio Sampaio Ferraz Jr., bastante contaminada pelas ideias sistêmicas de Luhmann, a revolução só ocorre se, com a mudança da Constituição,

158. Aqui, neste passo, tem-se a impressão clara de que o que Tercio Sampaio Ferraz Jr. chama de regras de calibração talvez seja o que Luhmann denomina como abertura cognoscitiva e fechamento normativo do sistema. O certo é que, na lição dos dois autores, fica claro que o sistema jurídico, para preservar a sua identidade, precisa preservar aquilo que o diferencia do ambiente social. E essa fronteira, esse limite que traça a diferença entre o sistema e o ambiente é preservada de dentro para fora, ou seja, pelo próprio sistema, na medida que ele, de forma autopoiética, se autorreproduz a partir de aberturas e fechamentos. Abre-se para receber informações do ambiente social. Contudo, só seleciona as informações que é capaz de processar. Por isso, mais importante que as aberturas cognoscitivas, as aberturas para receber as informações, são os fechamentos normativos, a operação de seleção e descarte das informações recebidas.

159. FERRAZ JR. Op. cit., p. 157.

160. VILANOVA, Lourival. **Teoria jurídica da revolução**: as tendências atuais do direito público. Rio de Janeiro: Forense, 1976, p. 73.

mudar também a calibração do sistema, ou seja, as regras de calibração do sistema jurídico. Nesse último sentido, são revoluções, por exemplo, a Revolução Francesa de 1789, a Revolução Comunista na Rússia de 1917, a Queda do Muro de Berlim de 1990[161], dentre outras. Sobre o tema, escreve Miguel Reale:

> As doutrinas modernas sobre a *revolução* estão mais ou menos acordes em reconhecer que não há revolução propriamente dita sem alteração no sistema de Direito Público, sem instauração de uma ordem nova *com mudança correspondente na atitude espiritual do povo* (grifos do autor)[162].

Sistemas jurídicos, portanto, constituem sistemas dinâmicos, **com vários padrões** de funcionamento, conforme a variedade de suas regras estruturais (suas regras de calibração). Não são, portanto, totalidades homogêneas (constituídos por um único elemento – as normas – e um único padrão de funcionamento), embora sejam todos **coesos[163] (que não é o mesmo que coerência, repita-se). O caráter imperativo ou vinculante de suas normas depende da coesão de sua estrutura, que pode ser rígida, flexível, dentre outras possibilidades. Não há uma** norma a conferir-lhe unidade, porque os sistemas jurídicos contêm séries normativas plurais[164]. A hierarquia legal, por conseguinte, é **uma** das estruturas

161. FERRAZ JR., Tercio Sampaio. **Introdução ao estudo do direito**: técnica, decisão e dominação. São Paulo: Atlas, 2015, p. 157.

162. REALE, Miguel. **Teoria geral do direito e do estado**. 3. ed. São Paulo: Saraiva, 1972, p. 137.

163. FERRAZ JR. Op. cit., p. 157.

164. Aqui está o tema da hierarquia das fontes legais, as leis, os decretos, os regulamentos e as portarias. O tema é muito interessante, mas pela sua extensão e importância, demandaria uma atenção à parte, o que implicaria uma mudança de foco e de rota nesta pesquisa. De todo modo, recomenda-se, desde já, para que se tenha um contato mínimo com o problema a leitura de FERRAZ JR. Op. cit., p. 192-195.

possíveis do sistema dinâmico, que pode, de momento para momento, assumir outros padrões de funcionamento (padrão-efetividade, padrão-legitimidade, padrão dos regimes de exceção, dentre outros)[165]. O que explica, no Direito Moderno, a preponderância do padrão constitucional, fundado no padrão-legalidade (princípio da legalidade), e que induz a dogmática a pensar o sistema jurídico como um sistema **unitário** (um monismo jurídico, um único sistema jurídico estatal, fundado numa única norma fundamental), é uma razão de ordem ideológica, adverte Tercio Sampaio Ferraz Jr.[166]. E duas marcas dessa opção ideológica são: a forte presença do Estado e a concepção liberal de Direito.

Enfim, compreendidos como sistemas dinâmicos, os sistemas jurídicos têm alta mobilidade, neles, tudo está em movimento, do qual decorre a dificuldade de operar com eles (tarefa da Dogmática Jurídica). Comparam-se, enquanto sistema, a um jogo de futebol e, para usar essa metáfora, não só os jogadores, a bola e os árbitros estão em movimento, mas também as linhas do campo e as traves (as linhas do campo e as traves são os limites ou as fronteiras que diferenciam o sistema do ambiente, para recorrer de novo a Luhmann). Cabe ao jurista, tomando por base a ciência dogmática, operar a possibilidade do jogo, ou seja, fazer com que o jogo continue a ser jogado. Para isso, diga-se de passagem, o jurista necessita de conceitos operacionais dinâmicos, que admitam modificação no padrão de funcionamento, sem os quais os conflitos sociais, por serem complexidades desordenadas, seriam indecidíveis (proibição do *non liquet*). Mas, repita-se, mesmo sendo dinâmicos, os conceitos operacionais têm que possibilitar alguma forma de estabilidade (estabilidade na

165. FERRAZ JR. Op. cit., p. 158.

166. FERRAZ JR., Tercio Sampaio. **Introdução ao estudo do direito**: técnica, decisão e dominação. São Paulo: Atlas, 2015, p. 158.

mudança)[167]. Afinal, essa é a maior função que deles se espera (expectativa), qual seja, que garantam a estabilidade do sistema jurídico.

Feitas tais considerações sobre a dinamicidade do sistema jurídico e suas regras de calibração, bem como sobre a sua ilustração circular de hierarquia entrelaçada, cabe agora, no passo seguinte, que se enfrente o problema da consistência do sistema jurídico e da antinomia jurídica a partir de uma nova perspectiva. Uma perspectiva pragmática, na linha do que sustenta Tercio Sampaio Ferraz Jr., mas com fortes influências da contribuição sistêmica de Luhmann[168].

5.6. CONSISTÊNCIA DO SISTEMA: ANTINOMIA JURÍDICA

Quando se fala, apenas para dar um exemplo, na revogação por incompatibilidade, toca-se em um dos temas centrais da teoria do sistema jurídico (ou do ordenamento jurídico, como quer a doutrina tradicional): a sua consistência. Por consistência deve ser entendida a inocorrência ou a extirpação de antinomias, ou seja, da presença simultânea de normas válidas que se excluem mutuamente. De certa maneira, já se mencionou aqui a questão, quando se falou aqui da norma-origem, como aquela que principia nova série e que não se deriva de nenhuma outra porque, no que toca a elas, é contraditória ou incompatível. Com isso, pretendeu-se dizer que, do ponto de vista zetético, como sustenta Tercio Sampaio Ferraz Jr., é possível discutir se a consistência do sistema jurídico é ou não uma qualidade essencial de seu sistema em si[169].

167. Idem, ibidem, p. 158.

168. Idem, ibidem, p. 158.

169. FERRAZ JR., Tercio Sampaio. **Introdução ao estudo do direito**: técnica, decisão e dominação. São Paulo: Atlas, 2015, p. 166.

Não obstante se possa afirmar que, com arrimo na concepção tradicional de sistema jurídico, o sistema jurídico deve ser entendido como um sistema **unitário e consistente**, é possível sustentar agora que essas ideias, a unidade e a consistência, são, na verdade, reflexos de um pressuposto ideológico que a Dogmática Jurídica assume para si de forma prevalecente. Ou seja, não são características do sistema jurídico, mas consequências de uma escolha ideológica. Por isso, a análise das antinomias normativas é um tema muito importante para melhor compreensão do sistema jurídico[170].

O termo antinomia aparece já na antiguidade, por exemplo, em Plutarco e Quintiliano, mas seu sentido que mais impregna em relevância para o mundo jurídico data do século XVII. Gloclenius, em 1613, distingue antinomia no sentido lato de estrito. O primeiro ocorrendo entre sentenças e proposições, o segundo, entre **leis** (*pugnantia legum inter se*). O sentido estrito é assumido mais tarde por A. Eckolt, em 1660. Ambos já distinguem antinomia real de aparente. No século XVIII, J. H. Zedler, em 1732, define antinomia como contrariedade de leis que se dá quando duas leis se opõem ou mesmo se contradizem[171]. A. G. Baumgarten, em 1770, fala em antinomia entre direito natural e direito civil[172].

O certo é que uma definição de antinomia exige algumas distinções[173]. São elas que se passará a analisar com cuidado a seguir. E essa análise tem como principal escopo, destaque-se desde já, o de salientar, uma vez mais, que a própria ideia de consistência (coerência) não é uma característica do sistema jurídico, mas, sim, repita-se, uma decorrência de

170. Idem, ibidem, p. 166.

171. Idem, ibidem, p. 166-167.

172. FERRAZ JR., Tercio Sampaio. **Enciclopédia Saraiva do Direito**. São Paulo: Saraiva, 1978, v. 7. Antinomia. Antítese, Bem comum. Verbetes.

173. FERRAZ JR., Tercio Sampaio. **Introdução ao estudo do direito**: técnica, decisão e dominação. São Paulo: Atlas, 2015, p. 167.

uma opção ideológica. Ou seja, da opção ideológica de definir o sistema jurídico de determinada forma. Por isso, é preciso analisar as distinções, porque elas irão auxiliar tanto na definição de antinomia como em uma possível reformulação desse conceito e, por consequência, da própria ideia de consistência.

A primeira ideia que se tem de antinomia, ou pelo menos a mais difundida, é a de uma **antinomia lógico-matemática**. Apesar de o termo ter sido consagrado por seu uso jurídico, a expressão "antinomia" é hoje mais rigorosamente definida no campo da lógica (a arte que possibilita a verificação da correção do pensamento). Segundo Quine[174], uma antinomia dá ensejo a uma autocontradição provocada por processos aceitos de raciocínio[175].

Stegmüller[176] fala, assim, de antinomia como um enunciado que é simultaneamente contraditório e demonstrável. Essa definição corresponde à chamada antinomia lógico-matemática e ocorre em sistemas formais. Seu exemplo mais conhecido é o da classe de todas as classes que não são membros de si mesmas. Por exemplo, se se afirmar que o universo lógico divide-se em A, classes que se incluem a si mesmas, e B, classes que não se incluem a si mesmas, é possível dizer também que a classe B, sendo um membro de si mesma, então, **não** é um membro de si mesma, vez que B é a classe das classes que não são membros de si mesmas. Contudo, em consequência, se B não é membro de si mesma, então satisfaz à condição de ser membro de si mesma. E é um membro de si mesma precisamente porque **não** é um membro de si mesma, pois o fato de não ser membro de si mesma constitui a distinção essencial de todas as classes

174. QUINE, Orman. Paradox. **Scientific American**. Boston, 1962, p. 85.

175. FERRAZ JR., Tercio Sampaio. **Introdução ao estudo do direito**: técnica, decisão e dominação. São Paulo: Atlas, 2015, p. 167.

176. STEGMÜLLER, Wolfgang. **Das Vahrheitsproblem und die Idee der Semantik**. Viena: 1957, p. 24.

que compõem B. Essa consequência paradoxal baseia-se em uma rigorosa dedução lógica na violação das leis da lógica, donde o caráter antinômico da contradição[177].

Essa antinomia, como ressalta Tercio Sampaio Ferraz Jr.[178], envolve uma falácia, denunciada por Bertrand Russell[179], por meio de sua teoria dos tipos lógicos. Russell postula, para evidenciá-la, o princípio segundo o qual tudo o que envolve a **totalidade** de um conjunto não deve ser parte do conjunto.

A antinomia lógico-matemática pode ser apontada por meio de um famoso problema constitucional, alusivo a uma Constituição formal, que contém regras para sua própria reforma, e essas regras são consideradas como parte da Constituição e, em consequência, estão sujeitas ao mesmo procedimento de reforma que elas mesmas estabelecem. Considerando que uma autoridade A1, constituída pelas regras que regulam a modificação da Constituição, modifique aquelas regras, ter-se-ia uma nova condição para modificar a Constituição, o que conduziria à seguinte antinomia: a autoridade A1 tem competência para modificar qualquer norma constitucional, sendo ela, por conseguinte, simultaneamente, uma autoridade **originária** e uma autoridade cuja competência deriva das regras que ela modificou. Ora, se a autoridade é originária, não podendo derivar

177. FERRAZ JR. Op. cit., p. 167.

178. FERRAZ JR. Op. cit., p. 167.

179. RUSSELL, Bertrand. **My Philosophical Development**. Disponível em: < ulfp/Review/philodev.pdf>. Acesso em: 9 maio 2018. Os paradoxos de conjuntos podem ser eliminados por meio do estabelecimento de uma hierarquia infinita, definindo que um conjunto não pode ser membro de si mesmo nem de qualquer conjunto de tipo inferior. A esta hierarquização, Bertrand Russell chamou originalmente Teoria dos Tipos. De uma forma simplista, pode-se dizer que a teoria de Russell ordena os conjuntos numa hierarquia de tipos de tal modo que não é permissível dizer que um conjunto é membro de si mesmo, nem que não o é, o que elimina conjuntos contraditórios. Os conjuntos potencialmente contraditórios são simplesmente riscados do sistema, pois não há qualquer modo significativo de defini-los enquanto se respeitarem as regras da teoria dos tipos.

sua competência de nenhuma outra regra, isso significa que há uma norma básica que pode ser reformada de acordo com ela mesma, o que fere, portanto, o princípio de Russell, de acordo com o qual um enunciado que se refere a si mesmo carece de significado. Se, contudo, se afirmar que a autoridade A1 deriva das regras de modificações, então, nesse caso, se é obrigado a sustentar que essas regras são imutáveis, estando, na realidade, fora do sistema constitucional, e sua validade não é decorrente[180] da própria Constituição que as instituiu[181].

Ao lado dessa primeira espécie de antinomia, é possível falar numa segunda, a **antinomia semântica**. Essa, como a anterior, também pode ser definida como uma contradição que deriva de uma dedução correta baseada em premissas coerentes. À diferença daquela, porém, esta promana de algumas incoerências ocultas na estrutura dos níveis do pensamento e da linguagem. A mais famosa das antinomias semânticas é aquela de um homem que diz a respeito de si mesmo: **eu estou mentindo**. Esse enunciado, tomado rigorosamente, só é verdadeiro se for falso e só é falso se for verdadeiro, ou seja, o homem só estará mentindo se estiver dizendo a verdade, mas só estará dizendo a verdade se estiver mentindo. Essa antinomia não pode ser resolvida como a anterior, pois as palavras ou as combinações de palavras não possuem uma hierarquia do tipo lógico[182].

Alguns lógicos, contudo, tomando por base a lição de Russell, desenvolveram uma explicação para o problema, criando um princípio análogo ao da totalidade de um conjunto que não pode ser parte do próprio

180. FERRAZ JR., Tercio Sampaio. **Introdução ao estudo do direito**: técnica, decisão e dominação. São Paulo: Atlas, 2015, p. 167-168.

181. Para uma discussão desta antinomia, consulte-se ROSS, Alf. **Direito e justiça**. Tradução Edson Bini. Bauru: Edipro, 2003, p. 77-83.

182. FERRAZ JR. Op. cit., p. 168.

conjunto[183]. Carnap e Tarski formularam, então, a chamada teoria dos níveis da linguagem, que sustenta que no nível mais baixo tem-se enunciados sobre objetos (língua-objeto)[184]. Quando, contudo, se quer dizer algo **sobre** essa linguagem, têm-se enunciados sobre enunciados (metalíngua), podendo essa regressão ir ao infinito. Confronte-se, por exemplo, os enunciados "isto é um cavalo" (língua-objeto) e "cavalo tem três sílabas" (metalíngua). Com base nesse postulado, estabelece-se o seguinte princípio: o que vale para uma língua-objeto não pode valer ao mesmo tempo para a metalíngua, ou seja, o enunciado "eu estou mentindo" é metalíngua para todos os demais enunciados do mentiroso, mas não pode referir-se a si próprio sob pena de carência de sentido[185].

O exemplo dado anteriormente sobre o problema da autorreferência de normas constitucionais que estabelecem as condições de modificação da Constituição serve também para as antinomias semânticas. Tanto no caso das antinomias semânticas quanto na hipótese das antinomias lógico-matemáticas, se está diante de um enunciado em que, estritamente, isto é, atendendo-se ao princípio de Russell ou à distinção entre língua-objeto e metalíngua, a antinomia constitucional configuraria um **sem sentido** (*nonsense*), ou seja, não seria passível de explicação. É possível dizer, então, por esse motivo, que o que se costuma chamar de **antinomia jurídica** constitui, na verdade, um terceiro tipo, chamado por Watzlawick, Beavin e Jackson[186] de antinomia pragmática, ou seja, situações em que a conclusão paradoxal, embora do ângulo lógico e semântico, configure uma carência de sentido, faz parte do sistema e, do ponto de vista de

183. O qual, como demonstrado, também é questionável, conforme o argumento apresentado quando da menção à antinomia sintática ou lógico-matemática.

184. FERRAZ JR., Tercio Sampaio. **Introdução ao estudo do direito**: técnica, decisão e dominação. São Paulo: Atlas, 2015, p. 168.

185. Idem, ibidem, p. 168.

186. WATZLAWICK, Paul; BEAVIN, Janet H.; JACKSON, Don D. **Pragmática da comunicação humana**. São Paulo: Cultrix, 1973, p. 175.

um comportamento exigido, não é exatamente um sem sentido, visto que pode e é, de fato, afirmada[187]. Em suma, o sistema jurídico admite, sim, antinomias jurídicas e, nem por isso, elas são algo sem sentido, ou fazem do sistema jurídico algo sem sentido.

Vê-se, assim, uma vez mais, que a concepção de sistema jurídico sustentada por Tercio Sampaio Ferraz Jr., vem ao encontro da proposta de reformulação da concepção tradicional de sistema jurídico. E mais, harmoniza-se com as ideias de Luhmann sobre o sistema autopoiético. Isso fica aqui mais uma vez evidente, nesta passagem sobre a antinomia, sobretudo quando se faz uso do exemplo da autorreferência de normas constitucionais que estabelecem as condições de modificação da Constituição. Afinal, a ideia de um sistema jurídico que se funda em algo que está fora dele, por exemplo, a norma fundamental, não é capaz de explicar essa autorreferência, pois ela só passa a fazer sentido quando se toma consciência, como sugere a ideia de sistema autopoiético de Luhmann, que o sistema jurídico se legitima a partir dele mesmo. Não a partir de algo de fora, mas, sim, e somente só, a partir de si próprio, a partir de dentro. E, se é assim, é perfeitamente aceitável que o sistema jurídico apresente antinomias jurídicas, desde que estas sejam compreendidas como antinomias pragmáticas.

Cabe, então, agora, falar sobre a antinomia pragmática. Tem-se a antinomia pragmática quando as seguintes condições são preenchidas: 1) forte relação complementar entre o emissor de uma mensagem e seu receptor, ou seja, uma relação fundada na diferença (superior-inferior, autoridade-sujeito, senhor-escravo, chefe-subordinado etc.); 2) nos quadros dessa relação, é dada uma instrução que deve ser obedecida, mas que também deve ser desobedecida para ser obedecida (ou seja, pressupõe-se que há uma contradição no sentido lógico-matemático e semântico); 3) o

187. FERRAZ JR. Op. cit., p. 168.

receptor, que ocupa a posição inferior, fica em uma posição insustentável, ou seja, não pode agir sem ferir a complementariedade (sem ferir a hierarquia inicial) nem tem meios para sair da situação. Desse modo, enquanto a antinomia lógico-matemática configura uma falácia[188] e a semântica um sem sentido[189], a pragmática aponta para uma situação possível nas relações humanas, mas que leva uma das partes (o receptor, aquele que recebe a ordem) a uma situação de indecidibilidade[190].

Essa distinção entre antinomia lógico-matemática, semântica e pragmática tem, como sustenta Tercio Sampaio Ferraz Jr., enorme importância para o justo entendimento da chamada antinomia jurídica. Pode-se perceber que, ainda que intuitivamente, ao se adotar a definição lógica ou a semântica, se é levado a um "beco sem saída", pois uma antinomia jurídica, em termos lógicos ou semânticos, corresponderia sempre a uma falácia ou a um sem sentido. Muitos autores na seara da lógica jurídica e da teoria geral do direito experimentam essa dificuldade e são conduzidos a teses opostas e divergentes, afirmando que as antinomias existem no direito (elas são lógica e semanticamente constatáveis), mas os instrumentos lógico e semânticos (o princípio de Russell e a distinção entre metalíngua e língua-objeto) não são aplicáveis às antinomias jurídicas. Em razão disso, forçoso é reconhecer que um tratamento mais condizente do problema termina por impor que a questão da antinomia seja situada no âmbito da pragmática. Situado o problema dessa forma, é possível enfrentar agora a questão da antinomia jurídica[191]. Portanto, quando se usar

188. Falácia porque, como denunciado por Russell, tudo que envolve a totalidade de um conjunto não deve ser parte do conjunto.

189. Algo que não faz sentido ou que carece de sentido toda vez que se tem uma situação na qual um enunciado se refere a si mesmo.

190. FERRAZ JR., Tercio Sampaio. **Introdução ao estudo do direito**: técnica, decisão e dominação. São Paulo: Atlas, 2015, p. 168-169.

191. FERRAZ JR., Tercio Sampaio. **Introdução ao estudo do direito**: técnica, decisão e dominação. São Paulo: Atlas, 2015, p. 169.

daqui para frente a expressão antinomia jurídica, compreenda-se como uma antinomia pragmática e tudo que daí decorre.

Sobre a antinomia jurídica, em primeiro lugar, é preciso distinguir a mera contradição da antinomia, pois, embora toda antinomia envolva contradição, nem toda contradição constitui uma antinomia. Duas normas podem se contradizer, mas só se tem uma antinomia quando essa contradição está acompanhada de outros fatores. Esses fatores ou condições são os expostos anteriormente em referência à antinomia pragmática[192]. É preciso agora examiná-los mais de perto[193].

A primeira condição exclui da antinomia os casos em que a relação entre receptor e emissor de uma mensagem não é complementar. Mais ainda, porém, estão excluídos também os casos em que há complementariedade, mas válida em contextos diferentes. Desse modo, em certo sentido, não se pode falar estritamente em antinomia entre normas jurídico-positivas e normas morais, desde que se faça alusão, para cada uma delas, de autoridades diferentes[194].

Se, pois, admitido fica que o sistema jurídico-positivo proíbe a opção por regras que ele próprio não emana, ao sujeito estaria excluída a possibilidade de aceitar a norma moral em detrimento da jurídico-positiva. A questão, na verdade, não é pacífica se se pensa nas relações entre direito e moral, pois admitida uma equivalência de autoridades, ou admitida a inclusão do direito na moral (teoria do mínimo ético defendida por Jeremy

192. 1) forte relação complementar entre o emissor de uma mensagem e seu receptor, ou seja, uma relação fundada na diferença (superior-inferior, autoridade-sujeito, senhor-escravo, chefe-subordinado etc.); 2) nos quadros dessa relação, é dada uma instrução que deve ser obedecida, mas que também deve ser desobedecida para ser obedecida (ou seja, pressupõe-se que há uma contradição no sentido lógico-matemático e semântico); 3) o receptor, que ocupa a posição inferior, fica em uma posição insustentável, ou seja, não pode agir sem ferir a complementariedade (sem ferir a hierarquia inicial) nem tem meios para sair da situação.

193. FERRAZ JR. Op. cit., p. 169.

194. FERRAZ JR. Op. cit., p. 169.

Bentham), formando um único sistema, a possibilidade de antinomia, nesse caso, torna-se viável[195].

Pode-se, por conseguinte, concluir que, para que haja antinomia jurídica, a primeira condição é que as normas que expressam as ordens ao mesmo sujeito (o receptor) emanem de autoridades competentes em um mesmo âmbito normativo (o que explica a possibilidade de antinomias no plano do direito internacional, no qual as normas pertencem a domínios jurídicos diferentes, mas são aplicáveis simultaneamente aos mesmos casos particulares)[196].

A segunda condição exige que as instruções dadas ao comportamento do receptor se contradigam, pois, para obedecê-las, ele deve também desobedecê-las. Essa condição é lógica. É preciso, pois, determinar quando duas normas, **formalmente**, se contradizem. Admita-se que uma norma é uma prescrição de um comportamento. A prescrição ocorre graças a certos mecanismos operacionais: **é permitido, é proibido, é obrigatório**. Os dois últimos são interdefiníveis, ou seja, **é obrigatório que** equivale a **é proibido que não...**[197].

O comportamento pode ser um ato ou uma omissão[198]. Tem-se uma contraditoriedade sempre que duas normas tiverem operadores opostos (uma permite, a outra proíbe) e seus conteúdos (atos e omissões) forem a negação interna um do outro (isto é, uma prescreve o ato, a outra, a omissão). São, pois, contraditórias as normas:

i – é permitido o ato de pisar no jardim;

ii – é obrigatória a omissão de pisar no jardim.

---

195. FERRAZ JR. Op. cit., p. 169.

196. FERRAZ JR., Tercio Sampaio. **Introdução ao estudo do direito**: técnica, decisão e dominação. São Paulo: Atlas, 2015, p. 169.

197. Idem, ibidem, p. 169-170.

198. Idem, ibidem, p. 170.

Isso esclarece que duas normas permissivas nunca são contraditórias, pois é possível permitir, ao mesmo tempo, um ato e uma omissão (é permitido o ato de pisar no jardim/é permitida a omissão de pisar no jardim). Do mesmo modo, não se contradizem duas normas em que uma permite um ato e a outra obriga o mesmo ato (é permitido o ato de pisar no jardim/é obrigatório o ato de pisar no jardim)[199].

Sucede que nem sempre duas normas se contradizem de modo absoluto, como no primeiro caso exposto, pois pode-se admitir as chamadas contradições parciais, quando uma norma obriga a omissão e outra norma proíbe a omissão, mas tendo em vista condições de aplicação tais que, para obedecer a um comportamento, é preciso desobedecê-lo (por exemplo, feche a janela sempre que estiver aberta e abra a janela sempre que estiver fechada). São os chamados **comandos-Sísifo**, em referência ao famoso titã da mitologia grega.

Estabelecidos os casos de contradição, tem-se uma segunda condição necessária, mas não suficiente para que haja antinomia jurídica (entendida como antinomia pragmática). É preciso, pois, considerar a terceira hipótese: o sujeito tem de ficar em uma posição insustentável, ou seja, não terá qualquer recurso para livrar-se dela[200].

Do ângulo jurídico, essa hipótese significa que não existe, no **ordenamento (ou sistema) dado**, nenhuma regra que lhe venha em auxílio para que o sujeito decida uma questão. Os sistemas jurídicos modernos contêm uma série de regras ou critérios para solução de conflitos normativos historicamente consolidados, como os critérios **hierárquicos** (*lex superior derogat inferiori*), de **especialidade** (*lex specialis derogat generalis*), **cronológicos** (*lex posterior derogat priori*), além da regra *lex favorabilis*

199. Idem, ibidem, p. 170.

200. FERRAZ JR., Tercio Sampaio. **Introdução ao estudo do direito**: técnica, decisão e dominação. São Paulo: Atlas, 2015, p. 170.

derogat odiosa (**a lei mais benéfica deve prevalecer**), hoje em desuso[201]. Isso permite afirmar que, se esses critérios são aplicáveis, a posição do sujeito não é insustentável, pois ele tem uma saída (logo, não seria uma antinomia jurídica ou pragmática). Ou seja, se poderia reconhecer que, por exemplo, seriam emanadas contraditoriamente em um mesmo contexto, mas não configurariam uma antinomia[202]. Essa antinomia surgiria apenas quando houvesse **conflito entre os critérios**[203]. Ou seja, ela ocorreria quando houvesse conflito entre critérios: 1) hierárquico e cronológico (antinomia entre normas, uma anterior-superior e outra posterior-inferior); 2) de especialidade e cronológico (uma norma anterior-especial e outra posterior-geral); 3) hierárquico e de especialidade (uma norma superior-geral e outra inferior-especial)[204].

Para esses casos, a doutrina elaborou metacritérios, dizendo que, para o caso 1, valeria a metarregra *lex posterior inferior non derogat priori superiori*, e para o caso 2, a metarregra *lex posteriori generalis non derogat priori speciali*, embora essas metarregras tenham, na verdade, aplicação restrita à experiência concreta e sejam de generalização difícil[205].

Para o caso 3, inclusive, não há nem mesmo uma metarregra geral, pois a opção pelo critério hierárquico ou de especialidade contrariaria a própria necessidade prática do direito de adaptabilidade: teoricamente, dever-se-ia optar pelo critério hierárquico (uma lei constitucional geral prevalece sobre uma lei ordinária especial), mas, na prática, a exigência

201. Idem, ibidem, p. 170.

202. Idem, ibidem, p. 170.

203. BOBBIO, Norberto. **Teoria do Ordenamento Jurídico**. 10. ed. Tradução Maria Celeste C. J. Santos; revisão técnica Claudio de Cicco; apresentação Tercio Sampaio Ferraz Jr. Brasília: Universidade de Brasília, 1999, p. 105-110; CAPELLA, Juan-Ramon. **El derecho como lenguage**. Barcelona: Ariel, 1968, p. 285.

204. FERRAZ JR. Op. cit., p. 170-171.

205. FERRAZ JR. Op. cit., p. 170-171.

de adotar os princípios gerais de uma Constituição a situações novas leva, com frequência, a fazer triunfar a lei especial, ainda que ordinária, sobre a constitucional[206]. Isso permite concluir que a terceira condição é satisfeita quando: 1) faltam critérios, como se dá quando a antinomia é composta por normas cronológicas, hierárquica e especialmente semelhantes; e 2) por inconsistência dos critérios existentes, como é o caso da metarregra *lex posterior generalis non derogat priori speciali*, que é parcialmente inefetiva, e do conflito entre os critérios hierárquicos e de especialidade[207].

Pode-se definir, nesses moldes, portanto, antinomia jurídica como a oposição que se dá entre duas normas contraditórias (total ou parcialmente), oriundas de autoridades competentes em um mesmo âmbito normativo, que colocam o sujeito, aquele que se vê obrigado a obedecer a norma, diante de uma situação insustentável em razão de ser inconsistente ou da ausência de critérios hábeis a permitir-lhe uma saída nos quadros do ordenamento dado. Essa é, portanto, a definição de antinomia jurídica sustentada por Tercio Sampaio Ferraz Jr.[208].

Mas não basta definir a antinomia jurídica, é necessário classificá-la. Registre-se, por conseguinte, que se a definição de antinomia é essa e se se admite falar em uma classificação delas, isso implica dizer, por conseguinte, que, sim, é possível encontrar dentro do sistema jurídico antinomias jurídicas. E aqui, novamente, uma vez mais, salienta-se a diferença entre essa proposta de sistema jurídico a partir da lição de Tercio Sampaio Ferraz Jr. e com arrimo na noção de sistema autopoiético de Niklas Luhmann, de um lado, e a concepção tradicional de sistema jurídico,

---

206. BOBBIO, Norberto. **Teoria do Ordenamento Jurídico**. 10. ed. Tradução Maria Celeste C. J. Santos; revisão técnica Claudio de Cicco; apresentação Tercio Sampaio Ferraz Jr. Brasília: Universidade de Brasília, 1999, p. 108-109.

207. FERRAZ JR., Tercio Sampaio. **Introdução ao estudo do direito**: técnica, decisão e dominação. São Paulo: Atlas, 2015, p. 171.

208. Idem, ibidem, p. 171.

de outro. Enquanto, nesta última, a ideia de antinomia é rechaçada por inteiro, naquela, a ideia de antinomia é reconhecida. É dizer, o sistema jurídico, agora, nessa nova forma de compreendê-lo, reconhece que, sim, é possível que dentro dele haja antinomias jurídicas. Aliás, quando se admite que o sistema jurídico é constituído a partir de uma profusão de diferentes fontes normativas, logo a seguir se é, praticamente, obrigado a reconhecer que nesse sistema, sim, há antinomias. Por isso, a questão que se coloca agora é outra, qual seja, a de classificar tais antinomias jurídicas.

Antinomias reais e aparentes[209]. Para que essa distinção tenha um sentido (respectivamente, de antinomias insolúveis e solúveis), seria necessário supor, em princípio, que as regras de solução fazem parte, **como normas**, do sistema jurídico. Caso contrário, todas as antinomias seriam reais, sendo preciso, para sua eliminação, a edição de uma nova norma. Tomando-se como pressuposto, portanto, que, dependendo de circunstâncias fáticas acidentais de cada ordenamento, algumas das regras sejam normas, outras não, poder-se-ia estabelecer que antinomias reais seriam aquelas para as quais não há, no sistema jurídico, regras normativas de solução, sendo, por sua vez, as aparentes aquelas para as quais existem critérios normativos. A distinção proposta, compreendida nesses moldes, é sustentável caso se pense em uma teoria de direito empiricamente dado[210].

Contudo, a distinção, sem dúvida, é pouco elucidativa caso se pense em uma teoria geral do direito. Primeiro, porque não é crível que, em algum momento histórico, os critérios de solução que foram mencionados tenham nascido como normas positivas e não como regras práticas (o que, caso contrário, obrigaria a dizer que os direitos passariam pouco a

---

209. BOBBIO, Norberto. **Teoria do Ordenamento Jurídico**. 10. ed. Tradução Maria Celeste C. J. Santos; revisão técnica Claudio de Cicco; apresentação Tercio Sampaio Ferraz Jr. Brasília: Universidade de Brasília, 1999, p. 86-90.

210. FERRAZ JR., Tercio Sampaio. **Introdução ao estudo do direito**: técnica, decisão e dominação. São Paulo: Atlas, 2015, p. 171.

pouco de situações em que as antinomias eram todas reais para situações-limite em que seriam todas aparentes)[211]. Segundo, porque a distinção, caso aceita, faz supor que todas as regras seriam normas **efetivas**, quando, historicamente, elas são variáveis e não constantes. Terceiro, porque supõe que, havendo regras normativas, nunca se teria de recorrer a critérios interpretativos não normativos, o que, como se viu, não é possível[212].

A distinção entre antinomias reais e aparentes, baseada na existência ou não de critérios normativos positivos para sua solução pode e deve, pois, ser substituída por outra em que a antinomia real é definida como aquela em que a terceira condição é preenchida, ou seja, a posição do sujeito é insustentável porque não há **critérios** para sua solução, ou porque entre os critérios existentes há conflito, e é aparente em caso contrário. Por exemplo, duas normas constitucionais (mesmo nível hierárquico), igualmente gerais (mesma extensão), promulgadas ao mesmo tempo (simultâneas), configurariam um caso de antinomia real (a norma que assegura a privacidade *versus* a norma que assegura a liberdade de imprensa)[213].

Na verdade, essa distinção implica que se esteja chamando de antinomia real o caso de **lacunas de regras de solução** de antinomia. Observe-se, nesse sentido, que o reconhecimento dessa lacuna não exclui a possibilidade de solução efetiva quer por meios ab-rogatórios (edita-se nova norma que opta por uma das normas antinômicas), quer por meio de interpretação equitativa, recurso ao costume, à doutrina, a princípios gerais de direito etc. O fato, porém, que essas antinomias ditas reais sejam solúveis dessa forma não exclui a antinomia, mesmo porque qualquer das soluções, ao nível da decisão judiciária, pode suprimi-la no caso concreto,

211. Idem, ibidem, p. 171.

212. Idem, ibidem, p. 171-172.

213. FERRAZ JR., Tercio Sampaio. **Introdução ao estudo do direito**: técnica, decisão e dominação. São Paulo: Atlas, 2015, p. 172.

mas não suprime a sua possibilidade no todo do sistema jurídico, inclusive, diga-se de passagem, no caso de edição de nova norma que pode, por pressuposição, eliminar uma antinomia e, ao mesmo tempo, por que não, dar origem a outras. O reconhecimento de que há antinomias reais indica, por fim, que o Direito não tem o caráter de sistema lógico-matemático, como fez, talvez, parecer Kelsen, pois sistema, neste último sentido, pressupõe consistência (ou coerência), o que a presença da antinomia real exclui[214]. Por isso, em lugar de coerência ou consistência, quando se está nos domínios do sistema jurídico, melhor seria falar em coesão. E a noção de coesão admite que haja antinomias reais, mas trata de acomodá-las em cada caso concreto.

Antinomias próprias e impróprias[215]-[216]: denominam-se como antinomias próprias aquelas que se dão por motivos formais (por exemplo, uma norma permite o que outra obriga), e são impróprias as que ocorrem em razão do conteúdo material das normas. Entre estas últimas, incluem-se as antinomias de princípios (quando as normas de um sistema jurídico protegem valores opostos, por exemplo, a liberdade e a segurança), antinomias de valoração (quando, por exemplo, atribui-se pena mais leve para um delito mais grave) e antinomias teleológicas (quando há incompatibilidade entre os fins propostos por certas normas e os meios propostos por outras para a consecução daqueles fins). Nesses casos, a antinomia é imprópria porque em nada impede o sujeito de agir conforme as normas, ainda que, em virtude de um juízo particular de valor, ele não concorde com elas. Ou seja, não se cogita, nessas situações, sequer a antinomia aparente, pois nesta o sujeito fica em uma situação em que tem

214. Idem, ibidem, p. 172.

215. Idem, ibidem, p. 172.

216. BOBBIO, Norberto. **Teoria do Ordenamento Jurídico**. 10. ed. Tradução Maria Celeste C. J. Santos; revisão técnica Claudio de Cicco; apresentação Tercio Sampaio Ferraz Jr. Brasília: Universidade de Brasília, 1999, p. 86-90.

de optar e sua opção por uma norma implica a desobediência de outra, devendo recorrer a regras para sair da situação. Nas antinomias impróprias, o conflito é mais entre o comando estabelecido e a consciência do aplicador, aproximando-se a noção de antinomia imprópria da noção de lacunas políticas ou de *lege ferenda*[217].

Logo, as antinomias próprias são, por assim dizer, antinomias reais. E, sendo assim, a elas se aplicam o que foi dito linhas atrás. Ou seja, elas, de fato, existem dentro do sistema jurídico, mas podem, em cada caso concreto, serem solucionadas por meio de outros mecanismos. Por sua vez, as antinomias impróprias nem antinomias aparentes o são. A rigor, as antinomias impróprias são lacunas políticas. E, sobre as lacunas políticas mais será dito linhas à frente.

É possível classificar as **antinomias também quanto ao âmbito**[218]. Fala-se, nessa situação, em antinomias de direito interno, de direito internacional e de direito interno-internacional. As primeiras são as que se dão dentro de um sistema jurídico estatal e podem ser dentro de uma disciplina jurídica (o direito civil, o direito penal, o direito constitucional etc.) ou entre normas de diferentes disciplinas. As segundas acontecem entre normas de direito internacional. As terceiras, por fim, referem-se a conflitos de normas de direito interno com as de outro direito interno ou entre normas de um direito interno e as de direito internacional[219].

Deixando de lado as de direito interno (das quais já se tratou aqui), a atenção será voltada, nas próximas linhas, às outras possibilidades

---

217. FERRAZ JR., Tercio Sampaio. **Introdução ao estudo do direito**: técnica, decisão e dominação. São Paulo: Atlas, 2015, p. 172.

218. BOBBIO, Norberto. **Teoria do Ordenamento Jurídico**. 10. ed. Tradução Maria Celeste C. J. Santos; revisão técnica Claudio de Cicco; apresentação Tercio Sampaio Ferraz Jr. Brasília: Universidade de Brasília, 1999, p. 86-90.

219. FERRAZ JR. Op. cit., p. 172-173.

acima mencionadas. No direito internacional, existem algumas peculiaridades[220]. Admitindo-se que sejam apontadas como normas de direito internacional as enumeradas pelo artigo 38 do Estatuto da Corte Internacional de Justiça (i – as convenções internacionais; ii – o costume internacional; iii – os princípios gerais de direito reconhecidos pelas nações civilizadas; iv – as decisões judiciárias; e v – as opiniões dos publicistas mais qualificados como meio auxiliar de determinação de normas de direito), além das normas criadas pelas organizações internacionais e dos atos jurídicos unilaterais, existe, desde o início, certa indeterminação já no que toca a sua hierarquização (fala-se em hierarquias de fato), já quanto ao caráter subordinante dessas normas (diz-se que elas são mais normas de coordenação do que de subordinação), e, também, já quanto a sua autoridade (caso em que importa menos a sua fonte, e é mais significativo o valor que elas encarnam). Por todos esses motivos, é possível afirmar, desde logo, que a noção de antinomia no sentido apresentado aplica-se com certa dificuldade (para não dizer, com bastante restrição), sobretudo, tendo em vista a primeira condição que foi aqui proposta (existir forte relação complementar entre o editor da norma e quem deve aplicá-la ou obedecê-la)[221].

Caso se abstraia essa condição, é possível dizer que a doutrina costuma enfrentar a questão das antinomias, em especial, no que se refere aos tratados internacionais. No caso de conflitos de normas de tratados entre si ou de tratados bilaterais com tratados multilaterais, as regras mais usadas são as que se passa a expor. A primeira é a regra do *priori in tempore*

220. REZEK, J. F. **Direito internacional público**: curso elementar. 9. ed. São Paulo: Saraiva, 2002; TRINDADE, Antônio Augusto Cançado. **O direito internacional em um mundo em transformação**. Rio de Janeiro: Renovar, 2002. SALMON, J. Les antinomies en droit. In: PERELMAN, Chain. **Les antinomies en droit internacional public**. Bruxelles: Université Libre Bruxelles, 1965.

221. FERRAZ JR., Tercio Sampaio. **Introdução ao estudo do direito**: técnica, decisão e dominação. São Paulo: Atlas, 2015, p. 173.

potior in jus, a qual confere preeminência ao primeiro tratado sobre o segundo sempre que os dois não tenham sido feitos pelas mesmas partes. Trata-se do princípio da primazia da obrigação anteriormente assumida, havendo exemplos de sua aplicação em diversas decisões internacionais. A segunda, a regra do *lex posterior derogat priori*, trata-se de regra inversa à anterior, destacando-se que, no caso de conflito entre esta e a outra regra, aparece um problema de conflito de critérios, embora se admita que a aplicação da regra cronológica prevaleça sempre que as partes sejam as mesmas nos dois tratados. A terceira, a regra *lex specialis derogat generali*, é aplicável também sempre que as partes contratantes sejam as mesmas. Quanto à quarta, a regra *lex superior derogat inferiori*, deve-se registrar que a noção de superior faz referência não à natureza da fonte do direito, mas ao valor encarnado (por exemplo, uma norma que concretize o valor da **ordem pública internacional** deve prevalecer contra a que agasalha a mera segurança de algumas partes ou sua utilidade etc.)[222].

Caso haja conflitos entre tratados coletivos, as regras são as mesmas, devendo-se observar, contudo, certas dificuldades na aplicação da regra *lex priori* (a primeira regra), pois, quando os tratados são frutos de convenções não muito distanciadas no tempo, originam-se quase que simultaneamente. No que se refere à regra *lex posterior* (a segunda regra), a sua aplicação é viável apenas em casos muito especiais, pois, como regra, é muito difícil que as partes, com o passar do tempo, sejam ainda as mesmas, podendo-se afirmar o mesmo no que toca à regra *lex specialis*[223].

No que diz respeito aos conflitos entre normas de direito internacional com normas de direito interno, a questão pode ser resumida no problema das relações entre dois sistemas, na prevalência de um sobre o

---

222. Idem, ibidem, p. 173.

223. FERRAZ JR., Tercio Sampaio. **Introdução ao estudo do direito**: técnica, decisão e dominação. São Paulo: Atlas, 2015, p. 173.

outro ou em sua coordenação. Em razão desse problema, também aqui se coloca a questão de se saber se a primeira condição das antinomias (a complementariedade – a ideia de subordinação, por consequência) é ou não satisfeita. Por isso, nessa hipótese, as regras de solução das antinomias confundem-se com os próprios princípios que permitem reconhecer a existência de uma antinomia. Em geral, se o juízo que decide o conflito é internacional, a jurisprudência consagra a superioridade de norma internacional sobre a interna. Se o juízo é interno, têm-se diferentes soluções[224].

A primeira possibilidade é a que reconhece a autoridade relativa do tratado e de outras fontes na ordem interna, compreendendo-se que, como regra geral, o legislador interno não quer ou não quis violar o tratado, salvo os casos em que o faça de forma expressa e deliberada, situação na qual a lei interna prevalecerá. A segunda possibilidade é a que reconhece a superioridade do tratado sobre a lei mais recente em data. E a terceira possibilidade de solução do conflito é a que reconhece essa superioridade (a superioridade da norma internacional), mas faz exigir um controle de constitucionalidade da lei[225].

Por fim, cabe falar sobre a classificação das antinomias **quanto à extensão da contradição**. Afirma-se, segundo a lição de Alf Ross, que há três tipos de antinomias, a saber: a antinomia total-total, a antinomia total-parcial e a antinomia parcial-parcial[226]. A antinomia total-total se dá quando uma das normas não pode ser aplicada em nenhuma circunstância, sem entrar em conflito com a outra. A antinomia total-parcial ocorre quando uma das normas não pode ser aplicada em nenhuma circunstância sem entrar em conflito com a outra, enquanto a segunda norma tem

224. Idem, ibidem, p. 174.

225. Idem, ibidem, p. 174.

226. ROSS, Alf. **Direito e justiça.** Tradução Edson Bini. Bauru: Edipro, 2003, p. 158.

um campo de aplicação que entra em conflito com a anterior apenas em parte. E a antinomia parcial-parcial, por sua vez, sucede quando as duas normas envolvidas têm um campo de aplicação que, em parte entra em conflito com o da outra, em parte não. Tais antinomias revelam o problema da inconsistência, como ressalta Ross[227], mas também abrem espaço para os fatores pragmáticos na interpretação e na técnica de argumentação, para continuar citando Ross[228].

5.7. COMPLETUDE DO SISTEMA: LACUNAS

A compreensão do sistema jurídico como um sistema dinâmico implica, por fim, o problema de saber se este tem a propriedade peculiar de qualificar normativamente **todos** os comportamentos possíveis ou se, eventualmente, podem se dar condutas para as quais o sistema jurídico não oferece qualificação. Veja-se um exemplo clássico: o furto de energia elétrica que, quando passou a representar um problema para a ordem jurídica, não encontrava-se previsto por nenhum tipo penal (que falava em furtar coisa móvel, não se enquadrando a energia elétrica como tal, devendo, então, por força do princípio *nullum crimen nulla poena sine lege* ser admitido como comportamento penalmente admissível). Trata-se do problema da **completude** (ou da incompletude) dos sistemas normativos, também conhecido como **problema das lacunas** do sistema jurídico[229].

No contexto da dogmática analítica (teorias da norma e do sistema jurídicos), que confecciona a sistematização do sistema jurídico, a questão é controvertida. Há autores que afirmam ser a **plenitude lógica** do sistema jurídico uma **ficção** doutrinária de ordem prática, que viabiliza

227. Idem, ibidem, p. 158-161.

228. ROSS, Alf. **Direito e justiça**. Tradução Edson Bini. Bauru: Edipro, 2003, p. 174-184.

229. FERRAZ JR., Tercio Sampaio. **Introdução ao estudo do direito**: técnica, decisão e dominação. São Paulo: Atlas, 2015, p. 177.

ao jurista enfrentar os problemas de decidibilidade dos conflitos jurídicos com o máximo de segurança. Trata-se de uma **ficção** porque o sistema jurídico **de fato** é reconhecido como lacunoso[230]. Há outros que asseveram ser a **incompletude** uma **ficção** prática, que confere ao juiz a possibilidade de criar direito quando o sistema jurídico, que, por princípio, é completo, parece-lhe insatisfatório no caso em questão (a chamada lacuna ideológica)[231].

O problema das lacunas tem dois aspectos. Um diz respeito a sua configuração sistêmica, isto é, à discussão do cabimento de lacuna no sistema. É o problema da completude. Outro se refere à questão de, admitida a incompletude (de fato ou como ficção), dizer como devem ser preenchidas as lacunas. É o problema da integração do Direito pelo juiz.[232] Este último problema não será tratado aqui, deixe-se claro, por dizer respeito à dogmática hermenêutica a qual escapa ao objeto desta pesquisa.

Ao longo da história, o problema das lacunas aparece como questão teórica desde o momento em que a ideia de sistema se impõe à concepção do ordenamento ou do sistema jurídico[233]. Ela é, por conseguinte, herança da Era Moderna, de centralização e do monopólio da violência nas mãos do Estado e, por consequência, do domínio sistemático da produção de normas[234], bem como da onipresença do legislador em relação a

230. Esse é o entendimento de GENY, François. **Método de interpretación y fuentes de derecho privado positivo**. Madrid: Reus, 1925, p. 193.

231. KELSEN, Hans. **Teoria geral do direito e do Estado**. 4. ed. Tradução Luís Carlos Borges. São Paulo: Martins Fontes, 2005, p. 212-214.

232. FERRAZ JR. Op. cit., p. 177-178.

233. FERRAZ JR., Tercio Sampaio. **Introdução ao estudo do direito**: técnica, decisão e dominação. São Paulo: Atlas, 2015, p. 178.

234. Monopólio do Estado na produção de normas jurídicas que remete ao monopólio da decisão dos conflitos jurídicos e que, por sua vez, acarreta a universalização do direito de ação, o qual passa a ser contemplado como um direito ou garantia individual do cidadão. O direito de

todos os comportamentos socialmente possíveis. É necessário, portanto, localizar sistematicamente a questão[235].

Uma lacuna, para que se adote de forma heurística uma definição proposta por Engisch[236], é uma incompletude insatisfatória dentro da totalidade jurídica. Examine-se, assim, os seus componentes básicos: "incompletude insatisfatória" e "totalidade jurídica". Com o termo **incompletude**, nega-se, por óbvio, a ideia de completude, aquilo que é "completo", qualidade do que está acabado, pronto, concluído, perfeito ou, mais propriamente: acabado de fazer. Completo é, dessa maneira, o que está feito, plena e cabalmente, ou seja, o que não possuía, mas passou a possuir tudo o que lhe convém, tudo o que lhe é próprio (nasceu incompleto e tornou-se completo). Tudo o que lhe é próprio significa, em outras palavras, dentro de um **limite**. Decorre daí que a incompletude é um não acabado, o que não foi acabado de ser feito, dentro de um **limite**[237]. No caso da lacuna, segundo a lição de Engisch, essa incompletude é, ainda por cima, insatisfatória. Trata-se da negação de satisfatório, ou seja, o que é suficientemente feito. Este segundo termo é importante. Nem tudo que é incompleto é também, por isso, insatisfatório. Como lembra Umberto Eco, com o termo "obra aberta"[238], tem-se aí um exemplo disso. Segundo ele, trata-se do que se passa com uma obra (de arte), a qual se torna, intencionalmente, disponível a várias integrações possíveis e complementares, como verdadeiros "complementos produtivos concretos".

---

provocar o Estado-Juiz sempre que o cidadão entender que um direito seu foi lesado ou há uma ameaça de que ele venha a ser lesado.

235. FERRAZ JR. Op. cit., p. 178.

236. ENGISCH, Carl. **Introdução ao pensamento jurídico**. 6. ed. Tradução J. Baptista Machado. Lisboa: Fundação Calouste Gulbenkian, 1988, p. 275-342.

237. Sobre o tema, em outro contexto, consulte-se FERRAZ JR., Tercio Sampaio. **Direito, retórica e comunicação**. São Paulo: Saraiva, 1973, p. 137.

238. ECO, Umberto. **Obra aberta:** forma e indeterminação nas poéticas contemporâneas. Tradução Giovanni Cutolo. São Paulo: Perspectiva, 2010, p. 162-171.

Em outras palavras, é a obra artística que possui uma vitalidade estrutural e que, não sendo completa, é válida em vista de resultados diversos e múltiplos. Quando se diz, por conseguinte, que a lacuna é uma incompletude insatisfatória, exprime-se com isso uma **falta**, uma insuficiência que **não devia ocorrer** dentro de certo **limite**[239].

O termo "limite" remete ao segundo componente da definição de Engisch, à "totalidade jurídica", na qual não deve, mas **pode** ocorrer uma incompletude. É algo **feito**, por conseguinte, algo que tem um início definível e um fim previsível, sendo dotado de duradoura permanência. A negação absoluta e radical dessa possibilidade é bastante rara na literatura jurídica. Segundo Wieacker[240], é possível apontar para uma única exceção, a qual se encontra na obra de Bergbohm[241]. O princípio da ausência de lacunas foi interpretado, na verdade, pela grande maioria dos juristas positivistas como uma ficção de política jurídica ou, pelo menos, da Ciência do Direito[242]. Para uma discussão mais completa da expressão "totalidade jurídica", consulte-se Engisch[243-244].

Tendo limites temporais definíveis, ela aponta para limites espaciais, representados pela qualificação "jurídica". Trata-se, desse modo, de uma totalidade entre totalidades, portanto, uma totalidade em que se pode separar o que pertence e o que não pertence a ela, o que está dentro e o que está fora, o que pode entrar, o que não pode, o que deve, o que

---

239. FERRAZ JR., Tercio Sampaio. **Introdução ao estudo do direito**: técnica, decisão e dominação. São Paulo: Atlas, 2015, p. 178.

240. WIEACKER, Franz. **Privatrechtsgeschite der Neuzeit**. Göttingen: Vandenhoeck & Ruprecht, 1967, p. 437.

241. BERGBOHM, Carl. **Jurisprudenz und Rechtsphilosophie**. Leipzig: 1892, p. 371.

242. KELSEN, Hans. **Teoria geral do direito e do Estado**. 4. ed. Tradução Luís Carlos Borges. São Paulo: Martins Fontes, 2005, p. 212-214.

243. ENGISCH, Carl. **Introdução ao pensamento jurídico**. 6. ed. Tradução J. Baptista Machado. Lisboa: Fundação Calouste Gulbenkian, 1988, p. 275-342.

244. FERRAZ JR. Op. cit., p. 178.

não deve (fica claro aqui a aproximação com a ideia de sistema autopoiético e as noções de abertura cognitiva e fechamento normativo). Vale dizer, uma totalidade de "partes" (dentro de certos limites) e de "regras" (um repertório de normas jurídicas). Em outros termos, um sistema[245]. Ou seja, a ideia de lacuna pressupõe a ideia de sistema[246].

Segue-se que se tem uma lacuna, em um sistema de normas qualquer, se há uma situação dada que não pode ser regulada pelo sistema, ou seja, da qual não se pode dizer se pertence ou não ao sistema, ou mesmo se deve ou não pertencer a ele. A possibilidade de uma lacuna está, desse modo, conectada a uma compreensão de sistema em seu uso tradicional[247], qual seja, um todo, composto de partes, ordenado, limitado e, em princípio, capaz de uma completude (satisfatória) que pode ser quebrada (incompletude) pela intersecção do sistema com qualquer outro com o qual tenha limites. Essa é a concepção tradicional de sistema aqui já tratada páginas atrás. Em um sentido aproximado a esse, por sinal, são as observações feitas por Ulrich Klug[248].

Observe-se que a ideia que aqui leva a efeito sobre esse problema, o da lacuna, não se prende a uma interpretação rigorosa do pensamento de Karl Engisch. A análise que aqui se pretende desenvolver sobre a questão da lacuna, apesar de, à primeira vista, sugerir uma concepção estática de sistema[249], na verdade, não se esquece dos aspectos dinâmicos, como se enfatizará, em seguida. Sobre a relação entre lacuna e sistema, é

---

245. FERRAZ JR. Op. cit., p. 178-179.

246. A lacuna não é um defeito do sistema, mas algo inerente ao sistema, uma vez que a ideia de sistema pressupõe a noção de limite, como quer Tercio Sampaio Ferraz Jr., ou diferença, como quer Niklas Luhmann.

247. FERRAZ JR., Tercio Sampaio. **Introdução ao estudo do direito**: técnica, decisão e dominação. São Paulo: Atlas, 2015, p. 179.

248. KLUG, Ulrich. **Les problèmes des lacunes en droit**. Bruxelles: C. Perelman, 1968, p. 85.

249. GOMES, Orlando. **Introdução ao direito civil**. 17. ed. Rio de Janeiro: Forense, 2000, p. 10-12.

imprescindível a leitura das obras de Claus-Wilhelm Canaris[250] e Rupert Schreiber[251]. Para a capacidade de perfeição do sistema jurídico, veja-se os comentários de J. Gilissen ao artigo 4º do Código de Napoleão (o Código Civil Francês de 1804)[252].

A ideia de que lacunas estão ligadas à intersecção de sistema pode ser facilmente notada por aquilo que a doutrina jurídica tem classificado como **espécies de lacuna**. Algumas delas serão aqui examinadas, sobretudo as que conquistaram maior repercussão[253]. Vale lembrar, antes de passar à análise das espécies de lacuna, que a ideia de intersecção entre diferentes sistemas apresentada por Tercio Sampaio Ferraz Jr. aproxima-se, por demais, da ideia de acoplamento estrutural[254] sustenta por Niklas Luhmann. E aí, uma vez mais, fica evidente a interface entre o sistema autopoiético de Luhmann e a proposta de uma nova concepção de sistema jurídico sustentada por Tercio Sampaio Ferraz Jr. Aliás, nesse sentido, o melhor exemplo de acoplamento estrutural entre diferentes subsistemas sociais é a ideia de Constituição, como ressalta Marcelo Neves[255].

A primeira das espécies de lacuna remete à obra de Zitelmann[256]. Fala-se, aqui, em lacunas autênticas e não autênticas (*echte und unechte*).

---

250. CANARIS, Claus-Wilhelm. **Pensamento sistemático e conceito de sistema na Ciência do Direito**. 3. ed. Tradução A. Menezes Cordeiro. Lisboa: Fundação Calouste Gulbenkian, 2002, p. 239-242.

251. SCHREIBER, Rupert. **Die Geltung von Rechtsnormen**. Berlin: 1966, p. 192.

252. GILISSEN, 1968, p. 237. GOMES, Orlando. **Introdução ao direito civil**. 17. ed. Rio de Janeiro: Forense, 2000, p. 61-70.

253. FERRAZ JR. Op. cit., p. 179.

254. Vale ressaltar que a ideia de acoplamento estrutural não é uma mera intersecção entre subsistemas sociais, pois as intersecções são ou podem ser provisórias e instáveis. No acoplamento estrutural, por sua vez, há uma intersecção permanente e estável entre diferentes subsistemas.

255. NEVES, Marcelo. **Entre Têmis e Leviatã**: uma relação difícil: o Estado Democrático de Direito a partir e além de Luhmann e Habermas. São Paulo: Martins Fontes, 2006, p. 95-105.

256. ZITELMANN, Ernst. **Lücken im Recht**. Leipzig: 1903, p. 27.

Uma lacuna autêntica se dá quando a lei não permite uma resposta, quando a partir dela uma decisão não é possível, quando uma decisão não pode ser encontrada. Uma lacuna não autêntica, por seu turno, ocorre quando um fato-tipo (*Tatbestand*) é previsto pela lei, mas a solução é reputada como indesejável. A doutrina costuma admitir como lacuna propriamente dita apenas a da primeira espécie (*de lege lata*), sendo a segunda compreendida como uma lacuna crítica ou de política jurídica (*de lege ferenda*). Como premissa que sustenta essa classificação, encontra-se a concepção do sistema das normas como uma totalidade dada e acabada[257] (*de lege lata*), ordenada segundo um plano (ou um programa), sendo a lacuna uma imperfeição que conspira contra esse plano[258].

A correlação entre o plano dado e os processos de sua elaboração permite, contudo, dar ao sistema certa mobilidade e amplitude, do que resulta a classificação das lacunas em intencionais e não intencionais[259]. O critério diferenciador está na vontade daquele que elabora o plano (o programador) e que pode, conscientemente ou não, deixar uma situação em aberto. No primeiro caso, o legislador, por não se julgar em condições, atribui a uma outra pessoa (ao juiz ou ao doutrinador) a tarefa de encontrar (ou elaborar?) a regra específica. Na segunda espécie, afirma-se que o legislador não chegou a notar a problemática da questão de modo cabal (lacuna de previsão), seja porque as condições históricas não o permitiam (lacunas desculpáveis), seja porque seu

257. Essa compreensão de sistema é a concepção tradicional e que remete aos idos do final do século XVIII e que caracteriza a compreensão de sistema sustentada pelo jusnaturalismo moderno ou racional. Um dos maiores defensores dessa concepção de sistema foi Kant, que sustentou que só haveria lacunas no direito positivo, ao passo que elas não seriam encontradas no direito natural. Ainda segundo Kant, o direito natural regularia as lacunas do direito positivo, as relações entre o soberano e os súditos e, por fim, as relações entre os Estados soberanos.

258. FERRAZ JR., Tercio Sampaio. **Introdução ao estudo do direito**: técnica, decisão e dominação. São Paulo: Atlas, 2015, p. 179.

259. SOMLÓ, Felix. **Juristische Grundlehre**. Leipzig: 1927, p. 403.

exame do problema não foi suficientemente cuidadoso (lacunas não desculpáveis)[260].

O sistema das normas toma aqui claramente o sentido de uma totalidade planejada e até certa medida objetiva, à medida que, para que uma lacuna seja constatada, não basta que o legislador tenha, conscientemente, deixado uma situação não regulada, sendo necessário, ainda, que a **ordem** jurídica, enquanto tal, **exija** a regra que falta. Essa ideia de **falta** pode dar a entender que uma lacuna é sempre um **menos** no todo. Na verdade, ressalta Tercio Sampaio Ferraz Jr., a lacuna também pode ser um **mais**, indesejável, não satisfatório. Fala-se, nesse caso, em lacunas patentes e latentes[261]. Patente é uma lacuna resultante da falta de uma norma que regule uma situação, e latente é a lacuna que surge do caráter muito amplo da norma. Na primeira hipótese, não há norma específica. Na segunda, ela existe, mas deixa de fazer uma restrição reputada como necessária[262].

A correlação entre "sistema das normas" e "plano" acarreta, de certo modo, para dentro do sistema jurídico (do ordenamento jurídico, como querem alguns) a teleologia e, com ela, uma dinamicidade temporal. Daí falar-se em lacunas originárias e posteriores. As primeiras são as que já existem no nascimento da lei. As outras surgem posteriormente, ou em virtude de uma modificação nas situações de fato ou do sistema de valores pertinentes à ordem jurídica[263]. Nessa classificação, o conceito de

260. FERRAZ JR. Op. cit., p. 179.

261. FERRAZ JR., Tercio Sampaio. **Introdução ao estudo do direito**: técnica, decisão e dominação. São Paulo: Atlas, 2015, p. 179-180.

262. CANARIS, Claus-Wilhelm. **Pensamento sistemático e conceito de sistema na Ciência do Direito**. 3. ed. Tradução A. Menezes Cordeiro. Lisboa: Fundação Calouste Gulbenkian, 2002, p. 239-242. LARENZ, Karl. **Metodologia da ciência do direito**. 3. ed. Tradução José Lamego. Lisboa: Fundação Calouste Gulbenkian, 1997, p. 524-573.

263. ENGISCH, Carl. **Introdução ao pensamento jurídico**. 6. ed. Tradução J. Baptista Machado. Lisboa: Fundação Calouste Gulbenkian, 1988, p. 275-342.

lacuna emerge claramente da correlação de diferentes sistemas, estando aí subentendida a concepção do sistema jurídico, como abrangendo um subsistema das prescrições (das normas), um subsistema dos valores (valor) e um subsistema da realidade social tipificada (fato)[264]. A lacuna, desse modo, sustenta Tercio Sampaio Ferraz Jr., acontece quando se dá uma incongruência de natureza temporal (uma falta de sincronia) que quebra uma certa harmonia isomórfica que preside, por suposição, a relação entre as estruturas dos diferentes subsistemas[265]. Pode-se falar, então, no sentido dessa dinamicidade temporal, em lacunas da lei em oposição a lacunas do direito, ou melhor, em lacunas **provisórias da lei**, à medida que toda lacuna constatável em relação ao sistema legal pode ser suprida em relação a outro sistema (o de costumes, por exemplo) ou à totalidade do direito tomada em todos os seus subsistemas[266].

Poderia se mencionar ainda, sem a pretensão de esgotar as possibilidades classificatórias, as chamadas "lacunas de conflito", que demandam um sistema ordenado e satisfatório de normas, pois se dão toda vez que duas normas, no mesmo sistema, contrapõem-se sem que exista uma regra que permita decidir entre uma delas. Um tipo particular dessa espécie é a lacuna técnica, também conhecida como *intra legem*, que se dá quando o legislador estabelece uma norma, sem fornecer as condições de sua

264. Aqui, Tercio Sampaio Ferraz Jr. parece promover um diálogo entre a noção de subsistema de Luhmann e a ideia de tridimensionalidade de Miguel Reale.

265. Aqui, Tercio Sampaio Ferraz Jr. se vale da concepção de subsistema de Niklas Luhmann, se socorre da ideia de estrutura e repertório, mas, ao mesmo tempo, sustenta algo não encontrado no pensamento de Luhmann, o que seja, a ideia de que o subsistema do Direito se subdivide, por sua vez, em três subsistemas: o normativo, o dos valores e o fático. E aí, ao promover essa integração de raciocínios entre diferentes autores, Tercio Sampaio Ferraz Jr. sustenta sua compreensão inovadora de lacuna, qual seja, de que ela resulta dessa intersecção entre esses subsistemas, que, segundo ele, em alguns momentos, deixa de ocorrer de modo harmônico e com sincronia.

266. FERRAZ JR., Tercio Sampaio. **Introdução ao estudo do direito**: técnica, decisão e dominação. São Paulo: Atlas, 2015, p. 180.

aplicabilidade (por exemplo, determina que uma taxa qualquer deve ser paga, mas não aponta qual a autoridade competente para recebê-la)[267]. O sistema das normas, nessa situação, seria dotado de uma dinamicidade própria, capaz de revelar as lacunas e, em um momento subsequente, fornecer as condições de seu preenchimento[268-269].

Sendo assim, a partir do que foi dito até aqui, é possível asseverar que o conceito de lacuna é um conceito relacional[270]. A lacuna é uma inadequação em relação a alguma coisa[271]. O conceito de **gênero** é a inadequação normativa (ou falta de sincronia entre os subsistemas). As espécies de lacuna decorrem do relacionamento do subsistema prescritivo (ou normativo) com outros subsistemas (o fático e o valorativo). O subsistema prescritivo, tal como é admitido, em geral, pela doutrina, corresponde a um conjunto de proposições prescritivas. Esse conjunto não precisa ser, necessariamente, de natureza lógico-formal, como na pirâmide de Puchta (Jurisprudência dos Conceitos)[272], e pode ser entendido como um conjunto de avaliações deônticas de certos comportamentos. Dessa forma, o conjunto tem já uma referência necessária a um subsistema valorativo

---

267. KLUG, Ulrich. **Les problèmes des lacunes em droit**. Bruxelles: C. Perelman, 1968, p. 89.

268. FERRAZ JR. Op. cit., p. 180.

269. Ou seja, o sistema jurídico, nesses moldes, não é compreendido como algo previamente completo. Pelo contrário, é compreendido como algo que, num primeiro momento, pode, sim, apresentar lacunas, mas que, em um segundo momento, por ser algo dinâmico e autopoiético, ele, o próprio sistema, é capaz de preenchê-las. Mas é preciso advertir: o preenchimento de lacunas não elimina as lacunas de uma vez por todas. É possível pensar, sim, na hipótese, em que o próprio preenchimento de lacuna dê ensejo ao surgimento de uma nova lacuna. Esse seria o caso, por exemplo, das lacunas de conflito.

270. Assim como o conceito de validade é, também, um conceito relacional. Vale registrar que este trabalho adere à compreensão de validade como **imunidade** de Tercio Sampaio Ferraz Jr.

271. FERRAZ JR. Op. cit., p. 180.

272. Aqui, mais uma vez, Tercio Sampaio Ferraz Jr. salienta o seu entendimento de que o sistema normativo não pode ser reduzido à explicação de ser um simples sistema de normas organizado de forma piramidal. A estrutura piramidal parece ignorar os aspectos valorativos e fáticos, dos quais o professor paulista não abre mão de modo algum.

imanente (subsistema dos valores) e a um subsistema da realidade empírica (subsistema fático), que ele incorpora ao tipificá-lo[273].

Apesar disso, o conjunto, por razões que a doutrina não consegue determinar de forma unânime – fala-se, em geral, em razões de certeza e segurança – revela-se um sistema estável, que condiciona e conforma a experiência, ao delimitá-la, sem ser por ela condicionado (a norma modela como deve ser a experiência fática, e não o contrário). A teoria jurídica fala, nesse sentido, de uma regra, de acordo com a qual, em geral, o sistema jurídico (ordenamento) qualifica como indiferente tudo que não é obrigatório ou proibido, isto é, o que não está juridicamente proibido está, por isso mesmo, juridicamente permitido[274]. Contudo, ressalte-se, apesar disso, o sistema não é completo, porque a ordem normativa é também um critério de avaliação deôntica de comportamentos possíveis, sendo assim, e por isso mesmo, suscetível de transformações[275]. Ou seja, o próprio sistema jurídico que parece prescrever, segundo parte da doutrina, esse raciocínio, também ele, em si, enquanto circunstância histórica, está sujeito a modificações.

E essa circunstância parece conferir ao conjunto das normas certa consistência à medida que, como o demonstra o teorema de Gödel[276], a completude só ocorre em um sistema contraditório e o preço da consistência é a incompletude do sistema. Eis o âmago da ideia. Se o sistema

273. FERRAZ JR., Tercio Sampaio. **Introdução ao estudo do direito**: técnica, decisão e dominação. São Paulo: Atlas, 2015, p. 180-181.

274. KELSEN, Hans. **Teoria geral do direito e do Estado**. 4. ed. Tradução Luís Carlos Borges. São Paulo: Martins Fontes, 2005, p. 212-214. No mesmo sentido, MACHADO NETO, Antônio Luiz. **Compêndio de introdução à ciência do direito**. 6. ed. São Paulo: Saraiva, 1988, p. 42-43.

275. FERRAZ JR. Op. cit., p. 181.

276. GÖDEL, Kurt. **O teorema de Gödel e a hipótese do contínuo**. 2. ed. Tradução M. S. Lourenço. Lisboa: Fundação Calouste Gulbenkian, 2009, p. 100-130. Consulte-se ainda o seguinte *link*: <fjferreira/Entscheidungsproblem.pdf>.

jurídico é completo ele é, por isso mesmo, contraditório. E, por sua vez, se ele é consistente, o preço a pagar é a sua incompletude. Um sistema formal é incompleto quando, a partir dos axiomas e das regras de inferência do sistema, é impossível demonstrar uma proposição passível de formulação no sistema, sendo igualmente impossível demonstrar a sua negação. Não há, portanto, uma base de raciocínio mínima que permita afirmar se a proposição é logicamente verdadeira ou falsa[277]. Eis o que se dá quando o sistema formal é incompleto (lacunoso).

Esses problemas na discussão da questão não são, por fim, específicos do problema das lacunas, sendo, na verdade, próprios da metodologia em geral. Talvez se possa afirmar, em conclusão, que eles surgem em razão da pluridimensionalidade mesma do objeto que se costuma denominar **direito**. E mais, talvez seja essa pluridimensionalidade que explique a eventual lacunosidade do sistema jurídico. É essa circunstância que leva alguns a procurar soluções reducionistas, eliminando dimensões e privilegiando esta ou aquela, como sucede com os chamados Sociologismos Jurídicos[278-279], ou com os formalismos à moda de Hans Kelsen, levando outros, então, a buscar soluções ecléticas de consideração do direito sob critérios diferentes, mas justapostos[280], ou soluções integradoras, em que se procura a unidade sintética da diversidade dimensional[281], sendo este o caso do tridimensionalismo de Miguel Reale[282].

277. FERRAZ JR. Op. cit., p. 181.

278. MACHADO NETO, Antônio Luiz. **Compêndio de introdução à ciência do direito**. 6. ed. São Paulo: Saraiva, 1988, p. 29-41.

279. ROSS, Alf. **Direito e justiça**. Tradução Edson Bini. Bauru: Edipro, 2003, p. 30-45.

280. Como, por exemplo, o bidimensionalismo de Emil Lask. Sobre Lask e o problema das lacunas, consulte-se FERRAZ JR., Tercio Sampaio. **Conceito de sistema no direito**. São Paulo: Revista dos Tribunais, 1976, p. 129.

281. FERRAZ JR., Tercio Sampaio. **Introdução ao estudo do direito**: técnica, decisão e dominação. São Paulo: Atlas, 2015, p. 181.

282. REALE, Miguel. **Direito como experiência**: introdução à epistemologia jurídica. 2. ed. São Paulo: Saraiva, 1992, p. 107-110.

5.8. EM BUSCA DE OUTRO MODELO DE DIFERENÇA ENTRE PRINCÍPIOS E REGRAS

Por fim, com o desdobramento dos itens anteriores já desenvolvidos, e tomando por base a nova concepção de sistema jurídico que foi desenvolvida até aqui, é que se pretende, em pouquíssimas linhas, chamar atenção para a diferença entre princípios e regras. Essa diferença, como um desdobramento dessa nova concepção de sistema jurídico desenvolvida a partir da lição de Tercio Sampaio Ferraz Jr., é inspirada no conceito de sistema autopoiético de Niklas Luhmann e desenvolvida, nessas bases, pela doutrina de Marcelo Neves. Logo, é preciso deixar claro, que a diferença entre princípio e regras não é aqui compreendida nem nos moldes do que propõe Ronald Dworkin nem nos moldes do que defende Robert Alexy[283], mas, sim, nos moldes do que sustenta Marcelo Neves[284], influenciado pelas obras de Niklas Luhmann, em perfeita sintonia com as ideias de Tercio Sampaio Ferraz Jr.

E é ele, Marcelo Neves, que escreve:

> Outro aspecto a ser considerado diz respeito ao plano de ação e comunicação jurídica em que a distinção entre princípios e regras como categorias de normas torna-se

283. Neste sentido, convém registrar a crítica que Marcelo Neves desenvolve à ideia de otimização e os limites que ele propõe à "ponderação", em uma clara crítica aos escritos de Robert Alexy, ao abordar a diferença entre princípios e regras. Compartilha-se aqui das críticas levadas a efeito pelo professor pernambucano, sobretudo com o alerta feito por ele acerca da tentação de se fazer da ponderação a panaceia para todos os males e, o que é pior, acreditar que ela, a ponderação, pode alcançar um certo nível de otimização a ponto de se defender a ideia de decisões ideais para um determinado grupo de casos. Dito de outro modo, a conjugação destas duas ideias, otimização e ponderação, pode produzir efeitos nefastos e, o que é o pior, com o respaldo de Escolas como, por exemplo, a da *Law Economic*. Sobre o assunto, consulte-se NEVES, Marcelo. **Entre Hidra e Hércules**: princípios e regras constitucionais como diferença paradoxal do sistema jurídico. São Paulo: Martins Fontes, 2013, p. 141-159.

284. NEVES, Marcelo. **Entre Hidra e Hércules**: princípios e regras constitucionais como diferença paradoxal do sistema jurídico. São Paulo: Martins Fontes, 2013, p. 89-140.

> relevante. Já se disse acima que, quando se trata da mera observância cotidiana e também da pura aplicação burocrática, a diferença entre princípios e regras não tem significado prático. Pode acrescentar-se que, no âmbito do uso de ofertas legais de regulação no exercício corriqueiro de autonomia privada, esta distinção também permanece sem importância. Nessas situações, as pessoas envolvidas cumprem ou descumprem normas sem questionar a maneira como elas são vinculatórias. Sem que se distingam os princípios e as regras que estão sendo satisfeitos, as normas como padrões de comportamento são seguidas seja por hábito, seja por terem sido internalizadas ou por haver uma identificação do agente com os seus valores, ou são respeitadas por cálculo de custos e benefícios orientado pelo peso da sanção em caso de descumprimento. Faltando qualquer motivo para serem seguidas, as normas tendem a ser descumpridas, igualmente sem que se diferencie entre os princípios e as regras violadas[285].

E, complementando o raciocínio, e apresentando um aspecto muito importante que deve ser levado em consideração para fins de levar a cabo a distinção entre princípios e regras, é que Marcelo Neves, ainda, assevera:

> Só quando surge a controvérsia sobre a norma a aplicar ao caso, no contexto de um conflito interpessoal concreto ou no âmbito de um controle abstrato de normas, a diferença entre regras e princípios ganha relevância prática e teórica. Portanto, apenas quando se passa para o plano da argumentação jurídica essa distinção pode ser problematizada[286].

285. Idem, ibidem, p. 95.

286. Idem, ibidem, p. 95.

Ora, se é assim, o primeiro esclarecimento a fazer é o seguinte: os princípios e as regras representam uma diferença[287] interna ao sistema jurídico. É dizer, é o sistema jurídico, compreendido de modo autopoiético, que, a partir de aberturas cognitivas e fechamentos normativos, na relação que ele, o sistema, mantém com o ambiente social que lhe é externo, que termina por dar origem a essa diferença interna, qual seja, os princípios e as regras para lidar com o aumento de complexidade dos conflitos jurídicos. Portanto, se é assim, os princípios e as regras não são algo dado ao sistema jurídico de fora para dentro, como queria o jusnaturalismo, tampouco algo imposto pelo ambiente social ao sistema jurídico, pois isso seria admitir a alopoiese[288]. Antes o oposto, a diferença entre princípios e regras é criada pelo próprio sistema jurídico, na medida em que ele experimenta um incremento em sua complexidade interna de modo a fazer frente à complexidade do ambiente social. Em palavras mais rudes, é como se o subsistema social do Direito estivesse se subdividindo, com o passar do tempo, para lidar com o aumento de complexidade dos conflitos que ele é obrigado a decidir.

---

287. Pense-se no conceito de diferença aqui como algo próximo da ideia de fronteira, ou seja, como aquilo que separa e, ao mesmo tempo, une o que está dentro com o que está fora. E qual é a relevância disso? É que a diferença entre sistema e ambiente, entre o que está dentro do sistema e o que está fora, termina por dar origem a outras diferenças, dentre elas, a diferença interna ao sistema, qual seja, a diferença entre princípios e regras. E mais, note-se como, a partir do conceito de diferença, é reinventada a ideia de unidade, que deixa de ser algo derivado de uma primeira norma, a norma fundamental, e passa ser algo conectado à ideia de diferença. Em outras palavras, o que confere unidade ao sistema é o esforço que ele faz para se manter diferente do ambiente social que lhe é externo, isto é, a ideia de unidade decorre do conceito de diferença e ele, por sua vez, está fortemente vinculado às noções de abertura cognitiva e fechamento normativo. E essa circunstância, por seu turno, implica que o conceito de sistema jurídico não seja mais visto como algo indiferente ao ambiente social, mas antes, pelo contrário, em algo que existe, e preservar a sua existência na medida em que se relaciona com o ambiente social sem perder a sua identidade.

288. Sobre o assunto, consulte as observações de Marcelo Neves sobre a alopoiese do direito: NEVES, Marcelo. **A constitucionalização simbólica**. São Paulo: WMF Martins Fontes, 2007, p. 140-147.

Em outras palavras, a diferença entre princípios e regras é uma diferença construída pelo sistema jurídico a partir da relação que este mantém com o ambiente social. E essa diferença ao mesmo tempo que revela um incremento na complexidade interna do sistema jurídico, sinaliza também, por outro lado, que esse incremento de complexidade está diretamente relacionado com a complexidade do ambiente social e em como o sistema se organiza para lidar com ela. Ou seja, o incremento de complexidade e sofisticação interna por parte do sistema jurídico é, na verdade, uma estratégia autopoiética desenvolvida pelo sistema jurídico para conviver com a complexidade desordenada e os desafios impostos pelo ambiente social.

Feitas tais considerações, e no contexto de tais observações, é que Marcelo Neves, em outra passagem, assevera:

> Os princípios são normas no plano reflexivo, possibilitando o balizamento e a construção ou reconstrução de regras. Estas, enquanto razões imediatas para normas de decisão, são condições da aplicação dos princípios à solução dos casos. Na cadeia argumentativa, uma norma afirma-se tipicamente como princípio ou como regra. De antemão, não se pode definir qual padrão constitui um princípio ou uma regra. Vai depender do modo mediante o qual a norma será incorporada do ponto de vista funcional-estrutural no processo argumentativo[289].

Esclarecido esse aspecto, cumpre destacar, ainda, que essa diferença interna ao sistema se dá de modo circular. Dito de outro modo, a relação entre princípios e regras não é uma relação vertical ou piramidal, tampouco uma relação entre algo externo e interno ao sistema, mas, sim, e

289. NEVES, Marcelo. **Entre Hidra e Hércules**: princípios e regras constitucionais como diferença paradoxal do sistema jurídico. São Paulo: Martins Fontes, 2013, p. 103.

sobretudo, uma relação dinâmica e circular entre elementos internos e construídos pelo sistema. Ora, se é assim, trata-se de uma relação flexível e que se retroalimenta. Dito de outro modo, o mesmo princípio que, por um lado, fundamenta a aplicabilidade de certa regra a certo caso concreto, é o mesmo que, por outro lado, tem o seu sentido concretizado graças à regra que ele mesmo se presta a lastrear. Nota-se, assim, que a diferença entre princípios e regras não apenas se dá dentro de uma estrutura circular, como também a própria diferença decorre da alteridade entre sistema e ambiente. Em resumo, a diferença entre princípios e regras é uma diferença paradoxal do sistema jurídico.

E a diferença é paradoxal, entre outros motivos, porque os princípios, apenas para dar um exemplo, atuam, como sustenta Marcelo Neves, no plano da argumentação ou da interpretação, ao passo que as regras se inserem no plano da aplicabilidade. Dito de outro modo, recorre-se às regras para resolver os casos e, por isso, elas são aplicadas para decidir os conflitos. Mas, elas, para serem aplicadas, invariavelmente, demandam que sejam interpretadas e que, durante esse processo de interpretação, se argumente a respeito. Ou seja, a aplicabilidade das regras não é algo simples e óbvio, mas algo sofisticado, complexo e controvertido. E é aí, nesse momento, quando se problematizam as regras e a sua aplicabilidade, que se discute a sua melhor aplicação, e quando já se está no plano da argumentação, é que se acaba recorrendo aos princípios. Ora, se é assim, então, há um paradoxo. Percebem? O mesmo princípio que auxilia a aplicabilidade da regra é o mesmo que foi desenvolvido em razão e a partir da regra. E mais, o mesmo princípio que serve para auxiliar na aplicação das regras é o mesmo que mantém as regras e a sua aplicação sempre em aberto diante de novos e futuros casos. Em suma, há uma alteridade necessária entre os princípios e as regras, na medida em que um remete ao outro e esta referência se dá de modo circular, como já dito acima.

Como essa diferença interna do sistema não é o foco deste trabalho, não se pretende aqui desenvolver de modo aprofundado e detalhado essa problemática, até porque, para abordar essa diferença a contento, seriam necessárias algumas muitas páginas a título de explorar todos os desdobramentos envolvidos. Por isso, com o intuito de preservar os limites desta pesquisa, não se irá levar adiante todos os contornos da diferença entre princípios e regras. Todos esses contornos já seriam, por si sós, objeto de uma pesquisa especificamente dedicada ao tema. E este, como se sabe, não é o propósito do esforço que foi feito até aqui.

5.9. CONCLUSÃO

Este último capítulo, como assinalado já em seu título, buscou, a um só tempo, reformular o conceito tradicional de sistema jurídico e propor, em seu lugar, uma nova concepção de sistema a partir da lição de Tercio Sampaio Ferraz Jr., mas sem deixar de se valer das contribuições de Niklas Luhmann, sobretudo, e em especial, o seu conceito de sistema autopoiético. Para tanto, durante todo o capítulo, fez-se necessário revisitar as características básicas da noção de sistema jurídico tradicional – a unidade, a coerência e a completude – analisá-las e criticá-las, para, no momento seguinte, propor novas compreensões e leituras diferenciadas acerca delas. Circunstância essa que, por si só, já revela tanto a preocupação em bem delimitar o conceito tradicional de sistema jurídico quanto o esforço que foi levado a efeito aqui para propor algo novo em seu lugar.

Sabe-se que a propositura de algo novo sempre gera resistências, razão pela qual, intencionalmente, este trabalho procurou se valer dos escritos de "gigantes", a exemplo, de Tercio Sampaio Ferraz Jr., Niklas Luhmann, Marcelo Neves, dentre outros. Faz-se uso aqui da expressão "gigantes" não em sinal de informalidade ou de recurso exagerado ao emprego de um adjetivo, mas para se socorrer do mesmo raciocínio que um dia, supostamente, teria sido levado a cabo por Sir Isaac Newton referindo-se a Galileu Galilei. Ou seja, não se teria aqui a capacidade de propor os contornos básicos de uma nova concepção de sistema jurídico mais consentânea com a sociedade atual se não se tivesse subido nos ombros de gigantes, para recorrer de novo à expressão atribuída a Sir Isaac Newton. Logo, apesar de este trabalho ser uma tese de doutorado, não se compreende como demérito algum se apoiar na lição de outros para se sustentar a propositura de algo novo.

O que se espera com a propositura dessa nova concepção de sistema jurídico é que ela seja capaz de auxiliar o Direito, compreendido enquanto subsistema social, como quer Luhmann, a melhor lidar com os desafios colocados pela complexidade desorganizada do ambiente social. Esses desafios não são pequenos e é, aliás, em razão dessa circunstância que o Direito precisa se mostrar aberto, cada vez mais, a absorver as lições que ele pode aprender, por exemplo, a partir das contribuições da sociologia. Logo, uma nova concepção de sistema jurídico não pode ser outro modo jurídico, e exclusivamente jurídico, de falar sobre o mesmo assunto, o sistema jurídico. Afinal, se assim fosse, haveria o sério risco de se incorrer em antigos erros, por exemplo, o da autossuficiência da Ciência do Direito, como um dia defendeu Hans Kelsen, e que acabou acarretando, entre outras consequências, em certa arrogância do profissional do Direito e em certa indiferença, dessa mesma Ciência do Direito, para com os problemas sociais.

Portanto, a nova concepção de sistema jurídico que aqui se leva a efeito, em suas linhas básicas, e se diz em linhas básicas porque já se sabe e já se desconfia que muito há por construir a partir deste novo ponto de partida, tem, entre outras, algumas características importantes. Entre essas características, apenas a título de exemplo, e sem qualquer finalidade exaustiva, estão as seguintes: o abandono da noção de unidade vinculada à ideia de norma fundamental; o recurso ao conceito de regras de calibração; o abandono da ideia de que o sistema jurídico é construído apenas por normas jurídicas e que elas estão dispostas de modo piramidal; a aproximação a uma concepção circular de sistema jurídico; o recurso à ideia de uma hierarquia entrelaçada; e isso para citar apenas algumas. Um sistema jurídico com tais feições, dentre outras, é o que se acredita, terá maior capacidade de lidar com os desafios impostos pela sociedade moderna e os seus conflitos cada vez mais complexos e diferenciados.

Ele, esse novo modo de compreender o sistema jurídico, será a panaceia para todos os males? Óbvio que não, seguramente. Mas, sem dúvida, ele será um importante aliado na tarefa de manter a sociedade moderna minimamente coesa. Se é certo que a sociedade dos dias que se seguem é cada vez mais fragmentada, à medida que o tempo passa, como enfatiza Luhmann, não é menos certo que o Direito e a sua tecnologia dogmática, para tomar emprestada a expressão de Tercio Sampaio Ferraz Jr., não são obrigados a assistir a isso passivamente, sem nada fazer. Afinal, se o Direito, quase sempre, é rotulado como conservador por muitos, seja porque busca conservar seus dogmas, seja porque pretende conservar[290] a sociedade do modo como ela se apresenta, não é menos certo que ele, por vezes, se vê obrigado a se reinventar, a partir das contribuições da zetética jurídica, para homenagear novamente Tercio Sampaio Ferraz Jr. e também Theodor Viehweg, para conseguir conservar um mínimo de convivência social.

290. Aliás, diga-se de passagem, muitos críticos acusam a teoria luhmaniana de ser uma teoria conservadora sobre a sociedade. Ou seja, de ser uma teoria com um viés político conservador, não dando espaço a grandes processos de transformação social. Essa crítica, apesar de ter tido grande repercussão, é um tanto quanto exagerada e infundada, como, aliás, procura demonstrar Raffaele De Giorgi. Nesse sentido, consulte-se DE GIORGI, Raffaele. **Ciência do direito e legitimação**: crítica da epistemologia jurídica de Kelsen a Luhmann. Tradução Pedro Jimenez Cantisano. Curitiba: Juruá, 2017, p. 265-272.

VI

CONCLUSÃO

Toda conclusão não é uma conclusão. O que se quer dizer com isso é: a conclusão de uma pesquisa nunca é algo definitivo e acabado. Afinal, a palavra conclusão traz consigo esse sentido um tanto quanto pesado e incompatível com o conhecimento científico. Em Ciência, como se sabe, tudo é provisório, tudo está sujeito à revisão. Logo, a conclusão desta tese não deve ser tomada como um conjunto de afirmações cabais, antes o oposto, deve ser compreendida com um conglomerado das certezas provisórias a que se chegou ao longo do trabalho, todas elas, porque provisórias, sujeitas à reformulação em um futuro próximo. O que, aliás, não é de se estranhar, até porque, tanto o Direito como a Sociologia são conhecimentos produzidos dentro da história, pela história e ao longo da história e, se é assim, forçoso é admitir, uma vez mais, que também eles estão sujeitos a reformulações e reconstruções.

Sendo assim, esta conclusão pretende fazer apenas um apanhado de algumas das certezas provisórias a que se chegou ao final de cada um dos quatro capítulos da tese. Ou seja, não será um agrupamento das conclusões do último capítulo apenas, mas um levantamento das conclusões de cada um dos capítulos, ainda que em breve linhas. Breves linhas, explica-se, porque a conclusão não irá reconstituir por completo tudo que foi discutido em cada um dos capítulos. Se assim o fosse, a conclusão seria algo, no mínimo, redundante, cansativo e desnecessário. É dizer, aqui, como em muitas outras ocasiões da vida, o menos poder ser o mais, seja para não restringir o espaço de interpretação do leitor que, por meio dela, a interpretação, termina por conferir e descobrir outros sentidos a partir do mesmo trabalho, seja para não cair na tentação de dar uma lista exaustiva e acabada das certezas provisórias obtidas ao longo da pesquisa, o que poderia soar dogmático.

Desse modo, no primeiro capítulo, ao se fazer um sobrevoo sobre a Dogmática Jurídica ao longo da história, algumas das conclusões obtidas foram: a) o conceito de Dogmática Jurídica, através dos tempos, passou por diversas transformações; b) o conceito de sistema levou muito tempo para aparecer na história da humanidade; c) o conceito de sistema foi desenvolvido pelo jusnaturalismo moderno durante o século XVIII; d) o conceito de sistema, originalmente, admitiu três diferentes sentidos, a saber: o de mecanismo, o de organismo e o de ordenamento; e) só mais tarde o conceito de sistema, na seara do Direito, passa a se confundir com o de ordenamento; f) um dos principais responsáveis pelo desenvolvimento do conceito de sistema foi Immanuel Kant; g) graças a este conceito de sistema, foram possíveis algumas teses sustentadas pelos defensores do Positivismo Jurídico.

Já no segundo capítulo, ao se apresentar o conceito tradicional de sistema jurídico, segundo Norberto Bobbio, as conclusões obtidas foram as seguintes: a) o conceito tradicional de sistema jurídico não se confunde com o conceito, em si, de sistema; b) o conceito, em si, de sistema foi gerado no seio do Jusnaturalismo Moderno; c) o conceito de sistema jurídico, do modo como imaginado por Hans Kelsen, passa por algumas alterações em seu sentido; d) o que se denomina como conceito tradicional de sistema jurídico é o conceito desenvolvido por Hans Kelsen;

e) o conceito tradicional de sistema jurídico exige a observância de três características, a saber: a unidade, a coerência e a completude; f) o conceito de sistema jurídico sustentado por Norberto Bobbio se aproveita de alguns dos aspectos do conceito tradicional de sistema jurídico, mas, ao mesmo tempo, formula críticas contra ele; g) o conceito de sistema jurídico sustentado por Norberto Bobbio abre espaço para análises elaboradas a partir de uma perspectiva funcional.

No terceiro capítulo, por sua vez, ao se oferecer uma introdução ao sistema autopoiético do direito, a partir de Niklas Luhmann, as conclusões a que se chegou foram as seguintes: a) o conceito de sistema não é apenas trabalhado pela seara jurídica; b) esse conceito é trabalhado de modo completamente diferente por Niklas Luhmann, dentro dos quadrantes da sociologia; c) ele, Niklas Luhmann, tem esse conceito de sistema como um dos conceitos centrais de sua teoria; d) o conceito de sistema, em Luhmann, é parte de um binômio que é complementado com a noção de ambiente social; e) o conceito de sistema, em Luhmann, nada tem a ver com o conceito de sistema jurídico; f) Luhmann não se dedicou a reformular o conceito de sistema jurídico, sua preocupação é construir uma teoria social, nos limites da sociologia, apta a explicar o funcionamento da sociedade moderna; g) o conceito de sistema, em Luhmann, sofre uma profunda reformulação a partir da noção de autopoiese desenvolvida pelos biólogos Francisco Varella e Humberto Maturana.

Por fim, no quarto e último capítulo, ao se reformular o conceito tradicional de sistema jurídico e, ao mesmo tempo, se propor uma nova concepção de sistema jurídico a partir da lição de Tercio Sampaio Ferraz Jr., as conclusões foram as que se seguem: a) o conceito tradicional de sistema jurídico parece não se mostrar adequado à sociedade moderna, b) é preciso repensar conceitos, por exemplo, de unidade, coerência, completude, pirâmide normativa, norma fundamental, dentre outros; c) é preciso lançar mão de novos conceitos, como o de regra de calibração, o de hierarquia entrelaçada, o de circularidade de procedimentos, dentre outros; d) o conceito de sistema jurídico deve se valer das contribuições da sociologia de Luhmann, sobretudo, o conceito de sistema autopoiético; e) uma nova concepção de sistema jurídico deve ter a capacidade de preservar a sua estabilidade mesmo diante da velocidade das mudanças; f) uma nova concepção de sistema jurídico precisa admitir a possibilidade de que incoerências convivam entre si; g) um novo conceito de sistema jurídico precisa partir do pressuposto de que não são apenas as normas jurídicas que formam o ordenamento jurídico.

Nesse sentido são as palavras de Thomas Vesting, as quais conseguem demarcar com clareza a "virada copérnica" em torno do conceito de sistema jurídico. E é no contexto dessa "virada copérnica" que se situa este trabalho. "A teoria dos sistemas de Luhmann pode ser interpretada – segundo a teoria pura do Direito de Kelsen – como uma nova tentativa de reagir à crise do positivismo jurídico sem renunciar ao conceito de sistema."[291] Todavia, na obra de Luhmann, o conceito de sistema recebe um teor totalmente diferente. Completamente diferente do que ocorria no Positivismo Jurídico, o sistema da teoria dos sistemas não é mais constituído através de uma "unidade interna" de normas jurídicas e instituições coordenadas entre si. A hipótese de Kelsen de que o sistema jurídico precisa pressupor uma "norma fundamental" para poder operar com êxito também é abandonada. No lugar dela, surge a demarcação contínua do sistema jurídico em relação a tudo que não é Direito. "Ao invés de orientar-se pela unidade, a teoria dos sistemas orienta-se pela diferença, por um pensamento que concebe o sistema jurídico a partir de uma distinção entre sistema/ambiente."[292]

---

291. VESTING, Thomas. **Teoria do direito**: uma introdução. Tradução Gercélia B. de O. Mendes; revisão Geraldo de Carvalho Neto; coordenação e revisão Ricardo Campos. São Paulo: Saraiva, 2015, p. 131.

292. Idem, ibidem, p. 131.

Essas listas de conclusões, repita-se uma vez mais, não são exaustivas. Longe disso, são apenas algumas das conclusões que o leitor poderá ter coletado ao longo da leitura. Por isso, leitor, sinta-se à vontade para fazer uma segunda leitura do mesmo trabalho, se assim julgar pertinente, para chegar a outras e diferentes conclusões.

REFERÊNCIAS

ADEODATO, João Maurício. **A retórica constitucional**: sobre tolerância, direitos humanos e outros fundamentos éticos do direito positivo. São Paulo: Saraiva, 2009.

______. **Ética e retórica**: para uma teoria da dogmática jurídica. 2. ed. São Paulo: Saraiva, 2006.

ALBERT, Hans. **Tratado da razão crítica**. Tradução Idalina Azevedo da Silva, Erika Gudde e Maria José P. Monteiro. Rio de Janeiro: Tempo Brasileiro, 1976.

AMARAL, Diogo Freitas do. **História das ideias políticas**. Coimbra: Almedina, 2004. v. 1.

ANDERSON, Perry. **Passagens da Antiguidade ao Feudalismo**. 5. ed. Tradução Beatriz Sidou. Brasília: Brasiliense, 1998.

AQUINO, Tomás de. **Summa Theologica**. 1ª, 2ªe, q.90, art. 4º.

ARENDET, Hannah. **Eichmann in Jerusalém**. New York: Penguin Books, 1979.

______. **Entre o passado e o futuro**. São Paulo: Perspectiva, 1972.

ARISTÓTELES. **A política**. Tradução Roberto Leal Ferreira. 3. ed. São Paulo: Martins Fontes, 2006.

______. **Ética a Nicômaco**. Tradução Edson Bini. Bauru: Edipro, 2009.

______. **Órganon**. 2. ed. Tradução Edson Bini. Bauru: Edipro, 2010.

______. **Retórica**. Tradução Edson Bini. Bauru: Edipro, 2011.

ASHBY, W. Ross. **Introdução à cibernética**. Tradução Gita K. Ghinzberg. São Paulo: Perspectiva, 1970.

AUBENQUE, Pierre. **Le problème de l'être chez Aristote**. Paris: Presses Universitaires de France, 1962.

AZEVÊDO, Bernardo Montalvão Varjão de. **O ato de decisão judicial** – uma irracionalidade disfarçada. Rio de Janeiro: Editora Lúmen Juris, 2011.

BERGBOHM, Carl. Jurisprudenz und Rechtsphilosophie. Leipzig: 1892.

BERTALANFFY, Ludwig von. **Teoria geral dos sistemas**. Tradução Francisco M. Guimarães. Petrópolis: Vozes, 1975.

BETTI, Emílio. **Interpretação da lei de dos atos jurídicos**: teoria geral e dogmática. Tradução Karina Jannini. São Paulo: Martins Fontes, 2007.

BÔAS FILHO, Orlando Villas. **Teoria dos sistemas e o direito brasileiro**. São Paulo: Saraiva, 2009.

BOBBIO, Norberto. **Da estrutura à função**: novos estudos de teoria do direito. Tradução Daniela Beccaccia Vesiani. Barueri: Manole, 2007.

______. **Diritto e stato nel pensiero di Emanuelle Kant**. Turim: Giappichelli, 1969.

______. **O futuro da democracia**. São Paulo: Paz e Terra, 1986.

______. **Positivismo jurídico**: lições de filosofia do direito. Tradução e notas Márcio Pugliesi, Edson Bini, Carlos E. Rodrigues. São Paulo: Ícone, 1995.

______. **Teoria da norma jurídica**. 2. ed. rev. Tradução Fernando Pavan Baptista e Ariani Bueno Sudatti; apresentação Alaôr Caffé. Bauru: Edipro, 2003.

______. **Teoria do Ordenamento Jurídico**. 10. ed. Tradução Maria Celeste C. J. Santos; revisão técnica Claudio de Cicco; apresentação Tercio Sampaio Ferraz Jr. Brasília: Universidade de Brasília, 1999.

______. **Teoria Geral do Direito**. São Paulo: Martins Fontes, 2008.

BURDEAU, Georges. **O Estado**. Tradução Maria Ermantina de Almeida Prado Galvão. São Paulo: Martins Fontes, 2005.

CALMON DE PASSOS, José Joaquim. **Direito, poder, justiça e processo**: julgando os que nos julgam. Rio de Janeiro: Forense, 2003.

CANARIS, Claus-Wilhelm. **Pensamento sistemático e conceito de sistema na ciência do direito**. 3. ed. Tradução António Menezes Cordeiro. Lisboa: Fundação Calouste Gulbenkian, 2002.

CAPELLA, Juan-Ramon. **El derecho como lenguage**. Barcelona: Ariel, 1968.

CAPPELLETTI, Mauro. **Juízes irresponsáveis?** Tradução Carlos Alberto Álvaro de Oliveira. Porto Alegre: Fabris, 1989.

______. **Juízes legisladores?** Tradução Carlos Alberto Álvaro de Oliveira. Porto Alegre: Fabris, 1999.

CAPRA, Fritjof. **A teia da vida**: uma nova compreensão científica dos sistemas vivos. Tradução Newton Roberval Eichemberg. São Paulo: Cultrix, 1996.

______. **O ponto de mutação**: a ciência, a sociedade e a cultura emergente. Tradução: Álvaro Cabral. São Paulo: Cultrix, 1982.

CARNELUTTI, Francesco. **Arte do direito**: seis meditações sobre o direito. Tradução Ricardo Rodrigues Gama. Campinas: Bookseller, 2001.

______. **Como se faz um processo?** Tradução Maria Angelina de Lima. Campinas: Servanda, 2010.

______. **Metodologia do direito**. Tradução Frederico A. Paschoal. Campinas: Bookseller, 2002.

______. **Teoria generale del diritto**. 2. ed. 1946.

CÍCERO, Marco Túlio. **Retórica a Herênio**. Tradução Ana Paula Celestino Faria e Adriana Seabra. São Paulo: Hedra, 2005.

COING, Helmut. **Elementos fundamentais da filosofia do direito**. Tradução Elisete Antoniuk. Porto Alegre: Sergio Antonio Fabris, 2002.

COMMELIN, P. **Mitologia grega e romana**. Tradução Eduardo Brandão. 2. ed. São Paulo: Martins Fontes, 1997.

COMPARATO, Fábio Konder. **A afirmação histórica dos direitos humanos**. 7. ed. São Paulo: Saraiva, 2010.

CORDERO, Franco. **Procedimiento penal**. Traducción Jorge Guerrero. Santa Fé de Bogotá: Editorial Têmis, 2000. v. 2.

CORREA, Alexandre; SCIACIA, Gaetano. **Manual de direito romano**. São Paulo: Saraiva, 1953.

CRISAFULLI, Vezio. Per la determinazione del concetto dei principi denerali dei diritto. **Riv. Int. Fil. Dir.**, XXI, 1941.

CUBE, Felix von. **Was ist Kübernetik**. Bremen: DTV, 1967.

DAVID, René. **Os grandes sistemas do direito contemporâneo**. 4. ed. Tradução Hermínio A Carvalho. São Paulo: Martins Fontes, 2002.

DE GIORGI, Raffaele. **Ciência do direito e legitimação**: crítica da epistemologia jurídica de Kelsen a Luhmann. Tradução Pedro Jimenez Cantisano. Curitiba: Juruá, 2017.

______. **Direito, democracia e risco**: vínculos com o futuro. Tradução Ana Perez, Regina Maria Escosteguy Flores da Cunha, Sandra Regina Martini Vial. Porto Alegre: Safe, 1998.

______. **Direito, tempo e memória**. Tradução Guilherme Leite Gonçalves. São Paulo: Quartier Latin, 2006.

DELBOS, Victor. **Une théorie allemande de la culture**: Wilhelm Ostwald et as philosophie. Paris: 1916.

DELEUZE, Gilles; GUATTARI, Félix. **Mil platôs**: capitalismo e esquizofrenia. Tradução Aurélio Guerra Neto e Célia Pinto Costa. São Paulo: Editora 34, 2000. v. 1.

DERRIDA, Jacques. **Força de lei**: o fundamento místico da autoridade. Tradução Leyla Perrone-Moisés. São Paulo: Martins Fontes, 2007.

DONATI, Donato. **Il problema delle lacune dell'ordenamento giuridico**. Milano: 1910.

ECO, Umberto. **Obra aberta**: forma e indeterminação nas poéticas contemporâneas. Tradução Giovanni Cutolo. São Paulo: Perspectiva, 2010.

EHRLICH, Eugen. **Die juristische Logik**. Tübingen, 1925.

EIGEN, Manfred; SCHUSTER, Peter. **The Hipercycle**: a principle of natural self-organization. Berlin: Springer, 1979.

ENGISCH, Carl. **Introdução ao pensamento jurídico**. 6. ed. Tradução J. Baptista Machado. Lisboa: Fundação Calouste Gulbenkian, 1988.

FARIA, José Eduardo. **Direito e globalização econômica**: implicações e perspectivas. São Paulo: Malheiros, 2010.

______; CAMPILONGO, Celso Fernandes. **A sociologia jurídica no Brasil**. Porto Alegre: Sergio Antonio Fabris Editor, 1991.

FEBBRAJO, Alberto. Introduzione all'edizione italiana. In: LUHMANN, Niklas. **Sistema giuridico e dogmática giuridica**. Bologna: Il Mulino, 1974.

______; PENNISI, Carlo. Introduzione. In: TEUBNER, Gunther. **Il diritto come sistema autopoietico**. Milano: Giuffrè, 1996.

FERRAJOLI, Luigi. **A soberania no mundo moderno**: nascimento e crise do Estado nacional. Tradução Carlos Coccioli e Márcio Lauria Filho. São Paulo: Martins Fontes, 2002.

______. **Direito e razão**: teoria do garantismo penal. Tradução Ana Paula Zomer, Fauzi Hassan Chouckr, Juarez Tavares e Luiz Flávio Gomes. São Paulo: Revista dos Tribunais, 2002.

FERRARA, Francesco. **Como aplicar e interpretar as leis**. Tradução Joaquim Campos de Miranda. Belo Horizonte: Líder, 2002.

FERRARI, Vincenzo. **Lineamenti di sociologia del diritto**. Torino: Laterza, 2004.

FERRAZ JR., Tercio Sampaio. **Conceito de sistema do direito**. São Paulo: Revista dos Tribunais, 1976.

______. **Enciclopédia Saraiva do Direito**. São Paulo: Saraiva, 1978. v. 7.

______. **Introdução ao estudo do direito**: técnica, decisão e dominação. 8. ed. São Paulo: Atlas, 2015.

______. **O direito, entre o futuro e o passado**. São Paulo: Noeses, 2014.

FIKENTSCHER, Wolfgang. **Methoden des Rechts in vergleichender Darstellung**. Tübingen: Mohr Siebeck, 1975.

FRANK, Helmar G. **Cibernética e filosofia**. Tradução Celeste Aída Galeão. Rio de Janeiro: Tempo Brasileiro, 1970.

FULLER, Lon L. **O caso dos exploradores de caverna**. Tradução Plauto Faraco de Azevedo. Porto Alegre: Sergio Antonio Fabris Editor, 1976.

______. **The Anatomy of the law**. New York: Praeger, 1968.

GARSTKA, Hansjürgen. **Regelkreismodelle des Rechts**. Untersuchung zur Übertragung kybernetischer Vorstellungen auf das Recht. München: Schweitzer, 1983.

GENY, François. Método de interpretación y fuentes de derecho privado positivo. Madrid: Reus, 1925.

GÖDEL, Kurt. **O teorema de Gödel e a hipótese do contínuo**. 2. ed. Tradução M. S. Lourenço. Lisboa: Fundação Calouste Gulbenkian, 2009.

GOMES, Orlando. **Introdução ao Direito Civil**. 17. ed. Rio de Janeiro: Forense, 2000.

GONÇALVES, Guilherme Leite; BÔAS FILHOS, Orlando Villas. **Teoria dos sistemas sociais**: direito e sociedade na obra de Niklas Luhmann. São Paulo: Saraiva, 2013.

GUERRA FILHO, Willis Santiago. **A filosofia do direito**: aplicada ao direito processual e à teoria da Constituição. 2. ed. São Paulo: Atlas, 2002.

______; CANTARINI, Paola. **Teoria Poética do Direito**. Rio de Janeiro: Lumen Juris, 2015.

______; CARNIO, Henrique Garbellini. **Teoria da ciência jurídica**. 2. ed. São Paulo: Saraiva, 2009.

GURVITCH, Georges. **Traité de sociologie**. Paris: Presses Universitaires de France, 1960.

HABERMAS, Jürgen. **A inclusão do outro**: estudo de teoria política. Tradução George Sperber, Paulo Astor Soethe e Milton Camargo Mota. São Paulo: Edições Loyola, 2002.

______. **Direito e democracia**: entre facticidade e validade. Tradução Flávio Beno Siebeneichler. Rio de Janeiro: Tempo Brasileiro, 2011. v. 2.

______. **Direito e democracia**: entre facticidade e validade. Tradução: Flávio Beno Siebeneichler. Rio de Janeiro: Tempo Brasileiro, 1983. v. 1.

______. **Theorie und práxis**. Berlin: Suhrkamp, 1972.

HART, Herbert. **O conceito de direito**. 3. ed. Tradução A. Ribeiro Mendes. Lisboa: Fundação Calouste Gulbenkian, 2001.

HEGEL, Friedrich. **Princípios de filosofia do direito**. Tradução Orlando Vitorino. São Paulo: Martins Fontes, 1997.

HOMANS, George Caspar. Contemporary Theory in Sociology. In: FARIS, Robert E. L. (ed.). **Handbook of Modern Sociology**. Chicago: Rand McNaill, 1966.

______. **Social Behavior. Its Elementary Forms**. Under general editorship of Robert K. Merton. New York: Harcourt, Brace & World, 1961.

JANTSCH, Erich. **Die Selbstorganisation des Universums**. Vom Urknall zum menschlichen Geist. München: DTV, 1988.

JHERING, Rudolph. **A luta pelo direito**. 3. ed. Tradução José Cretella Jr. e Agnes Cretella. São Paulo: Revista dos Tribunais, 2003.

KANT, Immanuel. **Crítica da razão pura**. 5. ed. Tradução Manuela Pinto dos Santos e Alexandre Fradique Morujão; introdução e notas Alexandre Fradique Morujão. Lisboa: Fundação Calouste Gulbenkian, 2001.

KASER, Max. **Direito Privado Romano**. 2. ed. Tradução Samuel Rodrigues e Ferdinand Hämmerle; revisão Maria Armanda de Saint-Maurice. Lisboa: Fundação Calouste Gulbenkian, 2011.

KAUFMANN, Arthur. **Filosofia do Direito**. 4. ed. Tradução António Ulisses Cortês. Lisboa: Fundação Calouste Gulbenkian, 2010.

KELSEN, Hans. **Teoria geral das normas**. Tradução José Florentino Duarte. Porto Alegre: Fabris, 1986.

______. **Teoria Geral do Direito e do Estado**. 4. ed. Tradução Luís Carlos Borges. São Paulo: Martins Fontes, 2005.

______. **Teoria pura do direito**. 6. ed. Tradução João Baptista Machado. São Paulo: Martins Fontes, 1998.

KIRSCHMANN, Julius von. Die Wertlosigkeit der Jurisprudenz als Wissenschaft. Darmstadt: 1966.

KLIMPEL, Andreas; DE CARNÉE, Georg. **Systemtheoretische Weltbilder**. Zur Gesellschaftstheorie bei Parsons und Luhmann. Berlin: Institu für Soziologie der Technischen Universität Berlin, 1983.

KLUG, Ulrich. **Les problèmes des lacunes em droit**. Bruxelles: C. Perelman, 1968.

KOSCHAKER, Paul. **Europa und das römische Recht**. Berlim: C. H. Beck, 1966.

KRUG, Hans-Jürgen. Autokatalyse – Herkunft und Gesechichte eines Begriffes. In: **Selbstorganisation**, 1992.

KUHN, Thomas S. **A estrutura das revoluções científicas**. 9. ed. Tradução Beatriz Viana Boeira e Nelson Boeira. São Paulo: Perspectiva, 2006.

LAFFER, Celso. **A reconstrução dos direitos humanos**. São Paulo: Companhia das Letras, 1988.

LAMBERT, H. Johann. System und Klassifikation in Wissenschaft und Dokumentation. Meisenhein/Glan: A. Diemer, 1968.

LARENZ, Karl. **Metodologia da ciência do direito**. 3. ed. Tradução José Lâmego. Lisboa: Fundação Calouste Gulbenkian, 1997.

LAZZARO, Giorgio. **Storia e teoria dela construzione giuridica**. Turim: Giappichelli, 1965.

LE GOFF, Jacques. **Os intelectuais na Idade Média**. Tradução Marcos de Castro. Rio de Janeiro: José Olympio, 2006.

LEIBNIZ. Riflessioni sulla nozione comune di giustizia. In: **Scritti politici e di diritto naturale**. Turim: Ed. Utet, 1951.

LOSANO, Mário G. **Informatica per le scienze social**. Torino: Einaudi, 1985.

______. **Os grandes sistemas jurídicos**: introdução aos sistemas jurídicos europeus e extraeuropeus. Tradução Marcela Varejão. São Paulo: Martins Fontes, 2007.

______. **Sistema e estrutura no Direito**: do século XX à Pós-Modernidade. Tradução Carlos Alberto Dastoli. São Paulo: WMF Martins Fontes, 2011. v. 3.

LUHMANN, Niklas. **A improbabilidade da comunicação**. 4. ed. Tradução Anabela Carvalho; seleção e apresentação João Pissarra. Lisboa: Vega Editora, 2006.

______. **Ausdifferenzierung des Rechts**. Beitträge zur Rechts-soziologie und zur Rechtstheorie. Frankfurt: Suhrkamp, 1981.

______. **Complejidad y modernidad**: de la unidad a la diferencia. Traducción Josetxo Beriain y José María García Blanco. Madrid: Editorial Trotta, 1998.

______. **Das Recht der Gesellschaft**. Frankfurt a. M.: Suhrkamp, 1993.

______. **Die soziologische Beobachtung des Recghts**. Frankfurt a. M.: Metzner, 1986.

______. Iluminismo sociológico. In: SANTOS, José Manuel. **O Pensamento de Niklas Luhmann**. Tradução Artur Morão. Covilhã: Universidade da Beira Interior, 2005.

______. **Introdução à teoria dos sistemas**. 2. ed. Tradução Ana Cristina Arantes Nasser. Petrópolis: Vozes, 2010.

______. **La differenziazione del diritto**. Contributi alla sociologia e alla teoria del diritto. A cura di Raffaele De Giorgi. Bologna: Il Mulino, 1990.

______. **La sociedad de la sociedad**. Traducción Javier Torres Nafarrete. Ciudad de México: Editorial Herder, 2007.

______. **Legitimação pelo procedimento**. Tradução Maria da Conceição Côrte-Real. Brasília: UnB, 1980.

______. **O direito da sociedade**. Tradução Saulo Krieger; tradução das citações em latim Alexandre Agnolon. São Paulo: Martins Fontes, 2016.

______. Por que uma teoria dos sistemas? In: NEVES, Clarissa Eckert Baeta; SAMIOS, Eva Machado Barbosa. **Niklas Luhmann**: a nova teoria dos sistemas. Porto Alegre: Universidade UFRGS, Goethe-Institut/ICBA, 1997.

______. **Recht und Automation in der offentlichen Verwaltung**. Eine verwaltungswissenschaftliche Untersuchung. Berlin: Duncker & Humblot, 1966.

______. **Rechtssoziologie**. 3. ed. Opladen: Westdeutscher Verlag, 1987.

______. **Rechtssystem und Rechtsdogmatik**. Stuttgart: Kohlhammer, 1974.

______. Sinn als Grundbegriff der Soziologie. In: HABERMAS, Jürgen; LUHMANN, Niklas. **Theorie der Gesellschaft oder Sozialtechnologie**. Frankfurt: a.M., 1971.

______. **Sistema jurídico y dogmática jurídica.** Traducción Ignacio de Otto Pardo. Madrid: Centro de Estudios Constitucionales, 1983.

______. **Sistemas sociais**: esboço de uma teoria geral. Tradução Antônio C. Luz Costa; Roberto Dutra Torres Júnior, Marco Antônio dos Santos Casanova. Petrópolis: Vozes, 2016.

______. **Sistemi sociali**. Fondamenti di una teoria generale. Tradução A. Febbrajo; R. Schmidt. Bologna: Il Mulino (Collezione di testi e di studi), 2001.

______. **Sociedad y sistema**: la ambición de la teoría. Traducción Santiago López Petit y Dorothee Schmitz. Barcelona: Editorial Paidós, 1990.

______. **Sociologia do Direito I**. Tradução Gustavo Bayer. Rio de Janeiro: Tempo Brasileiro, 1983.

______. **Sociologia do direito II**. Tradução Gustavo Bayer. Rio de Janeiro: Tempo Brasileiro, 1985.

______. **A improbabilidade da comunicação**. Tradução Anabela Carvalho. Lisboa: Editora Vega, 2006, p. 39.

LYOTARD, Jean-François. **A condição pós-moderna**. Tradução Wilmar do Valle Barbosa. Rio de Janeiro: José Olympio, 2006.

MACHADO NETO, Antônio Luiz. **Compêndio de introdução à ciência do direito**. 6. ed. São Paulo: Saraiva, 1988.

MANSILLA, Darío Rodríguez; NAFARRATE, Javier Torres. **Introducción a la teoría de la sociedad de Niklas Luhmann**. Ciudad de México: Herder & Universidad Iberoamericana, 2008.

MAQUIAVEL, Nicolau. **O príncipe**. São Paulo: Nova Cultural, 2000.

MARCONDES FILHO, Ciro. **O escavador de silêncios**: formas de construir sentidos e de descontruir sentidos na comunicação. Nova teoria da comunicação III. São Paulo: Paulus, 2004.

MATURANA, Humberto Romesín; VARELA, Francisco J. **A árvore do conhecimento**: as bases biológicas da compreensão humana. Tradução Humberto Mariotti e Lia Diskin. São Paulo: Palas Athena, 2001.

______; VARELA, Franscisco J. **De máquinas y seres vivos. Autopoiesis**: la organización de lo vivo. 5. ed. Santiago do Chile: Editorial Universitaria, 1998.

MESSINEO, F. Variazioni sul concetto di 'rinunzia ala prescrizione. **Riv. Trim. Dir e Proc. Civ.**, XI, 1957.

MONCADA, Luiz Cabral de. **Filosofia do Direito e do Estado**. Coimbra: Coimbra Editora, 2006. v. 1.

MONOD, Jacques. **O acaso e a necessidade**: ensaio sobre a filosofia natural da biologia moderna. 2. ed. Tradução Bruno Palma e Pedro Paulo de Sena Madureira. Petrópolis: Vozes, 1971.

MONTESQUIEU, Charles de Secondat. **O espírito das leis**. Tradução Cristina Murachco. São Paulo: Martins Fontes, 2000.

MORIN, Edgar. **Introdução ao pensamento complexo**. 4. ed. Tradução Eliane Lisboa. Porto Alegre: Sulinas, 2011.

MORRISON, Wayne. **Filosofia do direito**: dos gregos ao pós-modernismo. Tradução Jefferson Luiz Camargo. São Paulo: Martins Fontes, 2006.

NEVES, António Castanheira. **A crise actual da filosofia do direito no contexto da crise global da filosofia**: tópicos para possibilidade de uma reflexiva reabilitação. Coimbra: Coimbra Editora, 2003

NEVES, Marcelo. **A constitucionalização simbólica**. São Paulo: Martins Fontes, 2007.

______. **Entre Hidra e Hércules**: princípios e regras constitucionais. São Paulo: Martins Fontes, 2013.

______. **Entre Têmis e Leviatã**: uma relação difícil: o Estado Democrático de Direito a partir e além de Luhmann e Habermas. São Paulo: Martins Fontes, 2006.

NIETZSCHE, Friedrich. **Crepúsculo dos ídolos ou como se filosofa com o martelo**. Tradução Paulo César de Souza. São Paulo: Companhia das Letras, 2006.

______. **A Gaia ciência**. Tradução Heloísa da Graça Burati. São Paulo: Rideel, 2005.

OSTWALD, Grete. **Wilhelm Ostwald, mein Valter**. Stuttgart: Berliner Union, 1953.

OSTWALD, Wilhelm. **Die Pyramide der Wissenschaften**. Eine Einführung in wissenschaftliches Denken uns Arbeiten. Stuttgart: Cotta, 1929.

______. **Lebenslinien**. Eine Selbstbiographie. Berlin: Klasing, 1926-27. v. 2. Leipzig, 1887-1905.

______. Über Autokatalyse. **Berichte der Königlichen Sächsischen Akademie der Wissenschaften**. Mathematisch-physische Klasse, 1890.

______. **Vorlesungen über Naturphilosophie**. Gehalten im Sommer 1901 an der Universität Leipzig. Leipzig: Veit, 1902.

PARSONS, Talcott. **Enssays in Sociological Theory Pure and Applied**. Glincoe (Ill.): Free Press, 1949.

______. **Societies**. Evolutionary and Comparative Perspectives. Englewoods Cliffs (N.J.): Prentice Hall, 1966.

______. Systematische Theorie in der Soziologie. In: PARSONS, Talcott. **Beiträge zur soziologischen Theorie**. Luchterhand: Herausgegeben und eingeleiter von Dietrich Rüschemayer, 1964.

______. **The Social System**. London/New York: The Free Press/Collier-Macmillan, 1964.

PERASSI, T. Introduzione alle scienze giuridiche, 1953.

PIERSON, Donald. **Teoria e pesquisa em sociologia**. São Paulo: Revista dos Tribunais, 1968.

PRIBÁN, Jirí; NELKEN, David. **Law's New Boundaries**. The Consequences of Legal Autopoiesis. Dartmouth: Ashgate, 2001.

PRIGOGINE, Ilya. **O fim das certezas**: tempo, caos e as leis da natureza. Tradução Roberto Leal Ferreira. São Paulo: UNESP, 1996.

PUFENDORF, Samuel. **De jure naturae et gentium**: libri octo. New York: Clarendon Press, 1934.

______. **De officio hominis et civis juxta legem naturalem Libri duo**. New York: Oxford University Press, 1927.

QUINE, Orman. Paradox. **Scientific American**. Boston, 1962.

RADBRUCH, Gustav. **Filosofia do Direito**. Tradução Marlene Holzhausen. São Paulo: Martins Fontes, 2004.

REALE, Miguel. **Direito como experiência**: introdução à epistemologia jurídica. 2. ed. São Paulo: Saraiva, 1992.

______. **Filosofia do Direito**. 20. ed. São Paulo: Saraiva, 2002.

______. **Lições preliminares do direito**. 17. ed. São Paulo: Saraiva, 1990.

______. **O direito como experiência**: introdução à epistemologia jurídica. 2. ed. São Paulo: Saraiva, 1992.

______. **Teoria geral do direito e do estado**. 3. ed. São Paulo: Saraiva, 1972.

REESE-SCHÄFER, Walter. **Luhmann zur Einführung**. Hamburg: Junius, 1996.

REGAN, Tom. A causa dos direitos animais. **Revista Brasileira de Direito Animal**, v. 8, n. 12, jan./abr. 2013.

REHBINDER, Manfred. **Sociologia do direito**. Tradução Márcio Flávio Mafra Leal. São Paulo: Saraiva, 2017.

REZEK, J. F. **Direito internacional público**: curso elementar. 9. ed. São Paulo: Saraiva, 2002

ROBLES, Gregorio. **Sociología del derecho**. 2. ed. Madrid: Editorial Civitas, 1997.

RORTY, Richard. **A filosofia e o espelho da natureza**. Tradução Antônio Trânsito. Rio de Janeiro: Relume-Dumará, 1994.

ROSS, Alf. **Direito e justiça**. Tradução Edson Bini. Bauru: Edipro, 2003.

______. **Direito e Justiça**. Tradução Edson Bini; revisão técnica Alysson Leandro Mascaro. Bauru: Edipro, 2003.

ROUSSEAU, Jean-Jacques. **O contrato social e outros escritos**. Tradução Rolando Roque da Silva. São Paulo: Cultrix, 1980.

SABADELL, Ana Lúcia. **Manual de sociologia jurídica**: introdução e uma leitura externa do direito. 3. ed. São Paulo: Revista dos Tribunais, 2005.

SACCO, Rodolfo. **Antropologia jurídica – contribuição para uma macro-história do direito**. Tradução Carlos Alberto Dastoli. São Paulo: Martins Fontes, 2013.

SALMON, J. Les antinomies en droit. In: PERELMAN, Chain. **Les antinomies en droit internacional public**. Bruxelles: Université Libre Bruxelles, 1965.

SALVI, F. L'errore nell'accertamento dela filiazione naturale. **Riv. Trim. Dir. e Proc. Civ**, VI, 1952.

SAVIGNY, Friedrich Carl von. **Metodologia jurídica**. Tradução Heloísa da Graça Buratti. São Paulo: Rideel, 2005.

______. **Sistema del diritto romano attuale**. Tradução italiana, v. 1.

SCHMIDT, Carl. **Teoría de la Constitución**. Traducción Francisco Ayala. Madrid: Alianza Editorial, 2011.

SILVA, Tagore Trajano de Almeida. **Animais em juízo**: direito, personalidade jurídica e capacidade processual. Salvador: Evolução, 2012.

______. **Direito animal & ensino jurídico:** formação e autonomia de um saber pós-humanista. Salvador: Evolução, 2014.

SIMMEL, Georg. **Über soziale Differenzierung**. Soziologische und psychologische Untersuchungen. Leipzig: Duncker & Humblot, 1890.

SIMON, Fritz B. (Hrsg.). **Lebende Systeme**. Wirklichkeitskonstruktionen in der systemischen Therapie. Berlin: Springer, 1988.

SOMLÓ, Felix. **Juristische Grundlehre**. Leipzig: 1927.

SOUTO, Cláudio; SOUTO, Solange. **A explicação sociológica**: uma introdução à sociologia. São Paulo: EPU, 1985.

SOUZA, Elton Luiz Leite de. **Filosofia do direito, ética e justiça**: filosofia contemporânea. Porto Alegre: Núria Fabris Editora, 2007.

STEGMÜLLER, Wolfgang. **Das Vahrheitsproblem und die Idee der Semantik**. Viena: 1957.

STROUX, Jhoannes. **Römische Rechtswissenschaft und Rhetorik**. Potsdam: Stichnote, 1949.

TEUBNER, Gunther. **Il diritto come sistema autopoietico**. A cura di Alberto Febbrajo e Carlo Pennisi. Milano: Giuffrè, 1996.

______. **O direito como sistema autopoiético**. Tradução José Engrácia Antunes. Lisboa: Fundação Calouste Gulbenkian, 1993.

TRAJANO, Tagore. **Direito animal & ensino jurídico**: formação e autonomia de um saber pós-humanista. Salvador: Evolução, 2014.

______. Direito Animal e Pós-Humanismo: formação e Autonomia de um Saber Pós-Humanista. **Revista Jurídica Luso Brasileira**, v. 2, 2015.

TREVES, Renato. **Sociologia del diritto**. Torino: Einaudi, 1988.

TRINDADE, Antônio Augusto Cançado. **O direito internacional em um mundo em transformação**. Rio de Janeiro: Renovar, 2002.

VASCONCELLOS, Manoel da Cunha Lopes *et al.* **Digesto ou Pandectas do Imperador Justiniano**. São Paulo: YK Editora, 2017. v. 1.

VECCHIO, Giorgio Del. **Lições de Filosofia do Direito**. 5. ed. Tradução António José Brandão; revisão e prefácio Luiz Cabral de Moncada. Coimbra: Arménio Amado Editor Sucessor Ceira, 1979.

______. **Lições de Filosofia do Direito**. Tradução António José Brandão; revisão e prefácio Luís Cabral de Moncada. Coimbra: Coimbra Editora, 1979.

______. Sui principi generali del diritto (1920). **Studi sul diritto**. Milano, 1958, I.

______. **O Estado e suas fontes do Direito**. Tradução Henrique de Carvalho. Belo Horizonte: Líder, 2005.

VESTING, Thomas. **Teoria do direito**: uma introdução. Tradução Gercélia B. de O. Mendes; revisão Geraldo de Carvalho Neto; coordenação e revisão Ricardo Campos. São Paulo: Saraiva, 2015.

VICO, Giambattista. **Ciência nova**. Tradução Jorge Vaz de Carvalho. Lisboa: Fundação Calouste Gulbenkian, 2005.

VIEHWEG, Theodor. **Tópica e jurisprudência**. Tradução Tercio Sampaio Ferraz Jr. Brasília: Universidade de Brasília, 1979.

______. **Tópica y filosofía del derecho**. 2. ed. Traducción Jorge M. Seña. Barcelona: Editorial Gedisa, 1997.

VIEIRA, Oscar Vilhena. Desafios do ensino jurídico num mundo em transição: o projeto da Direito GV. **Revista de Direito Administrativo**, Rio de Janeiro, v. 261, set./dez. 2012.

VILANOVA, Lourival. **Teoria jurídica da revolução**: as tendências atuais do direito público. Rio de Janeiro: Forense, 1976.

WATZLAWICK, Paul; BEAVIN, Janet H.; JACKSON, Don D. **Pragmática da comunicação humana**: um estudo dos padrões, patologias e paradoxos da interação. Tradução Álvaro Cabral. São Paulo: Cultrix, 2007.

WEBER, Max. **A ética protestante e o "espírito" do capitalismo**. Tradução José Marcos Mariani de Macedo. São Paulo: Companhia das Letras, 2004.

______. **Economia e sociedade**: fundamentos da sociologia compreensiva. Tradução Regis Barbosa e Karen Elsabe Barbosa; revisão técnica Gabriel Cohn. 4. ed. Brasília: Universidade de Brasília, 2000.

______. **Economia e sociedade**: fundamentos da sociologia compreensiva. Tradução Regis Barbosa e Karen Elsabe Barbosa; revisão técnica Gabriel Cohn. São Paulo: UnB & Imprensa Oficial, 2004. v. 2.

WIEACKER, Franz. **Privatrechsgeschite der Neuzeit**. Göttingen: Vandenhoeck & Ruprecht, 1967.

WIENER, Norbert. **Cibernética e sociedade**: o uso humano dos seres humanos. Tradução: José Paulo Paes. São Paulo: Cultrix, 1993.

______. **Cibernética**: ou controle e comunicação no animal e na máquina. Tradução Gita K. Ghinzberg. São Paulo: Universidade de São Paulo/Polígono, 1970.

WITGENSTEIN, Ludwig. **Investigações filosóficas**. Tradução Marcos G. Montagnoli; revisão da tradução Emanuel Carneiro Leão. 2. ed. Petrópolis: Vozes, 1996.

WOLFF, Christian. **Philosophia moralis sive ethica**. 1770.

ZIPPELIUS, Reinhold. **Filosofia do direito**. São Paulo: Saraiva, 2012.

ZITELMANN, Ernst. **Lücken im Recht**. Leipzig: 1903.

EDITORA JusPODIVM
www.editorajuspodivm.com.br
RENOVA GRAF
www.renovagraf.com.br